AUTEURS ET DIRECTEURS DE LA COLLECTION
Dominique AUZIAS & J...

DIRECTEUR DES ÉDITIONS
Stéphan SZEREMETA

RESPONSABLES ÉDIT...
Patrick MARINGE et M...

EDITION ☎ 01 72 69 08 00
Julien BERNARD, Alice BIRON, Audrey BOURSET,
Jeff BUCHE, Sophie CUCHEVAL, Caroline
MICHELOT, Antoine RICHARD, Pierre-Yves
SOUCHET, Baptiste THARREAU, Linda INGRACHEN
et Julie LAURO

ENQUETE ET REDACTION
Alexandre VUCKOVIC, François-Xavier DELISSE
et Alexis TROUDE

STUDIO
Sophie LECHERTIER assistée de Romain AUDREN

MAQUETTE & MONTAGE
Delphine PAGANO, Julie BORDES, Elodie CLAVIER,
Élodie CARY, Sandrine MECKING, Émilie PICARD,
Laurie PILLOIS et Antoine JACQUIN

CARTOGRAPHIE
Philippe PARAIRE, Thomas TISSIER

PHOTOTHEQUE ☎ 01 72 69 08 07
Élodie SCHUCK et Sandrine LUCAS

REGIE INTERNATIONALE ☎ 01 53 69 65 50
Karine VIROT, Camille ESMIEU, Romain COLLYER
et Guillaume LABOUREUR assistés
de Virginie BOSCREDON

PUBLICITE ☎ 01 53 69 70 66
Olivier AZPIROZ, Stéphanie BERTRAND,
Perrine de CARNE-MARCEIN, Caroline AUBRY,
Caroline GENTELET, Sabrina SERIN, Sophie
PELISSIER, Orianne BRIZE et Virginie SMADJA

RESPONSABLE REGIE NATIONALE
Aurélien MILTENBERGER

INTERNET
Lionel CAZAUMAYOU, Jean-Marc REYMUND,
Cédric MAILLOUX, Anthony LEFEVRE,
Christophe PERREAU et Caroline LOLLIEROU

RELATIONS PRESSE ☎ 01 53 69 70 19
Jean-Mary MARCHAL

DIFFUSION ☎ 01 53 69 70 68
Eric MARTIN, Bénédicte MOULET,
Jean-Pierre GHEZ, Aïssatou DIOP
et Nathalie GONCALVES

DIRECTEUR ADMINISTRATIF ET FINANCIER
Gérard BRODIN

RESPONSABLE COMPTABILITE
Isabelle BAFOURD assistée
de Christelle MANEBARD, Janine DEMIRDJIAN
et Oumy DIOUF

DIRECTRICE DES RESSOURCES HUMAINES
Dina BOURDEAU assistée de Sandra MORAIS et
Claudia MARROT

LE PETIT FUTÉ SERBIE 2012-2013
■ 4e édition ■

NOUVELLES ÉDITIONS DE L'UNIVERSITÉ©
Dominique AUZIAS & Associés©
18, rue des Volontaires - 75015 Paris
Tél. : 33 1 53 69 70 00 - Fax : 33 1 53 69 70 62
Petit Futé, Petit Malin, Globe Trotter, Country Guides
et City Guides sont des marques déposées ™®©
© Photo de couverture : © iStockphoto.com-Asian
Légende : St. Jovan Preteca
ISBN - 9782746953765
Imprimé en France par LEONCE DEPREZ - 62620 Ruitz
Dépôt légal : mars 2012
Date d'achèvement : mars 2012

Pour nous contacter par email,
indiquez le nom de famille en minuscule
suivi de @petitfute.com
Pour le courrier des lecteurs : country@petitfute.com

родошли
Србију !

Bienvenue en Serbie ! Carrefour entre deux mondes, les civilisations slaves du Sud et l'Europe occidentale, la Serbie est largement méconnue. Pourtant, pays millénaire, la Serbie a toujours préservé sa culture malgré les aléas de l'Histoire. Souvent en proie aux luttes contre les empires dans le passé, notamment contre l'Empire ottoman durant près de cinq siècles, la Serbie et ses habitants se sont forgé un caractère entier qui fait tout le charme d'une découverte hors des sentiers battus. Vous ferez ici un voyage culturel que l'on ne soupçonne pas au premier abord. Des cités romaines imposantes, en passant par les châteaux de l'empire serbe médiéval et jusqu'aux innombrables monastères qui font l'identité et la richesse du patrimoine serbe, vous naviguerez en terre orthodoxe, en descendant le Danube majestueux jusqu'aux Portes de Fer, le plus important défilé d'Europe. En allant à la rencontre de ses habitants – orthodoxes, catholiques ou musulmans, c'est-à-dire serbes, croates, bosniaques, hongrois ou bien encore albanais – que ce soit pour faire la « nuit » de Belgrade, la vraie capitale des Balkans au charme incomparable, ou pour sentir cette atmosphère séculaire, vous serez séduit par une authenticité et une gentillesse rares. Entre fleuves et montagnes, plaines et monts, la Serbie vous invite à découvrir un tourisme rural et de traditions, par exemple dans des fermes magnifiquement aménagées. Un séjour qui sera d'autant plus agréable que le pays investit dans le secteur du tourisme pour offrir une qualité de prestations en hausse. Que vous visitiez les parcs naturels, parmi les plus beaux d'Europe, ou que vous suiviez les méandres du Danube au charme puissant, vous serez les bienvenus partout. La rencontre sera à la hauteur d'un pays fier, dont le passé récent, difficile pour tous, ne fera que donner encore plus envie à vos hôtes de vous séduire. Désormais sur la voie de la stabilité et de l'affirmation d'une démocratie tournée vers l'Europe, la Serbie aime accueillir. Depuis quelques années, les infrastructures sont renouvelées en profondeur et les prix d'un séjour en Serbie, sans commune mesure avec ceux d'Europe occidentale, permettent d'en découvrir plus et plus longtemps. Vous êtes parmi les premiers. A vous d'en profiter !

L'équipe de rédaction

REMERCIEMENTS. En particulier à François Xavier Delis, Ana Jovetić-Vučković et à Nina Trifunović. Mais aussi à l'office national du tourisme de Serbie, à tous les offices du tourisme locaux pour leur aide précieuse, et notamment à ceux de Subotica et Sombor, à Sonja Ivanović de Matica Srpska de Novi Sad pour ses connaissances du cinéma serbe, à Svjetlana Blaževič pour son aide « sportive » et à tous les anonymes rencontrés au bord du chemin.

Découvrir
le guide
en ligne

Sommaire

© PAVLE – FOTOLIA

Monastère de Žiča.

© PAVLE – FOTOLIA

Monastère de Manasija.

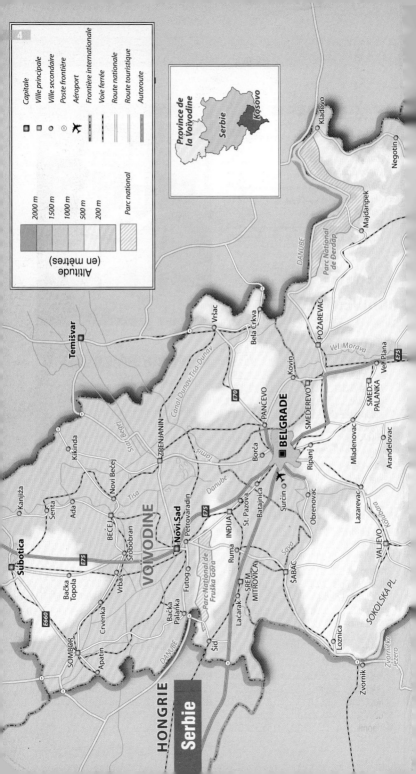

© NATIONAL TOURISM ORGANISATION OF SERBIA

Fruits bio.

© NATIONAL TOURISM ORGANISATION OF SERBIA

Ambiance dans la rue Knez Mihailova.

© NATIONAL TOURISM ORGANISATION OF SERBIA

Navigation sur les eaux serbes.

© NATIONAL TOURISM ORGANISATION OF SERBIA

Réserve d'Obedska Bara.

Les plus de la Serbie

Un creuset d'histoire et de population

Proche alors qu'on l'imagine lointaine, la Serbie attire les Français pour l'idée d'une terre largement méconnue et supposée différente. Axe clé des Balkans, située au centre des principales routes menant à Athènes, Bucarest, Istanbul et Sofia, la Serbie s'est construite au fil des siècles une identité forte, empreinte d'influences diverses liées aux invasions et migrations. Ainsi, slaves du Sud, les Serbes ont également profité d'influences latines et surtout turques ottomanes. L'histoire riche et complexe des Balkans a apporté au pays une mosaïque ethnique rare. Parmi les 37 nationalités qui composent le paysage humain serbe, vous pourrez peut-être rencontrer des Ruthènes ou des Vlachs. Par là même, toutes les religions monothéistes y sont représentées, et cette diversité culturelle et religieuse sera le point de départ d'une balade entre folklore, traditions, gastronomie et architecture. Car l'Histoire, qui s'est souvent faite dans la douleur, a laissé ici de nombreux vestiges : sites préhistoriques et romains parmi les mieux conservés d'Europe du Sud-Est, forteresses médiévales à la fois serbes, ottomanes et austro-hongroises, et bien sûr les fameux monastères, certainement les plus beaux des Balkans.

Le beau Danube

La Serbie est sans conteste une destination idéale pour les amateurs des vacances au bord de l'eau, et plus généralement pour les amateurs de tourisme rural. Les fleuves Morava, Drina et Tisza totalisent à eux seuls plus de 1 000 km de cours d'eau : s'étirant entre canyons et défilés, ou bien le long de plaines à blé, ils offrent la possibilité de faire de la pêche, du canyoning ou tout simplement du camping en pleine nature. Le Danube, avec ses 588 km traversant la Serbie d'ouest en est, reste encore la meilleure des solutions pour qui veut découvrir le pays et avoir un panorama de ses richesses. Au confluent entre civilisation austro-hongroise et slave, le Danube a suscité l'apparition de nombreuses richesses archi-tecturales : site néolithique de Lepenski Vir, castrums romains, forteresses médiévales et centres-villes baroques du temps de l'empire austro-hongrois surtout à Sombor et Apatin la ville de la bière national « Jelen »... Le Danube traverse des régions aux cultures différentes, chacune avec son folklore et ses traditions bien ancrées et soigneusement conservées par des Hongrois, des Roumains et des Slovaques, parmi d'autres... Ce sont aussi les grandes villes de la culture serbe historique, avec Novi Sad, Sremski Karlovci (musée du miel, vignobles...) et Vršac, d'où sont partis et d'où se sont développés bien des mouvements et institutions culturelles. Enfin, les plus grands terrains de chasse des Balkans, tel le réputé Karadjordjevo, et le fameux défilé du Djerdap, Golubac, Kladovo offrent des loisirs plus sportifs. On peut y organiser des croisières par l'intermédiaire d'une agence ou avec son propre bateau. La richesse offerte par le Danube a démultiplié l'offre touristique ces dernières années. L'on peut désormais faire de grandes ou petites croisières sur le fleuve et du sport comme les régates.

▶ **www.serbie.travel**

Forteresse de Golubac.

Les monastères orthodoxes

Les très nombreux monastères construits entre le XIIᵉ et le XVᵉ siècle, non seulement façonnent le paysage de la Serbie, mais constituent de véritables témoignages de la richesse architecturale et picturale médiévale. Cinq monastères figurent déjà sur la liste du patrimoine mondial de l'Unesco et sont protégés par la communauté internationale : Studenica, Stari Ras, Sopoćani, Djurdjevi Stupovi et Dećani. Le meilleur exemple de cette extraordinaire densité en ouvrages religieux nous est donné par la Rascie (Raška, en serbe) région du sud-ouest, voisine du Kosovo, première à avoir vu naître les monastères serbes, avant même le Kosovo qui, lui, concentre le plus grand nombre d'églises et de monastères chrétiens en Europe ! A la fin du XIIᵉ siècle, Stefan Nemanja réussit à former un Etat centralisé autour de la Rascie et fait construire plusieurs monastères, dont le plus important est Studenica. Ses successeurs à la tête de l'Etat serbe construiront aussi chacun un monastère, destiné à montrer la splendeur de leur règne, ainsi qu'à accueillir leurs tombes respectives : les plus fameux sont Žiča, Gračanica Dećani, Sopoćani ou Kruśedol. Par leurs décors et leurs dimensions, ces ouvrages sont des témoignages de l'âge d'or de l'orthodoxie serbe, et les écoles architecturales dont ils sont issus s'imposeront à tout le monde orthodoxe. En Serbie méridionale, ce sera l'école de Rascie ; en Serbie centrale, l'école moravienne. Cependant, la réputation de ces monastères ne serait pas aussi immense en Europe sans la perfection de leur décoration murale. Leur intérieur est en effet entièrement recouvert de fresques et de peintures murales dans des tons bleutés et dorés : lorsqu'on y pénètre, on est littéralement saisi par leur beauté et l'impression de recueillement qu'elles dégagent. Avec 36 000 fresques et 10 000 icônes répertoriées, la peinture religieuse constitue la plus grande richesse patrimoniale de Serbie.

■ **www.sv-luka.org/monasteries**
Un premier aperçu, riches en photos, sur le site.

Un folklore et une musique vivants

Les amateurs de musique tzigane, de danses folkloriques ou de complaintes slaves seront ici au paradis des sons envoûtants ! Un nombre impressionnant de festivals de musique traditionnelle et de rencontres folkloriques, qui se sont encore multipliés ces dernières années, combleront d'aise tous ceux qui ont rêvé sur les musiques de films d'Emir Kusturica. La Voïvodine est un creuset multi-ethnique qui offre une palette de musiques et de traditions très larges : danses hongroises, chants roumains ou rondes slovaques, avec des

© ISTOCKPHOTO.COM/DARKIES

Méandres de la Morava près des gorges d'Ovčar-Kablar.

costumes aux couleurs vives et une gaieté rafraîchissante ; mais aussi les *tamburaši*, orchestres à cordes typiques de la région du Danube. En Serbie centrale, on assistera à la danse trépidante et cadencée du *kolo*, ainsi qu'à des chœurs polyphoniques. Enfin, en Serbie méridionale, le *čoček* ondoyant, ainsi que les mélopées lancinantes accueillent le visiteur dans toutes les auberges. Partout, les Tziganes et leurs fanfares de cuivres peuvent apparaître au détour d'une rue. Quant à ceux qui apprécient les disques de Goran Bregović, qu'ils ne manquent surtout pas le festival de Guča, le plus important festival de trompettes en Europe.

Un paradis pour le tourisme vert

Entre moyennes montagnes, collines et plaines, la Serbie offre de nombreuses possibilités de tourisme en pleine nature. Les pentes montagneuses aux dénivelés de toutes tailles, situées dans des paysages splendides, invitent, hiver comme été, à la pratique du VTT, du parapente et du ski. Des versants parfois abrupts des montagnes, ainsi que de très nombreuses grottes – aménagées ou sauvages – raviront les amateurs d'escalade et de spéléologie. Canyons, défilés et rapides permettent le kayak et le rafting sur la Tara, l'Uvac ou la Drina. Enfin, d'immenses espaces en moyenne altitude, déserts mais à la flore resplendissante, offrent l'occasion d'intéressantes randonnées, de trekkings et photo-safaris. Parcs et réserves naturelles regorgent de beautés de la nature. Lacs en altitude, canyon de l'Uvac, réserve d'oiseaux de Carska Bara permettent des randonnées dans un cadre enchanteur. Les massifs de Biogradska Gora, Fruška Gora, Tara et de Kopaonik sont recouverts de forêts habitées par une faune nombreuse. Pour ne rien gâter, gîtes et tourisme rural se sont développés à toute vitesse ces dernières années. Les villages autour de Valjevo, Kosjerić, Kraljevo et Kruševac offrent des gîtes et des tables d'hôtes intéressants. En Voïvodine, ce sont les *salaš*, ces fermes qui font chambres d'hôte de qualité, tout en continuant à fonctionner.

Balnéothérapie et eaux thermales

Quelque 40 stations thermales et d'innombrables sources thermales existent aujourd'hui en Serbie, offrant de larges possibilités d'hébergement et d'activités. Les sources thermales sont exploitées depuis l'époque romaine, surtout dans le centre du pays. Les eaux minérales sont nombreuses et riches en divers minéraux. Ce qui explique la multitude de stations climatiques dans les régions de basse montagne qui, du fait de leur climat doux et de la qualité de leurs eaux, sont connues pour le traitement des problèmes pulmonaires, neurologiques ou cardio-vasculaires. Les stations thermales les plus réputées sont Vrnjačka Banja, Banja Koviljača, Sokobanja, Mataruška Banja ou Niška Banja. A côté de ces activités paramédicales, le cadre naturel toujours agréable ainsi que des infrastructures hôtelières et sportives nombreuses attirent des touristes en quête de vacances calmes. Certaines de ces stations, comme Arandjelovac ou Vrnjačka Banja, organisent de nombreux festivals et événements culturels qui ajoutent quelques attraits à leurs atouts naturels.

■ **www.serbie.travel**
Ce site propose des références assez complètes sur ces différentes activités, ainsi que sur l'hébergement dans les stations thermales.

Une capitale en effervescence

Belgrade, ancienne capitale de la Yougoslavie, a préservé son statut de capitale régionale. Avec ses 2 millions d'habitants, elle a retrouvé l'aura qu'elle avait du temps du communisme. Depuis la fin de l'ère Milošević, Belgrade revit, se transforme. Partie, comme le pays, quasiment ruinée en 2000, la ville change et se modernise mais garde heureusement cette âme slave qui fait son charme. Au croisement de deux fleuves majeurs, la Save et le Danube, du haut de sa citadelle, la ville blanche a renoué avec ses nuits légendaires. Ici, vous viendrez autant pour chercher l'âme ancienne dans ses rues que pour sa culture foisonnante et ses nuits magiques. On vient de loin désormais pour faire la fête à Belgrade. La presse mondiale (*New York Times*, *Figaro*... et autres) ne cessent de vanter les nuits belgradoises endiablées, c'est dire. Ne ratez pas les splavs, ces bateaux ou plutôt radeaux, qui sont autant de bars, de restaurants ou de discothèques sur le Danube ou la Save. Pour tout savoir chaque jour et ne rien rater, ces sites (en anglais) seront vos bibles :

▶ **www.hot-spot.rs**
▶ **www.serbianightlife.com**
▶ **www.belgradeeye.com**
▶ **www.belgrade.inyourpocket.com**

Fiche technique

Le drapeau serbe

Le drapeau est composé de trois bandes horizontales de couleur rouge, bleu et blanc en partant du haut. Ceci pour le drapeau du peuple. Celui de l'Etat comporte en plus un aigle blanc à double tête surmontée d'une couronne, celle de la dynastie des Nemanjić, du temps de l'empire serbe du Moyen Age. Cette dernière évolution remonte à août 2004, et en 2006, il prenait la place du drapeau de l'Union de Serbie-Monténégro, après l'indépendance de ce dernier. Ses trois couleurs sont celles issues du mouvement panslave initié au début du XIXe siècle. Le bleu représente l'espoir, le blanc, la paix, le rouge, le courage. Les trois couleurs ont été choisies en 1918, à l'occasion de la création de la Yougoslavie royaliste. En 1945, le dirigeant communiste Tito y a rajouté l'étoile rouge lors de la création de la République fédérale socialiste de Yougoslavie. Le 27 avril 1992, la République fédérale de Yougoslavie remplace la Yougoslavie de 1945, mais son drapeau reprend les mêmes couleurs, l'étoile rouge en moins. En 2003, la République fédérale de Yougoslavie se transforme en Serbie-Monténégro, avec une parité désormais entre la Serbie et le Monténégro dans les instances fédérales. En 2006, la Serbie désormais seule, utilise ce nouveau drapeau avec armoiries.

Argent

▶ **Monnaie :** le dinar serbe.

▶ **Taux de change en décembre 2011 :** 1 € = 103 dinars/100 dinars = 1,03 €. Attention, le taux de change est assez fluctuant, se renseigner avant le départ : www.oanda.com ou ou www.nbs.rs

Idées de budget

▶ **Petit budget :** 2 500 dinars/jour, soit environ 24 €.

▶ **Budget moyen :** 4 000 dinars/jour, soit environ 39 €.

▶ **Gros budget :** 8 000 dinars/jour, soit environ 77 €.

La Serbie en bref

▶ **Capitale :** Belgrade.

▶ **Superficie :** 88 361 km² (avec le Kosovo, indépendant depuis 2008, mais que la Serbie considère comme partie inaliénable de son territoire, et 77 484 km² sans).

▶ **Langue officielle :** serbe.

▶ **Langues parlées :** bosniaque, monténégrin, hongrois, roumain, rom, slovaque, albanais, ruthène, tsintsar.

▶ **Religions principales :** orthodoxe (65 %), musulmane (19 %), catholique (4 %), protestante (1 %), juive et autres (11 %).

▶ **Population :** 7 120 666 habitants (recensement 2011).

▶ **Densité :** 106 habitants/km².

▶ **Minorités nationales :** Hongrois 3,91 %, Bosniaques 1,81 %, Roms 1,44 %, Albanais 0,82 %. Egalement des Croates, Slovaques, Ruthènes, Macédoniens, Vlachs, Bulgares ou bien encore Roumains.

▶ **Espérance de vie :** 74,4 ans.

▶ **PIB :** environ 30 milliards d'euros (4 000 € par habitant). Source Bureau serbe des statistiques (estimation 2009).

▶ **Salaire moyen net** (septembre 2011) : 373 € (38 763 dinars).

▶ **Taux de croissance :** -4 % en 2009 (crise mondiale), 5 % estimation 2012.

▶ **Taux de chômage :** 22,2 % (enquête emploi avril 2010).

▶ **Partenaires commerciaux principaux à l'exportation :** Italie (14 %), Bosnie (12 %), Allemagne (10 %), Macédoine (4,7 %), Russie (4,5 %), Croatie (4 %), France (3,8 %)…

▶ **Partenaires commerciaux principaux à l'importation :** Russie (16,5 %), Allemagne (9,5 %), Italie (8,3 %), Chine (5,6 %), France (3,5 %)…

Téléphone

▶ **Code du pays :** 381.

▶ **Téléphoner de France en Serbie.** Fixe : 00 381 + indicatif régional sans le zéro + le numéro local. Exemple : téléphoner à Belgrade : 00 381 11 600 114 • Mobile : 00 381 puis le numéro du mobile sans le zéro. Exemple : 00 381 63 809 765.

▶ **Téléphoner de Serbie en France.** Fixe : 00 33 puis le numéro sans le zéro. Exemple : 00 33 1 47 93 68 34 • Mobile : 00 33 puis le numéro sans le zéro. Exemple : 00 33 6 64 12 67 90.

▶ **En Serbie, d'une région à l'autre.** L'indicatif complet puis le numéro à 6 chiffres. Exemple de Subotica à Belgrade : 011 600 114.

▶ **En Serbie, dans la même localité.** Fixe : les 6 chiffres sans l'indicatif. Exemple : 600 114 • Mobile : le numéro à 9 ou 10 chiffres. Exemple : 063 809 765.

Indicatifs téléphoniques des villes

▶ **Belgrade :** (0) 11.

▶ **Novi Sad :** (0) 21.

▶ **Niš :** (0) 18.

▶ **Kragujevac :** (0) 34.

▶ **Kraljevo :** (0) 36.

▶ **Valjevo :** (0) 14.

▶ **Užice :** (0) 31.

▶ **Novi Pazar :** (0) 20.

▶ **Leskovac :** (0) 16.

▶ **Subotica :** (0) 24.

▶ **Sombor :** (0) 25.

▶ **Zrenjanin :** (0) 23.

Indicatifs téléphoniques des téléphones mobiles

▶ **Telenor :** (0) 63.

▶ **Telekom Srbija (MTS) :** (0) 64 et (0) 65.

▶ **VIP :** (0) 60 et (0) 61.

Décalage horaire

Aucun. Même changement d'heure été/hiver.

Climat

Deux types de climats en Serbie :

▶ **Dans les plaines du nord et de l'est,** un climat continental, avec des hivers froids et des étés très chauds.

▶ **Au centre du pays,** dans les massifs montagneux, un climat semi-continental, avec un été plus doux et surtout un automne resplendissant. Et dans tous les cas, une pluviométrie inférieure aux moyennes françaises.

Saisonnalité

La haute saison touristique commence en mai pour se terminer en octobre. Le printemps, et surtout l'automne, sont conseillés pour le tourisme : temps ensoleillé, pluviosité faible et températures douces.

Pour les amateurs de sports d'hiver et de montagne en général, la saison s'étale de décembre à fin mars. D'une manière générale, le climat est donc marqué et assez sec. Particulièrement en hiver où, cependant, les brouillards sont aussi fréquents que denses.

Belgrade											
Janvier	Février	Mars	Avril	Mai	Juin	Juillet	Août	Sept.	Octobre	Nov.	Déc.
-3°/ 3°	-2°/ 5°	2°/ 11°	7°/ 18°	12°/ 23°	15°/ 26°	17°/ 28°	17°/ 28°	13°/ 24°	8°/ 18°	4°/ 11°	0°/ 5°

Idées de séjour

Si vous venez en voiture, il vous sera aisé de découvrir la Serbie, aux dimensions, somme toute, modestes. Mais si le réseau routier s'améliore, il faudra plutôt compter en heures qu'en kilomètres dans les régions montagneuses. Et si le bus est votre moyen de locomotion, bonne nouvelle, l'on va absolument partout de cette manière ! Vous trouverez ci-dessous des idées de découverte, en fonction du type de séjour souhaité : villes et culture, campagne ou montagne, promenade historique.

UN GRAND WEEK-END EN SERBIE

On peut tout à fait passer un week-end entier à Belgrade dans une thématique festive. Novi Sad mérite cependant vraiment un détour.

▶ **1er jour** : Belgrade. Visite de la ville : la cathédrale Saint-Sava, le Musée national, la forteresse de Kalemegdan. Promenade sur le Knez Mihajlova. Découverte du faubourg de Zemun sur le Danube. Ce sera ici l'occasion d'une plongée dans l'atmosphère si particulière de Belgrade.

▶ **2e jour** : Novi Sad. Visite de la vieille ville : maisons de style néoclassique, églises orthodoxes et catholiques, galeries d'art. Promenade à la forteresse de Petrovaradin. Un autre décor, une ambiance austro-hongroise, mais bien balkanique.

▶ **3e jour** : Sremski Karlovci. Ville baroque et chargée d'histoire. Puis visite des monastères de Krušedol et Hopovo dans le massif de Fruška Gora.

UNE SEMAINE EN SERBIE (6 JOURS)

▶ **1er jour** : Belgrade. Visite du centre-ville le matin : musée national, Knez Mihajlova (principale avenue piétonne) et Skadarlija, Kalemegdan – forteresse médiévale dominant la Save et le Danube –, église Saint-Sava, la plus grande église orthodoxe des Balkans construite dans les années 1990. Visite des alentours l'après-midi : Zemun et les quais du Danube et Avala (mont proche de Belgrade). Soirée à Skadarlija, où la rue piétonne Skadarska abonde en restaurants et en musiciens tziganes et belgradois.

▶ **2e jour** : Novi Sad. Visite de Novi Sad le matin : forteresse de Petrovaradin, musée de Voïvodine pour ses costumes et artisanat folkloriques, la vieille ville austro-hongroise. Visite des alentours l'après-midi : monastère de Fruška Gora, ville baroque de Sremski Karlovci, croisière sur le Danube.

▶ **3e jour** : Serbie centrale. Visite de Kraljevo le matin : la résidence des rois Obrenović et le monastère de Žiča. Visite de Čačak l'après-midi : musée, station thermale et gorges de Kablar.

▶ **4e jour** : la vallée des rois. Le matin : monastère de Studenica et place fortifiée de Maglič. Novi Pazar l'après-midi : mosquée du centre-ville et monastère de Sopoćani.

▶ **5e jour** : descente du Danube. Le matin : visite de Smederevo, forteresse du Moyen Age les pieds dans l'eau. L'après-midi : visite du défilé de Djerdap.

▶ **6e jour** : journée dans le parc national de Tara, sentiers de randonnées, puis balade en bateau sur la Drina.

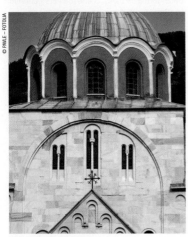

© PAWLE - FOTOLIA

Monastère de Studenica.

© NATIONAL TOURISM ORGANISATION OF SERBIA

Forteresse de Kalemegdan.

INVITATION AU VOYAGE

■ LE GRAND TOUR DE LA SERBIE EN 3 SEMAINES

1re semaine : le Danube et la Morava

▶ **1er jour :** Novi Sad. Centre-ville, forteresse de Petrovaradin, ville historique de Sremski Karlovci.

▶ **2e jour :** Belgrade. Musées national et ethnographique, forteresse de Kalemegdan, rues piétonnes et dîner à Skadarlija.

▶ **3e jour :** Voïvodine. Vršac la romantique, Sombor pour son architecture et son charme et le lac de Palić près de Subotica la baroque.

▶ **4e jour :** Danube. Forteresse de Smederevo, défilé du Djerdap et parc national de Djerdap. La nature dans toute sa force.

▶ **5e jour :** Kraljevo. Monastère de Žiča, forteresse de Maglič, vallée des rois.

▶ **6e jour :** Niš. Tour aux Crânes, site romain de Mediana et la forteresse turque.

▶ **7e jour :** environs de Niš. Station thermale de Sokobanja, et la montagne Stara Planina.

2e semaine : sports, musique et monastères

▶ **8e jour :** Leskovac. Lac de Vlasina, site romain de Caričin Grad et réserve naturelle de Djavolja Varoš.

▶ **9e jour :** Vranje. Château fort de Novo Brdo, monastère de Gračanica (Kosovo) et soirée musicale dans un café-concert de Vranje.

▶ **10e jour :** Kopaonik. Parc naturel et loisirs : ski et raquettes en hiver, geyser, randonnées et kayak en été. La sensation de la haute montagne.

▶ **11e jour :** Raška. Monastères de la Vallée des Rois (voir itinéraire court 1 semaine).

▶ **12e jour :** Zlatibor. Village ethno de Sirogojno et village d'Emir Kusturica, train touristique de Mokra Gora.

▶ **13e jour :** Nova Varoš. Parc national de Zlatar : activités de montagne. Canyon de l'Uvac.

3e semaine : au rythme de la Serbie

▶ **14e jour :** croisière intégrale sur le Danube en 2 jours. Un voyage hors du temps au milieu d'une nature préservée. Le Danube peut faire jusqu'à 6 km de large sur le parcours !

▶ **15e jour :** suite de la croisière.

▶ **16e jour :** l'île de Ada Ciganlija à Belgrade : détente, baignade et nombreuses activités sportives.

▶ **17e jour :** train Romantika : journée à Smederevo ou Sremski Karlovci avec le train à vapeur.

▶ **18e jour :** les vieux quartiers de Belgrade, Parcs de Košutnjak et Topčider, puis nuit en club sur l'eau.

▶ **19e jour :** Zlatibor, en pleine nature, également à la découverte du passé paysan.

■ ITINÉRAIRES THÉMATIQUES ■

La route des monastères

Il est possible d'organiser un voyage permettant de découvrir la grande richesse de l'art religieux orthodoxe serbe, et de comparer ensuite les différentes écoles d'architecture. Site officiel des églises orthodoxes serbes en version anglaise : www.spc.rs

▶ **Monastères de Fruška Gora.** Point de départ Novi Sad. En allant de l'ouest vers l'est, on trouve les monastères : Privina Glava, Divsa, Kuvezdin, Petkovica, Sisatovac, Besenovo, Mala Remeta, Beocin, Rakovac, Jazak, Vrdnik, Staro Hopovo, Novo Hopovo, Grgeteg, Velika Remeta et Krusedol.

▶ **Kruševac.** Monastères de Ljubostinja et Kalenić.

▶ **Monastères de la Morava.** Point de départ Despotovac. Art médiéval serbe de 1371 à 1427. Monastères Manasija, Ravanica, Kalenic.

▶ **Monastères d'Ovcar-Kablar.** Sur la rive gauche de la Zapadna Morava, sous Kablar, se trouvent Blagovestenje, Ilinje, Jovanje, Nikolje et Uspenje et sous Ovcar sont situés Vavedenje, Vaznesenje, Preobrazenje, Sveta Trojica et Sretenje.

▶ **Vallée des rois.** Monastères de Žiča et Studenica. Avec comme point de départ la ville de Kraljevo.

▶ **Novi Pazar.** Monastères de Sopoćani et Djurdjevi Stupovi.

▶ **Kosovo et Métochie.** Monastères de Gračanica, Dečani, Banjska et Peć. Info : www.eparhija-prizren.com

Nature et sport

▶ **1er jour :** Fruška Gora. VTT, trekking, réserves naturelles d'Obedska Bara (oiseaux).

▶ **2e jour :** défilé du Djerdap. Voile, croisière et camping en pleine nature.

▶ **3e jour :** parc national de Tara. Escalade, rafting sur la Drina, ours en liberté.

▶ **4e jour :** Nova Varoš. Kayak, ski, deltaplane, aigles, renards et sangliers à observer.

▶ **5e jour :** Kopaonik. Ski, raquette, parapente l'hiver ; rafting, équitation, photo-safari l'été.

▶ **6e jour :** Mont Zlatibor. Ski, trekking, rafting et lacs en altitude.

Les stations thermales en Serbie ont bonne réputation. Il y a plus de 1 000 sources d'eau minérale chaude ou froide dans tout le pays, riches en gaz carbonique et boue médicinale. Les 53 stations thermales de Serbie se rénovent petit à petit et deviennent de véritables oasis de verdure et de tranquillité. Elles sont généralement situées dans les vallées, entourées de forêts, pâturages et vergers. Leur paysage naturel est complémenté par des parcs aménagés pour des promenades, des terrains de sport, piscines, bar, restaurant... Les prix sont souvent très abordables. Consultez l'ensemble du réseau sur www.serbianspas.org pour vous constituer un circuit.

Le Danube à vélo

Une route européenne, la Véloroute Danube qui porte le code Euro Vélo 6, descend entièrement le Danube et fait partie de la transversale Atlantique/mer Noire. Elle traverse la Serbie sur 1 040 km (asphalte et route goudronnée, difficulté moyenne), soit 668 km de pistes principales, 370 km de pistes alternatives et de détours. De plus en plus fréquentée par les cyclotouristes, cette route longeant le Danube est particulièrement agréable car peu utilisée par les automobilistes qui empruntent plutôt les nationales à l'écart. Surtout, elle est très bien indiquée, avec une signalisation spécifique, bleu et rouge, indiquant les distances d'étapes. L'ensemble obéit aux standards de la fédération européenne des cyclistes. Dans les villes étapes, justement, de grands panneaux récapitulent le tracé. Vous pouvez commander la carte complète sur le site allemand : www.kartographie.de et obtenir les informations générales sur les sites : www.danube-info.org et www.eurovelo6.org – Une multitude de pistes agréables reliant les grandes villes (Belgrade – Zemun, Novi Sad – Sremski Karlovci, etc.) est à votre disposition. Nous vous suggérons également :

▶ **Sombor – Réserve naturelle de Gornje Podunavlje (Le Haut-Danube) – Apatin (25 km).** On part de Sombor on découvrira son centre historique et son musée municipal, puis on traverse le pont sur le canal Danube-Tisza-Danube, on passe à travers les bois romantiques, on fait des pauses dans des *čarda* (tavernes de poisson locales), pour la baignade, la pêche ou une activité sportive, on arrive à Apatin, joli village au bord du Danube.

Cathédrale de Saint-Sava à Belgrade.

Plus d'infos à l'office de tourisme de Sombor (www.visitsombor.org) ou d'Apatin (www.turizam.apatin.com).

▶ **Fortresse de Bač – Bačko Novo Selo (44 km).** En partant du centre historique de Bač, on découvre le monastère catholique (XIIe s.) et la forteresse de Bač (XIVe s.), puis le village de Vajska avec son lac voisin et ses bois de chênes, puis celui de Bođani et son monastère orthodoxe (XVIIe s.) produisant du miel. En continuant le long du Danube on arrive dans le village de Plavna et puis à Bačko Novo Selo où l'on se revigore dans un des restaurants sur le Danube. Plus d'infos à l'office de tourisme de Bač : www.turizambac.org

▶ **Fortresse de Ram – Srebrno jezero (Silver Lake) – Fortresse de Golubac (Parc national de Djerdap) (42 km).** La forteresse ottomane de Ram (XVe s.) offre de très belles vues sur le Danube, tout comme le village de Zatonje qui en plus offre une vue sur le lac Srebrno que l'on rejoint via le village d'Ostrovo. Sur le lac, possibilité de faire une promenade en bateau ou faire la sieste à la plage de sable. Possibilité de faire du camping à proximité. A Veliko Gradište on peut visiter une église du XIXe siècle. On traverse le pont sur la rivière Pek, les villages de Požeženo et Vinči et l'on arrive à Golubac pour admirer sa forteresse médiévale. C'est là où débute le parc national de Djerdap.

La route des vins

La Serbie est connue pour sa nature intacte et ses fruits bio, mais aussi pour ses vignes qui lient les gens au quotidien partageant aussi bien des instants de bonheur que de malheur depuis des siècles. Les vignobles ensoleillés et cultivés sur une terre saine depuis des milliers d'années portent en eux une longue histoire honorable. Les raisins et le vin ont toujours apporté la joie et la santé. C'est une source d'énergie naturelle pour le paysan fatigué. On compte un grand nombre de petits producteurs privés à travers tout le pays. De nombreuses caves situées dans les régions rurales sont acccessibles par au moins une route. Il est nécessaire de prévenir à l'avance pour toute visite.

Du nord au sud, les vins de Subotica et Pali

La curiosité et la particularité est l'ordre des Chevaliers du Vin (Arena Sabakienze), qui popularise la culture du vin. Les traditions viticoles sont maintenues grâce aux rituels durant lesquels les Chevaliers se livrent en costumes pittoresques. Les hiérarchies sont respectées et, pour les nouveaux candidats, les rites d'initiation comportent un test de connaissance.

▶ **Vinski Dvor à Palic** ✆ 024 754 762.

▶ **Salas Cuvardic à Subotica** ✆ 024 515 721.

▶ **Vignoble Dibonis à Subotica** ✆ 024 546 067.

▶ **Vignoble Coka à Subotica** ✆ 024 546 555.

Les vins de Fruška Gora

Le mont Fruška Gora est célébre pour ses vins. Il existe une soixantaine de caves où l'on peut déguster du Bermet, du Ausbruch et du Neoplanta typique de ce terroir.

▶ **Vinum à Sremski Karlovci** ✆ 021 619 924.

▶ **Đurđic (Djurdjic) à Sremski Karlovci** ✆ 063 51 77 59 – 021 49 42 43.

▶ **Cave Kiš à Sremski Karlovci** ✆ 021 882 880.

▶ **Dukla à Sremski Karlovci** ✆ 021 881 797.

▶ **Cave Roša à Sremski Karlovci** ✆ 021 881 911.

▶ **Cave Kosovic à Sremski Karlovci** ✆ 021 882 842.

▶ **Vignoble Kovacevic à Irig** ✆ 022 461 192.

▶ **Mačkov Podrum à Irig** ✆ 022 462 333 – 021 761 611.

Au centre, les vins de Topola

On déguste du Oplenac (mélange de riesling du Rhin et italien), du Srce (mélange de vranac et de gamay), du Duša (mélange de riesling italien et de smederevka) entre autres.

▶ **Cave Aleksandrovic au village de Vinča** ✆ 034 826 555.

▶ **Srpska Tradicija au village de Blaznava** ✆ 063 604 336.

▶ **Kraljev Podrum à Topola** ✆ 034 811 118.

▶ **Cave Vrbica à Aranđelovac** ✆ 034 727 561.

▶ **Cave Grb à Aranđelovac** ✆ 034 724 274.

▶ **Jelić au village de Bujačić** ✆ 014 291 143.

Au sud, les vins d'Aleksandrovac

Une cinquantaine de producteurs offrent leurs vins pendant le festival des vendanges durant trois jours. Le vin des caves de Župa coule sans cesse d'une fontaine sur la place au centre-ville.

▶ **Vignoble Ivanocic à Aleksandrovac** ✆ 037 755 033 – 063 528 246.

▶ **Maison du vin Minic au village de Tržac** ✆ 037 751 612.

▶ **Cave Radenkovic au village de Trnavci** ✆ 011 2620 090.

▶ **Cave Braca Rajkovic au village de Gornje Zleginje** ✆ 037 764 453.

▶ **Kosta Botunjac au village de Gornje Zleginje** ✆ 037 764 391.

▶ **Vila Vinum au village de Bučje** ✆ 037 733 169.

▶ **Vignoble Miljković au village de Rataje** ✆ 037 763 107 – 063 608 039.

© PAVLE – FOTOLIA

Site romain de Felix Romuliana.

DÉCOUVERTE

*Péniche
sur la Save.*
© NATIONAL TOURISM ORGANISATION
OF SERBIA

La Serbie
en 20 mots-clés

Ćevapčići

Présenté sous la forme de petits rouleaux de viande, ce plat typiquement serbe, orgueil de la nation, est servi dans tous les restaurants. Composés d'un mélange de viande de bœuf et de porc, assaisonnés d'oignon, d'ail et de poivre, ces petits rouleaux fondent dans la bouche. Leur usage remonte à l'époque ottomane, quand, à partir du XVᵉ siècle, l'armée turque introduit l'habitude de couper la viande en rouleaux. Ensuite, au fur et à mesure que les Serbes se spécialisent dans l'élevage de cochons, de la viande de porc est ajoutée à celle de bœuf. A ce propos, il faut savoir que le premier soulèvement serbe contre les Turcs, en 1804, a été initié par le plus important éleveur de porcs des Balkans, Karadjordje (Georges le Noir).

Café turc

Le café turc – appelé à présent café maison aux terrasses de café ! – est bien plus qu'un breuvage en Serbie. Servi dans de petites tasses

Ćevapčići.

qui rappellent l'époque ottomane, ce concentré très fort se boit souvent accompagné d'une cigarette, et représente un moment de détente et de rencontre. Le café turc symbolise en effet le lien avec le voisin de palier – la *komšija*, car aucune visite inopinée ne peut s'en passer. Dans les bureaux ou aux guichets de gare, il n'est pas rare de voir un petit panneau annonçant la « pause » au milieu de l'après-midi, car les employés consacrent volontiers leur quart d'heure traditionnel de repos à boire le café.

Cyrillique

L'alphabet plus que jamais officiel du pays, puisque précisé dans la Constitution de 2006 comme étant le seul légal. Inventé par des disciples des moines Cyrille et Méthode au IXᵉ siècle à partir du grec, il est, depuis, largement utilisé par les Serbes et diffère légèrement du russe, tout comme la langue serbe. Même si les Serbes ont toujours appris l'alphabet latin, notamment sous le communisme, et même si, globalisation aidant, la vie publique est de plus en plus sous influence de l'alphabet latin, les Serbes tiennent à préserver leur alphabet cyrillique qu'ils écrivent aussi simplement que le latin.

Danube

Pénétrant dans le territoire serbe par les plaines de Voïvodine et en sortant par les fameuses Portes de Fer, étroit défilé, le Danube est la principale voie de communication fluviale de la Serbie et une source de richesses importante. Ce fleuve relie en effet la Serbie à l'Europe centrale via la Hongrie, et donc à l'UE depuis mai 2004. Le trafic mer Noire – Europe du Nord par l'accès au canal Rhin-Main-Danube place la Serbie dans une position idéale. Par ailleurs, le Danube traverse la Voïvodine, qui représente le grenier à blé serbe. Arrivées à Belgrade, les croisières fluviales rencontrent un affluent, la Sava, en l'un des plus beaux sites des Balkans.

Dinar

Introduit en 1920, le dinar yougoslave est resté en Serbie, sous le nom de dinar serbe depuis l'éclatement de la Yougoslavie. C'est la

Faire – Ne pas faire

La Serbie ne se distingue pas des autres pays européens en ce qui concerne les règles essentielles de savoir-vivre. Voici donc juste quelques précisions.

▶ **Les notes d'hôtel** et de restaurant sont maintenant doublées d'un reçu imprimé, comme pour tout achat, et ce, grâce à l'introduction de la TVA. Le suivi des nouvelles règles est très strict, et vous n'aurez aucune mauvaise surprise. Parfois, il vous semblera que le service est lent ou que l'on vous oublie : c'est un trait typique de caractère national. Dans les grandes structures d'Etat, de moins en moins nombreuses, il faut parfois bousculer le personnel, mais dans les hôtels et restaurants privés, le service est aujourd'hui rapide et diligent. Exigez donc toujours une facture si elle n'arrive pas.

▶ **À la campagne,** une vraie hospitalité perdure. Il serait malvenu de refuser de boire un café chez ceux avec qui vous venez de parler quelques instants.

▶ **La Serbie est en Europe, qu'on se le dise.** Même si certains aiment à s'en démarquer. Les événements des années 1990 et l'éclatement de la Yougoslavie restent évidemment centraux. Le régime de Slobodan Milošević, décédé en mars 2006, reste présent dans tous les esprits et, s'il paraît naturel pour la plupart des Français de le critiquer, n'oubliez pas qu'il garde quelques supporters, même s'ils sont de moins en moins nombreux. Ainsi, et d'une manière générale, n'arrivez pas en « donneur de leçon occidental », surtout si vous avez affaire à un sympathisant du parti radical.

▶ **Les Français ont la cote** et la France, tout comme la culture française, est admirée ici. La traditionnelle francophilie, née dans les combats au coude à coude de l'armée d'Orient en 1915, reste vivace, comme en témoigne, dans le parc belgradois de Kalemegdan, le monument dédié par le peuple serbe au peuple français. Dans le pays profond, il peut vous arriver d'être reçu dans une famille en tant que Français, et, dans certains cas, ce serait un affront que de refuser l'hospitalité. Pour autant, la langue française est de moins en moins usitée, sauf par les anciennes générations. Prenez donc votre Assimil serbo-croate pour parcourir les campagnes. Dans les villes et tout particulièrement à Belgrade, on parle bien mieux et plus fréquemment anglais qu'en France. Si vous avez des notions d'allemand, vous trouverez également beaucoup de monde pour converser.

seule des six anciennes républiques à l'avoir conservé. Les Serbes s'amusent de cette monnaie particulièrement instable. Durant les années 1990, il y eut le nouveau dinar, puis le nouveau nouveau dinar, puis le super dinar, le tout pour tenter de lutter, sans aucun succès, contre une hyperinflation délirante. Au point qu'en décembre 1993, il faut 950 milliards de dinars pour un mark... Depuis, aucun pays européen ne vous reprend vos dinars.

Étoile Rouge

Club omnisports créé en 1945, l'Etoile rouge est une véritable institution en Serbie, attirant des supporters de toutes les couches sociales et surtout drainant à chaque match des supporters acquis à sa cause. Au point que lors de toutes les premières rencontres, on vous demande : « Es-tu *zvezda* ou *partizan* ? » c'est-à-dire pour l'Etoile rouge ou pour Partizan Belgrade ! Depuis leur victoire sur l'Olympique de Marseille en ligue des Champions en 1991, les jeunes footballeurs professionnels sont allés chercher fortune dans des clubs européens, mais le club de l'Etoile rouge continue à entraîner des milliers de petits et de grands.

Hajde, Bre

A la fois pause entre deux phrases et moyen de relancer la discussion. Vous aurez l'occasion, lors de vos nombreuses rencontres, d'entendre souvent cette expression. 450 ans de présence ottomane ont laissé des traces, et une coupure est nette entre le nord et le sud du Danube : dans la première partie du pays, l'influence autrichienne a apporté calme et apaisement dans les rapports entre les individus mais, dès que vous arrivez à Belgrade, la clameur des discussions et le ton élevé des voix sont frappants. Toute cette volubilité et une atmosphère trépidante vous mettent rapidement dans le bain !

Komšija

Voisin de palier et collègue de travail, le *komšija* est au centre de toutes les relations sociales. En Serbie, vous ne pouvez avoir de relation sociale sans inviter le voisin à prendre un café. Une véritable microsociété s'organise au niveau de chaque palier des grands immeubles, où l'on donne un cours de soutien scolaire contre une réparation mécanique. Et, souvent, on connaît mieux les petites habitudes et la vie privée du *komšija* que celles de ses propres oncles ou cousins !

Kosovo-Metohija

Province historique de la république de Serbie, le Kosovo-Metohija (ou Kosmet) s'est déclaré indépendant en février 2008 après que les Nations unies en prirent le contrôle en 1999, ce qui a choqué les Serbes. Pour les Serbes, le terme « Kosovo » est relié aux vastes plaines situées à l'est de la province. En effet, historiquement, le Kosovo vient du terme serbe *kos* qui désigne le « merle noir ». Alors que le terme Metohija vient du grec *metohion*, qui désigne les « terres d'un État ecclésiastique ». Le terme « Methoja » n'est toutefois guère plus utilisé que par la classe politique. Aujourd'hui, cette région est celle d'Europe où la densité d'églises chrétiennes est la plus forte : sur un territoire de 10 849 km², on ne compte pas moins de 2 500 églises et monastères ! Surtout, le Kosovo est un sujet majeur de politique intérieure, car la province est considérée par les Serbes comme le berceau de leur civilisation.

Représentation de Sv. Jovan Preteča.

Monastères

Où que vous alliez, vous en trouverez un. Dans le moindre repli de terrain, la fin d'une petite vallée, le début d'une montagne, un monastère orthodoxe a été construit, entre le XIIe et le XIXe siècle. Il n'est, par exemple, que de voir la densité de monastères au pied de la Fruška Gora en Voïvodine – 18 en quelques kilomètres – pour s'en convaincre. Des plus beaux, byzantins, aux plus modestes, en fait, de petites églises, le monastère est à la Serbie, ce que la baguette est à la France. Une marque de fabrique. A noter qu'ils sont tous toujours utilisés.

Opanci

LE cadeau qu'il faut absolument rapporter pour ses enfants ou ses amis. Ces chaussons en cuir traditionnels du paysan serbe, dont le bout avant est retourné vers le haut, s'attachent à des chaussettes en laine par de longues et fines sangles, bref, de quoi parader dans nos belles rues de France ! Avec la *šajkača* – chapeau oblong et fendu en son sommet – les *opanci* représentent l'un des éléments incontournables de l'identité nationale. Si, en plus, vous y ajoutez le *prsluk*, ou gilet court brodé à la main de motifs datant de l'époque ottomane, vous serez le parfait représentant de la Choumadie !

Orthodoxie

Pas seulement une religion, l'orthodoxie est le ciment culturel des Serbes. C'est grâce à leur religion que les Serbes ont pu sauver leur identité à une époque, le XVe siècle, où ils étaient menacés de disparition en tant que tel. Et même s'ils ne pratiquaient plus guère à l'époque communiste, le sentiment d'appartenir au monde orthodoxe est vite revenu ensuite.

Pivo

Le mot magique ! De la bière, on en trouve partout, car chaque région et chaque grande ville ont leur marque, et surtout, tout le monde en boit. N'allez pas croire tout de même que les Serbes boivent plus que les Belges, même si ce sont justement les brasseries belges qui ont acheté les principales brasseries serbes…

Rakia

Boisson nationale en Serbie, la *rakia* est le terme générique qui désigne les eaux-de-vie. La šljivovica par exemple (village près de Zlatibor où est né le produit) est faite de prune et se boit aussi bien en apéritif, comme élément de fête, que comme médicament contre la grippe ! Fruit emblématique de la Serbie centrale, la prune, ou *šumadija*, est cultivée depuis des siècles par la grande majorité des petits propriétaires agricoles. En effet, les paysans l'utilisaient pour combattre la chaleur pendant les travaux de récolte ou de fauchaison des blés. Encore aujourd'hui, chaque foyer dispose d'une bouteille de šljivovica souvent originaire d'une ferme familiale, et il arrive même que, lors de la visite d'un monastère, le pope vienne s'installer à vos côtés après la messe, avec une bonne bouteille installée en évidence sur la table.

Slava

Fête patronale de famille, la *slava* réunit le cercle familial une fois par an. Cette coutume remonte à l'époque ottomane, quand les autorités turques interdisaient tout regroupement de plus de dix personnes, sauf s'il était de nature religieuse. Depuis, chaque enfant hérite à la naissance du saint patron honoré par son père et, lors de la Saint-Sava ou de la Saint-Jovan, la famille élargie et les amis proches célèbrent ensemble cette fête, qui est la plus importante pour tous les Serbes.

Tennis

Si la Serbie demeure le pays du basket, du water-polo, du volley, elle est aussi aujourd'hui devenue le pays du tennis grâce à Novak Djokovic, Jelena Janković, Ana Ivanović, Nenad Zimonjić, Viktor Troicki et Janko Tipsarević qui ont propulsé le tennis parmi les sports les plus populaires du pays.

Truba

Chaque année, vers mi-août, les *trubači* (joueurs aux trompettes typiquement serbes) se réunissent dans le village de Guča (prononcez : Goutcha) et rivalisent de talent et de savoir-faire pour remporter le trophée de meilleure fanfare de l'année. Le festival, avec une tradition depuis 1961, réunit plusieurs centaines de milliers de visiteurs chaque année, dont un nombre considérable de Français. Boban Marković, Goran Bregović, Fejat et Zoran Sejdić, Dejan Petrović ont rendu célèbre le festival de trompette de Guča dans le monde entier. Lors d'une visite au festival, Miles Davis a dit : « Je ne savais pas qu'on pouvait jouer de la trompette de cette façon. » L'amour des habitants de la région de Dragačevo pour la trompette a commencé sous le règne du prince Miloš Obrenović qui

a exigé, en 1831, la création d'un orchestre militaire. La trompette s'est imposée, jusqu'à nos jours, comme l'instrument le plus connu qui accompagne les fêtes traditionnelles et les grands événements de la vie : naissances, baptêmes, mariages, slava (la fête du saint protecteur de la maison), les récoltes, les vendanges et les funérailles.

Tziganes ou Roms

Peuple de riche culture, les Tziganes habitent toutes les régions de la Serbie. A l'époque communiste, ils jouissaient de droits culturels importants, et possédaient des écoles et des partis politiques dans les villages et les régions où ils formaient une majorité. Ils sont parmi les derniers à utiliser des charrettes tirées par des chevaux. Aujourd'hui, plus isolés, ils se regroupent dans certains quartiers des villes, comme celui de Ciganska Mala, à la périphérie de Niš. Ils parlent une langue différente des langues slaves, et leurs dialectes régionaux sont fortement marqués, au point qu'un Rom de Voïvodine ne peut comprendre un Rom du Kosovo !

Vidovdan

Svantovít, un ancien dieu sacré des premiers Slaves. L'actuel Saint-Guy est un jour symbolique que l'on se plaît à commémorer. C'est le 28 juin, le jour de la Saint-Vituv qu'eut lieu la bataille du Kosovo, en 1389. Devenu allégorique pour célébrer le martyr serbe, Vidovdan a une grande importance en Serbie. Et ce, d'autant plus que d'autres événements importants ont eu lieu depuis à cette même date, tel que l'assassinat de François-Ferdinand à Sarajevo en 1914.

Zastava

Dinosaure de l'industrie lourde communiste, Zastava fabrique toujours des armes, des camions et vient de stopper la fabrication des voitures, dont la Yugo importée en France au début des années 1980, mais fabrique depuis mai 2009 des Fiat Punto ancienne génération. Les bombardements du printemps 1999 ont partiellement détruit l'usine, reconstruite depuis, afin de préserver quarante années de tradition métallurgique dans la région et l'un des sites industriels les plus importants de l'ex-Yougoslavie. Depuis, si l'usine d'armement se porte bien, celle de voitures vit une révolution. A Kragujevac, fief de Zastava, Fiat doit investir à terme 700 millions d'euros pour y fabriquer une nouvelle petite voiture.

Survol de la Serbie

GÉOGRAPHIE

La Serbie est un pays de taille moyenne en Europe du Sud-Est : il compte 88 361 km^2 avec le Kosovo et 77 484 km^2 sans. Mais c'est un pays relativement important à l'échelle des Balkans, d'autant plus qu'il y occupe une position de carrefour et y a toujours été un acteur politique incontournable. La république de Serbie compte 7 334 935 habitants (estimation 2009), mais ce chiffre ne prend que partiellement en compte les 500 000 réfugiés de Bosnie, Croatie et Kosovo.

▶ **Sa capitale, Belgrade,** est à l'intersection de l'ancienne route de l'Orient Express qui mène de Vienne et Budapest à Istanbul par la Bulgarie, ou bien à Athènes par la vallée de la Morava et la Macédoine. Aujourd'hui, le Corridor 10 prévu par l'Union européenne – axe de communication et de transports traçant une ligne de Budapest à Athènes – ne fera qu'amplifier la position de la Serbie sur l'échiquier est-européen.

▶ **À l'est justement,** limitée par la frontière naturelle que constitue le Danube, la Serbie est frontalière de l'Union européenne depuis l'adhésion de la Bulgarie et de la Roumanie.

▶ **Au nord,** également dans l'Union, c'est la Hongrie.

▶ **À l'ouest,** ce sont les anciennes républiques yougoslaves, avec, du nord au sud, la Croatie, la Bosnie-Herzégovine, le Monténégro et la Macédoine qui constituent ses frontières politiques.

▶ **Le cas du Kosovo (10 849 km^2)** est plus complexe. Province autonome jusqu'en 1999, le Kosovo a acquis son indépendance le 17 février 2008 par un vote de son Parlement.

▶ **Enfin, au nord,** la Serbie abrite une région autonome : la Voïvodine (21 506 km^2).

Relief

Sur sa frontière ouest/sud-ouest, la Serbie se trouve sur les flancs méridionaux des Alpes dinariques, ce qui explique la présence de nombreux sommets élevés, 15 d'entre eux dépassant les 2 000 m. A partir de ces sommets parfois impressionnants, se développent vers l'est des massifs montagneux et des forêts et pâturages alpestres, c'est la Stara Planina, parfois entrecoupés de lacs et de rivières en altitude. Vers le nord, s'étendent ensuite les vallées fluviales de la Morava –

Les montagnes et sommets de Serbie

La Serbie possède un territoire très montagneux. Elle ne compte pas moins de 15 sommets au-dessus de 2 000 m. En voici les plus importants :

▶ **Le massif du Prokletije** a 4 sommets de plus de 2 500 m d'altitude : Djeravica (2 656) le plus élevé, Gusam (2 539), Bogdas (2 533) Žuti Kamen (2 522).

▶ **Le massif de Šar Planina** a 2 sommets de 2 500 m d'altitude ou plus : Crni Vrh (2 585), Ljuboštén (2 498).

▶ **Le massif de Stara Planina** au sud, près de Pirot et son sommet de Midžor avec 2 168 m.

▶ **Le massif de Suva Planina** au sud également, près de Niš et son sommet de Trem à 1 809 m.

▶ **En ajoutant les très nombreux systèmes montagneux** culminant entre 1 500 et 1 900 m, on obtient un véritable entrelacs de chaînes ceinturant le pays dans une sorte de fer à cheval à l'envers.

dans un sens nord/sud – et celles de la Save et du Danube – dans un axe nord-ouest/sud-est. Puis viennent les grandes plaines de la Bačka, qui s'étendent jusqu'en Hongrie, et celles du Banat qui sont mitoyennes de la Roumanie. Ces plaines sont en réalité le prolongement de la très ancienne plaine pannonienne qui couvre la majeure partie du territoire hongrois. En outre, la région du Sandžak à l'ouest et la Serbie orientale en général est une région karstique, notamment le karst dinarique, composé de roches calcaires qui lui donnent cet aspect tourmenté. Ainsi, des massifs relativement élevés, comme Bjelanica à 1 445 m, recèlent des canyons et des grottes naturelles. Au final, les massifs occidentaux et orientaux, de formations géologiques différentes, coupés par la plaine de la Morava et la grande plaine hongroise au nord donnent une grande variété de paysages à la Serbie.

Zones géographiques

27 % de la Serbie est couverte de forêts. Ces domaines forestiers façonnent le mode de vie de régions concernées, comme la chasse dans la Bačka ou la Fruška Gora, ou bien le pâturage dans le centre du pays dès les premières collines. Dans les vallées encaissées et les plateaux, le karst a favorisé le creusement des lacs et des canyons de grande envergure : la rivière Tara, à cheval sur la Serbie et le Monténégro, est située dans le canyon le plus profond d'Europe. On peut donc schématiquement découper la Serbie en trois types de milieux : un espace de hautes montagnes entrecoupées de hauts plateaux et de vallées profondes dans le sud-ouest de la Serbie ; des montagnes jeunes et des collines, accueillant le plus grand nombre d'habitants, occupent la Choumadie ; enfin, de grandes plaines balayées par la košava, vent froid venu du nord, s'ouvrent vers la Hongrie et la Roumanie.

Hydrographie

La Serbie est organisée selon deux axes fluviaux importants.

▶ **Tout d'abord, le Danube** traverse la Serbie du nord à l'est, sur 588 km. Depuis l'ouverture de l'axe Rhin-Main-Danube en 1992, le trafic à grand gabarit s'est développé de Rotterdam à la mer Noire, et le tronçon serbe a pris de l'importance : ainsi, le port fluvial de Smederevo, à l'est de Belgrade, a été entièrement acheté par un groupe autrichien en 2002. De plus, les fleuves Sava et Tisza

Ticije Polje.

alimentent, chacun sur environ 200 km, le trafic vers le Danube, et un réseau de canaux de plus de 600 km a été aménagé pour mieux profiter de l'axe danubien.

▶ **L'autre axe important** réside dans la rivière Morava, située dans un bassin d'eau relié à la mer Noire et qui a de tout temps organisé les communications entre le sud et le nord de la Serbie. La Morava occidentale draine tous les cours d'eau de la Serbie occidentale et traverse les principales villes de Choumadie que sont Užice, Čačak et Kraljevo. En amont de Kruševac, cet axe fluvial ouest-est rejoint la Morava méridionale afin de constituer un fleuve de débit moyen mais stratégiquement capital, car il relie les villes susmentionnées et Niš, troisième ville du pays, à la capitale sise sur le Danube. La gestion de l'eau, abondante, n'en a pas moins été une préoccupation ancienne. Les nombreux canaux, surtout en Voïvodine, les deux grands barrages sur le Danube indiquent la volonté d'utiliser cette ressource. Et si l'eau est une denrée abondante et de qualité en Serbie, en témoignent les très nombreuses sources d'eau minérale exploitées, la complexité des bassins hydrologiques rend sa gestion difficile. Paradoxalement, c'est dans le grenier à blé de la Serbie, la Voïvodine, que l'eau est la plus précieuse.

■ CLIMAT

Globalement, le climat est semi-continental. C'est-à-dire à mi-chemin entre le climat tempéré français et un vrai climat continental type Russie. La Voïvodine et la Choumadie ont un climat typiquement continental, proche de celui d'Europe centrale ; les plateaux et vallées de Serbie méridionale ont un climat montagnard. Dans les plaines pannoniennes qui longent le Danube, comme dans toute la Serbie centrale, l'hiver peut être très sévère et l'été étouffant. L'hiver dure longtemps, avec des températures rigoureuses (-10 °C en février) et parfois la fameuse *košava*, vent froid venu du nord, qui balaie les plaines. Malgré cela, il faut avoir vécu un hiver slave, lorsque la ville blanche (Beograd) est recouverte d'une mince couche de neige, mais qui est malgré tout agréable car il fait sec et ensoleillé. Les étés sont très chauds et le thermomètre oscille autour de 24 °C en moyenne. Une moyenne qui cache mal les sommets que peut gravir le thermomètre : jusqu'à 40 °C. Entre les deux, les saisons intermédiaires sont courtes mais idéales pour le tourisme, avec un temps doux et sec au printemps, et surtout un automne ensoleillé et très agréable. Dans les régions montagneuses, le climat varie selon l'altitude. Sur les massifs élevés de Serbie occidentale, les températures hivernales tombent à moins de 4 °C au-dessous de zéro en moyenne, et la neige recouvre le sol de novembre à avril. C'est la période du ski dans les stations de Zlatibor et Kopaonik, et on trouve encore de la neige en juin dans les niches d'origine glaciaire des hauts sommets de Kopaonik. Dans les bassins et les vallées encaissées plus proches des différentes Morava, les journées restent toujours assez ensoleillées car la pluviométrie est relativement faible : vos randonnées et autres activités dans les canyons et les hautes collines n'en seront que plus agréables ! Mais attention aux nuits et aux matinées assez fraîches : en été, dans les collines d'altitude, la température avoisine seulement les 15 °C à midi !

■ ENVIRONNEMENT – ÉCOLOGIE

Dans un pays qui fait face à un exode rural et où la densité de population reste faible, les campagnes sont en bonne santé. Et il ne faut pas monter très haut pour respirer un air vivifiant et agréable : Divčibare, Zlatibor ou Biogradska Gora sont connus pour leur bon air. De même, les stations thermales et cours d'eau, souvent situés dans des vallées encaissées, offrent de nombreuses zones préservées de toute pollution. A condition qu'ils se situent dans des zones non peuplées... Car, en revanche, les grands centres urbains et surtout industriels sont touchés par la pollution moderne. Infrastructures minières souvent obsolètes, usines délabrées et surexploitation de certains sols valent à Bor ou à Kragujevac, par exemple, un taux de pollution de l'air et du sol supérieur aux normes habituelles. L'autre problème est souvent le manque de discipline et de culture écologique de la population. Longtemps habitués à se soucier des propriétés de l'Etat comme d'une guigne, les Serbes ne font pas très attention à l'espace public. Ce qui donne, dans les campagnes, des sites abîmés par les détritus. L'abandon des vieilles voitures est un exemple frappant de ce manque de conscience. On en trouve n'importe où. Les décharges sauvages sont également le corollaire d'un manque de moyen général qui fait que la Serbie est en retard dans ce domaine, car la filière retraitement existe à peine. On brûle toujours dans des décharges classiques. Mais l'un des problèmes les plus épineux réside dans les conséquences des bombardements de 1999. La destruction d'une partie des installations chimiques de Pančevo a perturbé pour plusieurs années le cycle écologique du Danube en aval. A l'extrême sud du pays, dans les environs proches de Surdulica et de Bujanovac, la terre est encore parsemée d'éclats de bombe. Et surtout, beaucoup de ces bombes étaient à l'uranium appauvri...

Efforts actuels

Les choses avancent lentement. A Pančevo par exemple, 5 ans après l'opération de l'Otan, si les cuves chimiques ont été entièrement refaites et les berges assainies, une grave pollution au benzène, venant de la raffinerie, en novembre 2006, a provoqué l'ire des habitants. Les investissements de sécurité et écologiques sont toujours repoussés dans les grands complexes étatiques. Il reste donc encore beaucoup à faire, même si des efforts considérables ont été consentis pour effacer les atteintes écologiques spécifiques de 1999. Pour autant, trois types de domaines écologiques, protégés par l'Etat, ont été développés ces dernières années. D'abord, les nombreux parcs naturels nationaux et régionaux, créés du temps de Tito, sont de mieux en mieux entretenus et disposent de moyens. Les habitants y tiennent beaucoup et font preuve d'un rapport à la nature qui, même s'il n'est pas aussi concerné qu'au Canada, s'améliore progressivement. Plus intéressantes en matière d'écologie sont les réserves naturelles. Toujours situées dans des espaces privilégiés et abritant une faune et une flore prolifiques, les réserves sont relativement bien aménagées : Zasavica ou Carska Bara respirent la propreté. Enfin, les forêts en montagne restent préservées de toute atteinte néfaste.

Cependant, un quotidien serbe publiait, en 2006, une grande enquête sur la qualité de l'eau dans les grandes villes. Les résultats n'étaient pas très bons. En revanche, l'initiative prouve que beaucoup s'intéressent désormais à la question, le ministère de l'Ecologie prend sa place et communique beaucoup, et un parti « vert » s'est créé, sans qu'il ait toutefois, pour l'instant, beaucoup de succès.

▬ PARCS NATIONAUX

La Serbie est très riche en sites naturels diversifiés, et l'offre en matière de tourisme lié à la nature est considérable. Ce pays relativement petit, mais à l'écosystème si divers peut s'enorgueillir de 5 parcs nationaux, 10 réserves naturelles et 12 grandes grottes naturelles. Les amateurs de chasse ne sont pas oubliés, avec plus de 8 millions d'hectares destinés à cette activité, répartis en 24 grands domaines aménagés et près de 280 sites éparpillés dans tout le pays. Leur création, ancienne, est due au maréchal Tito, à la tête de la Yougoslavie, et qui était constamment soucieux de se préserver de grands espaces de chasses ou de nature, en amateur éclairé mais aussi, elles procèdent du souci d'attirer les touristes étrangers et leurs devises. Les reliefs très divers et l'abondance des cours d'eau ont permis l'émergence de ces sites naturels occupant généralement de petits territoires, mais tous d'un type très particulier. Les parcs et réserves sont en général bien indiqués et, s'ils ne sont pas tous préservés comme en Occident, restent néanmoins sous le contrôle de lois et de structures spécifiques. Les parcs nationaux sont assez bien aménagés pour le tourisme. Leur écosystème est préservé et les constructions obéissent à des règles draconiennes (respect du milieu naturel, pas de constructions n'importe où, périmètres réservés) ; ils proposent aussi des hôtels et des campements aux normes européennes. Ils sont toujours situés dans un massif montagneux particulièrement boisé et riche en biodiversité. Les réserves naturelles bénéficient d'une moindre protection. L'homme peut y vivre. Elles sont situées dans des zones moins montagneuses et peuvent être également des lacs. Les réserves d'oiseaux autour de Belgrade et en Voïvodine sont placées sous la surveillance de l'Etat et, à présent, d'institutions internationales, alors que les gorges aux périphéries orientales du pays font partie du paysage et de l'économie locale. Pour visiter les grottes, il faut une certaine dose d'opiniâtreté. La plupart d'entre elles ont été découvertes assez récemment et sont peu fréquentées par les touristes locaux. Pour y accéder, il faut s'informer en général auprès d'un guide local ou même à la mairie.

Les richesses naturelles de la Serbie

Parcs nationaux
▶ Đerdap.
▶ Fruška Gora.
▶ Kopaonik.
▶ Šar-Planina (Kosovo).
▶ Tara.

Réserves naturelles
▶ Lacs de Vlasina et de Ludaš.
▶ Gorges de l'Uvac, de Gradac et de Mlava.
▶ Réserves de Deliblatska Peščara, Carska Bara et Karadjordjevo.
▶ Site de Djavolja Varoš.
▶ Canyon de l'Uvac et de Gradac.

Grottes
▶ Resava.
▶ Lazareva ou Zlotska.
▶ Vernjikica.
▶ Rajkova.
▶ Ceremošnja.
▶ Risovača.
▶ Mermerna.
▶ Potpečka.
▶ Prekonoška.
▶ Petnička.
▶ Bogovinska.
▶ Stopića.

Mais leur découverte est un pur émerveillement car les grottes nous prodiguent des beautés souvent majestueuses et rarement courtisées jusque-là ! Certaines ne sont même accessibles qu'à des randonneurs confirmés. Conseiller : les grottes de Resava et Ceremošnja par exemple, à 3 heures de route de Belgrade à l'est, encore peu fréquentées et aménagées pour une visite en famille. Il est évidemment impossible en un séjour de parcourir tous les sites intéressants, mais un amateur de nature se doit d'avoir visité en Serbie les sites suivants :

■ **NATUREPROTECTION.ORG.RS**
www.natureprotection.org.rs
Pour s'informer sur la nature et les parcs nationaux de Serbie. Ce site en anglais comporte notamment des liens vers tous les parcs nationaux.

■ FAUNE ET FLORE

Faune
La Serbie, riche en montagnes, rivières et forêts, possède une faune variée, dont beaucoup d'espèces protégées. On trouve ainsi dans les montagnes de Serbie occidentale des ours et des aigles qui n'existent plus en France. Les futaies et les prairies abritent nombre d'espèces végétales rares, tel le fameux

pančićeva omorika, cet arbre élégant et très haut que l'on rencontre sur les hauteurs du massif de la Tara.

Oiseaux

Plusieurs réserves naturelles abritent des oiseaux aussi variés que nombreux. En Voïvodine, dans la plaine de Carska Bara, il est fréquent de rencontrer pas moins de 300 espèces d'oiseaux sur quelques kilomètres carrés ! La situation de carrefour et les grandes plaines ouvertes favorisent la présence d'un grand nombre d'oiseaux migrateurs. Ainsi, on y trouve des colonies d'échassiers, de flamants roses et de hérons mais aussi, en nombre plus modeste, la grue cendrée, le merle d'eau et l'outarde. En altitude, certains types de rapaces survolent les montagnes, dont l'aigle noir à tête blanche au-dessus du canyon de l'Uvac et le majestueux aigle fauve à la frontière du Monténégro.

Poissons

Relativement nombreux dans le pays, les fleuves, rivières et torrents recèlent des richesses insoupçonnées. Pour les amateurs de pêche ou tout simplement les amoureux de la nature, la carpe, le brochet, la sandre ou la silure sont légion dans quasiment toutes les régions de Serbie. De plus, certaines espèces de poissons d'eau vive, que l'on ne trouve qu'en Europe centrale, s'ébattent dans les torrents et rapides des montagnes. Dans certaines réserves naturelles comme celle d'Obedska Bara, on peut découvrir la plupart des espèces de poissons d'eau douce.

Forêts

Dans les nombreuses forêts qui couvrent la Serbie, le spectacle est souvent admirable, tant les espèces animales y sont variées et bien souvent mieux préservées qu'ailleurs. Le cerf, le chevreuil, le sanglier et le renard s'y multiplient, surtout dans les parcs nationaux. Sans oublier le lièvre, la perdrix, le canard sauvage, la caille et le coq de bruyère présents dans de nombreuses futaies de moyenne altitude.

Montagnes

La bonne surprise de ce pays aux nombreuses montagnes et aux verts pâturages, ce sont les espèces aujourd'hui pratiquement disparues en France mais qui, ici, vivent encore et prospèrent, le plus souvent dans les parcs naturels, il est vrai. A flanc de montagne, le bouc, le mouflon et le chamois ne sont pas rares. Le renard, le lynx et surtout le loup sont encore très nombreux et ne semblent pas gêner les paysans. Enfin et surtout, les ours sont encore vivants dans certaines régions de Serbie. Dans les massifs de Tara, et de Zlatar, on peut les voir de loin, imposants et touchants à la fois. Pour les moins téméraires, des safaris-photos sont organisés dans ces régions. Les amateurs de la nature prendront donc plaisir à parcourir les montagnes de Serbie à la recherche de sensations ou plus simplement du plaisir de découvrir des espèces rares ou disparues en France !

Flore

Moins impressionnante que la faune, la végétation de Serbie a pourtant plusieurs atouts. Les forêts d'abord, avec, dans chacune d'elles, une arboriculture liée au relief et au climat. Autour des lacs de moyenne altitude, comme le lac de Vlasina, des bouleaux argentés entourés de hautes herbes ne sont pas sans faire penser à certaines pages de Tolstoï ou de Dostoïevski... Un peu plus haut, dans les vallées encaissées règnent les arbres à feuilles caduques : le frêne, l'érable et le tilleul. Mais le ravissement est à son comble sur les hauteurs enneigées en hiver, où l'on se promène à travers pins, sapins, mélèzes et hêtres. Dans ces massifs de la Tara ou à la frontière du Monténégro, les fleurs de montagne sont également belles à voir, comme les narcisses et les violettes, ainsi que quelques espèces rares comme le *božur* ou encore la *jeremičak*.

Jardin du palais royal des Karađorđević.

DÉCOUVERTE

Histoire

Les premiers peuples

Les premiers peuplements de la Serbie actuelle datent de 8 000 ans. Les sites préhistoriques de Starčevo et Vinča près de Belgrade et celui de Lepenski Vir sur le Danube attestent d'une activité agro-pastorale, organisée autour des cultures de blé. Un artisanat se développe également avec la poterie et le travail du fer. A partir de 3500 avant notre ère, des populations semi-nomades, provenant des steppes de Russie et parlant des langues indo-européennes, s'installent au sud du Danube. Parmi elles, sans doute des Illyriens, travaillant le fer et le bronze, s'installent dans la partie occidentale des Balkans et nouent des contacts avec les villes grecques, grâce au commerce du fer. A l'est du Vardar et de la Morava, en revanche, les peuplades sont sous la domination des royaumes des Daces et des Thraces.

Après -300, les Celtes débarquent, forts de leur supériorité militaire due à la maîtrise du travail du fer qui leur permet la confection d'armes tranchantes. Leur présence est attestée également par le nom romain de Belgrade, Singidunum, qui a pour origine la référence aux Celtes. Attirés par les métaux et les esclaves, les Romains doivent combattre trois siècles avant de pouvoir s'installer définitivement dans les Balkans. Les Illyriens sont vaincus en l'an 9 de notre ère et le proconsul Crassus s'installe, en l'an 29, à l'est de la Serbie actuelle. Pendant quatre siècles, les Romains bâtissent aqueducs, ponts et fortifications le long du Danube, qui est la frontière de la province de Mésie avec les peuples, dits barbares. Les villes de Naïssus (Niš) et de Sirmium (Sremska Mitrovica) représentent les témoignages les plus frappants de cette époque.

En 395, après la mort de l'empereur Théodose, la séparation de l'Empire romain entre l'Orient et l'Occident provoque une coupure irréversible. La partie orientale de l'empire sera donc tournée vers Constantinople, ce qui reliera les Serbes qui s'installeront dans la Mésie pour longtemps au monde byzantin. La conséquence est territoriale : la frontière entre l'est et l'ouest part de l'intersection entre l'Albanie et le Monténégro actuels, pour remonter jusqu'à Sirmium au nord et suivre ensuite vers l'est la ligne de la Save et du Danube. On peut dire qu'à partir de cette fracture historique, les Serbes seront toujours orientés vers l'est. Les coups de boutoir des Goths, des Avars et des Huns sur cette frontière du Danube finissent, après trois siècles d'incursions permanentes, par mettre à bas l'autorité romaine. A partir du Ve siècle de notre ère, et pendant encore trois siècles, les Slaves du Sud, originaires de la Pologne et de l'Ukraine actuelles, arrivent dans les Balkans et peuplent entièrement la région, en refoulant les Albanais à l'extrême sud-ouest et les populations romanes au nord du Danube (ceux qui restent et qui parlent un dialecte roumain sont slavisés). En 626, l'empereur byzantin Héraclius forme, pour venir à bout des Avars, une alliance avec deux peuples installés dans les Carpates, les Serbes et les Croates. La conséquence est double. Les Serbes s'installent sur un territoire allant du Danube à l'Adriatique, mais à l'est de la frontière qui séparait les Empires romains d'Orient et d'Occident. Surtout, ils vont appartenir, après l'évangélisation des moines grecs Cyrille et Méthode, à l'espace chrétien d'obédience byzantine et, après le schisme de 1054, à l'église orthodoxe.

Moyen Âge, l'âge d'or serbe

▶ **845-1169 : les principautés serbes.** La première principauté serbe voit le jour au milieu du IXe siècle, au moment où le Župan (prince) Vladimir profite d'une victoire sur les Byzantins pour créer un Etat réunissant les féodalités qui y avaient concouru. Vladimir et ses successeurs prêteront allégeance aux empereurs byzantins mais, en échange, la Rascie – ce nouvel Etat fondé par Vladimir – sera le siège de la principale Cour de justice dans les Balkans. Au IXe siècle, les territoires englobés par cet Etat sont la Serbie méridionale et occidentale, l'Herzégovine et le Monténégro actuels. En même temps, l'empereur byzantin envoie les moines Cyrille et Méthode évangéliser les Slaves. Afin de rendre le christianisme accessible aux populations de la région, Cyrille met au point une écriture basée sur l'alphabet grec, bien adapté à la traduction dans la langue liturgique, le slavon, des écritures saintes. Ce sera l'alphabet cyrillique. Il constituera la principale différence entre Serbes et Croates.

Chronologie

▶ **500-700 >** Arrivée des tribus slaves du Sud. Elles s'établissent dans des régions allant du Danube à la mer Adriatique.

▶ **Fin IXe siècle >** Les moines grecs Cyrille et Méthode, partis du mont Athos, évangélisent ces régions et y laissent en héritage un alphabet, le cyrillique.

▶ **845 >** Fondation du premier Etat serbe par le Župan (prince) Vladimir. Il s'établit en Rascie jusqu'au XIIe siècle, l'actuel Sandjak au sud-ouest de la Serbie.

▶ **1051 >** Premier roi, Michel.

▶ **1077 >** Vladimir Ier Vojislavljević réunit la tribu des Duklja et crée le royaume de Zeta, là où se trouve le Monténégro actuel. A sa mort, des divisions entre princes mènent au démembrement du royaume, ce qui facilite sa conquête par Stefan Nemanja, roi serbe de Rascie. C'est le deuxième royaume serbe, celui des Nemanjides.

▶ **1169-1195 >** Règne de Stefan Nemanja en Serbie, et début de la dynastie des Nemanjić. Ses successeurs Dragutin et Milutin étendront le territoire jusqu'au Vardar et au Danube.

▶ **1331-1355 >** Age d'or de la Serbie avec Dušan le Grand, qui se fait couronner empereur des Serbes et des Grecs en 1346. La Macédoine et la Thessalie appartiennent également aux Nemanjić.

▶ **28 juin 1389 >** Défaite incertaine de l'armée du prince Lazare par les Turcs dans la plaine du Kosovo (Champ des merles). Début des pertes territoriales serbes au profit des Turcs, même si la première bataille menée par les Ottomans est celle de la Marica en 1371.

▶ **1459 >** Annexion complète de la Serbie par l'empire ottoman après la chute de Smederevo.

▶ **1521 >** Prise de Belgrade par les Turcs. Les Serbes sont rattachés au patriarcat de Peć, au Kosovo, patriarcat indépendant de Constantinople, en 1557.

▶ **1690 >** Fuyant la pression turque au Kosovo et au sud de la Serbie mais migrant aussi pour trouver des terres plus riches, les Serbes affluent massivement en Voïvodine autrichienne.

▶ **1717-1739 >** Brève occupation autrichienne.

▶ **1804 >** Première grande révolte serbe contre les Turcs dirigée par Karadjordje (Georges le Noir).

▶ **1815 >** Deuxième insurrection serbe. Cette fois par Miloš Obrenović.

▶ **1830 >** Autonomie de la Serbie, sous la suzeraineté du sultan d'Istanbul.

▶ **1878 >** Congrès de Berlin : indépendance de la Serbie.

▶ **1903 >** Assassinat du roi Alexandre, trop favorable à l'Autriche. Pierre Ier s'installe sur le trône. La surface du pays va quadrupler en 15 ans.

▶ **1912 >** Première guerre balkanique. Alliance des Etats slaves contre les Turcs. La Serbie récupère le Kosovo.

▶ **1913 >** Seconde guerre balkanique contre les Bulgares qui tentent de reprendre aux Serbes la Macédoine que ceux-ci ont largement annexé l'année précédente.

▶ **28 juin 1914 >** Assassinat du prince héritier François-Ferdinand d'Autriche-Hongrie à Sarajevo par le Serbe Gavrilo Princip. L'Autriche-Hongrie déclare la guerre à la Serbie et marque ainsi le début de la Première Guerre mondiale.

▶ **Décembre 1918 >** Les Serbes sont intégrés au royaume des Serbes, Croates et Slovènes.

▶ **1929 >** Ce royaume devient la Yougoslavie du roi Alexandre Karađorđević.

▶ **27 mars 1941 >** Coup d'Etat à Belgrade contre le régent Paul qui a signé le 25, sous la pression, un pacte avec Hitler. La Serbie est attaquée par l'Allemagne.

▶ **1945 >** Création, par Tito, de la « République socialiste fédérative de Yougoslavie ». La Serbie en devient l'une des six républiques. Cette république deviendra la « République fédérale socialiste de Yougoslavie » en 1963 (et ce, jusqu'en 1992).

▶ **1948 >** Rupture entre Tito et Staline.

▶ **1989 >** Milošević, devenu l'homme fort en Serbie, annule l'autonomie de la Voïvodine et du Kosovo.

▶ **Fin 1991 – Début 1992 >** Indépendance de la Slovénie, de la Croatie et de la Macédoine.

▶ **27 avril 1992 >** Création de la « République fédérale de Yougoslavie » ne comprenant plus que la Serbie (incluant le Kosovo et la Voïvodine) et le Monténégro.

▶ **Mai 1992 >** Résolution 757 de l'ONU proclamant l'embargo sur la Yougoslavie.

▶ **Mars-juin 1999 >** Bombardements de l'Otan sur la Yougoslavie.

▶ **4 février 2003 >** Union confédérale entre la république de Serbie et celle du Monténégro.

▶ **3 juin 2006 >** Après le référendum d'indépendance du Monténégro en mai, la Serbie se déclare le successeur de l'Etat commun de Serbie et Monténégro.

▶ **21 janvier 2007 >** Elections législatives. Le Parti radical serbe (extrême droite) arrivé en tête, ne peut former seul le gouvernement. Le bloc dit « démocratique » forme un gouvernement de coalition.

▶ **26 mars 2007 >** Après 14 mois de négociations entre les parties, le médiateur de l'ONU, Martti Ahtisaari, présente son rapport final au Conseil de Sécurité concernant le statut final du Kosovo. Les Serbes s'y opposent catégoriquement.

▶ **3 février 2008 >** Boris Tadić (Parti démocratique), président sortant, est réélu président de la République, avec un peu plus de 50 % des voix, face au candidat radical Tomislav Nikolić.

▶ **17 février 2008 >** Le parlement du Kosovo proclame l'indépendance de la province, immédiatement reconnue par plusieurs pays européens, dont la France et les Etats-Unis.

▶ **11 mai 2008 >** La coalition « Pour une Serbie européenne », menée par le Parti démocratique, remporte les élections législatives anticipées. Mirko Cvetković est désigné Premier ministre. Cette coalition se lézarde cependant quelque peu depuis l'été 2009.

▶ **15 décembre 2010 >** Un rapport du suisse Dick Marty dans lequel il fait état d'un trafic illicite d'organes humains sur environs 400 Serbes au Kosovo et dont Hashim Taçi et plusieurs de ses collaborateurs albanais seraient impliqués est présenté au Bureau du Conseil de l'Europe et adopté par la Commission des affaires juridiques, puis rendu public. Ce rapport confirme les déclarations de Carla Delponte dans son livre *La Traque, les criminels de guerre et moi* (éd. Héloïse d'Ormesson, 2009). Le Dr Bernard Kouchner

affirme ne rien savoir. Quelque temps après il n'est plus ministre des Affaires étrangères.

▶ **2011 >** Dispense de visas pour les titulaires de passeport serbe biométrique diplomatique, service et ordinaire (de couleur rouge bordeaux avec mention « République de Serbie »), pour un séjour dans l'espace Schengen, en Outre-Mer (DROM et CTOM sauf TAAF), n'excédant pas 3 mois par période de 6 mois.

▶ **2011 >** La Serbie est candidate pour l'adhésion à l'Union européenne. Elle attend avec impatience que son statut de candidat soit officiellement confirmé par la Commission européenne.

▶ **6 avril 2011 >** Visite du président Boris Tadic à Paris, rencontre avec le président de la République française, Nicolas Sarkozy au Palais de l'Elysée. Le renforcement des relations bilatérales entre la France et la Serbie a été au cœur de cet entretien. Ont été signés une déclaration politique, un accord de partenariat stratégique et un accord de coopération en matière de défense. Le renforcement de la coopération entre les deux pays dans le domaine économique et industriel a été souligné, concernant notamment de grands projets d'infrastructures tels que celui du métro de Belgrade, ou encore l'expertise que les entreprises françaises peuvent apporter dans le domaine des services publics locaux. Le Premier ministre a rappelé le plein soutien de la France à l'entrée de la Serbie dans l'Union européenne.

▶ **20 juillet 2011 >** Arrestation de Goran Hadžić, ancien chef politique des Serbes de Croatie entre 1991 et 1993. Après Ratko Mladic lui aussi écroué le 26 mai 2011, il était la dernière personne inculpée par le Tribunal pénal international pour l'ex-Yougoslavie (TPIY) encore en fuite.

▶ **22 septembre 2011 >** Regain de tensions entre le Kosovo et la Serbie à propos du contrôle de points de passage douaniers. La mise à feu des postes de contrôle et la mise en place de barrages sur les routes empêchent la reprise des négociations entre Belgrade et Pristina.

▶ **2 décembre 2011 >** Accord entre Belgrade et Pristina sous l'égide de l'Union européenne, sur la gestion des postes-frontières entre la Serbie et le Kosovo. Cet accord s'il est respecté par les deux partis doit rassurer les populations sur la liberté de circulation et conduire à la levée immédiate des barrages dans le nord du Kosovo.

◗ **1169-1421 : le royaume serbe des Nemanjides.** En 1169, Stefan Nemanja devient grand Župan de Rascie. Mettant à profit une querelle de succession chez les Byzantins, il étend les territoires de la Serbie. Ses ambitions se tournent vers le sud et l'est, ce qui permet à son Etat d'englober, à la fin du XIIᵉ siècle, le littoral Adriatique et la Zeta. Il fait également construire les premiers grands monastères serbes, comme Studenica et Đurđevi Stupovi en Rascie. Son premier fils, Stefan Prvovenčani, devient le premier roi serbe en 1217, titre qui lui est donné par l'empereur byzantin. Son plus jeune fils, Rastko (St Sava), fonde, lui, le patriarcat Serbe autocéphale. Au début du XIIᵉ siècle, les Nemanjides sont à la tête d'un Etat fondé sur une église et une monarchie indépendantes. Les trois fils de Stefan Prvovenčani – Radoslav, Vladislav et Uroš Iᵉʳ – continuent d'étendre les territoires du royaume, mais par d'autres moyens : ils mènent une politique de mariages et d'accords diplomatiques avec les Etats voisins. Ainsi, le fils d'Uroš Iᵉʳ, Dragutin, se marie avec une princesse hongroise. Lorsqu'il abdique en faveur de son fils Milutin, le roi hongrois Ladislas IV lui lègue les régions du Srem, de Mačva et Belgrade. Milutin accroîtra la domination de l'Etat serbe jusqu'au Danube. Son fils, Stefan Dečanski, étend les territoires des Nemanjides à la Macédoine. En 1326, les Nemanjides règnent sur un Etat s'étendant du Danube au Vardar et de l'Adriatique à la Morava. Le fils de Stefan Dečanski, Dušan le grand, portera à son apogée le royaume serbe médiéval. Ni le nombre ni la richesse architecturale des monastères construits sous leur règne n'ont jamais été égalés depuis. Mileševa et Sopoćani en Serbie centrale, Dečani, Peć et Gračanica au Kosovo et même Hilandar en Grèce restent autant de témoignages de cet art médiéval Serbe porté à sa plus haute expression. Les fresques de l'école de Raška, qui s'est développée aux XIIᵉ et XIVᵉ siècles à travers ces monastères, sont connues pour la dévotion qu'elles témoignent à l'égard du pouvoir temporel.

La domination ottomane

La mort du tsar Dušan signifie la désintégration de l'Etat serbe médiéval. En proie à des luttes intestines, le territoire, qui n'a jamais été stable géographiquement jusque-là, la capitale du royaume ayant même été Skopje sous Dušan, se morcelle en féodalités limitées dans l'espace et en pouvoir : c'est le temps des despotes, alliés un moment contre les Turcs à l'occasion de la chute d'Andrinople, mais incapables de maintenir cette union lorsque ceux-ci remontent vers la Bulgarie. En 1371, à la bataille de Cernomen, sur la rivière Marica, les despotes Vukašin et Uglješa sont tous deux tués. C'est le début de la conquête ottomane des Balkans. Bien que certains potentats locaux parviennent à opposer une résistance aux Turcs – comme le fameux Marko Kraljević immortalisé par les chansons de geste – et qu'une coalition de Serbes, Bosniaques et Bulgares inflige une lourde défaite aux Turcs en 1387, ce ne sont jamais que les derniers sursauts. A la bataille du Champ des merles, le 28 juin 1389, même si l'issue de la bataille entre Ottomans et Serbes est contestée par les historiens – il n'y aurait pas eu de clair vainqueur – l'empire serbe a d'ores et déjà disparu. Ensuite, les despotes s'arrachent encore le droit de diriger la Rascie, bien diminuée et en proie aux luttes intestines. La prise de la forteresse de Smederevo en 1459 par les Turcs supprime le dernier symbole du pouvoir serbe et assoit définitivement une ère de près de cinq siècles de domination ottomane commencée 50 ans plus tôt. Les terres serbes sont, à l'égal des autres dans les Balkans, morcelées en un système nouveau, le vilayet. Ces structures administratives permettent de briser la construction des Etats nationaux et, en même temps, de créer des corps de garde-frontières, les spahis.

Sveti Sava, moine et figure sainte

Saint Sava est connu comme le fondateur de la culture religieuse serbe. Fils cadet du grand Župan Stefan Nemanja, Ratsko est destiné à devenir prince. Il en refuse le titre et le pouvoir et s'enfuit au cours d'une chasse pour rejoindre le monastère grec du mont Athos sous le nom de Sava. En 1219, il obtient auprès de Constantinople l'autocéphalie pour l'orthodoxie serbe. Il est proclamé archevêque de Žiča, qui devient le patriarcat des Serbes : il est donc connu comme le premier archevêque serbe et comme le fondateur de l'église nationale. Il a traduit les premiers textes religieux et écrit les premiers ouvrages religieux serbes. Entre-temps, il aura refondé le monastère de Hilandar, sur le mont Athos en Grèce. Il meurt en 1236.

Pour être propriétaire foncier ou accéder à une position sociale (fonctionnaire, général), il faut se convertir à l'islam. Dans les villes et certaines régions, comme le Sandžak ou le Kosovo, les conversions sont fréquentes et concernent nombre d'Albanais et de Slaves de Bosnie, ce qui ne manque pas de creuser un fossé entre les nouveaux « Beg », installés dans la nouvelle société, et les chrétiens qui n'ont plus aucun droit ni emploi dans l'administration. Les Serbes eux, refusent massivement de se convertir puisque ce n'est pas une obligation, même si les discriminations sont nombreuses. La religion orthodoxe est ainsi autorisée, mais seulement à l'intérieur des églises. De plus, la langue serbe ne peut désormais s'enseigner et s'écrire qu'à la maison ou à l'église, l'orthodoxie devient l'unique dépositaire de la culture serbe. Restauré par les Ottomans en 1557, le patriarcat de Peć permettra à la culture serbe de se maintenir à travers un réseau très étendu – jusqu'à Pest, en Hongrie ! – d'églises orthodoxes. Tous les cinq ans, dans un certain nombre de vilayet, le sultan organise la conscription obligatoire de garçons entre 10 et 20 ans. Ils sont envoyés à Istanbul, convertis à l'islam et, pour couper tout lien avec la famille, leur nom est changé et on leur interdit de parler leur langue d'origine. Ils vont former le corps d'élite de l'armée – les janissaires – ou bien devenir de hauts fonctionnaires. L'histoire dit ainsi que Soliman le Magnifique était originaire des Balkans ! Malgré des conflits culturels et d'autorité, la période ottomane se caractérise par un certain nombre de progrès. Dans l'empire ottoman, la cohabitation des musulmans et des non-musulmans (orthodoxes, catholiques et juifs) est réglée par un code très strict et donne des résultats contrastés sur le terrain. Les multiples langues locales avec les traditions culturelles qui y sont rattachées font l'objet d'une certaine attention de la part des vizirs, et les autorités religieuses des différentes communautés peuvent se targuer d'avoir une représentation permanente auprès du sultan d'Istanbul. Malgré tout, être Serbe dans l'Empire ottoman signifie, comme pour tous les chrétiens, être corvéable et pour tout dire des sous-hommes, souvent victimes d'exactions. C'est donc bien un paradoxe si les chrétiens et les juifs peuvent pratiquer leur religion dans leurs propres lieux de culte. Les monastères orthodoxes ont ainsi pu prospérer, car ils restaient le seul lieu de liberté et de développement culturel. Enfin et surtout, l'Empire ottoman a su promouvoir une politique sociale habile. En Serbie et au Monténégro, comme dans la Bosnie voisine, les conversions à l'islam sont le fait de gens simples à qui on offre un moyen d'ascension sociale. Ils peuvent ainsi accéder à des postes élevés dans l'administration et l'armée, devenir maires ou généraux, toujours à condition de se convertir à l'islam. Ces apports culturels et politiques se concrétisent dès le XVe siècle par une architecture ottomane particulière aux Balkans. Les Turcs sont de grands bâtisseurs et leur vision des Balkans est organisée. Ils construisent des édifices militaires et religieux, ainsi que quantité de ponts admirables, presque tous encore visibles. Le long du Danube et de la Morava, on peut voir les vestiges de ces

Musée militaire de la forteresse de Kalemegdan à Belgrade.

forteresses turques ; dans le Sandjak et au Kosovo, les mosquées au style épuré dressent leurs minarets vers le ciel. Quant aux ponts, il n'est que d'admirer celui de Višegrad, près de la frontière serbe, en Bosnie. Désireux de retrouver leur autonomie, les Serbes vont résister de différentes manières. Une première révolte a lieu en 1594 dans le Banat, partie ottomane de la Voïvodine, mais le sultan, en représailles, brûle les reliques de saint Sava. Devant cet échec, les Serbes tentent de créer des groupes de montagnards, les haïdouks, qui harcèleront les garnisons ottomanes. Mais le retrait des rives du Danube de l'armée autrichienne en 1690 oblige les Serbes, qui avaient soutenu les Autrichiens, à fuir l'Empire ottoman. C'est la grande migration, qui, en 1690 et 1694 voit 200 000 Serbes du Kosovo et de Rascie suivre l'archevêque Arsenije III Crnojević sur les routes et traverser le Danube, par peur des représailles turques. Les Serbes n'ont pas tout perdu, car ils emportent reliques et livres religieux, et installent en Voïvodine patriarcat (à Sremski Karlovci) et centres culturels (à Novi Sad et à Pest). Le traité de Passarowitz (signé dans l'actuelle Požarevac) rejette définitivement les Turcs de la rive gauche du Danube. La Voïvodine voit alors l'établissement de comptoirs serbes, bientôt rejoints par de nouveaux colons venant de toutes les régions de l'empire des Habsbourg : Allemands, Hongrois, Croates, Roumains, Slovaques, Ukrainiens.

Création d'un État moderne

Au XIXe siècle, la Serbie accélère sa marche vers la création d'un Etat moderne. En 1804, a lieu le premier soulèvement serbe, sous la direction de Karadjordje, dit Georges le Noir. De nombreux Serbes vivant de l'autre côté du Danube préparent depuis des années un soulèvement, et Georges le Noir, éleveur de porcs de son état, n'a pas de mal à se faire financer et armer par les riches Serbes d'Autriche-Hongrie. La Sublime Porte ne s'en trouvera pas bousculée, mais c'est une victoire symbolique, qui sera chantée par le poète Dositej Obradović. Cette première rébellion finit par être écrasée en 1813. En 1815, Miloš Obrenović, un notable, mène le second soulèvement, plus efficace, car il finit par être reconnu Prince héréditaire de Serbie en 1817 et aboutit à un statut d'autonomie interne en 1830. Ces soulèvements populaires permettent de poser les bases d'un Etat moderne sur des bases territoriales. Deux dynasties vont se succéder pendant tout le XIXe siècle, les Karadjordjević et les Obrenović. Les Obrenović créent une démocratie de type libérale en Serbie, dans les années 1830 : un parlement de 400 députés et une Constitution fortement influencée par l'Autriche-Hongrie sont rapidement mis en place. Les Karadjordjević, plus francophiles, poursuivent le processus de modernisation à partir de 1842. Au cours de ce siècle, la Serbie s'agrandit considérablement et obtient le départ des dernières garnisons turques en 1867. En 1875, les Serbes prêtent main-forte aux Bulgares dans leur lutte armée contre la Sublime Porte. Après une guerre de trois ans et devant les protestations des chancelleries occidentales, le sultan accorde l'indépendance à la Serbie. C'est le congrès de Berlin en 1878 qui dessine les frontières des nouveaux Etats balkaniques. Mais c'est justement la question cruciale, celle des frontières, qui va diviser de nouveau. En tant que nouvel Etat, la Serbie a des prétentions territoriales qui entrent en conflit avec les volontés de l'Autriche-Hongrie, notamment sur la question du débouché vers Salonique. En 1830, la Serbie avait étendu son territoire vers le sud. A Berlin, les Serbes n'obtiennent que 150 km² vers Niš et les sources de la Morava, alors que le Monténégro, grâce à l'appui de la Russie, voit son territoire tripler (vers l'Herzégovine et le Kosovo). Ce sont donc les guerres balkaniques de 1912-1913 qui vont accroître considérablement le territoire serbe. En effet, la victoire définitive d'une alliance contre les Turcs de tous les pays balkaniques permet à la Serbie de reprendre le Sandžak et le Kosovo, et surtout de s'installer en Macédoine. Cette dernière annexion ne plaît pas aux Bulgares qui considèrent la Macédoine comme devant leur revenir. Ils attaquent sans déclaration de guerre leurs anciens alliés. Ce sera la deuxième guerre balkanique (1913). Les Bulgares perdent, et l'armée serbe toute-puissante pense maintenant pouvoir aller aider les frères serbes de Bosnie, occupée par l'Autriche depuis 1878 qui a annexé la Bosnie en 1908. Certains officiers, comme le colonel Dragutin Dimitrijević, soutiennent en sous-main l'organisation étudiante serbe de Bosnie, la Main Noire. Ainsi, Gavrilo Princip, un Serbe membre de cette organisation, assassine le prince héritier du trône d'Autriche, François-Ferdinand, à Sarajevo, le 28 juin 1914. L'Autriche-Hongrie, qui voit là une occasion de poursuivre son expansion vers Salonique et la mer Méditerranée, déclare la guerre à la Serbie. Par le jeu des grandes alliances en Europe, la Première Guerre mondiale vient de commencer...

La Yougoslavie monarchiste

La Première Guerre mondiale est tragique pour les Serbes. Ils parviennent à vaincre les Austro-Allemands à deux reprises – batailles de Tser et de Kolubara – fin 1914, mais le retournement des Bulgares en octobre 1915 amène à la retraite. L'armée, accompagnée de la cour du roi Pierre, traverse à cheval, mais surtout à pied et en plein hiver, les montagnes d'Albanie. Elle est récupérée par l'armée française à Durazzo, sur l'Adriatique. Rejoignant l'armée française d'Orient qui a débarqué à Salonique, l'armée serbe, ou ce qu'il en reste, va livrer des combats très durs en Macédoine. Les troupes franco-serbes commandées par Franchet d'Esperey percent le front et marchent sur Belgrade puis sur Vienne. En 1918, le bilan est terrible : 28 % de la population serbe a péri pendant la guerre. Dès 1917, des négociations menées par les puissances occidentales se déroulent entre représentants du gouvernement serbe en exil, intellectuels croates et monténégrins. Elles aboutissent à la création, en décembre 1918, du royaume des Serbes, Croates et Slovènes. Les Serbes, qui rêvent d'une grande Serbie, se laissent aller à l'idée de l'unification des Slaves du Sud. L'État serbe en exil est en position de force. Mais en 1918, tout doit être renégocié. La déclaration de Genève prévoit que tous sont sur un pied d'égalité. Mais Alexandre, le régent, refuse de ratifier. Rapidement, il a gain de cause ; la dynastie régnante sera celle des Karadjordjević. En 1921, le royaume devient un État centralisé et parlementaire sur le modèle français : on cherche à forger un sentiment national yougoslave. D'autant plus que la Constitution adoptée a été créée par des juristes français et donne des libertés aux minorités. Si au début cela fonctionne, notamment parce que les Croates jouent le jeu, ils se lassent. Car le régime n'est en réalité qu'une démocratie de façade. En 1928, trois députés croates sont abattus en plein parlement par un radical Serbe. En janvier 1929, le roi Alexandre suspend la Constitution et proclame sa dictature personnelle. Il renomme le royaume des Serbes, des Croates et des Slovènes qui devient la Yougoslavie, ce qui signifie « pays des Slaves du Sud ». Le leader du Parti paysan croate est emprisonné et bon nombre de politiciens émigrent. Enfin, des mouvements séparatistes voient le jour. Ainsi, Ante Pavelić, du Parti du droit croate, part en Italie pour créer son mouvement oustachi. Cet activisme séparatiste débouchera sur l'assassinat du roi Alexandre, à Marseille, en octobre 1934. La régence du prince Paul est plus souple et institue 9 banovines, ou régions historiques. Mais cela ne comble pas les aspirations croates et le Premier ministre Cvetković signe avec les partis croates le Sporazum – l'Entente – en août 1939. La banovine de Croatie englobe dès lors, outre la Croatie, la Slavonie, la Dalmatie et même une partie de la Bosnie ; par ailleurs,

L'alliance entre la France et la Serbie

La Première Guerre mondiale est aussi le début d'une solide amitié entre Serbes et Français. En décembre 1915, une mission militaire française remet sur pied une armée serbe affaiblie, en proie aux maladies et qui a été récupérée par l'armée française après un dur exode. A partir de février 1916 s'installent dans la rade de Salonique l'armée française d'Orient et l'armée serbe qui, face aux Austro-Allemands, lutteront main dans la main. En 1916, c'est la victoire de Monastir – la première de l'Entente – et en septembre-octobre 1918, Franchet d'Esperey et le voïvode Putnik libèrent la Macédoine puis la Serbie et arrivent aux portes de Trieste. Les Français restent sur le Danube jusqu'en 1921, laissant des souvenirs forts en Serbie. En France, durant la guerre, Clemenceau organise un jour annuel des enfants serbes dans les écoles, car beaucoup sont réfugiés en France. Le but est de réunir des fonds. Certains sont envoyés alors en Algérie, le temps que la guerre s'achève. En 1934, le sculpteur Meštrović réalise un monument dédié au peuple français et une chanson est écrite en l'honneur des navires français qui ont récupéré les restes de l'armée serbe en 1915. Lorsqu'en 1986, une troupe de théâtre décide de jouer une pièce sur le thème du front de Salonique, en plantant sa tente dans tous les villages libérés par Franchet d'Esperey 70 ans auparavant, elle rencontre un grand succès. Depuis, l'amitié franco-serbe ne s'est jamais démentie. Au niveau politique, mais aussi dans le cœur des Serbes, qui considèrent toujours que la France a sauvé la Serbie.

les Croates ont un gouverneur (*ban*) et une assemblée (*sabor*) autonomes. Mais c'est trop tard car beaucoup veulent l'indépendance. La Seconde Guerre mondiale sera l'occasion de cette revanche pour la frange des Croates les plus radicaux. Ante Pavelić déclare l'indépendance en avril 1941 et accueille à bras ouverts l'armée allemande, alors que celle-ci entrera à Belgrade dans une ville déserte. Le 27 mars 1941 survient le coup d'Etat du général Simović qui s'insurge contre le pacte signé par le régent Pierre, sous la pression de l'Allemagne, deux jours plus tôt. A la nouvelle de ce pacte, la population de Belgrade sort dans la rue en scandant : « Plutôt la mort que le pacte. » L'armée royale sera néanmoins défaite, Belgrade bombardée, et la Serbie deviendra un Etat collaborateur avec le général Nedić à sa tête.

Le soulèvement serbe débute à l'été 1941. Les royalistes se regroupent dans les maquis de Serbie orientale, sous la bannière du ministre de la Défense du gouvernement en exil, le général Draža Mihailović. Il est à la tête du mouvement Tchetnik, du nom des groupements de combattants d'avant 1914 contre les Turcs. Sa lutte contre les Allemands est féroce, mais ses troupes dépassent leurs missions : les Tchetnik serbes, devenus ultra-nationalistes, règlent de vieux comptes avec les Croates en Herzégovine et déciment les musulmans en Bosnie orientale. Ils tentent de former un territoire ethniquement pur. Puis, petit à petit, leurs ennemis deviennent les communistes. De leur côté, les Oustachis, qui avaient installé un véritable Etat cléricofasciste en 1941, en Croatie, mènent une lutte sans merci contre les Serbes. Pavelić affirme qu'il faut « convertir un tiers des Serbes, en expulser un tiers et éliminer le dernier tiers ». Il mettra cette politique en pratique, notamment dans le camp de concentration de Jasenovac où, entre 70 000 et 700 000 – le chiffre n'est toujours pas certain selon quel côté où l'on se place – Serbes, Roms et Juifs seront exécutés pendant la guerre. C'est ainsi qu'au milieu d'une haine grandissante entre frères yougoslaves, les communistes s'imposent comme une évidence avec leur idée de fraternité et leur lutte antifasciste. C'est la seule force qui n'est pas d'inspiration nationale : beaucoup de Monténégrins ou Serbes de Bosnie et Croates en font partie. Le 29 novembre 1943, dans la ville de Jajce, en Bosnie, les résistants communistes, commandé par Tito, qui est déjà un chef

Goli Otok, le premier camp « à la chinoise »

De 1949 à 1956, l'un des plus importants camps politiques du monde communiste est ouvert par Tito. Destiné à rééduquer les pro-staliniens, après la rupture avec Staline, le camp était situé sur l'île Nue, une bande rocailleuse perdue dans l'Adriatique. On estime à 30 000 le nombre de prisonniers qui seront forcés d'y abjurer leur fidélité à Staline par tous les moyens : supplice de la brouette, pelotons d'exécution factices et séjours prolongés dans des fosses. Le but n'y était pas d'exterminer donc, mais de rééduquer les opinions politiques. Les prisonniers viennent de partout en Yougoslavie. L'atmosphère d'oppression se détend petit à petit au début des années 1950, et Tito finit par fermer le camp en 1956. Le bagne, construit par les prisonniers, ne sera pas abandonné pour autant. Dès 1955, il accueille, dans de meilleures conditions, des prisonniers de droit commun. Devenu prison classique, Goli Otok fonctionnera jusqu'en 1988.

vénéré, décident de créer une fédération de six républiques, lors du deuxième conseil de l'Avnoj (Conseil antifasciste de libération nationale de Yougoslavie).

La Yougoslavie communiste

La Yougoslavie de Tito est donc fondée en 1945 sur le principe de l'égalité totale entre cinq peuples constitutifs, désormais les Slovènes, les Croates, les Monténégrins, les Serbes et les Macédoniens. Les musulmans seront reconnus un peu plus tard. Chacune de ces nations inscrites dans la Constitution dispose d'une entière souveraineté à l'intérieur de sa république : parlement, gouvernement, système scolaire. Le texte constitutif va même jusqu'à prévoir en cas de nécessité un droit de... sécession ! L'idée est qu'il faut tourner la page de la monarchie centralisatrice d'avant-guerre. Mais le Croate Tito, en bon stratège politique, y voit aussi une façon d'affaiblir numériquement le poids des Serbes dans cette nouvelle fédération, comme le montrent plusieurs signes après la guerre. A l'intérieur de la république de Serbie sont créées les provinces autonomes de Voïvodine et du Kosovo, où chacune des 26 nationalités se voit accorder des droits culturels importants.

A l'inverse, les Serbes, qui se trouvent du jour au lendemain dans des républiques où ils sont minoritaires – Croatie et Bosnie – se sentent posséder moins de droits. C'est que Tito, qui dirige le parti communiste yougoslave à la soviétique, veut empêcher une répétition de l'histoire et l'hégémonie serbe sur la deuxième Yougoslavie. Cette politique marquée dès 1946 se double d'une épuration féroce pendant trois ans. Les Allemands de Voïvodine en sont les premières victimes. En 1948, le dirigeant communiste dit non à Staline et à sa proposition d'intégrer le bloc de l'Est. Cette décision est une catastrophe pour une bonne partie des militants et dirigeants communistes dont la plupart s'étaient battus avec l'espoir de créer une véritable Internationale ouvrière et non pour accoucher d'un communisme étroit et national : au Monténégro par exemple, les affiches à la gloire de Staline sont encore nombreuses en 1948. Tito, dans cette situation houleuse, va être jusqu'au-boutiste. Il fait exécuter de grands dirigeants de la résistance communiste. Par ailleurs, il ouvre un camp en mer Adriatique, sur une île déserte au large de la côte Adriatique : Goli Otok, où sont envoyés de nombreux communistes qui refusent de réviser leur position pro-stalinienne. Ce sont ensuite les années heureuses yougoslaves. Ayant renoncé à la collectivisation des terres, Tito semble réussir le rassemblement de tous ces peuples. Le pays se développe et compte sur la scène internationale. Tito est notamment le fondateur du mouvement des non-alignés, en pleine guerre froide. La nouvelle Constitution de 1974 apporte d'importants changements dans le système fédéral institué en 1945. Et si la Yougoslavie est la plus prospère, et le moins communiste des pays de l'Est, la Constitution de 1974 démontre une nouvelle fois les tergiversations du vieux maréchal. Après avoir limogé l'omnipotent Ranković, ministre de l'Intérieur, en 1966, parce que celui-ci mate de force les revendications identitaires des différents peuples, Tito leur donne du poids. Ainsi, la Yougoslavie titiste aura tenté en permanence d'unifier, avec les maîtres mots « unité, fraternité » alors qu'elle n'y aura jamais tout à fait cru.

Le cas du Kosovo et le début de la fin

La province autonome du Kosovo, comme celle de Voïvodine, se voit donc attribuer en 1974 des pouvoirs étendus. Les lois qui sont votées par leur parlement respectif sont égales aux lois de la république de Serbie. Surtout, elles comptent chacune pour une voix dans les instances fédérales qui donc en comptent désormais huit. La position de la Serbie en ressort donc affaiblie. Mais le Kosovo est depuis longtemps le théâtre d'antagonismes entre Serbes et Albanais qui y sont petit à petit devenus majoritaires, à la faveur des soubresauts de l'histoire. En 1981, les affrontements entre manifestants albanais et police serbe font plusieurs dizaines de morts. Ce contexte troublé n'arrange pas les relations entre Serbes et Albanais. L'arrivée de Slobodan Milošević à la tête de la république de Serbie ne va pas arranger les choses. Membre très jeune de la Ligue des communistes de Yougoslavie, ce Monténégrin, comme il se définit lui-même lors plusieurs recensements, né à Požarevac en 1941, est un vrai apparatchik même s'il a fait carrière un temps à l'étranger dans la banque. Parvenu à la tête de la Ligue communiste de Serbie en 1987, il entame une « révolution bureaucratique » au sein de ses instances. La conséquence est l'annulation des statuts particuliers des deux provinces autonomes en 1989 et une reprise en main par la force, y compris constitutionnelle, du Kosovo. Les autres républiques s'inquiètent de la place que prend Milošević. Ailleurs, les régimes communistes tombent les uns après les autres. En janvier 1990, le XIVᵉ Congrès de la Ligue communiste yougoslave abolit le rôle dirigeant du parti et autorise la tenue d'élections multipartites. Milošević, qui s'est imposé en Serbie comme seul maître à bord, tente, lors de ce même congrès, de dominer la fédération. Les délégations croates et slovènes quittent le congrès. La Yougoslavie a cessé d'exister. Son plan a échoué.

L'explosion de la Yougoslavie

En Croatie, des barricades sont érigées par la police locale serbe dès l'été 1991, car la nouvelle Constitution croate inquiète la minorité serbe. Cette forte minorité est armée par Milošević, et des milices serbes attaquent le territoire croate, notamment à Vukovar. Ce sera le début d'une vraie guerre. Les Croates finiront par reconquérir la Krajina contrôlée par les Serbes en août 1995. Ce sera l'exode pour 300 000 Serbes. En Bosnie-Herzégovine, les Serbes avaient déjà créé des régions autonomes et procédé à des élections dans ces régions, lorsqu'en mars 1992, ils boycottent le référendum sur l'indépendance de la Bosnie et, immédiatement, encerclent Sarajevo. La guerre, qui durera trois ans et fera plusieurs dizaines de milliers de victimes, sera dès le départ une guerre de nettoyage ethnique. Les forces sous le commandement du général

La révolution du 5 octobre 2000

Lorsque ce matin du 5 octobre 2000, une foule de plus en plus dense envahit le centre de Belgrade, on sent rapidement qu'il va se passer quelque chose d'énorme. Le 24 septembre, Slobodan Milošević a perdu l'élection présidentielle dans les urnes. Mais, refusant de reconnaître sa défaite, il fait recompter les bulletins, puis décide d'appeler à un nouveau scrutin. C'est impensable pour l'opposition et la jeunesse de Belgrade. Ce n'est pas la première fois que des manifestations sont organisées. Durant l'hiver 1996-1997, de grands rassemblements anti-Milošević ont eu lieu après les élections municipales, durement réprimés. Mais un mouvement naîtra en 1998. Il s'appelle Otpor (Résistance). Son but ? Faire partir le maître de Belgrade. Ses armes, l'humour et la mobilisation. Otpor prend à contre-pied le pouvoir. Bientôt, beaucoup vont porter le tee-shirt avec un point fermé, l'emblème du mouvement. C'est dangereux, mais l'exaltation gagne. Otpor est apolitique, sans hiérarchie. Ses slogans feront mouche. Début 2000, presque toute la jeunesse est Otpor. La police n'arrête plus ceux qui portent le tee-shirt, car même les enfants le portent. Les slogans se radicalisent, mais toujours dans l'humour. On peut lire : « Slobo, sauve la Serbie, suicide-toi ! » Puis, c'est la campagne « Gotov Je » (« Il est fini »). Le mouvement compte 100 000 adhérents. Au matin, du 5 octobre, Velimir Ilić, un politicien de l'opposition arrive de province avec 10 000 manifestants. Les politiques aussi ont préparé la manifestation. Dans l'après-midi, Otpor lance sa plus grande manifestation. Ils seront bientôt près d'un million devant le parlement. La police réagit mollement puis laisse faire. La porte du parlement est enfoncée au bulldozer, un climat d'insurrection règne dans tout le centre-ville. Le soir même, Vojislav Koštunica s'adresse au pays en tant que nouveau président de Serbie, élu par les urnes le 24 septembre. Slobodan Milošević a perdu le pouvoir.

bosno-serbe Mladić mènent une guerre sale qui culminera avec le massacre de Srebrenica en juillet 1995. Le conflit se termine par les accords de Dayton : 49 % du territoire revient à la Republika Srpska (ou : République Serbe) et 51 % à la fédération croato-musulmane. La Bosnie-Herzégovine est divisée. La troisième Yougoslavie voit le jour le 27 avril 1992 : elle est constituée de la Serbie et du Monténégro et se nomme simplement République fédérale de Yougoslavie. Créée par dépit puisque la Yougoslavie de Tito n'existe plus, elle regroupe les deux seules républiques sœurs. Slobodan Milošević est réélu président de Serbie, puis de RFY ; il est définitivement l'homme fort de la scène politique serbe et règne d'une manière autocratique sur les décombres de ce qui fut un grand pays, jusqu'aux élections d'octobre 2000. Mais ce qui reste de la Yougoslavie est exsangue. L'embargo international et le « système » Milošević ont durablement ruiné la Serbie. L'autre question qui monte en puissance dans les années 1990 est celle du Kosovo. Depuis 1990, les Albanais, qui sont désormais près de 90 % de la population de la province serbe refusent de participer aux consultations organisées par le gouvernement de Belgrade qui a instauré une véritable ségrégation et a supprimé toute

autonomie politique : recensement de 1991, référendum de 1992 et toutes les élections nationales de la république de Serbie sont boycottées. Ils choisissent, en 1992, Ibrahim Rugova (décédé en 2006), seul candidat en lice, comme « président de la république du Kosovo » proclamée lors d'un référendum clandestin. La société s'organise de façon parallèle, avec des écoles et des hôpitaux clandestins, puisque Milošević a licencié 6 000 enseignants albanais. Le gouvernement du Kosovo en exil veut l'indépendance, refusée par Belgrade. En 1998, apparaît un mouvement indépendantiste plus radical, l'UCK. Formé de militants venant d'horizons divers, sans réel lien avec l'Albanie voisine, mais soutenus par la diaspora albanaise, ils entament la lutte armée dans la vallée de la Drenica, à l'été 1998. La police serbe répond, souvent violemment. C'est l'escalade. En janvier 1999, le massacre de Račak fait réagir la communauté internationale. En mars, c'est le début, selon l'acte d'accusation du Tribunal pénal international, de l'expulsion du Kosovo de 800 000 Albanais, contraints de se réfugier en Albanie, Macédoine et Monténégro. Račak sera aussi l'événement – controversé – qui déclenchera les bombardements de l'Otan au printemps 1999.

L'année 1999 constitue un tournant. La conférence de Rambouillet, en France, ayant échoué, du 24 mars au 8 juin 1999, se déroule la plus grande opération que l'Otan ait jamais engagée depuis la Seconde Guerre mondiale. Le but, obliger l'armée serbe à se retirer du Kosovo et cesser ses exactions. L'Otan, sans mandat de l'ONU, intervient surtout par la volonté des Américains. Un bombardement massif est entrepris, d'abord contre des objectifs militaires, puis contre des objectifs civils. Ce qui reste de l'économie serbe moribonde est touché. Les infrastructures, comme les principaux ponts sur le Danube et la Morava, mais aussi des sites industriels sont atteints. Le bilan humain civil est aussi désastreux, avec 2 300 civils serbes ou albanais morts sous les bombes. Enfin, le bilan écologique est lourd de conséquences pour l'avenir : les usines chimiques de Pančevo ont brûlé et déversé pendant deux semaines des tonnes d'ammoniac dans le Danube. Plus au sud, au Kosovo et autour de Vranje, les bombes à uranium appauvri ont laissé des traces. En septembre 2000, ont lieu des élections présidentielles en Serbie. Slobodan Milošević se sait en position difficile. Mais plus que jamais quasi-dictateur, il a fait assassiner en août son rival Ivan Stambolić, celui-là même qui le prit sous son aile du temps de la Yougoslavie. Il perd dans les urnes, mais ne reconnaît pas sa défaite et appelle à renouveler le scrutin. C'en est trop pour l'opposition. Le 5 octobre, près d'un million de personnes sont dans la rue à Belgrade. Le parlement est envahi. Milošević reconnaît finalement sa défaite. Une difficile transition s'engage. La DOS, coalition de partis démocratiques, arrive aux affaires. Hélas, Zoran Đinđić, brillant Premier ministre qui engage la Serbie vers la voie du renouveau, est assassiné le 12 mars 2003 par des éléments issus du régime de Milošević. Juste avant, le 4 février, la RFY, moribonde, est devenue l'Union de Serbie et du Monténégro, une initiative largement appuyée par l'Union européenne et, pour tout dire, initiée par son représentant pour la politique extérieure, Javier Solana. Le nom de Yougoslavie disparaît cette fois définitivement. Mais l'Union de Serbie fonctionne mal.

Particulièrement dans le domaine de l'économie où rien n'est harmonisé, pas même la monnaie. Finalement, le Monténégro organise un référendum d'indépendance le 21 mai 2006. Avec 55 % des voix pour le oui, la petite république retrouve une indépendance perdue en 1918. Par voie de conséquence, la Serbie devient également indépendante, et seule, pour la première fois depuis 1918, également. Enfin, après une période d'instabilité politique en 2007, pendant laquelle la république de Serbie n'a pas de majorité parlementaire, les élections présidentielles puis législatives de 2008 voient la consolidation des mouvements pro-européens. Avec cette fois la majorité au parlement, le président Tadić poursuit le but d'une majorité des Serbes : rejoindre l'Union européenne. Dernier chapitre douloureux pour les Serbes, le Kosovo a déclaré son indépendance en février 2008.

La nouvelle Serbie

Après l'auto-déclaration d'un Kosovo indépendant, les Serbes feront tout pour essayer de s'intégrer dans l'UE sans reconnaître à cette province son indépendance. La réélection du président Boris Tadić est vue internationalement comme une sorte de stabilité. Le chef de l'éxécutif serbe permet au pays de se rapprocher de l'UE et réussit à signer le 28 avril 2008 un accord (ASA) qui représente un premier pas vers l'adhésion, bien que celle-ci soit subordonnée à l'arrestation des derniers criminels de guerre. Trois mois après, Radovan Karadžić est arrêté et les Serbes se voient exemptés de visas pour entrer dans l'espace Schengen en novembre 2009. Dès lors, les Pays-Bas lèvent leur veto sur l'accord commercial et l'ASA (Accord de stabilisation et d'association) peut désormais prendre forme. Malheureusement, la crise mondiale secoue toute l'Europe en 2011, à commencer par la Grèce. Face aux incertitudes autour de la zone euro, l'élargissement de l'Europe mis en attente par la France et l'Allemagne. La Nouvelle Serbie va devoir attendre des jours meilleurs, avec le risque de voir la porte se refermer et le renforcement d'un parti radical d'opposition qui remettrait en cause les orientations internationales soutenues par le parti du président Tadić.

Politique et économie

POLITIQUE

La Serbie depuis sa séparation avec le Monténégro en 2006 est une république dotée d'un régime parlementaire, tout à fait comparable, à quelques nuances près, au système français. Ses obligations envers le Tribunal international de La Haye étant remplies, son objectif est de devenir désormais membre de l'EU sans devoir reconnaître l'indépendance de sa province Kosovo et Metohija. Le gouvernement et ses membres en place jusqu'en 2013 sont responsables devant le parlement constitué de 250 députés élus au suffrage universel direct. La route sera longue et difficile surtout avec la crise mondiale du moment où l'élargissement de l'Europe n'est plus d'actualité.

Structure étatique

Le pouvoir exécutif

▶ **La présidence de Serbie.** En remportant l'élection du 27 juin 2004 avec 54 % des suffrages face à l'ultranationaliste Nikolić (Parti radical de Serbie, SRS) puis celle de février 2008 contre le même Nikolić, Boris Tadić (Parti démocratique, DS) est devenu le premier président pro-européen de Serbie. L'homme politique le plus populaire de Serbie se veut instigateur du renouveau et s'attache à moderniser son pays. S'il semble avoir les mêmes prérogatives et fonctions que le président français, avec en théorie, moins de pouvoir à l'international. Elu pour 5 ans (jusqu'en 2013) au suffrage universel, il dispose cependant de pouvoirs exceptionnels en cas d'état d'urgence et peut dissoudre l'Assemblée nationale.

▶ **La république de Serbie** dispose d'un gouvernement dirigé par un Premier ministre et une assemblée nationale qui contrôle également les institutions de la province autonome de Voïvodine. Le gouvernement dirige la politique économique et les affaires intérieures de la république. Il a en revanche perdu le contrôle du Kosovo. Après l'assassinat du Premier ministre Zoran Djindjić en mars 2003, et un intérim

à ce poste de Zoran Živković, puis jusqu'en 2008 Vojislav Koštunica, le Premier ministre de Serbie est désormais Mirko Cvetković.

▶ **L'Assemblée nationale** compte 250 députés, mais a eu du mal à se faire élire dans un passé récent. Après trois élections avortées parce que le quorum des électeurs – devant atteindre 50 % des inscrits – n'avait pas été atteint, le scrutin de décembre 2003 a enfin permis le renouvellement tant attendu de l'Assemblée, grâce justement à une loi abrogeant ce seuil de participation. Depuis, la vie politique serbe est riche en rebondissements. Le départ du Monténégro en mai 2006 a rendu nécessaire le vote d'une nouvelle Constitution. Celle-ci a été soumise à référendum le 23 octobre 2006, et a été adoptée de justesse, la barre nécessaire des 50 % du corps électoral ayant été franchie de peu. Remplaçant une Constitution écrite par et pour Milošević en 1992, et bien qu'elle soit par certains aspects rétrograde, la nouvelle Constitution pose les bases d'un Etat qui se veut moderne. Mais la stabilité semble être enfin arrivée avec les législatives de 2008 qui ont vu la nette victoire d'une coalition pro-européenne. Pour moderne qu'il soit, l'Etat de Serbie, reste cependant un Etat centralisé. C'est, entre autres, la période communiste qui en porte la responsabilité. Ainsi, beaucoup de budgets sont à Belgrade, et les décisions sont verticales. De même, la transition, en l'espèce la privatisation de pans entiers de l'économie, n'est pas achevée, bien que beaucoup ait été fait depuis quelques années. Reste le cas des provinces autonomes.

La Province de Voïvodine

Pleinement autonome depuis la Constitution de 1974, la Voïvodine s'était vu retirée ses prérogatives par Milošević en 1989. Si elle en a retrouvé une partie, beaucoup auraient souhaité que la nouvelle Constitution de 2006 lui rende tous ses pouvoirs. Ce n'est pas le cas. Néanmoins, la province dispose d'une assemblée de 120 membres et d'un conseil exécutif.

Les dernières élections ont eu lieu le 19 septembre 2004. Le conseil exécutif est l'organe exécutif de la province. Il est présidé par Bojan Pajtić et dispose d'un budget égal à 7 % du budget de la république de Serbie pour gérer la vie régionale dans les domaines tels que l'éducation et la santé. Cinq langues sont officielles en Voïvodine : le serbe (57 % de la population de la province), le hongrois (16,8 %), le slovaque (3,1 %), le roumain (1,9 %) et le ruthène (0,8 %). La province ne peut pas interférer dans le domaine judiciaire notamment.

Le statut du Kosovo

Régie par la résolution 1244 des Nations unies depuis 1999 et le départ de l'armée serbe de la province, le Kosovo a déclaré son indépendance en 2008. Une indépendance non reconnue par Belgrade qui tente tout, sur le terrain diplomatique, pour l'annuler. La tutelle de la Minuk (Mission intérimaire des Nations unies au Kosovo) est donc terminée en théorie. En pratique, elle a progressivement cédé ses pouvoirs à une mission de l'Union européenne, Eulex, chargée d'accompagner le pays vers un Etat de droit. Mais si le Kosovo est formellement indépendant, il est toujours largement sous tutelle internationale et a été reconnu par 80 pays (novembre 2011).

Le TPIY

Le Tribunal pénal international pour l'ex-Yougoslavie, qui siège à La Haye aux Pays-Bas, est une cour internationale créée par le Conseil de sécurité de l'ONU en 1993. Comme les cours créées pour le Rwanda et pour le Sierra Leone, elle constitue un premier pas vers l'établissement d'une justice internationale, représentée par la Cour pénale internationale permanente, créée à Rome en juillet 2002. Mais le TPIY, à travers le procès de Milošević, était depuis longtemps un enjeu de politique intérieure en Serbie. Hélas, la mort du maître de Belgrade, en mars 2006 dans sa cellule, est un coup dur pour le Tribunal et la justice internationale. Ce procès fleuve, entamé en 2002, entrait dans sa phase ultime. Milošević ne sera donc jugé que par l'histoire, et cela prendra encore du temps. Il n'en reste pas moins que le TPIY marque une étape décisive pour la justice internationale. Sur les 166 inculpés de haut rang, serbes, croates, musulmans, albanais et bosniaques. Les derniers procès sont en cours ou vont démarrer et le Tribunal devrait rester opérationnel au-delà de 2011. De nombreux cas, de moindre importance, ont

été transférés aux juridictions locales. Et si le bilan est globalement positif, il n'en reste pas moins que beaucoup en Serbie déplorent un tribunal arbitraire qui juge trop de Serbes. S'il est difficile pour une nation de se sentir jugée, le rôle d'une juridiction comme celle-ci est de travailler pour l'histoire, c'est-à-dire, anticiper, au-delà de la simple justice des hommes, le travail de mémoire. Il s'agit d'un processus long et douloureux. Il concerne tout le monde en ex-Yougoslavie. Le tribunal y aura forcément contribué.

Enjeux actuels

La pérennisation de la jeune démocratie serbe est l'enjeu du moment. Les élections de 2008 ont affirmé la mainmise du Parti démocratique (DS) pro-européen sur le pays. Et ce d'autant que le principal parti du pays jusque-là, le Parti radical serbe (SRS), nationaliste, s'est divisé à l'automne 2008 en deux partis. Ensuite, le décollage économique est le chantier dont tout le monde parle. La croissance a redémarré modérément en 2010 grâce, en particulier, à une reprise des exportations. Et si le pays est toujours globalement pauvre, les investissements s'accélèrent. Le niveau de vie monte lentement, la croissance est là (7 %) et l'inflation est enfin tombée à un niveau supportable. Hélas, c'était sans compter sur la crise mondiale qui affecte durement la Serbie depuis début 2009. Enfin, le dossier du long terme est celui de l'adhésion à l'Union européenne. La Serbie en a fait son objectif. Pour l'heure, soutenue par la communauté internationale suite à une bonne coopération avec le Tribunal pénal international, la Serbie boucle une étape importante, à savoir la mise en œuvre d'un accord de stabilisation et d'association ratifié le 27 novembre 2011, par l'Union européenne. La Serbie espère dans la suite logique devenir candidat officiel à l'UE en 2012 sans devoir reconnaître l'indépendance de sa province Kosovo et Metohija. Une seule chose est acquise pour l'heure, la libéralisation des visas pour les Serbes porteurs d'un passeport biométrique, au 1er janvier 2010.

Les partis politiques

La vie politique est foisonnante en Serbie. De nombreux partis tentent de se faire une place au soleil, bien qu'une certaine stabilité est à remarquer puisque c'est le même parti qui gouverne depuis le 27 juillet 2004 et ce jusqu'en 2013. Néanmoins voici le paysage politique du moment :

▶ **Le Parti démocratique (DS)** du président Boris Tadić, est de centre-gauche, pro-européen. Il cherche à faire émerger toute une nouvelle génération de jeunes à la tête du pays. C'est la principale force du bloc, dit démocratique. Il possède 38,4 % des voix.

▶ **Le Parti radical serbe (SRS)** était depuis la chute de Milošević, le premier parti sur l'échiquier. Ultranationaliste, extrémiste de droite, il prône la Grande Serbie et préfère la Russie à l'Europe et l'Union européenne. Son président, Vojislav Šešelj, est inculpé de crimes de guerre et son procès est en cours. Mais l'éviction de son vice-président, Tomislav Nikolić, l'a considérablement affaibli (29,4 % des voix).

▶ **Le Parti progressiste serbe (SNS)** fondé le 22 octobre 2008 par Tomislav Nikolić, démissionnaire du SRS. Sa ligne politique reste radicale mais ne rejette plus l'UE. A emporté avec lui la majorité des sympathisants du SRS et pèse dans les sondages 23 % des voix

▶ **Le Parti démocratique de Serbie (DSS)** de Vojislav Koštunica est en recul. De centre-droit, son fondateur est considéré comme un nationaliste modéré. Il possède désormais 11,6 % des voix en coalition avec le NS.

▶ **Le Parti socialiste de Serbie (SPS)**. Le parti de Slobodan Milošević, issu du parti communiste Serbe (7,6 % des voix). A effectué sa révolution en rejoignant la coalition pro-européenne au pouvoir sans toutefois renoncer officiellement à l'héritage Milošević.

▶ **Le G17+** est à l'origine un groupement d'économistes. Libéral et pro-européen.

▶ **Le Parti libéral démocratique (LDP)** de Čeda Jovanović. L'ancien bras droit de Zoran Đinđić est parmi les plus jeunes politiciens serbes. Il parle tellement vite que personne n'arrive à le suivre. Mais son charisme et sa manière d'appuyer le passé serbe pour exorciser tous les démons des années 1990 sont exceptionnels. Il est promis à un bel avenir.

En outre, la Serbie est le pays des partis politiques : on en compte 77 enregistrés…

La politique internationale du pays

La Serbie retrouve doucement sa place sur l'échiquier mondial, après en avoir été écartée du temps de Milošević. Deux dossiers sont intensément suivis. Le Kosovo, pour lequel la diplomatie serbe tente tout ce qui est en son pouvoir pour en annuler l'indépendance. Et l'avenir européen. En signant, fin 2006, l'accord de libre-échange entre les pays de la zone Balkans (Cefta), la Serbie s'affirme également comme un acteur qui veut compter dans les échanges économiques. La Serbie a sollicité le statut de candidat à l'Union européenne le 22 décembre 2009 et attend que la Commission présente un avis favorable lors de la publication du paquet « Elargissement » en 2012. En acceptant la Serbie au sein de son partenariat pour la paix, l'Otan a fait faire au pays un pas en avant symbolique. Celui d'une réelle reconnaissance par l'une des plus importantes organisations mondiales. Celle-là même qui l'avait bombardée il y a 10 ans… Enfin, l'accord de stabilisation et d'association (ASA) avec l'Union européenne, signé en 2008 et ratifié par la Serbie puis par l'UE le 25 novembre 2011 est une étape concrète dans le processus d'intégration.

■ ÉCONOMIE

Principales ressources

La Serbie produit seulement 25 % de ses besoins énergétiques ; elle importe les trois quarts des hydrocarbures et ne peut compter que sur des réserves de 30 ans. Ses centrales thermiques fonctionnent à hauteur de 65 %, grâce au charbon fourni notamment par les mines de Kolubara et Kostolac (les ressources y sont assurées jusqu'en 2060). L'autre problème de la Serbie est le piètre état de ses centrales électriques. En raison d'une mauvaise maintenance et sans nouvelle création depuis quinze ans, leur capacité a été réduite de 77 % de 1992 à 2001, ce qui provoque parfois des coupures d'électricité. La situation cependant s'améliore lentement, notamment avec l'aide étrangère. Mais les barrages de Đerdap, sur le Danube améliorent un peu la situation. La Serbie a de meilleures capacités en minerais. Les mines de cuivre de Bor et Majdanpek, à l'est du pays, suffisent à la production métallurgique et permettent même des exportations. Par ailleurs, le territoire national regorge de ressources porteuses d'avenir, comme différents types de phosphates ou des métaux rares tel que le zircon.

D'autres possibilités d'investissement existent dans les carrières de pierre d'Arandjelovac ou les entreprises d'eaux minérales, nombreuses et en plein boum, particulièrement à l'exportation. La situation est bonne dans l'agriculture. Avec 5 734 000 ha cultivés, la Serbie subvient à ses besoins. Elle est notamment un gros producteur de blé, maïs et sucre. Et l'un des premiers pays au monde exportateurs de framboises. Le raisin et la prune ne sont pas en reste. Enfin, 1 300 000 personnes travaillent dans le secteur. L'industrie serbe a pâti à la fois de l'embargo international et des bombardements du printemps 1999. De 1992 à 1998, le trafic sur le Danube et les exportations et importations sont restés bloqués, et même les investissements des émigrés étaient interdits. La production industrielle a baissé en dessous de son niveau de 1989. La seconde phase des bombardements en avril-mai 1999 avait pris pour cible des sites industriels importants, comme les usines automobiles Zastava, métallurgiques, ou chimiques de Pančevo. Mais même sans cela, la situation de l'industrie, surtout l'industrie de transformation qui représente 75 % du total, était déjà catastrophique. Car la Serbie n'a démarré que très tard dans les années 2000, la restructuration du secteur et sa privatisation. Depuis, ce sont surtout les investissements étrangers qui font la différence. Mais que ce soit dans les biens de consommation, les biens intermédiaires ou l'énergie, toutes les données étaient en hausse jusqu'en 2008. La crise mondiale affecte depuis de plein fouet la Serbie. Ainsi, les exportations sont en baisse de 32 % sur la période janvier-juin 2009, à 3,7 milliards de dollars pour des importations d'une valeur de 7,1 milliards de dollars sur la même période, en baisse de 39 %. Dans un tel contexte, le déficit du commerce extérieur reste très important, et signifie clairement une récession économique avérée. Le Produit intérieur brut était lui, en hausse de 5,4 % en 2008 alors qu'en 2010 il était 38,9 milliards de dollars.

Place du tourisme

La Serbie a désormais renoué avec le tourisme international. En 2010, il y avait 6 413 515 de nuitées enregistrées et, parmi eux, 1 452 156 nuitées des étrangers, ce qui représente une augmentation considérable depuis 2000. Les premiers indicateurs pour 2009 montrent encore une hausse des nuitées au printemps. Ils viennent principalement d'ex-Yougoslavie et d'Europe de l'Ouest : les

Slovènes font un come-back retentissant, « yougo-nostalgie » oblige, et les Autrichiens et les Allemands arrivent loin devant les Français. Les points de prédilection sont, par ordre d'importance, Belgrade, Novi Sad et ses environs, la station d'hiver de Kopaonik. Le festival de Guča est également devenu incontournable avec 500 000 visiteurs, dont une part grandissante d'étrangers. A cela plusieurs raisons. L'image de la Serbie, dans laquelle elle a décidé d'investir, en particulier dans le tourisme, s'améliore. Ainsi, depuis 2007, 50 millions d'euros sont investis dans le secteur, dans le cadre du plan national d'investissement. Une stratégie à l'horizon 2015 a été adoptée et concerne tous les secteurs ; infrastructures, création d'une nouvelle identité, publicité à l'international et développement de l'offre. Le tout à travers 11 « master plans » régionaux. Et déjà, le secteur rattrape son retard en technologie. Des changements considérables se sont produits ces dernières années. Equipement des commerces relatifs au tourisme en moyens de paiement automatiques, loi d'harmonisation des services hôteliers d'une à cinq étoiles et réservation des chambres par Internet. Dans un pays où 41 % de la population est équipée d'accès Internet, les commerçants liés au tourisme se sont rapidement adaptés. A cela, une raison majeure : le parc hôtelier et l'ensemble du secteur a accéléré sa privatisation. Désormais, la grande majorité des établissements sont privés et veulent attirer du monde pour être rentables. Lors des derniers trois ans, les 53 hôtels ont été construits, soit une investition de 200 millions d'euros. Des groupes financiers ont investi dans le tourisme, tel le serbo-américain Srba Ilić qui, à travers le géant des croisières maritimes Uniworld, a racheté la compagnie nationale Putnik et la franchise Hertz, ce qui lui permet de rénover le parc hôtelier et de posséder la principale flottille sur le Danube. Bien sûr, la Serbie, sans accès à la mer, ne sera pas, et n'en rêve d'ailleurs pas, l'une des principales destinations dans le monde. Mais ainsi, vous serez toujours accueillis comme des hôtes particuliers.

Enjeux actuels

La Serbie est donc en pleine transition économique et, après les affaires des années 1990, où la population a été marquée par un interminable isolement économique, le pays subit une politique libérale active. Cette thérapie de choc repose sur la privatisation, par appels d'offres d'enchères, d'une grande partie de l'industrie et d'une manière générale de tout ce qui appartient à l'Etat, même dans les services publics. Depuis 2000, la Serbie a attiré plus de 20 milliards d'investissements directs étrangers. A fin 2008, le bilan était plutôt bon, le niveau des investissements directs étrangers ayant été soutenu. En 2010, ils étaient de 1,16 milliard d'euros (-38 % par rapport en 2009) et ils enregistrent un bon résultat aux premiers 5 mois de 2011 avec 683,8 millions d'euros. La plus grande partie des entreprises ayant un réel avenir ont été privatisées. L'industrie pétrolière, elle, a été l'objet d'une prise de participation majoritaire des russes de Gazprom qui y investiront 500 millions d'euros et se sont engagés à faire passer par la Serbie le gazoduc South Stream. Un vrai boum a eu lieu dans la banque, ou une explosion de l'offre est venue perturber le marché. Une offre qui explique d'ailleurs une inflation toujours soutenue par une explosion de la demande intérieure, qui a fait croître par ailleurs le déficit du commerce extérieur. Mais les finances publiques sont saines grâce aux privatisations. Enfin, la dette extérieure est importante mais stable, puisqu'elle était de 17,8 milliards d'euros, fin 2007, et sensiblement identique à la fin du premier trimestre 2008. L'avenir n'est pourtant pas si rose, car peu de nouvelles industries ont vu le jour. Les privatisations ont généré de nombreux licenciements, et si le chômage est descendu autour des 15 %, il est reparti à la hausse en 2010. En effet, la crise économique mondiale s'est abattue sur le pays. Ainsi, tous les efforts pour se développer sont pour l'instant à mettre entre parenthèses. Ainsi, la stabilité macroéconomique est depuis en danger, notamment pour les finances publiques, avec une perte de recettes nettes de 20 % depuis un semestre. La débrouille et l'économie parallèle n'ont pas encore disparu, et si le niveau de vie s'améliore, il le doit à une hausse des salaires continue et une explosion de la consommation, elle-même le fruit d'un endettement croissant et vertigineux auprès des banques. Le secteur a vu l'arrivée d'un grand nombre de compagnies étrangères qui ont dopé l'offre. Ainsi, l'inflation était de 10,3 % en glissement annuel fin décembre 2010, la production industrielle stagne et, le chômage reste important (19,2 % en 2000). Or beaucoup de ceux qui avaient travaillé des années durant dans le secteur industriel ou administratif, avec une série d'avantages liés au secteur public, se sont le plus souvent retrouvés à devoir exercer une activité fragile,

ponctuelle et sans protection sociale. Beaucoup de primes et d'aides sociales, inhérentes au système communiste, ont ainsi disparu avec la marche en avant libérale. Mais le pays reste d'abord agricole. Même si là aussi, une certaine déréglementation et la concurrence européenne perturbent les Serbes.

La présence française

Les entreprises françaises, qui sont arrivées tard sur le marché serbe, ont acquis quelques entreprises concurrentielles dans l'industrie ou bien occupent une part du marché du luxe. Et si en 2001, la part des Français était marginale, elle s'est développée à partir de 2002. Les premières sociétés françaises à s'être installées après la période Milošević sont Renault, Saint-Gobain, Schneider, la Société Générale et Alcatel. Cette dernière a, depuis quelques années, progressivement modernisé et multiplié les grandes centrales téléphoniques, et elle est en charge d'une partie du réseau du téléphone mobile. Saint-Gobain et Renault mènent une politique de participation financière, respectivement dans la chimie et la mécanique. Mais si peu d'entreprises françaises sont présentes, celles qui le sont investissent en conséquence. Michelin a créé une société conjointe avec Tigar pour la fabrication de pneus. Lafarge a racheté les cimenteries de Beočin et y a investi 100 millions d'euros. Plus récemment, Vinci a créé une filiale Intermost, et Intermarché et Mr Bricolage ont ouvert leurs hypermarchés. Enfin, le Crédit Agricole a pris le contrôle de Meridian Bank. Au final, la présence française est de plus en plus active même si les investisseurs historiques, autrichiens, slovènes, italiens et croates restent devant. Mais la présence française, c'est également son rayonnement culturel. S'il est plus difficile à quantifier, il n'est que de constater le succès des centres culturels français et le nombre croissant de films français diffusés par les télévisions pour se convaincre que la France compte toujours en Serbie.

▶ **Communauté française en Serbie (2008) :** 1 357.

▶ **Communauté serbe en France :** entre 80 000 et 120 000 personnes (principalement en régions parisienne et lyonnaise).

▶ **Exportations de la France vers la Serbie (2010) :** 232 M€.

▶ **Importations françaises depuis la Serbie (2010) :** 184 M€.

Population et langue

Mosaïque de peuples

Les Serbes font partie de la famille des Slaves du Sud, qui sont arrivés de l'Ukraine actuelle et se sont installés au VIᵉ siècle entre le Danube et la côte adriatique. Les Serbes créent des féodalités à partir du VIIᵉ siècle à l'intérieur, puis en dehors de l'Empire byzantin. Ils sont évangélisés par la mission des moines grecs Cyrille et Méthode qui, partant du mont Athos, vont remonter à la fin du IXᵉ siècle toute la vallée de la Morava jusqu'au Danube. Les Serbes forment donc un peuple de tradition orthodoxe et de langue slave. Aujourd'hui, la Serbie repose sur de fortes minorités qui modèlent sa culture : les Serbes ne représentent que 82,8 % de la population. Les autres composantes de la population sont, parmi les principales, les Hongrois (en Voïvodine), Bulgares, Bosniaques (au Sandžak), Roumains (dans le Banat), Roms, Croates, Monténégrins, Albanais et Slovaques, les communautés valaques, ruthènes et d'autres encore. Ainsi, on y compte 26 nationalités différentes. La première raison de ce formidable mélange est historique. En effet, l'Empire ottoman intègre pendant cinq siècles des communautés venues de tout l'empire et ne se soucie pas des frontières nationales. Les Austro-Hongrois installés au nord du Danube à la Renaissance développent l'économie en favorisant les migrations. C'est ainsi que les Souabes s'installent dans les régions minières au XVIIᵉ siècle et deviennent les Vabas, avec un statut de minorité reconnu. Surtout, les frontières de la Serbie ont très souvent évolué dans l'histoire. L'autre facteur est politique. Alors qu'en Europe de l'Ouest, les Etats-nations naissent, créant le concept de citoyenneté en assimilant leurs minorités ; dans les Balkans, l'on se bat contre des empires ou pour des territoires. Ainsi, l'ethnicité revêt la plus haute importance. C'est ainsi que la Constitution serbe de 2006 précise que la Serbie est le pays des Serbes et de tous ceux qui y vivent. On marque toujours la différence.

Aujourd'hui, les minorités sont représentées à tous les niveaux politiques et des outils juridiques garantissent leurs droits. Les Hongrois de Voïvodine en sont l'exemple. Dans les villes et villages où ils forment la majorité, ils apprennent le hongrois à l'école. Dans les administrations et juridictions, tous les documents sont également en hongrois. Au Parlement provincial de Novi Sad, les députés

Sur Knez Mihailova, principale rue piétonne de Belgrade.

participent aux débats dans leur langue identitaire, échanges qui sont relayés par des médias en hongrois. Pour autant, ces mécanismes concernent surtout la langue, et ne s'appliquent guère aux autres communautés, moins nombreuses. Ainsi, certains Bosniaques du Sandžak réclament la reconnaissance de la langue bosniaque, au demeurant quasi identique au serbe. Dans la vallée de Preševo, les quelque 100 000 Albanais ne disposent pas d'outils particuliers de discrimination positive, si ce n'est, en théorie, des postes dans l'administration.

L'autre question importante est celle des réfugiés. La Serbie a accueilli après les guerres des années 1990 jusqu'à 800 000 réfugiés ou déplacés. Ce chiffre est tombé à moins de 500 000 selon un rapport du HCR, à la fin 2004. Ce sont principalement des Serbes de la Krajina (180 000) et du Kosovo (207 000 déplacés dont 68 % de Serbes), mais aussi beaucoup de Roms. La plupart ont trouvé des situations d'hébergement temporaire, voire définitif, mais certains vivent encore dans des centres pour réfugiés dont beaucoup sont délabrés et sans chauffage. Les retours en Bosnie mais surtout en Croatie, sont lents, même si dans le cas de la Croatie et en vue de son adhésion à l'Union européenne, elle prend des mesures pour favoriser le retour de tous ceux qui en ont été chassés. Mais pour ceux qui sont encore en Serbie, la situation n'est pas brillante. Oubliés, ils ne reçoivent guère d'aide et de compassion. C'est particulièrement vrai pour les Serbes du Kosovo qui, de plus, n'ont que peu d'espoir d'y retourner. Le nouveau recensement de 2011 indique pour l'instant que la population totale (hors Kosovo) est de 7 120 666. Pour le reste, les chiffres suivants datent du précédent recensement de 2002 :

▶ **En Voïvodine, les minorités se répartissent ainsi :** 290 000 Hongrois, 56 000 Slovaques, 56 000 Croates, 35 000 Monténégrins, 30 000 Roumains, 29 000 Tziganes, 19 000 Bunjevci, 15 600 Ruthènes, 11 700 Macédoniens, 4 000 Ukrainiens, 3 000 Allemands.

▶ **En Serbie centrale :** 135 000 Bosniaques, 18 000 Bulgares, 40 000 Vlachs, 4 000 Gorani, 14 000 Macédoniens, 16 000 Musulmans, 79 000 Roms et 14 000 Croates.

▶ **En outre, la vallée de Preševo,** à la frontière macédonienne est à forte majorité albanaise (environ 100 000 personnes).

La langue serbe

La langue parlée appartient à la branche méridionale des langues slaves. Elle est issue du slavon d'église, une langue littéraire parlée par les Serbes et les Croates pendant longtemps et codifiée au XIe siècle. Ce vieux slavon, accessible à une minorité de lettrés, a été réformé au XIXe siècle par Vuk Karadžić. Ce grammairien originaire de Choumadie centrale a simplifié la langue selon le principe « écris comme tu parles » : la conséquence est que l'orthographe serbe est claire car elle suit la phonétique exacte des mots. Tout ce qui se prononce s'écrit et tout ce qui est écrit doit se prononcer. Cette règle ne comporte aucune exception. Cette réforme a facilité, au moment où l'Etat serbe était en train de se former, la vulgarisation de la culture serbe et la diffusion des idées politiques, aussi bien en Serbie que dans les empires austro-hongrois et ottomans qui comptaient encore de fortes minorités serbes à la veille de la Première Guerre mondiale. L'autre particularité de cette langue est sa très grande richesse lexicale et syntaxique, du fait de son utilisation dans des régions de cultures différentes. En effet, les Serbes de Bosnie et les Monténégrins parlent le jekavien, alors qu'en Serbie on parle l'ékavien. La différence consiste en l'ajout quasi systématique de la lettre « J » dans la plupart des mots pour le jekavien. Outre cette différence, la langue serbe comporte des mots d'origine turque, qu'elle a assimilé au cours des siècles. C'est ce qui la distingue du croate, par ailleurs quasi identique. Du temps de la Yougoslavie, la langue se nommait serbo-croate, une appellation évidemment complètement oubliée maintenant, pour des raisons politiques. Ces particularités linguistiques expliquent une certaine différence culturelle entre les Serbes orientaux et occidentaux. On reconnaît donc immédiatement la région d'origine de son interlocuteur. Enfin, il faut savoir que les Serbes utilisent les alphabets cyrilliques et latins avec la même facilité. Cette question est devenue également un enjeu politique dans les années 1990, période où s'est opéré parfois un retour appuyé au cyrillique. Aujourd'hui, les médias et les milieux économiques utilisent un peu plus l'alphabet latin, tout comme l'ensemble de la société. Dans le but de préserver la particularité de l'alphabet, ses géniteurs ont toutefois précisé dans la nouvelle Constitution que l'alphabet cyrillique était le seul officiel. Ainsi, l'administration utilise exclusivement le cyrillique.

Mode de vie

Démographie

En ce qui concerne sa démographie, la Serbie est dans une mauvaise passe. Le taux de natalité en effet est insuffisant. Ainsi, le pays perd chaque année de 20 000 à 25 000 habitants. C'est beaucoup et la tendance est stable. L'espérance de vie est la suivante : 76,3 ans pour les femmes et 71,1 ans pour les hommes (2008). Mais bien sûr, c'est également l'éclatement de la Yougoslavie qui a provoqué des changements démographiques. Outre les réfugiés des différents conflits, la Serbie a vécu différents exodes dans son histoire. A l'émigration politique de 1945, a succédé l'exode des ouvriers et employés partis à l'Ouest chercher une situation meilleure, particulièrement dans les années 1960 où Tito passait des accords avec des pays occidentaux comme la France. Dans les années 1990, la situation catastrophique du pays a accru les flux migratoires des plus jeunes. Si l'on ajoute tous ceux qui ont alors refusé d'intégrer l'armée et ont déserté, on estime à 300 000 le nombre de Serbes ayant quitté le pays depuis 1990. Au total, le pays a perdu 3,3 % de sa population ces dernières années. Ainsi, plusieurs vagues d'émigration historique font que les Serbes vivant en dehors des frontières de la Serbie sont aujourd'hui 4 millions ; leur poids est important et la diaspora s'intéresse de près au devenir du pays. Du reste, un ministère de la Diaspora gère les relations entre ces Serbes de l'étranger et le pays.

La structure par âge de la population n'est pas idéale. Les 15-25 ans représentent tout juste 15,4 % de la population, presque égalés par les plus de 65 ans (16,8 %), qui vont prendre de l'importance à l'avenir. Du point de vue de la santé, la mortalité infantile a baissé pour atteindre actuellement 6,75 ‰, et l'espérance de vie, malgré un embargo sanitaire de six ans, est dans une bonne moyenne.

Habitat

L'habitat est à la fois différent de celui de l'Europe de l'Ouest, et très différent également entre la ville et la campagne. Les centres-villes sont souvent agréables, avec de larges avenues bordées d'arbres et surtout leurs rues piétonnes autrement appelées korso sont une tradition ancienne. Mais le système communiste et la nécessité de reconstruire tout un pays dévasté par la deuxième guerre ont provoqué la multiplication des grandes barres d'immeubles aux abords des grandes villes. Vu de l'extérieur, c'est typiquement communiste, mais on est surpris, une fois à l'intérieur de ces vaisseaux citadins, par la vitalité qui s'y déploie. Les appartements sont en général spacieux. Mais, surtout, le Komšiluk, système très ancien dans les Balkans d'entraide entre voisins, y est très développé. On se fréquente et on se marie même parfois entre amis d'enfance du même palier. Ainsi, chaque quartier, qu'il soit périphérique et constitué de barres, ou plus central et ancien, possède sa vie propre et son autonomie. Au milieu de tout cela, le communisme a laissé ce qu'il avait de meilleur : des réseaux de transports en commun très étendus et des équipements collectifs, notamment culturels, nombreux. A la campagne, c'est une autre histoire. Les villages sont modernes, parfois trop. Le volontarisme titiste a donné un visage quelquefois surréaliste à certains villages, où des immeubles HLM écrasent en plein centre les belles demeures et les parcs jadis romantiques à souhait. Il faut donc aller dans les plus petits d'entre eux et, telle qu'elle est, la campagne est encore de toute beauté, avec ses grandes maisons paysannes disséminées dans la nature et agrémentée de leurs toits de chaume aux lignes ondulées des collines de Choumadie. Le prix des logements commence à augmenter dans les grands centres, mais de nombreux citadins sont propriétaires de leur demeure, grâce à une politique de vente à bas prix des logements sociaux dans les années 1990. Pour autant, la situation globale du logement va vers une crise qui risque de durer. Pendant trop longtemps, rien n'a été construit et l'exode rural, un phénomène de fond qui a commencé il y a longtemps, rend la problématique aiguë dans les grandes villes pendant que des villages entiers meurent. A Belgrade, si on assiste à une frénésie de construction, parfois sans cohésion avec un quelconque plan d'urbanisme, les immeubles qui sortent de terre sont autant destinés aux bureaux qu'aux logements. Le tout avec des prix au mètre carré qui se comptent en milliers d'euros.

Éducation

Le système éducatif en Serbie souffre d'un manque de moyens et de renouvellement pédagogique. Pour autant, les infrastructures sont nombreuses, même si quelquefois obsolètes. Longtemps au cœur du système d'enseignement yougoslave, Belgrade ne compte pas moins de 30 facultés et un tiers des étudiants du pays. Historiquement, le premier lycée fut ouvert à Kragujevac en 1838 et la première université à Belgrade en 1903 : depuis, l'éducation s'est toujours développée à partir de cette région. Sous Tito, Belgrade était la capitale intellectuelle de la Yougoslavie, et l'Académie serbe des sciences fondée en 1945, était puissante. En outre, la capitale abritait le siège de toutes les institutions culturelles d'importance. Le système éducatif serbe est fondé sur des pratiques didactiques fortement imprégnées des systèmes russe et allemand. Les langues sont enseignées par petits groupes, dont la compétition au sein de la classe favorise une émulation propice à un apprentissage rapide. Le français, longtemps la première langue étrangère enseignée, est désormais remplacé par l'anglais. Cela n'empêche pas les générations plus anciennes de parler quelques mots de français, car son prestige est intact. L'influence allemande se fait sentir dans les horaires et l'organisation des cours. Les élèves alternent une semaine le matin et l'autre l'après-midi. Les cours du matin sont très matinaux (7h30), durent 45 minutes et se terminent vers 13h, ce qui laisse le temps aux activités sportives et artistiques dans l'après-midi. Les résultats en termes d'éducation sont relativement corrects. Sur l'année scolaire 2001-2002, le taux de scolarisation en primaire était de 99 %, dans le secondaire de 68 % et à l'université de 28 %. Le taux d'analphabétisme est de 3,6 %. Malgré le grand nombre des familles déplacées et un haut niveau de ruralité, le système scolaire joue encore son rôle d'intégrateur social. Seule ombre au tableau, la fuite des cerveaux et la nécessité, pour les enfants de réfugiés notamment, d'intégrer tôt le monde du travail ont fait baisser depuis dix ans le nombre des inscriptions universitaires. L'université, justement, est le lieu de tous les changements. D'une part, parce qu'après un système entièrement gratuit la subite apparition, en 2001, des « droits d'inscription universitaire » a posé des problèmes financiers à beaucoup. Malgré cela, le système fonctionne et les 5 universités de Serbie ont enfin adopté les critères de Bologne en 2006. Cette révolution qui réorganise notamment les cycles, en réduisant les années d'études, aboutit à des diplômes reconnus internationalement. Un autre phénomène est apparu récemment, ce sont les universités privées. Elles sont au nombre de 16 et sont réservées à une élite capable de payer des droits très élevés. Enfin, un fonds pour les jeunes talents a été mis en place. Chargé de détecter les meilleurs, ce fonds les prend en charge au sein du cursus scolaire jusqu'au plus haut niveau, qui peut passer par des bourses pour étudier à l'étranger.

Rue Knez Mihailova.

Système de santé

En Serbie, la santé est encore largement étatisée. L'accès à la santé est donc gratuit et accessible à tous. Tous les salariés ont accès à la Sécurité sociale et une assez bonne couverture des grandes maladies est assurée. Les médecins sont des salariés de l'Etat et lorsqu'un patient consulte, c'est forcément en dispensaire ou à l'hôpital. Voilà pour la théorie. C'est certes encore vrai dans la pratique, mais le système est au bord de l'implosion. Parce que les cliniques privées ont poussé comme des champignons, que beaucoup de médecins généralistes et spécialistes se sont mis à leur compte. Et cela coûte très cher. Bien entendu, comme une bonne partie de la population ne peut accéder à ce système libéral, les structures étatiques perdurent, grâce aux Dom Zdravlje, les maisons de santé, des structures de type dispensaires, dans lesquelles l'Etat a décidé de réinvestir massivement dans le cadre du plan national d'investissement. Ce faisant, le très bon système étatique, hérité du communisme, survivra sans doute. Voici son fonctionnement : on vous attribue un médecin et tout est pris en charge par l'Etat, consultation comme médicaments. En pharmacie, le patient se présente sans ordonnance, ne débourse rien et reçoit les pilules et autres gélules à l'unité. Le résultat de cette politique d'assurance maladie est le très bon niveau de prise en charge médicale de la population : on compte en Serbie 4,32 médecins pour 100 000 habitants, contre 2,95 en France. Cependant, avec la transition économique, les dysfonctionnements sont nombreux, à l'hôpital d'abord. Toutes les villes, même de moindre importance, disposent d'un hôpital d'Etat, gratuit. Le service n'y est pas tout à fait de qualité. Et la corruption s'est installée. Ainsi, il est nettement préférable de payer pour avoir un bon service. Même chose avec le médecin d'Etat. Sans compter sur l'isolement sanitaire des années 1990 et le manque de ressources de l'Etat qui ont entraîné le vieillissement des appareils et installations. Cette paupérisation, navrante pour les médecins, oblige parfois les hospitalisés à apporter à l'hôpital leurs médicaments et... leurs draps ! Autre source d'inquiétude, le travail informel qui empêche la prise en charge d'une partie croissante de la population. Le financement du système repose sur des cotisations versées par l'entreprise (prélevées à la base). Les ouvriers et étudiants qui font des petits boulots sont donc à l'écart du système. Concernant les étrangers que vous êtes, vous ne serez acceptés, contre paiement, dans les Dom Zdravlja d'Etat que si votre problème comporte un caractère d'urgence. Sinon, vous irez dans le privé, dont les tarifs, étant donné votre nationalité, seront... élastiques. Et payables en euros.

■ MŒURS ET FAITS DE SOCIÉTÉ ■

Structure sociale

La situation économique et politique, en plus des différents conflits, a entièrement bouleversé le champ social. Naguère enfants chéris du régime, les ouvriers et les employés subissent de plein fouet la transition vers un système libéral qui ne les protège plus. La classe ouvrière, encore nombreuse – 27 % de la population active –, est dispersée entre ceux qui sont restés dans les entreprises désormais privatisées et ceux qui travaillent dans le secteur informel. Quant à la classe moyenne, elle émerge enfin, du moins dans les villes. C'est elle qui tire désormais la croissance du pays, en consommant et s'endettant. Mais elle est la seule à tirer son épingle du jeu, avec des salaires, au moins à Belgrade, qui peuvent aller jusqu'à 1 000 €. Le haut de la pyramide est encore occupé par quelques milliers de riches, qui doivent tout au système Milošević des années 1990. Ceux-là devraient néanmoins être rapidement assimilés par ceux qui tirent leurs revenus du fruit de leurs investissements capitalistes, dont justement, une bonne partie des « mafieux » de l'ancienne école. Pour tous les autres, la conséquence est une extrême précarisation : le salaire moyen en 2008 était d'environ 380 €, mais stagne à 150 € dans le sud du pays. Ainsi, le seuil de pauvreté touche 30 % de la population. Seuls s'en sortent ceux qui ont gardé un lien avec le milieu rural. Dans une société rurale à 34 % justement, la place de la femme est complexe. Le régime communiste lui avait donné très tôt le droit au divorce et à l'avortement, ce qui l'a affranchie de la dépendance à l'homme et lui a même octroyé une égalité certaine. Mais une fonction traditionnelle est restée intacte, celle du rôle central à la maison. La Serbie est de ce point de vue un pays typiquement méditerranéen, où l'épouse seconde son mari en s'occupant du foyer, mais également en gérant le budget familial et en ayant seule la charge d'éduquer les enfants. La famille est fondamentale en Serbie. La tradition patriarcale a laissé des traces, et il n'est pas rare de voir cohabiter trois générations sous un même toit. Les enfants ont trouvé là, il est vrai, un moyen de ne pas se confronter trop tôt aux rigueurs de la vie et ils quittent le domicile familial souvent seulement au moment du mariage (à 28 ans, en moyenne). Il est cependant difficile de faire la part de la tradition et de l'aspect économique dans cette façon de vivre, tant la quasi-impossibilité de trouver un logement en rapport avec ses revenus oblige la jeunesse à temporiser. Pour autant, tous prennent soin de leurs parents jusqu'à leurs plus vieux jours. Il est ici pratiquement inconcevable de placer ses parents dans une maison de retraite. La solidarité est donc le maître mot et la cohésion sociale en découle. Autre signe de cette solidarité, très peu de mendiants, malgré la pauvreté qui s'accroît, importunent les passants. Et par voie de conséquence, les SDF sont bien moins nombreux que dans les villes françaises.

Identité

Des problèmes d'identité se posent plus ou moins à toutes les composantes de cette mosaïque ethnique qu'est la Serbie. Les Hongrois de Voïvodine regardent vers le grand frère hongrois et, lorsqu'une certaine presse considère que les incidents qui se font de plus en plus nombreux dans la province en 2004 et 2005, sont tous à caractère ethnique, le Premier ministre hongrois interpelle le gouvernement serbe. Mais c'est finalement plutôt la Voïvodine elle-même, y compris souvent chez les Serbes, qui souhaite le retour d'une vraie autonomie. Les Tziganes ou Roms ont d'autres préoccupations. Vivant disséminés sur le territoire et plutôt mal considérés par les pouvoirs publics et surtout souvent méprisés par tout le monde, ils offrent la particularité de se scinder en plusieurs groupes. Un Tzigane de Niš ou Leskovac ne pourra pas comprendre un Tzigane de Voïvodine, car ils utilisent des dialectes roms différents. Mais ce sont, bien entendu, les communautés vivant dans des régions homogènes qui revendiquent et protègent le mieux leur identité. Ainsi, les Bosniaques à Novi Pazar sont en très forte majorité. Ils se préoccupent peu de la société serbe et parlent le bosniaque, fréquentent l'université musulmane, et leur vie culturelle est peu influencée par Belgrade. Il en va de même dans la vallée de Preševo, où l'on ne parle qu'albanais entre soi et où l'on se préoccupe plus du devenir de la communauté albanaise que du destin de la Serbie. L'esprit communautaire est donc fortement ancré dans ces quelques régions, où les Serbes sont minoritaires. Les questions identitaires sont ainsi fondamentales en Serbie, tout comme en ex-Yougoslavie. Les Serbes ont construit leur identité nationale sur l'idée de leur existence en tant que peuple, existence souvent menacée dans l'histoire, au moins pour ce qui est de la question du territoire. Ainsi, la culture et la religion, et donc son patrimoine, ont été et représentent toujours le lien indispensable pour une communauté qui n'a pas toujours eu d'Etat. Dans cet espace complexe, et avec une histoire les ayant séparé, des fractures culturelles entre divers sous-groupes sont apparues. Les Serbes à l'ouest de la Drina sont mieux organisés et plus solidaires que ceux de Choumadie, rompus aux querelles typiquement byzantines. Encore aujourd'hui, les réfugiés des Krajina croates et bosniaques ont du mal à s'intégrer à la société serbe centrale. Pour tout dire, les Serbes de Serbie, et plus particulièrement de Belgrade, n'aiment pas être comparés aux Serbes de Bosnie, par exemple. Les caractères sont pour ces raisons fortement marqués par l'histoire. Lorsqu'on arrive de Novi Sad à Belgrade, on est frappé par le changement de rythme et d'atmosphère. Autant le citoyen de Voïvodine est calme et tempéré, autant le Belgradois est électrique et haut en couleur. Plus on va vers le sud, plus l'empreinte de la famille et du cercle restreint d'amis est forte : au Monténégro et au Kosovo, l'esprit clanique prédomine.

DÉCOUVERTE

Rue Knez Mihailova.

■ RELIGIONS ■

La Serbie est un Etat multiconfessionnel qui tente de préserver la complexe palette de ses diverses religions. L'Empire ottoman a marqué de son empreinte cet aspect de la vie sociale. En effet, le système de vilayet – région autonome du point de vue confessionnel et administratif – a permis l'essor de confessions venues parfois de très loin : les Egyptiens coptes y ont encore une église et des représentants ! Contrairement aux idées reçues, les communistes n'ont pas empêché le sentiment religieux, même s'ils ont, au moins au début, tout fait pour réduire son influence. La création d'un patriarcat macédonien en 1954, puis une certaine liberté accordée ensuite à l'église orthodoxe ont fait que l'Eglise n'a pas disparu à une époque où bien peu la fréquentaient. Aujourd'hui, la sortie du communisme s'accompagne d'une très grande vitalité religieuse. Vitalité encouragée au début par Milošević pour servir ses desseins alors qu'il était lui-même athée. Les Serbes ne sont pas particulièrement pieux, mais l'orthodoxie – unique dépositaire de leur langue et de leur patrimoine pendant cinq siècles – est vécue comme un aspect fondamental de leur culture. Les baptêmes d'adultes ont été légion ces dernières années, car on a tenté de rattraper le temps perdu sous le communisme, et les associations bénévoles pour entretenir les églises sont assez actives. Parfois, des personnalités des milieux sportifs ou économiques mettent la main à la poche, comme le basketteur Dejan Bodiroga pour le monastère de Đurđevi Stupovi. L'église orthodoxe est autocéphale et donc par essence nationale.

Les catholiques occupent une position particulière, car ils sont représentés par des communautés nombreuses et diverses. Les Hongrois, les Croates et les Ruthènes de Voïvodine pratiquent leur religion dans la bonne entente avec les autres peuples orthodoxes. Autre grande religion du pays, l'islam est protégé par une association islamique créée à Novi Pazar. Les musulmans du Sandžak sont des descendants de Slaves qui se sont convertis à l'islam à l'arrivée des Ottomans. D'obédience sunnite, ils ont bénéficié pendant longtemps de la construction de nombreuses mosquées. Ils obéissent au mufti de Novi Pazar plutôt qu'à celui de Belgrade. Les Albanais musulmans sont eux, moins religieux et vivent l'islam, surtout depuis l'ère Milošević, comme un aspect de leur identité nationale. Le tableau ne serait pas complet sans l'évocation des protestants. Ce sont les Slovaques et les rares Allemands de Voïvodine, qui mettent un point d'honneur à maintenir leurs traditions, sans rien demander à l'Etat. Dans les écoles et les villages, les comptines, chorales et fêtes traditionnelles sont autant d'occasions de se rattacher à leurs communautés respectives.

Cathédrale de Saint-Sava.

Arts et culture

La Serbie, de par son histoire et sa position dans les Balkans, a développé une culture riche aux multiples facettes. Située au confluent entre les mondes romain, byzantin et ottoman, la culture serbe s'est épanouie en s'imprégnant de ces influences. Cependant, le caractère particulier et l'identité spécifiquement slave de cette culture ont fusionné avec ces éléments pour aboutir à un art qui lui est parfaitement propre. On peut en juger par le nombre d'écoles architecturales orthodoxes au Moyen Age, ou par la vitalité de la peinture et du cinéma actuels. La présence d'importantes communautés musulmane, juive ou protestante a également favorisé une floraison de genres littéraires et d'écoles de peinture.

ARCHITECTURE

L'architecture serbe est avant tout connue pour ses très nombreux monastères et églises orthodoxes élevés sur le territoire de Serbie entre le XIe et le XIVe siècle. Ce très précieux patrimoine architectural peut se départager en trois groupes :

▶ **L'école de Rascie.** Mêlant style byzantin et influences romanes, cette école est développée au XIIe siècle par la dynastie des Nemanjić. Studenica et Đurđevi Stupovi, construits à la fin du XIIe siècle, en sont les monastères les plus représentatifs.

▶ **Le style serbo-byzantin.** Au début du XIVe siècle, apparaît une architecture plus imposante, reposant sur un haut degré de technicité et utilisant notamment des croisées d'ogives. Ce style est visible dans les monastères de Gračanica et de Peć.

▶ **L'école de la Morava.** Au XIVe siècle, l'art religieux se déplace dans la vallée de la Morava et du Danube. C'est une architecture plus affinée, combinant différents types de pierre et jouant sur les formes géométriques. Ravanica, Resava, Krušedol en sont de bons exemples.

▶ **L'influence autrichienne.** Elle apparaît en Voïvodine à partir du XVIIe siècle. En témoignent les églises baroques de Sremski Karlovci et les maisons bourgeoises de Zemun. Le meilleur exemple de ce style est visible à Subotica, avec son hôtel de ville typiquement hongrois. Plus généralement, il n'est pas rare de voir dans les villes de Serbie une église catholique ou un édifice public marqués par l'influence de l'Europe centrale.

▶ **L'architecture serbe moderne** apparaît au XIXe siècle, avec des artistes comme Constantin Jovanović ou Jovan Iklić. C'est l'époque où Belgrade se pare de ses plus beaux atours, avec notamment l'hôtel Moskva ou le Parlement. Le monument le plus représentatif de l'école serbe du XIXe siècle est le Théâtre national : en plein cœur de la capitale, son style néo-Renaissance en impose par ses couleurs chatoyantes et ses perspectives longilignes. Plus près de nous, les architectes serbes se sont largement inspirés des courants occidentaux. Stojan Maksimović, qui a étudié et travaillé aux Etats-Unis, fait preuve d'un style intéressant avec ses alliages de verre et de fer, comme ceux du centre de congrès Sava-Centar et de l'hôtel Intercontinental, tous deux à Novi Beograd.

ARTISANAT

L'artisanat du pays a lui aussi ses particularités. Le travail du bois – icônes – et la céramique sont encore largement répandus.

▶ **Les différentes écoles de peinture religieuse** ont beaucoup d'adeptes, et on voit aujourd'hui, comme en Russie, un maître suivi par des disciples restaurer les fresques murales de nombreuses églises orthodoxes.

L'orfèvrerie, depuis l'Empire ottoman, a délaissé le travail de l'étain et de l'argent pour la fabrication de colliers et autres bijoux.

▶ **La broderie de costumes et de vêtements,** mais aussi des nappes et autres décorations d'intérieur, présente de multiples aspects. Il existe également des artisanats plus particuliers, typiques de chaque région.

Le Ćilim de Pirot

L'art traditionnel du Ćilim, ou kilim, est pratiqué dans toute la Serbie, dans plusieurs centres manufacturiers. Ces kilims sont des tapisseries dont on recouvre les murs, les canapés ou les sols des maisons familiales. Leur principale caractéristique est d'être à double face. Leurs motifs sont généralement géométriques et les couleurs dominantes sont le rouge et tous ses dégradés, le noir, le bleu foncé et le marron. La ville de Pirot, au sud-est de la Serbie, est le principal centre de cet artisanat, qui depuis longtemps influence les autres manufactures. Le motif caractéristique du Ćilim de Pirot est une succession de symboles en forme d'oiseau épuré, qui donne un aspect de légèreté au tapis. Ces motifs, dit-on, proviendraient d'un petit peuple préislamique du Caucase, aujourd'hui disparu, les Khazars. Quoi qu'il en soit, le Ćilim de Pirot est marqué sans conteste d'influences orientales, mais il fait partie intégrante de la culture traditionnelle serbe.

▶ **Depuis l'époque ottomane, le café** ayant un rôle social très marqué en Serbie, on y fabrique des services à café en étain ou en cuivre et des plateaux richement décorés. Pour moudre le café, des moulins manuels en bois, incrustés parfois de nacre et toujours joliment décorés, sont encore utilisés dans les foyers.

▶ **Quant à l'habitat,** il reste très varié : des maisons tout en longueur de Voïvodine, faites en terre ou en briques recouvertes de chaux, aux petites maisons carrées en bois et surmontées de toits de chaume en Serbie occidentale...

▶ **Enfin, au bord des routes de Serbie de l'Ouest ou du Sud-Est** se dressent d'impressionnantes pierres tombales de 3 m de hauteur. Peints de couleurs chatoyantes ou en pierre brute, ces monuments qui honorent les morts font également partie du riche patrimoine artisanal du pays.

■ CINÉMA

Le cinéma serbe s'est affirmé dans les années 1990 avec des réalisateurs prestigieux comme Emir Kusturica ou Goran Paskaljević. Pour ces créateurs, la France n'est pas seulement un lieu de travail, elle est devenue leur principale résidence. Des acteurs les ont suivis, comme Miki Manojlović, que l'on a vu dans plusieurs films français à succès, depuis le milieu des années 1990, ou encore Radivoje Rasha Bukvić, qui a joué aux côtés de Deneuve dans *Les Bien-aimés* (2011) de Christophe Honoré. Bukvić a joué aussi dans : *Coco Chanel and Igor Stravinski* de Jan Kounen (2009), *Un chat, un chat* de Sophie Fillieres (2008) avec Chiara Mastroianni, *Taken* de Luc Besson (2007) et *La Californie* de Jacques Fieschi (2005) avec Ludivine Sagnier. Mentionnons aussi Branka Katić dont l'apparition remarquée dans *Chat noir, chat blanc* (1998) d'Emir Kusturica lui a permis d'avoir une visibilité à l'international. On l'a vue en 2010 dans *L'homme qui voulait vivre sa vie* d'Eric Lartigau, aux côtés de Catherine Deneuve. Les liens entre le cinéma serbe et la France sont donc très forts. Bien que la situation politique et les guerres aient fortement amoindri les capacités de la Serbie, 7 à 8 films sortent bon an mal an dans le pays. L'école de Belgrade forme encore de très bons réalisateurs et une pléiade d'acteurs prometteurs. Les jeunes talents serbes ont été,

Le tricot de Sirogojno

Le vieux village de Sirogojno dans la région de Zlatibor est connu pour sa longue tradition dans le tricotage. Il y a quelques décennies, Dobrila Smiljanić, une créatrice de mode ingénieuse de cette région, a rassemblé les femmes de ce village en une coopérative, où elles tricotaient à la main des modèles qu'elle créait. Elles ont commencé par des tricots, et lorsque ceux-ci sont devenus célèbres à l'étranger, Dobrila commença à créer aussi d'autres vêtements en laine. C'est ainsi que le monde connu la belle tradition de Sirogojno, qui abrite maintenant un complexe ethno intéressant comprenant un village typique de la Serbie occidentale reconstitué à l'identique et un petit musée des arts populaires.

à plusieurs reprises, récompensés dans les festivals, comme Stefan Arsenijević qui reçut l'Ours de Berlin en 2003 en court-métrage. En France, le Festival du film méditerranéen (section courts-métrages notamment) ou le Festival de Cannes (Kusturica, deux fois Palme d'Or) connaissent bien les réalisateurs serbes. Il faut mentionner que le Festival de Belgrade, par son engagement et son éclectisme, favorise l'éclosion de jeunes talents. A l'époque communiste, les grands réalisateurs étaient souvent d'origine serbe. On se souvient du très beau *J'ai même rencontré des tziganes heureux* (1967) d'Aleksandar Petrović (né et mort à Paris), qui narrait, avec une musique magnifique, la vie quotidienne mais bien peu banale de Tziganes du sud de la Serbie. Ce film lui a valu le Grand Prix spécial du jury et le Prix de la Critique internationale à Cannes en 1967. Il faut dire qu'à l'époque Petrović et les autres réalisateurs de la « nouvelle vague » serbe étaient bannis lors du régime de Tito : Želimir Žilnik (*Rani radovi*, 1968 – l'Ours d'or à Berlin), Dušan Makavejev (*Innocence sans protection*, 1968 – l'Ours d'argent à Berlin), Živojin Pavlović (*Une fois que je serai mort et que j'aurai disparu*, 1967). Un an avant la mort de Tito, un film prémonitoire racontait, à travers l'itinéraire chaotique d'un autocar de campagne, les dissensions entre les différents peuples de Yougoslavie : *Qui chante là-bas ?* de Slobodan Šijan. La période communiste est bien représentée par le film du réalisateur Goran Marković, *Tito et moi*, sorti en 1992. Dans cette comédie douce-amère, un petit garçon fait tout pour rencontrer Tito : peut-être le premier des films yougo-nostalgiques. Depuis quelques années, apparaissent de nouveaux talents. Au milieu des années 1990, la guerre et la situation économique valent au cinéma serbe des films durs mais captivants. *Lepa sela, lepo gore* (*Joli village, jolies flammes* en français) de Srđan Dragojević narre l'histoire vraie de deux amis d'enfance, l'un Serbe, l'autre musulman, que tout va séparer pendant la guerre en Bosnie. *Baril de poudre*, sorti en 1998, de Goran Paskaljević raconte, en des courtes scènes alertes et incisives, la dépression des Belgradois pendant l'isolement international qu'ils subissent. Ces dernières années, les thèmes sont plus consensuels et, parmi les meilleurs films, il faut retenir *Kordon* de Goran Marković et *Profesionalac* de Dušan Kovačeviç. Les réalisateurs les plus prometteurs sont Srđan Golubović (*Klopka*/Le Piège, film sur la transition après l'ère Milošević, classé parmi les meilleurs 10 films

de la Berlinale 2007), Miloš Radović (*Mali svet, Pad u raj*), les jeunes Stefan Arsenijević (Ours d'or à Berlin en 2003) et Nikola Ležaić dont *Tilva Roš* est devenu le film serbe le plus récompensé de la dernière décennie. Enfin, n'oublions pas les acteurs, parmi lesquels Ilija Stanojević, qui, en 1911, réalisa également *Karađorđe*, le premier film muet de Serbie, ou encore Miki Manojlović, Žanka Stokić, Pavle Vujisić, Zoran Radmilović, Dobrica Milutinović, Bora Todorović, Mira Banjac, Dragan Nikolić, Milena Dravić, Ljubiša Samardžić et Lazar Ristovski (le grand gaillard moustachu dans *Underground*). Dans la nouvelle génération, Sergej Trifunović, Mirjana Joković, Nebojša Glogovac, Marija Karan et Branka Katić sont déjà des acteurs reconnus.

Grands noms du cinéma serbe

Emir Kusturica

Le monument du cinéma serbe. *Underground*, film baroque sur le titisme et la décomposition de la Yougoslavie mené tambour battant sur une musique tzigane toujours enivrante, consacre dix ans d'une carrière où il aura gagné, à 42 ans, deux Palmes d'or et un Ours d'or. Sa prédilection pour les histoires mêlant sentimentalisme slave et ethno-tzigane l'a mené au firmament du cinéma mondial. La mise en avant d'une musique venant tout droit des campagnes serbe et bosniaque, *trubači*, imprime à ses œuvres cette marque qui a fait sa renommée. Son avant-dernier film en date, *La vie est un miracle*, sorti en 2005, utilise ses meilleures recettes, constituées par un rythme trépidant et un univers baroque souvent proche de la folie. Partageant sa vie entre Paris et Belgrade, créateur du village ethno de Mokra Gora, Kusturica se veut le défenseur d'une certaine idée de la vie dans les Balkans. La France lui a décerné la légion d'honneur en 2011. A Višegrad (Bosnie), dont le pont a été rendu célèbre par le Prix Nobel serbe Ivo Andrić dans son roman *Le Pont sur la Drina*, Kusturica vient de commencer la construction d'Andricgrad (Andricville) ou Kamengrad (ville en pierre), un projet de reconstruction à l'identique d'une partie de la ville décrite par Andric dans son roman. Le projet devrait être terminé en 2014.

■ KUSTU.COM

www.kustu.com
Site en anglais avec toutes les news et l'univers du célèbre réalisateur. Disponible en anglais.

Goran Paskaljević

Comme Kusturica, Goran Paskaljević fait partie de ces cinéastes serbes formés à l'école de Prague et capables de varier les styles. Ses films, de style intimiste, étonnent par leur recueillement et la beauté d'âme dont ils témoignent. Paskaljević est aussi connu en France depuis qu'il a obtenu en 1984 le prix du Public du Festival d'Orléans pour *Le Chaud Eté 1968*. Sa notoriété s'est accrue avec *Ange gardien*, sorti en 1987, *Tango Argentino*, en 1992, récompensé au Festival de Montpellier, et *L'Amérique des autres*, en 1995, primé à Cannes dans les

années 1990. Son film le plus achevé, réalisé en 1998, est *Baril de poudre*, une reconstitution de l'atmosphère qui régnait alors à Belgrade durant la dépression des années d'embargo : toute la détresse du peuple serbe, désorienté après des années d'isolement international et de conflits en ex-Yougoslavie, s'y lit à travers des descriptions pointillistes du caractère électrique et profond des Belgradois. Paskaljević s'est à ce moment-là prononcé pour un changement de régime et a participé aux manifestations d'opposition à Milošević. La France lui a décerné la légion d'honneur en 2008.

■ LITTÉRATURE ■

Née au Moyen Age, la littérature joue un rôle particulier en Serbie. Elle s'est développée grâce au pouvoir et avec son soutien, car les grands hommes, dans une tradition slave bien établie, étaient et restent avant tout de grands écrivains. La grande caractéristique de la littérature serbe est la réforme qu'a connue la langue elle-même et qui lui a permis, à un moment clé de son histoire de se développer : le grammairien Vuk Karadžić crée en 1814 une nouvelle grammaire puis, quatre ans plus tard, un nouveau dictionnaire, sur la base d'une langue plus simple. Cette réforme profonde de la langue va rapidement favoriser l'apparition de nouveaux auteurs intéressants. Dositej Obradović, conseiller personnel de Georges le Noir, écrit ainsi les premiers essais dans la nouvelle langue. Mais c'est surtout Njegoš le Monténégrin et Jovan Jovanović Zmaj qui vont, au milieu du XIXᵉ siècle, donner leurs lettres de noblesse à cette langue, le premier avec ses poèmes épiques, le second avec ses poèmes et ses contes. Enfin, bien souvent, les atmosphères sont empreintes de nostalgie, de petites histoires dans la grande et d'une certaine noirceur.

Les grandes figures de la littérature serbe

Ivo Andrić (1892-1975)

C'est l'écrivain de langue serbe le plus connu. Né à Travnik, en Bosnie, il grandit à Višegrad dont il rendra célèbre le pont (*Le Pont sur la Drina*). Après avoir étudié à Vienne, il est fait prisonnier en 1914 en tant que révolutionnaire et devient éditeur, en 1918, à Belgrade. Il forme un cercle littéraire avec des gens comme Crnjanski ou Miličić : ce petit groupe a ses habitudes

à l'hôtel Moskva. Très vite remarqué pour ses qualités intellectuelles, il devient viceconsul dans plusieurs capitales européennes ; sa carrière diplomatique atteint son apogée avec un poste d'envoyé spécial et de ministre plénipotentiaire à Berlin de 1939 à 1941. Mais lorsque les Allemands bombardent Belgrade, le 7 avril 1941, non seulement il refuse un poste confortable en Suisse, mais il court se réfugier dans la capitale yougoslave, chez son ami Milenković. Dans sa petite chambre, il écrira ses romans les plus célèbres : *La Chronique de Travnik* d'abord, et *Le Pont sur la Drina*, en 1944. En 1961, il reçoit le prix Nobel de littérature pour ce dernier roman. Il restera à Belgrade après la guerre et deviendra un membre éminent de l'Union des écrivains. Dans ces deux romans, Andrić nous plonge admirablement dans le milieu et les péripéties d'un petit village de Bosnie. Il insiste sur les liens qui existaient au tournant du siècle entre catholiques, orthodoxes et musulmans, liens plus importants que les différences culturelles. Ces liens qui étaient un mode de vie commun, un esprit de voisinage et un sentiment de proximité, et qui faisaient que malgré les dissensions, on finissait toujours par se comprendre. Encore plus intéressante pour nous est la *Chronique de Travnik*, dont l'action se déroule entre 1806 et 1814 en Bosnie centrale, au moment où Napoléon, à partir des provinces illyriennes, tente d'agrandir la zone d'influence française. On y voit deux consuls, le Français et l'Autrichien, attendant à Travnik la réalisation de leurs rêves aux confins de l'Europe. Mais l'immobilité de l'Orient et la mentalité des différentes ethnies, antagonistes mais unies contre l'étranger, mettent en échec leurs élans civilisateurs. Roman prémonitoire, la *Chronique de Travnik* montrait déjà, dans cette région du monde, les difficultés d'un règlement international non négocié. Andrić est aussi l'auteur d'admirables nouvelles, parmi lesquelles *Au temps d'Anika* et *La Soif*, traduites en français.

▶ **www.ivoandric.org.rs**

Branko Ćopić (1915-1984)

Ćopić est un écrivain serbe de Bosnie et est resté, sa vie durant, viscéralement lié à son pays. Fécond, il a écrit quantité d'ouvrages mêlant poésie, contes et romans. Il publie dès 1938, et durant la guerre, est un poète reconnu par les partisans. C'est un conteur-né, qui aime les fresques épiques comme *La Brèche* en 1952. Parmi ses œuvres narratives, son dernier livre, *Un jardin couleur de mauve*, en 1970, tient une place à part. Les souvenirs lointains de son enfance en Bosnie sont évoqués avec une rare force poétique. Ce livre, et d'autres, a été au programme scolaire de plusieurs générations de Serbes. Ćopić est un nostalgique, de ceux qui en ont fait un modèle. Sans doute faut-il chercher là les raisons de son suicide mystérieux, un jour de 1984 à Belgrade. Le pont d'où il s'est jeté porte aujourd'hui son nom.

Miloš Crnjanski (1893-1977)

Le romancier le plus prolifique est une figure majeure de la littérature serbe du XXe siècle. Sa jeunesse mouvementée lui donne le goût de la narration et l'intérêt pour la chose historique. Né en Voïvodine austro-hongroise, dans une famille serbe de clercs de notaires, il est envoyé à Vienne pour ses études secondaires. En 1914, il est mobilisé de force dans l'armée autrichienne, mais très vite, il est frappé par le choléra. En 1920, Crnjanski entreprend des études à Paris, où il rencontre Ivo Andrić. Sa carrière littéraire commence par des recueils de poèmes : *Lirike Itake* (ou : *Ithaque*) en 1918 et *Lettres de Paris* trois ans plus tard. Mais c'est dans la prose épique qu'il excellera vraiment. Dès 1921, le *Journal des Čarnojević*, qui raconte l'histoire d'une famille serbe à travers plusieurs générations, le fait connaître en Yougoslavie. En 1929, son œuvre la plus accomplie, *Migrations*, lui apporte une notoriété mondiale : à travers la description romancée des migrations serbes du XVIIe siècle, Crnjanski se penche sur l'une des périodes clés de l'histoire serbe. Il accentue cette veine romanesque dans le *Livre sur l'Allemagne* et le *Roman de Londres* (en 1972). Dans la tradition des grands romanciers russes, Crnjanski raconte, à travers la vie de dizaines de personnages et grâce à une imagination visuelle sans cesse sur la brèche, des histoires tragiques situées dans un contexte historique précis. Dans le *Roman de Londres*, un aristocrate russe pense trouver dans l'Angleterre de l'après-guerre une civilisation raffinée ; il y verra au contraire l'exemple d'un monde décadent. Miloš Crnjanski a aussi contribué à l'essor de la poésie serbe, mais toujours avec une préférence pour l'Histoire. Sa biographie de *Sveti Sava*, le premier moine écrivain, est de ce point de vue exemplaire : écrite en vers, elle présente sous une forme épique la vie et la pensée du grand saint serbe. Avec le génie qui lui est propre, Crnjanski sait dégager les archétypes de l'Histoire et des comportements humains. Ses romans historiques sont traduits en français.

DÉCOUVERTE

Musée ethnographique.

Đura Jakšić (1832-1878)

Caractéristique de ces premiers grands écrivains serbes, Jakšić touche à tout. La poésie lyrique ou épique, le roman dramatique et même le théâtre ont été ses thèmes de prédilection. Il est au contact des plus grands lors de ses voyages dans l'Empire austro-hongrois. Etudiant à Pest – qui n'est pas encore Budapest – en 1848, il y rencontre le grand poète hongrois Sándor Petőfi ; deux ans plus tard, à Paris, il est l'hôte de Lamartine. Cette curiosité intellectuelle l'amène d'abord à la poésie, où ses thèmes favoris seront l'amour et la beauté de la nature. Mais Jakšić est également connu comme auteur dramatique, et, parmi ses œuvres théâtrales, se détachent plus particulièrement des tragédies historiques en vers, comme *Elisabeth* (1868) et *Stanoje Glavaš* (1878). Il écrit aussi des contes romancés sur la vie quotidienne, comme *Sirota banačanka*. En 1878, sa mort soudaine donne un coup d'arrêt précoce à une œuvre qui promettait d'être grandiose.

Danilo Kiš (1935-1989)

Ecrivain serbe parmi les plus connus et le plus traduit en France. Lecteur de serbo-croate dans plusieurs universités françaises, Danilo Kiš était installé à Paris depuis 1979 et avait été nommé chevalier des Arts et des Lettres. Danilo Kiš est né à Subotica, dans le nord de la Voïvodine, d'un père juif et d'une mère monténégrine. Les massacres de juifs et de Serbes par l'armée hongroise feront fuir la famille en Hongrie et son père mourra à Auschwitz. L'écriture de Kiš excelle dans son usage des sonorités du serbo-croate et des langues de Voïvodine, auxquelles il sait faire exprimer une exceptionnelle sensibilité. Ses premières traductions et poésies paraissent au Monténégro dans les années d'après-guerre, et ses essais et nouvelles à Belgrade, dans les années 1950. Sa carrière cependant prend son véritable envol lorsque Kiš s'installe à Strasbourg en 1962, où il devient lecteur à l'université. Tout en poursuivant la traduction des grands auteurs français et russes, Danilo Kiš déploie l'éventail de ses talents. Il collabore avec l'Atelier 212 de Belgrade et s'essaie à la dramaturgie théâtrale. En 1965, il publie son premier roman, *Jardin, cendre*, traduit en français six ans plus tard. *Jardin, cendre* est l'œuvre la plus caractéristique de Kiš. Dans un style très personnel, le narrateur raconte son enfance en Yougoslavie et en Hongrie pendant la guerre, à travers le personnage d'Edouard Sam, un doux illuminé qui consacre son temps à écrire une encyclopédie, davantage nourrie de rêves que de connaissances précises. Danilo Kiš a créé un style léger et imaginatif, qu'il a perfectionné dans des ouvrages toujours plus énigmatiques. *Chagrins précoces* (1970), *Sablier* (1972) et *Un tombeau pour*

Le festival de Guča attire des visiteurs venus du monde entier.

Boris Davidovitch (1976) figurent parmi les plus connus. Parallèlement à ses travaux de romancier, il poursuivit son œuvre théâtrale et exerça sa fonction de lecteur à Bordeaux puis à Lille. Récompensé par les plus grands prix littéraires dans son pays (NIN, Ivo Andrić) et en France (Grand Aigle d'or de la ville de Nice), Danilo Kiš est mort trop tôt. Il était un artiste qui se donnait à la littérature comme si sa vie en dépendait.

Milorad Pavić (1929-2009)

Romancier, conteur et scénariste d'art dramatique, né en 1929 à Belgrade où il mourut en 2009. Ce petit monsieur à binocles et au regard malicieux a surpris le monde littéraire par ce qui restera comme l'un des romans les plus vendus dans le monde, le fameux *Dictionnaire khazar* (1988), roman-lexique en 100 000 mots. Publié et traduit dans 80 langues, cet auteur prolifique a été sélectionné pour le prix Nobel de littérature en 2002. Professeur à l'université de philologie de Belgrade, Milorad Pavić est reconnu comme le plus grand connaisseur de la littérature serbe des XVIIIe et XIXe siècles, spécialisé dans les courants baroque et symboliste, mais aussi comme traducteur de Pouchkine et de Byron. Il donna régulièrement des conférences aux universités de la Sorbonne, de Vienne et de Fribourg. Depuis 1991, il était membre de l'Académie serbe des sciences et des lettres, mais il se garda bien de toute appartenance à un courant politique. Son premier ouvrage publié en 1991 à Belgrade, *Palimpsestes*, est un recueil de poésies, suivi trois ans plus tard d'une monumentale *Histoire de la littérature serbe à l'âge du baroque*. Depuis, Milorad Pavić alterne avec bonheur recueils poétiques, études littéraires et historiques, nouvelles et romans.

Aleksandar Tišma (1924-2003)

Tišma est né et a vécu en Voïvodine. Echappant à la mort et aux rafles en 1942, cet écrivain serbe en sera marqué toute sa vie. Ainsi, il écrit sur le thème de la guerre et de l'holocauste dans plusieurs livres. *Le Livre de Blam*, en 1972, et surtout *L'Usage de l'homme*, en 1976, qui est un chef-d'œuvre d'écriture sobre, sans concession pour décrire la vie d'une famille de Novi Sad avant, pendant et après la guerre. Le temps de l'ignominie, comme il le dit lui-même n'est cependant pas sa seule source d'inspiration. Dans *Croyances et méfiances* (1983), il dresse un constat froid de la société des années 1960, mais dans un style lumineux. Traducteur, éditeur et journaliste, il est horrifié par la guerre des années 1990 et, en un geste de protestation morale contre le régime de Milošević, part en France. Il reviendra finalement, en l'an 2000, à Novi Sad, où il a toujours vécu.

Autres

Impossible de clore cette petite énumération sans citer au moins deux poètes : Desanka Maksimović (1898-1993) et Matija Bećković, né en 1939 et toujours vivant.

■ MUSIQUE

La vie en Serbie se passe en musique. Quelle soit traditionnelle ou venant d'ailleurs, en voici les tendances. La musique traditionnelle serbe est le chant polyphonique, qui est issu de la tradition patriarcale et villageoise : les habitants du village se scindent en deux groupes, hommes et femmes, et entonnent des chants aux variations de sons très importantes. Ces chants sont accompagnés d'instruments à vent comme la flûte et la clarinette. Depuis la Première Guerre mondiale, des ensembles formés de ces instruments, ainsi que de tambours et d'accordéons constituent des orchestres très populaires. Deux chanteuses sortent du lot : Lepa Lukić et, dans un style plus moderne, Bilja Krstić. Boki Milošević reste encore le meilleur clarinettiste du pays. Dans les années 2010 la musique festive des Balkans prend une importance internationale à tel point qu'elle influence bon nombre d'artistes connus dans la manière et le but de produire des chansons plus commerciales. A propos de musique, ne quittez pas la Serbie sans être entré un soir dans l'une des nombreuses *kafana*, ces cafés où, à l'occasion d'un mariage, des groupes d'amis entonnent en chœur, en se tenant par les épaules, des chansons slaves connues de tous, comme le lyrique Hej Sloveni, ou le très beau et mélancolique Hej Krčmarice. Il existe une chanson serbe pour illustrer chaque instant dans la vie de tous les jours et il est très populaire de dédier une chanson à l'un de ses amis par radio afin qu'il se reconnaisse dans la chanson, une manière de partager des instants vécus. Voilà pour l'exotisme...

Musique tzigane

La musique tzigane, ou rom, est une pure merveille. Pour en avoir une idée, il suffit de se remémorer les films de Kusturica comme *Underground* ou *Le Temps des Gitans*. C'est ce qu'on appelle en Serbie les *trubači*, c'est-à dire les joueurs aux trompettes. Orchestres de cuivres formés par des Tziganes, ces fanfares de village vont de cabaret en cabaret et, à la moindre sollicitation de votre part, sont capables d'improviser toute chanson du répertoire national – la meilleure étant sans aucun doute Mesečina. Les valeurs sûres restent les orchestres de Fejat Sejdić, Dejan Petrović et Bakija Bakić. Parmi eux, certains sont devenus des stars, comme Boban Marković qui se produit dans de grandes salles à Belgrade. Plus classiques mais toujours tziganes, les ensembles de cordes inspirés des Tziganes russes accompagneront souvent vos repas dans les grands hôtels. Le fameux groupe Odjila ou les nouveaux Loulou Djine interprètent tout le répertoire tzigane classique : des must comme Pilem ou Kiko tuke ne manqueront pas de vous séduire. Et tous vos sens seront mobilisés à l'écoute de l'hymne tzigane par excellence, Ederlezi, qui sera repris en chœur par toute l'assistance.

Musique de films

La musique de films est aussi une grande spécialité locale. Tout le monde connaît Goran Bregović, l'imaginatif compositeur des films de Kusturica : du *Temps des Gitans* à *Chat noir, Chat blanc*, Bregović a toujours basé ses compositions sur la musique *trubači*, avec chœurs et instruments traditionnels. Il en revisite les bases pour composer une nouvelle musique sophistiquée et aux empreintes d'autres cultures. Il fait des tournées mondiales avec sa formation « musique pour mariages et enterrements ». Emir Kusturica, lui, s'amuse avec son groupe, le No Smoking Orchestra. Il tourne lui aussi dans le monde entier avec sa musique festive, entre rock, jazz et sons des Balkans.

▶ **www.thenosmokingorchestra.com**

Turbo-folk

Depuis deux décennies, une frénésie de musique à la fois moderne et traditionnelle s'est emparée de la Serbie : le turbo-folk. Mélange détonant de rythmiques saccadées et synthétiques avec des mélopées très traditionnelles, le turbo-folk a envahi le champ musical, au début du régime de Milošević, qui l'a encouragé. Des radios et des chaînes privées, comme Pink, ont même bâti leur empire sur cette musique. Le plus étonnant est que, du chauffeur de taxi au politicien, tout le monde l'écoute, et s'il perd un peu de sa superbe ces temps-ci, le turbo-folk reste une valeur sûre. Sa légende est la grande Ceca (de son vrai nom Svetlana Ražnatović), une femme aux formes opulentes et à la voix puissante, comme les aiment les Serbes. Une autre star serbe est Jelena Karleuša, une blonde platine dont le look particulier et le goût de la provocation ne sont pas sans rappeler Lady Gaga. C'est l'idole de la population « gay » car elle prend fait et cause pour les droits des homosexuels dans le pays. Vous avez la version rom, avec Šaban Šaulić ou l'indéboulonnable Džej Ramadanovski, mais aussi le côté plus sexy, avec des chanteuses plantureuses aux noms aussi charmants que Vicky, Seka, Mina. A l'origine, le turbo-folk réunissait dans des stades un public plutôt provincial et populaire : ainsi, Lepa Brena a dû arriver au stade de Bucarest en hélicoptère, dans une mise en scène qui ferait rougir Hollywood. Ce turbo-folk est devenu un outil politique et économique, qui a permis de bâtir d'immenses fortunes. Honni par les nouvelles élites urbaines, le turbo-folk fait néanmoins partie, et pour longtemps, du paysage musical serbe.

Autres musiques

Les grands courants musicaux sont aussi représentés en Serbie. La chanson d'auteur comporte quelques représentants admirables, comme Đorđe Balašević, qui chante des chansons fortes, poétiques et souvent tristes avec une voix chaude et un talent rare. Le rock a ses étoiles : Rambo Amadeus, Katarza, Darkwood Dub, Kanda, Kodža i Nebojša, Van Gogh ou bien encore Riblja Čorba, par exemple. L'une des caractéristiques des musiques en Serbie, tous styles confondus, est le mélange paradoxal de mélancolie et d'énergie insursautante (un bel exemple en est le jeune groupe Neozbiljni Pesimisti). Au rayon des souvenirs, le mythe yougoslave des années 1970 et 1980 s'est reformé en 2005 le temps d'une tournée. Ils étaient 300 000 à Belgrade venus écouter Bijelo Dugme, le groupe phare de la scène rock des Balkans, inventeur du son Rock YU après avoir eu un style très progressive-rock. Pour finir, Bojan Zulfikarpašić, dit Bojan Z, représente l'une des grandes valeurs du jazz mondial. S'il vit en France depuis 20 ans, ce natif de Belgrade et Serbe de Bosnie, aime venir jouer à Belgrade. Son quartet avec Henri Texier et Michel Portal entre autres, en a fait un jazzman très demandé. Il existe un excellent blog en français qui essaie d'expliquer l'ex-Yougoslavie à travers ses musiques (lire : « La grande Serbie (la vraie), son underground, sa pop-culture »), mais aussi qui donne l'agenda des concerts des artistes des Balkans en France : www.yougosonic.blogspot.com

Danses et costumes

Les danses et les costumes sont très variés en Serbie, car chaque région, ou presque, a les siennes (danses) et les siens (costumes). Les costumes folkloriques sont non seulement très beaux, mais portent chacun la marque d'une nation et d'une histoire particulière. En Voïvodine, les cavaliers bottés hongrois et les paysans roumains avec leurs hauts chapeaux et leur gilet de peau de mouton ne sont pas les seuls à conserver la tradition : Ruthènes, Slovaques ou Roumains ont leur propre folklore et leur costume national. Au Sud, les Albanais se reconnaissent à leur petit chapeau blanc moulé et rond. Mais la majeure partie de la Serbie cultive un folklore typiquement serbe. Le costume traditionnel comporte la fameuse *šajkača* du paysan, chapeau en feutre vert fendu et retombant sur le front, et le non moins répandu *przluk*, gilet brodé très court, porté sur une chemise blanche à col droit. La panoplie ne serait pas complète sans les pantalons *šajkača* des bouffants à mi-cuisse et resserrés au niveau du tibia, et les chaussons à bout relevé et à lacets, nommés *opanke*. Si l'on ajoute qu'il existe maintes variantes régionales de ce costume typique, vous aurez compris pourquoi ce pays, qui fait un quart du territoire français, possède un riche patrimoine folklorique ! Les danses traditionnelles s'appuient sur des instruments et des habitudes qui allient rythme ottoman et danses slaves. Le *kolo* serbe est le plus répandu. A l'origine ronde villageoise, où garçons et filles se tenaient par la main, le *kolo* a évolué pour devenir un véritable spectacle aux chorégraphies multiples. On le danse aujourd'hui dans toutes les grandes célébrations, en se tenant par l'épaule, et gare à vous si vous ne tenez pas ce rythme ternaire très particulier et virevoltant ! Le *čoček* vient de Serbie méridionale et, sur un rythme plus lent, fait danser des petits groupes de gens qui se font face. Il n'est pas rare de voir à cette occasion des déhanchements dignes des meilleures danses du ventre ! Les instruments qui accompagnent le plus souvent ces danses sont le fifre, la clarinette, le tambour et deux instruments typiques : le *diple* (sorte de cornemuse) et la *guzla* (instrument à cordes fait en bois d'érable), le plus répandu, qui distille un son particulièrement triste et monocorde, puisqu'elle n'a... qu'une corde.

PEINTURE ET ARTS GRAPHIQUES

La peinture est l'un des arts nationaux les plus anciens et les plus aboutis. Ses débuts sont marqués par des productions sur bois d'icônes religieuses. Aux XIIe et XIIIe siècles, des peintures murales apparaissent dans les monastères. L'ange blanc du monastère de Mileševo et les chevaliers et portraits princiers de celui de Resava figurent parmi les joyaux de cet art médiéval. Au XIXe siècle, les représentations historiques et le courant symboliste donnent un souffle nouveau à l'art pictural de la Serbie. Mais c'est véritablement le XXe siècle qui verra éclore des talents de renommée internationale qui constitueront l'école yougoslave. Si vous êtes amateur de peinture, ne manquez pas de visiter le Musée national de Belgrade (s'il ouvre après rénovation), dont l'exposition permanente englobe trois siècles de peinture en Serbie, mais aussi des Renoir, Van Gogh et Picasso de la collection Chlomovitch. Encore plus significatif est le musée d'Art moderne à Novi Beograd qui, situé dans un parc arboré sur les rives du Danube, vous permettra de vous familiariser avec les plus grands noms de l'école yougoslave. La Serbie est notamment réputée pour ses peintres naïfs, comme Janko Brašić, Sava Sekulić, Martin Jonaš et Zuzana Halupova. On peut signaler le musée d'Art naïf à Jagodina ou encore le musée d'Art naïf de Kovačica, entre les villes de Pančevo et Zrenjanin. Aujourd'hui, différentes écoles sont actives en Serbie. Les Beaux-Arts de Belgrade, mais aussi de Novi Sad, qui accueillent 80 studios de peintres dans les murs de la forteresse de Petrovaradin attestent de la place qu'a prise la peinture en Serbie. A tel point que Novi Sad est connue en ex-Yougoslavie pour son dynamisme dans ce domaine. Parmi justement la nouvelle génération de la capitale de Voïvodine, citons Maja Erdeljanin. Pleine de couleurs vives, entre douceur et violence, sa peinture mêle l'abstraction et le figuratif dans une réinterprétation de l'idée impressionniste où les couleurs jouent un rôle majeur.

Les grands noms de l'école yougoslave

Olja Ivanjicki (1931-2009)

Née en Serbie dans une famille russe expulsée d'URSS après la révolution d'Octobre, ce peintre, sculpteur, poète, artiste multimédia, visionnaire, architecte et styliste de mode est un grand nom de l'art contemporain serbe. Dans son œuvre influencée par le pop art, elle a lié l'inconciliable : les cosmonautes à la Renaissance, les Russes aux Américains, les Terriens aux extraterrestres, les mythes aux divas d'Hollywood. Elle était l'une des fondatrices et la seule femme d'un important cercle artistique serbe, Mediala.

Paja Jovanović (1859-1957)

L'un des pionniers de la peinture de genre serbe. Le contexte historique évoluant rapidement, il est influencé par les événements contemporains. Il commence par peindre des scènes de genre, comme la *Lutte des oiseaux*, tableau surréaliste qui lui apportera la reconnaissance internationale. Mais c'est surtout ses portraits de personnages aristocratiques et ses fresques tirées de l'histoire nationale qui feront sa singularité. Son œuvre la plus connue, *Migration des Serbes sous Arsenije III Čarnojević*, représente des Serbes fuyant les violences ottomanes à la fin du XVIIe siècle.

Petar Lubarda (1907-1974)

Avec Branko Filipović, c'est LE peintre monténégrin de renommée internationale, qui a fait toute sa carrière en France. Après des études aux Beaux-Arts de Paris, il obtient le Grand Prix en 1940. Après la guerre, il crée la première école d'art au Monténégro et, dès 1951, organise deux expositions à Paris. Il donne également des cours d'art pictural dans les plus grandes institutions. Ses œuvres

Les jeunes talents

Par Françoise Bouillot, journaliste.

Milan Tucović

Né en 1965 en Serbie occidentale, ce jeune artiste a développé un style particulier, combinant les procédés de la sculpture et de la peinture. En recherche constante d'originalité, Milan Tucović est devenu maître en art de la récup' : rouages d'horloge encastrés, caisses de vin de Bordeaux ou trousses à pharmacie défraîchies, tout lui est bon ! Ses compositions à la peinture à l'huile reposent sur des supports en bois, en métal ou en papier, sur lesquels divers collages sont assemblés. Tucović s'emploie, à travers les personnages et les scènes de la Renaissance, à nous restituer des émotions chaudes dans des tons marron et orangés. Son personnage récurrent est un petit garçon qui, entouré de motifs aussi différents que des anges, des bateaux ou des villes, nous invite à un voyage à travers les rêves.

Les Frères Peškirević (Les Jumeaux)

Depuis le jour où Vladimir et Slobodan Peškirević, nés jumeaux à Belgrade en 1962, ont entrepris à l'âge de 3 ans de redécorer d'un splendide escargot rouge les murs fraîchement repeints de la maison familiale, ils n'ont plus jamais lâché ni crayons ni pinceaux. Les femmes de Slobodan sont des madones entourées d'une jungle à la Matisse, celles de Vladimir expriment le tourment de vieilles prostituées montmartroises. Un véritable phénomène dans la peinture, les frères travaillent parfois tous les deux en même temps sur le même tableau : l'un travaille sur le bout gauche et l'autre à droite. Ce qui frappe surtout chez ces artistes doubles, c'est leur incessante curiosité, leur goût du travail, bref, leur universalité : après le crayon gras, la peinture et les encres, ils n'ont cessé d'explorer de nouveaux outils en s'attaquant à la sculpture et la lithographie. Ils sont auteurs d'une fresque en mosaïque monumentale qui orne le lycée Stanislas à Paris, et leurs œuvres ont été acquises par de nombreuses collections privées. Forts de ces talents multiples, les jumeaux ont travaillé aussi à la rénovation et à la décoration de l'ancienne chapelle de Course goules, dans le Midi de la France. Il n'est pas rare que des célébrités mondiales commandent un portrait chez les Jumeaux (les Clinton, Jacques Chirac, Monica Bellucci, ou encore Carla Bruni-Sarkozy dont ils ont fait 45 portraits et actes). Les Jumeaux habitent à Paris.

▶ **www.the-twins.com**

Exposition au Musée national.

avant-gardistes l'ont très vite distingué de ses pairs des années 1950. Ses compositions oniriques, mêlant thèmes expressionnistes et images post-modernes, nous plongent dans un univers tout à fait surréaliste. Il n'hésite pas à assembler matériaux hétéroclites et objets de la vie quotidienne. Petar Lubarda reste le maître d'un art qui se veut une synthèse entre la peinture et tout ce qui touche à l'art représentatif.

Nadežda Petrović (1873-1915)

Considérée le peintre féminin serbe le plus important de la fin du XIXe et du début du XXe siècle. Son style a apporté de nombreuses nouveautés dans la peinture serbe. Ses peintures sont dominées par de larges surfaces, et par ses couleurs préférées : le rouge vivant et le vert. Son travail est souvent séparé en ères selon ses différents lieux d'habitation : la période de Munich (1898-1903), la période serbe (1903-1910), la période parisienne (1910-1912) et la période de guerre (1912-1915). Plus de 200 de ses tableaux sont préservés, faisant partie des collections d'un grand nombre de musées et de galeries en Serbie. Sur les billets de banque serbes de 200 dinars est représenté le visage de cette grande artiste serbe, et au verso est reproduite la photographie connue de l'infirmière de 1913.

Ljuba Popović (né en 1934)

L'un des créateurs du mouvement surréaliste de Belgrade et le chef de file des peintres serbes à Paris. Après des études aux Beaux-Arts de Belgrade, Popović crée en 1960, avec des amis, un groupe d'avant-garde nommé Mediala : déjà, on reconnaît son style agressif, mêlant une technique quasi pointilliste et de grands aplats rectilignes. Il s'installe ensuite à Paris et multiplie depuis les expositions dans le monde entier. Ljuba Popović nous donne à voir une peinture tourmentée, mêlant corps féminins, architecture et formes surréalistes dans des compositions d'une rare intensité de couleurs. Une peinture qui met en relation le désir et la mort, la pureté et le chaos, le microcosme et le macrocosme. Les forces sous-jacentes et imminentes sont prêtes à surgir pour donner à l'entrelacs de motifs architecturaux un caractère subversif : l'ordre du monde n'est qu'apparent pour Ljuba, il ne demande qu'à être bouleversé par la dimension tragique de l'homme. Les œuvres de ce peintre en quête d'absolu sont très fréquemment exposées à Paris.

Festivités

Les jours fériés nationaux sont le 1er janvier, le 1er mai, le 15 et le 16 février, le 21 octobre, tout comme le 11 novembre. Les fêtes religieuses obéissent aux calendriers des quatre religions principales. Pour le reste, le pays compte de nombreuses fêtes et festivals, autant d'occasions de faire la fête et de découvrir une partie du patrimoine serbe. Belgrade notamment est devenue en quelques années l'une des villes les plus fournies en festivals. Quasiment toute l'année, un festival important s'y déroule, parfois plusieurs en même temps. Toujours de qualité, ceux-ci sont véritablement professionnels dans leur organisation et des domaines délaissés ailleurs comme les courts-métrages, sont désormais à l'honneur à Belgrade.

▶ **Calendrier orthodoxe :** le 7 janvier : Noël ; le 14 janvier : le Nouvel An ; du 4 au 22 avril : le Carême et le 5 mai : Pâques. Le calendrier orthodoxe est toujours basé sur le calendrier Julien, c'est pourquoi Noël, par exemple, est célébré le 7 janvier.

▶ **Calendrier musulman :** Baïram ; Nouvel An et Ramadan.

▶ **Calendrier catholique :** le 1er janvier : le Nouvel An ; le 31 mars : Pâques ; le 1er novembre : la Toussaint et le 25 décembre : Noël.

▶ **Calendrier juif :** Pessah et le Nouvel An.

Janvier

■ FESTIVAL INTERNATIONAL DU FILM ET DE LA MUSIQUE DE KÜSTENDORF
Mokra Gora, Drvengrad
✆ +381 11 24 31 505
www.kustendorf-filmandmusicfestival.org
Festival créé en 2008 par le réalisateur Emir Kusturica dans son village de Drvengrad, près de Mokra Gora, a lieu tous les début janvier. Sans tapis rouge ni paillette même si de grands noms du cinéma sont présents, Kusturica met en compétition des films de jeunes réalisateurs et des étudiants en cinéma. Le programme musical est toujours aussi excellent.

■ NOËL ORTHODOXE
7 janvier. Le calendrier orthodoxe est toujours basé sur le calendrier Julien, c'est pourquoi Noël, par exemple, est célébré le 7 janvier. Le jour de Noël est précédé par le réveillon

qui est, lui, le 6 janvier. Comme chez les catholiques, Noël est, avec Pâques, la plus grande fête religieuse en Serbie et elle est célébrée exclusivement en famille. Il ne faut pas s'étonner de voir des feuilles de chêne un peu partout en ville ces jours-la car elles font partie des nombreuses coutumes entourant la fête.

Février

■ LA CHASSE AUX LOUPS
Kuršumlija
La chasse et la pêche sont des activités importantes dans la région. Organisée traditionnellement chaque année en février, cette manifestation rassemble environ 500 chasseurs du pays. Dîner folklorique en chansons.

■ FEST
Belgrade
✆ +381 11 33 46 946
✆ +381 11 33 46 837
www.fest.rs
info@fest.rs
Tous les ans entre la fin février et début mars. L'événement de l'année dans la capitale, c'est le Fest ! Depuis 1971, le festival de cinéma, qui ne met pas les films en compétition, se tient toujours dans des lieux agréables et festifs, comme au Sava-Centar et dans les cinémas en ville. Plus de cinquante films à voir en une semaine ! Films d'auteur, où l'Europe est bien représentée, avec autant de films occidentaux que d'Europe orientale, mais aussi depuis quelques années de nombreux films asiatiques. En marge de ce festival, l'on peut assister également à de nombreux événements en ville : happenings, célébrations et divers spectacles et représentations, tels que les concerts au Dom Omladine.

■ RÉUNION DES CHASSEURS AUX LOUPS
Zlatibor
www.zlatibor.org.rs
Chaque février, un millier de chasseurs aux loups se réunissent à Zlatibor en perpétuant une des plus anciennes manifestations de ces territoires. La chasse est alors suivie de nombreuses animations et activités sportives ainsi que de nombreux mini-concerts en plein air.

Mars

■ GUITAR ART FESTIVAL

Belgrade ✆ + 381 11 22 06 245
www.gaf.rs – info@gaf.rs
Sava centar, Zaduzbina Ilije M. Kolarca,
Atrium du Musée national a Belgrade.
En mars. Ce festival international de guitare
classique se tient à la mi-mars. Durant une
semaine, de nombreux guitaristes classiques
se produisent dans des salles prestigieuses.
De plus, des cours sont proposés et des
expositions autour de la guitare ont lieu.

Avril

■ PÂQUES ORTHODOXE

Pâques est célébrée un dimanche entre le
4 avril et le 8 mai, à des dates variables et
selon le calendrier Julien. C'est la plus importante fête chrétienne en Serbie. La coutume
veut que chaque maison peigne des œufs le
vendredi précédant Pâques (le grand vendredi
ou « Veliki Petak ») et organise ensuite une
compétition pour voir qui aura choisi le plus
résistant. Le premier œuf peint est toujours
rouge et il est censé protéger la maison (en
serbe « čuvarkuća »).

■ SHORT FILM FEST

Belgrade ✆ +381 11 3346 946
www.kratkimetar.rs – www.shortfilmfest.org
kratkimetar@fest.rs
Fin mars, début avril. En 2011, le festival du
documentaire et du court-métrage a fêté sa
58ᵉ édition. Autant dire, une institution. Pendant
une semaine, début avril, vous pouvez voir à
petits prix, une sélection impressionnante
de courts-métrages, documentaires et
films d'animation des meilleurs réalisateurs
mondiaux et des jeunes talents. Au rythme
d'une bonne vingtaine par jour, vous pouvez
jongler avec le programme et vous faire plaisir,
comme ces Belgradois que l'on voit courir d'un
cinéma à l'autre, au gré de leur inspiration
et des séances. Car, très bien organisées,
celles-ci se déroulent surtout dans les trois
cinémas de la ville, en plein centre.

Mai

■ BELGRADE DESIGN WEEK

Belgrade – www.belgradedesignweek.com
Fin mai. S'il vous fallait encore une preuve que
Belgrade est une destination *trendy*, une visite
à ce rendez-vous des industries créatives et
des *business* contemporains finira de vous
le démontrer.

■ CHAMPIONNAT DE SERBIE DE VOILIERS ET COUPE INTERNATIONALE

Golubac
www.tvojgolubac.rs
4 jours début mai, puis début août et durant
trois semaines ensuite.

■ JOURNÉES DU SAINT TSAR CONSTANTIN ET DE LA SAINTE REINE HÉLÈNE

Niš
Fin mai/début juin. Divers types de
manifestations sportives et culturelles.

■ LES JOURS DES LILAS

Kraljevo
Fête médiévale en l'honneur d'Hélène
d'Anjou.

■ RING RING

Belgrade – www.ringring.rs
denis@ringring.rs
Mi-mai. Festival international de musiques
nouvelles et expérimentales.

■ STERIJINO POZORJE

Zmaj Jovina 22/I, Novi Sad
✆ +381 21 426 517
www.pozorje.org.rs
festival@pozorje.org.rs
Fin mai/début juin. Festival de drame national
et de théâtre, le plus important du pays,
établi en 1956.

Festival Joie d'Europe.

Juin

■ CINEMA CITY
Trg mladenaca 5, Novi Sad
℅ +381 21 424 452
www.cinemacity.org – office@cinemacity.org
Festival international du film et des médias organisé par State of Exit sur une vingtaine de lieux à travers la ville.

■ FÊTE DES BERGERS
Kosjerić
Courses, jeux de force et spectacles folkloriques.

■ FIJAKERIDA
Odžaci
www.vojvodinaonline.com
Le 4 juin. Manifestation dédiée au fiacre, très populaire en Serbie et en Voïvodine notamment.

■ PASULJIJADA
Temerin
Le 4 juin. Une manifestation est dédiée aux spécialités culinaires appelé Pasulj (préparé à base de haricots blanc), une sorte de *chili con carne* serbe !

EXIT : le plus grand festival de musiques actuelles des Balkans

EXIT FESTIVAL
℅ +381 21 424 451
www.exitfest.org – www.exittrip.org
answerme@exitfest.org

L'événement culturel de l'année, le Woodstock balkanique ! 190 000 personnes venant de toute l'Europe centrale et d'ailleurs (30 000 étrangers, la majorité provenant de Grande-Bretagne), autour et dans la forteresse de Petrovaradin, dansant sur ce qui se fait de meilleur sur la scène mondiale en matière de rock, de musiques du monde, de tous les courants électroniques et de l'etno des Balkans. Le décor est majestueux : la forteresse médiévale surplombant le Danube, avec pas moins de 25 scènes – afro-cubain, reggae, progressive ou Balkan Fusion, entre autres. Une grande scène accueillant 30 000 festivaliers, des scènes plus intimistes, dans les douves de la forteresse. Du plaisir pour tous les goûts et toutes les tailles. L'histoire d'Exit commence par les élections de septembre 2000 en Serbie. Des étudiants montent un festival pour lutter à leur manière contre Slobodan Milošević. Le maître de Belgrade parti, Exit va grandir très vite. La deuxième année, il investit la forteresse. Le succès est immédiat. Et les stars internationales, subjuguées par le public et le lieu, viennent. La liste est longue : Iggy Pop, Manu Chao, Faith No More, Carl Cox, The White Stripes, Garbage, Franz Ferdinand, Massive Attack, The Chemical Brothers, Patty Smith, Kraftwerk, Moby, The Prodigy, Placebo ou encore Arcade Fire, Pulp, Jamiroquai, Portishead, Underworld, Groove Armada, Tiga en 2011. Plus de 600 concerts à chaque fois, une ambiance fantastique, une organisation très pro et un décor de rêve font d'Exit l'un des festivals majeurs en Europe, à peine une décennie après sa création. Lorsque l'immense banderole « State of Exit » est déployée chaque deuxième semaine de juillet, sur les remparts de la forteresse, Novi Sad change. La jeunesse européenne s'empare de la ville et le camping aménagé pour l'occasion (EXIT Village), en face, sur l'autre rive du Danube, sur la plage Oficirac, devient le lieu de toutes les rencontres. Ne ratez pas le lever du soleil, depuis le haut de Petrovaradin, juste après les derniers concerts. Un instant magique.

▶ **Pour 2012,** le festival se déroule du 12 au 15 juillet. Tous les billets en prévente à tarifs préférentiels sont vendus longtemps à l'avance.

▶ **Site officiel dédié pour les billets,** l'hébergement, et autres questions pratiques : www.exittrip.org

▶ **Pour réserver au camping :** kamp@exitfest.org ou directement sur le site du festival.

▶ **Pour tout autre hébergement,** l'office de tourisme de Novi Sad peut vous trouver des solutions alternatives, spécialement proposées pour l'occasion.

■ TOURNOIS DE CHEVALIERS DE SVIBOR

Drvengrad

Début mai à Drvengrad chez Kusturica, mi-juin à Belgrade.

Juillet

■ BELEF

Belgrade ✆ +381 11 3238 341
www.belef.org – office@belef.org

C'est le grand festival d'été de Belgrade. Fondé en 2004 et se tenant de mi-juillet à mi-août environ, le Belef multiplie les événements pour amener vers le public la performance (théâtre et danse contemporaine), les arts visuels (vidéo, installations) et la musique. Une très bonne idée culturelle en plein été, et souvent gratuite.

■ CARNAVAL DE LESKOVAC

Leskovac

www.cityofleskovac.org

De mi-juin à mi-juillet. Organisé au « Dokić Shop » Ethno-Complex en plein centre-ville. Divisé en trois segments : le premier est dédié à des épreuves sportives, le second est consacré aux enfants, et enfin le troisième concerne les activités artistiques pour adultes.

■ CARNAVAL DES BÂTEAUX

Belgrade

Manifestations d'une journée sur la Sava, entre le pont Brankov et la confluence : défilé de barques, bateaux en tout genre, déguisement, expositions, feu d'artifice, compétitions sportives, etc.

■ CARNAVAL DE VRNJAČKA BANJA (VRNJAČKI KARNEVAL)

Vrnjačka Banja

✆ +381 36 61 11 06 – +381 36 61 11 05
www.vrnjackikarneval.com
office@vrnjackikarneval.com

Carnaval international de Vrnjačka Banja a lieu vers mi-juillet et attire quelque 200 000 visiteurs chaque année. Soirées déguisées, expositions, concerts, pièces de théâtre…

■ DRINSKA REGATA

Bajina Bašta ✆ +381 31 865 900
regata.rs

Mi-juillet. De plus en plus populaire, la régate de la Drina a lieu chaque année à Bajina Bašta.

■ DUNAVSKA REGATA TID

La régate sur le Danube, la plus longue du monde (2 080 km), durant plus de deux mois, commence à Ingolstadt en Allemagne tous les 26 juin et se termine à Silistra en Bulgarie. Elle passe par la Serbie fin juillet pendant environ deux semaines.

■ FESTIVAL DE MUSIQUES TRADITIONNELLES

Zlatibor – www.zlatibor.org.rs

Juillet et première quinzaine d'août. C'est la plus ancienne manifestation de la région et elle regroupe de nombreux chanteurs et groupes de musique traditionnelle dont les fameuses trompettes de la région qui ont bien souvent par la suite conquis la trompette d'or à Guča. Elle attire à peu près 15 000 personnes chaque année et représente l'épreuve de qualification pour accéder à la compétition de Guča.

■ FESTIVAL DE SRBOBRAN

Srbobran

Danses et chants folkloriques de Voïvodine aux sons des tambours. Les *tamburaši* sont, conformément à la mentalité des gens de Voïvodine, la version moins bruyante mais tout aussi festive des *trubači* de la Serbie occidentale.

■ FÊTE DE PRISLONICA

Prislonica

Concours de joueurs de flûte.

■ FÊTES DE KALENIĆ

Kalenić

Kolo, costumes et artisanat serbes.

■ GOLUBAČKI KOTLIĆ

Golubac

Dernier week-end de juillet. Manifestation traditionnelle. Fête, pêche, soupe de poisson gratuite, le tout dans et autour de la forteresse de Golubac, sur le Danube.

■ KOSIDBA NA RAJCU

Valjevo

✆ +381 14 3443 300
www.kosidba.com
info@kosidba.com

Sur le mont Rajac, à proximité de Valjevo. Toujours avant le 12 juillet, selon la coutume, est organisée la fenaison collective sur la montagne Rajac, sous forme de compétition entre les meilleurs faucheurs. La « moba » (travail collectif bénévole) commence chaque année un dimanche matin. C'est l'occasion de voir des costumes populaires, mais aussi de goûter aux spécialités serbes préparées suivant les recettes traditionnelles par les femmes membres de l'association « Zlatne ruke ».

■ NUITS DES PÊCHEURS (APATINSKE RIBARSKE VEČERI)

Apatin – www.apatin.com

Depuis 1963 se déroule une manifestation connue dans toute l'ex-Yougoslavie et qui a fait la réputation de la ville d'Apatin. Pendant 5-7 jours, divers types de manifestations se déroulent autour du thème du poisson. Concours de pêche, compétitions d'aviron et démonstrations de ski sur l'eau, sans parler du fameux *paprikaš* d'Apatin qui donne lieu à un concours haut en couleur. Ces festivités sont aussi accompagnées de diverses expositions, récitations de poèmes et spectacles folkloriques.

■ QUALIFICATIONS DU CONCOURS NATIONAL DE TROMPETTES

Zlatibor

Depuis 1986, à la fin juillet, se réunissent les meilleurs groupes de musique tzigane en Serbie. Ils y jouent des chansons traditionnelles, à grand renfort de cuivres, dans une ambiance survoltée. Si vous êtes à Zlatibor à ce moment-là, ne manquez pas cet événement, ce sont les qualifications du concours national de trompettes, qui se termine en août à Guča.

■ TAMBURICA FEST

Deronje ✆ +381 21 442 944
www.tamburicafest.com
Début juillet. La plus importante manifestation du pays dédié au tambour et à son patrimoine, réunissant les meilleurs musiciens de tambour du monde entier dans un petit village en Voïvodine, près d'Odžaci.

Août

■ BELGRADE BEER FEST

www.belgradebeerfest.com
Mi-août. Dans une autre approche, le Festival de la Bière propose de déguster en musique plus de 40 marques de bière différentes. Désormais à Ušće, le grand parc à l'embouchure du Danube côté Novi Beograd, des concerts ininterrompus se déroulent de la fin d'après-midi à tard dans la nuit. Les grands noms de la scène rock balkanique s'y produisent mais il y aussi des *trubači* et dorénavant des grandes têtes d'affiche internationales (Simple Minds en 2011). Plus de 100 000 visiteurs pour cet événement à l'ambiance vraiment agréable, où l'on boit la bière dans d'innombrables stands autour de la scène. Les concerts sont gratuits, mais pas la bière… que beaucoup boivent sans modération.

■ FESTIVAL DE GUČA (SABOR TRUBAČA U GUČI)

Guča ✆ +381 32 854 110
www.saborguca.com
domtrube@eunet.rs
Deuxième semaine d'août. LE festival serbe à ne pas manquer ! Le concours national de trompette est devenu l'événement international dans la région des Balkans ! Il se déroule depuis plus de 50 ans dans le petit village de Guča (Zlatibor), dans une ambiance survoltée incroyable. Attirant plus de 800 000 visiteurs chaque année, le « sabor » rassemblement qui dure plusieurs jours est un vrai phénomène.

■ GITARIJADA DE ZAJEČAR

Centre Culturel de la ville de Zaječar
Ul. Dositejeva 1/5
✆ +381 19 442 724 – gitarijada.org
gitarijada@ptt.rs
centarzakulturu019@open.telekom.rs
Festival de guitare existant depuis 1966 ayant pour vocation la découverte de jeunes talents non encore affirmés.

■ INTERACTION

Zlatibor ✆ +381 64 125 94 28
www.film-art.org/interaction
office@film-art.org
Festival international du film étudiant à Zlatibor. Joyeuse ambiance.

■ NIŠVILLE INTERNATIONAL JAZZ FEST

Niš – www.nisville.com
Vers la mi-août, Niš et sa forteresse se transforment en club de jazz le temps d'un festival. Sa particularité : la mixité entre jazz et musique traditionnelle aux influences balkaniques. Avec plus de 100 000 visiteurs, c'est LE festival de jazz incontournable. De nombreuses animations en parallèle : concerts, projections sur le jazz, ateliers…

■ ROCK VILLAGE BANATSKI KOSTOLAC

Banatski Kostolac, Vršac
✆ +381 63 236 818
✆ +381 11 3340 488
www.rockvillage.org
info@rockvillage.org
Ce petit village près de Vršac devient le dernier week-end d'août le plus rock des villages balkaniques. Depuis 2005 le festival réunit les grands noms de la scène rock, reggae, blues et funk, serbe et ex-yougoslave.

■ ROŠTILJIJADA DE LESKOVAC

Leskovac
rostilijada.leskovac.tel
Festival dédié aux amateurs de viandes cuites au grill (*roštilj*), ce pourquoi la ville de

Leskovac est connue. Il a lieu chaque année fin août/début septembre pour une durée d'une semaine et attire environ 500 000 visiteurs. Des restaurants s'improvisent en pleine rue, le concours de la plus grande *pljeskavica* bat son plein et les concerts gratuits se succèdent (en 2011 c'est le fameux groupe ethno de renommée internationale Sanja Ilic & Balkanika qui fut à l'honneur).

■ SOIRÉES ALLEMANDES ET HONGROISES
Ivanovo

Selon une tradition ancienne, le 15 août, au moment de la fête hongroise du Kirbaj, des visiteurs hongrois et allemands se réunissent dans le village d'Ivanovo (à 18 km de Pančevo) pour honorer leurs ancêtres. Le soir, au bord du Danube, dans des guinguettes spécialement installées pour l'occasion, on peut déguster des plats typiques hongrois et allemands de Voïvodine. Des groupes musicaux, comme Eho, saisissent l'occasion pour faire découvrir des airs hongrois et allemands de la région.

■ SOIRÉES DES HAÏDOUKS
Crna Bara

Courses à cheval, jeux de force sur la Drina.

■ VALJEVO TEŠNJARSKE VEČERI
Čika Ljubina 5, Valjevo
✆ +381 14 221 336
www.tesnjarskevaljevo.rs

Rassemble plusieurs manifestations dans la vieille ville, en soirée sur les rives de la Kolubara. Concerts, théâtre, soirées littéraires au programme.

Septembre

■ BELGRADE FOAM FEST
Belgrade
www.belgradefoamfest.com

Fin août/début septembre. Le festival de mousse de Belgrade est un événement musical spectaculaire (sons & lasers) réunissant une cinquantaine de DJ internationaux en vogue. Immense rave party où tout le monde danse dans la mousse.

■ BITEF
Terazije 29/1, Belgrade
✆ +381 11 32 43 108
www.bitef.rs – bitef@bitef.rs

Le festival se tient la deuxième quinzaine de septembre. Depuis 1967, le festival de théâtre de Belgrade Bitef accueille les plus grands metteurs en scène pour des représentations toujours de qualité. Ariane Mnouchkine, Patrice Chéreau, Andrzej Wajda et Jérôme Savary y ont déjà participé. Des troupes théâtrales venues des quatre coins d'Europe s'y installent au début de l'automne pour nous offrir le meilleur de leur répertoire. 15 à 20 compagnies se répartissent dans les différents théâtres de la ville ; des pièces classiques, comme d'autres plus avant-gardistes, sont jouées par des acteurs venus de partout.

■ BUREK DAYS
Niš

Manifestation dédiée à la spécialité nationale héritée des Turcs que les Serbes consomment fréquemment au petit déjeuner : feuilleté salé parsemé de fromage, ou d'épinards, de viande hachée, et parfois même de pommes de terre.

■ FESTIVAL DE LJUBIĆEVO
Ljubićevo

Début septembre. Rassemblement et concours hippiques au Kosovo.

■ FESTIVAL INTERNATIONAL DE MUSICIENS DE RUE (INTERNACIONALNI FESTIVAL ULIČNIH SVIRAČA)
Novi Sad

Deuxième semaine de septembre.

■ FESTIVAL VUK KARADŽIĆ
Tršić

Chorales et pièces médiévales, à Tršić, le village natal du grand réformateur de la langue serbe du XIXe siècle.

■ KARLOVAČKA BERBA GROŽĐA
Sremski Karlovci
www.karlovci.org.rs

La plus grande manifestation de Sremski Karlovci qui a lieu fin septembre/début octobre en honneur aux vendanges. Concerts, coutumes traditionnelles, vente de vin régional de réputation...

■ MOKRANJČEVI DANI
Negotin
www.mokranjcevi-dani.com

Manifestation dédiée au plus grand compositeur de musique classique serbe du XIXe siècle, Stevan Stojanović Mokranjac, qui a introduit l'esprit des poésies folkloriques serbes dans l'art classique.

■ PUDARSKI DANI
Irig

Manifestation dédiée aux gardiens des vignobles (*pudar*), au vin et aux raisins.

Octobre

■ BAL DES VENDANGES DE SONTA

Sonta

Dans ce village de Voïvodine au nord d'Apatin, on a pris l'habitude, au début d'octobre, d'honorer l'arrivée du bon raisin. Or, on assiste ici à une tradition ancestrale des Šokaci, petite minorité repliée sur quelques villages. Après une parade païenne, avec musiciens et personnages masqués, la foule se dirige vers la place du village pour élire le *knez*, ou seigneur, et son épouse. Puis, tout ce petit monde – beaux costumes blancs brodés, chapeaux de feutre et hautes bottes en cuir – festoie la nuit durant, avec ses bardes et autour de plats paysans. Le folklore et les traditions de cette minorité valent véritablement le déplacement.

■ BELGRADE JAZZ FESTIVAL

Belgrade ✆ +381 11 3220 127
www.belgrade-jazzfest.org
Fin octobre. Le très bon festival de jazz de Belgrade, avec le meilleur de la scène internationale, dans une sélection pointue et ouverte à toutes les tendances.

■ BELGRADE MUSIC FESTIVAL (BEMUS)

Belgrade ✆ +381 11 3241 303
www.bemus.org
Début octobre. Le festival de musique classique et de ballet se déroule la première quinzaine d'octobre, depuis plus de 40 ans. Il a depuis longtemps gagné ses lettres de noblesse avec des grands noms de la scène internationale, comme le ballet de Lausanne-Maurice Béjart, par exemple, ou encore Stomp en 2009. L'occasion également d'entendre l'Orchestre philharmonique de Belgrade qui joue dans sa salle fétiche de Kolarac.

■ BELGRADE OCTOBER SALON

Belgrade ✆ +381 11 2623 853
www.oktobarskisalon.org
okt-info@kcb.org.rs
D'octobre a décembre. Organisé par le centre culturel de Belgrade. Fondé en 1960, le Salon d'octobre était dédié aux beaux-arts et a évolué vers les arts visuels et appliqués. C'est un événement incontournable, dans son domaine, la peinture au sens large et dorénavant la vidéo. Les expositions ont lieu dans différentes galeries et centres culturels.

■ VALJEVO JAZZ FEST

Čika Ljubina 5, Valjevo ✆ + 381 14 223 219
www.jazzfest.rs – www.czk.rs
Mi-octobre. Initié en 1984 par le saxophoniste Jovan Maljković, ce festival annuel réunit les meilleurs musiciens de jazz des Balkans.

Novembre

■ FIST

20 Bulevar umetnosti, Belgrade
www.festivalfist.com
En novembre. Que se cache-t-il derrière cet acronyme qui pourrait prêter à confusion ? Le Festival International de théâtre étudiant. *In* et *off* pour des pièces contemporaines et d'avant-garde. Destiné également à confronter le travail des jeunes troupes européennes.

■ FREE ZONE FILM FESTIVAL

Belgrade
www.freezonebelgrade.org
info@freezonebelgrade.org,
En novembre. Des projections mensuelles a Belgrade et des projections a travers la Serbie. Pour sa sixième édition, ce festival présente des documentaires sur des thèmes contemporains et de société.

Décembre

■ FESTIVAL DU FILM D'AUTEUR (FESTIVAL AUTORSKOG FILMA)

Belgrade ✆ + 381 11 3821 113
www.faf.rs – info@faf.rs
Fin novembre, début décembre. Comme son nom l'indique, un festival à la sélection pointue de films d'auteur, intimistes ou qui portent un regard différent.

© NATIONAL TOURISM ORGANISATION OF SERBIA

Festival Bitef.

Cuisine serbe

Par la force des choses et de l'histoire, la cuisine serbe bénéficie des influences russe, autrichienne, ottomane... Momo Kapor, romancier et peintre serbe populaire, malheureusement décédé, l'auteur de A Guide to the Serbian Mentality (en anglais), a noté que la cuisine serbe originale n'existe pas : tous les plats phare, bien que revisités, sont en fait principalement originaires de la Turquie ou des pays voisins : ćevapi (kebabs), sarma, baklava, bureks... héritage laissé durant cinq siècles d'occupation. C'est donc une cuisine très diversifiée en plats et en saveurs. On y trouve aussi bien des plats en sauce, riches en calories pour l'hiver, que des préparations plus légères, typiquement méditerranéennes. En général, c'est une cuisine assez relevée, épicée et utilisant de nombreux ingrédients. Les viandes grillées forment l'essentiel des repas au restaurant ; mais le poisson est également très consommé le long du Danube. Et tous les repas se terminent par l'un de ces desserts sucrés et fruités qui sont la spécialité du pays !

■ PRODUITS CARACTÉRISTIQUES ■

Plats typiques

Les plats traditionnels que l'on mange à toute heure de la journée :

▶ **Ajvar :** le produit national par excellence de longue tradition ! À base de poivrons rouges, de piment et d'ail (la version avec des aubergines s'appelle *pindjur*), originaire de Serbie et populaire dans tous les pays des Balkans. Ce condiment est traditionnellement préparé à la maison, en septembre, puis stocké et consommé pendant toute l'année. Très, moyennement ou pas du tout épicé, il est servi sur des tranches de pain, en guise d'entrée ou en assortiment avec de la viande, dans la salade... Idée de cadeau : chercher des petits pots de Bakina Tajna (le secret de mère-grand) en vente partout même dans les supermarchés.

▶ La **gibanica**, pâte feuilletée légèrement cuite, mélangée avec du fromage et des œufs. Cela devient le *burek* si l'on y ajoute de la viande hachée et des oignons, la *zeljanica* avec des épinards ou bien la *krompiruša* avec des pommes de terre.

▶ Les **ćevapčići ou ćevapi,** petits rouleaux de viande de bœuf, cuits au feu de bois et servis avec des oignons. Même présentation pour les pljeskavice, hamburger national fait de viande de bœuf et de porc.

▶ Le **sarma,** feuilles de vigne très fines ou feuilles de chou farcies de viande de bœuf et de riz. Il existe aussi des *punjene paprike*, poivrons farcis de viande hachée.

▶ Les **čorbe,** soupes de légumes assez relevées et riches en morceaux de viande (mouton, poulet, porc ou poisson – *riblja čorba*, selon la région).

▶ Les **baklavas,** feuilletés aux noix à l'huile, moins sucrés qu'en Afrique du Nord.

Les vins serbes

Malgré une consommation importante de bière (81,3 l par an et par habitant), le consommateur serbe est de plus en plus sensibilisé à la culture du vin et commence à s'intéresser aux caractéristiques des vins. L'histoire viticole de la Serbie date de plus de 2 000 ans. Aujourd'hui, elle tente de se reconstruire grâce aux nombreux producteurs privés qui ont construit des caves modernes et sont déjà devenus bien connus en dehors des frontières du pays. La Serbie produit une gamme importante de vins représentant 5 % de la production agricole du pays. Bien sûr, cela n'égale ni l'offre ni la qualité que l'on connaît en France mais des efforts importants sont entrepris pour développer ce secteur dans lequel on trouve à présent des vins issus de chaque terroir. Les principales régions viticoles en Serbie sont : Palić, Vršac, Fruška Gora, Župa, Negotin, Oplenac, Knjaževac, Smederevo... Une des sortes autochtones la plus connue mais pas la meilleure est Smederevka, favorable aux divers cépages. Traditionnellement, le vranac et le car lazar étaient des vins rouges fruités issus des régions méridionales, plus ensoleillées et vallonnées. Mais ces dernières années, de nouveaux vins sont venus sur les tables, comme le *ždrepčeva krv*, plus doux que d'habitude, ou des riesling de Voïvodine. Deux régions se détachent particulièrement dans ce tableau. En Serbie méridionale, entre la Morava et les montagnes de Metohija, des conditions climatiques particulières – automnes rigoureux et printemps tardifs – favorisent l'émergence de vins noirs, assez âpres et corsés. Le fameux *prokupac* et le *žilavka* sont deux vins agréables en bouche avec des viandes. Plus près de la capitale, dans le massif de Fruška Gora, des plants de riesling et de cabernet ont donné des vins assez légers ; de plus, les coopératives s'organisent relativement efficacement. Vous goûterez ainsi le *plemenka*, aigre-doux, ou le silvanac plus sucré. Le *bermet*, un vin de dessert aromatique et authentique de la région de Fruška Gora, a été exporté aux Etats-Unis, il y a 150 ans et a été très populaire à la cour impériale de Vienne. Selon certains documents, il a même figuré dans la carte des vins du *Titanic*. C'est un vin savoureux obtenu par macération de 20 herbes et épices. D'habitude, sa concentration en alcool avoisine les 16 %. Le rouge est fortement épicé de cannelle et de clous de girofle et son goût se rapproche un peu du gâteau à la cerise. Le blanc est semblable, mais plus vanillé.

■ HABITUDES ALIMENTAIRES

Repas

Les repas sont souvent l'occasion de faire la fête et peuvent durer très longtemps, surtout si une nouvelle amitié voit le jour. Et il n'est pas rare qu'au cours du festin, plusieurs amis viennent se joindre à la tablée, pour échanger des idées ou plus souvent pour chanter des mélopées anciennes, tous en chœur ! Un tel repas peut s'improviser chez soi de façon très simple, avec des pains faits de farine de maïs, la proja, agrémentés de kajmak, fait avec de la crème cillée du lait que l'on trouve dans tous les foyers. Plus généralement, tout en-cas impromptu dans la journée est organisé autour de la *srpska zakuska* : sur la table, vous attendent deux ou trois variétés de saucisson de porc, dont le plus fameux est la *čajna kobasica*, pršuta ou *pečenica* (jambons du pays) avec toujours le paprika, des oignons et des œufs durs. Et vous ne pourrez quitter la table sans avoir goûté au *slatko*, confiture traditionnelle de la maîtresse de maison, qu'il ne faut pas refuser ! Les repas familiaux ou au restaurant étant assez copieux, ne commandez qu'un plat, le garçon ne vous fera pas la tête, c'est assez courant. En entrée, diverses sortes de soupes ou de *gibanica* sont proposées en hiver, on privilégie les *čorbe* et les *sarme*, alors qu'en été, on préfère des salades de chou frais, de laitue ou de tomate : la plus rafraîchissante est la *šopska salata*, avec des tomates, du chou et du fromage. Les plats principaux sont souvent des viandes grillées : en plus *des* plats typiques, vous trouverez les *pečenje*, porcelet grillé au feu de bois, ou bien encore les vešalice. Enfin, quelques plats régionaux goûteux : la *mućkalica*, ragoût de veau dont la meilleure est de Leskovac. Egalement, le *svadbarski kupus*, du centre de la Serbie, du chou cuit dans de grandes marmites, accompagné de viandes. Un régal. Le poisson n'est pas en reste, avec la carpe, la sandre et la truite des rivières de Serbie. Enfin, en dessert, les gâteaux aux noix, orasnice, et les *pita* aux pommes ou aux fraises auront tout pour vous plaire.

Modes de restauration

La journée de travail débutant aux aurores, les repas sont organisés en conséquence. Le petit déjeuner est assez copieux, et à l'hôtel vous aurez le choix entre la formule européenne et le déjeuner serbe proposant plusieurs types de fromage et de saucisson. Le repas principal est le déjeuner, et comme les horaires de travail sont extensibles, la plupart des restaurants sont ouverts de 9h à 23h, sans interruption. C'est la grande spécificité de la Serbie (et des Balkans en général) vous pourrez manger à n'importe quelle heure ! Vous pouvez commander le *burek*, vendu au poids, ou les pljeskavice dans de très nombreux snacks. A côté des différents types de restaurants, italiens ou chinois, que l'on trouve maintenant dans tous les grands centres, les plus intéressants sont les restaurants populaires.

► **Kafana :** c'est le restaurant populaire. Il y en a absolument partout, même dans le plus petit village. Entre restaurant et bar, on y vient autant pour boire un coup que pour manger. Toujours simple et pas cher. Repas autour de 7 €.

▶ **Buregdžinica :** petits restaurants moins nombreux et dédiés au burek. On y a le choix entre fromage (*sir*) et viande (*meso*), et cela revient à moins de 1 € les 250 g !

▶ **Ćevabdžinica :** même chose mais dédié aux *ćevap*.

▶ **Kiosques :** dédiés aux *pljeskavice*, et autres pizzas à emporter. Entre 1 et 2 €.

▶ **Poslastičarnice :** ces salons de thé typiques offrent toute une gamme de gâteaux à la crème, aux noix ou aux fruits, à des prix plus que modiques !

▬ RECETTES ▬

Poivrons farcis, les *punjene paprike*

Pour 2/3 personnes.

▶ **Ingrédients :** 5 poivrons à farcir, 2 tomates bien fermes, 1 carotte, 450 g de viande hachée mélangée (bœuf, porc), 100 g de lardons, 2 oignons, 2 gousses d'ail, 1 botte de persil frais, 100 g de riz, 100 ml d'huile, 1 cuiller à soupe de farine et de paprika en poudre, poivre et sel.

▶ **Préparation :** émincer très finement les oignons et les gousses d'ail. Hacher le persil. Râper les carottes. Dans une poêle, faire chauffer 100 ml d'huile et faire revenir d'abord les oignons, l'ail et les carottes puis ajouter la viande et le persil, laisser cuire en mélangeant très souvent. Saler et poivrer à votre goût, puis ajouter le paprika en poudre et le riz. Laisser cuire 5 min sans cesser de mélanger. Laver les poivrons et les vider. Découper les tomates en fines rondelles. Remplir les poivrons de farce et les refermer avec une rondelle de tomate. Préchauffez votre four à 200 °C. Déposer verticalement les poivrons dans un plat. Eparpiller dans le plat les lardons. Verser un peu d'eau dans la casserole. Couvrir avec du papier aluminium et faire cuire 1 heure, enlever ensuite la feuille d'aluminium et laisser cuire encore 10 minutes. Dans une poêle, verser l'huile restante et faire chauffer, lorsque l'huile est chaude, ajouter la farine puis le paprika restant. Faire cuire quelques minutes sans cesser de remuer jusqu'à obtenir une sauce épaisse. Verser cette sauce sur les poivrons et poursuivre la cuisson 10 minutes.

Le *baklava*, LE gâteau serbe

▶ **Ingrédients :** 12 feuilles de filo (300 g), 250 g de beurre, 100 g de sucre en poudre, 150 g d'amandes émondées (sans la peau), 1 c. de cannelle. Pour le sirop : 400 g de sucre, 270 ml eau, 200 ml de miel, 1 sachet de sucre vanillé.

▶ **Préparation :** préchauffer le four à 180 °C. Hacher les amandes sans les réduire en poudre et mélanger au sucre en poudre et à la cannelle. Faire fondre le beurre. A l'aide d'un pinceau, badigeonner de beurre trois feuilles de filo sur les deux côtés et les disposer les unes sur les autres sur la plaque du four recouverte de papier sulfurisé. Etaler un peu de mélange d'amandes sur toute la surface de la troisième feuille. Renouveler l'opération encore deux fois, puis terminer avec trois feuilles badigeonnées de beurre. A l'aide d'un couteau, prédécouper des carrés égaux (de 8 cm environ), puis les découper en triangles. Enfourner et faire cuire 20 minutes. Préparer le sirop. Verser l'eau dans une casserole, ajouter le sucre, le sucre vanillé et le miel. Porter à ébullition et laisser bouillir 5 minutes en mélangeant de temps en temps. Sortir les gâteaux du four et arroser aussitôt avec le sirop encore bouillant. Laisser refroidir puis séparer les parts de baklava et poser sur le plat de service.

© UMARILETISIM – FOTOLIA

Le fameux baklava serbe.

DÉCOUVERTE

Jeux, loisirs et sports

Le sport yougoslave a toujours été au plus haut niveau, et la Serbie a repris le flambeau ces dernières années. Le sport à l'école est très important ; il n'est que de voir la pugnacité et l'esprit combatif des plus jeunes lors des compétitions du dimanche. Le succès du sport en Serbie repose sur trois facteurs. D'abord, des fédérations sportives qui recrutent au niveau scolaire à un âge précoce et qui offrent une véritable formation aux plus jeunes. Ensuite, de grands entraîneurs dans tous les domaines. On se souvient du fabuleux gardien de Saint-Etienne, le Serbe (de la ville de Mostar) Ivan Čurkovič, qui a dirigé longtemps l'équipe nationale de football et est aujourd'hui membre du Comité international olympique ; mais citons aussi le pétulant Božidar Maljkovič, entraîneur de Limoges puis de l'équipe nationale de basket-ball. Enfin, le sport fait véritablement partie de la culture nationale. Et plus particulièrement les sports collectifs. Car c'est là que peut s'épanouir le caractère serbe. Pour s'en convaincre, il suffit de voir les nombreux jeunes jouant dans les cours des écoles quand celles-ci sont fermées. Plus frappant encore, et qui explique la réussite sportive, est l'occupation permanente, de 6h du matin à 23h, des grandes salles des clubs de basket ! L'interdiction de participer aux compétitions internationales de 1992 à 1994, et un relatif appauvrissement ont vidé le championnat national de leurs meilleurs éléments partis jouer en Europe de l'Ouest (footballeurs en Espagne) ou aux Etats-Unis (basketteurs comme Vlade Divac ou Predrag Stojakovič). Cet isolement international a aussi coupé dans son élan l'ascension de l'équipe nationale de basket. Cependant, depuis le milieu des années 1990, les résultats sont de plus en plus prometteurs, notamment dans les sports collectifs.

■ SPORTS

Les Serbes sont passés maîtres dans l'art de la passe et ont développé un esprit de gagneur. Mais attention, pas question d'individualisme et l'« âme slave » ne se réalise qu'à travers la collectivité ! Il suffit d'analyser les résultats des derniers Jeux olympiques pour s'en rendre compte.

Volley-ball

En 2011, l'équipe masculine de volley-ball devient championne d'Europe après avoir battu les Italiens en finale, mais l'équipe féminine connaît également un franc succès la même année dans son pays en emportant des médailles d'or durant différents matchs à l'international. Les messieurs ont décroché une médaille d'or à Sydney après avoir été en 3e place à Atlanta.

Basket

Le basket est aussi l'une des grandes spécialités serbes. La Serbie est double championne du monde (1998, 2002) et triple championne d'Europe (1995, 1997 et 2001). Elle s'est même payée le luxe de battre les Etats-Unis en 2000. Même si aujourd'hui l'équipe nationale est moins compétitive au très haut niveau, le basket reste un sport majeur en Serbie. Vlade Divac, son meilleur joueur, a d'ailleurs fait les beaux jours de la NBA dans les années 1990. Le vivier de joueurs talentueux et mesurant toujours 2 à 2,05 m se trouve à Trebinje : les stars Vlade Divac et Željko Rebrača sont en effet originaires de ces vallées encaissées situées entre le Monténégro et la Bosnie.

Football

Pour le football, c'est plus compliqué, même si le passé est brillant avec l'Etoile rouge de Belgrade qui s'arroge, en 1991, le titre de champion d'Europe en battant Marseille. C'est que l'argent est roi dans le football, et les clubs serbes ne peuvent suivre. Pour détecter de nouveaux talents et les amener au plus haut niveau, les structures fédérales s'appuient sur des clubs omnisports très bien organisés. Les deux plus grands du pays sont l'Etoile rouge et le Partizan, situés à Belgrade depuis 1945 et qu'oppose une rivalité éternelle et sans merci.

Les grands sportifs

Dans ce contexte favorable au sport, il n'est pas surprenant de rencontrer une forte densité de sportifs de haut niveau au mètre carré.

Tennis masculin

Le n° 1 mondial depuis juillet 2011, Novak Djokovic, est la star n° 1 en Serbie. Dans le classement mondial depuis 2005, il a explosé au plus haut niveau en 2007 et, après sa victoire aux masters 2008, il était longtemps le solide n° 3 mondial. A 24 ans, ce natif de Belgrade a enfin réalisé son rêve en prenant la place de n° 1. Sa notoriété soulève des montagnes, au point que la Serbie a accueilli pour la première fois de son histoire un tournoi de l'ATP en 2009.

Tennis féminin

Le tennis féminin est désormais au sommet de l'élite mondiale. En témoigne la carrière de Monica Seles, née à Novi Sad en 1973, elle gagne à 16 ans le tournoi de Roland-Garros et devient en 1991 la plus jeune joueuse à atteindre la place de n°1 mondiale. Elle a remporté depuis tous les tournois du grand chelem, sauf Wimbledon. Elle restera dans l'histoire comme l'exemple d'une joueuse opiniâtre et travailleuse : le coup de couteau qu'elle a reçu en plein match en 1993 ne l'a pas empêchée de reprendre la compétition un an plus tard et de gagner plus de 40 titres. Surtout, le flambeau a été repris par Jelena Jankovic et Ana Ivanović, toutes deux dans le top 20 mondial. Rien de moins. Les deux jeunes joueuses serbes ont explosé sur la scène mondiale en 2007 et, fin 2008, Jelena Jankovic survolait le tennis féminin. Une réussite qui est en train de propulser le tennis parmi les sports les plus populaires en Serbie. Au point qu'après la victoire d'Ana Ivanović à Roland-Garros en 2008, 10 000 Serbes s'étaient massés à Belgrade pour l'accueillir. Considérée en outre comme la plus belle femme du sport dans le monde, Ana Ivanović est très demandée dans le milieu de la mode.

Football

Le football a été marqué dans les années 1990 par la formidable vision du jeu du Serbe Dragan Stojković – surnommé Piksi, en référence à un personnage de dessin animé – ou par les dribbles chaloupés du Monténégrin Predrag Mijatović. Cette génération s'est éteinte sans grand collectif, mais quelques individualités lui succèdent.

Basket

Mais c'est le basket-ball qui a marqué le monde entier par des individus hors du commun. Vlade Divac a joué sept ans dans l'équipe mythique des Lakers aux côtés de Magic Johnson et c'est lui qui a porté littéralement l'équipe de Serbie-Monténégro à cette victoire historique contre la Dream Team américaine aux championnats du monde de 2002. Ses acolytes durant cette décennie glorieuse avaient pour nom Dejan Bodiroga, dit White Magic ou Bodi Bond, tant ses actions étaient inspirées, ou le géant Željko Rebrača (2,13 m). Mais aujourd'hui, Predrag Stojaković est devenu une star aux Etats Unis. A 29 ans, ce Belgradois jouant dans la Sacramento Kings est le meilleur tireur au panier du championnat américain, ce qui lui valut ce compliment de la part de Larry Bird, une légende du basket américain : « Quand Pedja a la balle, on a l'impression qu'elle va y aller à chaque fois ! »

Water-polo

Confidentiel en France, ce jeu est majeur dans les Balkans. Et les Serbes font partie de l'élite mondiale de la discipline : après avoir remporté le championnat du monde 2005 et 2009, ils ont terminé 2e en 2011, se faisant battre par les Italiens en finale. Les Serbes ont obtenu la médaille de bronze à Pékin, mais ils ont été champions d'Europe en 2001, 2003 et 2006. Entre 2007 et 2011, c'est toujours eux qui raflent l'or en Ligue mondiale (sauf en 2009 ils ont terminé 3e). Le water-polo est non seulement un sport scolaire inscrit dans les programmes, mais aussi l'occasion de joutes aquatiques endiablées, dès le mois d'avril.

Natation

Milorad Čavić est plus que jamais la star de la natation Serbe, avec 7 médailles d'or et 5 d'argent, la dernière fois aux mondiaux de Rome le 1er août 2009, où il a emporté l'or au 50 m papillon et l'argent au 100 m papillon.

L'Etoilo rougc cat le club du défunt parti communiste et rassemble les petites et moyennes gens, partout dans le pays ; le Partizan, créé et soutenu à l'époque par l'armée, est plus « élitiste ». Or, tous deux possèdent, dans plusieurs quartiers de la capitale, des infrastructures et des équipes d'encadrement pléthoriques et toujours renouvelées. Ces clubs fédèrent d'autres groupes et associations sportives de quartiers ou scolaires. Il en résulte qu'un adolescent scolarisé normalement mais engagé dans une de ces structures peut, à partir de 14 ans, signer un contrat professionnel et s'entraîner tous les jours de la semaine, doublant même ces entraînements lors des vacances scolaires.

■ LOISIRS ■

Les Serbes quittent leur travail en début d'après-midi, ce qui a favorisé depuis longtemps le développement des activités de loisirs. Les enfants apprennent très tôt à jouer aux échecs, qui représentent, après le basket, un sport national.

Échecs

Tous les matins, on peut suivre dans les quotidiens les compétitions internationales d'échecs et tenter ses propres « coups » de maître, on peut aussi s'inscrire dans des clubs ouverts dans chaque quartier et très fréquentés, ou bien s'adonner à cette gymnastique intellectuelle dans les parcs de la ville et sur les places de village.

Chasse et pêche

La chasse et la pêche sont aussi des activités populaires dans les campagnes serbes. La chasse est favorisée par de nombreuses associations locales et pas moins de 321 terrains de chasse s'étendant sur près de 9 millions d'hectares. La Voïvodine en comporte de nombreux, dont les plus connus sont ceux de Karadjordjevo et Jermenovci près de Belgrade. La pêche est pratiquée dans des eaux toujours claires, et les nombreuses sources et rivières poissonneuses sont un plaisir pour les pêcheurs. Les Serbes ont l'habitude de partir en week-end avec une canne à pêche dans leur coffre. Surtout, les journées à la campagne, autour d'un pique-nique où les grillades seront incontournables, sont une institution.

Promenades

Les promenades sur les Korso, ces rues piétonnes dans les centre-villes et leurs corollaires, les heures passées aux terrasses des cafés en été, et à l'intérieur en hiver, sont un élément important de la vie sociale.

Splav sur la Save avec Kalemegdan en arrière-plan.

Enfants du pays

Ivo Andrić

Ecrivain, diplomate et homme politique, l'unique Prix Nobel serbe de littérature, né en 1892 près de Travnik en Bosnie et mort en 1975 à Belgrade. Il grandit à Višegrad dont le pont sera rendu célèbre grâce à son roman *Le Pont sur la Drina* qui lui a valu le prestigieux prix Nobel en 1961. A Belgrade, où il s'installe après la Seconde Guerre mondiale, Andrić fréquente des écrivains comme Crnjanski et Miličić, ceux-ci se réunissant régulièrement à l'hôtel Moskva. Il débute une carrière de diplomate dans plusieurs capitales européennes, mais rentre à Belgrade lorsque la guerre éclate, où il écrit ses deux plus grands romans, *La Chronique de Travnik* puis *Le Pont sur la Drina* que le réalisateur Emir Kusturica compte adapter au cinéma (une de ses nouvelles, *Titanic* fut déjà adaptée par celui-ci en 1980). Pour cela le réalisateur a entamé à Višegrad la construction d'Andricgrad (Andricville), appelé également Kamengrad (ville en pierre), un projet de reconstruction à l'identique d'une partie de la ville décrite par Andric dans son roman. Le projet devrait être terminé en 2014. Entre-temps, on pourra visiter le musée d'Ivo Andrić à Belgrade.

Enki Bilal

Dessinateur, réalisateur et scénariste de bande dessinée, né à Belgrade mais naturalisé français. Comme Enes Bilal, d'un père bosniaque et d'une mère slovaque. A 10 ans, il émigre avec sa famille à Paris. Pour la petite histoire, son père, maître tailleur, s'occupait personnellement de la garde-robe de Tito. Les albums de Bilal sont considérablement inspirés par son enfance dans la Yougoslavie de Tito et son exil en France. L'Institut français de Belgrade accueille souvent ses expositions.

Goran Bregović

Né à Sarajevo en 1950, d'un père croate et d'une mère serbe, Goran Bregović tombe dans la musique tout petit. Après le violon au conservatoire, sans grand succès, il fonde à 16 ans Bijelo Dugme, qui deviendra le groupe de rock culte yougoslave. Mais ce sont ses compositions pour les musiques des films d'Emir Kusturica, son ami de toujours, qui vont le rendre célèbre dans le monde. Bijelo Dugme a vécu, Bregović a tourné le dos au rock. Dès 1993, c'est la reconnaissance pour la BO d'*Arizona Dream*. Suivront les grands succès de Kusturica. Sa musique est devenue une fusion de traditions polyphonique des Balkans, Slaves du Sud et Roms. Ce qui lui vaut parfois d'être accusé de voler la musique rom pour la réécrire et la faire sienne. Le résultat est suffisamment original cependant. Il se lance ensuite dans un projet ambitieux. L'orchestre des Mariages et Enterrements, une formation de nombreux musiciens, qui ressemble de plus en plus à un orchestre classique. La musique, elle, est toujours en évolution mais puise encore ses racines dans toutes les traditions balkaniques. C'est avec cette formation que Goran Bregović continue de jouer de par le monde, où il rencontre un succès toujours grandissant. En 2005 pourtant, la nostalgie est venue faire une visite : avec ses anciens camarades de Bijelo Dugme, Bregović a fait une tournée de trois dates. A Zagreb, Sarajevo et Belgrade, Bijelo Dugme a joué comme si la Yougoslavie existait toujours. A Belgrade, ce fut l'un des plus grands concerts de l'histoire du rock ; 300 000 personnes étaient venues se replonger 20 ans en arrière.

Ceca

Ceca, de son vrai nom Svetlana Raznatović, née Veličković en 1973, est la star absolue en Serbie. La reine du turbo folk. Cette musique est née d'un gag à la fin des années 1980. C'est le musicien de rock Rambo Amadeus qui invente le terme dans une chanson. Comme son nom humoristique l'indique, c'est un mélange de rythmes électroniques et de chansons folk commerciales serbes. C'est kitch, mais dans une Serbie qui s'effondre au début des années 1990, ça marche, bien aidé par le régime qui a besoin de faire diversion. Ceca en devient vite l'archétype. Grande, brune, voluptueuse, la poitrine opulente, elle serait la caricature d'une autre époque en Occident, mais en Serbie, elle devient la reine. D'autant que la télévision Pink TV, qui a fait du turbo folk son identité, la met en avant. C'est ensuite son mariage avec Arkan Raznatović, un chef paramilitaire serbe auteur du coup de force en Bosnie, qui défraie la chronique. Et, paradoxalement, renforce sa popularité. Ceca chante dans des stades devant 50 000 personnes.

Et pas seulement en Serbie. Elle est aussi une star en Macédoine et en Bulgarie. Puis c'est l'assassinat du Premier ministre Zoran Đinđić en 2003. Ceca est arrêtée comme beaucoup d'autres. Dans sa villa de luxe, on trouvera tout un arsenal d'armes. Elle est toutefois rapidement relâchée. Depuis, si le turbo folk marque légèrement le pas, Ceca, elle, est toujours là. Sa voix puissante continue de faire vibrer des milliers de Serbes. En juin 2006, Ceca chante même devant 150 000 fans à Belgrade. Un pied de nez à Rambo Amadeus, inventeur du genre, pour rire, et qui déclara plus tard se sentir coupable pour le turbo folk comme Einstein se sentit coupable pour Hiroshima... Sept ans après l'affaire « Sabre », l'ancienne présidente du club d'Obilic est inculpée en 2011 de détournement de fonds dans le cadre de transferts de joueurs de football du club de football Obilić, vers l'étranger. La chanteuse a été condamnée à payer une amende de 1,5 million d'euros et à un an de liberté conditionnelle avec port de bracelet électronique. N'empêche qu'elle a réussi à sortir un nouvel album entre-temps qui, paradoxalement, devient le n° 1 en Serbie. Du jamais-vu !

Predrag Koraksić, dit Corax

Tout le monde connaît Corax même s'il n'est pas un homme public. C'est que Corax, dessinateur de bandes dessinées, est devenu célèbre pour ses caricatures publiées dans les grands quotidiens serbes. Né en 1933 à Čačak, il entame sa carrière dès 1950. Les années Milošević sont difficiles pour cet humaniste qui travaille dorénavant pour le quotidien *Danas*, après *Vreme* et *Borba*. Ses caricatures de la vie politique serbe sont universelles et d'une rare pertinence. Son style simple et délicat se passe de mots. Des rétrospectives lui sont consacrées régulièrement. Corax a reçu la légion d'honneur française en 2004.

Vlade Divac

Véritable ambassadeur du sport de Serbie, Vlade Divac est le héros de tout un peuple. Lorsque, pour la première fois dans l'histoire de ce sport, l'équipe nationale de basket-ball réussit à vaincre les Américains aux derniers championnats du monde, il est désigné comme ambassadeur à l'Unesco ! C'est qu'à 43 ans, et désormais à la retraite, il a tout gagné. Avec l'équipe nationale de Yougoslavie puis de Serbie-Monténégro, il a obtenu 9 trophées sur ses 11 participations à des tournois internationaux, dont 4 médailles d'or et 3 médailles d'argent. Il commence sa carrière là où il est né, à Prijepolje, puis rapidement, monte à Belgrade faire ses classes dans l'un des deux meilleurs clubs du pays, le Partizan. A 24 ans, il intègre l'équipe américaine des Los Angeles Lakers où, dès la première année, il jouera la finale des « play-off ». Ce club qui a été le sien pendant sept ans assoit sa notoriété et lui assure une étoffe de gagneur : durant la période 1991-1998, Vlade Divac gagne ses plus grands titres internationaux. Il termine sa carrière comme joueur dans les clubs de Charlotte et Sacramento, qui lui permettent d'être sélectionné dans l'équipe des All Stars de la ligue NBA. Ce joueur hors du commun est aussi une personnalité de poids en Serbie. Il a entretenu l'espoir d'un retour sur la scène internationale de l'équipe nationale, alors que l'embargo sportif empêchait cette équipe de participer aux joutes internationales de 1992 à 1995. Il a mené ensuite cette équipe au plus haut niveau, restant un capitaine solide et rassurant pour la génération montante. Vlade Divac joue encore un rôle important dans le basket de Serbie, puisqu'il a été entraîneur du Partizan de Belgrade et est désormais à la présidence du comité olympique serbe.

Novak Djoković

En passe de détrôner tous les plus grands sportifs de l'Histoire dans le cœur des Serbes, Novak Djoković est né à Belgrade en 1987. Et s'il réside désormais à Monaco, il se rend très souvent dans sa ville natale où il est toujours très facile de l'aborder malgré son nouveau statut de star absolue dans le pays. Car la Serbie attendait depuis longtemps quelqu'un capable de lui redonner sa fierté dans le monde. Actuel n° 1 mondial à l'ATP, tous le considérait déjà à 21 ans, comme la future star du tennis planétaire. Une pression qui ne semble pas perturber outre mesure ce garçon qui exprime totalement sa personnalité sur les courts et en interviews après les matchs. Un certain charisme, une gentillesse rare et un palmarès déjà conséquent, Novak Djoković, assidu, ambitieux et motivé est devenu l'emblème de sa génération en délogeant Rafael Nadal et Roger Federer du sommet de la hiérarchie mondiale. Avec lui, le tennis est devenu un phénomène en Serbie, qui a accueilli en 2009 le premier tournoi ATP de son histoire. Mais c'est réellement en août 2011 durant « Rogers Cup Montreal » contre l'Américain Mardy Fish (6 : 2, 3 : 6, 6 : 4) que Djoko entre dans l'histoire du tennis en lettre doré avec 5 masters dans la même année. Le n° 1 mondial du tennis comptait à ce moment 2 000 points de plus que Nadal. Novak Djokovic aime son peuple et son pays et il le prouve en créant la « Fondation Novak » en 2007 qui participa aux diverses actions humanitaires suivantes :

▶ **Plusieurs ambulances** pour le Kosovo.

▶ **Construction de terrains de tennis** au centre Olimp du quartier Zvezdara destiné aux enfants de Belgrade.

▶ **Donation de 100 000 dollars américains** au monastère Gračanica.

▶ **Donation aux monastères Hilandar et Sv. Arhangelima** près de la ville de Prizren.

▶ **Création de diverses bourses d'étudiants.**

▶ **Aide aux habitants de Kraljevo** afin de se reconstruire suite au tremblement de terre en novembre 2010.

▶ **Aide de 500 000 dinars aux victimes de Loznica** pour lutter contre l'importante inondation en décembre 2010.

Dušan

Le dernier des Nemanjides, Dušan, de son vrai nom Stefan Uroš IV Dušan, est né en 1308. Il règne de 1331 à sa mort en 1355. Il est connu à la fois comme un grand homme d'Etat et comme un conquérant redoutable. Figure inégalée dans l'histoire des Etats féodaux, Dušan est à l'origine d'un ensemble de lois connu sous le nom de « Code de Dušan ». La vie à la cour de l'empereur est ainsi de haute tenue : on y mange avec couteau et fourchette, et des poètes émérites déclament des vers sur des thèmes épiques. Surtout, guerrier inlassable, il rêve de conquérir Constantinople. En l'espace de vingt ans, le territoire serbe est multiplié par deux vers le sud, pour s'étendre jusqu'aux mers Egée et Ionienne, au détriment des Bulgares et des Byzantins. Fin politicien, celui qui s'est déclaré empereur en 1345 et garant du monde orthodoxe, est l'égal des grands empereurs de l'époque et une menace pour tous les empires de l'époque.

Emir Kusturica

Le monument de la culture serbe actuelle est l'un des cinéastes les plus talentueux du monde. Né à Sarajevo de père musulman et de mère serbe en 1954, Kusturica a fait toute sa carrière à Belgrade et s'est installé à Paris au milieu des années 1990. Sa carrière démarre sur les chapeaux de roue : à 28 ans, il gagne le Lion d'or à Venise pour *Te souviens-tu de Dolly Bell ?*, son film préféré des cinéphiles. En 1985, à Cannes, il obtient la Palme d'or pour *Papa est en voyage d'affaires* et, dix ans plus tard, pour *Underground*. Avec *Arizona Dream*, primé à Berlin entre-temps, Emir Kusturica aura réussi une carrière fulgurante. Son premier film primé à Cannes raconte, à travers l'histoire d'un petit garçon dont le père est prisonnier politique, le régime titiste et en même temps la propre enfance de Kusturica ; *Arizona Dream* est un voyage fantasmagorique à travers une Amérique irréelle alors qu'*Underground*, très complexe, dépeint le tunnel où le titisme a enfermé les Yougoslaves. Les controverses suscitées par un certain milieu parisien ramènent Emir Kusturica à ses premières amours : ce sera, onze ans après *Le Temps des Gitans*, sorti en 1989, *Chat noir, Chat blanc*, une fresque pittoresque, féroce et tendre, sur la vie d'un village gitan de Serbie. Dans ces deux films, les rythmes typiques des Tziganes de Serbie, le *čoček*, et les envolées lyriques et baroques des fanfares villageoises, les *trubaći*, nous plongent directement dans une ambiance délirante et fantasmée des villages de Serbie méridionale. Peu importe qu'il soit rare de trouver cette ambiance dans la réalité, Kusturica nous y fait croire ! Au milieu des années 1990, Emir Kusturica se tourne vers d'autres aventures. Il renoue avec son groupe de jeunesse, le No Smoking Orchestra, qui mêle les rythmes punk et les sonorités balkaniques, et crée à Paris Radio Balkan, encore active. Metteur en scène, acteur et musicien, Emir Kusturica a ajouté encore une activité à sa panoplie : en participant à la réhabilitation d'une ligne de chemin de fer à voie étroite dans les montagnes de Mokra Gora et en construisant un village ethno sur une colline, il fait revivre le patrimoine. Et ce n'est pas tout : à Višegrad (Bosnie), dont le pont a été rendu célèbre par le Prix Nobel serbe Ivo Andrić dans son roman *Le Pont sur la Drina*, Kusturica vient de commencer la construction d'Andricgrad (Andricville) ou Kamengrad (ville en pierre), un projet de reconstruction à l'identique d'une partie de la ville décrite par Andric dans son roman. Le projet devrait être terminé en 2014.

Hélène Nemanjic

Sveta Jelena Anžujska, dite Hélène d'Anjou (1237-1314), reine de Serbie, est en vérité Hélène Angelina, fille aînée d'un noble hongrois, Jean Angelos, comte de Srem et d'une noble française. Elle n'a pourtant, curieusement, rien à voir avec la famille d'Anjou ou la région du même nom. Hélène fut mariée à Uroš Ier, roi de Serbie de 1243 à 1276. Mais si elle eut deux fils, tous deux rois (Dragutin, roi de 1276 à 1282 et Milutin, roi de 1282 à 1321), c'est sa personnalité qui l'a rendue célèbre. Car Hélène s'est consacrée à des œuvres de piété, en particulier lorsque son mari fut écarté de la couronne pour devenir moine sous le nom de Siméon.

Elle protégeait les orphelins, instruisait les jeunes filles et les mariait. Elle s'appliquait à la prière et elle est même à l'origine de la construction de 5 monastères. Elle jouit en Serbie d'une grande réputation de sainteté, et l'église orthodoxe l'a canonisée il y a longtemps. Sans doute aussi grâce à son nom, les Serbes ont voulu retenir surtout son origine française.

Milorad Pavić

Né en 1929, ce petit monsieur à binocles et au regard malicieux a surpris le petit monde littéraire par ce qui restera comme l'un des romans les plus vendus dans le monde, le fameux *Dictionnaire khazar*. Publié et traduit dans 80 langues, cet auteur prolifique est né et a toujours vécu à Belgrade. Il a été nominé pour le prix Nobel de littérature en 2002. Romancier, conteur et scénariste d'art dramatique, Pavić est connu dans son pays comme un formidable manieur de mots et de métaphores. Professeur à l'université de philologie de Belgrade, Milorad Pavić est reconnu comme le plus grand connaisseur de la littérature serbe des XVIIIe et XIXe siècles – spécialisé dans les courants baroque et symboliste –, mais aussi comme traducteur de Pouchkine et de Byron. Il donne régulièrement des conférences aux universités de la Sorbonne, de Vienne et de Fribourg. Depuis 1991, il est membre de l'Académie serbe des sciences et des lettres, mais il se garde bien de toute appartenance à un courant politique. Son premier ouvrage publié en 1991 à Belgrade, *Palimpsestes*, est un recueil de poésies, suivi trois ans plus tard d'une monumentale *Histoire de la littérature serbe à l'âge du baroque*. Depuis, Milorad Pavić alterne avec bonheur recueils poétiques, études littéraires et historiques, nouvelles et romans. C'est en 1988 que son surprenant *Dictionnaire khazar*, roman-lexique en 100 000 mots, est publié pour la première fois en France, aux éditions Belfond (l'édition originale date de 1984). On y trouve déjà tout ce qui fera désormais la particularité de l'œuvre romanesque de Pavić, de *Paysage peint avec du thé* à *L'Envers du vent* et *Le Dernier Amour à Constantinople*. Les Khazars étaient un peuple du Caucase qui, encore au VIIIe siècle, n'avaient pas adopté de religion. A partir de l'histoire de ce peuple disparu un siècle plus tard, Pavić nous invite à réfléchir aux mythes et aux religions.

Miloš Šobajić

Le peintre serbe le plus prolifique – pas moins de 1 000 compositions – et faisant partie de ces artistes « yougoslaves » qui affectionnent Paris. Après avoir fait ses classes à Belgrade, Šobajić s'installe donc à Paris. Né en 1945, peintre d'une expression puissante, Miloš Šobajić est un vrai coloriste qui ne réalise pas sa composition par le dessin, comme un Veličković, mais par les couleurs. Il aime à utiliser des couleurs fortes dans de grands aplats métalliques. Ses tableaux ont pour thème aussi bien des scènes de la vie quotidienne que des courses de voiture ou des envols d'avion : la vie moderne dans sa rapidité et son effervescence est ainsi magnifiée.

Vidosav Stevanović

Natif de la Serbie profonde en 1942, il vit depuis trente ans à Belgrade. Auteur d'une dizaine de romans – dont les plus connus sont *La Neige et les Chiens* (1993), *Prélude de la guerre* (1996) et *La Même Chose* (1999) –, il fut directeur de deux grandes maisons d'édition yougoslaves. Adversaire déclaré de Milošević et de son idéologie, il publia en 2000 son *Epitaphe à Milošević*, critique très dure du régime. Il vit en exil à Paris depuis 1993.

Nikola Tesla

Inventeur et ingénieur américain d'origine serbe, considéré comme l'un des plus grands scientifiques dans l'histoire de la technologie. Il est né en 1856 dans un petit village en Croatie (Empire d'Autriche de l'époque) et il est mort en 1943 à New York. Ses travaux les plus connus portent sur l'énergie électrique. Tesla a déposé plus de sept cents brevets, qui furent pour beaucoup d'entre eux attribués à Thomas Edison. Il a mis au point les premiers alternateurs permettant la naissance des réseaux électriques de distribution en courant alternatif, dont il est l'un des pionniers. L'aéroport de Belgrade porte fièrement le nom de ce grand scientifique dont on peut visiter le musée à Belgrade : www.tesla-museum.org

Vladimir Veličković

Né en 1935 à Belgrade, c'est le peintre serbe le plus connu au monde. Depuis 1966, il travaille à Paris, où il a donné des cours à l'Ecole des Beaux-Arts de 1983 à 2000. Ce qui lui valut d'être nommé commandeur des Arts et des Lettres. Enfant, il connut la Seconde Guerre mondiale, sa violence et ses terreurs, et même s'il vit en France depuis 1966, la mort reste partout présente dans son œuvre : corps déchirés, fumées épaisses, potences alignées à l'infini... Les situations sont tragiques, brutales. Le trait est incisif, agressif. Ses dessins au fusain, avec quelques couleurs seulement – rouge, marron et noir – invitent le spectateur à réfléchir au tragique du monde contemporain. Avec 200 expositions personnelles à son actif, et recevant des commandes pour des événements internationaux, Vladimir Veličković est l'artiste le plus reconnu de l'école serbe.

Belgrade (Београд)

Une position exceptionnelle sur le Danube et une histoire millénaire valent à la région de Belgrade des atouts incontestables pour les loisirs et la culture. Au bas de la plaine pannonienne, Belgrade est considérée comme un carrefour majeur des Balkans. Egalement au confluent de la Save et du Danube, la capitale de la Serbie est entourée, dans trois directions, par des fleuves et rivières, ce qui lui donne une ambiance toujours sereine et en fait un pôle fluvial de premier rang. Les balades en bateau familiarisent le visiteur avec les villages et les villes entourant la capitale. Enfin, le nautisme sous toutes ses formes s'y est développé ces dernières années : voile, aviron, planche ou jet-ski, sur les fleuves. Pas de doute, Belgrade, trait d'union entre les pays d'Europe centrale et les Balkans, est une halte majeure. Etape aujourd'hui importante du canal Rhin – Main – Danube, le port de Belgrade se trouve sur l'axe fluvial le plus important d'Europe, qui mène des navires de grand gabarit de la mer du Nord à la mer Noire. Enfin, située à l'intersection de l'axe est-ouest de la plaine danubienne et de l'axe nord-sud de la vallée de la Morava, la capitale serbe draine un important trafic d'Europe centrale vers les confins orientaux des Balkans. La route de Thessalonique, d'Istanbul et de Sofia passe ainsi nécessairement par Belgrade. C'est pourquoi l'Union européenne a choisi de faire passer le Corridor 10, ensemble de voies autoroutières et ferroviaires de première importance, par la région de Belgrade. La ville se développe aujourd'hui sur un territoire assez vaste, puisque les 16 municipalités qui en font partie s'étendent sur 322 000 ha, où vivent environ 2 000 000 habitants.

Un peu de géographie

Le relief de la région est calme et constitué principalement de plaines fluviales et de petites collines, ce qui donne une altitude moyenne de 132 m au-dessus du niveau de la mer.

Les immanquables de Belgrade et sa région

▶ **S'imprégner de Belgrade**, la « ville blanche », capitale de la république de Serbie, qui s'impose par son envergure, son style et ses pentes au confluent de la Save et du Danube. L'intense vie culturelle de Belgrade et ses nombreux festivals autorisent sa comparaison avec les capitales européennes. Son atmosphère unique, entre communisme et modernisme, appelle à de longues balades. Les nuits de Belgrade sont connues de tous les Balkans et d'ailleurs, on (re)vient de loin pour s'y amuser jusqu'à l'aube !

▶ **Se divertir à Kalemegdan**, l'ancienne place forte ottomane, est aussi un parc qui domine le Danube. Tout est possible ici, même y danser dans plusieurs endroits et assister à des festivals.

▶ **Aller sur l'île d'Ada Ciganlija**, à 3 km du centre seulement, un vrai grand lac dédié à la détente et au sport, c'est un cas unique dans une capitale européenne. 4 km de longueur et une ambiance unique, de jour comme de nuit.

▶ **Se rendre au mont Avala**, à 5 km de Belgrade et admirer sa vue sur la Šumadija (Choumadie) !

▶ **Visiter le parc de Košutnjak** et la résidence du prince Miloš, comme les collines belgradoises sont autant de quartiers qui donnent l'occasion de s'aérer en se cultivant.

▶ **Aller à Zemun**, à l'ouest de Belgrade, ville typiquement austro-hongroise qui déploie ses couleurs jaunes et ocres sur les rives du Danube. Son architecture, sa longue promenade romantique le long du Danube et ses innombrables restaurants au bord de l'eau.

Les plus hauts sommets sont, aux abords de la ville même, l'église de la Sainte-Trinité à Voždovac (301 m) et, à l'extérieur, le village de Mladenovac, dans le mont Kosmaj, à 628 m. On peut en fait partager la région en deux grandes parties. Tout d'abord la plaine pannonienne au nord, où s'étendent à perte de vue les champs de blé et de maïs.

Au sud de Belgrade, en revanche, de nombreuses collines, typiques de la Choumadie, se parent de leurs plus beaux atours au printemps, quand apparaissent les orchidées et les premiers grains de raisin. Le relief s'aplanit ainsi tranquillement, dans le sens sud-nord, en une succession de plateaux entrecoupés de petites rivières et de ruisseaux. Le tout confère à la ville elle-même une sorte de plasticité et offre de nombreux points de vue sur les alentours. On ne compte pas en effet les quartiers construits sur les hauteurs, et, entre l'aristocratique Dedinje et le populaire Banovo Brdo, Belgrade semble être une belle dame courtisée par une armée de collines rondouillardes. Selon les Belgradois, du haut du quartier de Vračar, par beau temps, on peut voir les hauteurs des premiers sommets des Alpes dinariques ! Plus sérieusement, d'où que l'on vienne quand on se dirige vers la ville, on aperçoit le dôme étincelant de la cathédrale Saint-Sava dans un rayon de 100 km.

Les pieds dans l'eau

Le Danube s'écoule, à travers le territoire de Belgrade, sur une longueur de 60 km, alors que la Save, venant de Croatie, traverse la région sur 30 km. Lorsque ces deux fleuves, d'importance majeure, se rencontrent sous la forteresse de Kalemegdan, c'est comme si la majesté de l'Europe centrale épousait l'impétuosité des Balkans. Fait intéressant,

pas moins de 200 km de rives fluviales et 16 îles s'offrent au tourisme sur le territoire de la capitale ! La plaisance, la pêche et surtout la natation en été sont des passions toutes belgradoises. Les plages du Lido en face de Zemun et surtout l'île d'Ada Ciganlija aménagée en complexe sportif font de Belgrade l'une des seules villes d'Europe où l'on peut se baigner en été. Ceci sans compter les nombreux bateaux-restaurants.

Un climat continental

Le climat est de type semi-continental, très froid l'hiver, où la température peut descendre jusqu'à -18 °C, et très chaud l'été, avec des pics à 38 °C. Ces variations sont des *maxima* mais montrent bien le contraste entre les saisons. Le printemps et l'automne sont relativement courts, et il convient de privilégier plutôt le fameux été indien belgradois bien que les mois d'avril et mai, parfois pluvieux, restent agréables. Les températures en hiver peuvent être très rigoureuses, mais avec 16 jours seulement en dessous de zéro et un ensoleillement fréquent, c'est tout à fait supportable. La neige arrive chaque hiver mais pour deux à trois semaines au total et sans qu'elle n'atteigne des épaisseurs ingérables. Belgrade n'est pas Moscou ! L'une des particularités de la région de Belgrade est la *košava*, un vent froid et sec venant de l'est. Il souffle en hiver par intervalles, pendant deux à trois jours d'affilée, mais les Belgradois l'affectionnent, car c'est un vent qui nettoie l'air et rend l'ensoleillement maximal. En revanche, il faut s'efforcer d'éviter les redoutées « journées tropicales », surtout en août, où une moyenne de 33 °C est souvent atteinte, à moins d'enfiler son maillot de bain et d'aller se tremper à Ada Ciganlija !

BELGRADE

■ HISTOIRE

Les origines préhistoriques

Les premiers habitants de la « ville blanche » arrivent sur le territoire au IVe siècle avant notre ère. Ils choisissent ce site pour son emplacement particulier au confluent de deux grandes rivières, la Save et le Danube, où s'étendent des plaines fertiles. Ainsi que l'ont attesté des fouilles sur le tertre de la citadelle et sur le site de Vinča, Belgrade et sa région ont été occupées dès l'époque

néolithique ; la cité de Lepenski Vir, plus à l'est sur le Danube, remonte même à 8 000 ans. Plus tard, cette région sera habitée par des populations illyriennes et celtes. Parmi ces dernières, la tribu des Scordisci s'empare en -279 d'une colonie thrace au confluent de la Save et du Danube : c'est à cet endroit que sera bâtie la forteresse de Singidunum, sur un site localisé près de l'actuelle forteresse de Kalemegdan.

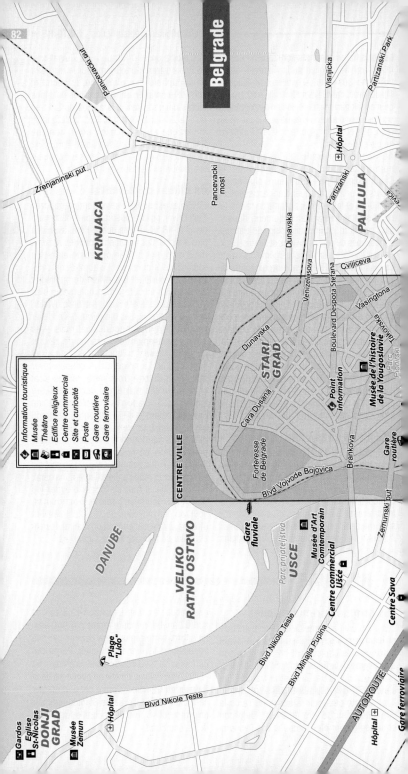

Belgrade

Légende :

- Information touristique
- Musée
- Théâtre
- Edifice religieux
- Centre commercial
- Site et curiosité
- Poste
- Gare routière
- Gare ferroviaire

CENTRE VILLE

DANUBE

KRNJACA

Zrenjaninski put

Pancevacki put

Pancevacki most

Dunavska

PALILULA

Partizanski

Partizanski Park

Višnjicka

+ Hôpital

Cvijiceva

Venizelosova

Boulevard Despota Stefana

Vasingtona

Takovska

Parc Pionirski

Dunavska

STARI GRAD

Cara Dusana

♦ Point information

Musée de l'histoire de la Yougoslavie

Forteresse de Belgrade

Brankova

Blvd Vojvode Bojovica

Gare routière

Zemunski put

Gare fluviale

Parc prijatelistva

USCE

Musée d'Art Comtemporain

Centre commercial Usće

VELIKO RATNO OSTRVO

Blvd Nikole Teste

Blvd Mihajla Pupina

Centre Sava

AUTOROUTE

Gare ferroviaire

Hôpital +

Plage "Lido"

DONJI GRAD

Gardos

Eglise St-Nicolas

Musée Zemun

+ Hôpital

Blvd Nikole Teste

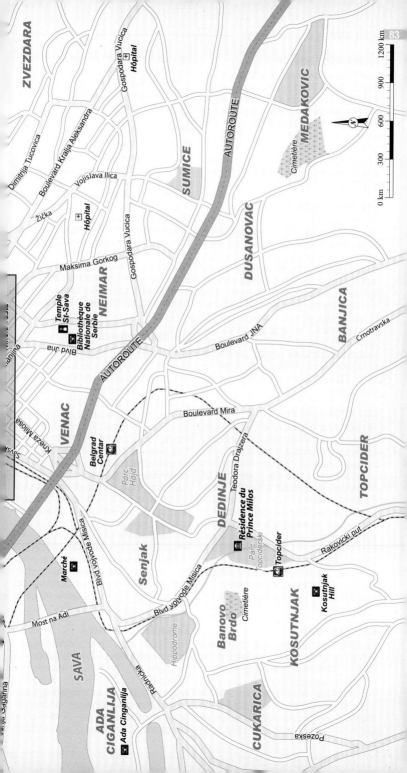

ZVEZDARA

Gospodara Vucica
Hôpital

Dimitrija Tucovica

Boulevard Kralja Aleksandra

Vojislava Ilica

SUMICE

AUTOROUTE

Žička

Hôpital

DUSANOVAC

Maksima Gorkog

Gospodara Vucica

MEDAKOVIC

Cimetière

NEIMAR

Temple St-Sava
Bibliothèque Nationale de Serbie

BANJICA

Boulevard JNA

Crnotravska

Blvd Jna

AUTOROUTE

Boulevard JNA

Boulevard Mira

VENAC

Kneza Milosa

Sava

Belgrad Centar

Parc Hajd

DEDINJE

Teodora Drajzera

Résidence du Prince Milos

TOPCIDER

Parc Topcidrski

Topcider

Rakovicki put

Marché

Blvd vojvode Misica

Senjak

KOSUTNJAK

Kosutnjak Hill

Most na Adi

Blvd vojvode Misica

Banovo Brdo

Cimetière

Hippodrome

Radnicka

SAVA

ADA CIGANLIJA

Ada Cinganlija

CUKARICA

Pozeska

1200 km
900
600
300
0 km

La période romaine

Les Romains s'emparent de la forteresse de Singidunum au Ier siècle avant notre ère et, à la fin du Ier siècle de notre ère, la légion romaine de Flavius y établit son quartier général. Singidunum devient une municipalité romaine au début du IIIe siècle, et est élevée au rang de colonie en l'an 239. A la division de l'Empire romain, en 239, Singidunum tombe sous le contrôle de l'Empire romain d'Orient et prend le nom grec de Singedon.

Les envahisseurs barbares

Pendant plusieurs siècles, Singedon subit alternativement la domination barbare et la suzeraineté byzantine. En 441, les Huns d'Attila détruisent une première fois la ville. Dix ans plus tard, elle est reconquise par les Byzantins, puis, en 470, tombe de nouveau aux mains des barbares, des Sarmates cette fois. Après une courte incursion des Wisigoths, la ville se soumet aux Byzantins pendant plus d'un siècle. A partir de 584, ce sont les Avars qui s'y installent, suivis des Slaves au milieu du VIIe siècle. En fait, pendant les VIIe et VIIIe siècles, le site est la plupart du temps désert et les tribus orientales ne font qu'y passer.

La domination byzantine

Pendant trois siècles, la ville sera l'objet d'âpres rivalités entre potentats orthodoxes. Les Bulgares l'occupent entre 820 et 971 puis quelques années en 1230, les Macédoniens y sont à la fin du IXe siècle et, en 1071, les Hongrois en chassent pour la première fois les Byzantins qui avaient repris la ville en 1074. Le nom de Beli Grad (la « ville blanche ») apparaît pour la première fois en 878, dans une lettre du pape Jean VIII au prince bulgare Boris Mihaïl (Boris Ier). Depuis, son nom sera toujours Belgrade, avec cette identité forte d'une ville maintes fois occupée et détruite, mais toujours renaissant de ses cendres (les Hongrois la détruiront encore totalement en 1124 et 1183 !).

L'Empire serbe

En 1284, le roi hongrois Ladislas IV confie les clés de la ville au roi serbe Dragutin. De 1316 à 1319, Milutin règne sur Belgrade, qui retombe ensuite pour 80 ans aux mains des Hongrois. Mais, en 1403, en accord avec le roi de Hongrie Sigismund, le despote Stefan Lazarević, fils du prince Lazar tué au Kosovo, fait de Belgrade la capitale de l'Etat serbe

médiéval. Il relève économiquement la ville et en augmente la puissance militaire. A sa mort en 1427, le despote Đurađ Branković la cède aux Hongrois et s'en va résider à Smederevo, plus à l'est sur le Danube.

Entre les Turcs et les Autrichiens

Au cours des XVe et XVIe siècles, Belgrade est le théâtre des luttes fréquentes et sanglantes entre les Autrichiens et les Turcs : ces derniers vont jusqu'à appliquer à la ville l'épithète de *darol i jehad*, « foyer des guerres de religions ». Après plusieurs tentatives au XVe siècle, l'armée ottomane finit par entrer à Belgrade le 29 août 1521. Maximilien de Bavière les en déloge en septembre 1688. Deux années plus tard, ils reviennent et, en 1717, le prince Eugène de Savoie les en chasse de nouveau. La domination autrichienne va durer plus de vingt ans, et, en 1739, Belgrade sera rendue aux Turcs.

Les insurrections contre les Turcs

En 1804, les Serbes se soulèvent à l'appel de Karadjordje. Après de terribles et longues luttes, ils reprennent Belgrade en 1806 et le gardent jusqu'en 1813. En 1815, une nouvelle insurrection, menée par Miloš Obrenović, aboutit à la conclusion d'un accord : la Serbie acquiert une autonomie politique en 1817, mais reste sous la suzeraineté turque et doit payer l'impôt aux Ottomans. La Serbie devient indépendante en 1878, au congrès de Berlin, et Belgrade acquiert définitivement le statut de capitale de la Serbie. Au début du XXe siècle, Belgrade est le Piémont des Serbes et de nombreux mouvements pour l'unité avec les Serbes de Bosnie et de Croatie y trouvent refuge. Sous le règne de Mihailo Obrenović, la ville devient la capitale économique et industrielle du pays. C'est aussi un centre culturel d'importance, avec de grands journaux, des lycées et des universités dès le milieu du XIXe siècle.

Le baptême du feu

Pendant la Première Guerre mondiale, Belgrade est la première ville à recevoir le baptême du feu. Dès le 28 juillet 1914, les Autrichiens la bombardent, mais la résistance héroïque de la population la sauve de l'occupation. Sous le commandement du roi Pierre Ier Karađorđević, la ville organise sa défense ; le roi avait fait ses classes à Saint-Cyr et connaissait la stratégie militaire. L'armée est organisée en tcheta, groupes de combattants autonomes et mobiles, qui se déplacent très rapidement sur les remparts de Kalemegdan. Enfin, de nombreux actes héroïques sont accomplis par des adolescents. Il ne faut pas oublier non plus le rôle joué, déjà à l'automne 1914, par une mission médicale française qui, pendant les assauts autrichiens, panse les plaies des combattants. Tout cela explique que les Autrichiens ne prennent définitivement la ville qu'en octobre 1915. La Bulgarie ayant décidé d'intégrer les forces de la Triple Alliance, la Serbie, huit fois moins nombreuse en hommes, est envahie sur ses flancs est, nord et ouest. Débute alors le calvaire de l'armée serbe, obligée de franchir à l'hiver 1915-1916 les montagnes d'Albanie. Le froid, le typhus et les balles albanaises sur les revers de l'armée serbe provoqueront la disparition d'un quart des hommes en deux mois. L'espoir renaît pourtant lorsque les soldats de cette armée épuisée et vaincue sont récupérés, dans le port de Durazzo, par un navire militaire français. En moins de trois mois, l'armée serbe défaite sera remise sur pied à Corfou, grâce à l'aide précieuse des officiers et médecins français. En janvier 1921, le général Franchet d'Esperey, ancien commandant de l'armée française d'Orient, remet à la ville la Légion d'honneur avec la citation suivante : « L'une des premières et des plus illustres victimes de la Grande Guerre, dont la population, malgré les bombardements et l'occupation ennemie, n'a cessé de faire preuve d'une bravoure sans défaillance. »

L'âme de la Résistance

Pendant la Seconde Guerre mondiale, Belgrade manifeste à plusieurs occasions son refus de l'asservissement et de la domination extérieure. Le 27 mars 1941, le roi Pierre signe avec les Allemands un pacte militaire : quelques heures après la signature, le général Dušan Simović soulève une partie de l'armée qui refuse la capitulation. Le peuple de Belgrade descend dans la rue en scandant « Bolje rat nego pakt ¡ » (« Mieux vaut la mort que le pacte ! »). Quelques jours plus tard, les troupes allemandes font leur entrée dans une ville déserte : les partisans du général Mihailović ont déjà réuni leurs troupes en province. Un Etat fantoche est mis en place, avec à sa tête le général Nedić, mais la résistance des Belgradois est telle que les Allemands pendent les opposants et laissent, pour l'exemple, des dizaines de cadavres aux lampadaires des grandes avenues de la ville. Les représailles de la Wehrmacht se comptent par dizaines de milliers de victimes : pour un soldat allemand tué, 100 Serbes doivent périr. Belgrade est libérée le 20 octobre 1944, mais après avoir subi trois vagues de bombardements anglais et américains, après ceux des Allemands en 1941.

BELGRADE

Le nouveau palais royal, résidence du roi Alexandre Karađorđević.

La transition

Dans les années 1990, Belgrade est le point de départ de tous les mouvements qui ont bouleversé la Yougoslavie. A partir de 1992, la capitale de la Serbie est sous embargo international commercial, financier et même sportif ! Jusqu'en 1998, le système D prévaut pour toute la population. Les rues se vident de leurs voitures faute d'essence, et il faut aller chercher l'or noir chez de nombreux trafiquants, pour se procurer une essence qui a été passée et revendue plusieurs fois depuis la Roumanie ou la Hongrie voisines. On dit qu'à la frontière avec la Hongrie, les revendeurs avaient creusé un tunnel pour le trafic de ce liquide précieux ! Plus dramatiques sont le manque de médicaments et la paupérisation des Belgradois : les provinciaux peuvent encore se nourrir à la ferme mais, en ville, les fruits et légumes deviennent hors de prix ! En 1996 et 1997, d'importantes manifestations anti-Milošević réunissent chaque jour plusieurs dizaines, parfois centaines de milliers de personnes. En plein hiver, les Belgradois battent le pavé, avec force crécelles et trompettes. Rien n'y fait, Milošević garde le pouvoir. Entre le 24 mars et le 9 juin 1999, Belgrade est de nouveau sous les bombes et les objectifs ciblés de l'Otan. Les avions détruisent les ministères des armées ou de l'intérieur, la télévision nationale et même... l'ambassade de Chine, par erreur. Aujourd'hui encore, la ville par endroits en garde les stigmates.

■ LA VILLE AUJOURD'HUI ■

Belgrade aujourd'hui

La capitale serbe vit dans une espèce de transition politique et économique rapide et, comme souvent dans ces périodes, des contrastes saisissants apparaissent et se multiplient chaque jour. Les privatisations, menées à grands renforts d'investissements étrangers, ont partiellement transformé la ville et ses environs au cours de ces trois dernières années. Des complexes modernes multiservices surgissent pratiquement chaque mois, avec motels, supermarchés et stations d'essence flambant neufs : plus on approche de la capitale et plus leur nombre et... leurs tarifs augmentent. Les rues sont refaites, des immeubles anciens sont ravalés. L'architecture urbaine laisse parfois une étrange impression de manque d'unité, tant l'actuelle frénésie de construction laisse à penser que tout est permis. Parfois sans permis de construire, justement... Autour, les axes de communications ont grandement besoin d'être rénovés et étendus. Il y a pléthore de projets. Il le faut, car le parc automobile explose depuis trois ans, générant des embouteillages inconnus jusque-là. Déjà, l'aéroport s'est doté d'un nouveau terminal et a été complètement rénové. La construction du nouveau et gigantesque pont sur la Save devrait se terminer début 2012 et la construction d'un autre pont reliant les quartiers de Borča et Zemun vient d'être commencée. Dans les rues de Belgrade, la vigueur économique actuelle se vérifie aux devantures. La Société Générale et le groupe autrichien Raiffesenbank ont été suivis par quantité d'autres banques (BNP Paribas, Crédit Agricole et autres). La plupart des postes sont rénovées et les bus et trolleybus publics commencent à être renouvelés. Des équipements sportifs dignes de ce nom existaient déjà à Belgrade – on pense au stade Maracana qui peut accueillir 100 000 spectateurs ! – mais ils étaient devenus vieillots. Depuis l'été 2004, des tournois internationaux de basket peuvent être organisés dans la salle Beogradska Arena à Novi Beograd, comparable aux plus grands palais omnisports français. Le projet d'un port de plaisance sur le Danube a été récemment voté. La plus grande cathédrale orthodoxe des Balkans, Sveti Sava, a été inaugurée à Pâques 2004, après 20 ans

Le pont d'Ada, la fierté de Belgrade

Le pont d'Ada ou pont de la Save (pas encore officiellement baptisé au moment de l'écriture de ces lignes) est un nouveau pont à haubans sur la Save. Son pylône, situé sur une pointe de l'île d'Ada Ciganlija, est haut de 200 m, soit 5 m de moins que la Tour Avala, ce qui en fait le plus haut pont de Serbie. C'est aussi le plus long pont doté d'un seul pylône au monde. Le projet de ce pont a été mis en place pour réduire de façon importante le trafic routier du centre-ville et sur le pont de Gazela, régulièrement engorgé.

© NATIONAL TOURISM ORGANISATION OF SERBIA

BELGRADE

Survol de Belgrade et de la rivière Sava.

de travaux souvent interrompus. Dans ce contexte, l'industrie du tourisme semble avoir toutes les chances de retrouver son niveau d'antan. Après l'isolement des années 1990, la ville de Belgrade et l'Etat investissent. On a mis les bouchées doubles, et Belgrade a remis à niveau le système de classification de ses hôtels. Le port fluvial, qui accueille les navires de croisière venant d'Autriche et de Hongrie, est neuf. Belgrade, la cité à l'intersection du Danube et de la Save, s'est forgée une identité aux confluences de cultures aussi diverses que l'Orient ottoman, l'Europe autrichienne et la civilisation slave. Détruite plus de vingt fois au cours de sa longue histoire, la « ville blanche » étonne toujours par son rythme de vie trépidant, qui n'exclut pas, il est vrai, une certaine nonchalance... Belgrade est avant tout caractérisée par son goût de la liberté. La défense opiniâtre de la cité face aux assauts germaniques en 1915, ainsi que l'esprit de résistance de ses habitants durant la Seconde Guerre mondiale ont forgé des valeurs fortes. Dans les années 1980, Belgrade est, avant les autres villes de Yougoslavie, un havre pour les journaux indépendants et un foyer de contestation contre le carcan de l'administration communiste. Il est tout naturel que cet esprit de révolte débouche, à l'hiver 1996-1997, sur le plus long mouvement de contestation pacifique organisé contre la dictature de Milošević.

Belgrade, une ambiance

Le 1,7 million de Belgradois est volontiers hâbleur et contestataire, et n'hésite jamais à dire tout haut ce qu'il pense. C'est cette ambiance à la fois nonchalante et haute en couleur qui vous fera immédiatement vous sentir en terrain connu à Belgrade. La ville, construite sur un ensemble de collines adossées à la Save, offre une variété de paysages urbains propices aux promenades et aux découvertes. De la forteresse de Kalemegdan dominant la Save aux hauteurs de l'ancien domaine royal de Topčider, en passant par la bohème de Skadarlija, les quartiers communistes, les rues aux maisons XIXe comme les immeubles Art nouveau et les parcs, il faut plusieurs jours pour découvrir la « ville blanche ». A l'arrivée dans la ville comme au départ, une rue s'impose tout particulièrement pour humer l'ambiance : la piétonne Knez Mihailova. C'est l'artère principale où le bourdonnement de la vie belgradoise s'offre au contact. Un contact qui sera étonnant. Les étrangers, devenus plus nombreux, et les Français en particulier, sont accueillis avec un plaisir non dissimulé. A Belgrade, la jeunesse vit au rythme européen. Vous n'aurez aucun mal à vous lier, et il sera alors temps de goûter à la vie nocturne. La nuit belgradoise est en passe de devenir légendaire. Pour preuve, les jeunes Slovènes, Monténégrins, Macédoniens, viennent désormais en nombre le week-end pour faire la fête ou du shopping à Belgrade.

■ QUARTIERS ■

Les Belgradois sont attachés à leurs quartiers, qui ont tous une identité et une personnalité fortes. On peut retrouver un ami perdu de vue depuis belle lurette en contactant simplement les connaissances du quartier ! Il est agréable de parcourir les rues de tous ces quartiers, dont chacun correspond à une colline. Car Belgrade est très vallonnée et ces cassures naturelles ont façonné ses quartiers, leur donnant une touche singulière propre. Administrativement, la ville est divisée en 10 « municipalités » que l'on pourrait comparer aux arrondissements français et qui correspondent assez bien aux différents quartiers que vous allez découvrir.

Centre-ville

Considérons comme « centre-ville » toute la partie depuis le parc de Kalemegdan (soit la vieille ville) jusqu'au Hram Sveti Sava. Cela comprend notamment les zones décrites ci-dessous :

▶ **La zone piétonne de Knez Mihailova et les alentours.** Entre la forteresse de Kalemegdan et la place de la République, la rue piétonne Knez Mihailova creuse son sillon sur l'une des hauteurs de la ville. Depuis le premier plan d'urbanisme de 1866, les plus grandes familles serbes y ont installé leurs demeures durant la seconde moitié du XIXᵉ siècle. Ce boulevard piéton, lieu de rendez-vous prémédités ou impromptus, constitue le véritable centre névralgique de la capitale serbe. Toute l'année et à toute heure de la journée et de la nuit, ses cafés de style viennois, et autres endroits branchés, vous accueillent chaleureusement. C'est ici également que l'on va consulter la presse au Centre culturel français ou s'attarder parmi les livres en langue locale dans l'une des innombrables librairies. Les rues adjacentes accueillent les plus grandes institutions universitaires et culturelles, mais aussi des banques et des bureaux de poste ouverts tard. Autour de la place de la République, se trouvent le Théâtre national, le Musée national et les meilleurs cinémas. Tous les Belgradois se donnent rendez-vous sur cette place devant le Konj, autrement dit « le cheval », statue monumentale représentant le prince Mihailo.

▶ **Kalemegdan.** La forteresse de Kalemegdan, située à l'extrémité occidentale de Knez Mihailova, offre une vue panoramique admirable sur le Danube qui vient, en contrebas de l'enceinte, se joindre à la Save. Lieu de repos et de promenade en plein centre-ville, Kalemegdan offre de multiples attractions : parc zoologique, Musée militaire, puits romain, ou hammam. Les Belgradois aiment à s'y retrouver, et il n'est pas rare d'y rencontrer des poètes déclamant leurs vers, des chorales en plein air ou encore des joueurs d'échecs engagés dans une partie sans fin et autour desquels s'agglutinent des grappes humaines fascinées par le jeu. Le soir, Kalemegdan est l'un des hauts lieux de sortie de la ville, avec ses cafés et ses restaurants offrant une vue sur les deux fleuves.

▶ **Skadarlija.** Située en contrebas de Stari Grad, coincée entre les boulevards descendants Francuska et Makedonska, la rue Skadarska, pavée à l'ancienne, est l'attraction à ne pas manquer. Depuis que les artistes et acteurs y ont installé leurs ateliers de peinture et leurs lieux de rencontres au XIXᵉ siècle, sa réputation de bohème ne s'est jamais démentie. On y trouve les plus anciens restaurants « kafanas » de Belgrade, chacun rivalisant d'inventivité pour offrir le spectacle musical traditionnel mais toujours contemporain qui plaît aussi bien aux visiteurs

© NATIONAL TOURISM ORGANISATION OF SERBIA

Skadarlija est souvent décrite comme le Montmartre belgradois.

étrangers qu'aux locaux. Dans ce haut lieu du théâtre et de la peinture, on peut aussi aller d'atelier en atelier à la rencontre des artistes. La rue est souvent citée comme le Montmartre de Belgrade.

▶ **Dorćol.** En contrebas de la vieille ville, entre la rue pietonne Knez Mihailova et le fleuve. Un des plus anciens quartiers de Belgrade aux maisons basses et aux rues encore pavées par endroits, il abrite aujourd'hui un mélange d'activités et d'établissements qui font vibrer la ville. Constitué de petites rues étroites et discrètes, on y trouve de tout : musées, galeries, magasins de luxe, showrooms de jeunes créateurs, ateliers d'artistes et d'artisans en voie de disparition, centres culturels alternatifs, bars en tous genres, restaurants intéressants, etc. On y trouve la seule mosquée de Belgrade, la plus ancienne maison et de nombreux vestiges datant de la période où une importante communauté juive y habitait.

▶ **Terazije.** De la rue pietonne Knez Mihaïlova vers la grande place Slavija principal nœud de communication de la ville, un grand boulevard commerçant et touristique mène jusqu'aux hauteurs de la cathédrale Saint-Sava, en traversant la place Slavija. Vers 1900, les plus grands commerçants ouvrent boutique autour de l'hôtel Moskva et de la fontaine qui donne son nom au quartier.

Les bombardements de 1941-1944 détruisent une partie du centre-ville, et des immeubles modernes et imposants donnent par endroits à ce quartier une étrange identité faite de mélange communiste/Art nouveau. Dans son prolongement, l'avenue Kralja Milana, prestigieuse, mène à la plus grande place de Belgrade, Slavija, qui organise les quartiers autour d'elle. En continuant à monter, nous arrivons à Vracar.

▶ **Tašmajdan.** C'est un tout petit quartier concentré autour du parc du même nom. Entre le boulevard du Roi-Alexandre et la rue Kraljica Marija. Le parc de Tašmajdan, rénové en 2011, accueille l'église préférée des Belgradois, Sveti Marko, mais aussi le monument au réformateur de la langue serbe, Vuk Karadžić. C'est ici également que se trouvent le bâtiment aux Archives de Serbie et la Faculté de droit qui a formé de nombreuses personnalités. Un peu plus loin sur le boulevard on trouve de nombreuses autres facultés aux édifices qui valent le détour et une multitude de petits magasins et cafés en tout genre.

Vračar et le sud

Cette partie de la ville représente la ville haute, à savoir tout le côté sud après le Hram Sveti Sava. Cela comprend les deux principaux quartiers suivant :

▶ **Dedinje.** Le plus grand parc de la ville sur les hauteurs. Dedinje est un quartier résidentiel cossu où ambassades, écoles internationales et maisons bourgeoises se côtoient en toute tranquillité. Les dignitaires du régime communiste ont rapidement développé ce quartier après la guerre, mais les hommes politiques continuent d'y habiter, rejoints à présent par les nouveaux riches. Le musée et le mausolée de Tito s'y trouvent, à quelques encablures des deux clubs de sports rivaux : Partizan et Crvena Zvezda, avec chacun son stade et ses équipements omnisports.

▶ **Vračar.** Après Kalemegdan et Dorcol, c'est le plus vieil endroit de la ville. La cathédrale Saint-Sava, qui domine par sa coupole dorée, a été bâtie ces quinze dernières années à l'endroit même où le vizir turc Sinan Pacha avait fait brûler les reliques du saint moine Sava. C'est de là aussi que, en 1906, le prince Karađorđe lança sa campagne pour la libération de la Serbie. La cathédrale domine un parc fort agréable et la place Slavija. Derrière la cathédrale et la Bibliothèque nationale, s'étend l'un des quartiers résidentiels les plus typiques de la ville, avec le marché Kalenić et ses échoppes hautes en couleur, à ne pas manquer.

Novi Beograd

Cette partie de la ville se situe de l'autre coté de la rivière Sava, le long du Danube également. C'est la partie basse dite « ville nouvelle » au nord-ouest du centre entre Zemun et la vieille ville.

▶ **Novi Beograd.** Construite à partir des années 1950 sous le régime socialiste de Tito sur des marais, cette nouvelle ville de l'autre côté de la Save abrite des barres d'immeubles et des hauts lieux du pouvoir communiste. A côté de l'ancien gouvernement fédéral, sont apparus des quartiers modernes. Autour du Palais des congrès de Sava-Centar se dressent de grands hôtels comme Hyatt et des centres commerciaux flambant neufs (Usce, Delta City). Depuis la construction d'une grande salle omnisports, la fameuse Beogradska Arena inaugurée en août 2004, ce quartier continue de se développer à un rythme effréné, mêlant immeubles de bureaux et d'habitations. Ne manquez pas de faire un tour sur ces quais de la Save et du Danube décrits ci-après.

BELGRADE

▶ **La Save et le Danube.** C'est bien entre Stari Grad et Novi Beograd, sur les fleuves, que se déroule une bonne partie de la vie des Belgradois, surtout en été et durant les week-ends. Quantités de bateaux et de *splav*, ces radeaux accueillant des restaurants, des bars et des discothèques font la vie des berges du Danube et de la Save, à quelques encablures du centre. De nouveaux plans de transformation des quais ont été établis et la ville est censée davantage descendre sur l'eau et y intensifier ses activités, à la grande joie des Belgradois. Déjà, de nombreux anciens dépôts désaffectés sont devenus des sites culturels, galeries, ateliers d'artistes mais également restaurants et cafés.

Ada Ciganlija

C'est l'île au sud-ouest de la ville sur la Save. Ancien marécage où l'on exécutait les prisonniers devenu aujourd'hui le lieu de loisirs préféré des habitants de la région. Surnommée désormais la « Mer de Belgrade » cette partie de la ville rassemble plus de 300 000 visiteurs durant les week-ends en été. Derrière le lac, à l'opposé de Novi Beograd, se trouvent deux quartiers intéressants :

▶ **Košutnjak.** L'immense parc de Košutnjak se situe entre la colline de Dedinje et le quartier populaire de Banovo Brdo. Ici aussi, sur une colline, il s'agit plus d'un parc, même s'il est aménagé avec force parcours, parcs et restaurants. On se croit en effet très loin de la ville, en pleine campagne, alors que nous sommes bien à Belgrade. Une sorte de Central Park puissance 10 ! Le parc de Košutnjak abrite également les restes des légendaires studios de cinéma du temps de Tito « Avala Film » où a joué, entre autres, Richard Barton.

▶ **Banovo Brdo** se trouve derrière Dedinje et constitue déjà ce que l'on appellerait la périphérie en France. Très densément peuplé, c'est pourtant bien un vrai quartier de Belgrade. En descendant de Banovo Brdo, on aboutit directement sur le lac d'Ada.

■ SE DÉPLACER ■

L'arrivée

Avion

■ AÉROPORT NIKOLA TESLA
226, Belgrade
℅ +381 11 209 4444 – +381 11 209 7597
www.beg.aero – press@beg.aero
L'aéroport international Nikola Tesla se trouve à 12 km au nord de la capitale, sur l'autoroute vers Zagreb en sortant de Novi Beograd. L'offre s'est considérablement étoffée ces dernières années et de nombreuses compagnies internationales ont leurs bureaux sur place. En vol direct depuis et vers Paris, Air France et Jat Airways se partagent le marché avec deux vols quotidiens. Mais on peut également arriver à Belgrade par Monténégro Airlines, via Podgorica et Adria Airways via Ljubljana. Ou, autre possibilité : Paris – Timisoara avec Wizz Air suivi d'un transfert en minibus pour Belgrade. De l'aéroport au centre-ville, plusieurs possibilités s'offrent à vous :

▶ **Le minibus ligne A1** assure toutes les 20 minutes le transfert de et vers l'aéroport à partir de la place Slavija avec deux stations intermédiaires : la gare ferroviaire et la station de bus « Fontana », boulevard Pariske Komune. Le prix du ticket est de 250 dinars. Les premiers et derniers départs sont : de l'aéroport 5h et 2h et de Slavija 4h20 et 3h20. En outre, les transports urbains proposent chaque 30 minutes, jusqu'à minuit, le bus régulier n° 72 dont l'arrêt se situe au niveau du terminal départs. Tarif zone 2, 100 dinars (ticket auprès du chauffeur). Moins cher que le minibus, mais beaucoup plus lent (45 minutes), avec une vingtaine d'arrêts... Terminus à Zeleni Venac, à deux pas de la place de la République.

▶ **L'autre possibilité est le taxi.** Un nouveau service a été instauré qui permet aux voyageurs d'accéder à des prix fixes selon leur destination finale et d'éviter les mauvaises surprises. Dès l'arrivée à la livraison des bagages, demandez un bon de transport au guichet jaune. Belgrade est divisé en 5 zones différentes avec des tarifs fixes, bagages compris. La première zone comprend tout le centre, Novi Beograd et la plupart des hôtels s'y trouvent (prix 1 500 dinars, soit prés de 15 €), la deuxième les alentours de Belgrade. Vous devrez communiquer l'adresse d'arrivée à l'agent qui vous donnera le bon adéquat et vous guidera jusqu'au premier taxi libre. Informations ℅ +381 11 2289 375.

▶ **Location de voitures.** Ici, vous aurez l'embarras du choix, avec une quinzaine de loueurs, dont les compagnies internationales Hertz, Europcar, Budget et Avis. Une voiture de type Golf est proposée à partir de 40 €/jour.

▶ **Autre adresse :** JAT ✆ 0800 111 528 – www.jat.com

■ **EASY JET**
www.easyjet.com
La compagnie annonce qu'elle opèrera des vols directs de Paris vers Belgrade à partir de 2012.

■ **FLY NIKI**
Aerodrom « Nikola Tesla », terminal 2
✆ +381 11 2286 423
www.flyniki.com
airport-beg@flyniki.com
En s'y prennant un peu à l'avance on trouve, sur le site officiel de la compagnie, des billets depuis Paris vraiment pas chers selon les périodes avec une courte escale à Vienne.

■ **WIZZ AIR**
✆ +381 11 209 4863
✆ +381 11 209 7068
www.wizzair.com
Aerodrom Nikola Tesla
En partance de Paris ou Bruxelles pour Timisoara (2e capitale roumaine à environ 160 km de Belgrade) on trouve, sur le site officiel de la compagnie, des vols à partir de 21 €. Reste à contacter www.geatours.rs qui est la seule agence à proposer des minibus pour réserver le trajet jusqu'à Belgrade. Durée 2 heures. Ou prendre un train (de 4 à 5 heures de trajet, départ à 5h49 de Timisoara et à 15h50 de Belgrade). A ce prix-là cela vaut le coup !

Train

■ **GARE FERROVIAIRE CENTRALE**
2 savski trg ✆ +381 11 3602 899
www.serbianrailways.com
medijacentar@srbrail.rs
Le bâtiment austro-hongrois de couleur jaune est destiné à devenir un musée dès que la nouvelle gare Prokop sera terminée. Moins utilisé que le bus par les Serbes, parce que réputé plus lent, et avec peu d'horaires, le train reste néanmoins un transport agréable et surtout le moyen de locomotion le moins cher. La gare est située en contrebas du quartier de Terazije, à 300 m de l'hôtel Moskva. On peut donc facilement s'y rendre à pied, il suffit

de descendre la rue Balkanska en partant de derrière l'hôtel. On peut également prendre n'importe quel bus ou tramway partant de la place Slavija et descendant l'avenue Nemanjina. Le réseau ferroviaire est relativement dense, car il mène dans toutes les villes importantes de province à partir de Belgrade. Les axes importants sont Belgrade-Niš-Vranje, puis Belgrade-Bar par la Serbie occidentale vers le Monténégro. Réseau particulièrement dense en Voïvodine et le long du Danube.

▶ **Niš :** comptez 4 heures pour un direct et 1 heure de plus pour un semi-direct (800 dinars) 3h10/7h25/7h50/15h14/21h15.

▶ **Novi Sad :** (de 288 a 432 dinars) 12 trains de 3h45 à 23h05. Durée : en moyenne 1 heure 30.

▶ **Podgorica/Bar (Monténégro) :** 2 trains par jour : 10h10 et 22h10, comptez chaque fois 7 heures 30 de trajet (Podgorica) et 9 heures 50 (Bar). Prix : 1 904 dinars (Podgorica), 2 121 dinars (Bar), wagon-lit pour 3 personnes 1 500 dinars par personne, couchette de 600 a 900 dinars, 3 100 dinars avec la voiture).

▶ **Subotica :** 6h46, 8h25, 10h05, 10h35, 13h30, 18h30, 21h25 (de 560 a 720 dinars).

▶ **Užice (Zlatibor) :** 3h40, 7h15, 10h10,11h20, 15h25, 17h20, 19h25, 22h10 (616 dinars).

▶ **Sofia/Istanbul :** 7h50, 21h15, 2 080 dinars, couchette de 600 a 900, wagon lit de 1 010 a 3 535 dinars.

▶ **Zagreb (Croatie) :** 5h15,10h20,15h20, 21h40, trajet 7 heures 15, 2 888 dinars.

▶ **Budapest (Hongrie) :** 22h10.

▶ **Transport de vélos :** il est permis de transporter son vélo sur la ligne Belgrade-Budapest-Prague, le prix est de 5 €. Ainsi que la plupart des villes en Serbie, avec 1 à 3 trains quotidiens.

Bus

Il existe deux gares routières à Belgrade, situées côte à côte et complémentaires. Elles desservent des destinations complètement différentes. BAS dessert toutes les regions de Serbie et l'étranger, tandis que la station Lašta dessert la proche banlieue et les villes à proximité de Belgrade. De Belgrade, plusieurs lignes vous relient avec les principales régions françaises et européennes.

▶ **Bruxelles,** départ mercredi et samedi à 10h30.

Les bons plans pas chers à l'international

Toujours en bus, et hormis la compagnie nationale Lašta, il existe aussi :

■ ADIO TOURS

Gravila principa 15-19
☎ +381 11 328 8707
Effectue deux allers-retours quotidiens vers Priština et le monastère Gračanica (compter 2 100 dinars l'A/R), puis jusqu'à Prizren (2 650 dinars l'A/R). Les billets s'achètent à leur bureau.

■ FUDEKS

Balkanska 47
☎ +381 11 7620 255
www.fudeks.rs – office@fudeks.rs
La meilleure compagnie pour un Paris-Belgrade : les bus les plus récents, et de vrais bureaux, aussi bien à Paris qu'à Belgrade, où l'on peut payer en CB. A Belgrade, le bureau est à 300 m de la gare routière. Tarif : 110 € l'aller simple, 145 € l'AR. Réservation par Internet possible, mais le site est uniquement en serbe.

▶ **Autre adresse :** depuis Paris : Voyages Rada, 11 avenue de la République, Paris ☎ 01 47 00 09 99.

■ GEA

Kneza Miloša 65
☎ +381 11 268 6635
www.geatours.rs – gea@eunet.rs
Cette compagnie de transferts porte-à-porte en mini-bus vers les aéroports des capitales voisines Timisoara ou Budapest propose également de vous emmener au Kosovo.

■ MIĆKO LAPOVAC

9 rue Oberkampf 75011 Paris
☎ +33 1 43 55 36 26
☎ +381 34 852 103
☎ +381 11 2686 434
Non affilié à Eurolines, le bus ne se prend pas à la gare de Gallieni, mais près de leurs bureaux. Compter 120 € l'aller-retour ou 100 € l'aller simple. Vous n'aurez plus qu'à passer 24h dans le bus. A Belgrade, si le départ a lieu depuis la gare routière, le billet s'achète aux guichets de la gare routière ou dans l'agence. Départ depuis Belgrade chaque mardi et vendredi à 11h.

▶ **Autre adresse :** agence de Belgrade, Balkanska 35 ☎ +381 34 852 103 – +381 11 2686 434.

▶ **Lyon,** mercredi, vendredi et samedi à 13h.

▶ **Montpellier :** jeudi à 11h.

▶ **Paris** (depuis la gare Lasta ou la gare principale) : départs le lundi à 10h45, le mardi à 11h et 13h, mercredi à 10h30, 10h45 et 14h00, vendredi à 10h45 et 11h, samedi à 10h30, 10h45 et 16h00. De 7 500 à 8 200 dinars l'aller simple selon les compagnies et entre 10 000 et 11 000 dinars, voire 12 000 l'aller/retour. Comptez environ 24 heures de trajet dans des autocars type « luxe », à étage, avec boissons, café, films...

▶ **Sofia,** tous les jours à 00h45, 12h30 et 14h30.

▶ **Zurich,** mardi et samedi à 20h.

Ces horaires et tarifs peuvent changer. Plusieurs compagnies affiliées Eurolines proposent pour la France des voyages réguliers 2 à 3 fois par semaine.

■ GARE ROUTIÈRE DE BELGRADE (БАС)

4 Zeleznicka ☎ +381 11 263 6299
☎ +381 11 6658 759
www.bas.rs – bas@bas.rs
Située à 50 m de la gare ferroviaire, en contrebas de Terazije, la gare routière BAS

est également accessible en bus ou à pied. Elle dessert toutes les localités de Serbie de plus de 3 000 habitants : autant dire que c'est le cœur névralgique du réseau routier. Achetez votre billet aux guichets indiqués « Rezervacija », on vous donnera aussi un jeton, à ne pas oublier. Muni des deux, vous devrez d'abord passer un tourniquet avec le jeton, puis vous diriger vers le numéro de quai (perron) indiqué sur le ticket. Les destinations fréquentées sont bien desservies : tous les quarts d'heure pour Novi Sad, toutes les demi-heures pour Niš. Demandez le bus direct (direktan) sauf si vous comptez vous arrêter aux stations intermédiaires parce que la durée du trajet, pour Novi Sad par exemple, peut varier de 1 heure à 1 heure 30. Ou 3 heures pour Kraljevo, 4 heures pour Nis. Les tarifs sont plus élevés que pour le train, car le bus est plus rapide, mais restent très corrects.

▶ **Bajina Bašta (Tara) :** 8h, 9h, 9h30, 11h25, 13h45, 15h15, 17h30 de 965 à 1 375 dinars.

▶ **Kladovo :** 6h, 9h, 11h30, 13h, 15h30, 17h, 18h15, 19h30 de 1 155 à 1 500 dinars.

▶ **Kopaonik :** 7h et 12h, 1 545 dinars.

▶ **Niš :** 47 bus de 4h45 à 00h45, 1 145 dinars.

▶ **Novi Pazar :** 16 bus de 6h30 à 20h, 1 445 dinars.

▶ **Novi Sad :** toutes les 30 minutes à peu près, de 3h50 à 22h35, 645 dinars.

▶ **Sombor :** 23 bus de 5h à 22h, 1225 dinars.

▶ **Subotica :** 21 bus de 3h50 à 20h30, 1 265 dinars.

▶ **Valjevo :** 10 bus de 5h à 20h, 675 dinars.

▶ **Vrnjačka Banja :** 17 bus de 6h à 20h15 de 835 à 1 145 dinars.

▶ **Zlatibor :** 7 bus de 6h30 à 19h30, 645 à 1 145 dinars.

■ **GARE ROUTIÈRE LASTA**
1 Zeleznicka ✆ 0 800 334 334
www.lasta.rs – turizam01@lasta.rs
Située à côté de la gare de Belgrade, sur la Save en allant vers le pont qui mène à Novi Beograd, cette gare est facilement accessible à pied : de Terazije, faites 200 m jusqu'au carrefour Zeleni Venac, puis traversez le marché et vous aboutirez en descendant, après un square, à la gare que les Belgradois appellent Lašta. La plus grande compagnie de bus de Serbie, Lašta, dessert aussi bien les lignes intérieures qu'internationales depuis un accord signé avec Eurolines.

Bateau

De nombreuses compagnies de croisières naviguent le long du Danube et une halte obligatoire est Belgrade. Il n'y a pas encore de lignes de transports réguliers sur le Danube ou la Save à partir d'autres villes à l'étranger, mais on peut évidemment venir avec son propre bateau.

Voiture

Deux grands axes desservent Belgrade et vous amènent en 15 minutes depuis les peages d'autoroutes au centre-ville. En venant du nord (Hongrie et Novi Sad) ou de l'ouest (Croatie), vous emprunterez l'autoroute E70 qui, à partir de l'aéroport Nicolas Tesla, constitue un axe de deux fois quatre voies, rapide et peu emprunté, sauf aux heures de pointe. Traversez la banlieue de Novi Beograd reconnaissable à ses deux tours modernes nommées les « Portes de Belgrade », sans sortir, puis suivez la direction Beograd-Centar. Après avoir traversé le fleuve Sava, vous pouvez prendre la première sortie et vous voilà au cœur de la capitale. L'autre grand axe est celui qui, par l'autoroute E75, vous fait entrer à Belgrade en venant de Niš. Il suffit de rester sur l'autoroute qui traverse les faubourgs et, après le péage, 8 km vous séparent de l'embranchement indiqué Beograd-Centar. Trois axes secondaires, formés par des routes nationales, sont plus longs et parfois aléatoires. De l'est, en venant de Smederevo, il faut 45 minutes pour traverser les anciens quartiers et arriver dans le centre-ville ; depuis le sud-ouest et Obrenovac, c'est parfois aussi long. La seule route nationale intéressante est celle de Voïvodine car, après avoir traversé le pont sur le Danube, on arrive rapidement à Kalemegdan. D'une manière générale, si on osculte l'autoroute sur un axe nord-sud, Belgrade manque cruellement d'axes de dégagement et de nationales modernes.

▶ **Location de voitures.** Au total, une vingtaine de loueurs à Belgrade, avec des conditions très similaires à celles pratiquées en France : avoir 21 ans et déposer une caution... Le seul problème, c'est qu'il faut rendre la voiture au point de départ, sauf exception négociable seulement auprès des loueurs internationaux. Pas vraiment nécessaire de faire jouer la concurrence, les prix sont assez similaires.

▶ **Garages automobiles.** Vous pouvez en toute confiance faire réparer ou entretenir votre véhicule dans les petits garages de quartier. Vraiment peu chers, ils savent se débrouiller dans tous les domaines. La seule limite sera bien sûr celle des pièces détachées. Néanmoins, les pièces européennes sont toutes disponibles rapidement à Belgrade.

▶ **Stations essence.** Les pompes sont relativement nombreuses dans le centre-ville, mais souvent peu visibles. Sur les grandes artères, à environ 2km du centre : Bulevar Kralja Aleksandra et Vojvode Mišića. Également deux stations à Autokomanda, après avoir franchi l'autoroute (en montant depuis Slavija). Sinon, une fois passé le pont Brankov, vous trouverez de nombreuses stations sur les grandes artères de Novi Beograd, et à proximité des centres commerciaux. Les stations d'essence situées sur les boulevards sont toutes ouvertes 24h/24 et proposent des services multiples : alimentation, mécanique et parfois guichet automatique.

■ **AMSS (AUTO-MOTO SAVEZ SRBIJE)**
✆ 987 – + 381 987
www.amss.org.rs
Si vous tombez en panne, appelez d'abord AMSS, l'association auto-moto de Serbie, organisme national qui possède de nombreuses dépanneuses d'intérêt public. Sur Belgrade, si l'on ne peut vous dépanner sur place, le remorquage coûte 2 300 à 3 000 dinars. En dehors, ajoutez 65 dinars par kilomètre.

■ **AUTOTEHNA**
94 Bulevar Kralja Alexandra
✆ +381 11 243 3314 – +381 11 2433 323
www.autotehna.com
info@autotehna.com
Egalement à l'aéroport, Autotehna dispose d'agences à Niš, Novi Sad, et Zrenjanin où vous pourrez laisser votre véhicule. Les tarifs sont raisonnables à partir de 40 € la journée pour une Fiat Punto.

■ **BUDGET**
Antifašističke Borbe 38, aéroport
✆ + 381 11 3113050 – www.budget.rs
Bureau à l'aéroport et en ville.

■ **CITRÖEN VITRO GROUP**
22 Radnička ✆ +381 11 35 38 555

■ **EUROPCAR**
Bd Zorana đinđića 59, aéroport
✆ 0800 355 355 – +381 11 228 6362
www.europcar.rs
reservations@europcar.rs
Egalement présent à Novi Sad.

■ **HERTZ**
Aéroport
1 Dragoslava Jovanovica, Hotel Putnik
✆ +381 11 334 6179
✆ +381 11 32 08 736
www.hertz.rs – hotelputnik@hertz.rs
Présent également à Niš et Novi Sad.

■ **INEX**
Topličin Venac 17 ✆ +381 11 263 9319

© NATIONAL TOURISM ORGANISATION OF SERBIA

Vue sur la Sava.

■ **JAPAN AUTO PLUS**
138 Dimitrija Tucovića
☎ +381 11 3444 151

■ **MENADZER EXPRESS**
Narodnih heroja 41a
☎ +381 11 2097 778
☎ +381 65 2028 222
www.menadzer.biz
rent-a-car@menadzer.biz
Tour Genex à Novi Beograd. Egalement à
l'aéroport.

■ **NATIONAL**
Južni Bulevar 95, aéroport
☎ + 381 11 2837524
www.nationalcar.com

■ **PEUGEOT VERANO**
352 Vojvode Stepe
☎ +381 11 309 4500
www.verano.rs

■ **PRIMERO**
Bulevar Zorana Đinđića 59/23
☎ +381 11 228 6362
☎ +381 11 301 5004
www.primero.rs
reservations@europcar.rs
A Novie Beograd,
également un bureau à l'aéroport.
Présent également à Novi Sad.

■ **RENAULT**
Staro Sajmište 29
☎ 0800 10 80 10 – +381 11 333 11 88
Le grand concessionnaire de Belgrade, juste à
droite après le pont situé entre les gares.

■ **VOLKSWAGEN PORSCHE BEOGRAD**
Oblakovska bb, 11 Zrenjaninski put
☎ +381 11 3060 420
☎ +381 11 2075 661

En ville

Métro

La Serbie a signé en 2011 avec la France
un accord devant initier la construction de
trois lignes de métro, d'une longueur totale
de 36 km.

Bus

Le réseau de bus de Belgrade est très dense
et fonctionne jour et nuit. On peut aller absolument partout en bus, y compris dans les
faubourgs les plus reculés. Faisant office de
train de banlieue, les bus de ville desservent
très souvent des villes situées à 10 ou 20 km

à la ronde, comme Zemun ou Pančevo sur le
Danube. Ne vous précipitez donc pas sur le
premier taxi qui passe et préférez ces bus
rapides et très fréquents sur les lignes principales. Ainsi, la ligne 16 vient de Novi Beograd
et traverse tous les quartiers septentrionaux
sur 15 km ! En tout, 118 lignes de bus et
8 lignes de trolleybus, 12 lignes de tramway
plus 14 lignes de nuit, qui vous mèneront
dans toute l'agglomération, un peu à la mode
londonienne. Après minuit, les principales
lignes proposent un bus chaque heure. Vous
pouvez acheter votre ticket dans tous les
kiosques à journaux pour 60 dinars ou auprès
du chauffeur pour 120 dinars. Le prix est le
même pour les trajets de nuit ou le ticket est
acheté directement dans le bus. Les ticket
doivent être validés et sont valables seulement
pour un trajet, quelle que soit sa durée, dans
un seul bus. L'amende pour non-oblitération
est de 3 000 dinars. Pour finir, sachez qu'il y
a deux zones. Même si la deuxième démarre
loin du centre. Il en coûte alors 145 dinars.
Il existe également un réseau de minibus
(A1, E4, etc.) qui peuvent être très utiles
pour certaines destinations, prix du billet :
100 dinars – à acheter directement dans le
bus. Des tickets journaliers, week-ends et
hebdomadaires pour les touristes devraient
être introduits prochainement. Le site des
transports publics décrit les lignes et vous
trouverez également des plans des lignes à
la plupart des arrêts (www.gsp.rs).

Trolleybus

Même principe et tarifs pour les quelques
lignes de trolley, encore équipées d'antiques
véhicules avec des banquettes en bois. Mais
le parc est en cours de renouvellement.

Tramway

Dans le réseau urbain de Belgrade, les
14 premiers numéros correspondent à des
lignes de tramway. Ces lignes participent au
charme de Belgrade, et il faut voir ces engins
antiques grimper les collines du centre en
plein hiver et se frayer leur chemin parmi les
voitures. Le tramway reste un des moyens
de locomotion principaux des Belgradois qui,
été tropical ou hiver glacial, s'entassent au
rythme des secousses des rames qui ont
pour la plupart 30 ans. Depuis 2011 ont été
introduits de nouveaux tramways dernier
cri qui cohabitent aujourd'hui avec leurs
collègues beaucoup plus anciens. Les tarifs
et les conditions sont les mêmes que dans
les bus publics de la ville.

BELGRADE

Les transports de Belgrade

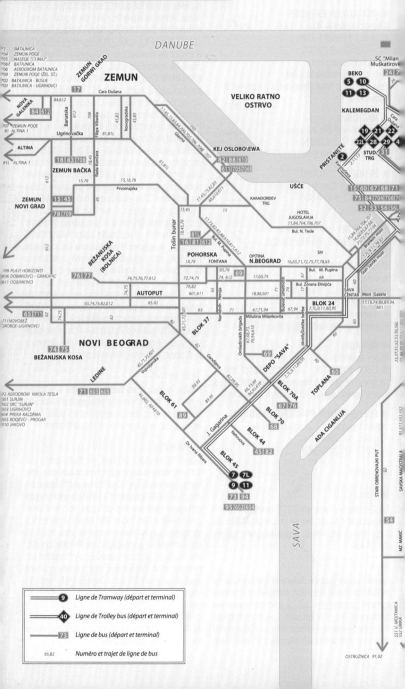

Légende :

- **9** Ligne de Tramway (départ et terminal)
- **40** Ligne de Trolley bus (départ et terminal)
- **73** Ligne de bus (départ et terminal)
- 65,82 Numéro et trajet de ligne de bus

95 BORJA III
96 BORJA III
101 PADINSKA SKELA
102 PADINSKA SKELA - VRBOVSKO
104 CRVENKA
105 OVJA
106 (PKB KOVILOVO) JABUJKI RIT
107 PADINSKA SKELA - DUNAVAC
109 PADINSKA SKELA - JENTA
110 PADINSKA SKELA - ŠIROKA GREDA

KOTEŽ **43**

108 REVA DUBOKA BARA

95,105,96,101,108 Pančevački Most

DANUBE

PANČEVAČKI MOST

VILINE VODE

33 **37**
48 **58**

Poenkareova 44

37,58 DUNAV STANICA **44**

Venizelosova 48,58

OMLADINSKI STADION

Višnjička 16,23,25,25P,32,32E,35,202

32E **32** VIŠNICA

LESCE GROBLJE
LESCE GROBLJE
VELIKO SELO

16,23,27E,35, 43,58,95,96

35I **74** **101** **104**

12 **105** **106** **108** **202** Dragoslava Srejovića

MARIJANE GREGORAN

Marijane Gregoran

MIRIJEVO

27L **46**

MIRIJEVO

20 **27**

KARABURMA

16 **23** **25** **25P**

27,27E,27L

27E ,79

Cvijićeva 11,25,25P,27,27L

27,27L,27E

ZVEZDARA

65

28,40

2,5,10,79 77,79

65

27L **32**

28,40,77,79

ZVEZDARA

77 **28** **40**

ZVEZDARA PIJACA

46,79

79

20

MIRIJEVO

79

TAČ
3 **6** **7L**

Vukov Spomenik

Bulevar Kraqa Aleksandra

309

5 **6** **7** **14**

MIRIJEVO

CRVENI KRST

83

55

50 **302** USTANIČKA

303 **304**

(GROCKA)-BEGAQICA
ZAKLOPAJA
RITOPEK
BOLEJ
(LEŠTANE)-BUBAWPOTOK
VINJA
V.M.LUG
KALUČERICA

305 **306** **307**

46,55

Ustanička

50,308

20

UČITEQSKO NASEQE

21

ČUMIĆE

22

38 **308**

22L

SLAVIJA

19,21,22,88

Krušedolska

46,55

1 **92** **511**

Nemawina

2,7,8,12,51,79,83

BRANIMIROVA

30 **39** **42**
47 **59**

NEIMAR

24

17,30,31

17

28,30

KOWARNIK

17 **31**

19

38 POGON "KOSMAJ"

29 MEDAKOVIĆI II

18

SEWAK

44

40,41,
44,94

17,18,46,55

AUTOPUT

30

MEDAKOVIĆI

22,29

20,29,50

18,50

VELIKI MOKRI LUG

20

TOPČIDERSKO BRDO

40,41,94

Bulevar Oslobođenja

Vojvode Stepe

47,48

Kumodraška 9,10,14,33

18,39

26 BRAĆE JERKOVIĆ

18,25,25P

35 25,25P 39

49

TOPČIDER
(letwa pozornica)

Teodora Drajzera 49

40,41,59,78,84

VOŽDOVAC

401 **402**

403 **405** **406**

407 **408** **503**

50

25,25P,39

KUMODRAŽ I

25

KUMODRAŽ

39

BANOVO BRDO
12 **13**

Požeška

Pere Velimirovića

42 49

VMA

49

47,48,50,59,78,84

BAWICA

9 **10** **14**

33

50 **57** **87**

52 **531** **532**

533

KANAREVO BRDO

54

MIRIJAKOVAC

54 **94**

54

MIRIJAKOVAC II

54 **504**

BAWICA II

40 **41** **78**

503

2SP-33,39

MZ KUMODRAŽ

25P

CEBAK

52 **534**

37,50,59

MOMČOVAC

23 **53**

89 **521**

534

PETLOVO BRDO

42 **56** **59**

47

42

47,503

3

KNEŽEVAC

504

503

33 KUMODRAŽ

PINOSAVA 401
BELI POTOK 402
ZUCE 403
GLUMJEVO BRDO 405
RAKOVICA SELO ([KOLA] 406
BELA REKA 407
TREŠWA 408

EZNIK

88

21

47,503

RESNIK

47 **503** **504**

504

11 SREMJICA
12 SREMJICA GORICA

531 RUSANJ (GROBQE)
532 RUSANJ (OSLOBOĐEWA)
523 ORLOVAJA-
534 RIPAN J (CENTAR)

Taxi

Il y a pléthore de taxis et de compagnies, plus de trente sont enregistrés officiellement. Le taxi est encore abordable, surtout si l'on est au moins deux, et pratique si l'on a du mal avec l'alphabet cyrillique. La prise en charge est de 140 dinars et la traversée de Belgrade sera de 300 à 400 dinars et moins de 600 jusqu'à Zemun par exemple. Prenez les taxis des compagnies dûment enregistrées, reconnaissables à leur nom placé sur le photophore au-dessus du conducteur rose, jaune et noir, vert, et autre. Evitez les taxis qui ont uniquement un numéro sur fond blanc avec le logo de la ville car ce sont des artisans dont les compteurs tournent plus rapidement. Le Serbe s'installe généralement à droite au côté du conducteur, une musique traditionnelle dans les haut-parleurs, il discute toujours avec votre chauffeur avide d'échanger quelques idées. Vous serez surpris par le parc de véhicules, hétéroclites. Toutes les époques sont représentées, de la Zastava hors d'âge en passant par les voitures allemandes ou françaises du début des années 1980, jusqu'aux voitures de luxe. Ainsi, aux deux extrêmes, vous pourrez circuler dans une Mercedes 500 S de moins de 5 ans et dans une Peugeot... 404. Parfois l'affichage du compteur est incrusté dans le rétroviseur intérieur. Ainsi, si vous ne voyez pas de taximètre, jetez un œil au rétroviseur. Ne payez que ce qu'il est inscrit au compteur et laissez généralement 10 % de pourboire.

■ **BEOGRADSKI**
✆ +381 11 9801

■ **BEOTAXI**
✆ +381 11 970

■ **GOLD**
✆ +381 11 9806
www.belgradelakesgolf.com

■ **MAXIS**
✆ +381 11 9804

■ **PINK**
✆ +381 11 9803

■ **ZUTI (TAXIS JAUNES)**
✆ +381 11 9802
Ces entreprises proposent les services les plus rapides et une flotte nombreuse. Toutes sont joignables par leur numéro court et viennent vous chercher en général en 2-3 minutes. Le compteur n'est enclenché que lorsque vous montez dans le véhicule. Il n'arrivera jamais avec une somme inscrite à l'avance comme en France.

Vélo

Le cyclisme n'est pas le moyen de transport préféré des Belgradois et rares sont encore ceux qui optent pour une utilisation quotidienne du vélo. Par contre, sa grandeur et la position de ville sur les rivières ont développés quelques circuits cyclistes très intéressants, notamment ceux qui longent les rivières. Ainsi, vous pourrez vous rendre au centre sportif Milan Gale Muškatirović à la confluence de la Save et du Danube. On peut louer un vélo ou réparer le sien en cas de problème au centre sportif Gale Muškatirović, sur le Danube, à Sajam ou à Ada. 400 dinars la journée ou de 100 à 150 l'heure.

Bateau

Il est prévu d'inclure un jour les rivières dans le système de transport en commun de la ville. Pour l'instant, une seule ligne de transport régulière existe reliant Ada Ciganlija et Novi Beograd. Des petits bateaux font des allers-retours réguliers pendant la saison. A Ada Ciganlija il faut longer l'entrée, se diriger vers le rond-point et continuer tout droit le long des divers terrains de sport pour arriver à l'autre rive où se trouvent les bateaux. De l'autre côté, on verra sur la rive à différents endroits 2, 3 compagnies diverses faisant le trajet.

Voiture

La circulation dans le centre-ville se complique aussi rapidement que le parc automobile s'accroît. Cela reste toutefois raisonnable en ville grâce à de grands boulevards, mais cela commence à ressembler au périphérique parisien sur l'autoroute et autour des ponts aux heures de pointe. En dehors des heures de pointe ou des voies en travaux, pas de soucis ça roule bien en général. Deux grandes artères sont incontournables : Terazije et la rue Kralja Milana, de la place de la République à Slavija, et le boulevard du Roi-Alexandre, qui part du Parlement pour continuer sur... 8 km. Pour le reste, la police est omniprésente et verbalise facilement. L'autre problème est le stationnement. Outre quelques parkings payants (des structures à étage à partir de 75 dinars/h), vous trouverez peu de places gratuites dans le centre. Le centre-ville est divisé en trois zones : zone 1 (rouge, max 1 heure), zone 2 (rouge, max 2 heures) et zone 3 (verte, max 3 heures). On ne peut pas se garer deux fois de suite dans la même zone en continu, une pause minimum de 30 minutes doit exister. Les horodateurs sont pourtant rares. A cela, une raison : tout le monde paye par téléphone

© NATIONAL TOURISM ORGANISATION OF SERBIA

portable : en effet, il suffit d'envoyer un SMS avec l'immatriculation de la voiture au numéro de téléphone à 4 chiffres indiqué sur les panneaux (Attention – ne marche pas pour tous les réseaux téléphoniques étrangers). Sachez également que vous pouvez acheter votre ticket de stationnement dans tous les kiosques et auprès du contrôleur. Il faut compter 60 dinars pour une heure de parking en zone 1 (plein centre). C'est payant de 7h du matin à 21h (le samedi de 7h à 14h). De même, faites particulièrement attention aux emplacements interdits ou réservés (généra-lement marqués en jaune), car la fourrière est très efficace. Et pour cause, c'est très cher, de 5 000 à 10 000 dinars pour un emplacement municipal. En cas de voiture enlevé, téléphonez à la police 92, ou à la fourrière (✆ +11 3035 400). La fourrière du centre se trouve place Slavija. Quand on constate le nombre de voitures garées sauvagement sur les trottoirs, on reste cependant dubitatif quant à cette politique. Vous pouvez retrouver l'endroit où votre voiture a été emportée en tapant votre numéro de plaque d'immatriculation sur le site www.parking-servis.co.rs

▰ PRATIQUE ▰

Tourisme – Culture

La municipalité de Belgrade a modernisé et développé des offices du tourisme principaux, que vous trouverez à des points névralgiques de la ville : gare ferroviaire, aéroport, centre de congrès Sava, port de Belgrade et passage Albanija sous Terazije. Vous les reconnaîtrez au sigle « I » sur fond vert ; on y trouve des plans de ville, des brochures thématiques et des infos sur les hôtels, restos, sorties, etc. Les agences de voyages sont nombreuses, mais les prestations sont assez similaires et plutôt restreintes. Elles se résument souvent à la vente de billets d'avion ou à des séjours classiques en bord de mer, dans des centres thermaux ou à l'étranger. Quelques-unes citées ci-dessous et appelées « réceptives » commencent à proposer aux visiteurs étrangers des activités extrêmes, de l'ethno-tourisme, des circuits thématiques... Celles-ci sont polyglottes.

Makenzijeva 26
Tél & Fax: +381 11 2430 852
+381 11 2430 899
+381 11 2437 483
glob@metropoliten.com
www.metropoliten.com
www.travelserbiabelgrade.com

GLOB METROPOLITEN TOURS LUFTHANSA CITY CENTER

26 Makenzijeva
✆ +381 11 2430 483
✆ +381 11 2430 852
www.travelserbiabelgrade.com
www.metropoliten.com
glob@metropoliten.com
Bus et tram sur la grande place Slavija (Славија).

Une agence indépendante privée synonyme de qualité et de sérieux qui existe depuis 1997, située dans le quartier Slavija. Equipée en système Amadeus, cette agence de voyages est membre de l'organisation internationale IATA. Elle s'occupe de tourisme réceptif haut de gamme, comptant parmi ses clients des ambassades & consulats, elle propose notamment : hébergements privés, hôtels, location de voitures, organisation de séminaires, excursions, guides et traducteurs, stations thermales, croisières, tourisme écologique, rafting, randonnées, ski... Du mardi au vendredi, les minibus de l'agence partent à 10h50 depuis l'hôtel Balkan pour une visite guidée des principaux monuments de la ville. Durée : 90 minutes, prix : 2 000 dinars. (Les billets s'achètent directement dans les bus). Aussi, si vous le souhaitez, vous pouvez obtenir une carte de membre qui vous donnera droit à toutes sortes de privilèges et de réductions.

■ OFFICE DU TOURISME DE BELGRADE

6 Knez Mihailova
✆ +381 11 328 1859
www.tob.co.rs
bginfo.knezmihailova@tob.co.rs
Ouvert de 9h à 21h de lundi a samedi et de 10h à 15h le dimanche.
Il est idéalement placé, dans la rue qui est l'épinde dorsale du centre-ville. Le centre d'informations propose des visites guidées de la ville, avec guide francophone à la demande, autour de thèmes aussi différents que la forteresse, les vieux quartiers, les monastères

ou... les vins ! Depuis 2005, on y propose un très agréable tour sur le Danube et la Save. Surtout, l'office vous guide pour l'hébergement, y compris pour des chambres chez l'habitant, répertoriées sur le site.

■ OFFICE NATIONAL DU TOURISME DE SERBIE

8 Čika Ljubina (Чика Љубина)
✆ +381 11 6557 127
www.serbia.travel
info@serbia.travel
Le site officiel de l'office du tourisme propose une présentation assez détaillée de l'offre touristique de la Serbie et entre autres de Belgrade, on y trouve tous les contacts nécessaires, les dates des manifestations et les liens pour les autres organisations, associations et offices de tourisme. Il présente une offre actualisée d'activités touristiques et d'hébergements dans toute la Serbie...

■ PUZZLE GROUP

13 Macvanska
✆ +381 (0) 11 245 91 95
Fax : +381 (0) 11 245 91 95
www.puzzlegroup.org
office@puzzlegroup.org
A coté du Cuburski Parc.
Prendre n'importe quel trolley du centre ou de la grande place Slavija.
Ouvert du lundi au vendredi de 10h à 20h.
Jeune agence pour les actifs de 16 à 35 ans. Propose de nombreux plans : les folles nuits de Belgrade (clubbing, *kafana* traditionnelle, les « splaves » folkloriques), alpinisme et rafting en Serbie, festivals (Exit de Novi Sad, Guca, Beerfest, et d'autres plus traditionnels), Balkan Tours d'une quinzaine de jours incluant Bled en Slovénie, les îles croates, Tara rafting au Monténégro... Le tout dans une bonne ambiance de fêtards, ici on s'amuse bien tout en découvrant et en s'enrichissant culturellement parlant. La même agence existe à Valjevo, Novi Sad, Subotica et Nis. Animation DJ.

Représentations – Présence française

■ AMBASSADE DE BELGIQUE
18 Krunska (Крунска)
℘ +381 11 323 0016
Fax : +381 11 324 4394
www.diplomatie.be/belgrade
belgrade@diplobel.fed.be
Ouvert de 8h à 12h et de 14h a 15h30.

■ AMBASSADE DE FRANCE
11 Pariska (Париска)
℘ +381 11 302 3500
Fax : +381 11 302 3550
www.ambafrance-srb.org
En face de Kalemegdan, au bout de Knez Mihailova.
Ouvert de 8h30 à 13h et de 15h à 17h.

■ AMBASSADE DE SUISSE
4 Bulevar Oslobođenja
(Булевар Ослобођења)
℘ +381 11 3065 820
Fax : +381 11 2657 253
Ouvert de 8h à 16h.

■ AMBASSADE DU CANADA
75 Kneza Miloša (Кнеза Милоша)
℘ +381 11 306 3000
Fax : +381 11 306 3042
www.canadainternational.gc.ca
bgrad@international.gc.ca
Ouvert de 8h à 16h.

■ INSTITUT FRANÇAIS
11 Zmaj Jovina (Змај Јовина)
℘ +381 11 302 3600
Fax : +381 11 369 0499
www.ccf.org.rs – ccf@ccf.org.rs
Médiathèque de 12h à 18h.
Le centre culturel et la médiathèque flambant neuve sont installés à l'angle de la Zmaj Jovina et de l'artère piétonne Knez Mihailova : c'est très pratique, car en plein cœur du centre-ville.

Argent

Une incroyable densité de banques, locales et étrangères, est maintenant à la disposition du public. Bien plus qu'en France. Il n'est donc pas vraiment nécessaire d'en faire la liste. Vous pouvez retirer de l'argent par Visa et MasterCard dans toutes les banques privées et étrangères. Toutes les banques du centre-ville assurent le service Western Union, ce qui peut être très pratique.

▶ **Pour le change,** les commissions sont moins élevées dans les bureaux de change appelés « Menjačnica » que vous pouvez trouver partout en ville, que dans les banques qui sont très présentes également. Les banques sont généralement ouvertes jusqu'à 17h et seulement certaines le samedi. Pour les bureaux de change ça dépend, ceux dans le centre parfois même jusqu'à 22h. Un dernier recours pour changer des euros le soir, le change automatique. Une machine avale vos euros et vous rend des dinars. Elle se trouve en façade, rue Čika Ljubina, à 50 m de la place de la République.

▶ **Guichets automatiques ouverts 24h/24.**
Ils ont fleuri au même rythme que les banques étrangères s'installaient dans le pays. Plus de problème pour en trouver. Outre les façades des banques, on en trouve dans les centres commerciaux.

■ CRÉDIT AGRICOLE
27. marta 17-19
103 Bulevar Kralja Aleksandra, Kolarčeva 9
www.creditagricole.rs
info@creditagricole.rs

■ FINDOMESTIC (BNP PARIBAS)
Dečanska 11, 10 Kosovska, Njegoševa 57
www.findomestic.rs

■ SOCIÉTÉ GÉNÉRALE
Makedonska 30, Beogradska 39
Kralja Petra 14
www.societegenerale.rs
stanovnistvo.sgs@socgen.com

BELGRADE

© NATIONAL TOURISM ORGANISATION OF SERBIA

Skadarlija la nuit.

Moyens de communication

Pour téléphoner en cabine, achetez des cartes dans les kiosques. Les cabines n'en sont cependant pas la plupart du temps puisque les appareils sont accrochés sur les murs, protégés par des casquettes rouges.

■ INTERNET CENTAR IN

1 Svetog Save

Au rez-de-chaussée de l'hôtel Slavija, avec une vue imprenable sur la place du même nom. Grande surface et tous services autour de l'Internet. Et surtout, une première en Serbie, ouvert de 7h à 23h !

■ POSTE CENTRALE

Takovska 2

Ouverte de 7h à 19h. Elle offre de nombreux services et, comme toutes les postes du centre-ville, est ouverte sans interruption. Vous ne pouvez pas manquer son énorme bâtiment néoclassique en face de l'Assemblée nationale. Comme elle a gardé sa signalétique en français, il vous sera facile d'y circuler et d'y trouver ce que vous cherchez. Parmi les services disponibles, cabines téléphoniques pour l'international, avec paiement au guichet, cartes téléphoniques et pour portables, envoi de fax et de télégrammes, ainsi que courrier rapide Post express. Dans chaque quartier, il y a toujours une poste, voire des annexes. Leur signalétique est bien sûr toujours la même. Attention, vous ferez souvent la queue, car bon nombre de factures se paient au guichet et non pas par courrier, même pour des services privés. Ainsi tout le monde fréquente la poste...

▶ **Autres adresses :** Bulevar Despota Stefana 68/a (centre-ville) • Gospodar Jevremova 17 (centre-ville) • Nušićeva 16 (centre-ville) • Zmaj Jovina n° 17 (centre-ville, au milieu de la Knez Mihailova, en direction du parc Kalemegdan).

Santé – Urgences

▶ **Pharmacies.** Les pharmacies sont assez nombreuses dans toute la ville et le système de garde tournant est, comme en France, en général affiché. Vous pouvez acheter des médicaments sans ordonnance, mais attention, il y a encore des problèmes d'approvisionnement pour ceux concernant les maladies graves. Et surtout, les noms changent pour un même médicament, entre la France et la Serbie. Leurs horaires sont élastiques (souvent 7h/20h). Quelques pharmacies ouvertes le dimanche et jours fériés (de 7h à 19h) : Krivolačka 4, Požeška 87 et Patrisa Lumumbe 41.

▶ **Urgences.** Toutes les urgences de type cardiaque sont admises dans tous les hôpitaux et centres médicaux de la ville à n'importe quelle heure.

■ KBC « BEŽANIJSKA KOSA »

Bežanijska kosa ✆ +381 11 3010 777
Clinique. Hôpital. Centre de soins.

■ KBC ZVEZDARA

161 Dimitrija Tucovića
✆ +381 11 3806 969
Clinique réputée. Grand centre de soins à large domaine d'activité.

■ KLINIČKI CENTAR SRBIJE

2 Pasterova ✆ +381 11 361 8444
Clinique avec un service d'urgences 24h/24.

■ KNEGINJE ZORKE 15

✆ +381 11 244 1413
Dentiste 24h/24.

■ POLICE (COMMISSARIAT PRINCIPAL)

33 Majke Jevrosime ✆ +381 11 92
La police est assez présente dans les rues de Belgrade. Et reconnaissable comme partout.

De la sécurité à Belgrade

La capitale serbe est d'une rare quiétude. Evidemment, tout est relatif quand même. Ainsi, les téléphones portables se volent facilement. A ce sujet, n'acceptez pas de prêter votre portable pour un coup de fil en échange d'argent, c'est une technique usée à Belgrade, mais qui marche encore parfois. Mais pour ce qui est de la délinquance et surtout des risques nocturnes tels qu'on pourrait les trouver en France, la ville est beaucoup plus tranquille. C'est particulièrement vrai pour les femmes qui peuvent rentrer seules, à pied, à 3h du matin en minijupe (une tenue très fréquente l'été) sans que personne ne s'avise de les importuner. Le vol de voiture est également à un niveau acceptable. Pour autant, si vous possédez une berline allemande de prestige, ce sera plus risqué. Enfin, bien sûr, ne rien laisser en évidence dans les véhicules.

BELGRADE

Poste centrale de Belgrade.

Pour tout problème, n'hésitez pas, même si peu d'agents parlent une langue étrangère.

■ PRVI MAJ
Kralja Milana 9
Pharmacie 24h/24.

■ SVETI SAVA
Nemanjina 2 (en face de la gare ferroviaire)
Pharmacie de garde. Ouverte 24h/24.

■ URGENCES 24H/24
Bulevar Franše D'Eperea 5
✆ 94 – +381 11 94

■ URGENCES DENTAIRES
Obilićev Venac 30
✆ +381 11 2635 236
24h/24. Dans la vieille ville (Stari Grad).

▶ **Autre adresse :** Kneginje Zorke 15 (Vračar)
✆ +381 11 244 1413.

■ URGENCES DE NUIT
Kralja Petra 10 ✆ +381 11 3282 351
Ouvert entre 19h et 7h.
Service d'urgences dans le centre-ville.

▶ **Autres adresses :** Karadjordjev trg 4 (Zemun) ✆ + 381 2600 192 • Nehruova 53 (Novi Beograd), ✆ + 381 11 1769 794.

■ VOJNOMEDICINSKA AKADEMIJA
17 Crnotravska ✆ +381 11 2661 122
C'est le meilleur hôpital de l'Etat. Normalement il est censé être exclusivement militaire, mais désormais le grand public peut obtenir des soins privés en payant un dépassement d'honoraires non remboursé par la sécurité sociale.

■ SE LOGER

L'offre est en plein essor. C'est peu de le dire. Surtout, les privatisations sont en voie d'achèvement. Et si deux des plus grands hôtels de Belgrade, l'immense Jugoslavija, au bord du Danube, et le Métropol sont toujours fermés, beaucoup d'autres, ont été construits. Ainsi, l'offre est désormais vaste, à tous les prix. Si les hôtels les plus nombreux sont de taille moyenne, à prix intermédiaires, toutes les catégories sont représentées, mais les efforts portent ces temps-ci sur le haut de gamme, investissements étrangers obligent, mais

également, à l'autre extrémité de l'offre, sur les auberges de jeunesse, très nombreuses. Le service est donc en hausse, sauf dans les vieilles structures. Le petit déjeuner, assez copieux, est toujours compris dans le prix de la chambre. Vous aurez la plupart du temps des buffets. Enfin, sauf dans quelques cas, on peut payer avec les cartes de crédit habituelles et même en euros presque toujours. Enfin, la plupart des prix seront indiqués en euros. Aux prix indiqués, il convient d'ajouter la taxe locale de 121 dinars.

Locations

■ BASCO AGENCY
25 Knez Mihailova
✆ +381 11 3035 198 – +381 64 647 6992
www.bascoagency.com
Dans la rue piétonne au cinquième étage.
Propose différents types d'appartements
meublés à louer un peu partout dans la ville
pour de courtes durées.

Centre-ville

Bien et pas cher

■ AF-TERR
8 Obilicev Venac (Обилићев венац)
✆ +381 11 263 1073 – +381 61 2333 115
www.belgradeinternationalhostel.com
info@belgradeinternationalhostel.com
*A partir de 12 € par personne (selon le nombre
de lits) et 10 € en dortoir.*
Idéalement situé en centre-ville, l'auberge
est ouverte 24h/24, la réception de 7h à 23h.
Elle dispose de 27 lits répartis en chambres
de 2 à 8 lits ainsi que d'une blanchisserie
et d'une cuisine. Dans le hall, téléphone,
fax et point Internet (gratuit) ainsi que des
informations touristiques, des guides et des
plans de Belgrade. Agréable et entretenue,
bon rapport qualité/prix.

■ BELGRADE CITY HOTEL
7 Savski Trg ✆ +381 11 664 4055
Fax : +381 11 668 4373
www.bgcityhotel.com
office@bgcityhotel.com
En face de la gare ferroviaire principale.
*Chambre simple à partir de 43 €, chambre
double à partir de 57 €, petit déjeuner et
taxes compris.*
L'hôtel d'une longue tradition est construit
au XIXᵉ siècle et rénové en 2009. Il est situé
au centre, en face de la gare ferroviaire à
5 minutes à pied de la place Terazije et de la
rue Knez Mihajlova. Idéal aussi bien pour les
touristes que pour les voyageurs d'affaires,
il propose des chambres simples, doubles,

triples, quadruples et des suites modernes
avec télévision câblée et accès Internet sans
fil gratuit, coffre-fort, laverie... L'établissement
dispose également d'un restaurant de cuisine
essentiellement traditionnelle serbe, mais sert
également de la cuisine internationale. Cartes
de crédit acceptées : American Express, Visa,
Euro/Mastercard, Maestro.

■ HOSTEL BELGRADE
6 Krunska (Крунска)
✆ +381 11 334 6423 – +381 63 7238 130
www.hostelbelgrade.com
A partir de 1 700 dinars par personne en dortoir,
2 300 en double. Une petite auberge, dans
un immeuble résidentiel dans le quartier des
ambassades à deux pas du centre. L'auberge
est récente et bien agréable. Elle propose
quantité de services, y compris la climatisation
et Internet gratuit. Une bonne adresse.

■ HOSTEL CENTAR
À 100 m des gares.
46 Gavrila Principa (Гаврила Принципа)
✆ +381 11 761 9686 – +381 64 064 6064
www.hostelcentar.com
*De 10 en dortoir à 20 € en chambre
double.*
Une auberge petite et très bien équipée ; TV
satellite dans les chambres, clim, wi-fi plus
postes, DVD et changement des draps tous
les jours. Cuisine, parking.

■ HÔTEL ROYAL
56 Kralja Petra I
✆ +381 11 263 4222 – www.hotelroyal.rs
hotelroyal.rs@gmail.com
booking@hotelroyal.rs
*Chambre simple à partir de 32 € et double à
partir de 56 €. Paiement toutes cartes.*
Pratique pour les petits budget car près
de Kalemegdan et surtout à 50 m de la
rue piétonne. Ne vous fiez pas à la façade
années 1885 bien massive. Les chambres
sont anodines mais climatisées. Coin Internet
et bureau de change, restaurant typique et
ambiance très balkanique avec même un
room service.

■ HÔTEL SLAVIJA A

Svetog Save 1
☎ +381 11 244 1120 – +381 11 308 4868
www.slavijahotel.com
4 500 dinars en chambre simple.

Impossible de rater le Slavija qui domine la grande place du même nom, du haut de ses seize étages. Une tour typiquement communiste pour un hôtel qui ne l'est pas moins (à ne pas confondre avec le Slavija Lux qui est à côté). L'hôtel historique de la compagnie aérienne Jat attend toujours sa privatisation. En attendant, le charme communiste de ses halls et de ses chambres nous plaît. Bien sûr, ce n'est pas ce qu'on fait de mieux, mais, à ce prix, vous serez dans un « grand » hôtel qui joue au standing avec son casino, son room service, ses boutiques et son garage. Paiement toutes cartes et anglais parlé. Et si vraiment le charme suranné ne vous plaît plus après une nuit, juste en face se trouve le Slavija Lux (même groupe), beaucoup plus récent et moderne, mais aux tarifs en conséquence : 106 et 137 €.

Confort ou charme

■ BAH – BELGRAD ART HOTEL****

27 Knez Mihajlova
☎ +381 11 3312 000
Fax : +381 11 3312 099
www.belgradearthotel.com
info@belgradearthotel.com

Dans la rue piétonne à peu près au milieu. Son emplacement est de premier ordre car c'est le seul hôtel qui donne directement sur LA fameuse rue piétonne près des boutiques. Ouvert pour la première fois le 1er juin 2010. Autant dire que pour l'instant tout est encore flambant neuf. Comme son nom l'indique, il est entièrement moderne avec une touche artistique. Affilié « Great Hotels of the World » son charme est flagrant. Parmi les facilités : restaurant à la carte aux spécialités locales et internationales ouvert du lundi au vendredi de 7h à 23h, Wine Bar, blanchisserie, Internet sans fil, salle de conférence pour une centaine de personnes, sauna, parking, conciergerie… tout y est.

■ EXCELSIOR

Kneza Miloša 5
☎ +381 11 323 1381
www.hotelexcelsior.rs
recepcija@hotelexcelsior.rs
Chambre simple 7 500 dinars et double 8 500.
Paiement Visa® et Master Card Visa®.

A deux pas du Parlement, l'Excelsior ne fait pas mentir son nom. Ouvert en 1924, il a accueilli des noms prestigieux comme Joséphine Baker. Ses 56 chambres ont été entièrement rénovées en 2010, elles sont désormais charmantes, vastes et modernes. La façade a cependant gardé son charme viennois d'une certaine époque. Notons une très belle vue des chambres sur le parc et le Parlement. Parmi les autres facilités : un restaurant international avec quelques spécialités locales revisitées. Les prix annoncés en ont profité pour grimper mais nous permet de conseiller l'Excelsior également pour la qualité du service.

■ HÔTEL LE PETIT PIAF

Rue Skadarska n° 34
☎ +381 11 303 5252
Fax : +381 11 303 5353
www.petitpiaf.com
office@petitpiaf.com
Chambre double 145 € (usage single
100 €).

Un petit hôtel qui doit son charme à son environnement immédiat plus qu'à son style, moderne mais cosy. Dans le plus vieux quartier belgradois, dans une ambiance de bohème genre Montmartre. A deux pas du centre-ville, on tombe sur une ruelle pavée dans un passage pittoresque, derrière la vieille maison du célèbre poète et peintre romantique, Đura Jakšić. Son nom et sa terrasse ne manqueront pas de vous attirer évidemment. Les chambres, aux tons chauds, portent un nom et un esprit particuliers. Le restaurant de cuisines française, italienne et asiatique est ouvert sept jours sur sept de midi à minuit et propose un large choix de vins internationaux. Parking sur demande (mais éloigné).

🔱 HÔTEL PRAG****

27 Kraljice Natalije
✆ +381 11 361 0422 – +381 11 321 4444
Fax : +381 11 361 2691
www.hotelprag.rs
front.office@hotelprag.rs

Chambre simple à partir de 80 €. Air conditionné et service en chambre. Cartes bancaires acceptées et anglais parlé.

Construit dans les années 1930 et classé monument historique, cet hôtel de taille moyenne (82 chambres, studios et appartements) en impose par sa double façade Art nouveau. Merveilleusement bien rénové en 2011, il offre de multiples services : bureau de change, café-bar, restaurant de cuisine nationale et internationale, coiffeur... et des prestations de qualité. Intérieur moderne très bien équipé. Bonne situation.

Luxe

■ BOUTIQUE HÔTEL TOWN HOUSE 27****

Maršala Birjuzova, 56 (centre-ville)
✆ +381 11 202 2900
Fax : +381 11 262 0955
www.townhouse27.com
hotel@townhouse.com

Chambre simple de 130 à 190 €, chambre double de 160 à 220 €.

Des hôtels modernes commencent à pousser comme des fleurs dans le centre-ville. Voici un beau et nouveau spécimen 4-étoiles pour les touristes aussi bien que pour les voyageurs d'affaires. Cet hôtel élégant, voire raffiné, au style épuré, est à deux pas de la place principale. Entièrement climatisé, au confort certain, il satisfait une clientèle exigeante. Toutes les chambres sont non-fumeurs, elles sont équipées de machine à expresso, Bang & Olufsen TV satellite avec 80 chaînes, lits anti-allergie, minibar... Les appartements supérieurs et présidentiels sont avec Jacuzzi. Restaurant, parking et garage sous surveillance vidéo, Internet gratuit... Service en chambre de 6h à 23h. Cartes de crédit acceptées. Adresse hautement recommandée.

■ HÔTEL MOSKVA

Balkanska 1 ✆ +381 11 686 255
www.hotelmoskva.rs
info@hotelmoskva.rs

Chambre simple à partir de 10 800 dinars, chambre double 13 800 dinars. Duplex en simple : 14 500 dinars et en double : 16 100 dinars. Cartes Visa, Diners, Master, Maestro, American.

L'hôtel Moskva est un bâtiment imposant, unique, qui trône seul sur l'avenue Terazije, en plein centre. Véritable monument historique, construit sur six niveaux, en 1906, son style Sécession (Art nouveau) est unique dans les Balkans. Ce grand hôtel de charme est connu pour accueillir des personnalités en tout genre. Dans la première moitié du XXe siècle, il fut le lieu de rendez-vous des intellectuels et des artistes belgradois ; dans les années 1950, il accueillit de grands acteurs comme Vittorio De Sica et, dans les années 1980, Depardieu et quelques autres. La fontaine située à son entrée, construite en 1860, est le centre géographique des Balkans : toutes les distances qui partent de Belgrade ont pour origine ce point ! Le Moskva dispose de 42 chambres individuelles, 41 à lits doubles et de 6 appartements en duplex (TV, bar et repas en chambre). Les chambres ont un charme unique grâce à leur style XIXe sans faute de goût, des bureaux aux lits en passant par les lustres et, pour cause, presque tout est d'époque. De véritables petits bijoux, toutes différentes. Organisée à la mode d'Europe centrale, la vie de l'hôtel est mouvementée et festive. Les soirs de fin de semaine, dans la grande salle à manger (120 couverts) de style viennois, un orchestre classique fait danser les clients au son des musiques de Voïvodine ou belgradoises. Formés à la vieille école, les garçons sont toujours aimables et serviables. Le salon de thé/pâtisserie, lui aussi XIXe siècle, est le rendez-vous des dames de la bourgeoisie. Enfin, on peut passer des heures sur la grande terrasse de l'hôtel, à observer le ballet incessant des piétons affairés et des marchands ambulants. Ne ratez pas le Moskva, même si vous n'y dormez pas, vous apprécierez son architecture. Et si vous y dormez, dépêchez-vous, le rapport charme-prix inégalé ne durera pas.

■ **THE QUEEN'S ASTORIA DESIGN HOTEL**
1 Milovana Milovanovića
✆ +381 11 36 05 100 – www.astoria.rs
Chambre simple 59 €, double 84 € petit déjeuner inclus.
Entièrement rénové fin 2010, sa situation et son prestige en font une adresse inté-ressante. Situé près de la gare ferroviaire et en contrebas du vieux centre, cet hôtel classieux est désormais parmi les meilleurs dans sa catégorie. Les 85 chambres élégantes (dont 6 suites de luxe et appartements de 40 m²) sont très bien équipées. Sauna, salle de gym, restaurant, salle de conférence font partie de l'offre.

Vračar et le sud

Bien et pas cher

■ **CHILLTON HOSTEL**
7 Katanićeva (Катанићева)
✆ +381 11 344 1826
www.chilltonhostel.com
chilltonhostel@gmail.com
10 à 13 € en chambre de 10, 12 à 15 € en chambre de 6, 14 à 17 € en chambre de 4, selon la saison.
Charmante auberge dans un immeuble de style derrière l'église Saint-Sava, celle-ci est neuve, agréable et propose Internet gratuitement, la clim, une laverie, une cuisine et même la location d'un téléphone mobile. Pour la trouver, tout est indiqué sur leur site, aussi sympa et coloré que l'auberge.

■ **HÔTEL N**
Bilecka 57 (quartier de Vozdovac)
✆ +381 11 397 2183
✆ +381 11 395 5500
www.hotel-n.rs
office@hotel-n.rs

Chambre double classique 4 600 dinars avec taxes et petit déjeuner sous forme de buffet. Situé au calme à l'écart du centre environ 3 km en direction du stade de « l'Etoile rouge et Partizan ». Desservie par les tramways n°9, 10 et 14 et les bus n° 33, 47, 48 et 50.
Un hôtel-restaurant de taille humaine, malgré ses 115 chambres et 3 grands appartements. Un des deux bâtiments a été récemment rénové dans le style moderne et propose des chambres avec sèche-cheveux, TV satellite... L'autre partie est moins luxueuse, mais aussi propre (les prix sont en conséquence). Réception 24h/24, Internet. -50 % si vous possédez une carte jeunes « € 26 » ou « ETC » Terrasse d'été. Demi-pension ou pension complète possible. Restaurant ouvert jusqu'à 23h. Il est possible de louer des chambres en journée de 10h à 18h, c'est encore moins cher (bon plan pour les nocturnes).

Confort ou charme

🏆 **BEST WESTERN HOTEL M****
56a Bulevard Oslobodenja
✆ + 381 11 30 90 401
✆ + 381 11 30 90 609
Fax : + 381 11 30 95 501
www.hotel-m.com
office@hotel-m.com
Tram n° 9 comptez 10 stations depuis la gare centrale, puis revenir légèrement sur ses pas et prendre la rue Kapetana Zavišić sur la gauche.
Appels gratuits depuis la Serbie : 080019000. Chambre simple de 75 € à 120 €. Chambre double de 90 € à 145 €. Chambre VIP dites « Premier » de 153 € à 195 €. Taxes : 1,5 € par personne et par nuit. Petits déjeuners inclus. Pour ceux qui logent dans les chambres VIP, le transfert est inclus comme les boissons et les fruits.
Hôtel plutôt moderne dont l'intérêt est d'être situé dans le parc national Banjica en pleine forêt au calme et au frais. A 5 km du centre-ville, il possède un grand parking privé gardé gratuitement. On trouve un distributeur, un bureau de change, parfumerie, boutique de souvenirs, un restaurant (6h à 24h) avec terrasse d'été et huit salles de conférences. Composé de 180 chambres spacieuses dont 42 dites « VIP Premier » avec balcon et vue sur le parc. A l'intérieur des chambres : téléphone à ligne directe, mini-bar, TV satellite, air conditionné, accès Internet gratuit. Très bien pour les familles avec enfants. C'est aussi l'endroit préféré des sportifs.

■ **HÔTEL PRESTIGE**
Bulevar Vojvode Mišića 24
✆ +381 11 305 7465
www.hotelprestige.rs
info@hotelprestige.rs
Tram n° 12.
80 € en simple, 95 € en double. 10 € moins cher en week-end.
Dans le quartier de Senjak, au pied de la colline de Dedinje, un hôtel de belle allure à l'extérieur, sans être trop grand, et à l'intérieur, au confort certain et finalement avec un certain charme. Les chambres sont parfaitement équipées, le service en chambre disponible jusqu'à 23h, et l'environnement calme. On peut venir vous chercher à l'aéroport. Paiement toutes cartes et parking.

■ **HÔTEL SRBIJA**
Ustanička 127c ✆ +381 11 289 0404
www.hotelsrbija.com
office@hotelsrbija.com
A partir de 5 200 dinars la chambre simple et 7 300 la double. A 5 km du centre, de l'autre côté de Vračar.
Certes, les chambres sont plutôt simples et pas bien grandes, mais l'ensemble est moderne et très propre. En plus, l'hôtel est une tour, au bord d'une avenue. Mais si c'est complet ailleurs dans cette gamme de prix (et c'est souvent le cas), ici il y aura de la place. En plus, les chambres disposent de la climatisation. Paiement toutes cartes et anglais parlé. Parking surveillé.

Luxe

■ **BEST WESTERN HOTEL ŠUMADIJA******
Šumadijski trg 8
✆ +381 11 305 4100
✆ +381 11 305 4203
Fax : +381 11 355 4368
www.hotelsumadija.com
office@hotelsumadija.com
Tram n° 12 en direction de Banovo Brdo. Sinon, le bus en partance de Zeleni Venac.
Une bonne affaire pour le week-end : prix « forfait » à 220 € pour deux personnes, incluant 2 nuits, petits déjeuners, sauna, une bouteille de vin et deux dîners romantiques.
Un hôtel 4 étoiles à proximité de Ada Cigalija, de l'hippodrome, des salons et du golf. C'est un endroit moderne récemment rénové offrant tout le confort nécessaire pour réussir un bon séjour : sauna, wellness, hydro massage, fitness, wi-fi, un restaurant avec un rapport qualité/prix exceptionnel. 98 chambres, 6 appartements plus une salle de conférence, le tout genre « hi-tech ». Idéal pour allier détente et affaires. Compter 500 dinars de taxi pour aller au centre-ville.

Novi Beograd

▲ **ARKABARKA FLOATING HOSTEL****
Usce park, Bulevar Nikole Tesle bb
✆ +381 64 925 3507
www.arkabarka.net
arkabarkahostel@gmail.com
Bus n°83 de la gare.
Et, n°15 et 84 de Zeleni Venac.
15 € en chambre de 4 et 5 lits. 40 € pour deux en chambre double avec SdB commune et 55 pour une chambre avec salle de bains privée.
Un coup de cœur absolu ! Car l'Arabarka est unique en Europe : c'est une auberge flottante sur le Danube, en bois et acier et à l'architecture très moderne. Les chambres, aux couleurs vives et aux formes originales, donnent l'impression d'être sur un bateau et pour cause. En outre, le petit déjeuner est compris, frigo fourni, wi-fi et bar/espace de vie avec soirées DJ et concerts programmés, le tout avec vue imprenable sur la forteresse de Kalemegdan et sur le Danube puisque vous êtes dessus… De plus, vous êtes dans le grand parc Ušće qui fait face à Kalemegdan. Idealement placé car entre le centre de Belgrade (20 minutes à pied) et Zemun.

■ **CONTINENTAL**
Vladimira Popovića 10
✆ +381 11 220 4204
www.continentalhotelbeograd.com
reservation@continentalhotelbeograd.com
Chambre double de 80 € (en décembre) à 150 € en avril, mai, juin et septembre.
Immanquable, au bord de l'autoroute et visible à des kilomètres, cette immense barre est un hôtel des années 1970 qui a perdu la licence Intercontinental de la célèbre chaîne. Il se nomme donc désormais Continental Hotel Beograd et a baissé ses tarifs, désormais plus corrects.
A l'intérieur, son architecture moderniste socialiste date un peu. Pour le reste et pour le prix, le Continental se défend bien. Les chambres sont luxueuses comme il faut, avec un charme frais dû à leur mobilier et aux teintes chaleureuses, sans être ostentatoires. Pour se détendre, il est même très bien : vraie salle de sport, sauna finlandais, tennis et vraie piscine sous verrière.

■ **HÔTEL HYATT REGENCY*******
Milentija Popovića 5
☎ +381 11 301 1234
Fax : +381 11 311 2234
belgrade.regency.hyatt.com
belgrade.regency@hyatt.com
Chambre double autour de 200 €. Petit déjeuner en supplément à 20 € par personne. Promo spécial le week-end : 149 € par nuit petit déjeuner et facilités sportives compris.
Situé à Novi Beograd, à une encablure du Sava Centar et face au flambant neuf centre commercial Ušće (inauguré en avril 2009). On rejoint aisément la vieille ville en traversant la Sava en taxi pour quelques dinars (trajet possible en tramway ou à pied également).

Un 5-étoiles idéal pour les hommes d'affaires stressés comme pour les couples en escapade amoureuse. Service discret et très attentif, avec un soupçon de chaleur serbe en plus. Fidèle au savoir-faire de l'enseigne, les prestations sont très haut de gamme (hall gigantesque et majestueux, chambres spacieuses et totalement équipées, spa, piscine, salles de conférences, salle fitness, business centre, etc.), mais les tarifs sont sensiblement inférieurs à ceux pratiqués habituellement par la célèbre chaîne d'hôtels de luxe ; le rapport qualité-prix est donc avantageux. Une bonne raison de se laisser tenter ! Dernier détail : des chambres en étage, on bénéficie de belles perspectives dégagées sur Belgrade.

BELGRADE

■ SE RESTAURER ■

Vous trouverez ci-après notre sélection de bons restaurants. Pour mieux appréhender le Belgrade culinaire, il vous faut connaître les quatre catégories suivantes pour bien se nourrir à la serbe.

▶ ***Burekdžinica.*** Petit restaurant typiquement serbe, où l'on mange, outre croissants et mets traditionnels locaux, le fameux burek. C'est une sorte de pita aux feuilles de maïs, farcie de fromage, de viande ou d'épinards, que l'on accompagne généralement d'un verre de lait fermenté appelé yogourt. Les bureks sont vendus surtout dans des petites boutiques à consommer sur place ou à emporter. Généralement, on peut les manger frais de 6h à 16h, avant épuisement des stocks ! Ils sont vendus au poids : une portion, soit 250 g, pour 60 à 80 dinars. Un bon burek peut faire un repas pour la journée, à moindre frais. L'une des dernières vraies *burekdžinica* se nomme « Sarajevo » et se trouve sur le boulevard Đorđe Vašington, au numéro 38. Elle est, de plus, ouverte toute la nuit.

▶ ***Ćevabdžinica.*** Petits restaurants typiques où l'on mange les *ćevapčiči*, rouleaux de viande de bœuf et de porc servis avec de l'ail et une crème de fromage de chèvre, un pur régal ! Comptez 150 dinars pour un plat de 10 rouleaux.

La cuisine serbe fait la part belle aux produits frais.

Les kiosques : manger sur le pouce mais typique !

Repérez-les rapidement, ils vous seront utiles. Dans tous les styles, ils servent de 7h à 21h les viršle et les pljeskavice – hot-dogs (à partir de 60 dinars) et hamburgers (120 à 180 dinars) locaux (saucisses fumées et viande de bœuf mélangée avec de l'ail), un délice ! Le meilleur est celui de la rue Balkanska, juste derrière l'hôtel Moskva. Egalement, l'avant dernière échoppe sur le boulevard Kralja Milana juste avant d'arriver à Slavija, côté gauche. Enfin, toute la nuit, le très bon kiosque à l'angle de Kralja Petra et Gospodar Jovanova, à Dorćol. Très bon, avec aussi des pljeskavice au poulet, et ambiance garantie même à 3h du matin en hiver, car c'est le quartier de la nuit belgradoise. Enfin, toujours pour les faims nocturnes, deux kiosques sont ouverts face au marché de Zeleni Venac, sur l'avenue Brankova. Sans oublier les plus nombreux, kiosques ou échoppes à pizza. Mais là, ce n'est plus du tout typique.

▶ **Kafana.** Les *kafana* ne sont pas prêtes de disparaître ! Restaurants populaires où l'on vient autant pour manger que pour boire un verre – *kafana* signifie « taverne » –, les *kafana* sont légion à Belgrade et sont les restaurants les moins chers. Si elles ne sont pas toujours signalées comme telles, on ne peut se tromper. Ce sont bien les restaurants les plus simples et les plus anciens. Si l'on y sert la cuisine classique serbe, un peu comme à la maison, certaines *kafana* ont une réelle réputation et sont très courues. Malheureusement, les vraies *kafana* disparaissent du centre, au profit d'établissements beaucoup plus branchés.

▶ **Poslastičarnica.** Salons de thé, ouverts de 7h à 24h, ils sont un lieu de rendez-vous et un véritable art de vivre. Asseyez-vous à une de ces petites tables datant de l'époque ottomane et commandez d'abord une *boza*,

© NATIONAL TOURISM ORGANISATION OF SERBIA

Restaurant de Skadarlija.

jus de maïs très frais. Prenez ensuite deux ou trois gâteaux, un seul ferait plutôt radin. Le trio gagnant est le *baklava*, la *krempita* (millefeuille à la crème fraîche) et la *tulumba* (rouleau de blé saupoudré de sucre). Dans la rue branchée du centre, se trouve l'un de ces endroits de rêve pour vos envies de la journée. Ouvert jusqu'à 2h du matin, le Mamma's Biscuit House, au 72a Strahinjića Bana, propose un grand choix de gâteaux. Comptez 100 dinars le gâteau en ville, 200 chez Mamma's, qui peut, en plus, vous les livrer pour 400 dinars.

Centre-ville

Sur le pouce

Il est très facile de se sustenter rapidement et pour pas cher à Belgrade. On trouve partout des petites échoppes ou des stands, souvent ouverts tard le soir.

◼ DO JAJA
Brace Jugovica
Ouvert 24h/24. De 50 à 150 dinars.
Large choix de sandwichs au cœur de la ville, face au Dom omladine.

◼ MAMMA'S BISCUIT HOUSE
Strahinjića Bana 72a
℅ +381 11 328 3805 – +381 62 222 323
Fax : +381 11 328 3805
www.mammasbiscuit.rs
Ouvert de 9h à 2h.
Mamma's Biscuit house, situé dans la Silicon Valley, est un mélange de café-bar et de pâtisserie de tradition familiale. Vous aurez le choix entre une cinquantaine de gâteaux, 40 sortes de chocolat chaud ou encore 25 arômes de thé dissemblables. Les sandwichs sont aussi délicieux. Comme pour toutes les bonnes choses, on s'y attache et l'on y revient à différents moments de la journée, car la

réputation de l'établissement n'est plus à faire depuis dix ans. Livraison à domicile ou à l'hôtel possible. C'est le fournisseur de la plupart des grands restaurants de Belgrade. L'excellence se paye et les (petites) pièces sont à 200 dinars.

■ TEL AVIV HUMMUS HOUSE
3 Carice Milice
A côté du principal arrêt
de bus local « Zeleni Venac ».
De 180 dinars pour un plat végétarien, jusqu'à 660 dinars pour un filet de volaille. Ouvert du lundi au jeudi de 8h à 23h. Vendredi et samedi de 8h à 3h. Fermé le dimanche malheureusement.
Tenu par de vrais Israéliens, ce petit local vend à bas prix de la pure nourriture orientale à emporter pleine de saveur et riche en épices : hummus frais broyé sous vos yeux, *falafel*, *tahini*, *kebab*, *shakshuka*, *matbuha*, salades fraîches… C'est bon comme là-bas !

Bien et pas cher

■ KAFANA « KAFANA »
Đušina 5 ℰ +381 11 323 7810
De 10h à 1h sauf le dimanche.
Derrière le parc de Tašmajdan, non loin du centre. Bien cachée, cette petite *kafana* est dans une allée et surtout dans une vieille maison. Sa salle, authentiquement vieille et rustique vous met dans l'ambiance d'une cuisine serbe bien sûr. Sans menu, vous aurez intérêt à accepter ce que propose le chef. A des prix modiques, vous trouverez l'agneau rôti délicieux par exemple. Cette *kafana* appelée Kafana en est une vraie : musiciens tous les jours et clientèle du quartier uniquement vous feront pénétrer l'univers populaire serbe. A condition d'accepter des tables instables et des toilettes un peu limites. Malgré cela, paiement Visa® et MasterCard® possible !

■ MANJEŽ
Svetozara Markovića 49
ℰ +381 11 362 1111
www.manjez.rs

Sur le côté du parc Cvetni Trg, à deux pas de Slavija.
Plats de 500 à 1 000 dinars.
L'une des meilleures *kafana* de Belgrade. Le beau décor ancien de sa salle a été totalement respecté lors de la dernière rénovation. Car cette *kafana* est historique. Et si elle s'appelle ainsi, c'est que les écuries du roi étaient ici il y a un siècle, avec un manège. Tout le monde connaît Manjež à Belgrade et l'été, sa terrasse délicieuse, sous les platanes et face au parc, vous permet de savourer une carte désormais plus brasserie que *kafana* mais savoureuse, à des prix en hausse malheureusement. Mais les salades *Šopska* accompagnées de *Rroštilj*, les grillades de toutes sortes, vous coûteront moins de 1 000 dinars. Manjež a heureusement gardé son esprit, et c'est un bonheur de venir ici.

■ PASSENGERS BAR-RESTAURANT
5 Simina ℰ +381 66 913 36 87
www.passengersbar.com
Ouvert tous les jours ouvrés de 8h à 1h.
C'est l'endroit où l'on sert une large variété de bière et d'exellentes saucisses réputées les «meilleures de la ville» ! Mais aussi d'autres mets et différentes sortes de cafés. Bonne ambiance façon pub irlandais en soirée. En journée ou pour la soirée, il y a à boire et à manger au Passengers !

■ PLATO (ПЛАТО)
1 Akademski plato
ℰ +381 11 639 121 − +381 11 635 010
Plein centre dans le quartier étudiant, à coté du théâtre national.
Ouvert tous les jours de 9h à 1h, sauf le samedi (ouverture à 10h) et le dimanche (ouverture à midi). Compter 400 dinars pour des pâtes, 450 pour une salade et un peu plus pour de la viande.
Resto-bar d'étudiants majoritairement (quartier oblige). Il faut dire que des concerts jazz y sont souvent programmés et que la nourriture est copieuse et bon marché (possibilité de prendre un brunch entre 9h et 13h). L'été, la grande terrasse est littéralement prise d'assaut.

Les meilleures bières et les meilleures saucisses de Belgrade dans la rue Simina n°5 au centre-ville.

PORTOBELLO restaurant & lounge-bar

PORTOBELLO
11 Svetog Save

Entre la place Slavija et Hram Sveti Sava. On vient ici depuis 2001. Ouvert midi et soir pour manger mais aussi pour le côté lounge bar. La terrasse ombragée est ouverte d'avril à octobre. Ne pas manquer le poulet aux crevettes et aux champignons. Excellent verre de vin maison à 250 dinars issu d'un petit producteur de Bačina. Cartes de crédit acceptées.

■ « ? » RESTAURANT
Kralja Petra I 6 ✆ +381 11 635 421
Ouvert de 8h à minuit (de 10h à 18h le dimanche). De 400 à 1 000 dinars. Cartes de crédit acceptées.

La plus vieille *kafana* de Belgrade. Le « ? » est une légende. On y mange des plats typiquement serbes, épicés et riches en calories. Ne ratez pas les plats en sauce et l'agneau rôti. Ouverte en 1823, elle fut la propriété du prince Miloš Obrenović qui l'offrit à son conseiller financier. Construite dans le style balkanique, sa réputation n'est plus à faire. Puis, un jour, l'auberge fut prénommée « A la cathédrale » puisque située en face de l'éparchie. Dans le même temps, on y rencontrait des dames de mœurs légères, dit-on. Les plaintes de l'église eurent raison de l'enseigne de l'établissement, et le patron, désabusé, décida de remplacer son nom par

Dîner sur le Danube... ou la Save !

Le Danube, ainsi que la Save, sont des lieux de sorties prisés. Ainsi, entre les bars et les discothèques, quelques restaurants valent le détour, pas tant pour leur cuisine, si ce n'est les cartes de poisson bien sûr, mais plutôt pour l'originalité des lieux. Du *splav* (radeau) au deux-mâts en passant par toutes sortes de bateaux, vous vous sentirez ailleurs ici. Choisissez au gré d'une promenade.

un point d'interrogation. Ses deux très vieilles salles, sa cour intérieure et son ambiance, tout comme sa cuisine absolument authentique et ancienne, en font l'un des meilleurs restaurants de Belgrade à des prix vraiment bas pour l'endroit. Du reste, tout le monde le sait et il y a parfois la queue pour manger.

■ SRSPKA KAFANA
Svetogorska 25 ✆ +381 11 324 7197
De 10h à minuit.

Une institution ! Une vraie *kafana*, toujours animée, avec souvent des chanteurs. A 500 m de la place de la République en descendant Makedonska, la cuisine est riche des saveurs traditionnelles serbes : la *mučkalica* (ragoût de viande) ou le *goulash* sont à la hauteur de la tradition. En outre, bien que très courue, la Srpska Kafana contient ses prix : de 500 à 900 dinars le plat.

■ ZLATNI BOKAL
Skadarska 26 ✆ +381 11 323 4834
zlatnibokal@gmail.com
De 11h à 1h tous les jours.

L'une des plus vieilles salles de la rue, en tout cas l'une des plus authentiques, le Zlatni Bokal dispose en outre d'un jardin. On y mange vraiment bien, une cuisine traditionnelle. Les grillades sont au-dessus de la moyenne et le poulet superbement préparé. Le tout pour des plats de 400 à 1 300 dinars, une vraie bonne adresse au milieu des touristes, c'est rare. Paiement Visa® et MasterCard® possible.

Bonnes tables

■ ABSINTHE
Kralja Milutina 33 ✆ +381 11 364 0423
Bus et tram au grand rond-point Slavija.
De 11h à minuit tous les jours. Plats de 750 à 1 250 dinars. Fermé au mois d'août.

L'Absinthe se voulait une brasserie française au départ. Si le décor ne l'indique pas, les vieilles marques d'apéritifs français vous le rappelleront. On vient donc ici pour boire un verre au bar mais surtout pour manger, et la carte, forcément un peu limitée puisque c'est une brasserie, n'en recèle pas moins des plats de grande qualité. Il faut avoir mangé le pavé de steak sauce cognac pour s'en convaincre. Superbe ! Heureusement d'ailleurs, avec quelques verres de vin en plus, cela aide à oublier le brouhaha ambiant. Car l'Absinthe reste encore l'un des endroits branchés de Belgrade. On regrettera la baguette proposée aux heures de gloire du lieu. Grand parking gardé gratuit en face du restaurant.

■ DORIAN GRAY
Kralja Petra I 87-89
✆ +381 11 263 4151
www.doriangray.com
Dans l'angle avec Strahinića Bana.
Jusqu'à 2h tous les jours. Plats de 690 à 1 900 dinars.
Très couru le Dorian Gray. Il faut dire que le restaurant est à l'angle de la rue Kralja Petra et Strahinijica Bana (voir note sur la Silicon Valley) qui est un bon point de départ pour une virée agitée. Côté assiette, surtout, on y mange vraiment bien des plats inspirés de la cuisine française, méditerranéenne, russe et même indonésienne. C'est toujours très fin et les combinaisons proposées sont toujours une expérience, comme la paella au canard, abricots et asperges, accompagnée d'une sauce douce au miel. A l'arrivée, l'un des meilleurs restaurants de Belgrade, à ne pas manquer même si, bien sûr, la note sera à la hauteur…

■ DUOMO
Strahinijića Bana 66a
✆ +381 11 303 6076
Spécialités italiennes, excellentes pizzas, le secret doit se trouver dans le four à cuisson. Très bon prix. Rien à dire sur le service. C'est l'annexe du Dorian Gray, alors !

■ DVA JELENA
Skadarska 32 ✆ +381 11 3234 885
www.dvajelena.rs – info@dvajelena.rs
De 600 à 2250 dinars les plats principaux.
Resté longtemps le symbole de la vie sociale de Skadarlija, ce restaurant a la plus belle terrasse de la rue. Vous y trouverez un grand choix de viandes et de poissons, ainsi que des plats nationaux serbes. Comme viande, essayez le *srpski ražanj*, suivi d'un *baklava* pour le dessert. Le choix est vaste ici et surtout, tout est excellent.

■ KALEMEGDANSKA TERASA
Stari Grad
✆ +381 11 328 3011 – +381 11 328 2727
De midi à 1h. De 600 à 1 800 dinars le plat.
Sur les remparts de la forteresse belgradoise, ce resto chic offre une vue imprenable sur le Danube.
Combinant une architecture rustique de pierre rouge et un intérieur moderne, c'est l'un des établissements les plus sélects de la capitale. Concerts et service impeccable à la clef. Cuisine nationale et internationale, à base de viandes. Essayez le steak « Tornado », la spécialité du chef. Enfin, les desserts sont le plus de l'endroit.

⚡ KLUB KNJIZHEVNIKA (КЛУБ КЊИЖЕВНИКА)
Francuska 7, vieille ville
✆ +381 11 262 7931 – +381 11 218 7777
www.klubknjizevnika.rs
office@klubknjizevnika.rs
Derrière le Théâtre National
non loin de la place de la République.
C'est le club des écrivains poètes. Tous les jours midi et soir. Sauf dimanche soir fermeture à 18h. Plats principaux de 650 dinars pour des grillades à 1 900 dinars pour un foie gras poêlé.

BELGRADE

© Restaurant LITTLE BAY

C'est la cantine des écrivains des Balkans, une véritable institution depuis 1956, qui mêle comédiens, poètes, acteurs et artistes en tout genre (Jean-Paul Sartre et Simone de Beauvoir furent aussi parmi les clients fidèles). On peut citer comme équivalent les Deux Magots, la brasserie Lipp ou encore le Café de Flore à Saint-Germain-des-Prés. L'endroit vient d'être rénové avec succès en 2009 et c'est reparti pour un tour. En hiver, la salle au sous-sol ne désemplit pas, quant à la magnifique terrasse humidifiée d'été qui occupe tout le jardin au-devant du bâtiment, elle est animée tous les jours aussi bien le midi que le soir (sauf le dimanche soir). La cuisine nationale et internationale est faite avec beaucoup de finesse. La carte des vins est remarquable, on y trouve les meilleures bouteilles des producteurs locaux, mais aussi de grands crus internationaux. Les prix sont tout à fait abordables et ça vaut le coup. Le service est très professionnel. Réseau Internet sans fil gratuit. Parking gardé gratuit sur réservation.

LITTLE BAY
Dositejeva 9a ✆ +381 11 328 4163
De 11h à 1h tous les jours. Compter 2 000 dinars par personne avec le vin.

En plein cœur du vieux centre, on vient ici d'abord pour le décor incroyable : entre tentures, mobilier XVIIIe siècle et loges d'opéras en mezzanine, manger au Little Bay est une expérience pour les yeux. Dans l'assiette, c'est inventif et de qualité. Comme les croquettes de chèvre et son accompagnement sucré/salé, ou le canard au gingembre de grande tenue. Une adresse pour toutes les expériences. Musique classique en public tous les jours.

MADERA
Bulevar kralja Aleksandra 43
✆ +381 11 323 1332
www.maderarestoran.com
maderabg@eunet.rs
Ouvert tous les jours de 10h à 1h du matin. Plats de 650 à 1 300 dinars.
Spécialisé surtout dans la cuisine traditionnelle serbe, mais internationale aussi, cet établissement rénové et climatisé est redevenu un lieu de rendez-vous incontournable des bohèmes et intellos de Belgrade. Splendide terrasse de 250 places avec système hydraulique rafraîchissant en plein parc de Tasmajdan embelli et réaménagé en 2011. Musique vivante tous les soirs de 20h à 23h. Carte des vins impressionnante : 320 sortes différentes. Réservation conseillée car parmi les cinq meilleurs restaurants de la ville. Parking gardé gratuit.

■ **LE MOLIERE**
11 Zmaj Jovina
✆ +381 11 218 8161
www.le-moliere.rs
lemoliere.belgrade@gmail.com
Vieille ville
Près du centre culturel français.
Accès également par la rue piétonne Knez Mihailov.
Du lundi au samedi de 9h à 23h et le dimanche de 11h à 21h.
Dans une petite rue perpendiculaire à la célèbre rue piétonne Knez Mihailov, juste à côté du centre culturel français et de l'ambassade française. Si bien que c'est très vite devenu le repère des vraies francophones du quartier surtout le midi à l'heure du déjeuner. Mais l'ambiance du soir n'est pas à négliger, grâce à sa grande terrasse d'été et aux différents musiciens locaux venant interpréter en acoustique nos chansons favorites. Le menu est composé de spécialités françaises... introuvables ailleurs dans la ville. Les prix sont adaptés à la clientèle locale et accessibles à

tous. C'est moins cher que dans les célèbres brasseries parisiennes et tout aussi bon. Bonne carte des vins. Service impeccable.

■ STARA KOLIBA

Ušće bb ℰ +381 11 311 7666
Ouvert de 12h à 1h. De 500 à 1 900 dinars le plat. Spécialités de poissons de mer.
Ce restaurant flottant, sorte de chaumière, se trouve au confluent de la Save et du Danube, au pied de la forteresse de Kalemegdan. Son originalité consiste à accompagner ses nombreux poissons de sauces. Ainsi, la sole au pesto est recommandable. Un seul regret, une carte des vins qui n'est pas à la hauteur.

■ TRIBECA

Kralja Petra 20 ℰ +381 11 328 5566
De midi à minuit. Plats de 400 à 1 000 dinars.
Restaurant de cuisine internationale en plein centre-ville à deux pas de Kalemegdan, dans une rue perpendiculaire à Knez Mihajlova. Tribeca doit son nom à un quartier chic de Manhattan où s'entremêlent plusieurs cultures différentes, que le restaurant a transposé dans sa décoration intérieure. Au rez-de-chaussée, se trouve la partie restaurant, et à l'étage se situe la partie café bar. Une cuisine internationale comme on la trouve à Tribeca donc, mais d'une qualité exceptionnelle avec, par exemple, un excellent carpaccio. Un bon rapport qualité/prix donc et une carte des vins très large.

■ TRI ŠEŠIRA

Skadarska 29 ℰ +381 11 324 7501
De 11h à 1h tous les jours. Viandes entre 700 et 1 500 dinars, entrées et salades autour de 500 et très bonne carte de vins (400 dinars pour un vin local, le double pour un chardonnay).
Depuis 1864, ce très célèbre restaurant accueille tour à tour des chanteurs serbes, des musiciens tziganes et parfois des poètes. Une ambiance particulière où le Tout-Belgrade se retrouve, toujours dans une effervescence bien slave. Essayez en particulier le *baštovanska zakuska* (snack du jardin, à base de vieux fromage, haricots, prosciutto et porc fumé, goûteux. Le décor et la célébrité du lieu fait qu'il y a beaucoup de touristes ici. Et c'est un peu plus cher qu'ailleurs, mais il faut être allé au moins une fois au « trois chapeaux ». Chacun des trois chapeaux appartient à l'un des trois associés propriétaires à l'origine. Un des trois ayant perdu ses parts aux cartes, il a ouvert son propre restaurant un peu plus haut : le « Šešir Moj » (traduisez : mon chapeau à moi).

■ VUK

12 Vuka Karadzica
ℰ +381 11 262 9761
Ouvert de 10h à minuit, sauf le dimanche. Plats à partir de 600 dinars.
Vuk propose la cuisine traditionnelle et des plats maison de qualité. Les quelques plats de la carte, venant d'ailleurs, comme la moussaka ou le pâté de foie gras sont excellents. Nous sommes ici à une vraie bonne table, doublée d'un service à la hauteur qui se pliera en quatre pour vous proposer même ce qui n'est pas sur la carte. Sa terrasse, havre de paix juste derrière la Knez Mihailova, est un must que tout le monde connaît. La note sera comprise entre 1 500 et 2 500 dinars par personne. Correct. Paiement toutes cartes. Anglais parfait, comme le service.

Luxe

■ PUBLIC

29, Kosančićev Venac
ℰ +381 11 328 3680
Anciennement appelé « Langouste ». Dorénavant on y sert des plats de viande. Ouvert de midi à minuit. Environ 3 000 dinars par personne avec le vin.

Restoran Madera
Bulevar Kralja Aleksandra 43
dans le parc Tasmajdan
(011) 323 - 1332, 324 - 7148
www.maderarestoran.com

BELGRADE

Dans l'immeuble de la faculté des arts appliqués, avec une vue imprenable en hauteur sur la Sava, et sa terrasse unique, le restaurant Public Dine&Wine rend hommage à la pluralité et à la richesse de la gastronomie méditerranéenne, surtout aux plats de viande. Le Public se veut huppé grâce aussi à son design moderne, et ce n'est pas faux. La salle, le service, le sommelier qui connaît vraiment ce qu'il propose, tout concourt à rendre agréable ce lieu unique. Les prix s'en ressentent et peuvent facilement déraper avec le vin.

Vračar et le sud

Sur le pouce

■ ČOBANOV ODMOR

Vojvode Šupljikca 34 ☎ +381 11 245 0947
www.cobanovodmor.com
kontakt@cobanovodmor.com
Refusez le Mac Do et goûtez au fast-food serbe ! Des sandwichs de la Sumadija, le pays de collines verdoyantes, des cabanons en bois, des bergers et du kajmak. On vous servira en habit traditionnel de la nourriture saine et authentique, mais néanmoins rapide et à emporter.

Bien et pas cher

■ MILOŠEV KONAK

Topčiderska 1 ☎ +381 11 663 146
Dans le quartier de Topčider. Tram n° 3.
Tous les jours de 8h à minuit. De 400 à 1 200 dinars le plat.
Dans le calme de la forêt de Topčider, vous dînerez là où le prince Miloš Obrenović avait ses habitudes. Plats conseillés : côtes à la Miloš et grillades du chef. Une cuisine serbe très classique donc, mais particulièrement bonne et goûteuse. La terrasse est immense.

■ ORAČ (ОРАЧ)

Makenzijeva 81 ☎ +381 11 244 0507
Ouvert de 9h à minuit. De 250 à 1 400 dinars le plat.
Cela fait plus d'un siècle que les Belgradois s'y retrouvent. Le restaurant a été nationalisé après la guerre et attend la privatisation. Pour l'instant, les prix restent abordables pour les Serbes, le service impeccable et le menu classique (les grillades sont la spécialité de la maison). Dans l'assiette, c'est moins original qu'ailleurs, mais c'est aussi moins cher. L'été, à l'ombre des tilleuls, la terrasse est un havre

de paix. Vous y rencontrerez des jeunes, mais aussi de vieux Belgradois retraités pour lesquels c'est l'un des derniers lieux authentiques. Et c'est vrai que le décor, entre campagne et luxe décati, est intéressant.

Bonnes tables

✒ 2.0
Скерлићева, 6 Skerlićeva
☎ +381 11 244 9099
www.2tacka0.rs
2tacka0@2tacka0.rs
Entre la cathédrale Saint-Sava (Свети Сава) et le parc Karadjordjev (Карађорђев).
Ouvert tous les jours de midi à 24h, sauf le dimanche. Vins de 1 500 à 10 000 dinars.
Ouvert pour la première fois en juin 2011, ce lieu ultra-moderne est complètement nouveau en Serbie. Nous sommes dans l'ancienne villa du sculpteur Ðorđa Jovanovića dont on aperçoit les œuvres incrustées dans la façade avant. Du décor jusque dans l'assiette, ici nous sommes loin des *kafana* traditionnelles, on se croirait plutôt à New York ou à Londres. Devenue très rapidement un lieu à la mode, on y côtoie aujourd'hui la jet set belgradoise donc une réservation est conseillée. Plats créatifs, cuisine internationale. Terrasse d'été, salon lounge, bar, cave à vin… musique d'ambiance… Service impeccable.

■ BEVANDA

Požarevačka 51
☎ +381 11 244 7446
De midi à minuit.
Spécialités de poissons. Paiement toutes cartes. Restaurant familial dans un décor maritime. Poisson frais et fruits de mer à la mode italienne et dalmate. Le poisson frais est pêché le matin même dans l'Adriatique. Nous entrons dans la catégorie des bonnes tables et la carte – en français, s'il vous plaît ! – le laisse deviner immédiatement. Vous pourrez d'ailleurs y savourer une bouillabaisse de bon aloi. Vous croiserez, ici, de vrais amateurs de poisson exigeants. Bien sûr, les tarifs s'en ressentent. Il faudra compter au moins 3 000 dinars à deux sans les vins.

■ ZAPLET

Kajmakčalanska 2
☎ +381 11 240 4142
www.zaplet.rs – zaplet@zaplet.rs
Bus 23, trolley 19,21,22,29.
De 9h à minuit sauf le dimanche. Ouvert midi et soir sauf le lundi. Fermeture annuelle pendant

la dernière semaine de juillet et durant les deux premières semaines d'août.
Parmi le top 5 des meilleurs restaurants du pays. Dans un cadre moderne, on y propose une cuisine nationale et internationale créative. Les prix sont comme ailleurs (peut-être un tout petit peu plus élevés) mais cela en vaut définitivement le coup. Le restaurant est situé dans le quartier de Crveni Krst dans la vieille ville. Réservation hautement recommandée car c'est un endroit très prisé et c'est très souvent complet deux à trois jours à l'avance. Ici, il y a une note d'originalité en plus. Allez-y au moins une fois pour voir.

Luxe

■ FRANŠ
18a Bulevar JNA
✆ +381 11 264 1944
Du rond point Salvija prendre la direction de Autokomanda.
Juste avant le pont. Arrêt de bus et tram.
Ouvert de 9h à 1h, fermé le dimanche. A partir de 900 dinars le plat.
Le restaurant des gourmets de Belgrade est protégé des bruits de la ville par de hauts murs. Sur la terrasse ou dans sa salle élégante et classique, à l'abri des regards, le restaurant a introduit des plats originaux qui valent le détour comme le steak aux truffes. Même les classiques grillades serbes sont d'une rare finesse et le service est tout simplement remarquable. Devenu un des restaurants les plus chers du pays.

Novi Beograd

■ PORTO MALTESE
Ušće bb ✆ +381 11 2145 727
Ouvert de 12h à 1h.
On ne s'attend pas à trouver un tel restaurant en pleins docks de Belgrade. Séparé en deux zones bien distinctes, tout est agréable. La décoration est soignée et reposante. Ici la spécialité, c'est le poisson frais pêché en haute mer et préparé avec un savoir-faire indéniable. Excellent buffet en entrée et des plats délicieux, comme les calamars grillés. Le service est discret et efficace. L'été, la terrasse est des plus agréables. Si tout est donc parfait ou presque, la note s'en ressent.

Ada Ciganlija

■ GUŠTI MORA
Radnicka 27 ✆ +381 11 355 1268
www.gustimora.com
De midi à minuit tous les jours. De 550 à 7 000 dinars. Spécialités de poissons.
Le seul défaut de ce restaurant est d'être mal situé, face à l'entrée principale de l'île Ada Ciganlija, de l'autre côté de l'autoroute (bus 56, 55, 53 et 511 depuis la gare). Pour le reste, la salle est chaleureuse et la cuisine, presque exclusivement à base de poissons, de grande qualité. Les potages, les risottos au crabe et tous les poissons sont excellents, qu'ils soient de rivière ou de mer (Adriatique). Des prix un peu élevés, mais la passion qui règne ici pour la mer fait très bien digérer la note.

BELGRADE

© NATIONAL TOURISM ORGANISATION OF SERBIA

Ne quittez pas le pays sans avoir goûté un poisson frais d'eau douce !

■ SORTIR ■

Belgrade a retrouvé sa réputation de capitale des Balkans. On vient de loin pour la nuit belgradoise. Le nombre et le style des lieux pour faire la fête ou simplement boire un verre sont impressionnants. Car en sus des lieux habituels en ville, Belgrade dispose d'un atout majeur : ses deux fleuves et son lac. En été, c'est donc également là que ça se passe sur les *splav*, ces radeaux métalliques sur lesquels on a construit des discothèques ou des bars dans tous les styles, parfois gigantesques. Certains *splav* sont totalement ouverts, et vous pourrez danser jusqu'à l'aube, à l'air libre et sur l'eau. Loin de vouloir citer tous ces établissements, bien trop nombreux, vous trouverez ici tous ceux qui « font » la nuit, mais aussi tous ceux qui ont du caractère, intimistes ou pas. La masse d'informations disponible pour tout ce qui touche à la culture et aux sorties reflète le dynamisme de Belgrade. Quelques supports bien faits sont à votre disposition.

▶ **Magazines gratuits.** *Belgrade in your pocket* (en anglais) et *Singidunum weekly* (serbe et partiellement anglais, compréhensible néanmoins) que l'on trouve gratuitement dans les bars, lieux culturels et de vie nocturne, récapitulent l'essentiel en format poche. Le mensuel *Yellow cab* est vendu en kiosque. Très complet, il vous fournit événements et adresses, ainsi que des articles de l'actualité culturelle. Surtout, il reprend les principales infos en anglais. Cherchez la partie « Belgrade in brief » sur le site du magazine : www.yc.rs, il pourra également vous être utile.

▶ **L'office de tourisme de Belgrade** (www.tob.rs) distribue un dépliant avec les grands événements du mois et son site les récapitule dans sa page Fun Zone (en anglais).

▶ **Sur Internet** vous pourrez consulter plusieurs sites spécialisés :

■ **BELGRADEEYE.COM/NIGHTLIFE.HTML**
www.belgradeeye.com/nightlife.html
Ce guide en ligne anglophone sur la ville de Belgrade est très complet, qu'il s'agisse d'actualités ou de catégories d'établissements.

La culture du café

Le café détient une place particulière en Serbie et s'y décline sous toutes ses formes. La plus fameuse reste encore la « domaća kafa », le café traditionnel serbe qu'on prépare à la maison mais également dans certains bars et sûrement dans les kafanas. Ce café se boit lentement et, à la différence de la coutume Italienne de l'esspresso, on peut passer une bonne heure avec un seul café, ce qui en devient un prétexte pour voir un ami. Celui-ci laisse une bonne couche de mare au fond de la tasse d'où certains connaisseurs peuvent même lire l'avenir... À ce qu'on dit, le signe de l'oiseau annonce une bonne nouvelle par exemple etc. On trouve plusieurs chaînes de bars-cafés à Belgrade. Ils proposent presque tous des versions miniature, medium et large de la même boisson et vous risquez de recevoir un café surdimensionné si vous ne faites pas attention. L'offre est extrêmement variée et on y trouve tous types de cafés n'ayant jamais existés ou presque...

■ COFFEE DREAM
TC Makedonska 30
15 Zmaj Jovina (Змај Јовина)
Le Coffee Dream se trouve à plusieurs adresses à Belgrade, C'est une marque locale de bars à café avec un choix extrêmement large avec néanmoins quelques classiques. Elle est tres populaire chez les Belgradois et on a parfois du mal à y trouver une place. La plupart de son menu ressemble à une carte de desserts, mais ce sont bien des versions de cafés différentes.

■ GREENET
Bulevar kralja Aleksandra 72-74
4 Nušićeva ulica (Нушићева)
www.greenet.rs
Un des plus anciens bars à cafés de Belgrade, surtout réputé pour son « double dutch » et son café moka. Il y en a aujourd'hui plusieurs à Belgrade.

Strahinjića Bana, la rue des bars

La rue Strahinjića Bana, que l'on atteint en descendant la rue Francuska depuis la place de la République, s'était petit à petit transformée en haut lieu de la nuit belgradoise et branchée. Version pour les riches, s'entend. Car le surnom donné à la rue, « Silicon Valley », est aussi péjoratif qu'humoristique bien sûr. Il désigne autant les nouveaux riches qui ont « fait » le quartier il y a quelques années que les filles siliconées qui venaient y chercher un futur mari capable de les entretenir avec standing. Si tout ceci n'a pas complètement disparu, à voir le nombre de voitures de luxe toujours garées en double file, il reste le plaisir d'une suite de bars et de restaurants qui rivalisent de luxe et d'originalité pour le plaisir de tous. Vous pourrez passer plusieurs soirées à tester les bars et l'ambiance des terrasses qui s'y trouvent. Bien que tout le quartier se soit rempli de bars depuis, cette rue reste un épicentre de cafés et restaurants en tous genres. Voici une sélection des plus remarquables :

▶ **Vous prendrez un dessert chez Mamma's Biscuit House,** au n° 72a. Dans des fauteuils rouges capitonnés et un design frais et innovant, sur fond de techno-house, vous dégusterez des gâteaux frais et enjôleurs et la limonade maison, tout en remarquant les belles filles qui se déplacent en groupe.

▶ **Puis vous prendrez un thé au Kandahar,** au n° 48. Ouvert jusqu'à 2h, c'est un lieu de toute beauté. En sous-sol, nous sommes ici dans un décor très oriental qui, s'il n'est pas spécifiquement afghan, est une réussite. Les coussins, les tables, les chaises, et le cadre invitent à boire des thés par ailleurs excellents. La terrasse n'est pas en reste, tendue qu'elle est de voilages pour vous protéger de la rue.

▶ **Un peu plus loin, le Pastis** où, comme son nom l'indique, vous trouverez du pastis, un cas rare à Belgrade, dans un style très français, y compris la musique. Au numéro 52b et pour un peu c'était le Pastis 51...

▶ **Juste en face, le Soho-Moon,** bar branché, presque toujours plein et idéal pour commencer la soirée. On y organise souvent des soirées DJ et on peut y manger de tres intéressants petit plats pendant la journée...

▶ **Au n° 66, l'Insomnia,** et sa terrasse protégée, est très branché dans son décor moderne. Un des lieux qui a fait la reputation de la Silicon Valley.

■ HOT-SPOT.RS

Braće Jugovića – hot-spot.rs
Agenda très complet des soirées, ouvertures et fermetures, événements clubbing, etc. Consultable en anglais.

■ SERBIANIGHTLIFE.COM

serbianightlife.com
Comme son nom l'indique, c'est un site dédié aux fêtards serbes et leurs lieux de prédilection. Le site couvre les principales villes du pays.

Cafés – Bars

Centre-ville

■ ANA 4 PIŠTOLJA

36 Strahinjića Bana (Страхињића Бана)
De 10h à 2h et de 18h à 2h le dimanche.
Un petit bar, rendez-vous intello différent, qui devient souvent un club a part entière le soir.

A l'intérieur, des banquettes sont propices aux rencontres. Petite terrasse bondée. On boit alors son verre sur le trottoir.

■ BAR CENTRAL

59 Kralja Petra (Краља Петра)
En quittant la principale rue piétonne, dernière rue parallèle à la forteresse de Kalemegdan.
Bar à cocktails avec un choix impressionnant. Il vous suffira de répondre à quelques questions générales du serveur et il vous apportera un cocktail fait sur mesure. Ambiance parfois huppée mais toujours bonne.

■ BLACK TURTLE PUB

Gospodar Jovanova 56
30 Kosančićev venac (Косанчићев венац)
www.theblackturtle.com
Le premier pub a été ouvert en 2000 et quelques autres ont vu le jour depuis. Ambiance sympathique et bière à la framboise très intéressante bien qu'assez sucrée.

■ BLAZNAVAC

18 Kneginje Ljubice (Књегиње Љубице)
Récemment ouvert et nommé d'après l'ancien propriétaire du bâtiment, le général Blaznavac qui l'avait acheté en cadeau de mariage à sa fille Julka au XIXe siècle. Il ressemble à un tableau contemporain et présente une explosion de couleurs au milieu d'un décor plutôt grisâtre. Le café même se trouve dans les anciennes écuries et il suit la tendance belgradoise de cafés-jardins qui ont leur principal activité dans la saison été-printemps et souvent redeviennent un jardin tout à fait ordinaire pendant l'hiver pour se reremplir dès que le temps se fera plus beau.

■ CASA GARCIA

Kraljevića Marka 19
De 19h à pas d'heure.
A Zeleni Venac, dans une rue que l'on atteint par des escaliers depuis les arrêts de bus, un petit bar dans une petite bâtisse originale, peinte en ocre, et, comme son nom le sous-entend, tenu par un Espagnol. Deux salles et une terrasse, où tout rappelle l'Espagne, à commencer par le fameux taureau peint en façade. On fait de belles rencontres autour du bar et la musique est espagnole, latino ou rock. Les concerts le samedi font monter la température et l'on se met vite à parler avec tout le monde..

■ DALI

20 Hilandarska (Хиландарска)
www.hostel-dali.com
Bar légendaire de Belgrade, décoré selon le style Dali et fameux pour ses soirées Rakia le vendredi.

■ DISKO BAR MLADOST

44 Karađorđeva (Карађорђева)
Bar-club récemment créé, il organise souvent des soirées DJ (disco, funk, new jazz, house) et se trouve presque sous le pont de Branko. Son décor a été fait par un architecte serbe renommé et son ambiance est très design. Principalement intéressant du jeudi au dimanche.

■ HAVANA

1 Nikole Spasica
Ouvert de 11h à 2h du matin.
Malgré les apparences, ce café n'est ni le repaire des aficionados de salsa, ni des amateurs de rhum et de cigares cubains. Par contre, le large choix de bières et d'alcools de ce jazz pub ravira les amateurs des pubs chics.

■ IDIOT

Dalmatinska 13
10h à 1h.
Un bar/boîte situé dans une cave de deux salles, à la belle ambiance, agrémenté en été

Hôtel Moskva.

d'une terrasse aussi calme que charmante sur la rue. Musique plutôt rock. C'est un endroit assez couru mais pas « branché ».

■ KLUB SVETSKIH PUTNIKA
Despota Stefana 7
De 13h jusqu'au dernier client.
Le « Club des voyageurs » est une institution. On pousse la grande porte de fer de cet immeuble résidentiel et on descend au premier sous-sol : rien que le look très branché de l'ouvreur vaut déjà le détour. Plusieurs salles à la décoration intimiste et chaude, très antiquaire. Cheminée ou bien petite cascade, le baroque est partout. Branché sans en avoir l'air. Soirées privées parfois.

■ KUGLAŠ
5 Đušina (Ђушина)
Un bar tout en brique et en approximation, vieux et poussiéreux, underground, avec des concerts très rock le week-end. Une adresse différente à Belgrade avec, entre autres, le culte de la moto.

■ LAVA BAR
77 Kneza Miloša (Кнеза Милоша)
A deux pas de l'une des rues les plus actives où se trouvent de nombreuses ambassades est caché le Lava Bar. Etablissement ouvert toute l'année : l'été il est intéressant pour son jardin très rafraîchissant et l'hiver pour ses concerts vivants.

■ PEVAC
15 Gračanička (Грачаничка)
Bar branché en angle de rue, endroit idéal pour boire un verre et être vu. Depuis quelques mois il se transforme le soir en Disco Pevac et rallonge davantage ses soirées.

■ RAKIA BAR
5 Dobračina (Добрачина)
www.rakiabar.com
branko.nesic@rakiabar.com
De 9h à minuit ou 1h le week-end.
Un petit bar confortable où l'on se sent bien et surtout, comme son nom l'indique, où l'on peut boire à peu près toutes les rakias possibles (130 différentes), cette eau-de-vie célèbre des Balkans.

■ RED BAR
Skadarska, 17 ✆ +381 669 44 77 04
Ouvert tous les jours de 11h à 2h du matin. Dimanche de 13h à 2h.
Ambiance sympa aussi bien en été sur la terrasse qu'en hiver. Il y a toujours du monde, plutôt des jeunes. Plus d'une centaine de cocktails à bas prix : de 220 dinars à 480 pour un Long Island.

■ SMOKVICA
73 Kralja Petra (Краља Петра)
Un de ces fabuleux endroits de Belgrade, composé uniquement d'un jardin joliment décoré sous un figuier qui disparaît comme par enchantement dès le début de l'automne pour revenir aux premiers rayons de soleil du printemps. Goutez sa limonade à la menthe ou ses petits plats à base de poulet et bifteck.

■ SUPERMARKET
10 Visnjićeva (Вишњићева)
supermarket.rs
Bar, restaurant, *concept store* au design zen et épuré. Une oasis ultramoderne en plein centre-ville ou vous pourrez retrouver, en prenant votre café ou en déjeunant, les œuvres de nombreux créateurs et artistes serbes et étrangers.

■ TAVERNE DE L'HÔTEL PRAG
27 Kraljice Natalije
Ouvert de 16h à minuit. Dernière commande pour manger : 23h.
Ambiance germanique au sous-sol de l'hôtel. Ici on vient essentiellement pour boire de la bière car toutes les marques locales sont disponibles plus certaines d'origine étrangère également. En cas de faim, la spécialité maison est la saucisse grillée accompagnée de pommes de terre (très bien servie).

■ VOODOO
Nikola Spasića 3
Entrer dans le hall et descendre au sous-sol. Le Voodoo soigne son indépendance en ne signalant pas son entrée. La Rue donne sur la rue piétonne. Il s'agit d'une cave dédiée au rock, formée de trois salles. Tous les styles de rock et rien que du rock, souvent très fort, bien sûr. Ici, vous découvrirez le rock « YU » en plus du reste.

Vračar et le sud

■ BRE
Radivoja Koraća 7
De 10h à 2h.
Une maison bourgeoise rénovée avec des salons de style et un café aménagé dans le jardin à l'ombre des arbres. On vient y bavarder, déguster un cocktail ou lire le journal. Les soirs d'été, difficile de trouver une place, tant l'adresse est appréciée. Happy hour de 14h à 17h.

■ MASKA

7 Rankeova (Ранкеова)

www.vilamaska.com

Ce bar-restaurant-club se trouve au cœur du quartier de Vračar, très près de la fameuse église de Saint-Sava. Il est logé dans une véritable villa des années 1920 et a une ambiance chaleureuse et cosy. On est entouré de toutes sortes d'objets et d'œuvres d'art et on peut acheter presque tout ce qui nous entoure.

■ SQUARE

32 Vojvode Šupljikca

De 8h30 à minuit.

Comme son nom l'indique, un petit café à l'angle d'un square, avec sa terrasse sous un grand platane, tandis que l'intérieur est dédié à Godard et Doisneau, à travers des photos en noir et blanc.

■ TRAMVAJ

Ruzveltova 2

En bas de Vukov Spomenik. Jusqu'à 2h ou plus. Grand pub ancien, le Tramvaj est une institution. On y écoute des concerts blues, rock et même de la variété serbe. Terrasse à l'angle. A cet endroit se trouvait l'ancienne gare de tramway d'où le nom de l'établissement.

■ VRT

Radivoja Koraća 5

De 9h à 2h.

Comme le précédent, dans un style très proche. Et tout aussi connu. Venir tôt.

■ WONDERBAR

115 Bulevar Kralja Alexandar (Булевар Краља Александра)

Jusqu'à 1h.

Une maison cachée derrière un grand platane. Dedans, tout est en bois et ancien, de la mezzanine au décor, le tout agrémenté de tas d'accessoires ou objets anciens.

Ada Ciganlija

■ KPGT

3 Radnička (Радничка)

☎ +381 11 305 5070

Dans un autre genre, un peu avant Ada Ciganlija, sur l'autoroute urbaine. Dans une friche industrielle, une usine a été transformée en théâtre et bar.

Vous pénétrez dans le lieu par une grande véranda luxuriante puis choisissez l'une des grandes salles à l'ambiance post-moderne, brique et plafond haut noir ou bien cosy, coin du feu, ou bien encore mezzanines plus intimes. L'ensemble est étrange et unique. Le festival de théâtre fait escale ici grâce à ses deux salles de théâtre. Pour le trouver, remontez l'autoroute en direction du centre et tournez à la station essence MB puis prenez l'allée pavée immédiatement à droite après la pompe. Suivez alors les 2 panneaux « O to top » dans un dédale de bâtiments abandonnés pendant 200 m.

Clubs et discothèques

Très nombreux, les clubs sont souvent originaux et l'on trouve chaque soir presque tous les genres de musique imaginables. La ville regorge de concerts de musiques vivantes, même en semaine. L'entrée y est souvent gratuite, sauf événement particulier. Dans ce cas, les prix tournent autour de 300 dinars.

Centre-ville

■ ANDER BAR

1a Pariska (Париска)

De 10h à 2h.

Bar-club ouvert seulement pendant la saison estivale, juste à côté de l'Andergraund, dans le même genre avec une clientèle principalement jeune, fan de disco et de house. Il est niché sur les remparts mêmes de la forteresse et a une vue magnifique sur la Save.

■ ANDERGRAUND

1 Pariska (Париска)

Dans une grotte nichée sous la forteresse de Kalemegdan, le club est très populaire. Son succès tient en deux éléments : son ambiance hors du temps et son décor de grotte sorti tout droit de l'Antiquité. Différents styles musicaux sur le *dance-floor* : disco, house, techno... Créée par Emir Kusturica, cette boîte très courue vous étonnera par son ambiance festive et sereine à la fois, pas du tout m'as-tu-vu ! En cours de rénovation en 2011, il devait changer de propriétaire et rouvrir en 2012.

■ APARTMAN

43 Karađorđeva (Карађорђева)

Près du pont Brankov.

De 23h à 5h.

Intéressant concept que ce club dans un grand appartement, d'où son nom. Belle ambiance, avec plusieurs chambres, du chill out à la piste de danse. Tendance gay friendly.

Dansons sur l'eau !

Le long de la Save, des dizaines de bateaux – demandez les *splavovi* – s'animent dès la nuit tombée, pour le grand bonheur des Belgradois. Tradition ancienne du temps où l'on recherchait des endroits protégés des regards officiels sous le communisme, ces péniches se renouvellent sans cesse et offrent une gamme de lieux très particuliers mais plus vraiment typiques et devenus des clubs modernes flottants.

■ 20/44
Savski kej (Савски кеj)
www.facebook.com/group.
php?gid=190667776339
Endroit alternatif en face de la forteresse de Kalemegdan. Il a été ouvert en 2009 et nommé d'après son emplacement géographique. Sur deux niveaux, on peut y boire un verre, discuter, danser et faire la fête. La musique est variée : soul, funk, expérimental electronica, deep house, disco, électro, minimal, unpluged, world music, punk, new wave, etc.

■ ACAPULCO
Bulevar Nikola Tesla
www.gdeizaci.com/klubovi-beograda/
splav-acapulco-beograd
Devant l'hôtel Jugoslavija.
Pour les plus de 19 ans. Bon *splav* de Novi Beograd ! Un orchestre y joue des chansons turbo-folk devant un public déchaîné. Les filles s'y déhanchent dans des tenues plutôt minimales, et il n'est pas rare de voir les couples danser sur les tables.

■ FREESTYLER
Brodarska ℂ +381 63 63 300 839
www.splavfree.rs
freestyler.cile@gmail.com
Tout près du pont du tramway, coté Novi Beograd, un très grand *splav*, largement ouvert sur l'eau, dans lequel la House est reine. Très grosse ambiance les soirs d'été. On y danse jusqu'à 5h.

■ POVETARAC
Brodarska
www.myspace.com/povetaracbg
povetarac.beograd@gmail.com
Non loin du Freestyler, ce bar/boîte est unique : c'est une péniche transformée en bar avec concerts sur le pont, et bar/boîte dans la cale. Belle ambiance dans un décor unique donc, d'autant qu'elle est à peine aménagée, ce qui lui donne son style underground, au point que la parcourir, sur ses flancs pour atteindre l'entrée de la cale, pourrait être dangereux la nuit. Mais c'est toute l'ambiance de ce lieu différent… Ici, les *splavs* sont devenus des chefs-d'œuvre d'invention, de taille, de luxe et d'originalité pour certains.

■ SOUND
Savski kej ℂ +381 61 163 51 00
www.belgradesound.com
info@belgradesound.com
Semblable au Freestyler et juste à côté, les deux rivalisent sans cesse sur qui fera durer la fête le plus tard dans la nuit et aura la meilleure atmosphère.

■ BITEF ART CAFE

1 Skver Mire Trailović
www.bitefartcafe.rs
Jusqu'à 2h30 le mardi et 4h le week-end.
Le bar/lounge du théâtre Bitef accueille
certains des meilleurs groupes live de la
ville qui vous entraîneront vite dans leurs
rythmes effrénés. Les soirées recommandées
sont le mardi, et de vendredi à dimanche, le
mieux est de vérifier sur le site quand sont
les concerts car le club est ouvert seulement
ces soirs-là. Bitef a, comme certains autres
clubs, sa version d'été (de juin à septembre) à
Kalemgdan à côté des terrains de basket.

■ BITEF SUMMER STAGE

Kalemegdan
Version estivale du club Bitef. Le club
déménage dès juin au cœur de la forteresse de
Kalemegdan, près des terrains de basketball
et l'ambiance est pareillement bonne.

■ BLOW UP

36 Bulevar Despota Stefana
Club original et très cosy, il vaut le détour.

■ GAUCOSI

17a Dunavska (Дунавска)
Tout en bas, derrière Kalemegdan, à Dorćol,
dans un virage près de la voie ferrée. Gaučosi
est un bar-boîte très agréable. Les salles,
en bois et pierre avec cheminée en hiver,
son grand jardin avec bar et son ambiance
vraiment décontractée entre bar et discothèque en font un must en été.

■ MAGACIN

2 Karađorđeva (Карађорђева)
Dans les entrepôts face au port de Belgrade,
le dernier des clubs a ouvert il y a quelques
années. Et il fait fureur. Branché, moderne,
intéressant, avec un carré VIP et une déco qui
a bien exploité ce que l'endroit était à l'origine,
un entrepôt. De bons DJ, des concerts et du
beau monde ici.

■ PLASTIC

Angle Takovska et Dalmatinska (Dorćol)
De 23h à 5h.
Le Plastic, tout près du centre, en contrebas,
est devenu incontournable. Il dispose de
plusieurs bars dans un dédale qui favorise
l'intimité. Clientèle jeune le week-end (bondé)
et plus alternative en semaine. En été, il ferme
et c'est sur un *splav* – le Plastic light (à côté
du freestyle) – que ça se passe. Il ne faut pas
manquer son club à l'intérieur du club – le
Mint, plus sélectif et avec un DJ à part.

■ STEFAN BRAUN

4 Nemanjina (Немањина)
Près de la gare ferroviaire,
à l'angle de Sarajevska.
Club assez typique, musique electro-house,
filles en minijupe et large choix de cocktails.
L'originalité de l'endroit : danser depuis le
9e étage avec une vue sur Belgrade…

■ TUBE

21 Simina (Симина) – www.thetube.rs
De 10h à 4h.
Sensation du monde des clubs, ouvert il y a
quelques années, il dispose d'un bar – dance
floor de 23 m de long – et accueille tous les
plus importants DJ de la ville, mais aussi
étrangers. La musique y est house, funk,
new jazz ou tehno.

■ XLAGOOM

5 Svetozara Radića (Светозара Радића)
De 23h à 4h.
Dans le centre, ce club, dispose d'un grand
jardin en espalier et se trouve en sous-sol
avec un look caverne étonnant. Programme
en permanence des DJ de la scène internationale.

Ada Ciganlija

Tout autour du lac se trouve une multitude
de bars et restaurants ouverts tard dans la
nuit (Hua hua, Red Shoes, Sex i Grad…). Un
endroit où sortir plutôt en été. Parking gardé
24h/24. Prix : 200 dinars l'entrée.

■ ČEKAONICA

17 Bulevar Vojvode Mišića
(Булевар Војводе Мишића)
Ouvert de 10h à 2h. Huitième étage.
En allant vers Ada, vous verrez à votre gauche
se dresser un des plus légendaires immeubles
de la capitale – l'ancienne maison d'édition Bigz.
Le lieu semble complètement abandonné et
pourtant, des groupes de jeunes y entrent un à
un… Le hall d'entrée semble sortir d'une autre
époque, tout comme le gardien. On se dirige
à droite vers un couloir assez sombre et un
ascenseur qui trouverait très bien sa place dans
un musée et puis on monte jusqu'au dernier
étage. Entre des graffitis et d'énormes couloirs
déserts on trouve un centre de danse, de théâtre
moderne, une imprimerie, des studios de répé-
titions, etc. Au moment où vous penserez
vous être trompé d'immeuble, vous atteindrez
finalement votre but – un panorama à couper le
souffle, une vue sur toute la ville, des dizaines
de gens en délire et les meilleurs jazzeurs de
la ville. On se croirait à Berlin.

CRNI PANTERS (BLACK PANTHERS)

Depuis l'entrée principale (200 dinars en voiture) au rond point, prenez la deuxième allée à droite puis au bout, à gauche, puis enfin à droite. Il faudra encore traverser, comme on peut, un vieux bâtiment pour enfin atteindre la berge de la Save. De 22h à 4h sauf le mardi.

Tenu comme il se doit par des gitans, il n'est pas simple à trouver. Le lieu où tout a commencé dans les années 1990, en plein embargo, où tout le monde venait ici boire et écouter ces gitans magiques et leur groupe, les Black Panthers. L'ambiance monte chaque soir dès que la musique retentit. Mais si c'est plein, d'autres *splavs* sont là en remontant la rive. Le Crni Panters a brûlé à l'hiver 2009. Son propriétaire l'a reconstruit depuis. Ailleurs, sur la Save, sur les deux rives, de vrais bateaux-cafés valent aussi le détour : c'est le cas de Brodić, un petit bateau fait un peu de bric et de broc, avec sa terrasse sur un deuxième petit bateau. Pour le trouver, c'est derrière la foire Sajam de Belgrade. Plus facile à trouver, Povetarac est une péniche, une vraie, amarrée sur la rive côté Novi Beograd, près du pont du tramway.

Spectacles

Belgrade est la ville du théâtre. De tous temps, les Belgradois ont aimé le théâtre et le nombre de salles est impressionnant. Bien sûr, sans comprendre la langue, l'exercice est délicat. Voici les trois théâtres les plus importants.

ATELJE 212

21 Svetogorska ✆ +381 11 3246 146
L'un des hauts lieux de la contestation estudiantine de 1968 et du théâtre d'avant-garde. Beaucoup de pièces dramatiques parmi les plus connues de ces dernières années, dans une belle salle.

JUGOSLOVENSKO DRAMSKO POZORIŠTE

Kralja Milana 50
✆ +381 11 3061 900 – www.jdp.rs
Comédies et tragédies alternent sur la scène de cet immeuble tout de verre vêtu. On y donne fréquemment quelques pièces à succès du répertoire serbe contemporain, mais aussi mondial et français.

KOLOSEJ

4 Bulevar Mihajla Pupina
(Булевар Михајла Пупина)
✆ +381 11 285 4495
Au cœur du centre commercial Ušće, 11 salles différentes et possibilité de regarder des films en 3D et même dans la technique 6D. Les films sont principalement grands publics et il est parfois difficile de trouver une place.

NARODNO POZORIŠTE (THÉÂTRE NATIONAL)

3 Francuska ✆ +381 11 2620 946
Sur la place de la République, une salle prestigieuse qui programme toutes les grandes représentations théâtrales, dramatiques et scéniques (ballets, opéras). Fondé en 1868 par le prince Mihaïlo Obrenović, le Théâtre national a accueilli sur ses trois scènes les troupes les plus connues. Ne manquez pas d'assister à un spectacle de ballet ou d'opéra.

TICKETS.RS

www.tickets.rs
Pour les concerts et autres événements, ce site disponible en anglais et très exhaustif propose un service de billetterie en ligne.

Cinéma

Pour 250 dinars en moyenne et jusqu'à 500 en soirée ou pour les salles 3D, vous pourrez vous plonger dans la plupart des nouveaux films actuels sur la scène internationale. L'ambiance des cinémas est toujours très animée, et on n'hésite pas à réagir in vivo aux injustices ou aux amours tumultueuses de la belle héroïne. Par contre, le secteur est en crise et certaines salles ferment tandis que d'autres ultramodernes ouvrent au cœur des centres commerciaux et réaniment le secteur. Tous les films étrangers sont en VO sous-titrée. Malheureusement, on trouve difficilement des films serbes sous-titrés mieux vaut opter pour un DVD. Voici une sélection des meilleures salles de la ville :

AKADEMIJA 28

Nemanjina 28 ✆ +381 11 3616 020
Films variés, grand public et d'auteur et des salles relativement confortables. Le ticket est de 150 dinars le mercredi.

CASINO LONDON

28 Kralja Milana (Краља Милана)
(A l'angle de la Knez Miloš)

DOM OMLADINE

22 Makedonska (Македонска)
✆ +381 11 324 8202 – www.domomladine.org
Dans un centre comprenant cinéma et salles de concerts, récemment rénové, une programmation toujours intéressante, avec des festivals et des avant-premières. Ne manquez pas les festivals : FreeZone (films documentaires engagés), Festival des films d'auteur, etc. Après le film, on peut y prendre un pot dans une atmosphère estudiantine et cosmopolite.

■ DOM SINDIKATA
Trg Nikola Pašića, 14 Dečanska (Дечанска)
✆ +381 11 3234 328
Films grand public et productions américaines.

■ DVORANA KCB
6 Kolarčeva (Коларчева)
✆ + 381 11 2621 174
A deux pas de République, c'est la salle où sont projetés tous les films dans le cadre de festivals ou autres actions culturelles particulières. Programmation différente et pointue. De plus, la salle est agréable, tout comme le bar.

■ FAIR PLAY
25 Terazije (Теразије, sous l'hôtel Kasina)

■ GRAND CASINO BEOGRAD
3 Bulevar Nikole Tesle
(Булевар Николе Тесле)
www.grandcasinobeograd.com
Derrière l'hôtel Jugoslavija
en direction de Zemun.
Ouvert 24h/24. Le plus récent et le plus grand casino de Belgrade, sur le Danube. *Cosy* et luxueux, avec carte de fidélité obligatoire (on paye avec). Deux étages avec nombreuses roulettes, poker, bandits manchots et trois restaurants : un japonais, un français et un italien. Une belle programmation tendance *jazzy* de figures parfois connues au piano-bar.

■ KINOTEKA
Kosovska 11 ✆ +381 11 324 8250
Dans un cadre plutôt ancien et inconfortable, c'est la cinémathèque de Belgrade. Elle propose tous les grands classiques, mais aussi des films d'auteurs de la région. Son fond, grâce, entre autres, à une aide de la France a été préservé. Elle est censée obtenir de nouveaux locaux entièrement rénovés bientôt dans la rue Uzun Mirkova. Tous les films sont en VO et sous-titrés.

■ RUSKI TSAR
Obilićev Venac 29
(A 50 m de la place de la République)

■ STER CINEMAS
16 Jurija Gagarina (Јурија Гагарина)
✆ +381 11 2203 400
Situé dans le centre commercial Delta City, détient une salle 3D et présente tous les films grand public d'actualité.

■ TUCKWOOD CINEPLEX
7a Kneza Miloša (Кнеза Милоша)
✆ +381 11 32 36 517
www.tuck.rs – tuckwood@tuck.rs
Situé en plein centre-ville avec ces cinq salles nommées selon des acteurs anciens très connus comme Marilyn Monroe ou Rita Hayworth il est néanmoins l'un des plus modernes de Belgrade. Les films sont principalement grand public.

■ À VOIR – À FAIRE ■

La vieille et la nouvelle ville de Belgrade ne manquent pas d'intérêt. Les musées deviennent de plus en plus intéressants au fur et à mesure de ses riches acquisitions. Les parcs et jardins sont embellis et de mieux en mieux entretenus. Les édifices religieux désormais rénovés sont plus attrayants… Seuls laissés à l'abandon : les immeubles bombardés comme faisant partie de sites historiques. Ceux-ci resteront longtemps les témoins d'une période que les Belgradois ne souhaitent pas oublier. Mais le plus intéressant aujourd'hui c'est la volonté de mettre au jour toute la partie souterraine de la ville. Il existe un véritable labyrinthe sous la ville de Belgrade. Ce sont en premier lieu les grottes de Tašmajdan, situées sous le parc du même nom, vieilles de 6 à 8 millions d'années, dans lesquelles on a retrouvé les restes d'un aqueduc romain et dans lesquelles s'est d'ailleurs réfugiée la population de Belgrade lors du bombardement de la Première Guerre mondiale. Ensuite, en dessous de la forteresse de Kalemegdan (du quartier de Dorćol jusqu'au Vukov Spomenik) il y a de nombreuses « lagumi » et des puits romains…

Lors de sa visite de Belgrade en 1964, Alfred Hitchcock a été fasciné par le puits romain de Kalemegdan (« Rimski bunar » soi-disant connecté par un passage souterrain avec Zemun) et l'on sait que c'est quelque chose de bien étrange et énigmatique qui fascinait celui-ci… Ce labyrinthe souterrain des embranchements partant dans toute la ville est encore en partie inconnu aujourd'hui. Tout cela devrait devenir un jour un lieu d'attraction pour les visiteurs de la capitale serbe, plus ancienne que Paris. Pour le moment, les visites guidées régulières ne sont pas encore au programme.

Les centres culturels à ne pas manquer

■ INSTITUT FRANÇAIS

11 Zmaj Jovina (Змај Јовина)
✆ +381 11 302 3600
Fax : +381 11 369 0499
www.ccf.org.rs – ccf@ccf.org.rs
Ouvert du mardi au vendredi de 12h à 18h et le samedi de 11h à 15h. La médiathèque, située au centre de la grande artère piétonne belgradoise, ne peut passer inaperçue avec ses grands vitrages très Art déco. Vous y trouverez toute la presse française, nationale et régionale. Le CCF a une programmation assez complète, avec festival de cinéma, pièces de théâtre locales et françaises, et concerts de jeunes talents locaux. Également des conférences sur les écrivains français et leur influence aujourd'hui, ainsi que sur la présence linguistique française dans la région.

■ REX

16 Jevrejska (Јеврејска)
✆ +381 11 328 4534
www.rex.b92.net – rex@b92.net
Situé dans un ancien cinéma des années 1930 en bas du quartier de Dorćol, le Rex se veut un lieu de culture engagée, de dialogue et de critique sociale. Il travaille dans le domaine de la culture contemporaine, performances, théâtre, vidéo, débats, espace libre pour organisations non gouvernementales et expositions diverses comme la très réussie rétro sur le culte de la personnalité de Tito, il y a 3 ans. On l'aura compris, le Rex est alternatif, il a lutté farouchement contre Milošević et aide les artistes qui ont du mal à trouver leur place dans le circuit traditionnel, tout en s'étant donné une nouvelle mission, explorer les nouveaux domaines culturels. Le site web, hébergé par la fameuse radio/télé B92, comporte une version anglaise.

BELGRADE

Visites guidées

■ BELGRADE GREETERS

Knez Mihailova 6
www.belgradegreeters.rs
Une possibilité de visite alternative – vous faire guider par un vrai Belgradois, sortir où il sort, manger où il mange, voir les endroits cachés et pas forcément touristiques et tout cela gratuitement. Il faut juste s'y prendre à l'avance pour être sûr d'avoir son guide. Un bon nombre d'entre eux parlent français...

■ ÉTOILE ROUGE DE BELGRADE
(ФУДБАЛСКИ КЛУБ ЦРВЕНА ЗВЕЗДА)

1a Ljutice Bogdana (Љутице Богдана)
✆ +381 11 414 0909
www.crvenazvezdafk.com
A l'image des grands clubs européens, le fameux club de football serbe Crvena Zvezda organise des visites guidées de son stade Marakana le samedi à 12h15. Le prix du billet est de 350 dinars pour les adultes et 200 pour les enfants. On y voit la plupart des éléments qui constituent le stade (les vestiaires, les tribunes, le tunnel, les cabines des commentateurs, la galerie du président) ainsi que le musée du club.

■ I BIKE BELGRADE

35 Dobračina, Belgrade,110000
✆ +381 66 900 8386.
www.ibikebelgrade.com
Le point de départ est à la fin de la rue piétonne Knez Mihailova, le côté aboutissant au parc, devant la bibliothèque. Le billet s'achète auprès du guide. La langue utilisée est l'anglais et d'autres sur demande. Le prix du billet est de 1 500 dinars et il comprend : la location de vélo, une boisson, le transfert en bateau et le guide.
I bike Belgrade est une initiative sympathique récente qui combine le sport (le vélo) et la découverte et vous propose un angle assez spécifique de la ville. La visite commence à la fin de la rue piétonne principale ; vous conduit directement le long des rivières vers Novi Beograd où l'on peut voir des établissements légendaires de la Yougoslavie ainsi que la confluence, ses péniches et son énorme parc vers l'ancienne ville de Zemun où une pause est prévue.

Les trains de charme de Belgrade

Train Romantika

Depuis plusieurs années déjà, les Chemins de fer serbes ont eu l'idée d'organiser en saison des trajets avec de vieilles voitures et une locomotive à vapeur de 1917, 1922 ou 1944 vers quelques villes touristiques de Serbie pendant le week-end. Le succès fut au rendez-vous, et l'offre s'est étendue. Ainsi, vous pouviez aller à Sremski Karlovci, ville historique de Voïvodine ou bien Smederevo, et sa forteresse sur le Danube avec le vieux train. Ont été ajoutées depuis 2006, des destinations plus lointaines comme le lac de Palić ou la station balnéaire de Vrnjačka Bana. Par contre, l'offre ne semble plus comprendre le restaurant à bord. Le tout prend la journée et représente l'une des plus belles manières de découvrir un patrimoine culturel. Les tarifs ne sont pas encore fixés et le mieux serait de consulter le site ou appeler avant d'organiser le voyage. Pour indication, la destination la plus lointaine, Mokra Gora, devrait être de 1 500 dinars. Mais beaucoup moins pour Sremski Karlovci par exemple (550 l'aller-retour). La bonne nouvelle est qu'on peut désormais emporter son vélo à bord du train (le prix est inclus dans le prix du billet). Vous trouverez les informations définitives pour les horaires en début de saison, sur le site Web ou au guichet n° 19 de la gare centrale.

Train Bleu

Construit à partir de 1956 pour le maréchal Tito, le Train Bleu était son train personnel, de grand luxe comme il se doit. De luxe, c'est peu de le dire, chaque wagon était un appartement privé. Celui de Tito et de sa femme, entre autres. Le train possède toujours la voiture construite pour le général De Gaulle, qui ne l'a jamais emprunté. Restauré il y a cinq ans, d'une manière remarquable, le Train bleu s'offre pour l'instant à ceux qui le louent en entier et à la journée. Autant dire à des tarifs prohibitifs pour des individuels. En attendant que de réelles visites et petits trajets soient organisés, en voici sa composition : le train dispose d'une voiture salle de conférence, des appartements privés, avec salle de bains et baignoires, du bureau de Tito, d'un salon, d'une salle de cinéma et d'une voiture restaurant. Si l'on songe que les équipements datent de 1959, c'est exceptionnel. Bien sûr, les bois précieux se disputent l'espace, et les soins apportés aux détails sont inouïs, aussi bien à l'intérieur qu'à l'extérieur. Ainsi, les marchepieds, par exemple, sont des œuvres d'art à part entière. Si votre portefeuille est particulièrement épais, vous pouvez le louer – avec conducteur, serveurs, champagne et guides – aux coordonnées suivantes :

■ **SERBIAN RAILWAYS**
℡ +381 11 361 6928
℡ +381 11 360 2899
℡ +381 11 3620 953
www.serbianrailways.com
romantika@srbrail.rs
posebni.prevozi@srbrail.rs

Ensuite, le chemin vous emmènera à travers Novi Beograd au quai sur la Save où l'on prend un bateau vers Ada pour y faire un tour et retourner par l'autre rive au centre-ville. La route complète fait 30 km, mais elle est assez légère avec beaucoup de pauses et donc ne requiert pas une condition physique hors normes. Le guide propose une visite et des explications sur tout ce qui est vu en chemin, mais il est principalement axé sur la vie contemporaine et les secrets de la ville.

■ **OFFICE DU TOURISME DE BELGRADE**
6 Knez Mihailova
℡ +381 11 328 1859
www.tob.co.rs
bginfo.knezmihailova@tob.co.rs
L'office du tourisme organise des visites guidées à pied (organisées par l'office du tourisme de Belgrade), à réserver en avance, notamment :

▶ **Zemun.** Visite de la vieille ville de Zemun, à ne pas manquer. Tous les samedis, devant le Vieux Magistrat (Stari Magistrat), d'avril à octobre à 18h et d'octobre à avril à 16h. Prix : 200 dinars, on achète le billet auprès du guide, durée 90 minutes. Serbe et anglais.

▶ **Belgrade Antique.** Le dimanche à 11h, départ de la place de la République. La visite est en anglais et le billet coûte 200 dinars.

▶ **Topčider.** Visite commentée du grand parc de Belgrade.

■ **RAKIJA TOUR**
5 Dobračina (Добрачина)
www.rakiabar.com
office@rakiabar.com

Il est nécessaire de réserver un jour à l'avance, donc, le vendredi jusqu'à 17h.

Il fallait oser, le Rakia bar l'a fait : une visite de trois bars offrant les meilleures Rakija, la fameuse eau-de-vie des Balkans ! Départ, dans le centre avec guide (serbe ou anglais), au « Rakia Bar III », Strahinića bana 21, chaque samedi à 17h. Au programme, la visite des trois « Rakia bars » de Belgrade, avec dégustation de 6 Rakija différentes. Dire que vous finirez cette visite ivre est un euphémisme… Du reste, et si vous tenez le choc, vous pouvez vous passer des services du guide. Dans ce cas, rendez-vous n'importe quand au Rakia Bar.

Belgrade et la Serbie sur le Danube

En plus d'Ada Ciganlija, Belgrade possède en tout 16 îles ; beaucoup d'entre elles sont inoccupées ; en revanche, la grande Île de la guerre au confluent même de la Save et du Danube constitue une réserve pour la vie sauvage (particulièrement riche en oiseaux). De ce fait, les autorités de la ville de Belgrade l'ont transformée en réserve naturelle, ainsi que la petite Île de la guerre, située juste à côté. Découvrir Belgrade et ses environs en naviguant sur le Danube est une occasion à ne pas manquer. L'offre est désormais complète, du petit tour autour de la ville jusqu'à la descente complète du Danube !

▶ **Depuis Ušće** (en face de Kalemegdan), un petit catamaran et un bateau remontent la Save et le Danube, en ville. Départs à 16h, 18h, 20h et 22h pendant la semaine et toutes les 2 heures le week-end. 400 dinars. L'hiver le samedi à 13h. La visite ne comprend pas de guide habituellement. 350 dinars (Jahting Klub Kej ✆ (011) 316 5432 – www.klubkej.com).

▶ **Depuis Ušće**, à côté du restaurant Aleksandar, 1 km avant Zemun. D'avril à octobre, presque toutes les heures. Tours de 1 heure 30 à 3 heures. 300 dinars. La compagnie possède deux bateaux dont un en forme de tortue qui a un grand succès auprès des enfants et permet de voir, à travers la carapace vitrée, Belgrade sous tous les angles. La compagnie prévoit également des excursions plus longues le long du Danube et de la Save mais elles ne font pas encore partie de l'offre régulière et il faudrait contacter la compagnie directement (✆ +381 64 0555660 – www.danuvije.com).

▶ **Depuis le port de Belgrade.** Le bateau *Sirona*, un 20 m avec restaurant et cabines privées propose un circuit de deux heures, à 10h en semaine et 10h, 12h, 17h et 19h le week-end pour 15 €. Un brunch le dimanche à 13h. Durée 2 heures 30 et 1 800 dinars. Egalement un « Belgrade by night » le jeudi, vendredi, samedi et dimanche de 20h30 à 23h, avec dîner et musique pour 30 €. Départ depuis le port de Belgrade près du pont de Branko (✆ (011) 303 9090 – www.sirona.rs). A partir de Belgrade, on peut également faire de très belles excursions. Elles ne font malheureusement pas partie de l'offre habituelle et sont généralement faites seulement si un groupe d'au moins vingt personnes est formé.

▶ **Gibraltar du Danube.** Un hydroglisseur remonte le Danube jusqu'à la forteresse de Petrovaradin, à l'entrée de Novi Sad. Une excursion d'une journée, qui comprend également le déplacement en bus vers les sites historiques sur le parcourt (Sremski Karlovci, Zemun, etc.). Mais également – des excursions vers les gorges de Đerdap – descente du Danube jusqu'au défilé des portes de fer, au sud du pays, est un must et se fait désormais en une journée. Toujours avec un hydroglisseur, vous visiterez tous les sites préhistoriques et historiques sur le Danube et le clou final sera le défilé des Portes de fer, ou le Danube passe entre des falaises de 800 m et à Veliko Gradište et Srebrno Jewero. Hydroglisseur Maslačak. Contacter le ✆ +381 65 377 8067 ou le site www.dtltransport.net

Visite de Belgrade

Si vous avez peu de temps ou préférez découvrir Belgrade et ses environs sans chercher, voici quelques possibilités :

▸ **En bus.** Tous les monuments et quartiers historiques. Durée 90 minutes. Guide et bus, tickets dans le bus, 200 dinars. Tous les dimanches à 10h en anglais ou à 12h en serbe. Départ devant le 12, Trg Nikola Pašić.

▸ **Bus Hop On Hop Off,** 14 stations à travers la ville, 1 500 dinars, d'avril-mai à octobre. Première station – carski trg 1a. Durée : 90 minutes. Le billet est valable 24 heures. Audio guides disponibles en francais. Plus d'informations sur www.lasta-turizam.com ou au ✆ + 381 11 3622 298.

▸ **Visite du Palais Royal à Dedinje,** du 9 avril au 31 octobre, le week-end. Durée 2 heures, avec bus et guide. Samedi et dimanche. Réservation à l'office de tourisme en personne (et munis d'une pièce d'identité – carte d'identité ou passeport), Knez Mihailova 6, dvorski_kompleks@yahoo.com, ou au ✆ + 381 11 32 1859. Prix du billet 450 dinars.

▸ **Visites à pied de 2 heures,** dans la forteresse de Kalemegdan, la vieille ville, Ada, le jardin botanique, la ville antique de Singidunum. Le tout, à l'office de tourisme de Belgrade.

▸ **En bateau.** L'offre est complète. Regardez le site de l'office de tourisme de Belgrade www.tob.co.rs ou l'article Belgrade sur l'eau.

▸ **En tramway.** Le point de départ est la station à côté du zoo, au bas de la forteresse, rue Tadeuša Košćuška. La visite est gratuite et dure 1 heure, on y fait un joli tour du centre-ville et de ses plus importants points d'intérêt. Réservez votre place à l'office du tourisme de Belgrade. Le vendredi de 20h à 21h en anglais et le samedi de 18h à 19h.

▸ **En minibus.** Si l'office de tourisme ne l'organise que le week-end, l'agence Glob Metropoliten vous propose une visite guidée de la ville en minibus, en semaine. C'est un peu plus cher (20 €) mais c'est tous les jours de la semaine à 10h50 devant l'hôtel Balkan (Prizrenska 2) ou, si tout le groupe provient du même hôtel, à votre hôtel. La visite dure 2 heures l'hiver et 3 heures (2 heures en bus et une balade à pied à Kalemegdan) pendant la saison printemps/été. La visite est en anglais, mais il est possible, sur demande, d'obtenir une visite dans une autre langue. Réservation un jour à l'avance minimum. Le ticket s'achète dans le bus (✆ +381 11 266 2211 – 064 822 6626 – www.metropoliten.com).

▸ **À travers ses musées.** Quatres musées avec un seul billet de 200 dinars ! Découvrez Belgrade à travers son histoire et son patrimoine culturel à la Résidence de la princesse Ljubica, le musée de Paja Jovanović, le musée Ivo Andrić et le musée de Jovan Cvijić. Les billets s'achètent dans n'importe lequel de ces musées. Plus d'infos au centre informatif à Knez Mihailova 6.

▸ **Voyagez à travers le temps** en compagnie d'une vraie princesse. La résidence de la princesse Ljubica, Kneza Sime Markovića 8, vous invite à prendre un café avec la princesse Ljubica (une actrice jouant son rôle) qui vous parlera de sa vie, de son époque ; de Belgrade aux XVIIIe et XIXe siècles. Le samedi à 12h, 250 dinars, possible en anglais. Plus d'infos au ✆ +381 11 26 38 264.

▸ **Visite des monastères de Belgrade.** Monastère Vavedenje Presvete Bogorodice à Senjak, Svetih Apostola Petra i Pavla à Topčider et du monastère Rakovica. Départs tous les mercredis en août à 9h30 à partir de Trg Nikole Pašića ou 9h à partir de Savski trg. 400 dinars adultes, 250 enfants. Réservations au ✆ +381 11 3622 298 et achat des billets à Lasta travel – Balkanska 35 ou Savski trg 1a.

▸ **Vieux Zemun.** Cette bourgade austro-hongroise sur le Danube à 5 km de Belgrade se visite également. Durée 3 heures. Prix 200 dinars. Infos à l'office de tourisme.

Forteresse de Kalemegdan.

Centre-ville

■ CENTRE CULTUREL DE BELGRADE (КУЛТУРНИ ЦЕНТАР БЕОГРАДА)

6/1 Knez Mihailova
✆ +381 11 262 1469 – www.kcb.org.rs
Sur la place de la République.
Le centre comprend deux galeries, un magasin culturel et un théâtre cinéma (le Dvorana Kulturni Centar). Organisateur d'innombrables événements touchant à tous les domaines de la culture et pas forcément situés ici, le centre est bien sûr incontournable. Son site Internet est particulièrement complet et avec sa version en anglais, vous saurez tout sur la culture à Belgrade.

■ FORTERESSE DE KALEMEGDAN (КАЛЕМЕГДАНСКА ТВРЂАВА)

Kalemegdan (Калемегдан)
www.beogradskatvrdjava.co.rs
kontakt@beogradskatvrdjava.co.rs
Au confluent de la Save et du Danube, la forteresse de Kalemegdan fut construite par le despote serbe Stefan Lazarević au XIVe siècle, puis rebâtie entièrement par les Autrichiens à partir de 1717, selon les systémes Vauban. De 1739 à 1830, les Turcs y établissent leur point le plus avancé dans les Balkans et contrôlent les mouvements de troupes autrichiennes en contrebas. Un certain nombre de monuments ottomans de cette époque ont été conservés ; ils sont situés dans la partie haute de la forteresse. La fontaine de Mehmed Pacha Sokolović a été érigée en 1576 par ce vizir connu pour ses origines serbes : il avait été enlevé comme janissaire à l'âge de 8 ans. Il faut également visiter le mausolée (*türbe*) de Damad Ali Pacha, vizir tué à Petrovaradin en 1716, ou le hammam construit en 1870. La forteresse est également intéressante pour ses diverses tours et portes médiévales. La plus ancienne est la tour de Despot, tour carrée utilisée au XIVe siècle comme principal accès à la forteresse. Pour parvenir au Musée militaire en venant du centre, on passe sous une succession de portes, comme la porte d'Istanbul construite en 1750 ou la porte de Karađorđe érigée en 1806. Monument très intéressant, la tour de Nebojša fut construite en 1460 et utilisée au Moyen Age comme étape entre le vieux port sur la Save et la ville haute ; au XVIIIe siècle, elle fut transformée en donjon, et les révolutionnaires grecs y furent torturés et exécutés en 1789. Dans la ville basse se trouvent quelques vestiges de l'époque médiévale – fragments de remparts et monticules – et des églises. L'église Saint-Paraskevi est adossée au rempart et honore

le saint grec. La petite église Ružica, de 1867, est connue de tous les étudiants belgradois qui vont y faire un petit tour avant un examen. Juste à côté se trouve l'ossuaire des héros de 1914-1915, lorsque la ville fut défendue par la population.

▶ **Le site Web** propose une visite interactive détaillée de la forteresse très bien faite et la forteresse accueille durant toute l'année des expositions en plein air et dans sa galerie à Stambol kapija. On trouve un magasin de souvenirs dans l'enceinte de la forteresse, mais il vaut peut-être mieux faire un tour à l'entrée où de nombreux marchands vendent leurs produits artisanaux.

■ JARDIN BOTANIQUE JEVREMOVAC (БОТАНИЧКА БАШТА ЈЕВРЕМОВАЦ)

Takovska 43 – www.bfbot.bg.ac.rs
Ouvert tous les jours d'avril à novembre de 9h à 19h, de 9h à 16h en hiver. Entrée 150 dinars.
En plein centre, un très beau jardin, fondé en 1874 et déplacé en 1889 pour éviter les crues du Danube, le jardin est un bonheur naturel. Aménagé, avec 250 espèces d'arbres, 500 plantes dont beaucoup sont exotiques et tropicales, le jardin recèle également un jardin japonais.

■ KULA NEBOJŠA (КУЛА НЕБОЈША)

Bulevar Vojvode Bojovića ✆ +381 11 26 20 685
www.kulanebojsa.rs
office@beogradskatvrdjava.co.rs
Sur les berges au pied de Kalemegdan au confluent de la Save et du Danube.
La tour de Nebojša est ouverte de 10h à 20h (de juin à septembre) et de 10h à 18h (d'octobre à mai), fermée le lundi. Entrée 300 dinars.
Située au pied de la forteresse de Kalemegdan près du Danube, cette tour datant de 1460 est le seul bâtiment médiéval bien conservé. Elle fut rénovée et aménagée pour les visiteurs en 2011 grâce aux donations du gouvernement grec et aménagée pour les visiteurs. Son espace multimédia au rez-de-chaussée retrace l'histoire de la tour telle qu'elle fut jadis en tant que prison. Le premier étage lui est consacré à Riga od Fere, le poète et révolutionnaire grec qui, emprisonné, décéda dans cette même tour en 1798. Le deuxième niveau est consacré au Premier soulèvement serbe contre les Turcs et à la création de l'état serbe moderne du début du XIXe siècle. Au dernier étage est présentée l'histoire de Belgrade dans les premières décennies du XIXe siècle et le processus de transformation d'une ville orientale en une ville d'Europe centrale.

BELGRADE

Le centre de Belgrad

Légende:
- Information touristique
- Musée
- Théâtre
- Edifice religieux
- Centre commercial
- Site et curiosité
- Poste
- Gare routière
- Gare ferroviaire

DANUBE

500 m

Dunavska

Bolovica

Bulevard voivode

Mike Alasa

Solunska

Tadeusa Koscuska

Jevrejska

Visokog Stevana

Dunavska

Zoo

Eglise

Forteresse de Belgrade

STARI GRAD

Institution médicale

Musée Militaire

Cara Urosa

Kralja Petra Prvog

Cara Dusana

Gundulicev venac

Musée

Kalemegdan

Visnjiceva

Strahinjica bana

Jovina

Eglise Aleksandar Nevski

Mosquée Bajrakli

Brace Jugovica

Zmaj

Venizelosova

Musée Ethnologique

Université de Belgrade

Dobracina

Dositejeva

Francuska

Knez Miletina

Cathédrale Orthodoxe

Mihailova

Skadarska

Dzordza

Résidence de la Princesse Ljubica

Acad. Serbe Arts et Sciences

Knez Mihailova

Skadarlija

Kosancicev venac

Musée National

Théâtre National

Blvd Despota Stefana

Jardin botanique

Mars ala

Centre culturel

Čumicevo Sokače

Hilandarska

Takovska

venac

City Passage

Decanska

Svetogorska

Dalmatin

Brankova

Maison de Manak

Majke Jevrosime

Vasingtona

Lomina

Gavrila Princpa

Mausolée de Tito & Musée de l'histoire de la Yougoslavie

Kosovska

Takovska

Garasanina

Kraljice Natalije

Bulevard Kralja Aleksandra

Beogradska

Stari savski most

Kradjordjeva

Parc Pionirski

Eglise St Marc

Gare routière

TAŠMAJDAN

Information touristique

Eglise de l'Ascension

Kralja Milana

Gare ferroviaire

Kneza Miloza

Kraljice Natalije

Markovica

vers la bibliothèq Svetozar Markov

Savska

Ale. Kostica

Musée

Kralja Milutina

Krunska

Resavska

Brace Nedica

Prote Mateje

Musée

Nemanjina

Negoseva

Kumanovska

Kneginje Zorke

Molerova

SAVSKI VENAC

Musée

Kneza Miloza

Milenka Trsova

Bircaninova

Beogradska

Sarajevska

Pocerca

■ MAISON KRSMANOVIĆ (КУЋА КРСМАНОВИЋА)

24 Terazije (Теразије)

Construit en 1885 pour le négociant belgradois Aleksa Krsmanović, ce palais constitue l'un des exemples les plus représentatifs du style académique en Serbie de la fin du XIXe siècle. C'est ici que fut signé le 1er décembre l'acte de création du royaume des Serbes, Croates et Slovènes ; plus tard, c'est également ici que séjourna le régent et futur roi Alexandre Karadjordjević. L'imposante façade aux lignes épurées est rehaussée des couleurs jaunes et blanches, typiques de l'Europe centrale.

■ MONUMENT DE LA RECONNAISSANCE À LA FRANCE (СПОМЕНИК ЗАХВАЛНОСТИ ФРАНЦУСКОЈ)

Kalemegdan (Калемегдан)

A l'entrée du parc de Kalemegdan, en arrivant par la rue piétonne Knez Mihailova.

Erigé en 1930 par le sculpteur Ivan Meštrović dans un style Art nouveau, il se veut un hommage du peuple serbe à la France pour l'aide qu'elle lui a apportée pendant la Première Guerre mondiale. C'est en effet l'armée d'Orient qui a récupéré l'armée serbe en 1915 pour la remettre sur pied et, à partir du front de Salonique, opérer à l'automne 1918 une progression victorieuse à travers la Serbie. C'est cet esprit de sacrifice et les liens très forts, qui se sont noués à cette occasion entre Serbes et Français, que Meštrović a voulu honorer. Sous plusieurs bas-reliefs de soldats français, une plaque proclame : « Nous aimons la France comme elle nous a aimés. »

■ MONUMENT DE MIHAILO OBRENOVIĆ (КОЊ – СПОМЕНИК МИХАИЛУ ОБРЕНОВИЋУ)

Trg Republike

En face du Musée national.

Une statue équestre en bronze est dédiée au prince Mihailo Obrenović, qui a libéré la Serbie des Turcs en 1867. On y voit la figure altière du prince, à cheval, en costume typique du XIXe siècle. Sur les fondations, on peut lire les noms gravés des principales villes serbes et observer des scènes de l'histoire du pays. De nos jours, ce monument sert de point de rendez-vous.

■ MOSQUÉE BAIRAKLI (БАЈРАКЛИ ЏАМИЈА)

11 Gospodar Jevremova (Господар Јевремова)

Dans le quartier très ancien de Dorćol, près du port de Belgrade, se trouve la dernière mosquée musulmane de la capitale. Construite en 1690 par le sultan Suleiman II, elle a été rénovée à plusieurs reprises, mais a gardé certains de ses éléments d'origine, comme la cour d'entrée. Son nom actuel lui a été donné à la fin du XVIIIe siècle en l'honneur du drapeau, *baïrak* en turc, que l'on hissait sur cette mosquée en signe du début des prières dans toutes les mosquées de la ville. L'établissement a partiellement brûlé en 2004 lors de manifestations et en grande partie restauré depuis.

■ MUSÉE DE L'AUTOMOBILE (МУЗЕЈ АУТОМОБИЛА)

30 Majke Jevrosime (Мајке Јевросиме)

✆ + 381 11 303 4625

www.automuseumbgd.com

Ouvert tous les jours de 9h a 21h. Entrée 100 dinars.

En plein centre, un petit musée très agréable qui a pour originalité de présenter aussi les voitures ayant appartenu à Tito.

■ MUSÉE DE L'ÉGLISE ORTHODOXE SERBE (МУЗЕЈ СРПСКЕ ПРАВОСЛАВНЕ ЦРКВЕ)

5 Kralja Petra I (Краља Петра)

✆ +381 11 302 5136

www.spc.rs

Ouvert de 8h à 16h en semaine, et de 7h à 12h le samedi et de 11h à 13h le dimanche. Temporairement fermé, ouverture prévue en février 2012.

Icônes, manuscrits et candélabres du XIVe au XIXe siècle. Quelques icônes très précieuses de l'école de Raška, mais aussi une belle collection de robes épiscopales ou royales, brodées d'or et parfois serties de pierres précieuses (robe du prince Lazare).

■ MUSÉE DE L'HISTOIRE JUIVE (ЈЕВРЕЈСКИ ИСТОРИЈСКИ МУЗЕЈ)

71a Kralja Petra I (Краља Петра)

✆ +381 11 26 22 634

www.jimbeograd.org

Ouvert du lundi au vendredi de 10h à 14h. Entrée gratuite.

Ce musée est consacré à l'histoire des juifs de Serbie, depuis leur arrivée sur ce territoire, leur essor économique et social au XIXe siècle, jusqu'à leur participation à la Résistance en 1941. On y expose également des éléments de la Shoah pendant la Seconde Guerre mondiale, relatifs principalement au camp de Jasenovac où beaucoup de Serbes, juifs et Tsiganes furent assassinés par le régime croate oustachi.

■ MUSÉE DES ARTS APPLIQUÉS (МУЗЕЈ ПРИМЕЊЕНЕ УМЕТНОСТИ)

18 Vuka Karadžića (Вука Караџића)
℡ +381 11 262 6841 – www.mpu.rs
Du mardi au samedi de 11h à 19h. Entrée 100 dinars.
Ouvert en 1950, le musée des Arts appliqués est particulièrement dynamique et intéressant. Son vaste domaine d'application, c'est le cas de le dire, lui permet de proposer régulièrement de nouvelles expositions. Du mobilier à la photographie en passant par les céramiques ou l'acier et même les costumes, une belle visite que vous pouvez anticiper grâce à son très bon site Internet.

■ MUSÉE ETHNOGRAPHIQUE (ЕТНОГРАФСКИ МУЗЕЈ)

13 Studentski Trg (Студентски трг)
℡ +381 11 328 1888
www.etnografskimuzej.rs
Ouvert du mardi au samedi de 10h à 17h, le dimanche de 9h à 14h. 150 dinars et gratuit le dimanche.
Si vous voulez tout savoir sur le folklore et les traditions de Serbie, c'est l'endroit idéal ! La collection de costumes traditionnels vous permettra d'apprécier l'extraordinaire diversité ethnique du pays, entre Serbes, Monténégrins, Valaques, Albanais, Hongrois et autres Tzintzars, Ruthènes et Tsiganes. Sont exposés également des ustensiles de la vie courante et des tapisseries que l'on trouvait autrefois dans les maisons paysannes. La bibliothèque et la librairie du musée sont richement fournies.

■ MUSÉE IVO ANDRIĆ (МУЗЕЈ ИВЕ АНДРИЋА)

8 Andrićev Venac (Андрићев венац)
℡ + 381 11 3238 397 – www.mgb.org.rs
Ouvert de mardi à samedi de 10h à 17h, le jeudi de 12h à 20h et le dimanche de 10h à 14h. Entrée 100 dinars, étudiants 50 dinars.
Dans l'appartement privé du grand écrivain serbe, qui y vécut jusqu'à sa mort (1892-1975), un musée intéressant et qui permet de se familiariser avec la vie quotidienne et le travail du Prix Nobel serbe de littérature (1961). Ivo Andrić reçut ce prix prestigieux pour son roman historique, *Le Pont sur la Drina*.

■ MUSÉE MILITAIRE (ВОЈНИ МУЗЕЈ)

Forteresse de Kalemegdan (Калемегдан)
℡ +381 11 334 3441
www.muzej.mod.gov.rs
Ouvert tous les jours, sauf le lundi, de 10h à 17h. Entrée 100 dinars. Il est possible d'avoir une visite guidée en anglais mais il est nécessaire de l'annoncer à l'avance, prix 1 000 par groupe.
Dans la partie haute de la forteresse médiévale sont exposées plus de 40 000 pièces relatives à l'histoire militaire de l'ancienne Yougoslavie, des temps les plus reculés jusqu'à nos jours. Armes, uniformes et documents sur les révoltes de haïdouks contre les Turcs, uniformes serbes et français de la fameuse armée française d'Orient qui libéra la Serbie en 1918, etc. Musée haut en couleur et excellent témoignage de divers aspects de l'histoire de la Serbie. Devant le musée, les amateurs pourront admirer toute une panoplie de chars yougoslaves, américains et soviétiques de la Seconde Guerre mondiale.

■ MUSÉE NATIONAL (НАРОДНИ МУЗЕЈ)

1a Trg Republike (Трг Републике)
℡ +381 11 33 06 048
www.narodnimuzej.rs
En cours de réfection (un très beau projet) depuis 2003, sa réouverture est sans cesse reportée. Le Musée national, situé au cœur même de la ville, présente un panorama très complet de l'archéologie et de l'art de la Serbie, ainsi qu'une très riche collection de peintres impressionnistes, notamment des maîtres français. Fondé en 1844 par le prince Miloš Obrenović, le musée fut logé dans divers locaux avant d'être installé dans le palais qu'il occupe actuellement et qui date de 1903. Parmi les plus grands trésors du musée, figure sa collection d'objets de la préhistoire et de l'Antiquité. On peut y voir notamment le célèbre chariot votif de Dupljaja (1500 av. J.-C.) représentant une divinité traînée par des canards, Apollon Hyperboréen, un buste en bronze de l'empereur Constantin, un casque de parade romain provenant de Vinča, etc.

▶ **Le 1er étage** est consacré aux fresques et peintures religieuses du Moyen Age : parmi les œuvres exposées, on verra des fresques de l'art serbe médiéval provenant des monastères de Đurđevi Stupovi, Gradac ou Prizren, avec notamment une magnifique Dormition de la Vierge. Ne manquez pas non plus l'icône du Jugement dernier, du monastère de Morača, avec les portraits des rois serbes canonisés. Le même étage abrite la peinture serbe des XVIIIe et XIXe siècles, romantique, réaliste ou impressionniste.

▶ **Mais c'est au 2e étage** que se trouvent les pièces maîtresses en la matière, dont une superbe *Vierge à l'Enfant* du Tintoret, les *Femmes au bain* de Renoir, une vahiné tahitienne de Gauguin, et *Neige* de Vlaminck. Il semblerait bien que Belgrade possède l'une des plus riches collections d'impressionnistes français en Europe...

▶ **La collection Chlomovitch.** Les caves du Musée national de Belgrade recèlent depuis 1945 des trésors insoupçonnés, aussi bien de l'Antiquité que de la peinture impressionniste. On y trouve ainsi plus de 1 100 chefs-d'œuvre signés des plus grands : Van Gogh, Titien, Picasso, mais aussi Bonnard, Derain, Gauguin, Monet, Pissarro, Renoir. En fait, le musée compte deux trésors : une vingtaine de chefs-d'œuvre flamands inventoriés et 350 pièces de la collection Chlomovitch. Comment expliquer une telle profusion de chefs-d'œuvre ? Il faut revenir un peu en arrière dans l'histoire contemporaine. Erich Chlomovitch, juif serbe, est né autour de 1910. On le trouve à Paris en 1936 où il se lie d'amitié avec le fameux collectionneur Ambroise Vollard, marchand des impressionnistes, ami de Matisse et de Picasso. A la mort tragique du collectionneur en 1939, Chlomovitch hérite de sa collection de maîtres français. Sentant la menace nazie, il enferme 200 tableaux dans un coffre-fort de la Société Générale à Paris et cache le reste, soit 429 œuvres, dans la double cloison d'une ferme du sud de la Serbie. Après la guerre, Roza, la mère d'Erich, récupère les tableaux en Serbie mais meurt dans un accident de train en revenant à Belgrade ! Elle avait signé la cession, et les œuvres entrent au musée en 1951. Or, depuis, la collection Chlomovitch fait l'objet d'une bataille juridique entre l'ayant droit Vollard, qui obtient à Amiens en 1996 d'être fait légataire principal, et les héritiers Herzler, apparentés à la famille Chlomovitch, qui, en 1997 à Belgrade, obtiennent un jugement qui leur est favorable ! Aujourd'hui, cette affaire rocambolesque est au point mort et le musée, de crainte de perdre ses chefs-d'œuvre, en cache une bonne – la meilleure ! – partie ! Si vous savez vous y prendre, demandez à l'entrée de visiter les caves !

■ **MUSÉE ZEPTER**
(МУЗЕЈ ЦЕПТЕР)
42 Knez Mihailova (Кнез Михаилова)
✆ +381 (0) 11 328 3339 – 33 00 120
Fax : + 381 (0) 11 33 00 134
www.zeptermuseum.rs
muzejzepter@zepter.rs
Horaires : mardi, mercredi, vendredi, dimanche de 10 à 20h.jeudi et samedi du 12 à 22h. Fermé le lundi.Tarifs : 200 RSD (adultes, *enfant de plus de 10 ans), 100 RSD (groupe de 10 personnes et plus) et étudiants.Gratuit (enfant de moins de 10 ans, handicapés, sous justificatif, étudiants de l'histoire des arts, des beaux-arts et arts appliqués ; membres de ICOM, AICA, ULUS, ULUPUDS, journalistes (arts, culture).Le dimanche : gratuit pour tous les visiteurs.*

Durant la dernière décennie du siècle précédent et au début du nouveau siècle, Madame Madlena Zepter, Belgradoise et citoyenne du monde, a fait don à sa ville natale de plusieurs institutions culturelles : la Galerie Zepter, l'Opéra et le Théâtre Madlenianum (la première institution privée de ce genre en Europe), la librairie et maison d'édition le « Zepter Book World », la société de ventes aux enchères le « Madl'Art » et le tout dernier : musée Zepter. Selon la décision du ministère de la Culture de la République de Serbie, cette institution a été enregistrée en tant que premier musée d'art privé du pays, inauguré le 1er juillet 2010. Le musée Zepter se trouve dans un monument d'architecture important, en plein centre historique de Belgrade et à proximité des institutions culturelles de premier rang (l'Académie des Sciences et des Arts serbe, la faculté de philosophie, la faculté de philologie, la faculté des beaux-arts...) au 42, rue Knez Mihailova. Disposant de plus de 350 œuvres de 132 artistes à l'ouverture, la collection s'est vu enrichir en un an et demi de 43 nouvelles œuvres. La collection du musée Zepter comprend des œuvres et des artistes qui évoquent la complexité artistique en Serbie de la deuxième moitié du XXe siècle et du début de la nouvelle ère. La principale caractéristique de la collection est de favoriser la continuité de la pratique artistique depuis les fondateurs du courant moderne d'après-guerre, de leurs maîtres et puis de leurs disciples, jusqu'aux créateurs du courant postmoderne et de la nouvelle période. S'étendant sur trois niveaux et sur plus de 1 400 m^2, équipé de la meilleure technologie et de tout le nécessaire, le musée Zepter est un établissement vivant où, à part la collection permanente, se succèdent des expositions différentes, parfois d'autres institutions nationales ou étrangères, et aussi un éventail d'événements culturels comme : concerts, projection de vidéo, tribunes et promotions, lectures et discussions, soirées thématiques et entretiens spécialisés. Autrement dit, ce musée est destiné à devenir un centre qui abritera diverses manifestations de haut niveau.

■ **RÉSIDENCE DE LA PRINCESSE
LJUBICA (КОНАК КНЕГИЊЕ ЉУБИЦЕ)**
8 Kneza Sime Markovića
(Кнеза Симе Марковића)
www.mgb.org.rs
*Visite de 10h à 17h sauf le lundi. Samedi 10h
à 17h et dimanche 10h à 14h. Jeudi de 12h
à 20h. Entrée 100 dinars, gratuit le premier
samedi du mois.*
A deux pas de la Knez Mihailova, cette belle
résidence de style belgradois datant de 1831 est
sans conteste un des lieux historiques les plus
intéressants de la ville. Elle fut construite pour
accueillir la princesse Ljubica et ses deux enfants,
Milan et Mihailo, tous trois sous la protection du
prince Miloš Obrenović. C'est une des maisons
particulières début XIXe les mieux préservées,
et son mélange de styles est caractéristique des
débuts de l'Etat serbe. En effet, le toit arrondi
et les fenêtres entourées d'alcôves sont typiquement ottomans, mais la décoration de style
classique est empruntée aux canons européens
de l'époque. Au XXe siècle, cette résidence
servit de lycée et de Palais de justice, mais
désormais c'est un musée et une galerie. On
y visite des pièces au mobilier bourgeois dans
le style d'Europe centrale et de grands salons
de réception au rez-de-chaussée. A l'étage, ne
manquez pas les chambres de la princesse et
des enfants, aménagées à la Turque, avec des
divans et des tapisseries à l'orientale.

▶ **« Prenez un café avec la princesse
Ljubica »,** chaque samedi à 12h vous aurez
la possibilité de rencontrer une actrice jouant
la princesse qui vous accueillera dans sa
maison, vous fera un café traditionnel et vous
racontera de son point de vue sa maison, sa vie
et son époque. Expérience très intéressante,
disponible également en anglais (réservez
votre place au ✆ +381 11 3283504 ou
par mail office@mgb.org.rs, prix du billet
500 dinars pour l'anglais).

▶ **Dans le même quartier,** deux autres
maisons ont des façades intéressantes. Au
n° 6 de la rue Kralja Petra I, se trouve la
taverne « ? », l'une des plus anciennes de
la ville. Coincé entre deux immeubles des
années 1950, cet établissement fut bâti par des
architectes grecs dans un style typiquement
balkanique, avec un premier étage en surplomb
sur la rue et un toit en brique à la turque. Le
nom de la taverne a changé lorsque l'Eglise
refusa aux nouveaux propriétaires le droit
de garder l'ancien nom « A la cathédrale ».
Depuis, le point d'interrogation est resté. Au
n° 22 de la rue Kosančićev Venac, on peut
voir, dans un style tout à fait différent, une

façade également intéressante : la maison
Mika Alas. Bâtie au début du XXe siècle, dans
des tons bleu clair, cette maison particulière
obéit à l'architecture serbo-byzantine avec des
éléments sécessionnistes. Elle fut habitée par
Mika Alas, membre de l'Académie des sciences
et mathématicien reconnu.

■ **SABORNA CRKVA (САБОРНА ЦРКВА)**
3 Kneza Sime Markovića
(Кнеза Симе Марковића)
www.saborna-crkva.com
Cette cathédrale orthodoxe, coincée entre
le vieux centre et Kalemegdan, constitue
le principal édifice religieux de la capitale.
Construite entre 1847 et 1845 à l'emplacement d'une église plus ancienne, elle offre un
mélange de style byzantin et d'architecture
autrichienne ; son aspect extérieur se rapproche
des églises catholiques, alors que l'intérieur
est entièrement décoré d'icônes et de candélabres. Commande du prince Miloš Obrenović,
la cathédrale joue le rôle de mausolée pour
les grandes figures de l'histoire serbe. Ainsi,
au pied du portail de l'église se trouvent les
tombes de deux grands écrivains serbes du
XIXe siècle : Dositej Obradović et Vuk Karadžić.
Dans une crypte située à droite en entrant
ont été ensevelis le prince Miloš et ses deux
fils, Milan et Mihailo ; dans une autre crypte à
gauche de l'entrée sont enterrés des métropolites et un patriarche. Enfin, installés devant
l'autel, trois coffres conservent les saintes
reliques des princes serbes du Moyen Age, dont
le tzar Lazar, tombé en combattant les Turcs
dans la plaine du Kosovo, en 1389.

■ **STUDENTSKI TRG (СТУДЕНТСКИ ТРГ)**
Studentski trg
Cette place proche de Knez Mihailova est
entourée de bâtiments universitaires et de
monuments connus. La maison du capitaine
Miša, au n° 1 de la place, est aujourd'hui le
siège du rectorat de l'Université de Belgrade.
C'était à l'origine la maison particulière de Miša
Anastasijević, l'homme le plus riche de Serbie
dans les années 1830. Elle devint, dès 1863,
un bâtiment public : tour à tour lycée, ministère
de l'Education, Bibliothèque nationale, son
utilisation par l'Etat serbe a été éclectique
au XIXe siècle. Le bâtiment surprend par le
mélange de couleurs rouge et ocre et par la
confusion de styles, gothique, Renaissance et
byzantin. Egalement sur la place, le monument
en l'honneur de l'écrivain et pédagogue serbe
Dositej Obradović (1742-1811), érigé en 1914 et
toujours l'une des plus belles sculptures de la
ville. Vous apprécierez aussi le monument au
fondateur de la géographie serbe Jovan Cvijić

(1865-1925), datant de 1994. Le monument au poète monténégrin Petar Petrović Njegoš (1813-1851) se trouve entre la faculté de philosophie et le rectorat.

■ STUDIO DE MILAN JOVANOVIĆ (СТУДИО МИЛАНА ЈОВАНОВИЋА)
Terazije 40

Dans le prolongement de Terazije se trouvent des exemples de style Sécession. Le studio de Milan Jovanović, photographe de la famille royale, est sis au n° 40 de Terazije et le classicisme de ses lignes est à remarquer. Au croisement avec la rue Njegoševa, on peut voir une autre maison de ce style, celle de la Société pour l'embellissement de Vračar. Remarquez ses fenêtres originales et la décoration Art déco du toit.

■ SYNAGOGUE (СИНАГОГА)
19 Maršala Birjuzova (Маршала Бирјузова)

L'une des plus anciennes synagogues de la ville se trouvait rue Jevrejska, dans le quartier de Dorćol, en bas de Stari Grad. Plus tard, de 1869 à 1924, le culte juif était célébré dans l'enceinte du Théâtre national. A présent, la communauté juive dispose de ce bâtiment situé sur un terrain donné par la municipalité.

■ THÉÂTRE NATIONAL (НАРОДНО ПОЗОРИШТЕ)
3 Francuska (Француска)

✆ +381 3281 333 – www.narodnopozoriste.rs

Construit à l'initiative du prince Mihailo et sur les plans d'Alexandre Bugarski, sur le modèle des théâtres d'Europe centrale de la même époque, il possède une façade de style années vingt, des sculptures néoclassiques et des décors Renaissance. Le tout en fait un fort bel ensemble. Le théâtre ouvrit ses portes en 1869 ; les premières représentations d'opéra et de ballet eurent lieu en 1919.

■ TOMBE DU CHEIK MUSTAFA (ШЕИК МУСТАФИНО ТУРБЕ)
A l'angle des rues Braće Jugovića et Višnjićeva.

Au-dessous du parc de Studentski Trg se trouve ce mausolée musulman de forme hexagonale, surmonté d'un toit typiquement oriental. A la mort du cheik, ce qui était une *tekije* abritant les rituels des derviches a été transformé en tombe où reposent les cendres du cheik Mustafa.

■ LE VAINQUEUR DE BELGRADE (БЕОГРАДСКИ ПОБЕДНИК)
Kalemegdan

Au bout de la forteresse, surplombant l'embouchure de la Save et du Danube, on peut voir le symbole de la ville de Belgrade : sur une haute colonne néoclassique se dresse, dans une attitude fière et sereine, un jeune soldat porteur d'un message de paix. Construite en 1928 par Ivan Meštrović, cette sculpture imposante rappelle les sacrifices de l'armée serbe pour la libération de la patrie en 1918, aux côtés de la fameuse armée française d'Orient.

BELGRADE

© NATIONAL TOURISM ORGANISATION OF SERBIA

Théâtre national sur la place de la République.

Vračar et le sud

Vrač veut dire un sort. *Vračar* est la personne qui jette les sorts. Vers 1495 c'était le plateau où les sorciers guérissaient les malades. C'est resté vrai pendant des siècles sous l'occupation des Turcs qui en firent leur quartier général. Pour cette raison, la plupart des rues portent le nom des pachas d'antan (Hadji Prodanova, Hadji Djerina...). Pour marquer leurs suprématies ou par concours de circonstances, les Serbes y construisirent la plus grande cathédrale orthodoxe du monde : la Sainte Sava (Hram Sveti Sava).

■ BIBLIOTHÈQUE UNIVERSITAIRE SVETOZAR MARKOVIĆ (УНИВЕРЗИТЕТСКА БИБЛИОТЕКА СВЕТОЗАР МАРКОВИЋ)

71 Bulevar Kralja Aleksandra
(Булевар Краља Александра)
✆ +381 11 3370 354
www.unilib.bg.ac.rs

Cette belle bibliothèque universitaire aux couleurs jaunes et blanches n'est pas sans évoquer les édifices viennois. Construite en 1924 grâce aux subsides de la fondation Carnegie, la bibliothèque obéit au style dit académique. Après la Librairie nationale (bâtiment moderne à Vračar), c'est la plus importante bibliothèque universitaire de Serbie. On peut de temps à autre y visiter de très belles expositions.

▶ **Ce quartier possède également des monuments** à l'effigie de grands personnages de l'histoire serbe. A un grand carrefour qui porte son nom et à l'entrée du parc lui étant dédié, se trouve le monument de Vuk Karadžić (1787-1864). Imposante par sa hauteur et par l'attitude pleine de sagesse du lettré, cette sculpture a été construite en 1937, pour le 150e anniversaire de ce linguiste et historien, père de la langue serbe moderne. En remontant le boulevard du Roi-Alexandre vers le centre-ville, on arrive au monument de Nikola Tesla (1856-1943), connu pour ses travaux sur l'électricité, placé à l'entrée même de l'édifice abritant la plupart des facultés techniques de Belgrade ; 100 m plus loin, le monument de Svetozar Marković (1846-1875) rappelle le fondateur du socialisme en Serbie.

⚡ CATHÉDRALE DE SAINT SAVA (ХРАМ СВЕТОГ САВЕ)

Saint Sava

La cathédrale Saint-Sava, qui domine la ville de son dôme étincelant, est aujourd'hui la plus grande église orthodoxe d'Europe. Parée de quatre clochers hauts de 44 m, surplombée d'une coupole s'élevant à 70 m au-dessus du sol et s'étendant sur une surface de 91 par 81 m², l'église Saint-Sava impressionne par sa monumentalité et son élégance toute byzantine. Son plan simple en croix grecque ramassée et ses 18 coupoles surmontées chacune d'une croix dorée en trois dimensions la parent d'une incomparable majesté. On remarque l'église perchée sur la colline de Vračar, visible à 80 km à la ronde d'où qu'on vienne ! Pour comprendre la signification terrestre et spirituelle de cet édifice, il faut revenir loin en arrière dans l'histoire serbe. Le 27 avril 1594, le vizir Sinan Pacha ordonna de transférer les reliques du saint moine Sava qui reposaient au monastère de Mileševa, en Serbie méridionale, et de les brûler sur cette colline. De la part des Ottomans, ce geste d'une portée symbolique incontestable entendait signifier définitivement l'opposition des Turcs aux velléités d'indépendance des Serbes. Le roi Alexandre mourut assassiné à Marseille avant de pouvoir assister aux premiers travaux commencés en 1935. Puis le chantier fut interrompu en raison des bombardements allemands de 1941, et Tito refusa de reprendre les travaux entamés par le roi. Il fallut attendre la mort du dictateur

© SASHA – FOTOLIA

*La cathédrale Saint-Sava
est la plus grande église orthodoxe d'Europe.*

communiste pour que l'ouvrage soit poursuivi à partir de 1985. Une souscription internationale fut lancée par l'église orthodoxe serbe, et ce furent surtout les Serbes de la diaspora qui répondirent à l'appel. Vingt ans plus tard, l'édifice est entièrement terminé, mais il reste encore beaucoup à faire pour sa décoration intérieure. En février 2004, à l'occasion du bicentenaire de la création de l'Etat serbe moderne, la cathédrale Saint-Sava a été inaugurée en grande pompe par le patriarche Pavle. Aujourd'hui, un parc paysager l'entoure.

■ ÉGLISE DE L'ASCENSION (ВАЗНЕСЕЊСКА ЦРКВА)

19 Admirala Geprata (Адмирала Гепрата) Construite en 1863. Son allure austère s'explique par le fait qu'elle avait été bâtie pour l'armée dont une garnison se trouvait aux abords immédiats. Son style est un mélange de romanticisme et de tradition héritée des églises serbes médiévales, et n'est pas sans évoquer l'architecture de Ravanica, en Choumadie. Son intérêt réside dans une riche collection d'ouvrages d'art et dans ses cloches joliment décorées. La cloche de l'église de l'Ascension est ainsi la première à avoir sonné lorsque la Serbie obtint l'autonomie octroyée par les Turcs, en 1830.

■ ÉGLISE DE SAINT MARC (ЦРКВА СВЕТОГ МАРКА)

17 Bulevar Kralja Aleksandra (Булевар Краља Александра) Cette très belle église orthodoxe située près du Parlement national surprend par ses couleurs rouges et ocre ainsi que par les matériaux utilisés, qui vont de la brique au bois en passant par le bronze. Elle a été construite dans les années 1930, sur le modèle du monastère de Gračanica : l'église Sveti Marko est donc de style médiéval orthodoxe serbe, avec un plan en croix grecque et douze coupoles. Cette église est chère au cœur des Belgradois car elle abrite les reliques du tsar Dušan (1308-1355), qui avaient été transférées du monastère des Saints-Archanges de Prizren. Les Belgradois ont l'habitude d'y déposer, à toute heure, un cierge en l'honneur des morts ou pour un être proche. Le soir, elle est illuminée.

■ KARAĐORĐEV PARK (КАРАЂОРЂЕВ ПАРК)

Bulevar oslobođenja Le quartier de Karađorđev park est situé sur la pente méridionale de la colline de Vračar, il s'étend au-delà des limites du parc proprement dit, soit sur toute la zone située le long du boulevard de la Libération, depuis Autokomanda jusqu'à la place de Slavija. Le parc est à l'emplacement d'un camp militaire établi par l'armée serbe en 1806 lors du siège de Belgrade, qui eut lieu au début du premier soulèvement serbe contre les Ottomans.

En 1848, le prince Alexandre Karađorđević, le chef du premier soulèvement et le fondateur de la dynastie des Karađorđević, fit ériger un monument en l'honneur des combattants, ce pourquoi à cet endroit se trouvent une cinquantaine de tombes dont seulement douze sont visibles. Caractérisé surtout par son style néo-romantique, l'Observatoire météorologique au 8 boulevard de la Libération est un bâtiment construit en 1890 et 1891 par l'architecte Dimitrije T. Leko d'après un projet du professeur Milan Nedeljković, son fondateur. D'abord situé à l'extérieur du centre-ville de Belgrade, le parc fut agrandi en 1903-1904 et entouré d'une clôture. Après la Première Guerre mondiale, plusieurs monuments y furent érigés, entre autres, la Faculté de médecine vétérinaire créée en 1936. On y trouve aussi de nombreuses cliniques, ainsi que l'Hôpital universitaire pour les enfants au 10 rue Tiršova et créé en 1924 à l'initiative du pédiatre viennois Franz Gröer. Longtemps négligé, il a été rénové au début des années 2000 et des terrains de jeu pour les enfants y sont maintenant installés.

■ MAUSOLÉE DE TITO ET MUSÉE DE L'HISTOIRE DE LA YOUGOSLAVIE (ТИТОВ МАУЗОЛЕЈ И МУЗЕЈ ИСТОРИЈЕ ЈУГОСЛАВИЈЕ)

6 Botićeva (Ботићева)
℡ +381 11 3671485
www.mij.rs
Ouvert du mardi au samedi de 10h à 16h. Entrée 200 dinars, valable pour le vieux musée, la Maison des fleurs ou Mausolée de Tito et le Musée du 25 mai qui forment ensemble un complexe. Entrée gratuite dans la Maison des fleurs le 4, le 18 et le 25 mai. Parking gratuit.
Un des endroits les plus insolites et qui suscite le plus d'intérêt de la capitale serbe.

▶ **Le mausolée ou Maison des fleurs** qui abrite sa tombe, sur la colline de Dedinje, continue à être visité, plus de 30 ans après sa mort et devient, chaque 25 mai, le lieu de pèlerinage de nombreux yougonostalgiques de tous les pays de l'ex-Yougoslavie.

Vračar et le sud

SAVA

Jurija Gagarina

most na Adi

ADA CIGANLIJA

Čukarički rukavac

Radnička

Radnička

Radnička

Bulevar vojvode Mišića

V. Igoa

Ruska

Košte Glavinica

Ovčarska

Kuršumi

Glišića

Simićeva

Žanke Stokić

Drvarska

Sanje Živanović

Vladete Kovačevića

Mlenković

Senjačka

Ljube Kozjačka

Ljube Jovanovića

Vase Pelagića

Suvobarsi

Dimička

Bulevar vojvode Mišića

SENJAK

Temišvarska

Andre

Nikolića

Istarka

Kaćanskog

Banijčki trava

Puškinova

Vase Pelagića

Boškovoneva

Petra Čajkove

Bulevar vojvode Putnika

Hippodrome

Paštrovićeva

Kiriljela

Zrmanjska

Dobrinovića

Požeška

Paštrovićeva

Paštrovićeva

Službeni put

Mihajlovac

Marković

Ičkova

Kneza Višeslava

Pere Todorovića

Požeška

Topčidersko
groblje

Pionirska

Résidence
Prince M

Topčiderski
Park

Pucara

BANOVO
BRDO

Steve Todorovića

Pionirska

Station ferroviaire
Topcider

Pionirska

Rakovički put

Gardijska

Udbinska

Praška

Beogradskog

Baruthana

Žarkovačka

Iznovska

Kneza Višeslava

Znonmićeva

Pionirska

TOPČIDE

Blagoja Parovića

Kraljice

Kraljice Katarine

Mira Popare

Petra Leković

KOŠUTŊAK

Pionirska

vers le Mausolée de Tito &
Musée de l'hist. de la Yougoslavie

Musée
Nik. Tesla

vers Bibliothèque
Sv. Markovic &
Eglise Saint-Marc

VRAČAR

Milenka Trsova
Sarajevska
Durmitorska
Kneza Miloša
Miloša Pocerca Pasterova
Svetozara Markovića
Bičaninova
Kralja Milutina
Katićeva
Kneginje Zorke
Kneginje Sava
Svetog
Smiljanićeva
Mekenzijeva
Moleva
Koče
Kapetana
Višnjina
Kuršulina
Nevejnska Viška
Ivana Daje
Maksima Gorkog
Mutapova
Topolska

VENAC

Ohridska

Cathédrale
Saint Sava

Monument de
Karadjordje

Dvorska
Dr. Subotica
Nebojšina
Bulevar Oslobodenja
Parc
Karadordev
Rankeova
Mutapova
Mačvanska
Patrijarha Varnave
Stojana
Novopazarska
Dubljanska

Bulevar Franše d'Epere

NEIMAR
Dubljanska
sumatovačka

Maleška
Oblakovska
Labiška
Zvečanska
Gučevska
Dobropoljska
Gorjačka
Zvečanska
Internacionalnih brigada
Hadži-Milentjeva
Petra Kočića
Janka Veselinovića
Monument de
Lamartine
Ranička
Borđa Vajferra
Južni bulevar
Mitrovica

Bulevar Kneza
Station ferroviaire
Belgrade Centre
jd Park
derski venac
Humska
Sime Igumanova
vojvode Hrvoja
Gospodara
Debarska
Panjska
Rada
Deli-Radivoja

Topcider
Botićeva
Stevana Prvovenčanog
Ustanička
Murska

Dr. Milutina Ivkovića
Kolubarska

Vlastimira
Čakorska
Ružićeva
Aleksandra
Sekspirova
Maglajska
Tajšica
Admirala Vukovića
Borisavljevićeva
Ljube Nedića
Kumodraška
Danijelova

Lackovićeva
Zaječarska
Užička
Musée de
l'Etoile rouge
Jove Ilića
Božo Jankovića
Esad Pašina
Sekulić
J. popovića
Kralja Vladimira

Tolstojeva
Augusta Cesarca
Šturma
Palais Royal
des Karadordevic
Ljutice
Bogdana
Sokobanjska
A. Stambolijskog
Banićki venac
Marinkovića
Gen. Anrija
Javanovića
Cvijanovića
Costivarska

eodora Drajzera
Mike Ilića
Karadordevića
Her. Milana Tepica
J. Grujića
Serdar Jola
Goleška
Bulevar Oslobodenja
Vitanovačaka
Durkovića
Podravska

Kroštraška
Pujovica
S. Grujića
B. Petrović
Jove Ilića
VOŽDOVAC

Ive
Vojnovica
Josifa Marinkovića
Stojanovića
Čačinovića
A. Banatskog
Doðo Radojlovića
K. Racina
Led Pedzet
Sime Lazanica
Palačkova
Smetanina
Generala Pavla Jurišića Šturma
Bulevar Oslobodenja
Radevska
Kostolaška
vojvode Stepe

Bul. Kneza Aleksandra Karadordevića
Jagodila
Krunijska
Mačkov Kamen
Paje Adamova
Neznanog Junaka

BANJICA
Solinc
Krušika
Velisava
Miloša Đaka

Mihajla Avramovića

0   350 m
N

Musée du Camp de
concentration de Banjica

▶ **À côté, un bâtiment des années 1970 (le Vieux musée)** accueille les collections personnelles de Tito : des centaines de trophées, cadeaux, armes amassées au cours de ses voyages dans les pays du tiers-monde pendant trente ans. Les plus anciens cadeaux remontent au Moyen Age. Ne manquez pas la collection de torches (près de 22 000) que les jeunes coureurs se passaient en relais de tous les recoins de la Yougoslavie en traversant des centaines de kilomètres avant de finir dans les mains de l'ancien président.

▶ **Le musée de l'Histoire de la Yougoslavie** ou musée du 25 mai est aujourd'hui l'un des plus intéressants de Belgrade, innovateur, créatif et dynamique, il revisite sans cesse l'histoire de ce pays qui n'existe plus.

■ MONUMENT DE KARADJORDJE (СПОМЕНИК КАРАЂОРЂУ)

Dans le parc du temple de Saint Sava.
Bien en vue sur la place, juchée sur un monticule de terre, se trouve la sculpture du leader de la première insurrection serbe de 1804. Karadjordje ou Georges le Noir fut à la fin du XVIIIe siècle un éleveur et commerçant de viande porcine. Enrichi par ces activités, il acheta des armes aux Autrichiens cantonnés sur l'autre rive de la Save et organisa le soulèvement des Serbes contre le joug ottoman. La légende veut que Karadjordje ait rassemblé sur cette colline de Vračar une milice de 3 000 hommes. Ce qui servit ensuite d'exemple aux autres villes serbes de Choumadie, qui emboîtèrent le pas aux Belgradois durant toute l'année 1804.

■ MONUMENT DE LAMARTINE (СПОМЕНИК ЛАМАРТИНУ)

Nebojšina
En descendant la rue Nebojšina vers les quartiers périphériques, vous verrez ce monument en l'honneur de notre grand poète et homme politique. Lamartine (1790-1869) séjourna plusieurs fois à Belgrade au milieu du XIXe siècle et défendit, à la Chambre des députés, le sort des chrétiens des Balkans martyrisés par les Ottomans. A quelques mètres de là, il est intéressant de noter le monument aux brigades internationales, auxquelles beaucoup de communistes serbes ont participé entre 1936 et 1939, mais aussi celui aux victimes des raids aériens sur Belgrade le 6 avril 1941.

■ MUSÉE DE L'ÉTOILE ROUGE (МУЗЕЈ ЦРВЕНЕ ЗВЕЗДЕ)

1a Ljutice Bogdana (Љутице Богдана)
✆ +381 11 2067 773
www.crvenazvezdafk.com/muzej
Ouvert du lundi au vendredi de 10h à 16h et le samedi de 9h a 14h. Entrée 200 dinars, enfants gratuits.
Pour les *aficionados* de ce club qui, rappelez-vous, avait battu l'OM en 1991 en finale de Ligue des Champions !

Monument de Karadjordje.

© MIKHAIL MARKOVSKIY – FOTOLIA

■ **MUSÉE DU CAMP DE CONCENTRATION DE BANJICA (МУЗЕЈ БАЊИЧКОГ ЛОГОРА)**

33 Pavla Jurišića Šturma
(Павла Јуришића Штурма)
℘ +381 11 263 0825 – www.mgb.org.rs
Ouvert le mardi et le samedi de 10h a 17h ou sur demande. Prix du billet 100 dinars.
Ce mémorial est situé dans le bâtiment où, à partir du 9 juillet 1941, plusieurs milliers de patriotes serbes et d'opposants au régime nazi furent torturés et assassinés. C'est un lieu de mémoire important pour tous ceux qui ont souffert de la guerre, mais aussi pour les générations suivantes.

■ **MUSÉE NIKOLA TESLA (МУЗЕЈ НИКОЛЕ ТЕСЛЕ)**

51 Krunska (Крунска)
℘ +381 11 24 33 886
www.tesla-museum.org
info@tesla-museum.org
Ouvert du mardi au vendredi de 10h à 18h, le samedi et dimanche de 10h à 15h. Visite guidée toutes les heures 150 ou 300 dinars pour une visite en anglais.
Nikola Tesla (1856-1943) est le savant serbe le plus connu, car ses travaux ont donné naissance à l'électricité. Le musée expose ses effets personnels et l'urne qui contient ses cendres. Deux salles relatent la vie du savant, le reste du musée étant consacré à ses inventions.

■ **PALAIS ROYAL DES KARAĐORĐEVIĆ (ДВОРСКИ КРАЉЕВСКИ КОМПЛЕКС КАРАЂОРЂЕВИЋА)**

96 Bulevar kneza Aleksandra Karađorđevića
(Булевар кнеза Александра Карађорђевићњ)
℘ + 381 11 3343 460
www.royalfamily.org
dvorski_kompleks@yahoo.com
Les visites sont organisées le samedi et dimanche à 11h et 14h via l'Office du tourisme de Belgrade, Knez Mihailova 6 ℘ +381 11 32 81 859. Entrée : 450 dinars.
Dans le quartier de Dedinje, à quelques encablures du centre-ville, le palais de la dynastie desKaradjordjević, rouvert récemment, est composé de deux édifices majestueux, le palais royal et le palais Blanc (Beli Dvor). Le palais royal fut érigé dans la seconde moitié des années 1920 par le roi de Yougoslavie Alexandre Ier et servit de résidence royale aux Karadjordjević jusqu'à 1941. Construit dans un style serbo-byzantin, le palais royal est aujourd'hui la résidence du prince héritier Alexandre II. On peut visiter les intérieurs de marbre, la bibliothèque, les salons et la salle de réception richement décorés. Du palais, une vue imprenable se déploie sur les collines de Topčider, Košutnjak et Avala. Erigé en 1937, le palais Blanc, ou Beli Dvor, est caché dans une forêt magnifique et remarquable par sa beauté d'architecture. Son entrée est ornée de tableaux de maîtres français du XVIIe siècle (Poussin et Millet notamment) et on peut voir de la porcelaine de Sèvres dans les chambres. Le petit et le grand salon, de style Louis XV, sont décorés de lustres vénitiens et de tableaux de Brueghel et de Canaletto. La visite du Beli Dvor est à ne manquer sous aucun prétexte !

■ **RÉSIDENCE DU PRINCE MILOŠ (МИЛОШЕВ КОНАК)**

Rakovički put, parc de Topčider
Visites guidées par l'office du tourisme d'avril à octobre, le week-end.
Cette superbe résidence fut construite pour le prince Miloš Obrenović au sommet de l'ancien parc royal. Le prince y résida par intermittence durant son premier règne, ensuite de façon continue durant le second, jusqu'à sa mort en 1860. L'architecture de la résidence combine le style balkanique (fenêtres en bois, toit en brique à arêtes) et le style Europe centrale (plan géométrique et grandes perspectives). Le bâtiment est situé au milieu d'un parc très agréable, où les Belgradois aiment à se promener à l'abri de la chaleur et du vent. Dans le parc de Topčider, on découvre l'environnement des princes au XIXe siècle. Tout d'abord, l'église privée du prince Obrenović, dédiée aux saints apôtres Pierre et Paul. Elle fut construite en 1832 sur le lieu même où, 28 ans plus tôt, le prince échappa à l'exécution ordonnée par son rival Karadjordje. Son plan simple en croix grecque avec deux beffrois de style baroque, ainsi que l'utilisation d'une pierre aux teintes chaudes lui donnent une grande élégance. Les 13 hectares du parc sont riches en arbres majestueux et en fleurs rares, grâce notamment aux bons offices de jardiniers français employés par le prince Miloš au XIXe siècle. On ne partira pas sans avoir vu le bâtiment de la station ferroviaire de Topčider. Dans un style très Europe centrale, cette ancienne et autrefois importante gare du réseau belgradois est toute petite et gracieuse avec ses colombages, à l'endroit le plus sauvage du parc, en contrebas.

■ TOPČIDER (ТОПЦИДЕР)

Topčidersko Brdo
www.beograd.rs/cms/view.
php?id=201846

Topčider est un quartier définitivement inscrit sur la liste des monuments culturels d'importance exceptionnelle de Belgrade. D'abord parce que c'est le plus grand et le plus proche du centre-ville. Dans la continuité du parc qui commence au prolongement de l'artère principale Kneza Miloša se trouve carrément une forêt du même nom où les Belgradois se promènent, pique-niquent et se détendent presque tous les jours (13 hectares de platanes les plus hauts d'Europe mesurant environ 34 mètres). On peut considérer que c'est le véritable poumon de la ville qui doit son nom au mot serbe *top* qui veut dire « canon » lui-même venant du mot turc *topçu* qui signifie « artilleur ». Car c'est ici que pendant la période d'occupation ottomane les Turques avaient leurs quartiers d'où ils pouvaient se défendre du haut de la colline « Topčidersko Brdo ».

En 1831, le prince Miloš Obrenović se fit construire sa résidence dans un style typiquement balkanique, mêlant des éléments orientaux et classicisants, car à cet endroit se trouvent des fleures rares que son jardinier français choisissait pour embellir le parc de la résidence. Au nord se trouve le cimetière de Topčider, avec une église orthodoxe serbe dédiée à Saint Trifun. Dans ce quartier est abritée également la Monnaie de la Banque nationale de Serbie. A l'ouest, à la limite avec Dedinje, se trouve le Beli dvor de l'ancienne famille royale des Karađorđević habité aujourd'hui par le prétendant au trône Aleksandar Karađorđević et sa famille.

Novi Beograd

■ MUSÉE D'ART CONTEMPORAIN (МУЗЕЈ САВРЕМЕНЕ УМЕТНОСТИ)

10 Ušće (Ушће)
✆ +381 11 3676 291 – www.msub.org.rs
Sur le quai de Ušće,
en face de la forteresse. Blok 15.

En réfection à l'automne 2007, encore fermé début 2012, veillez à vérifier s'il a rouvert lors de votre séjour à Belgrade avant de vous y rendre, vous pourriez perdre quelques heures pour rien. Situé sur la Save, après le pont de Brankov en venant du centre-ville, ce musée est intéressant pour ses expositions temporaires comme pour son architecture. Construit en 1965, le musée d'Art moderne reçoit la lumière du jour par d'énormes baies vitrées et sa conception ingénieuse, avec des semi-étages communicants, lui donne des volumes intéressants. Il est entouré d'un parc agréable agrémenté de sculptures d'artistes yougoslaves. Son but est de représenter, à travers une collection de 35 000 sculptures et peintures, toute l'étendue de l'art contemporain de ce pays. Il faut signaler que le MAC de Belgrade est le seul de tout l'espace yougoslave à rendre compte de l'art contemporain de toutes les anciennes républiques de Yougoslavie, et ce depuis le début du XXe siècle jusqu'à nos jours : artistes croates, slovènes et bosniaques côtoient Serbes et Monténégrins. De l'impressionnisme au conceptualisme, en passant par le collorisme et le surréalisme, toutes les tendances de l'art moderne yougoslave sont ici représentées.

■ MUSÉE DE L'AVIATION YOUGOSLAVE (МУЗЕЈ ВАЗДУХОПЛОВСТВА ЈУГОСЛАВИЈЕ)

Aéroport Nikola Tesla
✆ +381 11 319 1937
www.mjrv.mod.gov.rs
Ouvert du mardi au dimanche de 9h à 15h30 l'hiver et de 8h30 a 19h l'été.
400 dinars.

Des avions expérimentaux des années 1920 aux derniers avions militaires, plus de 47 pièces suspendues dans ce dôme à la gloire de l'aviation yougoslave. Des parcours didactiques et un musée aéré, riche en informations. A l'extérieur, encore plus d'avions, plus récents mais qui moisissent un peu…

Ada Ciganlija

■ ÎLE ADA CIGANLIJA (АДА ЦИГАНЛИЈА)

Ada Ciganlija
✆ +381 11 354 4634
✆ +381 11 354 1117
www.adaciganlija.rs
www.beograd.rs/cms/view.
php?id=201834

A 4 km du centre-ville, sur une presqu'île artificielle construite à partir d'une île, sur la Save, a été développé un complexe de détente et de sport. Plusieurs plages accueillent les estivants. Véritable oasis de verdure et de fraîcheur dans une ville parfois étouffante en été, Ada Ciganlija propose traditionnellement baignades, parties de football et jeux d'échecs. Depuis l'allongement de l'île en 2002, on peut

y pratiquer également le golf, le paint-ball, l'aqua-soccer, le hockey sur gazon, le rugby, ce qui n'empêche pas Ada Ciganlija de rester le lieu idéal pour les pique-niques en famille et les baignades, qui sont surveillées. Face à son succès, le lac a structuré ses activités. Vous pouvez y pratiquer :

▶ **Saut à l'élastique.** Près des toilettes rondes. De mai à la fin septembre, à partir de 14h, sauf lundi (℡ +381 64 1968 414). Tarif 35 €.

▶ **Ski.** Une piste/rouleau de 10 m vous donne les sensations du ski et snowboard. A partir de 15 € l'heure (℡ +381 63 550 044 – skiavantura@skitrack.rs).

▶ **Escalade sportive.** Compter 1 500 dinars pour devenir membre et utiliser le rocher tout l'été. Club Vertical se trouve près du saut à l'élastique (℡ +381 63 1313 109).

▶ **Ski nautique,** soit tiré par un tire-fesses aquatique (la demi-heure : 850 dinars avant 13h, 1 100 après 13h), soit même par un bateau. De fin avril à fin septembre (℡ +381 11 305 8066 – aquaski@verat.net).

▶ **Vélo.** Grâce à de nombreuses pistes cyclables, vous pourrez vous promener autour de l'île et au-delà en louant des VTT à partir de 150 dinars de l'heure ou 400 dinars la journée.

▶ **Ajoutez bien sûr des plages,** en gravillon, dont une, tout au bout, pour les nudistes, des bars et restaurants, un petit train qui fait le tour du lac, des locations de pédalo, un toboggan aquatique, bref, un lieu de villégiature unique dans une capitale. Alors, certains jours de forte chaleur, il y a beaucoup de monde, jusqu'à 300 000 personnes. Mais il y a de la place, le lac fait 4,2 km de longueur et l'ensemble du domaine 800 hectares.

▶ **D'autant qu'un peu plus loin se trouve Ada Safari,** petit lac beaucoup plus sauvage et destiné à la pêche et à la contemplation de la nature.

▶ **Pour y aller,** les bus 51 et 511 depuis la gare ou 23 et 37 depuis l'avenue Knez Miloša. En voiture, suivre les indications « Sajam/Fair » depuis le centre, ou toujours tout droit depuis la gare en la laissant sur sa gauche. Le parking est à 150 dinars pour toute la journée.

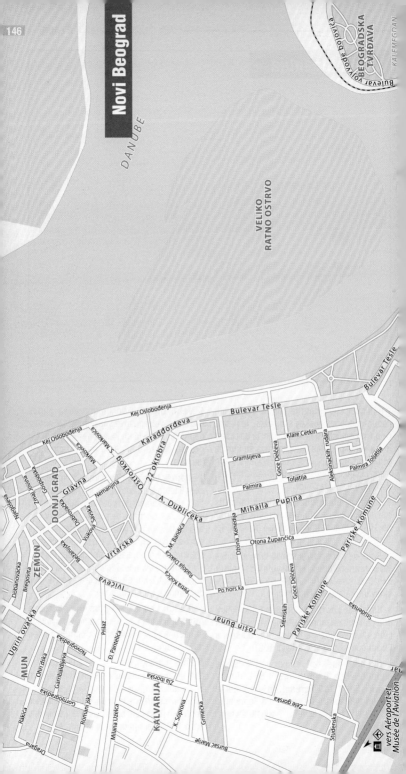

Novi Beograd

DANUBE

BEOGRADSKA
TVRĐAVA

Bulevar vojvode Bojovića

KALEMEGDAN

VELIKO
RATNO OSTRVO

Bulevar Tesle

Kej Oslobođenja

Bulevar Tesle

Karađorđeva

Klare Cetkin

Kej Oslobođenja

S. Markovića

Mihovila

Gospodska

Glavna

22. oktobra

Gramšijeva

Goce Delčeva

Aleksinačkih rudara

Palmira Toljatija

DONJI GRAD

Nebojšina

Zmaj Jovina

Dubrovačka

Nemanjina

Sremskih partizana

Palmira

Toljatija

A. Dubliceka

Mihaila   Pupina

Vukovarska

Bežanijska

Vitarska

Džona Kenedija

Otona Župančića

Pariske Komune

ZEMUN

M. Bandića

Goce Delčeva

Bregovita

Petra Kočića

Radoja Dakića

Po.hors.ka

Sremskih

Pariske Komune

Dobanovačka

Ivićeva

Tošin Bunar

Studenska

Ugrinovačka

Prilaz

Novogradska

MUN

Ohirdska

D. Pametica

Garibaldijeva

Zla iborska

Zele gorska

Rakića

Gornjoradska

Romanijska

Milana Uzelca

KALVARIJA

K. Soprona

Grmečka

Studenska

Dragana

Bursać Marije

vers Aéroport et
Musée de l'Aviation

A

Musée d'Art contemporain

Knezaa S Marc

Kosančićev

Herzegovačka

Železnićke

Karađorđeva

Brankov most

Zemunski put

Bulevar Tesle

Ušće

NOVI BEOGRAD

Mihaila Pupina

Antifašističke borbe

Bulevar Zorana Đinđića

Španskih boraca

Bulevar Zorana Đinđića

Bulevar umetnosti

Bulevar Arsenija Čarnojevića

Omladinskih

Bulevar Arsenija Čarnojevića

Milutina Milankovića

Zarija Vukičevića

Ivana Markovića

Slavka Šandera

Slavka Ramiza

Brodarska

Vladimira Popovića

Milutin Popovića

Bulevar Arsenija Čarnojevića

D. Jerkića

Most "Gazela"

Antifašističke borbe

Span. boraca

Gare ferroviaire
Novi Beograd

Bulevar Milutina Milankovića

Đorđa Stanojevića

Đorđa Stanojevića

Omladinskih

Jurija Gagarina

Jurija Gagarina

Zimovnik

most na Adi

SAVA

NOVI BEOGRAD

Tošin

Tošin Bunar

D. Georg Stanka

Bulevar Vojvode Mišića

Ristića

Simkće

0   400 m

▬ BALADES

Du centre à Vračar

▶ Vous commencerez certainement par découvrir le centre-ville. Mais Belgrade est une ville complexe, géographiquement. Sans vraie banlieue, elle a absorbé des villages au cours des derniers siècles, et qui le sont restés dans l'esprit. En outre, plusieurs collines font le charme de la ville. S'il est un quartier à découvrir à pied, c'est celui de Vračar.

▶ Vous pouvez démarrer cette promenade depuis l'église Saint-Sava, à son point culminant. La plus grande église orthodoxe d'Europe sera un repère facile. Enfoncez-vous dans les rues qui se trouvent sur son arrière. Là, d'innombrables petites maisons du XIXᵉ siècle font le charme du quartier avec leurs jardins et leurs moulures qui tentent de les faire passer pour bourgeoise. De minuscules *kafana* ou cafés seront autant de halte à la rencontre de ses habitants. Vous pouvez poursuivre votre balade jusqu'au quartier de Crveni Krst.

Pittoresque Crveni Krst

▶ Le quartier, situé entre Vračar et le boulevard du Roi-Alexandre recèle de petites rues admirables avec leurs vieilles maisons et des petits parcs anciens. Tout rappelle que la campagne régnait ici il n'y a pas si longtemps. Vous y boirez un verre dans un des jardins des cafés BRE ou VRT. Pour trouver la petite place de Crveni Krst (qui signifie « croix rouge », une croix rouge en pierre s'y trouve mais fort discrètement), prenez le trolleybus 29 depuis le centre et demander l'arrêt correspondant.

Dedinje l'élégante

▶ Le quartier résidentiel des anciens et nouveaux riches. C'est ici que Tito vivait, c'est ici que Milošević a fait de même. Mais Dedinje, c'est surtout une colline boisée, fort agréable pour se promener. Pour y aller, c'est toujours tout droit depuis l'avenue Knez Miloša dans le centre. En bus, le n° 43 à prendre dans cette même avenue.

Au parc de Košutnjak

▶ Dans le prolongement de Dedinje et à côté de Banovo Bredo, le parc de Košutnjak est immense. Boisé, vallonné, c'est un véritable parc naturel en pleine ville. Et pourtant, imaginer être en ville vous sera difficile. Vous pourrez ici faire des parcours de santé, de longues promenades en forêt, ou jouer au tennis au sommet. Et descendre de l'autre côté, en pleine nature, pour récupérer le tramway n° 3 qui vous ramène à la gare de chemin de fer, en contournant la colline. Encore plus sympathique, sera de prendre le train, à la gare de Topčider, la plus petite gare d'Europe, cachée derrière de grands arbres. Pour y aller, descendre tout droit depuis le rond-point de Dedinje, ou bien prendre le tram n° 3 à la gare et descendre à l'arrêt où se trouve une petite épicerie.

Le long de la Save

▶ Les deux rives de la Save sont idéales pour faire de longues balades. Des deux côtés, les quais sont aménagés et rive droite, côté ville donc, il y a même une piste cyclable récente, qui vous amène jusqu'à Ada Ciganlija, à 4 km. Vous pouvez donc louer un VTT au pied de la forteresse dans un kiosque ou plus loin sur le parcours. En tout, trois loueurs vous proposent leurs services, à l'heure. Compter entre 80 et 150 dinars de l'heure. Au bord de l'eau, si la nature n'est pas vraiment présente, entre friches industrielles et bateaux rouillés, quelques coins sont charmants et surtout quelques bateaux, splavs et petits restaurants sur la berge seront autant de haltes tranquilles. En face, sur l'autre berge, c'est beaucoup plus aéré, et en allant puis en remontant le Danube, là aussi de nombreux splavs et bateaux vous offrent leur hospitalité.

▬ SHOPPING

Supermarchés

Le nombre d'hyper et supermarchés s'accroît à une vitesse vertigineuse. Ils sont accessibles en voiture à Novi Beograd et presque dans chaque quartier un peu plus loin du centre. Récents et modernes, ils peuvent vous dépanner pour vos achats importants. Carte bleue acceptée partout. Surtout, de nouveaux hypers moins chers ont ouvert ces deux dernières années. Citons Tempo, sur les quai du Danube, Viline vode, Mercator, à Novi Beograd toujours et Vero, accessible par le bus 53 à Novi Beograd.

Dans le centre-ville, pas de grand supermarché, mais beaucoup de structures moyennes et des supermarchés pour les petites emplettes. Vous en avez partout. Dans la rue Čika Ljubina 8, il y a « Maxi exclusive » qui est ouvert 24h/24, tout comme quelques « Višnjica » dans la rue Cara Dušana.

Mode

Dans le centre et plus particulièrement les rues branchées, vous trouverez les mêmes enseignes, de luxe ou pas, qu'ailleurs en Europe. Pour changer un peu, voilà quelques marques serbes dont les boutiques se trouvent dans le centre : P.S. Fashion, Legend, Nicola's, Extreme Intimo, Todor... Le luxe est d'ailleurs surreprésenté à Belgrade avec des boutiques de vin qui n'ont rien à voir avec Nicolas mais sont bien destinées aux amateurs fortunés. Il suffit de s'éloigner du centre pour que l'ambiance change. A cet égard, nous vous conseillons vraiment le boulevard du Roi-Alexandre et ses 10 km. En partant du Parlement, vous y trouverez quantité de boutiques, qui, imperceptiblement deviendront plus « cheap » – et accessoirement moins chères – au fil des minutes et de la distance parcourues. Quelques rues commerçantes très bien approvisionnées partent du centre-ville :

▶ **Knez Mihailova.** La principale rue piétonne abrite aujourd'hui une petite zone commerciale en soi. On peut y trouver toutes les marques internationales et également quelques nationales.

▶ **Bulevar Kralja Aleksandra.** Cet autre axe stratégique du centre-ville est bien achalandé. Maroquineries, marchands de chaussures et librairies. N'hésitez pas à entrer dans les passages, on y trouve parfois des occasions à saisir !

■ CHOOMICH DESIGN DISTRICT
Čumićevo sokače (Чумићево сокаче)
http://belgradedesigndistrict.blogspot.com/
Zone piétonne entre Terazije et Dečanska.
De 12h à 20h, samedi de 12h à 17h.
A Terazije, en face de l'hôtel Balkan dans un passage à l'intérieur du pâté de maison. Il n'est pas facile à trouver la première fois, n'hésitez pas à demander aux passants. Le premier centre commercial de la capitale, ouvert dans les années 1930. Devenu fantôme sous l'ère de Milošević, il vient de mettre un tout nouveau « look » en rassemblant les meilleurs créateurs serbes, la ville leur ayant mis à disposition

l'intégralité du centre. Chaque créateur a son propre magasin-showroom et on peut souvent les rencontrer ou assister à certaines phases de leur création. Mode, accessoires, déco maison, bijouterie, pièces d'art. Les pièces sont toutes uniques et les prix sont divers p.ex. robes de 30 a 150 €. Une des créatrices très en vogue en Europe, Ana Ljubinković, y possède sa boutique.

■ DELTA CITY
16 Jurija Gagarina (Јурија Гагарина)
www.deltacity.rs
Grand centre commercial avec magasins, cinéma, aires de jeux, etc.

■ K.C. GRAD – GRADSTOR
4 Braće Krsmanović (Браће Крсмановић)
www.gradbeograd.eu
Près du pont de Branko.
Le centre culturel Grad organise toutes sortes d'activités culturelles – expositions, concerts, ateliers, séminaires et autres – et il comprend un charmant petit magasin avec des œuvres de jeunes créateurs serbes – bijoux, vêtements, objets en tous genres, objets recyclés, objets étranges –, leur seul trait commun est la créativité.

■ KRALJA MILANA
Entre Terazije et Slavija.
Vous y trouverez plusieurs bijoutiers très intéressants – commencez par ceux qui côtoient la Komercijalna Banka en partant de Terazije – et de nombreux magasins de vêtements.

■ MAGASINS BALASEVIC FASHION
Rue Pere Velimirovića 13
✆ +381 11 266 2121
Un créateur serbe ayant fait ses armes à Paris pendant de nombreuses années. Nouvelle collection pour jeunes urbains de 16 à 35 ans.

■ MAGASIN DE SOUVENIRS DE L'OFFICE DU TOURISME DE SERBIE
8 Čika Ljubina (Чика Љубина)
Bon choix et on peut en profiter pour obtenir des informations supplémentaires sur la Serbie.

■ SUPERMARKET SHOP
Višnjićeva 10 (Вишњићева 10)
www.supermarket.rs
Le Colette belgradois. Endroit branché au cœur du centre-ville, il comprend un magasin design (créateurs serbes et étrangers) et un restaurant de cuisine fusion.

BELGRADE

Les galeries d'art belgradoises

Elles sont généralement regroupées dans un périmètre restreint autour de la Knez Mihailova, il est donc aisé d'en parcourir plusieurs en peu de temps. L'entrée est libre et les horaires, particularité de Belgrade, collent à ceux des magasins : il n'est pas rare que l'on visite l'une de ces galeries à 21h, juste avant de dîner en ville. Ici ne figure qu'une sélection, tant il dépendra de l'actualité que vous vous rendiez dans l'une des 75 galeries recensées à Belgrade.

■ GALERIE D'ART NAIF DAVIDOVIC
Blok 30, Novi Beograd
161/17 Mihajla Pupina (Михајла Пупина)
℅ +381 11 21 21 536
www.davidovic.info
Située dans Novi Beograd, c'est une galerie/atelier qui expose de nombreux tableaux de l'école naïve serbe. Vente à des prix intéressants. Il est nécessaire de contacter l'artiste avant de s'y rendre.

■ GALERIJA FAKULTETA LIKOVNIH UMETNOSTI (FACULTÉ DES BEAUX-ARTS)
53 Knez Mihailova (Кнез Михајлова)
℅ +381 11 635 952
Ouvert du lundi au samedi de 10h à 17h. Exposition permanente de tableaux contemporains ou d'avant-garde. Très intéressantes expositions temporaires de jeunes talents prometteurs.

■ GALERIJA FRESAKA
20 Cara Uroša (Цара Уроша)
℅ +381 11 262 1491
www.narodnimuzej.rs
Du mardi au samedi de 10h a 17h, sauf le jeudi (de 12h a 20h) et le dimanche de 10h a 14h. Une belle collection de fresques serbes et monténégrines dans un espace petit mais très sympa. La galerie, rattachée au Musée national, possède des copies de fresques médiévales des plus célèbres

monastères orthodoxes de Serbie, Monténégro et Macédoine. Idéal pour un aperçu rapide afin d'organiser votre tour des monastères de Serbie (commentaires des œuvres en français).

■ GALERIJA-LEGAT PETAR DOBROVIĆ
36 Kralja Petra (Краља Петра)
℅ + 381 2622 163
Du vendredi au dimanche de 10h à 17h. 4e étage. On y expose 24 tableaux du peintre Petar Dobrović (1890-1942), l'un des plus importants artistes serbes du XXe siècle et le fondateur de l'école « moderne » yougoslave.

■ GALERIJA SRPSKE AKADEMIJE (ACADÉMIE DES SCIENCES ET DES ARTS)
35 Knez Mihailova (Кнез Михајлова)
℅ +381 11 334 2400
www.sanu.ac.rs – sasadir@sanu.ac.rs
Ouvert tous les jours, sauf le lundi, de 10h à 21h. Au milieu de la grande rue piétonne, la plus importante galerie d'art de la ville. On y trouvera un large choix de tableaux d'art contemporain, une spécialité où les Serbes sont passés maîtres. De nombreuses conférences sur l'histoire de l'art et parfois des *happenings*… devant la galerie !

■ O3ONE
12 Andrićev Venac (Андрићев венац)
℅ +381 11 32 38 789
www.o3one.rs
Plus qu'une galerie, Ozone est spécialisée dans l'art contemporain version technologie : photo, vidéo, architecture, multimédia et design. Participe activement au montage de projets dans le domaine de l'art et des nouvelles technologies, avec des collaborations européennes. Extrêmement dynamique et ambitieuse donc, avec une bel espace d'exposition. Organise des événements et projections, avec 70 places assises.

■ UŠĆE

4 Bulevar Mihajla Pupina
Ouvert de 10h à 22h tous les jours.
Le tout dernier, ouvert en 2009, est le plus grand des Balkans : 130 000 m². Immanquable, il se trouve juste après le pont Brankov du centre-ville, côté Novi Beograd. Il comprend également des restaurants, un cinéma et une salle de jeux.

Marchés

Plusieurs marchés permanents, ouverts de 7h à 16h, proposent des produits alimentaires de saison, mais aussi beaucoup de vêtements et d'artisanat. Ils sont constamment pleins d'une foule bigarrée et rurale. Une véritable bouffée d'air frais, pour des achats économiques et une balade en soi. Voici les plus intéressants :

■ BAJLONOVA

Džordža Vašingtona bb
en bas de Skadarlija
Egalement appelé Pijaca Skadarlija. Un grand marché partiellement couvert où l'on trouve de tout. Et dans une ambiance authentique.

■ KALENIĆ

Maksima Gorkog
(en montant de Slavija vers le quartier de Vračar)
Très beau marché, assez important et typiquement belgradois, avec ses multiples échoppes, et entouré de cafés et restaurants.

■ MARCHÉ CHINOIS

A Novi Beograd (Blok 70)
Jurija Gagarina 91
A Novi Beograd, autour du Block 70, c'est-à-dire quasiment à la fin du quartier, se trouve un grand marché chinois, en dur et dans deux bâtiments. L'importante communauté chinoise de Belgrade vit ici et tout naturellement a développé un marché typique fait de bimbeloterie et de tout l'indispensable à la vie de tous les jours. Pas cher et très coloré !

■ ZELENI VENAC

Sur la place du même nom
(à l'entrée de la ville après le pont Brankov)
Une véritable petite ville, récemment refait en dur, dans un style oriental assez étrange. Heureusement, en dessous, l'ambiance balkanique est restée dans les rues qui descendent jusqu'à la Save. On y trouve les fruits et légumes les plus variés de la capitale, mais aussi de l'artisanat et beaucoup de petits objets pratiques.

Artisanat et souvenirs

Au bout de la rue piétonne Knez Mihailova, avant d'arriver au parc de Kalemegdan et à son entrée, plusieurs stands proposent des peintures, poteries, bijoux, souvenirs, objets typiques serbes provenant des ateliers artisanaux. Vous pourrez y faire de réelles découvertes… Possibilité de marchander.

■ BEOIZLOG

Knez Mihailova 6
Ouverts jusqu'à 21h.
Deux valeurs sûres pour les achats de produits typiques, vêtements, tapisseries et bibelots traditionnels.

■ SINGIDUNUM

Knez Mihailova 40
www.singidunum.ac.rs

Art religieux

Ne manquez pas la galerie Singidunum, rue Knez Mihailova 40 et la librairie Geca Kon, rue Knez Mihailova 12. Autre adresse la boutique du 20, Bulevar Kralja Aleksandra (en face de l'église Sveti Marko). Icônes peintes dans les plus grands monastères, candélabres ou, plus simplement, calendriers religieux richement ornés, etc. N'oubliez pas de prendre le certificat adéquat si possible pour les icônes peintes à la main pour pouvoir les emporter hors du pays.

BELGRADE

■ SPORTS – DÉTENTE – LOISIRS ■

Belgrade dispose de 35 km de pistes cyclables ! La première longe la Save depuis son embouchure, au pied de Kalemegdan, et jusqu'à l'île Ada Ciganlija, elle-même pourvue de pistes cyclables et de loueurs. Le long du parcours, au bord de l'eau, entre nature et friche industrielle, des bars et petits restaurants agrémentent le parcours. Vous pouvez louer et réparer des vélos en plusieurs endroits (150 dinars l'heure ou 400 dinars la journée). Vous pouvez idéalement commencer cette promenade au pied de Kalemegdan, où se trouve un loueur. L'autre piste est sur le Danube, démarre sur la rive opposée à la Save et va jusqu'à l'hôtel Jugoslavija, peu avant Zemun, en passant par le parc Ušće.

■ **BALASEVIC SPORTS ACADEMY**
Miska Kranjca 17a, Rakovica
✆ +381 11 358 3809 – +381 11 305 6234
Fax : +381 11 351 0920
scbalas@eunet.yu
Situé à Rakovica, une commune voisine de Belgrade, juste derrière Topcider (4 € de taxi à partir du centre). Un centre de loisirs ouvert 24/24h où viennent quelques sportifs connus pour s'entraîner. Possibilité de logement :

2 chambres avec Jacuzzi, 2 avec douche hydro-massage. Et 9 grandes chambres avec de grands lits. Terrains de tennis intérieur et 2 extérieurs en terre battue (300 à 600 dinars pour une heure). On trouve aussi une salle pour la gym et les sports de combat, un bar, une petite salle pour les massages, un sauna, hydro-massage, Jacuzzi, un restaurant de cuisine traditionnelle et internationale et une salle de conférence. Transferts A/R sur réservations.

DANS LES ENVIRONS

Dans les environs proches de Belgrade, on pourra visiter plusieurs villes historiques et monuments culturels importants de l'histoire serbe. La ville austro-hongroise de Zemun adossée au Danube, le parc-mémorial du mont Avala qui surplombe toute la ville, un peu plus loin la tombe de la dynastie des Karadjordje à Topola et le parc régional de Carska Bara peuplé d'oiseaux migrateurs sont parmi les plus belles promenades que l'on puisse faire. Sans oublier les nombreux monastères dans un rayon de 30 km autour de la capitale, le site archéologique de Vinča ou le parc-mémorial de Jajinci.

ZEMUN (ЗЕМУН)
Située à quelques encablures du Kalemegdan, juste après Novi Beograd et coincé entre la colline du Gardoš et le Danube, Zemun est un gros bourg aux multiples attraits. Longeant le Danube, sa grande promenade arborée, jalonnée de cafés et de restaurants de poissons renommés, permet d'admirer la majesté du fleuve aux couleurs verdoyantes, très large ici. En face, la petite île du Lido,

reliée à la berge par de petits bateaux privés, est un havre de paix en été. Zemun possède aussi de nombreux édifices typiquement austro-hongrois et des églises orthodoxes et catholiques qui rivalisent de beauté. Enfin, du sommet du mont Gardoš, une vue splendide se déploie sur le Danube et Belgrade.

Histoire
Aussi proche soit-elle de Belgrade, Zemun a une histoire différente. Car de ce côté-ci de la Save et du Danube, était la vraie ligne d'influence entre Empires ottoman et austro-hongrois. Et si Zemun a été sous influence turque plusieurs fois, le traité de Požarevac en 1718 met fin à la guerre turco-autrichienne, et Vienne prend possession de Zemun. Elle en devient même un bastion important de l'armée impériale en 1739, après le traité de Karlovac, dans ses lignes de défense contre les Ottomans. Zemun devient également un port important et à la fin du XVIIIe siècle accueille les Serbes et les Juifs qui fuient les attaques ottomanes lors des soulèvements serbes. Zemun est déjà, et le sera encore plus au XIXe siècle, une ville différente de Belgrade, bien plus Europe centrale dans son identité que l'orientale Belgrade. Après la Première Guerre mondiale et la disparition de l'Empire austro-hongrois, Zemun est rattachée à Belgrade.

Transports
▶ **Voiture.** Traverser le pont Brankov, tourner à droite puis continuer tout droit sur l'artère à trois voies qui traverse Novi Beograd ; au bout de 3 km, le paysage de barres HLM fait place à des maisons basses typiques, c'est ici.

▶ **Bus.** A Zeleni Venac, en direction de Zemun, prenez les bus 84 et tous les 700 qui vous mèneront directement, en 10 min, au centre de Zemun.

▶ **Taxi.** Comptez 400 dinars l'aller. A Zemun, la station de taxis se trouve sur le côté du Mac

---

Le pont chinois
Le pont de l'amitié sino-serbe ou pont chinois est actuellement en construction sur le Danube. Il doit relier la municipalité de Zemun à la ville de Borča. Il sera le deuxième pont de Belgrade sur le Danube, à quelques kilomètres en amont du pont de Pančevo. Il devrait mesurer plus de 1 500 m de long, 29 m de large et 22 m de haut, avec six voies pour la circulation automobile et deux pistes pour les piétons et les cyclistes. Le pont permettra également la circulation des bateaux. L'achèvement est prévu pour fin 2014.

Les environs de Belgrade

BELGRADE

Donald's, Glavna Ulica. Compter 500 dinars pour rentrer à Belgrade le soir.

Pratique

■ CLINIQUE
Vukova 9 ✆ +381 11 612 616

■ OFFICE DE TOURISME DE ZEMUN (TURISTIČKI CENTAR ZEMUNA)
Zmaj Jovina 14
✆ +381 11 2192 094 – +381 11 2611 008
www.turistickodrustvozemun.com
Ouvert tous les jours de 9h à 12h et de 16h à 18h.
L'agence Turističko društvo Zemun organise une croisière de deux jours sur le Danube et la Tisza, avec visites de sites historiques et musique traditionnelle durant les repas.

■ RTD NAUTIKA
Kej Oslobođenja bb
✆ +381 11 261 03 08 – +381 63 345 968
www.rtdnautika.co.rs
office@rtdnautika.co.rs
De mai à fin septembre.
Le départ des excursions se trouve près du club nautique Zemun, non loin de Stara Kapetanija. La bateau « Ister » remonte le Danube et la Save tous les soirs à 18h, et le

weekend à 20h également, sur réservation (400 dinars, 1h30). Également, des excursions jusqu'au site préhistorique de Vinča, de 9h à 17h30 (2 500 dinars, déjeuner inclus), à Jakovo (2 900 dinars, déjeuner inclus et visite du monastère Fenek et du salaš Stremen avec possibilité de balade en fiacre).

■ URGENCES
✆ +381 11 195 422

■ VOJVOĐANSKA BANKA
Glavna 23 ✆ +381 11 3075 229
Distributeur à la Volksbank, en face du Madlenanium dans la rue principale.

Se loger
Quatre établissements fort différents, si l'envie de calme proche de Belgrade est votre objectif.

Bien et pas cher

■ CAMP DUNAV**
Zemun, Batajnički put
✆ +381 11 199 072 – +381 11 316 7622
www.amkjedinstvo.rs/autocamp.htm
campdunav@amkjedinstvo.rs
Bungalows 1 700 dinars, camping 200 dinars.
Ouvert du 1er mai au 1er octobre.

Vue sur le Danube.

Il y a un camping à Belgrade. En fait, il est assez loin, à une quinzaine de kilomètres, sur la route de Batajnica, 8 km au nord de Zemun. Mais il est au bord du Danube ! Plutôt agréable et correctement équipé, il s'agit d'un petit camping 2 étoiles qui domine le Danube. 7 bungalows et 20 emplacements ombragés pour tentes. Il y a même un restaurant.

■ HÔTEL CENTRAL
Glavna 10 ✆ +381 11 2191 712
recepcijacentral@open.telekom.rs
Chambre simple 2 355 dinars, double 3 710.
Dans un immeuble triste, un hôtel dans la tradition communiste, en fin de vie. A tous points de vue. Vraiment rien d'agréable ici, et surtout pas sa position sur le boulevard. Seuls les prix donnent le change. Vous êtes dans le centre et à deux minutes des quais du Danube.

Confort ou charme

■ HÔTEL SKALA
Bežanijska 3 ✆ +381 11 3075 032
www.hotelskala.rs
Chambres simples 6 300 dinars, doubles 8 100, petit déjeuner compris.
Toutes cartes de crédit. Tout le contraire ici, pour cet hôtel de charme, récent, très agréable et aux chambres aussi confortables qu'agréables à vivre. Le patio intérieur achève de donner un cachet à ce petit établissement. Restaurant et salle de banquet.

■ VILLA PETRA
Dubrovačka 10 ✆ +381 11 307 6886
www.roomsvillapetra.com
office@roomsvillapetra.com
40 € la chambre simple, 50 € la double, avec petit déjeuner.
Quelques chambres de caractère, dans le style XVIIIe, avec même des lits à baldaquin. Même si elles sont petites, les chambres ont ce quelque chose en plus, plutôt rare ici. En outre, l'établissement, tout petit, dispose d'une merveilleuse petite salle de restaurant tout comme d'un bar très agréable dans une cour intérieure entourée de vigne vierge. Le tout dans une rue particulièrement calme du vieux Zemun, le Petra, anciennement B Klub, est une adresse de connaisseurs. Seul inconvénient, il faut payer en espèces.

Luxe

■ ZLATNIK
Dobanovačka 95 ✆ +381 11 316 7511
www.hotelzlatnik.com
office@hotelzlatnik.com
Chambre simple à partir de 115 € et double à partir de 156 €. Tarifs régressifs du 1er septembre au 31 décembre.
Le Zlatnik date de 2004 et se trouve dans la partie moderne de Zemun, en direction de Belgrade. Sa façade est pompeuse, tout comme les 5-étoiles qu'il revendique. Il n'en reste pas moins très agréable, discrètement

luxueux avec des chambres particulièrement spacieuses et meublées de style. Ici, un vrai room service est disponible 24h/24 et la liste des services est longue. Finalement pas très cher au regard des prestations. Leur site Internet dispose d'une version française. Garage.

Se restaurer

De nombreux restaurants accueillants se côtoient sur les quais.

■ KOD KAPETANA
Kej Oslobođenja 43
✆ +381 11 210 3950
De 9h à minuit.
Un restaurant de poissons qui se veut plus haut de gamme que la plupart des autres restaurants du quai. Ici, l'ambiance est agréable, et les poissons viennent aussi de l'Adriatique. Surtout, les viandes sont également à découvrir avec parfois des sauces sucrées/salées intéressantes. L'ensemble est de qualité mais se paye : facilement 3 500 dinars pour deux.

■ REKA
Kej Oslobodjenja 73b
✆ +381 11 611 625 – www.reka.co.rs
Ouvert de 12h à 2h. Plats de 720 à 990 dinars.
Sur les quais de Zemun, avec vue sur le Danube. Au menu, un large choix de salades et de poissons de rivière. Ancien bistrot de pêcheurs redécoré avec goût, ce restaurant est plutôt calme le midi, mais une ambiance festive se dégage le soir, avec la présence de groupes tziganes : les clients de tous âges dansent autour des tables. Et si dans l'assiette c'est bon sans être original (poissons, pâtes et salades à recommander), l'endroit rencontre un franc succès : réservation obligatoire pour dîner dans une ambiance serbe qui semble parfois tout droit sortie d'un film de Kusturica !

■ ŠARAN
Kej Oslobodjenja 53
✆ +381 11 618 235
www.saran.co.rs
Ouvert de midi à 1h tous les jours. Plats de 600 à 1 600 dinars.
Cet ancien point de rendez-vous des pêcheurs du coin, situé au bord du Danube, avec terrasse et jardin, est devenu au fil des années un très bon restaurant à poissons. Au point qu'il est très connu. Beaucoup de Belgradois viennent ici. Grand choix de vins et les meilleurs baklava de Belgrade.

■ ŽABAR
Kej oslobodjenja bb
✆ +381 11 319 1226
www.zabar.rs
Ouvert de midi à 24h. Plats de 900 à 1 600 dinars.
Ce restaurant de poissons connaît une renommée sans pareil à Belgrade. Les raisons de son succès s'expliquent en partie par la qualité des plats (grande variété de poissons, ainsi que dinde et poulet à toutes les sauces), mais également par l'atmosphère légère et conviviale qui se dégage des lieux, un splav tout en bois, aménagé avec style à l'intérieur. Se trouve sur le Danube en remontant vers Zemun.

Sortir

■ CAFÉ EDEN
Kej Oslobodjenja 67
Un café tout sympa au bord du Danube, tenu par une famille francophone (demander Dalibor). Populaire pour les jus de fruits pressés provenant du marché local. L'atmosphère chaleureuse et une des plus belles terrasses fleuries du quai de Zemun.

■ CAFÉ SEMLIN ART
Fruškogorska 7
Ouvert de 16h à minuit. Fermé le lundi.
Dans l'une des plus vieilles rues de Zemun. Dans une vieille maison bourgeoise, vous serez assis dans de très vieux canapés, et regarderez les tableaux, puisque le café est aussi une galerie. A l'étage, dans une ambiance très XIXe, vous serez bercés par le chant des oiseaux devant vous dans une grande cage. Un endroit baroque et étrange, très calme, qui sert également des plats savoureux de la cuisine serbe.

■ KAJAK KANU KLUB
Kej Oslobođenja 73
✆ +381 11 108 898
Ouvert du jeudi au dimanche de 20h à 2h.
Le Kajak est une *kafana* rustique. Sa salle en tout cas. Musique vivante et excellente atmosphère.

■ ONA, A NE NEKA DRUGA
Grobljanska 9 ✆ +381 11 307 6613
Ouvert de 21h à 4h.
(« Elle ou bien une autre »). Cette *kafana* typiquement serbe manie aussi bien l'humour que les concerts des *tambouraši* et la restauration, le tout dans un décor qui mêle l'ancien et le nouveau, avec une certaine réussite.

À voir – À faire

En raison de sa position à l'embouchure de la Save et du Danube, Zemun a toujours suscité les convoitises. Encore aujourd'hui, il suffit de s'y promener pour s'en convaincre. En partant de l'ancienne plaine marécageuse sur laquelle fut construit Novi Beograd, Zemun s'est dédié à la contemplation. A la hauteur de l'immense hôtel Yougoslavija, les splavs rivalisent de classe. Sur les quais où les pelouses, on se promène. Un château fort est là pour les plus petits, à 100 dinars l'entrée. Mais c'est en pénétrant dans le vieux Zemun, toujours sur les quais, que le charme opère. Les rues pavées, les vieilles demeures austro-hongroises, les arbres alignés, tout concourt au charme de Zemun. Les restaurants, les terrasses qui petit à petit se font plus petites et plus simples, vous conduisent jusqu'à un simple sentier qui grimpe alors sur la colline de Gardoš, où la vue est superbe.

■ COLLINE DE GARDOŠ (ГАРДОШ)

Gardoš

Le quartier préféré des Zemunois et des Belgradois en mal de verdure et dont les ruelles pavées montantes et les restaurants traditionnels font le bonheur des promeneurs. Ici, il faut d'abord se balader sur les quais et observer le ballet des pêcheurs et des plaisanciers sur leurs bateaux, puis monter vers la colline. Vous trouverez plusieurs maisons intéressantes en contrebas, comme la maison Karamata – Karamatina 17 – l'une des plus anciennes de la ville. Construite en 1763 dans un style baroque avec une façade classique, elle fut habitée par des personnages illustres, comme l'empereur Joseph II ou l'écrivain Vuk Karadžić. La famille Karamata, qui y a habité continuellement depuis 1772, a conservé l'ancien décor intérieur ainsi que plusieurs tableaux de valeur. Quelques murs portent le blason de l'armée impériale autrichienne. Au n° 10 de la rue Vasiljevića, se trouve la maison Beli Medved, une construction très rustique de 1717, à 2 étages, avec balcon en bois et toit en tuiles à la turque. Eugène de Savoie y séjourna pendant sa campagne contre les Turcs.

■ PARC MUNICIPAL (ГРАДСКИ ПАРК)

Gradski Park

En vous enfonçant dans la ville par la rue Strossmayer, regardez, dans la rue Akademska, à 30 m, une très belle maison XIXᵉ entièrement rénovée. En continuant,

vous aboutirez au parc, avec, tout d'abord, le lycée construit en 1879 dans un style néo-Renaissance admirable. En prolongeant votre escapade, vous pourrez comparer la chapelle orthodoxe de l'Archange Gabriel, dans un style baroque et typique des églises orthodoxes de l'Empire austro-hongrois – visitez son iconostase de 1830 – avec la chapelle catholique Saint-Rocco construite en 1836. Ne manquez pas, derrière ces deux églises, la colonne-mémorial à Lamartine, érigée en 1833 en l'honneur du 100ᵉ anniversaire de son séjour à Zemun.

■ QUAIS (ДУНАВСКИ КЕЈ)

Kej Oslobođenja

Outre les *splavs*, ces bars et discothèques flottantes, dont certains sont des chefs-d'œuvre d'architecture, devenus immenses, Zemun est devenu un lieu de promenade très couru l'été. Depuis l'ancien hôtel « Yougoslavia », que vous ne pouvez rater, au bord du Danube, et jusqu'au centre de Zemun, la promenade de Zemun regorge d'activités pour petits et grands. A commencer par des attractions foraines, jusqu'au grand huit, un château féodal pour enfants, saut à l'élastique et autres activités ludiques. Vous pouvez louer un vélo (150 din/h adulte, 100 din/h enfants) et déjeuner ou dîner sur les bateaux ou restaurants du quai Oslobođenja. En outre, des balades sur le Danube ont leur point de départ ici aussi : à la hauteur de la deuxième tour d'habitation, en venant de Belgrade, se trouve le départ des excursions, petites et grandes.

■ QUARTIER PORTUAIRE (ЗЕМУНСКИ КЕЈ)

Depuis la rue centrale, on emprunte la petite rue Preradevićeva. A 50 m sur la gauche se trouvent, bordant la large rue piétonne Trg Pobede, d'un côté la mairie, dans un beau style classique, et, en face, les boutiques et restaurants dans des maisons typiques. A droite, sur une place, la maison Dimitri Davidović, bâtie en 1825 par le créateur du premier quotidien de Serbie. Après cette halte historique, vous traverserez le marché de Zemun, Veliki Trg, qui est une véritable ville dans la ville. Tous les jours s'y pressent les petits paysans qui y vendent leurs fruits et légumes – en été, goûtez aux succulentes pastèques – mais aussi les Belgradois venus y acheter pita faites maison, poissons ou soupes. Dans la partie septentrionale du marché, une multitude de kiosques proposent leurs produits artisanaux.

■ RUE GLAVNA (УЛИЦА ГЛАВНА)
Glavna

Des cinémas et quelques tavernes intéressantes, mais aussi un centre commercial en remontant l'avenue sur la gauche, avec des petites boutiques de souvenirs. Au n° 9, la maison de Špirta, entièrement décorée, aux couleurs rose et blanche. Construite en 1855 par un riche commerçant Aroumain, cette belle maison particulière frappe par son mélange de styles romantique et néogothique. Au n° 8, en revenant vers Belgrade, le bureau de poste, peint aux mêmes couleurs, semble plus imposant avec son style néo-Renaissance et ses éléments baroques.

■ TOUR DU MILLENIUM (КУЛА СИБИЊАНИН ЈАНК)

Pour monter vers le monument emblématique de Zemun, empruntez les rues Gardoš et Strma, charmantes petites rues bordées de maisons basses typiques. Au bout de la montée se dresse la tour du Millenium, construite en 1896, en l'honneur du 1 000e anniversaire de l'arrivée des Hongrois en Pannonie. Reconnaissable à ses briques rouges et à son toit à la hongroise, cette tour, symbole de la ville, offre un point de vue superbe sur le Danube. De là, le point de vue sera magnifique sur le Danube, sur Belgrade mais aussi tout simplement sur les nombreuses églises du vieux Zemun.

AVALA (АВАЛА)

Le mont Avala est à la fois un lieu de mémoire et un massif imposant qui domine la ville et contrôle l'accès à la Choumadie. A 15 km du centre et en 20 min de route, vous pourrez admirer le plus beau panorama sur la Serbie centrale et vous promener dans un parc de plusieurs hectares.

Transports

En voiture

De Slavija, prendre le boulevard JNA sur 2 km et, après les derniers immeubles du quartier de Banjica, prendre le boulevard Vojvode Stepe sur 7 km jusqu'à Jajinci. Prendre ensuite la route d'Avala sur 5 km : vous vous rapprocherez de ce massif qui domine toutes les autres collines. Attention, une fois entré dans le massif forestier, veillez à ne pas manquer, en face d'un

Tour de télévision d'Avala.

restaurant et de la station de bus attenante, le panneau indiquant « Avala ». Au retour, repasser par le centre du village de Jajinci et, à droite, se diriger vers Kumodraž.

En bus

De mai à fin septembre, le week-end seulement, le bus n° 400 vous emmène jusqu'au sommet d'Avala. Billet : 95 dinars au kiosque, 145 chez le chauffeur. Départs toutes les 40 minutes, du 8h à 19h20, du terminus des bus à Voždovac (Trošarina), accessible lui-même en tramway n° 9, 10, 14 ou en bus n° 33 qui partent de Slavija. Sinon, pendant toute l'année, les lignes de bus 401, 402, 403, 405, 406 et 408 partent elles aussi de Trošarina toutes les 10 minutes mais vous laissent au pied du mont. Occasion, par beau temps, de faire une belle promenade à travers la forêt jusqu'au sommet (compter une bonne demi-heure).

■ BUS OUVERT JUSQU'À AVALA

Départs de Trg Nikole Pašića le week-end à 9h, 12h, 15h et 18h, retour d'Avala à 10h30, 13h30, 16h30 et 19h30. Billet A/R : 400 dinars, 250 dinars enfants, un aller simple 250 dinars.

À voir – À faire

■ COLLINE D'AVALA (ПЛАНИНА АВАЛА)

Lors de la montée en voiture de cette colline, observez, un kilomètre avant d'arriver au sommet, le monument aux généraux russes tués lors d'un accident d'avion en octobre 1964, alors qu'ils venaient célébrer le 20e anniversaire de la Libération. Il faut savoir que Belgrade a été libérée par l'Armée Rouge en octobre 1944, alors que les partisans de Tito se débattaient encore dans les montagnes du sud de la Serbie. Arrivés près du sommet, garez-vous derrière l'hôtel Avala et montez l'escalier monumental qui mène au sommet, à 511 m d'altitude. Là, se trouve le fameux tombeau du Soldat inconnu, érigé en l'honneur des morts de la Première Guerre mondiale. Datant de 1934, cette structure monumentale en marbre noir fut construite à l'emplacement d'une forteresse serbe appelée Zrnov. Sous un toit classique et entre des colonnes grecques, huit imposantes cariatides représentent chacune une mère de soldat d'une nationalité différente, toutes formants la Yougoslavie de l'époque.

■ MAISON DE STEPA STEPANOVIĆ (КУЋА СТЕПЕ СТЕПАНОВИЋА)

Kumodraž, 1 Vrčinska (Врчинска)
Cette maison typiquement serbe date du milieu du XIXe siècle. Elle vit la naissance de Stepa Stepanović (1856-1929), général déjà connu pendant la seconde guerre balkanique, puis victorieux contre les Autrichiens à la bataille de Tser en 1914. Enfin, ce même général concourut au percement du front de Thessalonique en 1918, aux côtés du maréchal Franchet d'Esperey. Adossée à une colline et entourée de haies, cette bâtisse représente le modèle de la maison serbe provinciale. Sur un plan rectangulaire, plusieurs chambres entourent le foyer central, et l'entrée est en même temps une terrasse. Les murs sont peints en blanc, ce qui contraste avec les boiseries et le haut toit en brique rouge.

■ PARC-MÉMORIAL DE JAJINCI (СПОМЕН ПАРК ЈАЈИНЦИ)

Jajinci, Voždovac
Sur cette petite colline transformée aujourd'hui en promenade, les Allemands exécutèrent, de 1941 à 1943, 80 000 hommes, femmes et enfants pour leur refus de se plier au nouvel ordre nazi. Un monument imposant commémore le souvenir de cette tragédie, dans un parc de 80 ha aménagé en 1960 par Branko Mirković.

■ TOUR DE TÉLÉVISION (АВАЛСКИ ТОРАЊ)

Avala ✆ +381 11 36 93 251
www.avalskitoranj.rs
Ouvert tous les jours sauf le 31 décembre et le 7 janvier. Horaires : de 9h à 20h du 15/5 au 15/8, jusqu'à 19h du 1/4 au 15/5 et du 15/8 au

© ISTOCKPHOTO.COM/KLUG-PHOTO

Vue sur l'église Saint-Nicolas et le Danube depuis la colline de Gardoš.

15/9, jusqu'à 18h du 15/9 au 31/10, jusqu'à 17h en mars et jusqu'à 16h du novembre à fin février. Prix : 100 dinars adultes, 50 dinars enfants, étudiants et retraités. La tour ne sera pas ouverte aux visiteurs si la vitesse moyenne du vent est supérieure de 13 m/s.

La grande tour aux trois pieds servant d'antenne télé (comme la tour Eiffel) appelée Avala est redevenue le symbole de Belgrade depuis sa rénovation. Détruite pendant le bombardement de l'Otan en 1999, elle décore à nouveau la capitale serbe depuis avril 2010. La tour d'origine ayant été construite en 1964 fut le chef-d'œuvre de l'architecture ayant même gagné à Paris le prix de la plus belle tour de télévision d'Europe. La nouvelle tour est rehaussée de 205 m et se vante d'être la plus haute des Balkans. Sa section transversale est un triangle équilatéral symbolisant le trépied serbe, la chaise basse qui fait partie de la tradition nationale architecturale. Deux élévateurs propulsent les visiteurs au sommet en moins d'une minute. La tour est censé résister aux tremblements de terre de plus de neuf degrés de l'échelle de Mercalli. Le belvédère d'où l'on peut voir toute la Choumadie et la ville de Belgrade est à hauteur de 122 m. Le restaurant situé au pied de la tour, près des caisses, fermé lors de notre passage, devrait rouvrir de nouveau en cours de 2012, tout comme le café-pâtisserie.

VINČA (ВИНЧА)

Les fragments d'un ancien site mis au jour lors de fouilles menées à 10 m de profondeur témoignent d'une colonisation par l'homme dès l'époque néolithique, vers 5500 avant J.-C. La taille du site dépasse toutes les colonies du Néolithique connues jusque-là en Europe. On y a découvert des ustensiles, des armes, des bijoux et surtout de nombreuses statuettes stylisées. Vers 4000 avant notre ère, Vinča devint un centre religieux, économique et culturel important, qui influença fortement les techniques agricoles des communautés de l'Europe du Centre et du Sud-Est.

Transports

A 14 km sur la route de Smederevo, se trouve l'un des plus grands sites préhistoriques d'Europe. Il était en cours de reconstruction lors de notre passage et donc impossible à visiter.

▶ **Pour y accéder en voiture,** prenez le boulevard du Roi-Alexandre et sortez des faubourgs par l'est ; en direction de Smederevo. Roulez jusqu'au village de Vinča

en direction de Smederevo et dirigez-vous à gauche vers le Danube. Le site est bien fléché dorénavant.

▶ **En bus,** la ligne 307 part du terminus à l'angle des rues Ustanička et Živka Davidovića toutes les dix minutes (vingt le week-end). Billet : 95 dinars au kiosque, 145 dinars si acheté dans le bus.

Pratique

Le site était fermé lors de notre dernier passage (décembre 2011) car en cours de reconstruction.

RAKOVICA (РАКОВИЦА)

■ MONASTÈRE DE RAKOVICA (МАНАСТИР РАКОВИЦА)
64 Patrijarha Dimitrija
Sur la route de Ripanj, à 12 km au sud de Belgrade (suivre les mêmes instructions que pour Avala, Rakovica étant à 2 km de cette dernière).

Construit en 1502, ce monastère a joué un rôle important dans la vie sociale et religieuse de Serbie. Il est composé de l'église principale datant du XVIe siècle et de la résidence monacale, toutes deux bâties dans le style de l'école architecturale serbe médiévale de la Morava. Le monastère possède des objets liturgiques en or et une collection d'icônes du XVIIIe et XIXe siècle. Selon son propre souhait, le patriarche Pavle, le chef spirituel de l'Eglise orthodoxe serbe pendant près de vingt ans, y est enterré en 2009, au pied d'un pommier et d'un thuya. Sur le parvis se trouve le mausolée des frères Obrenović et du général Blaznavac. Sur le côté nord de l'église, fut brûlé par les Turcs Vasa Čarapić, héros du premier soulèvement serbe.

VRANIĆ (ВРАНИЋ)

■ ÉGLISE DE VRANIĆ (ЦРКВА У ВРАНИЋУ)
Barajevo
A 32 km au sud de Belgrade, sur la route E760 en direction de Lazarevac, se trouve cette petite église en bois, comme on peut en voir en Serbie occidentale.

Construite sur un plan simple en forme de bateau, surmontée d'un toit à la normande, elle abrite des objets artisanaux et des vieux livres du XVIIe siècle. Son iconostase est également très caractéristique de ce genre d'église. Bref, un lieu culturel et traditionnel qui mérite une visite.

BELGRADE

VOÏVODINE ET LE HAUT-DANUBE

*Forteresse
de Petrovaradin.*

© VLADIMIR MUCIBABIC – FOTOLIA

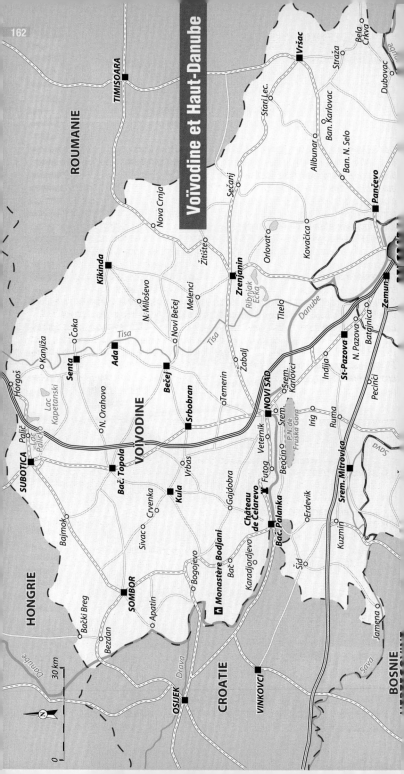

Voïvodine et Haut-Danube

Voïvodine et le Haut-Danube

Tout au long de ses 588 km, le « beau Danube bleu » offre à la Serbie des joyaux inespérés. Villes de style autrichien, fêtes traditionnelles aux mille couleurs, réserves naturelles et d'oiseaux parmi les plus belles d'Europe et nombreux terrains de chasse figurent parmi les principaux attraits de cette région. La Voïvodine est une vaste plaine de 21 500 km², limitée par la Save au sud et par la frontière hongroise au nord.

Ce grenier à blé de la Serbie est drainé par trois fleuves parmi les plus longs du pays : le Danube, la Save et la Tisza. Région qui tente de retrouver sa prospérité grâce au commerce fluvial et à l'agriculture, la Voïvodine abrite de nombreuses minorités qui lui donnent toute sa richesse et sa diversité. Plus de 26 nationalités différentes s'y côtoient dans une compréhension mutuelle, et il n'est pas rare de rencontrer des gens qui manient aisément plusieurs langues. Les Hongrois se regroupent plutôt dans la Bačka, où leurs fermes si particulières, appelées salaš, ne manqueront pas de vous séduire. Les Roumains et les Ruthènes vivent plutôt dans le Banat, où leurs traditions vestimentaires et leur folklore sont encore soigneusement conservés. Tous, vivent encore souvent de manière homogène, surtout dans les villages. Ainsi, vous trouverez ici des hameaux ou bourgs peuplés en grande majorité de Slovaques pour celui-ci, ou de Hongrois pour tel autre.

Le kaléidoscope de la Voïvodine sera alors palpable tout comme son passé pas si lointain avec, par exemple, ses nombreuses églises allemandes désormais désertes. Enfin, vous tomberez sous le charme de cette plaine étrange, si plate que depuis le centre de certains villages, des quatre côtés, votre regard portera à des kilomètres.

Les immanquables de la Voïvodine

▶ **S'émerveiller** devant la ville de Novi Sad. Coupée par le majestueux Danube, cette ville paisible et très Europe centrale n'a rien à envier aux grandes villes baroques prestigieuses : ruelles pavées bordées de maisons particulières typiques, forteresse de Petrovaradin, restaurants animés au bord de l'eau et châteaux dans les environs.

▶ **Arpenter** le parc national de Fruška Gora qui couvre la seule montagne de Voïvodine et sa forêt est un enchantement. Les 18 monastères qui l'entourent sont un condensé de l'art médiéval serbe.

▶ **S'arrêter** dans la ville de Sombor, baroque et preservée, halte romantique absolue et aussi dans Apatin, petite ville verte nichée sur le Danube pour y déguster le fameux *paprikaš*.

▶ **Laisser** errer votre regard sur le lac de Palić. A la frontière avec la Hongrie, l'une des meilleures destinations touristiques du pays, avec des hôtels de charme typiques et des activités sportives et de détente nombreuses, au bord d'un lac au charme profond.

▶ **Passer** par Subotica la Hongroise. La grande ville du Nord et ses monuments baroques, comme son incroyable hôtel de ville.

▶ **Découvrir** la réserve de Carska Bara. 280 espèces d'oiseaux et 150 espèces de plantes naturelles dans un parc bien aménagé.

▶ **Visiter** le village de Kovačica. Un village typique de Voïvodine, connu dans le monde entier pour ses peintres naïfs qui n'en restent pas moins de forts chaleureux paysans.

▶ **Se laisser surprendre** par le Haut Danube : de Sombor à Bačka Palanka.

Novi Sad

Edifice religieux
Musée
Information touristique
Monument
Gare routière
Divers
Galerie et centre culturel
Poste
Gare ferroviaire
Hôpital

DUNAV

Cimetière

Rukavac Dunj. Put.

Pont Most Sloboc

Plage

Église Orth. St Jurja
Musée de la Ville de Novi Sad

Hôpital

Beogradski Kej

Prerado viceva

Koste Nada

Beogradska

Marka Miljanova

Visariona

Capitainerie

Musée de Voïvodine

Blvd Mihajla Pupina

Église Orth. Saborna

Cathédrale

Galerie Matica Srpska

Cara Lazara

Musica

Matica Srpska

Évêché

Hôtel de Ville

Galerie Rajko Mamuzic

Radnicka

Maksima Gorkog

Kisacka

Église Orth. Nikolajevska

Centre culturel

Monument Arménien

Trg.

Boulevard

Durcica

Jirıcekova

Fruskogorska

Volvode Bojovic

Église Orth. Uspenska

Galerie Narodno Pozoriste

Galerie Pavle Beljanski

Jevrejska

Vase

Gelerija

Poste

Drapsina

Poste

Hôpital

Synagogue

Boulevard Oslobodenja

Boulevard Despota Stefana

Narodnog Fronta

Boulevard Oslobodenja

Cirpanova

Boulevard Kralja

Majevicka

Novosadkog Sajma

Cimetière

Futoska

Mise Dimitrijevca

Godulieva

Dustkova

Boulevard Cara Lazara

Hôpital

Gare ferroviaire

Gare routière

Hôpital

Cimetière

Hajduk Veljkova

Rumenacka

Poste

Cara Dusana

Iva Andrica

NOVI SAD (НОВИ САД)

Lovée sur le Danube et paisiblement installée dans les plaines de Voïvodine, Novi Sad possède tous les atouts d'une capitale régionale baroque. Son emplacement et sa configuration, ses richesses culturelles, ses monuments et ses festivals, et, par-dessus tout, une atmosphère faite à la fois de sérénité et d'euphorie toute balkanique sont les atouts d'une future grande destination touristique. Le « Sillon neuf » a effectivement su développer un fort caractère en dehors de tout lien avec la capitale serbe toute proche et, en même temps, tracer son chemin en accumulant des opportunités touristiques variées. La région comporte enfin des réserves de bonheur : réserve naturelle et monastères orthodoxes de Fruška Gora, châteaux et résidences princières de la dynastie des Dundjerski, vins capiteux et fermes hongroises, ou *salaši*, où il fait bon s'attabler au son des tambourins…

▶ **Un site remarquable sur le Danube.** L'histoire de Novi Sad est intimement liée au Danube. Sur la rive gauche, s'est développé un pôle commercial et fluvial de première importance. Dès le XVIIIe siècle, la ville est une étape importante sur le Danube, entre l'Europe centrale et les Balkans : on y décharge les produits miniers pour y transporter les céréales de la région. Novi Sad devient ainsi la capitale économique de cette immense plaine à blé de Voïvodine. Vient s'y ajouter au XXe siècle une importante activité industrielle. Et c'est ainsi que Novi Sad est aujourd'hui la seconde ville du pays, avec 300 000 habitants.

▶ **La ville de l'intelligence serbe.** Novi Sad est aussi le berceau de la culture serbe, qui s'y est développée sous la protection austro-hongroise et grâce à des personnalités de caractère. La « Matrice serbe », réunissant tous les plus grands hommes de lettres et penseurs de langue serbe, est créée en 1826, suivie du premier lycée et de la première bibliothèque serbe. Au XIXe siècle, la ville accueille toute l'intelligentsia serbe, qui y trouve refuge après avoir fui le joug ottoman et souvent après avoir fait des études dans les grandes universités de Vienne, Budapest ou Cracovie. La forte personnalité de cette ville se ressent en visitant le quartier très central de la cathédrale, de la bibliothèque et de la Matrice serbes.

▶ **Une cité multi-ethnique.** La capitale de la Voïvodine est peuplée de nombreuses nationalités : Serbes, Hongrois, Monténégrins, Slovaques, Ruthènes, Croates et Tziganes. Les Monténégrins s'y installent surtout en 1946 car, ayant fui les violences de la guerre au Monténégro, ils sont interdits de retour par un décret de Tito. Plus près de nous, il faut remarquer que les Croates ont continué à s'installer dans cette ville paisible, malgré le contexte de guerre et la proximité des combats à Vukovar. Ce caractère multi-ethnique est vraiment à souligner, car il explique que Novi Sad n'ait jamais pâti des discours belliqueux ni suivi le sentier de la guerre. Un témoignage, et symbole important, de ce multiculturalisme est le respect avec lequel on traite ici les langues des minorités. Si vous allez fureter du côté de la salle du conseil municipal, vous lirez, à gauche de la monumentale porte d'entrée, le nom de la ville et du conseil en quatre langues et deux alphabets – serbe, hongrois, slovaque et ruthène –, qui sont les langues officielles. Legs bienheureux du titisme, cette égalité entre les langues est visible dans les médias : aujourd'hui encore, le journal télévisé est diffusé en quatre parties qui respectent les langues minoritaires. Dans les villages où une minorité représente 50 % ou plus de la population, la langue minoritaire gagne le statut de langue majoritaire à l'école. Cette identité multi-ethnique est, depuis quelques années, remise en avant par des projets politiques. L'enjeu en est l'autonomie historique de la province, que la Constitution de 2006 n'a pas totalement rétablie, en allouant à la région seulement 7 % du budget national.

Histoire

Son emplacement intéressant a valu au site d'avoir été habité depuis la préhistoire, comme en témoignent des vestiges préhistoriques mis au jour dans le faubourg de Bistrica, et d'avoir toujours été un centre commercial sur le Danube. Cependant l'essor de la ville date seulement de la fin du XVIIe siècle. A cette époque, la ville devient l'un des principaux refuges pour les émigrés serbes qui fuient les régions du Srem et de la Bačka, alors occupées par les Turcs. Ces émigrés sont des soldats mais surtout des artisans et des commerçants attirés par le développement commercial de la ville.

Les Habsbourg construisent la forteresse de Petrovaradin pour verrouiller cette position clef sur le Danube : la sécurité ainsi retrouvée et les besoins économiques, tout comme la politique de l'empire, amènent, au XVIIIe siècle, des Hongrois et des Allemands de Souabe à s'installer dans les faubourgs de la ville. En 1748, la richesse acquise dans le commerce du blé et le transport de minerais permettent d'acheter le statut de ville libre. L'empereur d'Autriche-Hongrie attribue à ce qui n'était qu'un bourg le nom allemand de Neusatz, ou Novi Sad. L'époque moderne va marquer Novi Sad de quelques cicatrices. Durant la révolution de 1848, les Serbes et les Hongrois de la ville adhèrent aux idées révolutionnaires. La répression sera sanglante : depuis la forteresse de Petrovaradin, les Autrichiens font donner les canons et, le 11 juin 1848, une partie de la ville est détruite. C'est pourquoi son aspect actuel date de la seconde moitié du XIXe siècle, quand les familles bourgeoises entreprennent sa reconstruction. Parallèlement, c'est une période d'intense développement culturel pour les Serbes. Les grands écrivains et philosophes se retrouvent ici, à l'abri des Turcs, et y fondent des partis démocratiques. Novi Sad et la Voïvodine acceptent la monarchie yougoslave, mais la Seconde Guerre mondiale mettra la ville sous administration directe de l'Allemagne, coupée donc de l'Etat collaborateur de Serbie. A quelques kilomètres de là, dans les plaines du Srem, a lieu un épisode important de la guerre : alors que l'Armée Rouge avance à grands pas et a déjà libéré Belgrade, Tito, au nom du parti communiste, envoie au massacre plusieurs milliers d'adolescents armés. En 1946, Novi Sad devient la capitale de la région autonome de Voïvodine. La ville connaît un nouvel essor grâce à l'industrie chimique et métallurgique, et continue à être le poumon agricole de la Serbie. Lorsque les guerres yougoslaves commencent en 1991, Novi Sad est une ville prospère où cohabitent plusieurs nationalités. Cette harmonieuse coexistence ne s'est jamais démentie, malgré les événements. Décrété par l'ONU en 1992, l'embargo sur la Yougoslavie coupe tout le trafic sur le Danube : plus aucun navire étranger ne passe à Novi Sad jusqu'en 1998. Puis, en 1999, alors que la municipalité était opposée à Milošević, les bombardements de l'Otan détruisent 12 usines, 4 ponts et font plusieurs dizaines de morts. Depuis la chute du régime en octobre 2000 et la reprise du trafic, l'économie repart, mais à un rythme plus lent qu'auparavant.

Quartiers

La vieille ville est de dimension assez modeste et le centre-ville historique est entièrement piéton, et en devient le paradis des promeneurs. Novi Sad est en fait coupée en deux.

Rive droite

La rive droite est dominée par la forteresse de Petrovaradin, située sur la colline qui la surplombe à l'est. On vient ici admirer le point de vue, flâner sur les remparts, visiter les peintres dans leurs ateliers-maisons et admirer l'hôtel dans le mur d'enceinte. En plus d'une vue imprenable sur la ville, on aperçoit au loin les collines de la Fruška Gora. Sur les contreforts, Sremska Kamenica est un faubourg assez typique aux rues dallées et aux maisons anciennes pleines de caractère.

Rive gauche

En face, sur la rive gauche, s'étend la ville commerciale organisée autour du petit centre historique. Le centre-ville a l'avantage de la petite dimension : on y flâne facilement le long du Korzo central, et tous les musées et galeries se trouvent dans un périmètre restreint. Le soir, une multitude de cafés, tavernes et salles de concerts s'animent à l'unisson. L'artère principale est la Zmaj Jovina, aux magasins et restaurants les plus fréquentés. A l'extrémité ouest se trouvent la place des Galeries (pas moins de 6) et les grands magasins. A l'autre extrémité, le quartier historique serbe se concentre le long de la rue Pašićeva. Voici donc comment se présentent ces zones stratégiques de la rive gauche :

▶ **Trg Slobode (place de la Liberté).** Le véritable centre de la ville, lieu de rendez-vous et cœur de la cité. Au centre, la statue en l'honneur de l'avocat et premier maire de la ville, Svetozar Miletić. En tournant le dos à la mairie, très bien éclairée la nuit, vous avez à droite l'hôtel Vojvodina, à gauche de beaux édifices aux couleurs chatoyantes et, en face, l'impressionnante cathédrale catholique aux lignes effilées.

▶ **Rues Zmaj Jovina, Dunavska et Laze Telečkog.** Des rues piétonnes toujours très animées, bordées de maisons à deux étages typiques du XIXe siècle et aux couleurs très vives. A l'angle des rues Zmaj Jovina et Dunavska, ne manquez pas le musée de la ville, la bibliothèque municipale et surtout l'évêché orthodoxe serbe, reconnaissable à ses fenêtres byzantines. La ruelle Laze Telečkog, perpendiculaire aux deux rues principales et la plus animée, est idéale pour boire un verre.

▶ **Rue Pašićeva.** Partant de l'angle Zmaj Jovina/Dunavska, une rue commerçante et populaire, où il n'est pas rare de voir des fanfares tziganes et des fêtes improvisées. Le lycée Jovan Zmaj, les églises Saint-Georges et Saint-Nicolas et le siège de l'Eglise orthodoxe serbe.

▶ **Trg Galerije (place des Galeries).** Autour d'une petite place, pas moins de trois musées d'art et des galeries privées. La galerie de la Matrice serbe, le musée d'Art moderne Pavle Beljanski et la collection Rajko Mamuzić.

▶ **Štrand, les rives du Danube.** Au sud, un peu excentré et à droite du pont Sloboda, se trouvent une marina et les plages aménagées sur le Danube. Un autre lieu de vie l'été.

Se déplacer

L'arrivée

Train

■ **GARE FERROVIAIRE**
✆ +381 21 443 200
Sur le même site que la gare d'autocars, au bout du Bulevar Oslobođenja, son immense hall est visible de loin.

▶ **Belgrade :** 5h25, 6h10, 7h18, 7h47, 9h50, 13h28, 14h40, 16h18, 18h06, 19h03, 19h32 et 22h27. 288 dinars en omnibus, et 430 en international.

▶ **Subotica :** 4h27, 7h13, 8h23, 10h20, 11h40, 12h51, 15h38, 19h16, 19h59 et 22h54. 384 dinars.

▶ **Budapest :** 8h23, 12h44, 23h43. 15 €. Vienne : 22h54. 1 772 dinars en couchette de 6 personnes, 3 276 en cabine double du wagon-lit.

▶ **Bar (Monténégro)** 19h03. 2 700 dinars.

Bus

▶ **De l'aéroport de Belgrade à Novi Sad.** Depuis la gare routière, une nouvelle ligne de JGSP Novi Sad (société de transports urbains) fonctionne désormais pour l'aéroport de Belgrade à : 5h, 7h30, 9h30, 11h30, 13h30 et 14h30. Ticket : 700 dinars un aller simple (1 heure 30 de trajet). Depuis l'aéroport de Belgrade, départs réguliers devant le terminal. Départs à : 6h35, 9h05, 11h05, 13h05, 15h05 et 17h.

■ **AGENCE DE VOYAGES MAGELAN**
Zmaj Jovina 23
✆ +381 21 472 2028 – +381 21 420 680
www.magelan.rs
Organise votre transport en minibus depuis l'aéroport de Belgrade jusqu'à Novi Sad, à 1 200 dinars par personne (minimum trois personnes). Enfin, l'agence Magelan propose des minibus pour certaines destinations en Serbie et en Europe. Infos au ✆ (021) 420 680.

■ **GARE ROUTIÈRE**
Bulevar Jaše Tomića 6
✆ +381 21 444 021
A l'entrée de la ville en venant de l'autoroute, elle marque la fin, sur le côté de la gare de chemin de fer, du plus grand boulevard de Novi Sad, le Bulevar oslobođenja. Bureau de change, consigne à l'extérieur du hall (garderoba).

▶ **Depuis et vers Belgrade,** aucun souci à vous faire, puisque vous avez un bus toutes les 15 minutes, quasiment 24h/24. Le voyage dure 50 minutes par l'autoroute. Aller vers Belgrade de 600 à 700 dinars (40 dinars le bagage). Depuis la gare routière, une nouvelle ligne fonctionne désormais pour l'aéroport de Belgrade : 5h, 9h30, 11h30, 13h30 et 14h30. 765 dinars (compter 1 heure 30 de trajet).

▶ **Subotica.** Une vingtaine de bus par jour jusqu'à 21h50, 800 dinars.

▶ **Niš.** 14 bus par jour jusqu'à 23h05, 1 640 dinars.

▶ **Sombor.** 25 bus par jour. De 700 à 880 dinars.

▶ **Sremski Karlovci.** Bus de ville, 120 dinars.

▶ **Apatin.** 12 bus jusqu'à 19h50. 970 dinars.

▶ **Zagreb.** 9h30, 11h et 23h05, 2 600 dinars.

▶ **Kopaonik.** 05h45. 1 820 dinars.

▶ **Paris.** Par plusieurs compagnies affiliées Eurolines : 12h15 les lundi, mardi, mercredi, vendredi et samedi. Prix : 90 € l'aller avec la compagnie Mićko Lapovac, 110 € avec le Fudeks. Pour les départs de Belgrade avec Lasta à 10h45 les lundi, mercredi, vendredi et samedi, le billet Novi Sad-Belgrade est pris en charge par la compagnie (vérifier les horaires des bus Lasta à la gare routière ou dans l'agence Lasta : Bulevar oslobodjenja ✆ +381 21 6624 404).

VOÏVODINE ET LE HAUT-DANUBE

Bateau

Vous pouvez évidemment descendre le Danube en bateau. Gratuit pour les bateaux de plaisance et les yachts, 0,30 € par carrin de tonne pour les autres navires.

■ CAPITAINERIE (KAPETANIJA PRISTANIŠTA)

✆ +381 21 662 4450 – +381 21 26 684
Deux ports de tourisme se situent de chaque côté du pont de Petrovaradin. La capitainerie renseigne sur la navigation sur place. Les navigateurs doivent annoncer à l'avance leur jour et heure de passage. Des *splav* pour boire un verre sont également tout proches.

Voiture

La capitale de Voïvodine est à moins d'une heure de route de Belgrade par l'autoroute E75, mais attention, quelques tronçons restent à une voie, même si les travaux avancent. L'autoroute E75 est également payante jusqu'à Subotica et la frontière hongroise. Par la nationale, Novi Sad est à 40 km de l'autoroute menant à Zagreb en Croatie.

■ ADAGGIO

Veternik, Novosadski put 67
✆ +381 65 232 44 46
www.rentacar-novisad.rs
office@rentacar-novisad.rs
Comptez 3 690 dinars pour une Polo ou une Cordoba (tarif pour kilométrage limité à 150 km). Tarifs dégressifs au-delà de 3 jours de location. Une agence jeune et fiable. Livraison gratuite dans la ville de Novi Sad. Possibilité de rendre la voiture à Belgrade avec un supplément de 4 000 dinars.

■ AUTOTEHNA

Balzakova 29 ✆ +381 21 469 656
www.autotehna.com – nvi@autotehna.com
Ouvert de 7h à 18h. Samedi de 7h à 14h.
L'agence serbe qui dispose de bureaux à Belgrade et Niš vous permet donc de rendre votre voiture dans ces villes. Une Yugo à 20 € pour une journée et moins de 100 km, Volkswagen Polo à 5 700 dinars pour une location d'un jour ou 8 600 dinars par/j pour plusieurs jours et kilométrage illimité.

■ EUROPCAR

Bulevar Jaše Tomića 1
(à l'hôtel Novi Sad, face à la gare routière)
✆ +381 21 443 188 – www.europcar.rs
De 8h à 16h, fermé le week-end. Premier prix à 48 €/j mais dépôt de 450 €. Possibilité de rendre la voiture à Belgrade. Dans ce cas, tarif fixe de 35 € supplémentaires.

En ville

Bus

■ JGSP

Futoški put 46
✆ +381 21 4896 600 – www.gspns.rs
JGSP administre un réseau de bus urbain assez dense, avec 17 lignes qui desservent également les environs, pas toujours proches, de la ville. Depuis la gare centrale, prendre le n° 4 pour le centre historique et descendre à l'arrêt Centar. Pour la forteresse de Petrovaradin, prendre le n° 9. Tickets de 40 dinars. Les tickets journaliers de 195 dinars (seulement pour la zone 1) ou hebdomadaires de 585 dinars sont vendus aux guichet JGSP.

▶ **Autre adresse :** Bulevar Jaše Tomića 6.

Taxi

Pas du tout nécessaire dans le centre-ville très resserré. Pratique la nuit pour certains lieux périphériques – comptez 200 dinars la course – ou pour l'autre rive du Danube. Un tour à Petrovaradin et en contrebas de Kamenica avec retour dans le centre coûte 300 dinars. En outre, autour du centre, de nombreuses stations jour et nuit.

■ BELI TAXI

✆ +381 21 400 800

■ DELTA NS PLUS TAXI

✆ +381 21 522 622

■ GRADSKI TAXI

✆ +381 21 400 555

■ NAŠ TAXI

✆ +381 65 300 3000 – +381 21 300 300
www.nastaxi.com

■ NOVUS TAXI

✆ +381 21 500 700 – www.novustaxi.com

■ PAN TAXI

✆ +381 21 455 555

Vélo

En été 2011, un système de location de vélos municipaux a été implanté dans cette ville de plaine dotée d'une multitude de pistes cyclables. Pour le moment, on peut louer un vélo « Ns Bike » d'avril à octobre du 8h à 20h : devant la gare ferroviaire, devant le SPENS (centre commercial et sportif), devant le théâtre national et à l'entrée principale de la plage municipale de Štrand. En 2011, les tarifs étaient très doux : 20 dinars l'heure ou 100 dinars la journée. Avec une carte « smart » personnalisée qui coûte 500 dinars on peut louer pour une durée illimitée.

Pratique

Tourisme – Culture

■ KOMPAS

Bulevar Mihajla Pupina 15
✆ +381 21 522 528 – +381 21 523 578
www.kompasnovisad.com
kompas@eunet.rs
Une compagnie multi-agence qui vous offre ici des circuits culturels et des visites de Novi Sad et ses environs, tout compris. Mais aussi des découvertes plus courtes comme la visite de Sremski Karlovci en 2 heures. Leur plus, une offre orientée nature avec le parc national de Fruška Gora, des safaris-photos et des journées de pêche. Billets d'avion. Bref, comme chez Magelan, une offre complète et l'exceptionnelle qualité de la documentation proposée laisse augurer de prestations de belle tenue.

■ MAGELAN

Zmaj Jovina 23
✆ +381 21 4724 088 – +381 21 6624 823
www.visitserbia.org
www.magelan.rs – prodaja@magelan.rs
Ouvert de 8h à 20h du lundi au vendredi, le samedi de 9h à 14h.
Tour-opérateur réceptif, agence spécialisée pour les excursions sur toute la Serbie. Transport organisé en mini-bus, voitures VIP, visites guidées. Système de réservations en ligne pour l'hébergement. Réservations en ligne des excursions (www.visitnovisad. rs), pour les groupes aussi bien que pour les individuels. Excursions thématiques : route des vins, virées gastronomiques, observation d'oiseaux, visites des monuments historiques, croisières sur le Danube, rafting, randonnées, tours de vélo. Les tournées avant et après Guča et EXIT. L'agence organise des safaris-photos ou des promenades à thèmes (herbes, cyclo-cross, trekking) dans la parc national de Fruška Gora.

■ MARKET TOURS

Bulevar Cara Lazara 55 ✆ +381 468 409
www.markettours.wsc.rs
markettours@nscable.net
Une agence plus classique tournée vers l'étranger mais qui propose aussi des stations thermales en Serbie, entre autres.

■ OFFICE DU TOURISME DE NOVI SAD

Modene 1
✆ +381 21 66 17 343
✆ +381 21 421 811
www.turizamns.rs – tons@turizamns.rs
info@turizamns.rs
Bureau ouvert de 7h30 à 20h, le samedi de 10h à 15h.
Situé pratiquement sur la place centrale (Slobode), l'office du tourisme de Novi Sad peut vous réserver l'hébergement et donner les informations détaillées sur les activités proposées, les festivités... Un plan de la ville en format PDF disponible sur le site. On y parle anglais.

■ OFFICE DU TOURISME DE VOÏVODINE

Bulevar Mihajla Pupina 6/IV
✆ +381 21 452 910 – +381 21 472 0508
www.vojvodinaonline.com
office@vojvodinaonline.com
Ouvert de 7h30 à 15h30 du lundi au vendredi.
C'est là que votre séjour devient une réussite ! Un personnel affable et compétent, ayant l'habitude des clientèles occidentales. Pas de locuteur français, mais l'anglais ou l'allemand est pratiqué. Une documentation importante et des brochures de qualité et complètes, plutôt rare. De nombreuses excursions dans les environs proches sont organisées via l'office du tourisme. N'hésitez pas à contacter l'office du tourisme régionale avant votre arrivée, on se fera un plaisir de vous répondre. Le contact incontournable pour réserver, au moins deux mois à l'avance, le logement lors du festival d'Exit.

© PREDRAG VUČKOVIĆ – FOTOLIA

Château d'Ečka.

■ POKRET GORANA
Pozorišni trg 2 ✆ +381 21 451 788
www.pokretgorana.org.rs
office@pokretgorana.org.rs
Une institution assez particulière, qui se bat
pour la protection de l'environnement à travers
des initiatives assez intéressantes. Campagnes
d'éducation dans les écoles, manifestations
culturelles, défilés champêtres…

■ PUZZLE GROUP
1 Mite Ružića
✆ +381 21 66158 97 – +381 64 238 94 70
www.puzzlegroup.org
goran.jeges@gmail.com
Ouvert du lundi au vendredi de 12 à 18h.
Jeune agence pour les actifs de 16 à 35 ans.
Propose de nombreux plans : les folles nuits de
Belgrade (clubbing, kafana traditionnelle, les
« splaves » folkloriques) ; alpinisme et rafting en
Serbie (Exit de Novi Sad, Guca, Beerfest,
et d'autres plus traditionnels) ; Balkan Tours d'une
quinzaine de jours incluant Bled en Slovénie, les
îles croates, Tara rafting au Monténégro… Ya
une bonne ambiance de fêtards, ici on s'amuse
bien tout en découvrant et en s'enrichissant
culturellement parlant. La même agence existe
à Valjevo, Belgrade, Nis et Subotica.

Représentations – Présence française

■ CENTRE CULTUREL FRANÇAIS
Pašićeva 33 ✆ +381 21 472 2900
www.ccfns.org.rs
Ouvert de 13h à 20h. Samedi de 10h à 13h.
Dans des locaux récents, tout près du centre
piéton, le centre dispose d'une médiathèque,
bibliothèque, journaux. Il organise des expositions.

Moyens de communication

■ INTERNET KUM
Grčkoškolska 7
40 dinars la 1/2. Ouvert 24h/24.

■ PTT NOVI SAD
Narodnih Heroja 2 ✆ +381 21 614 708
*Ouverte de 8h à 19h en semaine, de 8h à
14h le samedi.*

Santé – Urgences

■ DENTISTE
Oral B Čukić. Narodnog Fronta 20
✆ +381 21 467 006
De 10h à 20h. Samedi de 10h à 13h.

Se loger
À savoir : pendant le festival Exit la première
semaine du juillet, les prix ont tendance à
augmenter et une réservation bien à l'avance
est hautement recommandée pour cette
période.

Rive droite

■ LEOPOLD I
Petrovaradinska tvrđava
(Forteresse de Petrovaradin)
✆ +381 21 488 7878
www.leopoldns.com
office@leopoldns.com
*7 000 dinars en simple, 8 200 en double.
Suites jusqu'à 24 200 dinars.*
Un cas à part dans le parc hôtelier de Novi
Sad. L'extérieur d'un bon Relais et Châteaux
et un emplacement, au cœur de la forteresse
avec vue plongeante sur le Danube, fabuleux.
Les halls sont ornés de cors de chasse et les
escaliers en marbre, aux lustres splendides,
sont classés monument historique ! Sans
parler des multiples salles de restauration,
conférences et bals. On se souvient encore
parmi le personnel des arrivées triomphales
de Tito et de Haïlé Sélassié à la grande époque
des non-alignés… Un tel bâtiment devait faire
un hôtel de luxe et de charme. C'est le cas
avec l'ouverture du Leopold en 2007. L'espace
et le style de l'époque de Leopold ont été mis
en valeur, discrètement mais avec talent. Tout
respecte le style fin Renaissance, tout en
proposant discrètement le luxe moderne. Du
moins pour les chambres Renaissance, qui,
comme leur nom l'indique, sont superbes,
avec leur tentures et pour certaines leur lit
à baldaquin. Mobilier de grande qualité, et
équipements plétoriques complètent des
prestations haut de gamme, dont le prix est
finalement raisonnable. Parking privé, utilisation de salle de gym, room service et vue
imprenable sur le Danube compris.

Rive gauche

Bien et pas cher

■ APPARTEMENTS TAL CENTAR
23 Zmaj Jovina (Змај Јовина)
✆ +381 21 661 3813
www.talcentar.rs
talcentar@neobee.net
*2 800 dinars en simple, 3 800 dinars en
double. Petit déjeuner inclus, à prendre dans
un café proche.*

n coup de cœur ! Au fond d'une cour charmante
ieille de 200 ans, en haut de la rue piétonne
maj Jovina, voici un petit hôtel qui n'en est pas
n : ce sont 6 petits appartements pour 2 ou
personnes, frais et agréables, bien équipés
vec minibar, clim et wi-fi. Paiement Visa®/
laster et accueil sympathique. Transfert de
aéroport en voiture proposé pour 4 000 dinars
our 4 personnes.

■ BELA LAĐA
isačka 21
☎ +381 21 661 6594
☎ +381 21 661 6594
www.belaladja.com
esbelaladja@yahoo.com
*500 dinars par personne en simple, 1250 en
double, toutes taxes comprises. Petit déjeuner
en supplément pour 300 dinars.*
chambres très rustiques dans une vieille
maison de Voïvodine, célèbre pour son restau-
ant. Les chambres sont petites et vraiment
ustiques. Le confort est plus que limité, avec
salle de bains dans le couloir. Mais c'est aussi
hôtel de loin le moins cher de la région et une
éritable institution. Un certain charme tout de
même. Paiement en espèces. Parking privé.
l'établissement se trouve entre le centre et les
ares. A noter que dans un bâtiment proche
rue 15, Zlatne grede), d'autres chambres
noins rustiques cette fois sont à 1 460 dinars
sans petit déjeuner et à 1 760 avec. Là, vous
avez même droit à la clim.

■ DUGA
Ćirila i Metodija 11b ✆ +381 21 467 000
www.duga-radisic.co.rs
*3 525 dinars en simple, 4 250 dinars en double,
petit déjeuner inclus. Parking.*
Établissement récent au confort moderne,
situé en bord de route. Chambres à l'ameublement spartiate, type Ikéa ; toutes sont
équipées d'un minibar, d'une TV et surtout
d'une salle de bains spacieuse. Restaurant
confortable, terrasse de 100 places, solarium,
bureau de change et coiffeur. Un hôtel un
peu excentré mais qui offre un bon rapport
qualité-prix.

■ HOSTEL DOWN TOWN
Njegoševa 2 ✆ +381 61 662 05 82
www.hostelnovisad.com
downtownnovisad@yahoo.com
*Tarifs : 9 € en chambre de 8, 12 € en chambre
de 4 et 18 € en chambre de 2, sans petit
déjeuner. Draps compris dans le prix.*
Récent, une idée toute simple pour cette
auberge de 3 chambres : un ancien apparte-

ment bourgeois du centre, à 100 m de la cathédrale, transformé en auberge donc. Le confort
est typique auberge avec des chambres de
2 à 8 lits et une salle commune avec Internet.
Cuisine à disposition. C'est tout simple et
comme chez soi. Pour la trouver, sonner au
porche (à coté du magasin Mura, et monter
au dernier étage à gauche).

■ HOSTEL SOVA
Ilije Ognjanovića 26 ✆ +381 21 527 566
www.hostelsova.com
kontakt@hostelsova.com
*6 chambres de 2 à 10 lits. Attention, seul un
petit autocollant signale l'endroit au-dessus de
la porte sur la rue. Monter au 1er étage. Tarifs
(payables en espèces seulement) 10 € en
dortoir et 15 € dans les doubles, quadruples
et appartements.*
Nouvelle auberge également, elle aussi dans
un ancien appartement du centre. Salle
commune avec Internet, cuisine. Les appartements (dont un duplex) pouvant accueillir
jusqu'à 6 personnes sont « d'origine » mais
bien équipés : TV, climatisation, cuisinette.
Certaines salles de bains sont neuves.

■ MARINA
Zmaj Jovina 6 ✆ +381 21 451 621
www.marinarooms.rs
rooms_marina@yahoo.com
10 € par personne.
Des chambres simples mais avec un bon
standard et confortables à ce prix. Il ne s'agit
pas d'un hôtel puisqu'il n'y a aucune pièce
commune et la réception n'est pas ouverte
en permanence. Très central, on y accède
par un passage sur la piétonne Zmaj Jovina
(se trouve face à l'hôtel Zenit) ou par la rue
Ilije Ognjanovića. Petit luxe, une place de
parking privée.

■ RIMSKI
Jovana Cvijića 26 ✆ +381 21 443 231
www.rimski.co.rs
office@rimski.co.rs
*Chambre simple 30 € dans l'ancienne partie et
40 € dans la partie rénovée ; chambre double
respectivement 40 et 60 €. Petit déjeuner
compris.*
Plus central et assez agréable, un petit hôtel
de 28 chambres, proche des deux gares. Les
chambres, joliment décorées, aux teintes
jaune et orange apaisantes, possèdent air
conditionné et minibar. Cependant elles sont
un peu petites et les salles de bains sont quelconques. Salle de réunion et jardin. Paiement
Visa® et Master Card®.

VOÏVODINE ET LE HAUT-DANUBE

Une nuit à la ferme : les salaš

Les *salaš* sont de grandes fermes traditionnelles de Voïvodine, nées au XIIe siècle et essentiellement hongroises. Elles ont de tout temps fait office d'auberge pour les voyageurs. Tout en continuant leurs activités, certains propriétaires, le tourisme étant en essor, ont décidé de réhabiliter les chambres d'hôtes. Une belle idée, qui vous permet de passer du temps à la ferme, le plus souvent entourés d'animaux et au milieu de nulle part. Certes, beaucoup ont pensé à positionner leur offre résolument vers le haut de gamme, et les prix s'en ressentent.

Mais les prestations ont bien entendu suivi. Vous pouvez tenter ce nouveau tourisme rural, vous serez séduits par la qualité des fermes. En voici quelques-unes autour de Novi Sad. L'office de tourisme peut vous indiquer comment les trouver, car bien sûr, ce n'est pas si facile… D'autres *salaš* se trouvent également autour de Novi Sad, en pleine campagne bien sûr. S'ils n'atteignent pas le degré de perfection du Salaš 137, ils méritent autant d'y passer une nuit :

■ CVEJIN SALAŠ

Begeč, Nikole Tesle 2
✆ +381 21 898 045 – +381 63 538 976
A 15 km de Novi Sad. 15 € par personne avec petit déjeuner, 20 € la demi-pension et 25 € la pension complète. Ouvert toute l'année.
Une adresse on ne peut plus authentique pour se loger chez l'habitant à la ferme en pleine tranquillité. En plus, ici, l'accueil est en français. Avant de prendre sa retraite, la charmante Mme Zvonimirka avait déjà travaillé dans le tourisme. Seulement trois chambres doubles avec une salle de bains commune. La nourriture faite maison est succulente. Le Danube et le petit lac de Begečka Jama sont à seulement 3 km où l'on peut faire gratuitement une promenade en bateau jusqu'à Banoštor avec les pêcheurs locaux.

■ SALAŠ 137

Route nationale ✆ +381 21 714 501
www.salas137.rs – info@salas137.rs
48 € pour 1 personne, 60 € pour 2 personnes, petit déjeuner compris. Le restaurant est fermé les lundis. A quelques kilomètres de Novi Sad. L'ancienne ferme hongroise avec céréaliculture et élevage a été transformée en hôtel de luxe et restaurant de tradition. Vous y choisirez parmi 15 chambres de grand standing, aménagées avec un mobilier du XIXe siècle, parfois un peu plus vieux, le tout de très grande qualité, avec un respect du détail authentique d'époque et fermier époustouflant, tout en assurant un confort actuel. Rarement un tel mélange entre campagnard XVIIIe-XIXe et prestations actuelles n'aura été aussi réussi. Le complexe lui-même qui a 200 ans, comprend un corps où se trouvent les chambres, un restaurant lui aussi ancien où l'on peut écouter les *tamburaši* tous les soirs (sauf le dimanche et le lundi) et d'autres bâtiments annexes. Vous devrez impérativement réserver à l'avance, surtout en été. Le club hippique Viking qui se trouve juste à côté possède une écurie de 20 chevaux que l'on peut monter.

■ SALAŠ 84

123 Omladinska (l'ancienne route de Zabalj)
✆ +381 21 445 993
www.salas84.rs – office@salas84.rs
50 € pour deux. Ici aussi une ancienne ferme magnifiquement restaurée, version luxe. Reconstruite, parfois avec les techniques et matériaux d'il y a deux siècles, le résultat est beau. Les chambres sont typiques de la campagne de Voïvodine ancienne, mais aux couleurs plus fraîches et le souci du détail et un certain luxe des finitions rendent l'endroit magique. Pour trouver ce *salaš,* passer au-dessus de l'autoroute Subotica-Belgrade, en direction de Zrenjanin puis après 8,5 km, tourner à gauche après la route de Kać et suivre la vieille route sur 3 km.

Confort ou charme

■ BONACA

Kisačka 62a ✆ +381 21 446 600
apartmani-bonaca@open.telekom.rs
*Appartements pour 2 personnes 4 300 dinars,
pour 4 personnes 7 650 dinars, avec petit
déjeuner.*
Situé entre les gares et le centre, il s'agit ici
uniquement d'appartements dans un hôtel
récent. L'appellation appartement est due
à la présence d'une petite cuisine, mais à
moins de payer le double pour la catégorie
luxe, ce sont plus des chambres, sobres et
confortables mais sans attrait. Pour le reste,
vous avez la climatisation et une chaîne hi-fi
dans le prix. Paiement toutes cartes et service
très pro.

■ FONTANA

Nikole Pašića 27
✆ +381 21 661 2760
www.restoranfontana.com
restoranfontana@open.telekom.rs
*2 800 dinars en simple, 3 800 en double,
5 000 en triple. Petit déjeuner inclus.*
Une vingtaine de chambres vastes et de
charme, dans un petit établissement où tout
est agréable, à commencer par son restaurant.
Paiement toutes cartes et parking possible.

■ MEDITERANEO

Ilije Ognjanovića 10
✆ +381 21 427 135
www.hotelmediteraneo.rs
mediteraneo@sbb.rs
*5 025 dinars en simple et 6 750 en double,
petit déjeuner inclus.*
Un petit hôtel ultra-moderne d'un genre
nouveau. Ici, on joue sur le design et l'atmosphère. Un peu moins dans les chambres,
plutôt simplistes. Climatisation, Internet dans
le hall et parking privé surveillé. Paiement
toutes cartes.

■ VOJVODINA

Trg Slobode 2 ✆ +381 21 6622 122
www.hotelvojvodina.rs
office@hotelvojvodina.rs
*Chambre simple 3 500 dinars, double
5 000 dinars.*
Le plus ancien établissement de la ville, situé
sur la place centrale. Un mélange de splendeur
passée qui lui donne encore un peu de charme,
outre le bâtiment et l'emplacement idéal. Pour
le reste, et même si les chambres ont été
repeintes dans des tons pastel, les prestations sont d'un autre âge, les salles de bains

beaucoup trop vieilles et certains détails
indignes de ce qui fut le grand hôtel de Novi
Sad. Malgré tout, un certain charme et un
prix serré – et inchangé depuis longtemps –
justifient de s'y arrêter. Wi-fi seulement dans le
lobby. Parking privé attenant. Paiement Visa®/
master Card et une ambiance communiste
pour le service.

■ VOYAGER

Stražilovska 16
✆ +381 21 453 711
www.voyagerns.co.rs
voyageragencija@sbb.rs
*20 suites de 47 € pour une personne à 112 €
pour 5 personnes, petit déjeuner compris.*
Ici aussi, à deux pas du centre, des appartements de 26 à 67 m² récents, frais et bien
équipés. Le plus, un ordinateur avec Internet
dans chaque chambre. L'ensemble est plus
efficace que charmeur mais le rapport pres-
tation/prix est vraiment bon. Paiement toutes
cartes, service affable et anglais parfait.

■ ZENIT

Zmaj Jovina 8
✆ +381 21 662 1444
www.hotelzenit.co.rs
office@hotelzenit.rs
*Chambre simple 4 915 dinars, chambre double
6 700 dinars, appartement 10 230 dinars.*
Dans la rue Zmaj Jovina, bien repérer le
panneau bleu et jaune, puis aller au fond de
la galerie, Pasaž 8. Un petit hôtel au cœur de
la vieille ville, mignon et accueillant, idéal pour
couples romantiques. 15 chambres et 3 appartements d'un grand confort, aux boiseries
charmeuses et à l'ameublement de qualité,
entre campagnard et moderne, qui leur dispen-
sent une vraie identité. Toutes les chambres
ont minibar, climatisation, chaînes satellite et
surtout une salle de bains dernier cri. La salle
à manger est également très agréable, et le
petit déjeuner un véritable festin. Accueil à la
carte et service impeccable. Le propriétaire
parle parfaitement français, et le personnel
a l'habitude des touristes étrangers. Parking
privé gratuit (sur réservation).

Luxe

■ HÔTEL NOVI SAD

Bulevar Jaše Tomića 1
✆ +381 21 442 511
www.hotelnovisad.co.rs
hupns@neobee.net
*4 450 dinars la chambre simple, 5 450 la
double, petit déjeuner inclus.*

Juste en face des gares routière et ferroviaire, un grand établissement des années 1970, mais entièrement refait. Plus de 120 chambres, 3 salles de séminaires, un restaurant, bar, discothèque et salle de jeu : l'hôtel Novi Sad est l'exemple rare d'un hôtel communiste magnifiquement réhabilité tout en gardant l'esprit de l'époque pour ses halls. Les chambres sont vastes, de qualité, surtout pour le prix. Les prestations sont également intéressantes même si seules les suites peuvent justifier le label luxe. Mais rien que pour ses halls et son restaurant, un bel endroit. Il dispose en outre d'un sauna et d'un casino. Parking privé. Paiement toutes cartes.

■ HÔTEL PARK

Novosadskog sajma 35
✆ +381 21 4888 888
www.hotelparkns.com
info@hotelparkns.com
6 000 dinars en simple, 8 200 en double (utilisation de piscine et de sauna inclus). Suite de Tito pour 22 000 dinars.
L'hôtel 5 étoiles, le plus grand de la ville, situé dans un grand parc pas loin de Sajam (Parc d'exposition). Entièrement refait en 2004. En 1977, Tito y avait séjourné pour le réveillon et aujourd'hui on peut dormir dans cette même suite composée de deux chambres à coucher, d'un bureau, d'un salon et de deux salles de bains. Le mobilier original de l'époque y a été gardé et restauré. Dans le reste des chambres, toutes spacieuses, le mobilier est haut de gamme. Le centre de bien-être comprenant : piscine couverte, saunas, gym, salon de beauté et de massages. Salles de congrès de haut standing (jusqu'à 800 personnes). Parking privé et garage surveillé.

Se restaurer

Rive droite

■ TERASA

Forteresse de Petrovaradin
✆ +381 21 447 788
De 8 h à minuit tous les jours. A partir de 750 dinars le plat.
L'occasion de faire connaissance avec un établissement historique de Serbie où, pendant quinze ans, le musicien Janika Balaš a accompagné au tambourin cette musique typique du Danube serbe, *starogradske pesme*. Une salle

de 250 places qui respire l'Histoire avec une majuscule, de grandes tables en bois portant les blasons de chaque ville du Danube et une terrasse qui, par beau temps, offre un point de vue exceptionnel sur la ville. Cuisine devenue moderne et italienne mais un peu décevante. On ne viendra donc pas ici pour l'assiette mais pour le lieu.

Rive gauche

Bien et pas cher

■ DUNAVSKA OAZA

Dunavska 25
✆ +381 21 528 020
Menus complets à 440 dinars (soupe, plat principal, salade et dessert). Fermé le dimanche hors saison.
Sur l'artère piétonne, un établissement correct pour les amateurs de poisson. Petit restaurant dans un décor de fausse cave.

■ LIPA

Svetozara Miletica 7
✆ +381 21 6615 259
Compter 700 dinars pour un plat de viande ou un poisson (vendu au kilo), 300 pour une entrée et 100 pour un dessert. Menu du jour environ 500 dinars.
Dans une rue adjacente à l'artère piétonne Zmaj Jovina, un des établissements fréquentés de la ville. Dans une salle toujours comble, aménagée à l'ancienne avec cheminée, petites nappes brodées et tableaux de chasse, un endroit où l'atmosphère respire le calme et la gaieté. Repas typique de Voïvodine, avec poissons en sauce ou rôtisseries assaisonnées et une bonne carte de vins de la région. Demandez le premier étage en terrasse ou, mieux encore, la cave, où l'on vous sert près des anciens tonneaux !

Bonnes tables

■ ARHIV

Ilije Ognjanovića 15
✆ +381 21 472 2176
9h à 23h, sauf le dimanche. 570 à 1 000 dinars le plat.
Dans une cave joliment aménagée, un restaurant franco-serbe dont la cuisine est plus exotique que française. Parmi les viandes, à noter les poulets sauce au vin, de qualité. L'ensemble est soigné même si un soupçon prétentieux. Vaut le déplacement pour un rapport qualité-prix étonnant.

■ BELA LAĐA

Kisačka 21
✆ +381 21 661 6594
✆ +381 21 661 6594
www.belaladja.com
resbelaladja@yahoo.com
Menus de 500 à 900 dinars.

Un des plus anciens établissements de la ville, qui perpétue une tradition de plats typiques de Voïvodine et qui ne change pas, y compris ses tarifs. Et c'est pour cela qu'on l'aime. Toujours très animé, le Bela Ladja est une des sorties préférées des habitants de Novi Sad, car chaque soir à 20h un orchestre rom anime la soirée. La salle ancienne est fermée par un mur entier casier à bouteilles. Ainsi, la carte des vins est immense, chose rare en Serbie. Vous y trouverez aussi du goulaš, des salades et quatre sortes de viande en sauce. Le menu 1 est typique de l'alimentation de jours de fête en Voïvodine, avec du gibier comme le faisan et le canard, le tout accompagné de pommes de terre en robe des champs et de champignons grillés.

■ FISH & ZELENISH

Skerlićeva 2
(à l'angle avec la rue Pašićeva)
✆ +381 21 452 000
www.fishizelenis.com
Ouvert de 12h à 23h en semaine, jusqu'à 1h le week-end.

Un restaurant tout mignon insistant sur la cuisine méditerranéenne authentique : poissons, fruits de mer, légumes bio, pâtes et pain faits maison... Multitudes de plats végétariens. Tout est délicieux. Pensez à réserver parce que c'est tout petit !

■ FONTANA

Nikole Pašića 27
✆ +381 21 621 779
www.restoranfontana.com
Viandes et poissons 450 à 900 dinars, très bon tartare à 1 200 dinars, bouteille de vin 700 dinars.

Taverne cosy serbe, située au milieu de la rue Pašić. Derrière la déco rococo et l'air débonnaire des serveurs se cachent des trésors culinaires. Commencez par la *čorba* – soupe de viande et de poisson onctueuse – servie dans une soupière, puis commandez une rôtisserie, qui sera largement suffisante pour la journée ! Terrasse intérieure agréable en été et une vingtaine de chambres à l'étage.

■ KAFANICA

Đorđa Jovanovića 2 ✆ +381 21 661 1783
De midi à minuit, sauf le dimanche. De 330 pour un plat du jour jusqu'à 1 250 dinars le plat à la carte.

Dans la plus vieille partie de Novi Sad, et dans une vieille maison, voici une *kafana* qui mérite de s'y attarder. La carte n'est pas longue mais les viandes serbes et poissons respirent la cuisine authentique et familiale avec quelques touches internationales. Essayez par exemple la *kolenica* aux pommes de terre (680 dinars).

■ KUĆA MALA

Laze Telečkog 4 ✆ +381 21 422 728
De 9h à 23h. 550 à 800 dinars le plat.

Une salle comme à la maison. Un décor rustique mais aux couleurs pastel pour une carte presque exclusivement composée de grandes salades aux saveurs variées et de quelques pizzas souvent originales et plutôt bonnes. Une idée plutôt sympa pour une ambiance intime vu le peu de tables.

■ RESTAURANT ZAK

Šafarikova 6 ✆ +381 21 44 75 45
lincdoo@gmail.com

Avec cet établissement Novi Sad c'est enfin doté d'une adresse gastronomique haut de gamme. C'est une maison typique du début du XXe siècle qui l'abrite dans un petit jardin caché avec une cave à vins et un parking. Plats simples mais pleins d'imagination comme : la mousse au fromage bleu servi sur une couche de roquette avec des tomates cerises, ou comme le carpaccio de saumon et de loup de mer au citron vert. Les desserts sont tout aussi fantastiques. Bref, c'est définitivement le meilleur restaurant de la ville.

Sortir

Sortir à Novi Sad n'est pas compliqué. Hors les rares discothèques, tout se passe dans un espace assez réduit autour du vieux centre et ne nécessite donc pas de moyen de transport. Dès la nuit tombée, les jeunes entament un véritable marathon, de café en club et de club en café. Dans les très nombreux restaurants et bars branchés de la rue Modene, on vient se montrer ou regarder les autres. On y sert des pizzas et d'énormes glaces jusqu'à une heure du matin. Mais en vous enfonçant dans les galeries de traverse, de chaque côté de la Zmaj Jovina ou Dunavska, vous trouverez des endroits très (plus) sympathiques. Le guide gratuit *Novi Sad in your pocket* est distribué dans les bars et le site www.inyourpocket.com renseigne sur tous les événements du moment.

VOÏVODINE ET LE HAUT-DANUBE

Cafés – Bars

L'endroit idéal pour passer une soirée dans les bars est sans conteste la rue Laze Telečkog. C'est une petite rue piétonne qui se trouve vers le haut à gauche de la rue Zmaj Jovina, la grande rue piétonne. L'été, une véritable ambiance de fête règne ici. En 200 mètres, naviguez entre les pubs suivants, tous avec leur caractère propre, souvent original : Marta's Pub, Frida, Cuba Libre, Lazino Tele ou London. Avec une mention spéciale pour le Cuba Libre et ses deux étages à la déco de vieux gréement. La journée, le salon de thé Divan Dućan, et son atmosphère particulière, est à recommander. Excellents concerts en public à Lazino Tele.

■ FOXTROT
Futoška 23
Ouvert jusqu'à 23h en semaine et 1h le week-end.
Un bar à la déco en bois, temple du blues, jazz et rock.

■ PIVNICA GUSAN
Dans un passage à droite au début de la Zmaj Jovina, un bar à bière, dans une cave, très vivant. Plats du jour bon prix en journée. Sa terrasse dans la cour en été est parfaite pour le soir. Si c'est plein, tentez le Bezec qui est juste en face.

■ RADIO CAFÉ
Svetozara Miletića
Un bar-café très sympathique situé en bas de la station radio locale de référence 021. Sa terrasse bien à l'ombre est particulièrement agréable en été grâce à un petit ruisseau et de nombreuses plantes. Soirées à thème.

Clubs et discothèques

■ CLUB MUZEJ
Petrovaradin
Dans le bâtiment du musée de la ville, Gradski Muzej, dans la forteresse de Petrovaradin, c'est la boîte du moment. Entrée par la même porte que le musée puis à droite.

■ VINSKI PODRUM
Pašićeva 10
A 100 m de la Zmaj Jovina, une petite entrée surmontée d'un tonneau et d'une inscription en caractères cyrilliques : allez vers le sous-sol et bienvenue dans le club de nuit le plus vivant et typique de Novi Sad ! A partir de 22h30, cette ancienne cave à vin s'emplit de gens de tous âges et de musiciens. Lorsque les guitares et les tambourins de Voïvodine commencent à se faire entendre, l'assistance reprend à l'unisson ces airs que seuls les Slaves savent inventer. Et c'est comme ça jusqu'à deux heures du matin. Le vin blanc du cru y est excellent.

Spectacles

■ CENTRE CULTUREL DE NOVI SAD (КУЛТУРНИ ЦЕНТАР НОВОГ САДА)
Katolička Porta 5 ✆ +381 21 528 972
www.kcsn.org.rs – kcns@eunet.rs
Un complexe culturel de référence, avec cinéma d'art et d'essai, galerie d'art contemporain et école de dessin. Toute l'année, une multitude d'événements : festivals de cinéma thématiques, expositions artistiques, concerts, soirées littéraires... et happenings. Le centre participe à l'organisation de plusieurs festivals de renom, comme le Infant Festival, un festival de jazz ou encore les délicieux Etés à Novi Sad, mélange de bonne humeur et de trouvailles en matière artistique.

■ CINÉMA ARENA CINEPLEX
Bulevar Mihajla Pupina 3
✆ +381 21 447 690
Entrée 300 dinars. Le plus grand cineplex de la ville, entièrement rénové en 2010. 6 salles et 1 000 places au total. Tous les films internationaux en VO sous-titrés en serbe.

■ CINÉMA KULTURNI CENTAR
Katalička Porta 5
✆ +381 21 528 972 – www.kcns.org.rs
Entrée de 100 à 250 dinars.
Le club du centre culturel de Novi Sad. Beaucoup de films d'auteur et des soirées à thème.

■ NOVOSADSKO POZORIŠTE
Jovana Subotica 3 ✆ +381 21 525 552
www.uvszinhaz.co.rs – szinhaz@eunet.rs
Entrée 400 dinars.
De création plus récente, un théâtre qui s'attache à présenter des pièces du répertoire serbe et hongrois, mais aussi et surtout des auteurs dramatiques de Voïvodine.

■ SRPSKO NARODNO POZORIŠTE
Pozorišni Trg 1
✆ +381 21 520 091 – ww.snp.org.rs
Billetterie ouverte à 10h. Entrée de 600 à 800 dinars.
Fondée en 1860 et rénovée il y a quelques années, La Mecque des arts dramatiques serbes. En effet, c'est ici qu'est née la première troupe de théâtre moderne de Serbie, en 1861, et que le père de la dramaturgie serbe contemporaine, Svetozar Miletić, a fondé un mouvement. Aujourd'hui, vous pouvez assister à des pièces de théâtre, à des ballets ou à des représentations d'opéra, pour un prix modique.

Les grands rendez-vous de l'année à Novi Sad

De nombreux événements ethno ou culturels sont organisés chaque année. Si leurs dates précises sont redéfinies à chaque fois, en voici les principaux.

▶ **Festival d'orchestres** de tambours à Bečeg, en juin.

▶ **Zlatna Brana.** Folklore festival d'enfants à Kisač, en juin.

▶ **Vojvodina Fest.** Mets et musique ethno, première semaine de septembre.

▶ **Novi Sad festival musical d'été.** En juillet/août, musique classique essentiellement (www.muzickaomladina.org).

▶ **Festival international de théâtre alternatif,** juin/juillet.

▶ **Exit.** Le plus grand festival de musiques actuelles des Balkans ! En juillet (www.exitfest.org).

▶ **Cinema City.** Festival international du film. Mi-juin.

▶ **IFUS.** Festival international de musiciens de rue, septembre.

▶ **Journées de l'héritage européen,** septembre.

▶ **Old Gold.** Jazz festival, novembre.

À voir – À faire

Visites guidées

Plusieurs agences de Novi Sad organisent des excursions sur le Danube pour des groupes à partir de 5 personnes. Les excursions sont assez longues et peuvent prendre la journée. Le prix comprend le transport, le repas de midi et la visite guidée.

■ ASSOCIATION DES GUIDES TOURISTIQUES DE NOVI SAD (UTVNS)

Master centar (parc d'exposition)
Hajduk Veljkova 11
℘ +381 63 81 72 935
www.utvns.org
vodicins@gmail.com
Sur le site de l'association des guides touristiques de Novi Sad, vous trouverez les coordonnées et les tarifs des francophones. Compter 40 € pour une visite guidée de 2h.

■ ĐORĐE VEĆKALOV

℘ +381 64 1433 102
Compter 3 000 dinars l'heure pour 12 personnes.
Đorđe Većkalov possède deux bateaux, Ala et Bojana, pouvant transporter 20 personnes. Il navigue donc dans les environs à la demande. Il ne parle pas anglais, donc il vaut mieux passer par l'office de tourisme.

■ MARKET TOURS

www.markettours.wsc.rs
markettours@nscable.net

Excursions en bateau dans les environs de Novi Sad (uniquement en été par beau temps). Départ de Kamenjar (à 3 km en amont du pont Slobode).

Rive droite

■ FORTERESSE DE PETROVARADIN (ПЕТРОВАРАДИНСКА ТВРЂАВА)

Petrovaradin
Ouvert 24h/24, entrée gratuite.
La grande forteresse, juchée sur son promontoire, semble veiller sereinement sur la ville. Intéressante pour son musée, la forteresse l'est également pour des balades romantiques et pour les nombreux ateliers-maisons de peintres et de sculpteurs nichés dans le roc. Ses nombreux saillants à étages et sa situation stratégique sur le Danube ont valu à Petrovaradin le surnom de Gibraltar du Danube car elle fut construite selon le système Vauban de 1692 à 1780 : Eugène de Savoie délogea les Turcs de ce site, mais c'est après la victoire définitive de 1716 que les Habsbourg entreprirent des travaux de fortification de grande ampleur. Sur 112 hectares, plus de 16 km de galeries souterraines, réparties sur quatre étages, furent creusées pour recevoir 400 canons et 12 000 meurtrières. Cette place forte avait une telle réputation d'inexpugnabilité que la famille impériale autrichienne y fit transporter le trésor de la couronne lors de l'avancée de Napoléon sur Vienne. A l'est de la forteresse, un peu en contrebas, se trouvent plus de 88 ateliers d'artistes creusés dans le roc. Ces artistes y passent le plus clair de leur temps, on peut leur rendre visite.

Forteresse de Petrovaradin.

▶ **Les galeries souterraines** se visitent, avec un guide, entre 9h et 17h. Le guide vous mènera à travers 1 000 m de galeries, où vous pourrez voir les meurtrières et les casemates où les soldats autrichiens avaient aménagé leur lieu de vie. Selon la légende, il s'y trouverait une sortie sur le Danube, mais aucune archive ne la signale. Sur le plateau supérieur, outre le musée de Petrovaradin et le restaurant de la forteresse (voir rubriques concernées), une promenade très agréable le long des murs d'enceinte est recommandée.

▶ **À l'entrée de la forteresse,** quand on vient en voiture, on aperçoit à droite le Rimski Bunar, un puits assez large et profond de 11 m, qui sert depuis toujours de cache pour les armes. Au centre du plateau, on procède à des fouilles archéologiques dont l'objectif est de vérifier l'hypothèse de la présence à cet endroit d'un site celte. Faisant face à Novi Sad, des meurtrières profondes de plus de 4 m témoignent de l'ampleur de l'ouvrage de Vauban.

▶ **Le centre du complexe** est occupé par la canonnière, construite de 1755 à 1760. Devant elle, la place de parade, toujours pavée. Derrière, avec vue sur le Danube, se trouve le pavillon des officiers, à un étage. De style baroque, avec une façade en voûte, il date de 1718. Des salons servaient aux bals. Ensuite, la longue caserne est le bâtiment qui permet de voir la forteresse de loin. C'est dans ses caves que se trouvent désormais les ateliers d'artistes.

▶ **De l'autre côté,** tourné vers les faubourgs, se trouve le bastion du tsar Joseph Ier. Le

portail de Léopold est le principal portail voûté, orné des armoiries des Habsbourg. En voiture, on passe par le portail Karol VI, terminé en 1780. Vous pourrez également admirer le portail de la cour, monumental avec sa façade style classique. Autour, plusieurs bastions défendaient la forteresse. Enfin, à l'extrémité nord-ouest de la forteresse, vous ne pouvez manquer l'Horloge folle, aux aiguilles inversées – la grande indique les heures – afin que les bateliers puissent voir l'heure de loin.

▶ **Les ateliers d'artistes.** Sur le côté est de la forteresse, un peu en contrebas, se trouve ce qui fait la grande originalité de ce lieu : plus de 88 ateliers d'artistes creusés dans le roc. Ces artistes y passant le plus clair de leur temps, on peut leur rendre visite. Au n° 20, le sculpteur Andrea Vasiljević vous accueillera à bras ouverts, autour d'un verre de šljivovica, pour parler art et histoire. Au n° 15, le peintre Živojin Miškov sera heureux de parler la langue de Verlaine, qu'il maîtrise parfaitement. Ses peintures naïves et ses dessins exotiques racontent ses séjours à Montparnasse et au Brésil – miloradovma@neobee.net

▶ **Le Suburbium.** Mais avant de monter à la forteresse elle-même, attardez-vous à ses pieds dans la rue Štrosmajerova qui commande le Suburbium, la petite ville. Le quartier le plus ancien de Novi Sad encore en l'état est une promenade dans un autre temps. Baroques, ses maisons sont à plusieurs étages et aux façades décoratives. Dans le quartier se trouve également le monastère Saint-Julien qui date de 1701, dans un style baroque authentique. Lorsque vous aurez fait le tour du Suburbium, vous grimperez vers la forteresse par l'escalier et le portail de Ludwig. C'est un long escalier en pierre de 214 marches qui mène au bastion de Ludwig d'où la vue est superbe sur le Danube.

▶ **Enfin, sur l'ancienne route de Belgrade,** quelque 200 m plus loin, on passe encore en voiture sous le portail du prince Eugène de Savoie, dit portail de Belgrade. Edifié en 1753, il représente l'œuvre la plus monumentale du Suburbium en style classique.

■ MUSÉE DE LA VILLE
(МУЗЕЈ ГРАДА НОВОГ САДА)
Petrovaradin
℃ +381 21 433 145
muzgns@eunet.rs
Au sommet de la forteresse.
Ouvert de 9h à 17h sauf lundi. Entrée 150 dinars pour le musée et 300 dinars pour les galeries militaires souterraines. Compter 1 500 dinars pour un guide en français.
Un panorama complet de la vie à Novi Sad aux XVIIIe et XIXe siècles. Vous y trouverez aussi bien du mobilier bourgeois du XIXe siècle que des intérieurs populaires typiques du début du XXe. A noter une belle collection de porcelaines et quelques tableaux de genre. Le musée est logé dans le bâtiment Mamula, qui fut longtemps la caserne militaire de la forteresse de Petrovaradin.

Rive gauche

■ BIBLIOTHÈQUE MUNICIPALE
(ГРАДСКА БИБЛИОТЕКА)
Dunavska 1
Situé juste à l'angle des deux rues piétonnes (Zmaj Jovina et Dunavska).
Ce beau petit immeuble très Europe centrale est un lieu ouvert toute la journée, où ont lieu de nombreuses manifestations en début de soirée. Avec un fonds de 370 000 livres et 2 départements (enfants et adultes), la bibliothèque municipale est aussi l'une des plus anciennes maisons de la ville. Accueil très sympathique et une source d'information importante sur les événements culturels de la ville. Soirées littéraires et musicales assez fréquentes.

■ CATHÉDRALE CATHOLIQUE
(КАТОЛИЧКА ЦРКВА – ИМЕ МАРИЈИНО)
Trg Slobode
Visite sur demande auprès de l'office du tourisme.

Sa pointe culminante est visible de toute la ville. Construite en 1895 dans un style typiquement néogothique, elle s'accompagnait autrefois d'un monastère. Elle présente une façade aux lignes épurées et aux couleurs jaunes et blanches qui se marient bien. Remarquez le toit en ardoise aux mille couleurs, plus proche des châteaux de Bourgogne que des bâtiments d'Europe centrale !

■ CATHÉDRALE ORTHODOXE
DE SAINT-GEORGES
(САБОРНА ЦРКВА СВ. ЂОРЂА)
Svetozar Marković 2
Au début de la rue Pašićeva et marquant l'entrée du quartier serbe – lycée, éparchie et institutions culturelles serbes – cette cathédrale fut érigée à l'emplacement d'une plus ancienne église orthodoxe, laquelle disparut pendant les troubles de 1848. Sa restauration dura plus de trente ans et employa plusieurs architectes, dont Mihaïl Harminc de Budapest. C'est en 1905 que fut élevé l'élégant beffroi, avec quatre horloges, une de chaque côté. A l'intérieur, vous découvrirez une iconostase impressionnante, avec pas moins de 33 icônes et quelques tableaux de caractère historique. Les deux grandes icônes de l'autel sont considérées comme les plus belles œuvres religieuses de l'académicien Paja Jovanović. La cathédrale serbe est pleine de monde toute la journée ; ne soyez pas étonné si vous assistez à un chant liturgique ou à des prières collectives, car il n'y a pasde messe proprement dite chez les orthodoxes.

© STANISA MARTINOVIC – FOTOLIA

Cathédrale catholique de Novi Sad.

L'institution Matica Srpska

L'institution culturelle la plus ancienne et la plus importante de l'histoire serbe. Fondée en 1826 à Pest, en Hongrie, pour être à l'abri des répressions ottomanes, la Matrice serbe avait dès l'origine l'objectif de préserver, développer et nourrir l'héritage culturel serbe, dans tous les arts et les lettres. En 1864, le siège de l'institution s'est installé à Novi Sad, au n° 1 de la rue Matica Srpska, dans un immeuble de style pseudo-classique début XXᵉ, offert, là encore, par Marija Trandafil. Après la Seconde Guerre mondiale, la Matica Srpska est devenue une institution à la fois scientifique, culturelle et littéraire promouvant de nombreux hommes de lettres et scientifiques serbes. C'est une institution entièrement autonome, vivant grâce au soutien de ses membres académiciens résidant dans le monde entier, ce qui lui a permis de fonder des musées, des galeries, une bibliothèque de 3 millions d'ouvrages et même une maison d'édition. Elle publie également neuf revues, dont Letopis Matice Srpske, qui n'a jamais cessé de paraître malgré les vicissitudes de l'histoire et les changements politiques. Les plus grands écrivains de langue serbe ont été membres de l'institution, parmi lesquels Njegoš, Jovan Jovanović Zmaj et Aleksandar Tišma… N'hésitez pas à demander à la loge de visiter le salon d'honneur et la bibliothèque du 1er étage : on se rend compte de l'importance que peut avoir cette institution pour l'histoire serbe.

■ **MATICA SRPSKA (МАТИЦА СРПСКА)**
Trg Galerija 1 ✆ +381 21 21 4899 013
www.galerijamaticesrpske.rs
info@galerijamaticesrpske.rs
Ouvert les mardi, mercredi, jeudi et samedi de 10h à 18h, le vendredi de 12h à 20h. Le lundi et le dimanche uniquement pour les groupes. Entrée 100 dinars, groupes 50 dinars (300 dinars pour les groupes avec un guide en anglais). Entrée gratuite le vendredi.
Ce musée, le plus important d'art pictural serbe, propose une approche assez complète de la peinture nationale des XVIIIᵉ et XIXᵉ siècles. La galerie n'expose qu'une petite partie des 7 000 pièces stockées dans ses caves : tableaux, sculptures, dessins. On y verra donc des œuvres des deux derniers siècles de la période XVIᵉ-XIXᵉ siècle dont dispose le musée. Les œuvres exposées rendent bien compte du processus complexe d'européisation de l'art pictural serbe depuis les grandes migrations de 1690 jusqu'à la création de la Yougoslavie en 1918. La section consacrée au XXᵉ siècle offre une bonne illustration de l'art visuel en Voïvodine. Egalement expositions « invitées », concerts et conférences.

■ **ÉGLISE ORTHODOXE DE SAINT-NICOLAS (НИКОЛАЈЕВСКА ЦРКВА)**
Trg Sveti Nikola
Dans le prolongement de la rue Pašićeva et juste à côté de la Matica Srpska. C'est la plus ancienne église orthodoxe de la ville. Elle fut construite en 1730 grâce à une donation de la famille Bogdanović puis, après sa destruction de 1848, reconstruite par Maria Trandafil. Cette riche Serbe de Novi Sad a été, au XIXᵉ siècle, l'une des plus grandes bienfaitrices des Serbes de l'Empire austro-hongrois. Elle a financé la construction de plusieurs bâtiments de Novi Sad. C'est pourquoi Maria Trandafil est enterrée et possède son tombeau dans l'église Sveti Nikola. En 1913, le fils d'Albert Einstein y a été baptisé. En effet, la femme d'Einstein, Mileva, physicienne et mathématicienne mondialement connue, provenait d'une famille serbe de la région de Novi Sad. Cette petite église, sereinement posée sur une place en retrait de la ville, est donc intéressante à plus d'un titre. Vous remarquerez ses toits en forme de bulbe à l'orientale ainsi que ses croix grecques fièrement hissées et scintillantes d'or. A l'intérieur, son iconostase est plus discrète que celle de la Saborna Crkva mais présente néanmoins de jolies icônes et des tableaux variés. Enfin, le peintre Nikola Dimić a décoré ses murs de fresques aux allures byzantines.

■ **ÉPARCHIE ORTHODOXE (ВЛАДИЧАНСКИ ДВОР)**
Svetozar Marković 4
A l'endroit où la rue piétonne Zmaj Jovina se sépare en deux rues, Pašićeva à gauche et Dunavska à droite, se trouve le palais résidentiel de l'évêque orthodoxe (Vladika) de la région

de Bačka. Construit en 1901, il présente une combinaison éclectique des styles Sécession et romantique serbo-byzantin. Vous remarquerez la façade de briques rouges décorée de moulures « mauresques » et portant les trois emblèmes de l'éparchie. Cette résidence forme un ensemble avec la cathédrale située juste derrière et le lycée Zmaj.

■ HÔTEL DE VILLE (ГРАДСКА КУЋА)
Trg Slobode
Dominant la belle et grande place de la Liberté, un édifice dans le plus pur style néobaroque. Construit en 1895, l'hôtel de ville est censé être une copie de celui de Gratz, en Autriche. Le bâtiment est organisé autour de quatre colonnes centrales et la façade est décorée de 16 statues allégoriques. Les armoiries de la ville sont visibles sur la partie supérieure de la façade. Aujourd'hui s'y tiennent les réunions du conseil exécutif de l'Assemblée de Novi Sad, c'est-à-dire l'exécutif de la municipalité.

■ LYCÉE JOVAN ZMAJ (ЗМАЈ ЈОВИНА ГИМНАЗИЈА)
Zlatne Grede
En face de Saborna Crkva.
Situé dans l'une des plus anciennes parties de Novi Sad, ce tout premier lycée serbe est aussi le plus important de la ville. Il porte le nom du plus grand poète serbe, Jovan Jovanović Zmaj, qui vivait exactement à l'emplacement où se trouve aujourd'hui le lycée. Construit en 1900 dans le style néo-Renaissance, le lycée serbe prit le relais d'une institution créée dès 1810 à côté de la cathédrale actuelle. Au fronton du lycée, une inscription en lettres cyrilliques, bien visible, rend hommage au donateur et membre du Parlement autrichien, le baron Miloš Bajić.

■ MONUMENT ARMÉNIEN (НАДГРОБНИ СПОМЕНИК ЈЕРМЕНСКЕ ПОРОДИЦЕ ЧЕНАЗИ)
Trg Galerije
Cette tombe de la famille Cenazy datant de 1790 atteste la présence arménienne à Novi Sad. C'est en fait le dernier témoignage de la présence à cet endroit du cimetière arménien, détruit au XIXᵉ siècle. Dans ce quartier résidait une importante communauté arménienne, qui y avait ses églises et ses boutiques.

■ MUSÉE DE LA NATURE (ПРИРОДЊАЧКИ МУЗЕЈ)
Radnička 20a
✆ +381 21 4896 301 – www.zzps.rs
De 8h à 16h. Entrée 100 dinars.

Un musée d'histoire naturelle, petit mais agréable et bien fait.

■ MUSÉE DE LA VILLE – COLLECTION DES ARTS ÉTRANGERS (МУЗЕЈ ГРАДА – ЗБИРКА СТРАНЕ УМЕТНОСТИ)
Dunavska 29 ✆ +381 21 451 239
Ouvert du mardi au vendredi de 9h à 17h, le samedi de 14 à 20h, fermé le lundi et le dimanche. Entrée 150 dinars adultes, 100 dinars étudiants.
Dans une très jolie maison bourgeoise du XIXᵉ siècle du plus pur style néoclassique, une collection de peintures d'artistes européens et yougoslaves.

■ MUSÉE DE VOÏVODINE (МУЗЕЈ ВОЈВОДИНЕ)
Dunavska 35 ✆ +381 21 420 566
www.muzejvojvodine.org.rs
Ouvert de 9h à 19h en semaine, sauf le lundi, de 10h à 18h le week-end. Entrée 200 dinars avec un guide en anglais.
Situé sur d'anciens marécages et installé dans ce qui était à l'origine le Palais de justice de la ville, il présente des vestiges préhistoriques mis au jour dans la région, des objets de la vie quotidienne locale et une très belle collection de vêtements et d'objets artisanaux de toutes les communautés de Voïvodine : superbes costumes folkloriques, lits d'enfant ou des *ćilims* de 11 communautés nationales différentes ! Le musée est riche de 400 000 pièces mais ne les expose pas toutes. Sa collection permanente est divisée en quatre sections : archéologie, époque romaine, Moyen Age et ethnologie. On remarquera les restes du site préhistorique de Gomolava près du Ruma, avec de très intéressantes figurines. Pour l'époque romaine, une reconstitution à l'identique du site de Sirmium (Sremska Mitrovica) et des nécropoles de Čelarevo. Mais surtout, des témoignages remarquables de l'histoire serbe, comme les livres des monastères orthodoxes de Fruška Gora et des tapisseries illustrant les migrations des Serbes au XVIIᵉ siècle.

■ PALAIS DE MENRAT (МЕНРАТОВА ПАЛАТА)
Kralja Aleksandra (Краља Александра) 14
Un des seuls palais qui a été préservé dans le centre-ville. Elevé en 1908, dans le style Sécession hongrois, il est remarquable pour ses balcons tout en volumes et ses fenêtres aux formes arrondies. Ancienne propriété de la famille commerçante des Menrat, le palais est devenu aujourd'hui un immeuble résidentiel.

VOÏVODINE ET LE HAUT-DANUBE

■ PLAGE DE NOVI SAD (ŠTRAND)

Štrand

La plage de Novi Sad fonctionne de mai à octobre. Entrée : 50 dinars (gratuit après 19h).
Près du grand pont à hauban, au sud de la ville, la rive gauche est aménagée en lieu de détente et de loisirs. Une plage de sable de 500 m y est même entretenue et la baignade est surveillée. C'est la plage Strand, construite en 1911 ! Le seul inconvénient du site est d'être dominé par la haute stature du pont Sloboda. On fait certes mieux comme ambiance nature. Mais pour le reste, tout est fait ici pour rendre les journées ou les soirées agréables. Des douches sont à disposition des baigneurs, l'eau du Danube est contrôlée régulièrement – ce qui ne veut pas dire qu'elle soit de qualité – des bars et même des restaurants vous offrent de quoi passer la soirée.

■ SIÈGE DE L'ÉGLISE CATHOLIQUE (КАТОЛИЧКА ПОРТА)

Mite Ružića

Le siège de l'église catholique, bâti en 1808, donne le ton pour une des plus belles rues de Novi Sad où figure en bonne place l'ancien siège de la Banque centrale de crédit, très ouvragé dans le style XIXe siècle. A voir également ici le Palace Vatican qui, avec l'église, constitue l'ensemble de la Porte catholique et le square.

■ SYNAGOGUE (СИНАГОГА)

Jevrejska 33

La synagogue est située à côté des édifices culturels de sa communauté : école, ballet et bibliothèque. L'ensemble de ces bâtiments fait partie d'un complexe bâti en 1809 par l'architecte Lipot Baumhorn et c'est la cinquième synagogue en date à cet endroit ! Elle est surmontée par trois dômes, ce qui rappelle en plus petit celle de Szeged, en Hongrie. Au-dessus de l'entrée principale de la synagogue, on peut lire, écrit en lettres d'or : « Ici est la maison de toutes les nations. » Cette inscription généreuse explique peut-être le calme et l'absence de violences antisémites entre 1940 et 1943, mais il n'empêche que la synagogue fut transformée en centre de rétention pour les juifs en 1944 ; ils étaient ensuite envoyés au camp de Jasenovac. Une majorité des juifs de Novi Sad y périrent sous les coups portés par les oustachis et, en 1955, le cinquième et dernier groupe de juifs de la ville partit s'exiler en Israël. Aujourd'hui, la synagogue est propriété de la municipalité et sert de salle de concerts.

Shopping

Rive gauche

■ BAZAR

www.sadnovibazaar.rs
A l'angle Kralja Aleksandra-bulevar Mihajla Pupina.
Ouvert tous les jours de 9h à 21h, le dimanche de 10h à 18h.
Ancien supermarché socialiste, aujourd'hui envahi de boutiques de fringues. Au dernier étage, on trouvera des carafes à *rakija* et des casseroles à café turc, dans un décor très années 1970. Magasin de CD au rez-de-chaussée avec tous les anciens disques de Goran Bregović, du temps de Bijelo Dugme.

■ MERCATOR

Bulevar oslobođenja 102
Juste avant le nouveau pont Slobode. Ouvert tous les jours de 8 à 22h.
Un centre commercial récent.

■ PASAŽ

Zmaj Jovina 22
Derrière le café du même nom, plusieurs petites boutiques de maroquinerie et de bijouterie locale. Magasins de vêtements et de fripes également.

■ RODA MEGAMARKET

Temerinski put 50
Près de la E75, en sortant de Novi Sad en direction de Subotica. Ouvert tous les jours de 8h à 22h.
L'un des plus grands supermarchés de Serbie.

■ THE MANUAL CIE

Zmaj Jovina 18
Magasin Art déco spécialisé en accessoires en cuir faits main. Passage obligé, ne serait-ce que pour admirer le plafond aux fresques « romaines » ou les boiseries 1900.

▶ **Autre adresse :** Dunavska 10.

■ ZLATARA FILIGRAN

Dunavska 21
Bijoux et produits ethno.

Dans les environs

■ ČARDA MOTEL BOR

Međunarodni put bb, Sirig (Сириг)
✆ +381 21 849 738 – +381 64 129 5511
www.prenociste-bor.com
motelbor@neobee.net

Chambre simple 1 650 dinars, la double 2 000 dinars avec petit déjeuner. A 22 km au nord de Novi Sad.
A la sortie de Sirig en direction de Srbobran, soit 6 km de la nouvelle route Belgrade/ Novi Sad/Subotica et à 4 km de l'ancienne route. Une adresse familiale avec une touche ethnique, située au bord de la seule rivière de la Voïvodine – Jegrička. Beau jardin avec petit ruisseau, airs de jeux pour les enfants, possibilité de pêcher. Dans la forêt à côté, on aperçoit des sangliers dans leur habitat sécurisé. Les propriétaires gèrent également un Salaš Bor à Čenej et un motel-restaurant Bor à l'entrée de Novi Sad (Temerinski put 57) en arrivant de Subotica par la E75. Prix également doux.

■ GALERIE DE PEINTURE SAVA ŠUMANOVIĆ
Svetog Save 7, Šid (Шид)
✆ +381 22 716 825
www.savasumanovic.com
info@savasumanovic.com
A 66 km de Novi Sad vers la Croatie.
Entrée 100 dinars. Brochure en français disponible sur le site Internet.
La galerie a été fondée en 1952 sur la base d'un contrat et d'une donation de la mère du grand peintre serbe. C'est la plus grande collection de Šumanović qui comprend 417 tableaux dont 356 huiles sur toile.

■ MAISON ETHNO BRVNARA
Backi Jarak (Бачки Јарак)
✆ +381 21 525 059
www.muzejvojvodine.org.rs
etnologmv@hotmail.com
A l'entrée du village, 15 km au nord de Novi Sad.
Entrée 100 dinars.
L'unique musée en plein air en Voïvodine, à 15 km de Novi Sad en direction de Temerin. Il s'agit de trois chalets en bois originaux de type dinarienne, conçus par des colonisateurs serbes de Krajina (Bosnie) qui s'y sont installés après la Grande Guerre. Collection ethnologique de plus de 300 objets de l'époque (mobilier, outils, vaisselle, costumes, bijoux).

Parc national de Fruška Gora (Национални Парк Фрушка Гора)
A quelques kilomètres de Novi Sad, sur la rive droite du Danube, se trouve le massif de Fruška Gora, connu historiquement pour ses monastères et réputé aujourd'hui pour son parc national. En sus d'être un parc national,

Fruška Gora est aussi une montagne. Si cela peut paraître banal, c'est la seule montagne de la plaine pannonienne, la Voïvodine, totalement plate. Pour s'y rendre depuis Novi Sad, passer sur l'autre rive du Danube puis traverser Sremska Kamenica puis se diriger tout droit en montant, vers Iriški Venac : autour de ce hameau et dans un rayon de 20 km sont disséminés 16 monastères orthodoxes. Plus à l'ouest se trouve un parc-réserve naturel bien connu. Le parc national de Fruška Gora offre, aux abords de Novi Sad, une multitude d'activités dans un massif montagneux de toute beauté. Le parc s'étire sur une longueur de 80 km entre Sremski Karlovci et Šid ; le paysage est fait de collines boisées et de vallées ondoyantes, à une altitude moyenne de 440 m au-dessus du niveau de la mer. Le parc est formé principalement de grandes forêts de conifères et de feuillus où il fait bon se promener et faire toutes sortes d'activités nature. Il offre également l'occasion d'admirer une faune et une flore variées. Plus de 200 espèces d'oiseaux – dont l'aigle noir réputé – mais aussi 60 espèces de félins et 23 espèces de reptiles sont visibles dans une réserve de plus de 25 000 ha. Cerfs, renards, chats sauvages, faisans, canards, perdrix, mais aussi aigle impérial et faucon sont parmi les animaux les plus préservés de la région. Sans oublier 1 500 végétaux. Le parc est également intéressant pour la pêche en pleine nature, notamment dans trois étangs artificiels autour du village d'Erdevik, à l'est.

▶ **Conseils.** Le meilleur endroit pour rayonner dans le parc sera le hameau de Iriški Venac, à 451 m et qui se trouve sur la route principale, de Sremski Karlovci à Irig. Depuis Belgrade, sur l'ancienne route de Novi Sad, tourner au panneau indiquant le monastère de Krušedol, sur un plateau. Continuer ensuite vers le sommet à Prnjadol. L'intérêt du parc est de s'y promener. S'il est très fréquenté, il est judicieux de posséder la carte, fort bien faite, que vend le bureau du parc. En été, plusieurs bungalows aux entrées du parc doivent proposer cette carte pour 150 dinars. Vous la trouverez également à la Planinarski Dom, un chalet-hôtel sur la route Partizanski Put, en prenant sur le côté du restaurant Venac au grand carrefour de Iriski Venac. Sur cette même route, dans un virage, le petit chalet-centre d'information du parc vous proposera également des conseils et ce plan. A noter qu'à 100 m de là, un grand monument hommage aux partisans de Tito finit de vieillir entouré d'herbes folles.

Galeries d'art

■ BEL ART
Bulevar Mihajla Pupina 17
℡ +381 21 523 227
www.belart.rs – office@belart.rs

■ FONDATION PAVLE BELJANSKI
Trg Galerija 2 ℡ +381 21 528 185
www.pavle-beljanski.museum
kontakt@pavle-beljanski.museum
Ouvert le mercredi, vendredi, samedi et dimanche de 10h à 18h ; le jeudi de 13h à 21h. Entrée 100 dinars (300 dinars avec un guide anglophone), gratuit le jeudi pour les individuels. Dans un immeuble de 1961, très stylisé, une exposition permanente consacrée à des peintres et dessinateurs serbes de la première moitié du XXe siècle, c'est-à-dire l'âge d'or dont le quartier du Montparnasse se souvient encore. Le fonds est assez important puisqu'il provient de la collection personnelle du diplomate Pavle Beljanski, laquelle a été léguée à l'État en 1957. L'exposition, chronologique, commence avec les tableaux des premiers modernistes que sont Nadežda Petrović ou Milan Milovanović. Elle se poursuit avec des œuvres de quelques-uns des artistes les plus connus (Petar Lubarda, Sava·Šumanović, Milan Konjović) et se termine avec des tableaux des artistes des années 1960 et 1970, comme Zora Petrović ou Milenko Šerban. Organisation également de concerts de musique classique ou d'expositions temporaires.

■ FONDATION RAJKO MAMUZIĆ
Vase Stajića 1 ℡ +381 21 520 467
www.galerijamamuzic.org.rs
glurm@open.telekom.rs
Ouvert du mercredi au dimanche de 9h à 17h. Entrée gratuite. Fondée en 1972, grâce au fond du collectionneur Rajko Mamuzić, la galerie expose les travaux de 35 peintres yougoslaves de la génération des années 1945-1970. De nombreuses manifestations culturelles et des expositions temporaires. L'école de peinture de Novi Sad est très active. Du reste, 80 ateliers d'artistes sont loués dans les remparts à l'année. Il est donc naturel que de nombreuses galeries exposent les non moins nombreux artistes peintres de Novi Sad.

■ FRIDA
Laze Telečkog
Encore un bar-galerie sympatique dans une rue très animée le soir.

■ IZBA
Železnička 4
Dans une petite cour près de la rue piétonne, un bar-galerie rempli de livres et très agréable.

■ LIKOVNI SALON
Katolička Porta 5
De 10h à 14h et 17h à 21h.

■ MALI LIKOVNI SALON
Bulevar Mihajla Pupina 9
℡ +381 21 525 120

■ PODRUM
Trg Slobode 3
Ouvert de 12h à 20h, fermé le dimanche. La plus belle galerie de la ville, aménagée dans des caves de belle taille. C'est aussi l'une de plus pointues pour les expositions, uniquement temporaires.

■ PROMETEJ
Trg Marije Trandafil 11
℡ +381 422 245

■ ZLATNO OKO
Laze Telečkog 3/I ℡ +381 21 616 954

▶ Balades. De nombreuses balades à pied sont donc possibles. Muni de la carte détaillée citée plus haut, beaucoup de circuits de plusieurs heures sont possibles, en général sur les sommets. Ceux-ci peuvent vous conduirent aux monastères. Si vous n'avez pas le temps, prenez en voiture la route qui monte vers le cœur du parc. Vous le traverserez alors dans toute sa longueur, tantôt en forêt, tantôt à découvert avec une vue sur la plaine et le Danube. Enfin, si vous désirez vous reposer dans un complexe hôtelier avec piscine et terrains de sport, rendez-vous au Testera, près du village de Ćerević sur le Danube, ou à Stražilovo, près de Sremski Karlovci.

Pratique

■ PARC NATIONAL DE FRUŠKA GORA
Zmajev trg 1
Sremska Kamenica (Сремска Каменица)
✆ +381 21 436 666
www.npfruskagora.co.rs
office@npfruskagora.co.rs
Les 22 460 hectares du parc couvrent la quasi-intégralité de la montagne de Fruška Gora, seul relief de toute la Voïvodine, au bord du Danube. Long de 80 km mais peu large, son sommet est à 539 m. Très visité, le parc est couvert de forêts denses aux arbres caducs présentant une grande concentration de tilleuls. 700 plantes médicinales s'y trouvent également. Concernant la faune, vous pourrez y observer des mouflons, des loups, des sangliers et des martres. Il est facile d'accès, entre Belgrade et Novi Sad.

Se loger

Les hôtels sélectionnés ci-dessous sont également de vrais restaurants. On peut trouver dans la forêt de petits restaurants rustiques, à la cuisine traditionnelle serbe, dans une ambiance de montagnards. En restant sur la route des crêtes, vous en croiserez plusieurs, comme le Zmajevac, en allant vers Rakovac. Egalement, à Stražilovo, le Brankov Čardak.

■ HÔTEL NORCEV
Partizanskog odreda
Iriški Venac (Иришки Венац)
✆ +381 21 480 0222
www.norcev.rs – norcev@oiu.co.rs
3 600 dinars la chambre simple, 4 600 la double. Demi et pleine pension possible, à 600 dinars, voire 1 200 dinars par personne.

2 km après le Planinarski Dom et au point le plus haut de la Fruška Gora, le Norcev est neuf. Et pour cause, face au relais de télévision bombardé par l'Otan en 1999, l'ancien hôtel n'avait pas résisté. Le nouveau est ultra-moderne, avec une architecture un peu étrange. Il se positionne volontiers haut de gamme avec une grande piscine (500 dinars, gratuit si la pleine pension), des saunas et salles de sport. Les chambres n'ont pas vraiment d'âme mais font « riche ». Mais l'hôtel est en pleine nature lui aussi, et la vue porte d'un côté très loin dans la plaine. Avec la belle piscine et le parc national autour, un vrai bon plan à ce prix.

■ PLANINARSKI DOM
Iriški Venac (Иришки Венац)
✆ +381 22 463 008
2 600 pour deux personnes avec petit déjeuner. Pension complète à 4 000 dinars.
Sur la Partizanski Put en direction de Krušedol, un vrai chalet de montagne avec quelques chambres totalement lambrissées. Ce n'est pas tout neuf et les chambres sont sommaires, mais on se sent en montagne. Changement de propriétaire lors de notre dernier passage, une rénovation est prévue pour 2011. L'emplacement est en outre de premier ordre, en pleine nature comme il se doit.

Se restaurer

■ BRANKOV ČARDAK
Stražilovo
✆ +381 21 883 530
www.brankovcardak.rs
En plein cœur du parc national de Fruška gora, à Stražilovo, à 4 km du centre de Sremski Karlovci. Un chalet en bois avec une belle terrasse d'été. Cuisine nationale.

■ RESTAURANT KORUŠKA
Koruška
✆ +381 63 808 6971
Restaurant de poisson situé au bord du Danube, non loin du village de Susek.
Pour la dégustation de poissons. Organise aussi des journées de pêche et de la pêche sportive.

À voir – À faire

Seize monastères orthodoxes sont réunis sur un espace de 40 km de longueur, autant dire que c'est l'occasion de s'imprégner de l'art serbe sans avoir besoin de passer des heures en voiture.

Mêlant style byzantin et architecture baroque, ce patrimoine architectural très connu en Serbie mérite le déplacement à la fois pour la richesse des églises, leur cadre apaisant et verdoyant, et l'accueil des popes. Il est de tradition ici d'accueillir l'étranger avec la plus grande déférence, et tel pope n'hésitera pas, après une brève discussion, à vous inviter à table pour goûter un verre de šljivovica du cru. Tous ces monastères ont été construits, entre le XVe et le XVIe siècle, par des moines serbes qui, fuyant les exactions turques, avaient trouvé refuge dans ce massif montagneux. Les plus connus de ces moines avaient pour nom Grgeteg, Hopovo, Jazak, Krušedol et Velika Remeta. A cette époque, le Srem appartenait aux rois de Hongrie, qui cédèrent à Stefan Lazarević puis à Djurdje Branković plusieurs places fortes. Vers le milieu du XVe siècle, le despote Branković reçut du pape Nicolas V l'autorisation de fonder neuf monastères dans la province du Srem : ce fut le début de l'essor des monastères de Fruška Gora. Pour les trouver, la carte ci-jointe en indique les principaux. En outre, ils sont très bien signalés, et vous ne devriez pas avoir à demander trop souvent votre chemin, même si les routes sont parfois toutes petites.

■ MONASTÈRE DE BEOČIN
Beočin (Беочин)
De l'autre côté du massif, au-dessus du village de Béočin, près du Danube, lui aussi reconstruit après les Turcs, il est au pied du massif. C'est un petit monastère dont le parc renferme une petite et harmonieuse chapelle.

■ MONASTÈRE DE GRGETEG
Grgeteg (Гргетег)
En continuant après Krušedol, passer le village de Neradin. Fondé au XVe siècle, Grgeteg a été détruit plusieurs fois mais garde cet esprit des monastères de la région. Il renferme des icônes de grande valeur, dues à Uroš Prédić.

■ MONASTÈRE DE KRUŠEDOL
Krušedol Selo (Крушедол Село)
Entre les villages d'Irig et Maradik.
Fondé au début du XVIe siècle par le prince Djordje, le monastère de Krušedol devint au XVIe siècle le siège de l'évêché du Srem. Il est connu pour sa crypte où sont inhumés des membres de la famille Branković ainsi que le roi Milan Obrenović (mort en 1901). Le bâtiment fut incendié par les Turcs en 1716, après la défaite de Petrovaradin, mais il a gardé sa structure d'origine. Par son plan et son architecture, l'église se rattache au groupe des sanctuaires de la Morava.

Elle s'élève donc sur un plan à trois absides rayonnantes couvertes par des demi-coupoles. Après l'incendie de 1716, les anciennes fresques furent recouvertes par des peintures à l'huile exécutées entre 1751 et 1756, et où se manifeste l'influence de la peinture russe et baroque occidentale. Vous pourrez observer, dans la partie inférieure du narthex, une procession des rois serbes, et, plus haut, des scènes du Nouveau Testament. Mais c'est surtout la nef qui est impressionnante, avec ses scènes de la vie du Christ et de la Passion – à voir le Christ Pantocrator représenté sur la calotte du dôme.

■ MONASTÈRE DE NOVO HOPOVO
Novo Hopovo (Ново Хопово)
Tourner à gauche, deux kilomètres après le sommet de Iriški Venac, vers le nord. Construit en 1576, c'est un très grand monastère qui devient vite un centre d'études et de copies de textes sacrés. Endommagé par les Turcs, reconstruit au XVIIIe, il représente la continuité de l'école de la Morava et son caractère est dû à un dôme à 12 côtés et autant de colonnettes supportant le toit.

■ MONASTÈRE DE STARO HOPOVO
Staro Hopovo (Старо Хопово)
Appartenant également au groupe architectural de la Morava, ce monastère se distingue par son ampleur et son emplacement. Enfoncé dans une étroite cuvette et entouré de massifs forestiers, Hopovo inspire le respect. Endommagé par les Turcs aux XVIe et XVIIe siècles, Hopovo a entretenu des liens étroits avec des moines de Russie. Ainsi, les reliques de Téodor Tiron, moine russe du IVe siècle, ou celles de saint Anastase de Constantinople y sont conservées dans des coffres en bois incrusté. De 1920 à 1943, le monastère a également hébergé de nombreuses nonnes russes qui avaient fui la révolution d'octobre ; à l'entrée de l'église se trouve le cercueil de la mère Catherine, une proche de la famille des Romanov. En 1941, les oustachis ont brûlé 42 des 61 icônes de l'église et emporté tous les objets liturgiques de valeur. Bâtie selon un plan classique en croix, l'église du monastère possède d'intéressantes peintures murales. Les fresques du naos furent exécutées par des artistes qui ont probablement séjourné au mont Athos, ce qui explique des compositions analogues à celles de la Grande Lavra en Crète. Sur le narthex, plusieurs scènes de la vie du Christ mais aussi des représentations de saints guerriers, de hiérarques et d'ermites.

■ MONASTÈRE DE VELIKA REMETA

Velika Remeta (Велика Ремета)
Pas le plus facile à trouver, mais en continuant vers le nord à Krušedol, on tombe sur de petits panneaux l'indiquant. Fondé au XIIIe siècle comme couvent catholique, une chose rare en Serbie. Détruit par les Turques, il reprend vie au XVIe et garde de rares fresques de cette époque mais surtout, il possède le plus grand clocher baroque de tous les monastères serbes.

Visites guidées

La plupart des agences de Novi Sad, dont Magellan, organisent des visites des monastères. Si vous souhaitez en savoir plus et surtout si vous n'avez pas de voiture, leurs coordonnées et offres se trouvent sous la rubrique « Tourisme » de Novi Sad.

Sremski Karlovci (Сремски Карловци)

Centre de l'Eglise orthodoxe serbe et berceau du premier lycée du pays, Sremski Karlovci est également la ville où fut signé le traité de Karlowitz qui modifia les frontières de la région. C'est également une cité réputée pour ses vignobles depuis l'Antiquité et, dès le Moyen Age, ses habitants passaient pour exceller dans la fabrication de vins doux. Ces vins se vendaient au-delà de Vienne, jusqu'en Pologne et en Belgique, et le karlovački rizling est aujourd'hui particulièrement apprécié. Bref, une petite ville de 9 000 habitants à ne pas manquer, accolée au massif verdoyant de la Fruška Gora et paisiblement installée au bord du Danube, 10 km en aval de Novi Sad.

Histoire

Au XIVe siècle s'élevait sur ce site le château de Castella Kara, propriété de plusieurs familles hongroises. En 1521, le château fut détruit par les Turcs, qui donnèrent au site le nom de Karlovci. La ville est devenue célèbre lorsque le 26 janvier 1699, les Autrichiens et les Turcs y signèrent la paix de Karlowitz, qui chassait définitivement les Turcs hors de Voïvodine. Sremski Karlovci devient alors le centre culturel des Serbes de l'Empire austro-hongrois et abrite le siège du patriarcat orthodoxe serbe chassé en 1690 de Kosovo-Metohija. La première pièce de théâtre en langue serbe y est jouée dès 1733 et, en 1791, on y fonde le premier lycée serbe, avant Belgrade ou Novi Sad. Au XIXe siècle, Karlovci est le lieu de rencontre des plus grands hommes de lettres et théologiens serbes, et revêt l'aspect qu'on lui connaît encore de nos jours.

Transports

▶ **Voiture.** A 60 km de Belgrade et à 10 km de Novi Sad, Sremski Karlovci est rapidement joignable par la nationale. En venant de Belgrade, la traversée des gros bourgs commerciaux ralentit l'allure, mais c'est encore préférable à l'autoroute trop éloignée.

▶ **Bus.** Prendre de Belgrade tous les bus qui vont à Novi Sad, sauf ceux qui passent par l'autoroute. Une gare routière est située en face de la gare ferroviaire mais sans infrastructure. Il vaut mieux se renseigner en ville sur les horaires. De et vers Novi Sad, les bus urbains 61 et 62 effectuent le trajet toutes les 20 minutes. Tarif 120 dinars (on achète le ticket dans le bus).

■ GARE FERROVIAIRE

Sur la nationale, à 200 m du centre.

▶ **Novi Sad :** 00h29, 5h26, 6h36, 9h37m 12h31, 14h30, 17h13, 18h36 et 21h37. 64 dinars.

▶ **Belgrade :** 6h26, 10h30, 13h20, 18h05, 19h45 et 22h35. 256 dinars.

■ TRAIN ROMANTIKA

✆ +381 11 362 0953
www.zeleznicesrbije.com
romantika@srbrail.rs
Train Belgrade-Sremski Karlovci.
D'avril à octobre, le weekend.
D'avril à octobre, le week-end. Le train à vapeur Romantika est un véritable train-musée qui vous transporte le temps d'une journée à travers les époques et vers la charmante petite ville de Sremski Karlovci. Un nouveau prix est défini chaque printemps et il inclut le transport d'un vélo dans un wagon spécialement aménagé pour. les horaires et les prix devraient être fixés lors de la sortie du guide et le mieux seraient de consulter le site ou d'appeler directement le numéro fourni ci-dessus.

Pratique

■ AUTOTURIST

Novi Sad ✆ +381 21 523-863
www.autoturist-ns.com
Cette agence de Novi Sad organise à partir de la capitale de Voïvodine des visites guidées d'une journée de Sremski Karlovci, mais aussi des excursions à Stražilovo, connu pour ses beautés naturelles et la tombe d'un poète serbe connu, Branko Radičević.

Gare ferroviaire

Gare routière

0 *250 m*

Rue du patriarche Rajacic

✝ *Eglise Haute*

Rue de la Gare

Stephaneum

☒ *Vins*

✚ **Centre de Santé**

Séminaire orthodoxe

✉ **Poste**

Pharmacie ✚

Information touristique *i*

Place principale de Radicevic

$ **Banque**

Résidence patriarcale

✝ **Cathédrale orthodoxe**

✝ **Eglise catholique**

Lycée de Karlovacka

Eglise Basse
✝

Sremski Karlovci

Cimetière

Musée 🏛

✝
Chapelle de la Paix

✝	*Edifice religieux*
🏛	*Musée*
▬	*Divers*
✉	*Poste*
$	*Banque*
✚	*Centre de Santé*
✚	*Pharmacie*
i	*Information touristique*

■ MAGELAN

Novi Sad ✆ +381 21 420 680
Cette grande agence de Novi Sad organise des excursions de tous types mais à caractère culturel en ce qui concerne Sremski Karlovci. Des dégustations de vin sont possibles.

■ OFFICE DU TOURISME

Patrijarha Rajačića 1
✆ +381 21 883 855 – +381 21 882 127
www.karlovci.org.rs
info@karlovci.org.rs
Sur la place de Branka Radičevića.
De 8h à 18h, le week-end de 10h à 17h.
Sur la place centrale, l'office vous dit tout sur les dégustations de vins des cavistes de Sremski Karlovci et des repas typiques de la région du Srem. Petite boutique où vous trouverez un choix intéressant de vins de la région ; en face, des objets religieux. Distribue également des brochures et la liste des chambres chez l'habitant. Surtout, organise des visites guidées à tout petit prix de la ville et des environs. Mais il faut être un groupe conséquent…

■ BANQUE ERSTE

Dans le bas de la ville, près de la nationale
De 8h30 à 15h30. De 8h à 12h le samedi.
Distributeur Visa®.

■ POSTE

À l'angle en bas de la place
Branka Radićevića, Železnička 1
Ouverte de 8h à 16h, le samedi 14h.

■ PHARMACIE

En bas de la place centrale, rue Železnička
De 8h à 16h et 14h le samedi.

Se loger

Un choix atypique pour une si petite ville. Et un bon plan par l'office de tourisme qui vous met en relation avec quelques habitants qui louent des chambres en été, dans leurs maisons. Pour se faire, présentez-vous avant 15h. Vous payez directement à l'office, pour des chambres situées sur les hauteurs de Sremski Karlovci, dans de grandes maisons. Tarifs 1 200 à 2 000 dinars mais prestations de qualité. Exemple :

■ BUNGALOWS STRAŽILOVO

✆ +381 21 882 127
Sur le site de Strážilovo, à 4 km vers la Fruška Gora des bungalows équipés avec lit double et salle de bains. Se renseigner à l'office de tourisme.

■ HOSTEL EKOLOŠKI CENTAR

Mitropolita Stratimirovića 5
✆ +381 21 881 027
www.ekoloskicentar.org
Une belle initiative : un centre pour l'éducation écologique des jeunes vient d'ouvrir, qui comporte au deuxième étage une auberge de jeunesse de 15 lits en deux chambres de 6 lits et une de 3. Dans un immeuble du XVIIIe rénové, l'ensemble est particulièrement agréable. En cours de finition lors de notre passage, le centre devrait proposer ses lits entre 10 et 15 €, avec accès à la cuisine. L'occasion aussi de participer, pourquoi pas, à des actions et séminaires écologiques sur la région.

■ HÔTEL DUNAV

Dunavska 5
✆ +381 21 884 008
www.hoteldunav.co.rs
hotel@hoteldunav.co.rs
Chambre simple 4 180 dinars, double 5 080, avec petit déjeuner. Menu complet 1 000 dinars.
Sur les rives du Danube, un complexe de style grand chalet, avec restaurant de poisson, salle de jeux et casino. Chambres correctes. Grande terrasse avec une vue vraiment agréable sur le Danube.

■ KARLOVAČKI KONAK

Belilo 61 ✆ +381 63 741 7677
À 1,5 km du centre en direction de Strazilovo.
6 chambres doubles avec la clim, salle de bains et télévision à 2 200 dinars pour 2 personnes et un appartement spatieux avec un Jacuzzi à 4 300 dinars. Petit déjeuner en option à 200 dinars.

Se restaurer

■ ČETIRI LAVA

Trg B. Radičević 3 ✆ +381 63 765 8106
Menu complet, avec vin du cru, 1 000 dinars.
Une taverne de 150 ans qui maintient activement la tradition. Une belle salle en boiseries, rénovée par endroits, ce qui enlève du charme. Service impeccable. Soupes de poisson, rôtisseries et plats en sauce de Voïvodine.

■ POD MANSARDOM

Mitropolita Stanimirovića 2
✆ +381 21 884 140
Paprikaš de poisson 550 dinars, goulash 370. Fermé le lundi.

Connu aussi sous le nom de Sremski Kutak (à ne pas confondre avec celui du même nom au bord du Danube). Dans une des plus anciennes maisons de la ville, un accueil chaleureux et des spécialités de poisson et de viande. Cheminées d'époque, cellier au milieu de la pièce centrale et décor très Europe centrale (voûtes, boiseries et rideaux brodés), le tout charmant. Terrasse intérieure en été.

À voir – À faire

Tous les monuments importants de Sremski Karlovci se trouvent concentrés dans un périmètre restreint autour de la place centrale, trg Branka Radičević. Seule la chapelle de la Paix, où furent signés les accords de Karlowitz en 1699, se trouve un peu excentrée. L'ensemble constitue une belle promenade dans les siècles passés, d'un romantisme affirmé. Pour preuve c'est ici que le train Romantika a démarré ses premiers voyages dans le temps. Il est à noter que l'office de tourisme propose des visites avec guide de la ville mais aussi du parc national de Fruška Gora ou de ses monastères. Le nombre minimum est de 25 personnes. A vous de négocier si vous n'êtes que 2 ou 3. Nous ferons la visite de ces monuments en partant de la route principale jusqu'à atteindre les plus hauts d'entre eux, à flanc de colline. Sur votre chemin vous trouverez d'autres églises, de moindre importance, en sus de celles décrites ici. Pour chacun de ces lieux, l'accès est parfois payant, à petit prix.

■ CATHÉDRALE ORTHODOXE SABORNA CRKVA

Reconnaissable à ses deux clochers de style baroque surmontés chacun d'une croix orthodoxe, la cathédrale de Sremski Karlovci regorge de trésors de l'art religieux serbe. Elle a été construite en 1758 par le métropolite Pavle Nenadović à l'emplacement d'une petite église consacrée à saint Nicolas. La cathédrale a été le siège de l'Eglise serbe du XVIIIe siècle au début du XXe, et son décor intérieur reflète encore cette puissance passée. Ainsi le lustre central entouré de la couronne byzantine et le coffre contenant les reliques du patriarche Arsenije Sremac (second archevêque serbe de l'histoire) attestent de son rôle de résidence des patriarches durant trois siècles. L'incendie de 1799, qui a détruit une grande partie du bâtiment d'origine, explique l'étroitesse du chœur mais aussi le luxe de la décoration, dont les motifs en marbre semblables à ceux de Sainte-Sophie de Tsarigrad (Istanbul). Sur

les murs latéraux, le célèbre peintre serbe Paja Jovanović a représenté, à droite, le retour des Serbes devant la mairie de Karlovci en 1814, et, à gauche, un très beau saint Georges terrassant le dragon et le couronnement du roi Stefan par son frère saint Sava. Mais la pièce maîtresse de la cathédrale est sa magnifique iconostase, œuvre de Jakov Orfelin et Teodor Račun. On remarquera enfin l'icône de la Vierge Marie et de l'Enfant Jésus, sertie de diamants et de pierres précieuses.

► **Visites guidées (le matin) :** contacter le guide Ratko Nonković ✆ +381 63 8771 917, ou bien le bureau du patriarcat ✆ +381 21 881 729.

■ CHAPELLE DE LA PAIX

Là, il faut emprunter les petites ruelles du centre et remonter la rue Svetozar Marković jusqu'à ce grand bâtiment blanc surmonté d'un dôme visible de loin. C'est ici que furent signés entre les Turcs et les Autrichiens les accords de paix de Karlowitz, le 26 janvier 1699. Les protagonistes entamèrent les négociations dans une petite maison basse, dont les quatre entrées permirent à toutes les parties d'être représentées, et surtout autour d'une table ronde, pour la première fois dans l'histoire. La chapelle actuelle ne fut construite qu'en 1817, à l'emplacement du camp turc. On peut y voir la tombe d'un diplomate vénitien qui mourut à Karlovci durant les négociations de paix.

■ FONTAINE AUX LIONS

Bâtie en 1799, dans un style baroque par un architecte italien, elle est le symbole de Sremski Karlovci et surtout, la légende dit que le voyageur qui boira de son eau reviendra ici et se mariera.

■ LYCÉE SERBE

En haut de la place et à l'angle de la rue Karlovačkih đaka

Créé en 1791 sur l'initiative du métropolite Stefan Stanimirović et grâce aux dons du riche marchand Dimitri Anastasijević, c'était à l'origine une petite maison basse, avec quelques classes seulement. Les cours se donnaient en latin et en allemand. Ce n'est qu'à la fin du XIXe siècle que le bâtiment prit son aspect actuel, fait d'un mélange d'architecture serbe médiévale – fenêtres, colonnes, décoration – et de sécessionnisme 1900. Au fil du temps, le lycée s'est enrichi d'un fonds de 18 000 ouvrages rares et, à présent, les cours sont dispensés en serbe et en anglais.

■ MUSÉE DE LA VILLE
Patrijarha Rajačića 16
De 9h à 16h (jusqu'à 14h le samedi), fermé le dimanche. Entrée : 150 dinars.
Un musée d'histoire et d'archéologie ainsi que des expos temporaires.

■ MUSÉE DU MIEL
Mitropolita Stratimirovića 86b
✆ +381 21 881 071 – +381 63 528 155
www.muzejzivanovic.com
Le musée a été établi en 1968. Achat du miel sur place, compter 4 € pour un demi-kilo. Tarif : 300 dinars combiné avec la dégustation du vin Živanović.

■ RÉSIDENCE PATRIARCALE
En face de l'ancien hôtel Bohêm,
sur la place centrale
Cet édifice imposant construit en 1894 occupe l'emplacement de l'ancien Palais de justice. Cette résidence abritait au début du XXe siècle une bibliothèque et une galerie créées à partir de la collection personnelle du patriarche Arsenije Čarnojević qui la rapporta du Kosovo. Au cours de la Seconde Guerre mondiale, ces collections furent volées et emportées à Zagreb ; on en trouve aujourd'hui une petite partie à Belgrade, notamment au musée de l'Eglise orthodoxe. La résidence patriarcale mérite une visite pour sa chapelle Saint-Dimitri, qui possède des icônes du XVe au XVIIIe siècle ainsi que des portraits de patriarches et des livres datant des XVIe-XVIIe siècles. Actuellement, le bâtiment est la résidence de l'évêque de la région du Srem, et la résidence d'été du patriarche de l'Eglise orthodoxe serbe.

A noter que les pièces des collections sont désormais exposées au musée de 9h à 13h en semaine et jusqu'à 12h le samedi.

■ RUINES DE SIRMIUM – CARSKA PALATA
Sremska Mitrovica, Pivarska 2
✆ +381 22 618 817 – www.carskapalata.rs
office@carskapalata.rs
A 56 km au sud-ouest de Sremski Karlovci.
Ouvert tous les jours de 9h à 17h, en hiver de 8h à 16h. Entrée 150 dinars, brochure en anglais incluse, sinon avec un guide en anglais : 300 dinars.
Ce palais d'empereur témoigne de la présence romaine ici, car Sirium était une cité romaine, originellement fondée par les Celtes au IIIe siècle av. J.-C. et conquise par les Romains au Ier siècle av. J.-C. L'actuelle région de Syrmie (Srem) lui doit son nom. Le site de Sirmium est inscrit sur la liste des monuments culturels exceptionnels et sur la liste des sites archéologiques d'importance exceptionnelle du pays.

■ SÉMINAIRE ORTHODOXE
Situé dans un parc ombragé, entre le Stefaneum (école créée en 1904 par le métropolite Stefan Stanimirović) et le fonds patriarcal.
Le séminaire est un élégant bâtiment, tout en teintes jaunes, typique de l'Europe centrale. Edifié en 1794, ce séminaire connut son heure de gloire dans la seconde moitié du XIXe siècle, quand, au temps du recteur Ilarion Ruvarac, il accueillit l'un des premiers départements de sciences naturelles d'Europe. Aujourd'hui, c'est un internat fréquenté par plus de 1 000 élèves séminaristes.

Cathédrale orthodoxe Saborna Crkva.

VOÏVODINE ET LE HAUT-DANUBE

Shopping

Une grande spécialité de Sremski Karlovci, ses caves, nombreuses. On peut y déguster la production. L'office de tourisme organise même un circuit...

■ CAVE ŽIVANOVIĆ

Mitropolita Stratimirovića 86b
☎ +381 63 528 155
Une des plus vieilles caves de la région, avec une tradition viticole du XVIIIe siècle. Leur vin ausbrucha a été, dit-on, servi au bord du Titanic. Aujourd'hui, la septième génération de la famille vous fait découvrir les neuf sortes de vins allant de 4 à 30 € la bouteille. Visite guidée (en anglais) combinée avec le musée du miel comprenant la dégustation de 7-9 vins, la visite de la cave vieille de 300 ans et la dégustation de deux sortes de miel. Tarifs : 300 dinars. Réservation obligatoire.

■ ĐURĐIĆ

Trg Branka Radičevića 7
☎ +381 63 51 77 59
www.djurdjic.com – vinarija@djurdjic.com
Une jeune cave qui a su s'imposer rapidement comme une des meilleures de la région. Dans l'offre des Đurđić il y a : le *traminac*, le sauvignon, le merlot, le cabernet et, bien sûr, le bermet noir, l'excellent *Crni Vitez*.

■ VINARIJA KIŠ

Karlovačkog Mira 46
☎ +381 21 882 880 – +381 63 81 39 204
www.vinarijakis.com– info@vinarijakis.com
Dans sa cave à vins, Slavko vous fera déguster le fameux bermet, vin local sucré, ou le riesling de Karlovci. Grand choix d'alcools de fruits et de liqueurs.

Čelarevo (Челарево)

■ CHÂTEAU DE ČELAREVO
(ДВОРАЦ У ЧЕЛАРЕВУ)

A 25 km de Novi Sad vers Bačka Palanka
Cette résidence princière est connue pour avoir été, à la fin du XIXe siècle, le foyer d'accueil du poète serbe Laza Kostic qui, sur ses vieux jours, s'y est épris d'une des filles du propriétaire. Construite en 1837 dans un style néoclassique par le hobereau Nicolas Bezeredi, cette résidence est rachetée en 1882 par l'industriel Lazar Dundjerski. Celui-ci était alors connu dans toute la région de Novi Sad pour sa colossale richesse. Dundjerski avait même donné en cadeau un piano qu'il avait gagné au jeu contre un comte russe fort dépensier. La résidence accueille à l'époque le grand poète serbe Laza Kostić, lequel devient parrain de plusieurs des enfants de l'industriel. Une des filles de Dundjerski, qui prend l'habitude de jouer du piano devant l'entrée monumentale de la résidence, inspirera à Kostić un de ses plus beaux poèmes, ode à l'amour qu'il lui voue à ses derniers jours : Santa Maria della Salute. Cette résidence typique du XIXe siècle est intéressante pour la légèreté de ses lignes et ses décorations dans les teintes jaunes. A l'intérieur, un musée expose le célèbre piano et un mobilier aristocratique d'époque. Au printemps et en été, en revenant sur la route de Bačka Palanka, on peut s'adonner aux plaisirs du motoski et du ski nautique sur le Danube.

Karađorđevo (Карађорђево)

■ TERRAIN DE CHASSE
DE KARAĐORĐEVO
(ЛОВИШТЕ КАРАЂОРЂЕВО)

A 11 km à l'ouest de Bačka Palanka
C'était le terrain de chasse favori du dirigeant communiste Tito, qui avait pris l'habitude d'y amener ses hôtes étrangers. Aménagé en 1885 à l'emplacement d'un des plus grands ergele d'Europe – haras dans l'Empire austro-hongrois –, il est connu comme l'un des plus riches terrains de chasse. Daims, cerfs, mouflons et lapins sauvages y abondent. De plus, Karadjordjevo est sans doute le terrain de chasse le mieux équipé de Serbie, avec des tours d'observation et de récupération d'animaux. On peut y louer des armes, des chiens de chasse ainsi que des 4x4 rutilants. Mais Karadjordjevo est aussi une importante réserve naturelle. On y trouve 135 espèces d'oiseaux, parmi lesquelles 67 sont sur la liste d'espèces en voie de disparition en Europe. Plusieurs modes de logement sont ici proposés. D'abord la possibilité de dormir une ou plusieurs nuits dans la maison de chasse Diana, située à 7 km de l'entrée de la réserve. Mais le centre de chasse Vranjak, avec ses dépendances et bungalows, plus à l'intérieur des terrains de chasse, offre aussi des avantages.

▶ **Pour l'hébergement et les permis de chasse,** s'adresser à l'Institution militaire de Karadjordjevo ☎ (021) 765 254.

Bač (Бач)

■ MONASTÈRE DE BOĐANI
(МАНАСТИР БОЂАНИ)

Manastir Bođani
En poursuivant votre périple, après Bač, vous arriverez à ce monastère orthodoxe, connu pour abriter, depuis les migrations serbes de 1690,

des objets liturgiques provenant du monastère de Manasija. En 1478, un riche commerçant nommé Bogdan fait construire une église près d'une source dont les eaux passent pour guérir les maladies des yeux. L'église sera détruite par les Turcs puis reconstruite par les moines orthodoxes, mais ce sera pour peu de temps car la révolte catholique des Rakočijevi anéantira le monastère de nouveau. Le bâtiment actuel, datant du XVIIe siècle, a été élevé par le riche commerçant de Szegedin, Mihajlo Temišvarlija. L'église, bâtie en style baroque, très répandu en Voïvodine, est dominée par un haut clocher à bulbe construit, lui, au XIXe siècle. Dans le chœur, le registre inférieur est formé par une procession de martyrs et de rois de Serbie, alors que la voûte est ornée de scènes de l'Ancien Testament, avec les prophètes et les patriarches. A l'intérieur, un musée assez intéressant expose des manuscrits d'époque, des peintures sur huile, de la vaisselle d'église et une imprimerie médiévale.

■ VILLE FORTIFIÉE DE BAČ

A 23 km au nord de Bačka Palanka, sur la route de Sombor.
Les vestiges de la plus ancienne forteresse médiévale de Voïvodine, avec des murs d'enceinte par endroits restés intacts. L'histoire de cette place forte est caractéristique des remous et convulsions qu'a connus cette région. Selon des documents écrits datant de 873, les Avars déjà y construisent un fort en bois sur un monticule. Le roi hongrois Stjepan fortifie avec des pierres la construction avare et, sous la dynastie des rois Arpad, Bač devient une ville royale, où les comtes et les évêques tiennent leurs assemblées. Enfin, entre 1338 et 1342, sous le roi Charles Robert d'Anjou, la forteresse prend son allure définitive.

▶ **Dans les environs des enceintes,** plusieurs monuments sont à visiter. Le hammam turc, construit en 1526 après la victoire ottomane de Mohacs sur les Hongrois, est un des monuments orientaux les mieux préservés de la région. On y voit encore les canalisations en céramique utilisées pour l'alimentation en eau chaude et froide des bains. L'église Samostan Franjevački, composée d'un clocher médiéval dans une tour carrée et d'un bâtiment plus récent, symbolise à elle seule les vicissitudes de l'histoire de la ville. En 1169, sur cet emplacement, les templiers avaient bâti un monastère, dont des fragments de style roman ancien et gothique précoce sont encore visibles près de la tour. Ensuite, les Turcs l'ont transformé en mosquée et c'est pourquoi il n'en est resté que le clocher. A l'intérieur, vous remarquerez l'icône du peintre Dime, datant de 1867 et représentant le Christ. A côté de l'église se trouve l'une des plus anciennes bibliothèques religieuses du pays où sont préservés des livres du XVe siècle.

■ BANAT

ZRENJANIN (ЗРЕЊАНИН)

Au cœur du Banat et reliée à la Tisza par un canal à dimension européenne, Zrenjanin la romantique est devenue la ville la plus étendue de toute la Voïvodine. Cette ville de 54 000 habitants a changé trois fois de nom au cours de son histoire, ce qui se comprend lorsqu'on sait qu'elle abrite 22 nationalités ! Zrenjanin est une cité tranquille, aux parcs ombragés et aux façades typiques de l'Europe centrale, environnée par une nature tout à fait spécifique et par un réseau de résidences princières et de maisons d'hôtes bourgeoises de grand charme.

Histoire

La première mention de Zrenjanin remonte à l'an 1326. Elle se nommera pendant longtemps Bečkereg. Après le retrait des Ottomans, la ville rejoint la couronne des Habsbourg qui, de 1718 à 1724, y installent des Allemands, Serbes, Roumains, Grecs, Français et même des Espagnols. En 1745, la première brasserie s'installe et la ville se développe. En 1769, l'impératrice Maria Teresa garantit à la cité le statut de centre de commerce. Ce qui donne à la future Zrenjanin un haut degré d'autonomie. Le premier hôpital est ouvert la même année. Le XIXe siècle est l'âge d'or pour la ville, qui prospère sans oublier la culture, avec son magnifique théâtre. Durant toutes ces époques et jusqu'au XXe siècle, la région subit les mêmes vicissitudes de l'histoire qu'une bonne partie de la Serbie et change de nom en 1935, en prenant celui de Petrovgrad. Ce n'est qu'après la Seconde Guerre mondiale et l'expulsion par Tito de tous les Allemands de Voïvodine que la ville se nommera Zrenjanin, du nom du héros national Žarko Zrenjanin.

VOÏVODINE ET LE HAUT-DANUBE

Transports

Comment y accéder et en partir

▶ **Voiture.** Par la Magistrala n° 7, Zrenjanin est à 50 km à l'est de Novi Sad. Elle est à 75 km de Belgrade au sud par la M24, un peu moins bonne.

■ GARE FERROVIAIRE

✆ +381 23 530 388
Elle est excentrée, au nord,
à deux kilomètres du centre.
La gare, l'une des plus vétustes de Serbie, continue le trafic voyageur. Cette gare, qui est désormais ouverte 24h/24, propose toujours des trains pour Kikinda (à 7h, 14h10 et 20h20). Egalement pour Pančevo (avec changement pour Belgrade) à 6h40, 15h10 et 20h25.

■ GARE ROUTIÈRE

Beogradska 22
✆ +381 23 533 995 – +381 23 533 991
Sur la route de Belgrade au sud, à 2 km du centre.
Novi Sad. 23 bus de 5h50 à 18h50. 300 dinars. Subotica. 6h10 (sauf le week-end) et 8h (compter 2 heures 30). 1 130 dinars. Belgrade : 30 bus de 5h20 à 20h55. 560 dinars. Belo Blato (réserve naturelle) : de 6h30 à 20h15. 140 dinars.

■ ZENSPED RENT-A-CAR

Tgr Slobode 3 (Hôtel Vojvodina)
✆ +381 62 709 097 – +381 23 510 341
www.zensped.com – office@zensped.com
Au 1er étage.

Se déplacer

■ RADIO TAXI

✆ +381 23 66 999

■ SUPER TAXI

✆ +381 23 526 222

Pratique

Tourisme – Culture

■ OFFICE DE TOURISME

Subotićeva 1
www.zrenjanintourism.org
office@zrenjanintourism.org
En fait sur la place Slobode, à côté du musée. De 8h à 20h. Samedi de 9h à 13h.
Sympathique petit endroit où l'on vous remettra des brochures de belle facture sur la ville, ses monuments et sa culture. Mais vous pourrez aussi y acheter ou regarder un large échantillonnage de produits et articles de l'artisanat régional, ainsi que trouver une chambre chez l'habitant.

Argent

■ BUREAU DE CHANGE

Kralja Aleksandera Prvog Karađorđevića 20
Jusqu'à 21h.

■ SOCIÉTÉ GÉNÉRALE

Kralja Aleksandra I Karađorđevića 1-3
De 9h à 16h30, fermé le week-end. Distributeur Visa®.

Moyens de communication

■ POSTE

Pupinova 1
De 7h30 à 19h. 16h le samedi.

Santé – Urgences

■ HÔPITAL

Vase Savića 5 ✆ +381 23 513 200

■ PHARMACIE DE GARDE « CENTAR »

Kralja Alexandra Karađorđevića 47
✆ +381 23 562 263
Ouverte 24h/24.

■ URGENCES

Narodne omladine 4
✆ 94 – +381 23 562 066

Se loger

▶ **Chambres chez l'habitant :** 50 chambres ou appartements ont été répertoriés par l'office de tourisme, le plus souvent à la campagne. L'office vous mettra en contact. Tarifs de 600 dinars (chambre) à 2 000 dinars (appartements).

■ HÔTEL VOJVODINA

Trg Slobode 5
✆ +381 23 561 233
www.hotel-vojvodina.rs
4 200 dinars pour une personne, 6 300 pour deux, avec petit déjeuner.
Le grand hôtel, qui date de 1972 et se trouve en face du Musée national de Zrenjanin, en plein cœur du quartier historique était un vrai établissement communiste. Etait, car sa rénovation en profondeur est une vraie réussite et rien ne laisse croire à ses origines. C'est maintenant un hôtel très moderne, aéré, dont les grands volumes anciens ont été redessinés et éclairés pour en faire un ensemble agréable

à l'œil. Les chambres sont vraiment confortables, modernes sans êtres froides et très bien
équipées. Ajoutons un restaurant de qualité,
un room service et un spa center. Une réussite
à prix contenu. Parking souterrain, paiement
toutes cartes et nombreux services.

■ LUXOTEL
Laze Lazarevića 6
℗ +381 23 563 457
www.luxotel.co.rs
luxotel@beotel.rs
*2 500 à 3 000 dinars en simple, 4 000 à
5 000 en double.*
En ville, en direction de Novi Sad, une grosse
villa, plus qu'un hôtel, avec ses 3 chambres
et 2 appartements. Le tout un peu kitch mais
tout à fait confortable. Tout y est, air conditionné, petite piscine, sauna et massage.
Parking privé.

Se restaurer

Bizarrement, aucun vrai restaurant ne se
trouve dans le quartier historique. Ils sont
éparpillés en ville. A l'inverse, trois se
trouvent sur la place (Trg) Karađorđev : le
Tri Soma (Karadjordjev trg 22), l'Aleksandar
(Karadjordjev trg 67) et le Camel (Karadjordjev
trg 100). Pas chers et typiquement serbes.

■ 4 KONJA DEBELA
Vojvode Bojovića 2
℗ +381 23 545 659
De 10h à minuit, fermé le dimanche.
Dans l'ancienne brasserie de Zrenjanin, sur
les quais opposés au centre, la plus vieille de
Serbie (1745) mais qui ne fonctionne plus, ce
grand restaurant sert une cuisine serbe plus
originale qu'ailleurs et à petit prix : 350 à
760 dinars le plat. Surtout, c'est l'endroit qui
vaut le détour : dans les anciens chaix, avec
leur plafond de brique en demi-lune.

À voir – À faire

Le centre s'articule autour de la place Slobode
(de la Liberté), du canal et du faux canal en
fer à cheval, immédiatement accessible à
100 m par un pont en fer, le Mali Most, datant
de 1904. Egalement, légèrement en retrait,
le vrai canal, le canal Tisza/Danube, passe
dans le centre de Zrenjanin et donne lui aussi
un vrai charme à la ville.

■ ÉGLISE DE LA SAINTE VIERGE
(ПРАВОСЛАВНИ ХРАМ УСПЕЊА
ПРЕСВЕТЕ БОГОРОДИЦЕ)
Rue Svetosavska
Près de la place de la République

Construite en 1746, elle est typique des églises
orthodoxes de petites villes, mais surtout elle
est construite en retrait, presque cachée. La
raison ? En 1746, les Serbes étaient minoritaires ici et la discrétion leur commandait de
ne pas trop montrer leur église !

■ GALERIE D'ART CONTEMPORAIN
(ГАЛЕРИЈА САВРЕМЕНЕ УМЕТНОСТИ)
Trg Slobode 2
℗ +381 23 62 593
8h-20h, samedi 13h. Expos temporaires.

■ HÔTEL DE VILLE (ГРАДСКА КУЋА)
Il date de 1820 et domine la grande esplanade
centrale de Zrenjanin et impose son style
habsbourgeois au cœur de la ville, avec ses
façades néoclassiques à hautes colonnades,
surmontées d'un toit en ardoises dont les
couleurs variées forment des fresques.
L'ensemble est imposant pour une petite
ville et le style baroque XIXe éclaire la place
aux proportions parfaites.

Festivités de Zrenjanin

Zrenjanin n'a rien d'une grande ville de
ce point de vue. Mais quelques lieux et
événements sont marquants.

▶ **Banatske Vredne Ruke.** En juin. Un
petit festival très intéressant et destiné à
promouvoir et surtout préserver l'artisanat
folklorique ancien, comme les costumes
et la cuisine ancienne. L'office du tourisme
vous en donnera les dates, lieux et
activités si vous passez ce mois-là.

▶ **Dani Piva (les jours de la bière).**
Une manifestation qui se déroule à la
fin du mois d'août. Les Jours de la bière
ont eu 25 ans en 2011. Pour célébrer la
plus vieille brasserie de Serbie, on se
réunit à Zrenjanin pour boire de la bière
(en quantité) mais aussi pour suivre de
nombreux concerts de rock ou bien encore
participer à des concours de... buveurs de
bière. S'il se passe en différents endroits,
la place (Trg) Zitni en est l'épicentre.
Mais, attention, le festival est devenu
énorme : 80 000 visiteurs le dernier jour
l'année dernière et... 250 000 litres bus.
De quoi renommer les « jours de la bière »
en Oktober Fest, le Festival d'octobre
comme il en est question, en forme de
boutade, pour rendre hommage à la fête
de la bière de Munich.

Balades au départ de Zrenjanin

Que ce soit en empruntant la route nationale M24/1 ou la M24, au départ de Zrenjanin vers le sud, vous traverserez des paysages rares. En allant vers la réserve naturelle de Carska Bara, ou bien encore en prenant à gauche par la M24, le Banat totalement plat et riche en eaux et marais vous semblera unique et bien loin des paysages européens habituels. Particulièrement en descendant vers le village de Kovačica, les sensations d'espace et de fin du monde sont uniques. Au coucher du soleil, la magie opère. A la sortie du village de Orlovat, vous franchissez un pont que vous partagez avec... le chemin de fer. Si vous n'y prenez garde, vous continuez sur la voie ferrée au lieu de récupérer la route. Ensuite, des marais immenses, ceinturés de roseaux reflètent les derniers rayons du soleil. Vous êtes sur une mauvaise petite route, très loin du monde.

■ MUSÉE NATIONAL (НАРОДНИ МУЗЕЈ ЗРЕЊАНИНА)

Subotićeva 1
(sur le côté de la place Slobode)
✆ +381 23 561 841
www.muzejzrenjanin.org.rs
De 9h à 12h30 et de 14h à 18h30, le samedi de 9h à 12h30. 100 dinars.
Dans le beau bâtiment austro-hongrois qui fait la liaison entre la place Slobode et le pont métallique. Construit en 1903, il présente des lignes néoclassiques caractéristiques de l'Europe centrale. Fenêtres rectangulaires surmontées d'un chapiteau, colonnades montantes et sculptures des personnages célèbres de la ville, voilà bien l'empreinte du classique qui s'est développé en Europe centrale. C'est un intéressant musée comprenant des départements d'histoire et d'ethnologie, d'archéologie, d'art, d'ethnologie et des sciences naturelles. Datant de 1882, la Bibliothèque municipale fut érigée selon ces mêmes principes. On ne manquera pas de visiter la Salle baroque du Conseil municipal : fenêtres et gradins intérieurs de style Art nouveau, plafond richement décoré et lustres à l'ancienne donnent une apparence de légèreté et de puissance à la fois à cet endroit si solennel.

■ PALAIS DE JUSTICE (ПАЛАТА СУДА)

Immédiatement sur le côté du pont métallique. Une forme compacte et rectangulaire imposante caractérise le plan du Palais de justice, situé au bord du faux canal, toutefois son toit arrondi aux tuiles rouges et ses fenêtres alignées de forme oblongue évoquent les constructions en vogue à cette même époque à Budapest. Construit en 1908, le Palais de justice est un excellent exemple du style sécessionniste hongrois.

■ RUE ALEKSANDAR Iᴱᴿ KARAĐORĐEVIĆA (УЛИЦА КРАЉА АЛЕКСАНДРА 1. КАРАЂОРЂЕВИЋА)

Dans le prolongement de la place de la Liberté, cette rue, piétonne, est une merveille parce qu'elle renferme quantité de beaux immeubles, du baroque au classique en passant par des interprétations orientales. Surtout, devenue dès sa construction, la rue des notables, ceux-ci voulaient que leur demeure soit vue de loin. Ainsi, au fur et à mesure de son développement, la rue se resserre, comme un entonnoir. Chaque propriétaire, pour être mieux vu, construisait son immeuble en légère avancée par rapport au précédent. Un cas rare qui donne une perspective très originale. En outre, vous pourrez y admirer deux immeubles uniques : le palais Šeherazada très oriental, construit en 1890 et équipé de deux grandes ouvertures vitrées, les plus grandes de l'époque. Egalement, non loin, le palais Benceova, construit en 1906, de style Sécession (Art déco) et aux ouvertures vitrées immenses.

■ THÉÂTRE NATIONAL (НАРОДНО ПОЗОРИШТЕ)

Зрењанин Србија
De l'autre côté de la place Slobode, construit avant 1839, première fois où il est mentionné, dans un style classique, c'est le plus ancien de Serbie. Il possède trois scènes, et la salle dramatique est une merveille classique.

Dans les environs

Ečka (Ечка)

■ CHÂTEAU D'EČKA (КАШТЕЛ ЕЧКА)

Située dans un parc de 17 ha, la résidence Kastel d'Ečka fut érigée en 1820. Cette construction, qui entendait imiter les demeures princières britanniques, est avant tout initiatrice d'un style en Voïvodine. Elle y a introduit ses couleurs rouge et rose dominantes, que l'on retrouvera ensuite sur des bâtiments publics des villes de la région, et un toit à la hongroise, en tuiles noires et très pointu. La famille Lazar, fondatrice du château, y invitait au XIXᵉ siècle toutes les têtes couronnées d'Europe. Un jour, le comte Esterhazy y amena également en 1830 un jeune talent de 10 ans du nom de Franz Liszt. Aujourd'hui subsiste un fonds de 2 600 tableaux collectionnés par les descendants Lazar.

■ CHÂTEAU HÔTEL KAŠTEL

Novosadska 7 ✆ +381 23 554 800
www.kastelecka.com
office@kastelecka.com
A 9 km de Zrenjanin.
Chambre simple 4 200 dinars, double 6 200 dinars, suites 10 400 dinars.
Un parc de 17 ha et une résidence princière, classés monument historique. On croit rêver ! Mais justement, l'ensemble a été entièrement rénové en 2008 et le résultat est magnifique. Terminé en 1820, et construit pour le comte Djundjerski, le jeune Franz Liszt, qui avait 10 ans, joua au piano lors de son inauguration ! L'ensemble, y compris le parc et les jardins, 38 chambres, de plain-pied et donnant sur le parc, respectent le style viennois du début du XIXᵉ siècle. Sobriété et charme, luxe discret, tons pastel et chauds, les chambres comme l'ensemble, sont une réussite. Le restaurant est également un très bel espace. Et même si nous n'avons pu tester l'assiette, les serveurs en nœud papillon et gands blancs comme à l'époque, vous feront croire un instant que vous êtes l'héritier du prince. Surtout si vous commandez un Dom Pérignon... Dans ce contexte, le prix des chambres est vraiment abordable.

Bečej (Бечеј)

A 65 km au nord de Zrenjanin, sur les rives de la Tisza, la vieille ville de Bečej concentre de nombreux monuments dans un périmètre restreint. Autour de la place centrale, nommée *pogača* en raison de sa forme circulaire, on pourra déjà visiter trois monuments d'importance. L'église catholique, construite en 1830, élève son clocher acéré vers le ciel et offre une façade romantique. L'église orthodoxe est un mélange de styles : entrée monumentale néoclassique avec 4 colonnes qui soutiennent un chapiteau, mais 3 tours avec toits autrichiens surmontés chacun d'une croix grecque dorée. Enfin, le Parlement local érigé en 1884. Parmi les autres bâtiments majeurs, il faut citer le lycée, caractéristique des constructions publiques de Voïvodine à la fin du XIXᵉ siècle. Ses couleurs jaune et blanche, ainsi que le plan rectangulaire sont typiques de cette province.

■ CHÂTEAU FANTAST (ДВОРАЦ ФАНТАСТ)

Bačkotopolski put bb
✆ +381 21 69 15 200
www.fantast.pikbecej.rs
dvoracfantast@gmail.com
À 12 km de Bečej (fléché depuis cette ville) en direction de Bačka Topola.
150 dinars la visite guidée, 250 dinars pour une promenade en cheval de 10 minutes et 1 000 dinars la demi-heure en fiacre.
Le plus beau palais princier de Voïvodine construit en 1920. Voir l'encadré *Résidences princières et châteaux de Voïvodine.*

VOÏVODINE ET LE HAUT-DANUBE

© PREDRAG1 - FOTOLIA

Château Fantast.

Résidences princières et châteaux de Voïvodine

Au XIXe siècle, plusieurs propriétaires terriens ou des bourgeois enrichis dans le commerce du blé entreprennent de bâtir des résidences à l'égal des seigneurs, une compétition féroce qui donnera naissance à des palais d'une grande beauté. Parmi ces familles, la plus marquante est celle des Dundjerski, qui vont construire en deux générations, entre les années 1820 et la Première Guerre mondiale, une trentaine de demeures de caractère : Čelarevo, Kulpin ou Bački Petrovac dans la région de Novi Sad, mais aussi dans ses environs, à Ečka ou à Becej.

▶ **Le plus beau de ces palais sera sans conteste le château Fantast**, à 12 km de Bečej. En 1920, Bogdan Dundjerski fait construire un château médiéval avec donjon, tours et crémaillères, mais inséré dans une sorte d'écrin blanc qui le rend comme inaccessible et fragile. Surmonté de toits en ardoise, qui ne dépareraient pas les bords de Loire, l'ensemble est fort majestueux. N'ayant pas d'héritier, Bogdan Dundjerski léguera le château à l'Etat qui, en 1984, le transformera en un hôtel de grande classe. A côté de l'hôtel, on peut visiter une toute petite chapelle orthodoxe, précieuse pour ses icônes peintes par l'académicien Uroš Predić, grand ami des Dundjerski et un des plus grands peintres de l'époque. Un haras s'y trouve. Vous pouvez dormir dans cet hôtel de charme (Hôtel Fantast), perdu au milieu de nulle part. Des chambres typiques d'un faux château Moyen Age, du XIXe siècle, sobres et étranges, récemment rénovées et désormais plus luxueuses. Le mobilier est de qualité, en bois sombre verni, les salles de bains très belles et les salons sont authentiquement XIXe, au contraire de leur mobilier mais qui respecte le style. Les prix s'en ressentent puisqu'il faut débourser 3 500 dinars en simple et 4 800 en double. Demi et pension complète possible (à 500 dinars le repas). Le restaurant se situe dans les caves et le parc est magnifique (Bačkotopolski put bb ✆ +381 21 69 15 200).

▶ **Située dans un parc de 17 ha**, la résidence Kastel d'Ečka fut érigée en 1820. Cette construction, qui entendait imiter les demeures princières britanniques, est avant tout initiatrice d'un style en Voïvodine. Elle y a introduit ses couleurs rouge et rose dominantes, que l'on retrouvera ensuite sur des bâtiments publics des villes de la région, et un toit à la hongroise, en tuiles noires et très pointu. La famille Lazar, fondatrice du château, y invitait au XIXe siècle toutes les têtes couronnées d'Europe. Un jour, le comte Esterhazy y amena également en 1830 un jeune talent de 10 ans du nom de Franz Liszt. Aujourd'hui subsiste un fonds de 2 600 tableaux collectionnés par les descendants Lazar.

▶ **Encore un château qui mérite le détour, c'est Kulpin** (Trg oslobođenja 7, Kulpin), situé à une quarantaine de kilomètres au nord-ouest de Novi Sad à proximité de Bački Petrovac. Deux possibilité pour rejoindre Kulpin depuis Novi Sad : par l'autoroute E75, sortie Zmajevo en passant ensuite par Ravno Selo, ou par la nationale 102, prendre Rumenački put via Rumenka et Bački Petrovac. Kulpin a été mentionné pour la première fois au XIIIe siècle. Tout d'abord accordé à la famille Vučković-Stratimirović par l'impératrice austro-hongroise Marie-Thérèse vers le milieu du XVIIIe siècle, puis vendu ensuite à la célèbre famille Dundjerski qui le géra de 1889 jusqu'à la nationalisation par les communistes à la fin de la Grande Guerre. Le musée date de la fin du XVIIIe/début du XIXe siècle. Il abrite deux châteaux avec annexes, un parc anglais de 5 ha (le tout proclamé bien culturel national), une vieille école, deux églises : une orthodoxe et l'autre évangéliste. Le château central « kaštel » avec un porche pentagonal et une terrasse couverte d'une coupole, a été construit en 1826 mais son apparence actuelle date de 1912 (la dernière rénovation remonte à 2009). Dans le château, on peut voir une exposition du mobilier stylé, alors que le musée agricole abrite une collection impressionnante de vieux outils et machines agricoles, sur la production de la bière, du tabac, des produits laitiers... La visite de Kulpin avec guide (en anglais) commence à 9h jusqu'à 16h, le samedi de 8h à 15h. Le prix est de 200 dinars par adultes et 50 dinars par étudiants (✆ +381 21 786 266 – www.muzejvojvodine.org.rs).

Réserve de Carska Bara

Carska Bara (Царска Бара)

■ HÔTEL SIBILA
Beloblatski put bb
Lukino Selo (Лукино Село)
☎ +381 23 884 646 – www.hotelsibila.rs
hotelsibila@ribnjakecka.com
A l'entrée de la réserve naturelle
de Carska Bara, près d'Ečka
et à 12 km de Zrenjanin.
*2 350 dinars la chambre simple, 3 600 dinars
la double, 4 860 en appartement, avec petit
déjeuner. Demi et pension complète possible
à 550 dinars.*
Une ancienne ferme en brique avec des
chambres décorées avec goût, couleur
saumon, avec clim et salles de bains neuves.
Restaurant de poisson, étangs obligent ! Si
les prix ont monté, toujours un bon rapport
qualité-prix. Paiement toutes cartes.

■ MAISON ETNO DE BELO BLATO (ЕТНО КУЋА БЕЛО БЛАТО)
Belo Blato (Бело Блато)
En continuant la route le long de la réserve, l'on
arrive au village de Belo Blato. Havre de paix,
avec ses 1 500 âmes et pourtant 22 nationalités qui parlent 7 langues différentes, le serbe,
hongrois, bulgare, rom, allemand et le dialecte
beloblat, le village n'a qu'un accès, entouré
des marais de la réserve. Superbe ! C'est ici,
qu'une maison/ferme, reconstituée de 1870, a
été bâtie. L'Etno centre est un espace éducatif
où l'on vous explique tout sur la manière de
vivre des paysans d'alors. Tout y est, avec le
four à pain, le stockage du maïs, l'enclos des
animaux et un intérieur, en deux pièces, avec
un lit bulgare et l'autre hongrois.

■ RÉSERVE NATURELLE DE CARSKA BARA (ЦАРСКА БАРА)
Beloblatski put bb
Lukino Selo (Лукино Село)
☎ +381 23 884 025 – +381 63 325 868
www.carskabara.rs
*Un centre d'information se trouve à l'entrée
de la réserve, qui se parcourt sur 3 km. Le
guide Milivoj Putić, vous fait visiter la réserve
(☎ +381 63 325 868 ou vous le demandez
à l'hôtel Sibila, à l'entrée de la réserve en
venant de Zrenjanin) avec passion. Les tarifs
sont de 400 dinars pour une visite en bateau
touristique (safari-photos), l'observatoire des
oiseaux 5 000 dinars/journée, location d'un
canoë 500 dinars/heure. Quant à la location
d'un bateau à moteur avec un guide, c'est
3 000 dinars pour deux heures. Ouvert pour
les visites du printemps à l'automne.*

A 17 km au sud de Zrenjanin et à une heure de route de Belgrade, sur la route de la capitale, se trouve l'une des réserves naturelles les plus belles d'Europe. Sur 1 600 ha, un ensemble de marécages, d'étangs et de ruisseaux, offrant des paysages et des couleurs splendides, surtout à l'automne. C'est le plus grand étang poissonneux des Balkans et il représente un véritable réservoir à poissons de rivière. Certaines espèces qui y sont préservées font le bonheur des zoologues du monde entier. Mais Carska Bara est surtout réputée pour ses espaces protégés où les oiseaux font étape avant les migrations d'hiver : c'est alors un spectacle de toute beauté, car toutes les espèces ornithologiques se donnent ici rendez-vous sur leur chemin vers le nord. La réserve compte 250 espèces d'oiseaux voletant en toute liberté : les stars sont ici les cormorans, les pélicans et les oies sauvages. La réserve est bien aménagée pour que vous puissiez la parcourir à pied, et, notamment, quantité de petits ponts en bois la jalonnent. De multiples activités sont offertes par Carska Bara : l'observation des oiseaux grâce à des barques et des miradors en bois, des safaris-photos, des promenades en barque du parc paysager jusqu'à Stari Begej, et, pour les plus sportifs, des tours du parc à cheval ou… en fiacre. La pêche sportive est autorisée, mais seulement dans certaines zones. L'hôtel Sibila, à l'entrée de la réserve en venant de Zrenjanin (voir rubrique « Hébergement »).

Kovačica (Ковачица)

A 25 km de Pancevo sur la route de Zrenjanin, un village à ne pas manquer. En effet, ce petit bourg de 7 000 âmes était connu déjà au temps de la défunte Yougoslavie pour ses nombreux peintres naïfs, dont Suzana Chaloupova et Martin Jonaš. Parmi la génération montante, les plus doués sont Maria Husarikova et Pavel Ljavroš. Fait intéressant, la majorité de cette école, dite de Kovaćica, est constituée de paysans qui s'adonnent à leur plaisir favori une fois la journée de travail terminée. L'autre trait caractéristique de ce village réside dans son atmosphère calme et son accent très différent du reste de la Voïvodine. En effet, dès l'arrivée dans ce village typique de Bačka, l'oreille entend plus de chuintantes et de syllabes courtes que dans d'autres langues slaves, une sorte de gazouillis très agréable : c'est cette langue slovaque si caractéristique. C'est que le village fut créé par l'impératrice d'Autriche Marie-Thérèse qui a encouragé la colonisation de ces riches plaines à blé par des Slovaques et des Hongrois. L'église centrale est de rite luthérien et les maisons, basses comme partout en Voïvodine, sont plus vivement colorées et même parfois assez kitsch. Arrivé au carrefour central bordé par l'église aux hauts clochers, engagez-vous à droite (en venant de Pancévo) en longeant le parc public. A 150 m se trouve un complexe reconnaissable à ses nombreuses petites boutiques.

■ GALERIE BABKA (ГАЛЕРИЈА БАБКА)
Masarikova 65 ✆ +381 13 661 631
www.babka.rs – office@babka-center.com
Une initiative intéressante prise par un ingénieur originaire de Kovačica pour promouvoir dans le monde entier la peinture naïve de son village ! Pavel Babka a eu l'idée de créer dans la maison de ses aïeux, située près du carrefour central, un Ethno Center où des ateliers d'artisanat et des boutiques coexisteraient avec une auberge typique. Son idée consiste à faire sortir les peintres de chez eux, pour montrer leurs travaux. Des ateliers de peinture et de confection de poupées fonctionnent déjà, et il est question de fabriquer aussi de la porcelaine et des violoncelles. En outre, le projet prévoit une bibliothèque et un centre d'études slovaques. Le tout sous le patronage de l'Unesco et du Conseil de l'Europe. Mais Pavel Babka n'est pas au bout de ses peines car, comme il le dit lui-même, les peintres-paysans de Kovačica préfèrent peindre à leurs moments de loisir plutôt que d'en faire un métier à plein temps pour touristes. Compter de 35 € pour un tableau 20 x 20 cm, jusqu'à 500 € les grands tableaux. Livraison à l'étranger (50 € maximum).

■ MUSÉE D'ART NAÏF
(МУЗЕЈ НАИВНЕ УМЕТНОСТИ)
Masarikova 65 ✆ +381 13 661 157
www.naivnaumetnost.com
galerijanaivneumetnosti@gmail.com
De 8h à 16h, le week-end de 10h à 16h.
Le musée d'Art naïf expose des tableaux de tous les anciens, mais vous pouvez aussi admirer les peintures contemporaines dans les galeries attenantes. Une multitude de petits ateliers sont aussi disséminés en ville. Ainsi, juste en face du musée, dans un atelier situé dans l'arrière-cour d'une maison paysanne, vous pourrez rencontrer un couple d'artistes très accueillant. N'hésitez pas à prendre des photos ou à discuter peinture, ils seront ravis (petits tableaux de 20 à 40 €).

VRŠAC (ВРШАЦ)

A 85 km de Belgrade, près de la frontière roumaine, cette ville de 40 000 habitants est depuis longtemps le centre économique et culturel de la région du sud du Banat. Vršac est connue pour son vin jeune et fruité, et pour son climat agréable. En effet, adossée aux verdoyantes collines du Vršački Breg (641 m de hauteur), la ville dégage une agréable atmosphère favorable à la promenade. On prend plaisir à flâner entre les palais et les églises du XIXᵉ siècle, puis à monter jusqu'aux hauteurs de la ville d'où une vue splendide s'étend sur la plaine du Banat. Ce cadre verdoyant et cet air pur à une heure de route de la capitale serbe expliquent la présence ici des nombreux stages sportifs des équipes nationales de basket ou de volley.

Histoire

Depuis le Moyen Age, Vršac est la capitale du Banat, et son contact avec la Roumanie lui a toujours permis de développer un commerce florissant. La beauté et la richesse des bâtiments publics et autres maisons particulières le démontrent. Dès la période néolithique, le site de Vršac, comme ceux de Vatin et de Mesić dans les environs proches, voit se développer une forme d'habitat et de vie en communauté singulière.

A l'époque romaine, la colline de Vršac accueille l'installation d'une tour d'observation, lieu de promenade favori des habitants encore de nos jours. Ce site particulier explique le développement d'une ville commerciale à partir du XIVᵉ siècle, date à laquelle le nom de la ville apparaît pour la première fois dans des registres officiels. Aux XIVᵉ et XVᵉ siècles, la ville passe alternativement d'une suzeraineté serbe à une domination hongroise ; entre 1552 et 1717, Vršac est sous domination turque. A cette époque, deux villes se font face : la ville haute, serbe, et la ville basse, allemande. En 1804, l'empereur d'Autriche lui accorde le statut de ville libre, ce qui va favoriser son essor commercial. Au XIXᵉ siècle, Vršac va se doter de plusieurs théâtres et lycées, et verra éclore de grands noms des arts et lettres serbes : les peintres Nikola Nešković et Paja Jovanović, le dramaturge Jovan Popović ou encore le poète Vasko Popa. Encore aujourd'hui, les maisons cossues et les nombreuses manifestations culturelles, comme les Automnes dorés ou la Biennale des jeunes, sont le signe d'une vitalité locale jamais démentie.

Transports

▶ **Voiture.** 85 km de bonne route nationale depuis Belgrade et Pančevo (E70 puis E94).

▶ **Bus.** Liaison avec Belgrade toutes les heures dans les deux sens (✆ +381 13 822 866).

▶ **Train.** Trains réguliers pour Belgrade : compter plus de 2 heures de trajet (✆ +381 13 815 725).

Pratique

■ BANQUES
Hypo Alpe Adria et Vojvođanska sont situées l'une en face de l'autre sur le Korso, face à l'hôtel de ville. Distributeur de billets.

■ DISPENSAIRE
Abraševićeva 10 ✆ +381 13 812 425

■ OFFICE DE TOURISME
Trg Pobede 1 ✆ +381 13 822 999
www.to.vrsac.com – toovrsac@yahoo.com
Ouvert de 9h à 19h, jusqu'à 13h le weekend.
Vous y trouverez une mine d'informations sur la région. Entre autres services, l'office de tourisme a répertorié sur leur site tous les particuliers qui offrent des chambres. Et ils sont nombreux !

■ POSTE
Žarka Zrenjanina 15 ✆ +381 13 309 072
Ouverte de 7h à 19h, jusqu'à 18h le samedi.

Se loger

▶ **Chambres chez l'habitant.** En passant par l'office de tourisme, vous trouverez quantité de chambres. Leur site Web les référencie toutes en y ajoutant même des photos. Vous pouvez joindre les propriétaires directement. Un bon prix n'excédera pas 1 000 dinars.

■ HÔTEL SRBIJA
Svetosavski Trg 12
✆ +381 13 834 170
www.hotelsrbija.rs – office@hotelsrbija.rs
3 670 à 4 590 dinars en chambre simple, 4 990 à 5 610 dinars en chambre double. Petit déjeuner compris.
En plein centre-ville, en face de l'hôtel de ville, un hôtel typique des années 1970 mais qui vient d'être complètement rénové pour le Championnat d'Europe de handball masculin (en janvier 2012). 80 chambres standard et confort, restaurant de 600 places. A/C, minibar, TV satellite. Wi-fi gratuit.

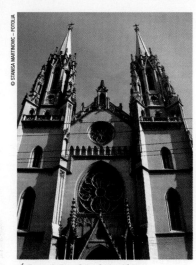

© STANISA MARTINOVIC – FOTOLIA

Église catholique Saint-Gerhard à Vrsac.

■ **VILLA BREG*******
Goranska bb ℂ +381 13 831 000
www.villabreg.com
office@villabreg.com
À partir de 11 500 dinars pour une personne et de 15 000 pour deux, selon la saison et l'orientation de la chambre. Tarifs régressifs le week-end.
Des prix élevés, inhabituels en dehors de Belgrade. C'est que cet hôtel de 2005, plutôt prétentieux au dehors, est luxueux. A flanc de montagne (mais très bien fléché depuis le centre ville), il se classe en 5-étoiles. Les chambres sont particulièrement vastes, sobres et élégantes. Richement meublées (souvent en mobilier XIXᵉ), elles sont parfaitement équipées, avec l'inévitable téléviseur écran plat et connexion Internet câble et wireless. Avec en plus, une vraie originalité, le coffre-fort. La salle de bains est superbe, avec Jacuzzi et deuxième ligne téléphonique. Room service, y compris pour mettre la voiture au garage, sauna, et piscine. Le restaurant de luxe complète une offre grand confort. Paiement toutes cartes.

Se restaurer

■ **ETNO KUĆA DINAR**
Dimitrija Tucovica 82 ℂ +381 13 830 024
etnokucadinar@hotmail.com
De 12h à 24h.
L'on reconnaîtra facilement l'établissement car c'est un véritable chalet de montagne avec du mobilier en bois. En été, on mange sur une terrasse fort agréable. On y vient pour les viandes grillées, le poisson et la soupe de poisson (*riblja čorba*). Un orchestre de *tambouraši* animent souvent les soirées.

■ **RESTAURANT M**
Omladinski trg 17 (centre Millennium)
Ouvert tous les jours de 11h à 23h.
Ouvert il y a dix ans et apprécié par les locaux, le M propose des plats internationaux mais aussi quelques recettes serbes. Plats du jour à partir de 360 dinars, à la carte de 430 à 880. Situé au sein du complexe des sports, il n'a pas de terrasse extérieure, mais la salle est climatisée.

À voir – À faire

■ **CATHÉDRALE ORTHODOXE (САБОРНА ЦРКВА)**
Reconnaissable à sa tour baroque avec une horloge, l'église Saint-Nicolas fut érigée de 1785 à 1805, date à laquelle elle fut promue au rang de cathédrale. Cet ensemble d'un seul tenant en forme de bateau inversé comporte, à l'ouest, un clocher à deux étages surmonté d'une croix orthodoxe, et, à l'est, deux absides. L'intérieur abrite des trésors de la peinture religieuse serbe, dont une iconostase peinte par Pavel Djur-ković, des peintures murales des maîtres Jakšić et Popović, sans oublier les deux grands tableaux du célèbre Paja Jovanović. A noter aussi les dix icônes de Nikola Nešković.

■ **DONJON (КУЛА)**
Erigé sur la colline qui domine l'est de la ville, ce fameux donjon du XVᵉ siècle offre une vue panoramique grandiose. Haute de 17 m et large de 6 m, cette tour construite à l'emplacement d'une garnison romaine faisait partie d'une forteresse, démantelée lors de la paix de Belgrade, signée entre les Turcs et les Autrichiens en 1739. En effet, les Turcs qui tentèrent à trois reprises de s'en emparer, la perdirent en 1717 face aux troupes d'Eugène de Savoie. C'est aujourd'hui le point de vue préféré des citadins.

■ **ÉGLISE CATHOLIQUE SAINT GERHARD (РИМОКАТОЛИЧКА ЦРКВА СВЕТИ ГЕРХАРД)**
Construite en 1861 dans un style néogo-thique, elle présente une façade intéressante pour ses deux clochers, hauts et effilés, ainsi que pour sa grande rosace, élément rare en ces contrées. L'architecte viennois a voulu

lui donner tous les éléments du gothique : transept long, contreforts élevés et croix latine. A l'intérieur, les nombreux vitraux et sculptures viennent renforcer cette affiliation à l'époque médiévale.

■ ÉGLISE DE LA DORMITION DE LA VIERGE (УСПЕНСКА ЦРКВА)

Cette petite église fut construite en plusieurs étapes. Le corps principal fut terminé en 1764, le clocher en 1786 et le toit métallique, typiquement baroque, en 1814. L'intérieur est à voir pour son iconostase réalisée par Arsa Teodorović, aidé des peintres Josif Rakov et Aksentija Popović.

■ HÔTEL DE VILLE (МАГИСТРАТ)

L'actuelle mairie est un édifice étonnant qui est le symbole de la ville. Construit en 1860 par un ingénieur allemand de Temesvar, ce palais rouge et blanc, surmonté en un coin d'un dôme très vénitien, est du plus pur style Art nouveau.

■ PALAIS DE COFMAN (ЦОФМАНОВА ПАЛАТА)

En face de l'hôtel de ville, un édifice plus grand, néo-Renaissance, bâti en 1872 par le brasseur Jovan Cofman. Destiné à accueillir ses bureaux et à représenter sa marque de bières, ce bâtiment de deux étages a par la suite servi de galerie marchande, avec des boutiques louées par le riche entrepreneur allemand.

■ PALAIS ÉPISCOPAL (ВЛАДИЧАНСКИ ДВОР)

Dvorska ulica 20

Ce très beau palais néoclassique a été construit de 1750 à 1757 par l'évêque orthodoxe Jovan Georgijević afin d'y loger le siège de l'éparchie du Banat. Avec la chapelle Saints-Michaël et Gavrilo, le palais forme un ensemble rappelant les palais viennois, avec son entrée monumentale en fer forgé et ses toits en ardoise aux formes recherchées. A l'intérieur, la chapelle abrite une iconostase de style baroque organisée autour d'une grande représentation du Christ : elle est l'œuvre du peintre Nikola Nešković. Dans le palais, une galerie expose les tableaux des évêques depuis le XVIIIe siècle, ainsi que de nombreux manuscrits et objets religieux.

Visites guidées

Les vignobles de la région de Vršac sont des parmi les plus connues en Serbie et s'étendent sur les 2 100 ha (vers la fin du XIXe siècle il y avait plus de 10 000 ha). On ne citera que les sortes les plus populaires : muscat ottonel, chardonnay, pinot bianco, riesling italien, ou encore le vin de table local – *banatski riesling*.

■ VINIK

Novosadska 1

✆ +382 69 438 238

www.dobrovino.com

info@serbianwine.com

Une cave familiale dont le « vrjeaulois » blanc et rouge, eau-de-vie de raisin Cabernet et depuis 2007, le seul bermet dans le Banat (vin de dessert). Vous serez accueillis par Nikola Cuculj, le grand maître de l'ordre de vin de Banat Saint-Théodor, en tenu de chevalier. Orchestre des tambouraši sur réservation.

■ VRŠAČKI VINOGRADI

Svetosavski trg 1

✆ +381 13 822 088

www.vvinogradi.co.rs

La cave du plus grand producteur de Vršac, appelée également « Le château d'amitié », se trouve dans le village de Gudurica et peut accueillir jusqu'à 150 personnes.

Dans les environs

■ MONASTÈRE DE MESIĆ

Mesić (Месић)

A 8 km, plein est, vers la Roumanie, ce monastère serbe fut construit au XVe siècle, mais on ignore le nom de son commanditaire. Selon la légende, c'est un moine de Hilandar qui l'a fait ériger en 1225 mais, plus probablement, sa construction a été financée par le commerçant Jovan Branković. Au cours des premières migrations des Serbes fin XVIIe siècle, Mesić fut le siège épiscopal du Banat alors que les premiers monastères serbes s'érigeaient en Hongrie méridionale. En 1716 et 1788, le monastère fut détruit par les Turcs et aussitôt reconstruit. Il est intéressant à plus d'un titre : d'abord, ayant été restauré au XVIIIe siècle, il est formé de deux églises, l'une typique de l'époque médiévale, l'autre toute blanche et surmontée d'un clocher purement baroque. Ensuite, il est orné de nombreuses fresques murales exécutées à la même époque, avec notamment des œuvres de Paja Jovanović. Outre ses deux églises, le monastère comporte des bâtiments monastiques autour d'une cour bordée de galeries à piliers de style classique.

■ PALAIS LAZAREVIĆ

Veliko Središte (Велико Средиште)

Dans le village de Veliko Središte, à 12 km au nord-est de Vršac, se trouvent deux palais résidentiels de plain-pied fondés par le riche négociant Lazarević. Le premier date de 1841 et obéit aux règles du classicisme : entrée monumentale avec colonnes et chapiteau grecs, fenêtres rectangulaires et toit aux lignes épurées. Ses teintes jaunes et ocre, comme son jardin aménagé, lui donnent un petit air londonien sur les bords du Danube. L'autre résidence, créée 24 ans plus tard, ressemble plus à un château médiéval, avec ses tours carrées et ses crémaillères en guise de toit. Aujourd'hui, le premier palais est devenu une école.

Deliblatska Peščara
(Делиблатска Пешчара)

Dans la plaine pannonienne, cette réserve marécageuse s'étend sur près de 300 km², que vous pourrez parcourir en barque ou à vélo, en vous émerveillant de la richesse de la faune et de la flore. A une heure de route de Belgrade, vous aurez l'occasion d'approcher plus de 900 espèces végétales, parmi lesquelles des fleurs assez rares, typiques de cette région du Banat : božur, pelen ou šerpet. C'est aussi l'une des réserves d'oiseaux migrateurs les plus importantes d'Europe, avec près de 300 oiseaux, qui y passent en venant du nord-est. Mais la faune y est aussi assez diverse, puisqu'on y trouve des cerfs, des chevreuils et des sangliers vivant en liberté. Si des activités plus dynamiques vous intéressent, le parc met à votre disposition des espaces pour la pêche et la chasse. La réserve est très accessible de la capitale, puisqu'il suffit de traverser le Danube à Pančevo, puis de se diriger vers la ville de Vršac. L'entrée principale est à 30 km de Pančevo.

■ RÉSERVE DE DELIBLATSKA PEŠČARA
(ДЕЛИБЛАТСКА ПЕШЧАРА)

www.deliblatskapescara.info

En revenant de Vršac, vous ne pouvez manquer de vous arrêter dans cette réserve de 354 km², qui est un phénomène unique en Europe : un véritable désert au cœur des Balkans ! En effet, ce croissant de 30 km de longueur et 11 km de largeur présente la grande particularité de n'être que dunes et forêts de pins, là où normalement devraient s'étendre, à perte de vue, des champs de blé. C'est qu'au début du XXe siècle, le roi de Serbie décida, à l'instar de Napoléon dans les Landes un siècle auparavant, de planter quelques forêts de résineux, et d'amener de grandes quantités de sable : le but était d'offrir à l'aristocratie belgradoise les mêmes promenades qu'à Biarritz ou en Sologne. Le résultat est de toute beauté : un paysage désertique, avec dunes et arbustes secs, alterne avec de grandes forêts de pins. Par ailleurs, plus de 900 espèces végétales y croissent, avec quelques plantes spécifiques du pays appelées *božur*, *pelen* ou *šerpet*. Au gré des promenades balisées, on aperçoit aussi beaucoup d'oiseaux, mais également des renards ou des biches. L'endroit le plus intéressant de la réserve est Devojački Bunar. Au village de Vladimirovac sur la route E70, tournez à droite – en venant de Belgrade – au grand panneau « Plava Dama », puis enfoncez-vous sur une distance de 8 km dans la réserve. Vous traverserez des paysages très science-fiction et aboutirez à un relais, avec quelques chambres et une terrasse, l'hôtel Plava Dama.

■ NORD-OUEST DE LA VOÏVODINE ■

Sombor (СОМБОР)

Située à l'extrême nord-ouest de la Serbie, au début de notre parcours danubien, Sombor est à la fois une ville de culture et un site entouré de nombreux terrains de chasse. C'est une ville de verdure, aux élégantes façades bourgeoises et aux nombreux parcs, où l'on peut encore se promener en fiacre et écouter les *tamburaši* – instruments à cordes et à vent typiques du Danube. Baroque et calme, Sombor possède un charme rare, sans aucun doute l'une des petites villes les plus agréables qui soient en Europe.

Histoire

Sombor doit son nom à une île – Čobor – à partir de laquelle s'est développée la ville au Moyen Age. Auparavant, le site était un ensemble de 14 îles entourées de marécages, et ce sont les Čobora – une famille hongroise féodale – qui, en 1478, y édifient une forteresse afin de stopper l'avancée ottomane. Néanmoins, les Turcs s'emparent de cette place forte en 1541 et lui donnent son nom actuel deux ans plus tard. Sous l'occupation ottomane, la population serbe quitte la ville pour s'occuper de culture de céréales et d'élevage de porcs, pendant que les Hongrois s'enfuient vers le Nord. La ville devient un chef-lieu de vilayet et se transforme en véritable bourg ottoman : en 1578, on y compte 7 mosquées, 200 ateliers et des écoles coraniques, ainsi qu'une multitude de hammams. Cependant, après leur défaite devant Vienne en 1683, où des Slaves originaires de la ville affrontent les Turcs, ces derniers s'affaiblissent, et Sombor est libérée définitivement en 1687. Placée sous la suzeraineté austro-hongroise, Sombor connaît son plus grand essor. En 1749, l'impératrice Marie-Thérèse lui accorde le statut de ville libre royale contre le paiement de 150 000 florins ; en 1786, elle devient même le siège d'une Županija, ou circonscription autrichienne. C'est à cette époque que la ville se dote de ses principaux édifices de style austro-hongrois et de maisons particulières bourgeoises. Le statut de ville libre acquis plus tard favorise le développement de Sombor, et le canal Tisza-Danube en 1804 accroît encore son économie. En 1918, la ville fait partie du nouveau royaume des Serbes, Croates et Slovènes. 45 000 personnes vivent aujourd'hui à Sombor, parmi lesquels 21 groupes différents, dont les Hongrois (21 %), Croates (8 %), Bunjevacs (3 %).

Transports

▶ **En venant de la Hongrie,** deux possibilités. Depuis l'accès principal de Kelebije et Subotica, prendre la nationale E660 sur 70 km. Sinon, Sombor est proche du petit poste frontière de Bački Breg – 28 km par la nationale E662.

▶ **Depuis Belgrade,** prendre l'autoroute E75 jusqu'à Novi Sad, puis la route nationale longeant le Danube jusqu'à Sombor : compter 120 km depuis Novi Sad, 173 km depuis Belgrade.

■ **GARE FERROVIAIRE**
Rue Železnička
✆ +381 25 28 922
w3.srbrail.rs/zsredvoznje

A 800 m du centre, au nord de la ville. Au départ de Sombor pour Belgrade : 4h25, 7h10, 10h20, 15h40 et 19h05, 6h de trajet, 560 dinars. Au départ de Sombor pour Subotica : 5h25, 8h40, 11h40, 17h15, 1 heure de trajet, 225 dinars.
C'est moins cher, mais beaucoup plus long !

■ **GARE ROUTIÈRE**
Rue F. Račkog ✆ +381 25 441 751
La station, un peu excentrée, se trouve à l'entrée sud de la ville.
Au départ de Sombor pour Belgrade : 20 bus par jour (tous les heures jusqu'à 20h), 3 heures 15 de route, 1 200 dinars. Au départ de Sombor pour Novi Sad : mêmes bus que pour Belgrade, 1h50 de route, 880 dinars. Au départ de Sombor pour Subotica : 5h, 6h, 8h, 8h30, 9h10, 10h15, 11h,13h30, 15h35, 17h, 19h45 et 20h10, 1 heure de route, 430 dinars. Vers Sombor, la fréquence est supérieure : 22 bus depuis Belgrade, 8 depuis Subotica.

Pratique

Tourisme – Culture

■ **EURO LINE PEKEZ**
Rue 8, Kralja Petra I ✆ +381 25 421 175
www.eurolinepekez.com
eurolinepekez@sezampro.rs
Excursions et transferts : châteaux de la Voïvodine, village ethno de Stanišići, Sremska Mitrovica et Zasavica...

■ **OFFICE DE TOURISME**
Trg Cara Lazara 1
Grašalkovica palata ✆ +381 25 434 350
www.visitsombor.org
info@visitsombor.org
Ouvert de 9h à 19h, le week-end de 10h à 15h.
Bureau situé dans la rue piétonne. Dynamique et fournissant de nombreuses brochures complètes et de qualité.

VOÏVODINE ET LE HAUT-DANUBE

Une ville chargée d'histoire

Ville royale libre du temps de Marie-Thérèse, Sombor paya sa liberté de 150 000 florins rhénans en 1749. De cet affranchissement, témoigne l'inscription sur la façade d'un édifice où l'on peut voir une horloge solaire avec, en toile de fond, un ange et un coq annonçant l'aube. Sous le cadran, on lit : « Une de celles-ci (heures) est ta dernière ! » Sombor est aussi le lieu de naissance de Laza Kostić, l'homme de lettres serbe dont le « Santa Maria della Salute » est probablement le poème le plus amoureux de toute la poésie nationale du XIXe siècle.

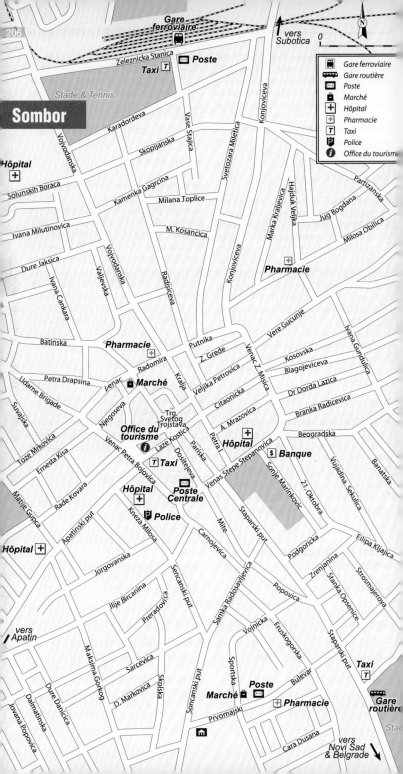

Argent

■ BUREAU DE CHANGE
Stara Gradska kuća 21
✆ +381 25 22 749
Ouvert de 8h à 19h, le samedi jusqu'à 13h.
Ainsi que place de la mairie.

■ HYPO ALPE ADRIA
24, Kralja Petra I
De 8h à 17h. Le samedi 13h. Distributeur Visa®, Master et Maestro.

■ INTERNET
« MAGMA » Avrama Mrazovića 1
Ouvert de 8h à minuit, sauf le dimanche.

■ SOCIÉTÉ GÉNÉRALE
8, Kralja Petra I
✆ +381 25 433 460
Ouvert de 9h à 16h30, fermé le week-end.

Moyens de communication

■ POSTE
Venac Vojvode Stepe Stepanovića 32
✆ +381 25 422-186
Ouverte de 7h à 19h en semaine, jusqu'à 13h le samedi.

Santé – Urgences

■ HÔPITAL
Rue Vojvodjanska 75
(Opšta bolnica Radivoje Simonović)
✆ +381 25 467 700
Non loin du centre.

■ URGENCES
✆ 94

Se loger

L'Hôtel Internacion, cube moderniste bâti dans le plus pur style communiste triomphant en 1980 et deux petits hôtels de charme dans le centre. Par contre, dans la campagne, un camping, des villas de toutes sortes et des chambres chez l'habitant font une offre complète. L'office de tourisme peut vous proposer des chambres chez l'habitant à Bački Monoštor, à 15 km de Sombor. La liste est disponible à l'office de tourisme. Également, quelques villas, c'est-à-dire de petits hôtels se trouvent disséminés dans la campagne.

Bien et pas cher

■ BELI DVOR
Apatinski Put bb
✆ +381 25 460 110 – +381 25 436 117

1 800 dinars en simple, 2 800 en double, petit-déjeuner inclus.
Un motel plus simple, sur la route d'Apatin, mais aux tarifs très doux.

■ CAMPING BAČKI MONOŠTOR
Kanalska obala bb, Backi Monostor
✆ +381 25 431 430 – +381 25 807 303
ckso@eunet.rs
A 21 km à l'ouest de Sombor, près de Bački Monoštor.
Le camping de la Croix-Rouge serbe se trouve à 5 km du Danube dans un milieu naturel agréable. 68 emplacements pour tentes et 15 pour remorques. Sacs à coucher fournis. Toilettes, cabines de douche. Deux terrains de volley-ball, terrain de foot et plage sur le canal de Veliki Bački.

■ HÔTEL INTERNACION
Trg Republike 1
✆ +381 25 463 322
www.internacion.rs
recepcija@internacion.rs
3 190 dinars pour une personne, 4 220 pour deux.
Situé en plein centre-ville, devant la place de la République, il offre l'avantage d'être au cœur des événements. Mais c'est tout. Car cette tour de plus de 150 chambres reste ce qu'elle était : un hôtel socialiste très partiellement rénové. Rien de particulier donc ici, et un restaurant traditionnel avec un menu à 500 dinars, un salon de coiffure et un parking gardé. Paiement toutes cartes.

■ MOTEL KRONIC
Čonopljanski Put 30
✆ +381 25 429 900
www.motelkronic.co.rs
info@motelkronic.co.rs
2 400 dinars en simple, 3 800 en double, petit-déjeuner inclus.
Une grande maison dans le style baroque XIXe, sur la route de Čonopljanski. Les chambres sont fraîches, confortables et spacieuses.

■ PICCOLINA
Avrama Mrazovića 2
✆ +381 25 22 820
www.piccolina.co.rs
piccolinapansion@open.telekom.rs
3 000 dinars en simple, 5 000 en double.
La pizzeria du même nom propose quelques chambres agréables et fraîches, équipées de baignoires pour la salle de bains. Le tout dans une ancienne maison de ville en briques, bien mise en valeur. Paiement par cartes.

■ **TAMARA**
Apatinski put bb ℂ +381 25 434 110
www.vila-tamara.com
vilatamara@neboo.net
2 680 dinars en simple, 4 460 en double.
Une villa rénovée au style bien particulier,
avec ses deux tours rondes aux angles, le
tout dans un très beau parc. Seulement 8 lits
ici, mais un charme incomparable.

Confort ou charme

■ **GARNI HÔTEL ANDRIĆ**
Trg Koste Trifkovića 3
ℂ +381 25 422 422 – +381 25 462 246
www.hotelandric.co.rs
*4 500 dinars en simple, 6 600 en double, petit
déjeuner inclus.*
Plus cher qu'ailleurs, mais justifié. A deux pas
de la place de la mairie, et face au théatre, le
Andrić est un petit hôtel de grande qualité. Les
salons et chambres possèdent des éléments
XIXe, et le tout est très confortable. Parking
privé et paiement toutes cartes.

Se restaurer

Sur les bords du Danube
Aux bords du Danube, mais à 15 km, plusieurs
restaurants sur l'eau dans le village de Bezdan,
mais aussi sur la promenade du canal, sur la
route d'Apatin. Ces établissements s'appellent
ici « čarda ». Ce sont des restaurants traition-
nels de poissons.

■ **ANDRIĆ**
ℂ +381 (025) 230 55
www.restoranandric.co.rs
carda@restoranandric.co.rs
*Sur la route d'Apatin, 3 km après le centre,
tourner à droite juste avant le pont sur le canal,
puis suivre quelques virages sur 200 m.*
Le plus luxueux des Čarda, avec un beau
jardin et une verrière à l'ancienne. Dans l'assiette, les poissons du Danube bien préparés,
comme la *paprikaš*, à base de poivron farçi,
à 600 dinars. Plus cher qu'ailleurs, mais vaut
le déplacement.

■ **PIKEC**
Baračka, Bezdan ℂ +381 25 819 909
Ce restaurant sert à toute heure des plats de
poisson et de viande, proche de la nature.

■ **SLON**
Venac Radomira Putnika 22
ℂ +381 25 22 979
www.slonso.com – office@slonso.com
Comptez 500 dinars.

Un spécialiste des viandes en broche et de
la rôtisserie. Plus rustique, mais une viande
toujours fraîche.

À voir – À faire

Le vieux centre de Sombor est une merveille
baroque et aux proportions parfaites. Le beau
parc ouvre le vieux quartier dont tout, des
immeubles aux églises, est homogène, dans
un bel état de conservation. Se promener
ici vous fait tomber sous le charme. L'autre
endroit à visiter est la promenade du canal
Bajski. Les environs de Sombor sont riches
en eaux. Le Danube, bien sûr, mais aussi le
canal Bačka, le canal de liaison Danube-Tisza,
le lac Čonoplja et de petites rivières. Pour se
rendre sur les promenades aménagées, avec
restaurants, prendre la direction de Apatin
depuis le centre et continuer toujours tout
droit sur 3 kilomètres.

▶ **Le centre-ville baroque.** A l'intérieur
d'un rectangle formé par quatre boulevards
entourant les anciennes fortifications, s'est
développée la vieille ville austro-hongroise
aux bâtiments baroques. L'ensemble est d'une
harmonie parfaite et tout est à voir. Et pour
apprécier encore mieux le vieux Sombor et
son parc, un fiacre d'époque, avec deux chevaux, est à votre disposition. Et pas n'importe
lequel. Depuis 1885, 24 fiacres assuraient les
déplacements de la bourgeoisie à Sombor.
Aujourd'hui, reste un seul, que vous pouvez
emprunter pour 120 dinars par personne pour
un petit tour dans le centre (15 minutes environ),
600 dinars une demi-heure pour 1-4 personnes
ou 1 200 dinars l'heure pour 1-4 personnes. En
géneral, il se trouve à l'entrée du parc. Contact
ℂ +381 64 31 20 220.

■ **ÉGLISE DE SAINT JEAN
(ЦРКВА СВЕТОГ ЈОВАНА
ПРЕТЕЧЕ ИЛИ МАЛА ЦРКВА)**
Cette église orthodoxe abrite une icône représentant la Vierge Marie et commémorant le
souvenir des migrations serbes du Kosovo
après 1690. Plus de 300 000 Serbes, guidés
par leur patriarche Arsenije, durent alors
quitter le Kosovo en raison des exactions
turques.

■ **ÉGLISE DE SAINT STÉPHANE
(МАНАСТИР СВЕТОГ
АРХИЂАКОНА СТЕФАНА)**
Cette église catholique de 1905 possède les
deuxièmes plus grandes orgues d'Europe, ainsi
que de nombreux vitraux et des sculptures
de belle facture.

Le tourisme au bord de l'eau : la route panonnienne et la réserve naturelle Gornje Podunavlje

Le long du Danube, depuis la frontière et Bački Brijeg au nord et jusqu'à Bogojevo au sud, la réserve naturelle Gornje Podunavlje s'étire sur 70 km. En 1989 elle est proclamée l'habitat important international des oiseaux. En 648 km², entre marais, lacs et Danube, la faune et la flore aquatiques sont exceptionnelles. Le tourisme rural s'y est développé et, si aucune réelle infrastructure pour la visiter n'existe, vous pouvez demander la carte à l'office de tourisme et vous y aventurer au hasard. Ou bien encore visiter la maison etno « Mali Bodrog » à Bački Monostor (Oslobođenja 32 ✆ 025 807 163). Entrée 80 dinars. Vous serez alors proche de l'un des points centraux de la réserve.

▶ **À 20 km au nord de Sombor,** vous pouvez participer à des « classes » écologiques en camping, le tout dans un décor luxuriant et très vert. Contact Ivan Kovač Kice au ✆ 064 232 6693, sur le site : www.baracka.org ou à l'office de tourisme. Les amateurs de pêche trouveront également leur bonheur. Au même endroit des *čarda*, ces restaurants d'été offrent une cuisine en contact avec la nature.

▶ **Route pannonienne à bicyclette.** D'Osijek en Croatie, à Sombor, une nouvelle route à vélo a été tracée. D'une longueur de 80 km, elle suit le bassin du Danube. A Sombor, son point de départ est face au monument Saint Florent, rue Batina. L'office de tourisme de Sombor fournit la carte.

▶ **Si vous êtes amateurs de pêche,** le site www.somborskipecaros.co.cc vous indiquera la richesse des eaux de la région.

▶ **Enfin, à Sombor même,** les abords du grand canal, mais aussi du Danube sont des lieux romantiques à souhait.

■ **ÉGLISE PRESVETOG TROJSTVA (ЦРКВА ПРЕСВЕТОГ ТРОЈСТВА)**

C'est dans cette église de 1743 que Sombor fut proclamée ville libre impériale, en 1749. Au XVIIe siècle, s'y tenaient les assemblées du territoire de Bačka.

■ **GALERIE KONJOVIĆ (ГАЛЕРИЈА КОЊОВИЋ)**

Trg Svetog Trojstva 2
✆ +381 25 22 563
Ouverte du mardi au vendredi de 9h à 19h et 9h à 13h le week-end. Entrée 100 dinars.
Ouverte en 1966, à la mort de cet artiste originaire de Sombor, la galerie est un musée et expose plus de 1 060 pièces léguées par Milan Konjović. Dessins, pastels et aquarelles raviront les amateurs de beaux-arts. Le bâtiment, construit dans le style Bidermeyer en 1838 est lui aussi intéressant.

■ **GALERIE LAZA KOSTIĆ (ГАЛЕРИЈА ЛАЗЕ КОСТИЋА)**

✆ +381 25 22 583
Ouverte de 8h à 14h et de 17h à 19h. 9h à 13h le week-end.
Dans l'enceinte du centre culturel consacré au poète Laza Kostić, des expositions temporaires très fréquentes. Concerts et soirées littéraires également.

■ **MAIRIE (ГРАДСКА КУЋА)**

Sa façade est très représentative de l'urbanisme de Sombor. La mairie fut construite à l'endroit où le comte Branković avait élevé un palais en 1718, mais son aspect actuel date de 1842. On y trouvera ce style caractéristique du nord de la Voïvodine, avec de grandes fenêtres entourées de colonnades néoclassiques et surmontées de moulures baroques, le tout dans des tons rouge et blanc. C'est toujours la mairie, sur la place principale.

■ **MUSÉE DE LA VILLE (ГРАДСКИ МУЗЕЈ)**

Trg Republike 4
✆ +381 25 422 728
www.gms.rs
gmso@ptt.rs
Ouvert de 9h à 18h du lundi au vendredi (en juillet : de 8h à 14h, fermé le samedi). Le samedi 9h à 13h. Entrée 100 dinars.
Dans un bâtiment datant de 1882, un musée qui s'intéresse à l'archéologie, l'ethnologie, l'histoire et même à l'art contemporain depuis 1995. Une importante collection numismatique, une bibliothèque au fonds important et un musée-mémorial en l'honneur de la bataille de Batinska sur le Danube.

VOÏVODINE ET LE HAUT-DANUBE

■ **PALAIS KRONIĆ (КРОНИЋ ПАЛАТА)**
L'une des plus belles demeures particulières de la ville, bâtie en 1906 dans un style éclectique du début du XXe siècle. Sa riche décoration témoigne de l'importance de son fondateur Stevan Kronić, avocat et notable de l'époque. Elle se trouve juste à l'extérieur du rectangle ancien, rue Živojina Mišića.

■ **PRÉFECTURE (ЖУПАНИЈА)**
1 Trg cara Uroša ℰ +382 25 434 350
Ouvert de 8h à 20h, du lundi au vendredi. Tarif : 80 dinars. Guide en option à 1 500 dinars/l'heure pour un groupe jusqu'à 40 personnes.
Aujourd'hui siège du conseil municipal, dans le parc face à la veille ville, cette ancienne préfecture, qui compte autant de pièces que l'année a de jours, est connue pour posséder le plus grand tableau historique de Serbie. *La Bataille de Senta*, œuvre de Ferenz Eisenhut datant de 1896, dépeint, sur 28 m², la victoire sur les Turcs dans la plaine de Senta, où, en 1697, moururent plus de 40 000 soldats. Au premier plan du tableau, on voit le prince Eugène de Savoie faisant prisonnier le pacha Kisig Džafer. Cette toile se trouve dans la salle de cérémonie, la plus grande et la plus impressionnante des nombreuses salles du palais. La coupole de l'ancienne préfecture rappelle la coupole de l'église vénitienne Santa Maria della Salute, que le poète serbe Laza Kostić a immortalisée dans l'un de ses plus beaux poèmes. L'ensemble est de toute beauté avec des proportions fluides.

■ **PREPARANDIJA (ПРЕПАРАНДИЈА)**
Proclamée récemment monument culturel de première importance, cette bâtisse accueillit à partir de 1895 le patriarche serbe orthodoxe. Puis elle devint une Ecole normale de formation des maîtres. La galerie abrite une exposition permanente du peintre naïf Sava Stojkov (entrée 100 dinars).

■ **SALLE DE LECTURE SERBE (СРПСКА ЧИТАОНИЦА)**
La « salle de lecture » de la bibliothèque de Sombor. Une merveille d'architecture classique éclectique austro-hongroise, bâtie en 1882, et que l'on ne se lasse pas de regarder, soulignée par sa couleur dominante orange pâle.

Shopping

Le site de l'office de tourisme de la ville de Sombor (www.visitsombor.org), très complet, affiche une liste des adresses d'artisans travaillant à l'ancienne, des traditions et des arts régionaux comme : artisanat métallurgique et fer forgé, restauration des fiacres d'époque, fabrication de chapeaux, des costumes nationaux…

■ **TISSAGE DAMMASÉ « NOVITET DUNAV »**
Žrtava fašizma 2, Bezdan (Бездан)
ℰ +381 25 810 930
www.novitet-dunav.co.rs
Cet atelier de tissage damassé de Bezdan représente un bien culturel du pays. Vous pouvez y apprécier de près le tissage jacquard s'effectuant encore à la main et dont les cartes datent de 1871. On achète sur place des nappes, sous-nappes, serviettes de table, draps…

APATIN (АПАТИН)

Apatin est une petite ville de 40 000 habitants nichée sur le Danube, au contact de la Croatie et de la Hongrie. Sa position lui a valu un intérêt économique, car elle est un port fluvial important sur la route de Novi Sad. Les Serbes, les Croates, Hongrois, Tziganes et autres minorités qui vivent ici donnent autant d'occasions de fêtes culturelles aux couleurs bigarrées et à la chaleur communicative. Apatin a l'avantage également de se trouver dans une région de forêts et d'îles fluviales, ce qui a contribué à l'éclosion de réserves naturelles et de lieux nautiques et de pêche bien agréables. Enfin, les promenades dans une ville verte, où abondent divers lieux de culte et les maisons particulières typiques de Voïvodine, ne manquent pas non plus de charme. Vous y goûterez sûrement, sur l'une de ces terrasses adossées au Danube, la spécialité locale, le *paprikaš* de truite aux pâtes locales.

Histoire

Grâce à sa position de carrefour sur le Danube et à ses richesses naturelles – cultures céréalières, chasse et pêche – Apatin a toujours été un théâtre de mouvements de population. Les Sarmates, les Huns, les Slaves et les Hongrois se partagent tour à tour cette position sur le Danube. Jusqu'à ce que, en 1371, l'Eglise catholique hongroise donne son nom à la ville et y désigne un évêque. Au Moyen Age, l'évêché est sous le contrôle de plusieurs seigneuries, dont celle du Serbe Stefan Lazarević. Puis, les Turcs occupent la région et le développement d'Apatin est freiné : en 1560, la ville ne compte que 80 familles, alors que plus de 50 lieux-dits existaient sous Lazarević. A partir du XVIIe siècle et l'affrontement entre Turcs et Autrichiens, Apatin devient un lieu de colonisation et de migration. Les Serbes, fuyant l'armée ottomane, s'installent dans la région en 1690 et créent les faubourgs de Bukčenović et Vranješevo. Tout au long du XVIIIe siècle, l'Autriche-Hongrie envoie des ouvriers et artisans allemands qui, embarquant à Ulm, naviguent jusqu'à Apatin. Ils travailleront dans les briqueteries et les mines, ce qui fera de la ville le plus grand centre allemand de Voïvodine au XIXe siècle. Mais la coexistence entre nationalités éclate au moment de la Seconde Guerre mondiale. Une résistance à l'occupation allemande s'organise sous la conduite de l'évêque Adam Berentz, mais cela n'empêche pas de nombreux notables allemands de coopérer avec l'occupant pour chasser la grande majorité des autres nationalités de la ville. En 1946, c'est au tour des Allemands d'être expulsés, remplacés par des Monténégrins et des Serbes des krajina (confins militaires autrichiens habités par des Serbes), des Croates et Bosniaques. Apatin a connu depuis un certain essor grâce à l'industrie : construction navale, cimenterie et vêtements. Elle est surtout renommée dans tout le pays pour sa fabrique de bière blonde, Jelen Pivo.

Transports

▶ **Voiture.** Apatin est aisément accessible de Sombor grâce à la départementale R101, qui s'étend sur 16 km entre les deux villes. De Novi Sad, traverser la plaine céréalière de Bačka sur 85 km en direction d'Odžaci, puis à Stapar, tourner en direction d'Apatin ; il ne reste que 16 km d'une petite route moyenne.

▶ **Bus.** Au départ d'Apatin pour Belgrade et Novi Sad : 11 bus entre 5h et 17h. Au départ d'Apatin pour Sombor : 10 bus entre 6h et 21h.

▶ **Bateau.** Le Danube s'étire dans la commune de Bačka Palanka sur plus de 25 km de longueur, avec un canal aménagé aux normes DTD reliant le Rhin à la mer Noire. La circulation en péniche ou bateau de plaisance est donc tout à fait possible.

Pratique

■ BANQUE
Vojvodjanska Banka, Srpskih Vladara 7
✆ +381 25 773 066

■ OFFICE DE TOURISME
Petefi Šandora 2a ✆ +381 25 772 555
www.turizam.apatin.com
informacije@apatininfo.com

■ POSTE
Rue Srpskih Vladara 5
✆ +381 25 772 997

■ URGENCES
✆ +381 25 773 722 − +381 25 772 570

Se loger

■ HÔTEL PAGOS
Ribarska 55 ✆ +381 25 773 705
www.pagos.apatin.com
1 590 dinars par personne avec petit déjeuner.
Dans une belle maison tout en boiseries, située au centre-ville, cet hôtel de charme propose 6 appartements avec cuisine américaine, salon TV et cheminée à l'ancienne. Les chambres sont très soignées et agréablement désuètes, avec placards campagnards et broderies. L'ambiance est celle d'un relais de chasse, avec des trophées accrochés aux murs – têtes de biche ou de cerfs. Le restaurant sert 140 types de viandes et de poissons. Parties de chasse et sports nautiques.

■ HÔTEL ZLATNA KRUNA
Ive Lole Ribara bb
✆ +381 25 773 731
www.zlatnakruna.co.rs
zlatnakruna@sezampro.rs
4 820 dinars la chambre double, petit déjeuner inclus.
Situé au bord du Danube, cet établissement, plus que centenaire, mais entièrement rénové, maintient la tradition des auberges à la hongroise, les *čarda*. Les chambres standard au mobilier plutôt simple sont équipées de minibar et climatisation. Le restaurant, avec une belle vue sur le Danube, sert des plats typiques en sauce et des poissons de fleuve comme de mer. Parking et paiement Visa®.

Se restaurer

■ ZLATNA KRUNA
Ive Lole Ribara bb ✆ +381 25 773 731
Compter de 800 à 1 000 dinars avec un plat et un dessert.
Ce restaurant situé sur les rives du Danube possède une terrasse de 100 places très agréable au printemps et en été, et une salle intérieure au mobilier chaud et confortable. Le service est impeccable, nouveauté oblige pour cet établissement ouvert en 2003. Vous pourrez y apprécier la fameuse spécialité locale : le *paprikaš* de poisson (615 dinars). *Riblja corba* (la soupe de poisson) de 210 à 300 dinars. On y déguste aussi de très nombreux poissons de rivière ou de mer et de la rôtisserie. Ne manquez pas les desserts de Voïvodine, comme les crêpes aux noix ou la très bonne purée de marrons.

À voir – À faire

■ CATHÉDRALE ORTHODOXE
(САБОР СВЕТИХ АПОСТОЛА)

Une construction toute récente, dans un style serbo-byzantin, selon un plan en croix grecque. Ses huit coupoles dorées et son entrée monumentale lui donnent une allure imposante. Les couleurs vives, allant du rose à l'ocre, égaient un lieu de culte traditionnellement plus sobre. A l'intérieur, des fresques byzantines réalisées par des artistes locaux apportent une certaine chaleur. Grâce à une technologie contemporaine, l'acoustique y est quasiment parfaite. A côté de la cathédrale, se construit une petite chapelle en l'honneur de saint Nicolas.

■ COLLECTION ETHNOLOGIQUE
(ЗАВИЧАЈНА ЗБИРКА ПРИГРЕВИЦА)

Prigrevica (3 km à l'est d'Apatin)
Une des rares collections présentant les coutumes des Serbes émigrés des régions de Kordun, Banija et Lika. Pendant la Seconde Guerre mondiale, ces Serbes, installés dans les *krajina* (confins militaires) de Croatie et de Bosnie depuis le XIVe siècle, durent fuir les exactions oustachies et s'installèrent notamment dans cette partie de la Serbie. Meubles, objets quotidiens, écrits, vêtements typiques, etc.

■ ÉGLISE CATHOLIQUE
(УЗНЕСЕЊЕ МАРИЈИНО)

Dans un parc arboré, une église plus traditionnelle et vraiment typique de Voïvodine. Elle a été construite par l'architecte autrichien Johan Kozak en 1798 dans un style appelé « Kopf », c'est-à-dire dans la tradition du baroque danubien. Ce style est caractérisé ici par un plan rectangulaire simple, et un clocher aux fondations carrées et au toit en bronze en renflement. L'église est connue pour sa Vierge noire d'Apatin, qui fut longtemps un objet de culte et de vénération pour les Allemands de Voïvodine.

■ SYNAGOGUE (СИНАГОГА)

Cette vieille synagogue datant du XIXe siècle a été construite sur les plans de la synagogue de Prague. Il reste encore une communauté juive notable dans la région, et cette synagogue est surtout un lieu de réunion et de manifestations culturelles pour les juifs de Voïvodine.

Sports – Détente – Loisirs

■ BANJA JUNAKOVIĆ

Nušićeva bb
✆ +381 25 772 477
www.banja-junakovic.rs
marketing@banja-junakovic.rs

Située au milieu d'une agréable forêt, à seulement 3 km du centre vers le Danube, cette station thermale fut créée en 1913. Ses eaux thermales, pouvant atteindre 60 °C, sont utilisées depuis 1927 et leur réputation égale celle de Karlovy Vary en Slovaquie, en ce qui concerne leurs vertus sanitaires et médicales. Depuis 1983, il existe un complexe récréatif avec 11 piscines en plein air de températures diverses, des saunas et des salles de massage. Egalement une clinique de soins spécialisés dans la physiothérapie et l'hydrothérapie pour les rhumatismes, la gynécologie et les maladies respiratoires. L'hôtel attenant propose 150 lits dans un décor correct, sans plus mais vraiment pas cher : à partir de 1 980 dinars par personne dans la chambre double.

Chasse et pêche

▶ **Apatin à Monoštor (pêche).** Le long de la rive gauche du Danube, le paradis des pêcheurs ! Sur plus de 5 560 ha, vous pourrez harponner ou simplement « cueillir » plus de 50 espèces de poisson, avec, entre autres, la truite, la carpe, le brochet ou la sandre. La pêche est ici plus qu'un loisir, c'est un sport qui donne lieu à de nombreuses compétitions, mais aussi à une spécialité culinaire, le fameux *parikaš* de poisson d'Apatin. Si vous désirez vous frotter aux spécialistes du cru, demandez la Čarda Bucov à Bački Monoštor ou, plus près, à Apatin, le club Liman : ces deux établissements vous offriront les meilleures conditions de pêche. Dans tous les cas, y compris pour un « safari » ou une visite du parc naturel, l'office de tourisme vous trouvera un membre d'une société de chasse ou pêche.

▶ **Apatinski Rit (terrain de chasse d'Apatin).** Sur plus de 6 600 ha, un terrain idéal pour chasser les plumitifs et les mammifères sauvages. En effet, ses nombreuses zones marécageuses et une végétation particulièrement dense favorisent la chasse d'animaux tels que le cerf, le sanglier, le chevreuil et le canard sauvage. Son cerf de haute valeur compétitive fait d'Apatinski Rit un des terrains les plus réputés au monde. Une vieille tradition de chasse ne fait qu'ajouter à sa réputation et explique l'attrait des Transalpins, des Allemands et des Autrichiens pour ce site.

Des battues au sanglier et des chasses sur commande sont organisées. La maison de chasseurs Mesarska Livada accueille les amateurs, mais vous pouvez également loger au Pagos, en ville, tout en participant à leurs excursions.

▶ **Kozara (terrain de chasse de Bački Monoštor).** Le terrain de chasse le plus connu de toute l'ex-Yougoslavie. Les dignitaires communistes avaient l'habitude de venir y passer leurs dimanches, là où pendant des siècles les seigneurs hongrois avaient pratiqué la battue. Sur une étendue de 11 764 ha, le terrain plat recouvert de forêts de feuillus se prête facilement à ce loisir. La tradition ici, c'est le cerf. En effet, pendant 27 ans d'affilée, Kozara a été le premier au monde pour la chasse au cerf, avec des trophées d'une valeur de 248,55 points CIC. Mais on y pratique également la chasse au sanglier, au chevreuil et au canard sauvage. Bref, Kozara reste l'une des plus grandes réserves de chasse pour les cerfs, et ses nombreux trophées la placent parmi les plus importantes en Europe. Vous pourrez loger dans les maisons de chasse Štrbac et Kazuk proposées par la corporation Srbijašume ; des excursions sont aussi organisées par l'hôtel Pagos à Apatin (voir « Hébergement »).

Dans les environs

■ ÉGLISE CATHOLIQUE SAINTE-ANNE (ЦРКВА СВЕТЕ АНЕ)
Kupusina (Купусина)
A 8 km vers Sombor se trouve une jolie église de style baroque élevée au XIXe siècle. De nombreux objets religieux et du mobilier cultuel y ont été préservés après la dévastation de l'église de Prigrevici pendant la Seconde Guerre mondiale.

■ ÉGLISE CATHOLIQUE SVETI LOVRE (КАТОЛИЧКА ЦРКВА СВЕТИ ЛОВРЕ)
Sonta (Сонта)
A 13 km vers le sud, cette église baroque de 1815 possède un intéressant autel décoré par le peintre d'Apatin, Anton Tordi. A découvrir aussi

dans les environs proches de l'église le site archéologique de Sonta, où l'on peut admirer des vestiges des remparts du Moyen Age.

■ MUSÉE ETHNOLOGIQUE (ЕТНОЛОШКИ МУЗЕЈ)
Kupusina (Купусина)
Ouvert du lundi au samedi de 9h à 12h et de 14h à 17h.
Le village de Kupusina est connu pour sa culture et ses traditions hongroises. Le musée abrite des objets d'époque baroque, notamment des objets de culte catholique, ainsi qu'une belle collection de costumes hongrois de Voïvodine. Il reconstitue également un intérieur typique de la région avec son mobilier.

■ RÉSERVE NATURELLE DE GORNJE PODUNAVLJE (СПЕЦИЈАЛНИ РЕЗЕРВАТ ПРИРОДЕ ГОРЊЕ ПОДУНАВЉЕ)
Bezdan (Бездан)
S'étendant sur une longueur de 75 km, le long de la rive droite du Danube, cette réserve naturelle est protégée depuis 2001 en tant que site écologique exceptionnel. Ses 19 648 ha de forêts, de marécages et de bras de rivière naturels possèdent un écosystème riche et bien protégé. Tout d'abord, les oiseaux, dont vous trouverez plus de 260 espèces en totale liberté. Faisans et canards d'eau douce sont du petit gibier, car à côté d'eux naissent et évoluent des espèces aussi rares que l'aigle fauve et le flamant rose, sans oublier ces colonies d'oiseaux migrateurs que sont les cormorans et les oies sauvages. La réserve permet également d'observer sur les rives d'innombrables entrelacs d'eau toute une faune et une flore paradisiaques : libellules, mantes religieuses et autres insectes voisinent ici avec les nénuphars et des fleurs rares comme la borka et même des fleurs endémiques de la région, telle la rebratica. Enfin, la réserve de Gornje Podunavlje est réputée pour ses biches et ses cerfs qui, au nombre de 400, font le ravissement des promeneurs. On aborde souvent cette réserve en barque, louée à Monoštor ou à Apatin, pour se laisser glisser au gré des merveilles de la nature qui s'offrent à nous. (voir également encadré « Le tourisme ao bord de l'eau »).

VOÏVODINE ET LE HAUT-DANUBE

NORD DE LA VOÏVODINE

SUBOTICA (СУБОТИЦА)

Deuxième ville de Voïvodine par le nombre d'habitants (160 000), Subotica est à la fois un carrefour historique important et un haut lieu touristique. Peuplée de Serbes, de Hongrois, de Juifs et de multiples minorités comme les Bunjevci ou les Slovaques, Subotica est une ville multiconfessionnelle et multi-ethnique. Située à quelques kilomètres de la frontière hongroise, sur la grande route reliant l'Europe et l'Orient, elle fut autrefois un rendez-vous mondain, une sorte de Saint-Moritz pannonien. En effet, à la fin du XIXe siècle, alors que la ville était en pleine transformation, on y voyait affluer des Viennois et des Hongrois de Budapest, attirés par les parcs ombragés, les hôtels de charme et les lacs. Aujourd'hui Subotica, capitale informelle des Hongrois de Serbie, est au cœur d'une région qui offre de nombreux attraits touristiques.

Histoire

De nos jours très peuplée et active, Subotica est restée pendant longtemps une bourgade provinciale. Appelée Szabadka au Moyen Age, elle fait partie du Sandžak de Szegedin sous l'occupation ottomane : il ne reste aujourd'hui plus aucun vestige de cette présence d'un siècle. En 1526, la Hongrie catholique reprend possession du site. Désormais appelée Sveti Maija, la bourgade prend de l'importance au XVIIe siècle grâce au commerce entre l'Empire ottoman au sud et l'Empire austro-hongrois vers le nord. Subotica obtient le statut de ville libre en 1779 et est connue à l'époque sous le nom de Marijaterezijapolis, la famille impériale autrichienne y venant goûter les vertus des eaux thermales de Palić. Tout comme Budapest, c'est à la fin du XIXe siècle que Subotica connaîtra un essor et adoptera sa physionomie actuelle. Entre 1880 et 1914, un nouveau plan d'urbanisme aère la ville en la dotant de nombreux espaces verts. On y construit également de grands édifices culturels, politiques et religieux, ainsi que les très élégantes résidences d'été des princes et les grands établissements hôteliers au bord du lac de Palić.

Transports

Subotica est située à 178 km de Belgrade, par l'autoroute E75 ; quelques tronçons encore en deux voies jusqu'à Novi Sad, puis une véritable chaussée d'autoroute dont la mise complète en 4 voies est en cours. Compter un peu moins de 2 heures.

■ ANUS SERVIS
20 Vareška 20
✆ +381 24 552 670
A proximité de la route de Kelebija.
Dépannage.

■ GARE FERROVIAIRE
En plein centre
✆ +381 24 555 606
Bureau de change dans la gare.

▶ **Novi Sad puis Belgrade :** 3h10, 4h25, 5h45, 7h20, 10h23, 14h12, 16h58 (13h05, 15h40 et 19h20 terminus Novi Sad). 490 dinars pour Novi Sad et de 560 à 720 dinars pour Belgrade.

▶ **Budapest :** 1h25 (train pour Vienne), 11h25 et 14h01. 1 458 dinars.

▶ **Sombor :** 3h13, 7h10, 10h14, 14h30 et 19h34. 224 dinars.

▶ **Palić :** 3h45, 7h, 11h, 14h35 et 19h22. 64 dinars.

■ GARE ROUTIÈRE
À 500 m en direction du sud
sur Senčanski Put
✆ +381 24 555 566

▶ **Novi Sad puis Belgrade :** 20 bus par jour jusqu'à 21h30. De 800 à 900 dinars pour Novi Sad et de 1 000 à 1 300 pour Belgrade, selon la compagnie.

▶ **Sombor :** 20 bus par jour jusqu'à 21h. De 400 à 560 dinars.

■ TAXI
✆ +381 24 9761 – +381 24 9764
✆ +381 24 9765
Compter maximum 400 dinars jusqu'à l'entrée de Palić.

Pratique

Le centre et tout ce qui se visite à Subotica se parcourent aisément à pied. L'axe central traverse la ville, d'est en ouest. Du centre, c'est l'axe qui rejoint le lac de Palić à 5 km. 4 lignes de bus urbains et de nombreuses stations de taxi dans le centre.

■ PHARMACIE DE GARDE
Trg Slobode 1 (à côté du Mac Do)
Ouverte 24h sur 24.

■ **POLICE**
Rajhl 1
✆ 92
Près de la gare ferroviaire, à 50 m de la poste.

■ **URGENCES**
✆ 94

Tourisme – Culture

■ **OFFICE DE TOURISME**
Gradska kuća, Trg slobode 1
www.visitsubotica.rs
info@visitsubotica.rs
De 8h à 18h, 13h le samedi.
L'office de tourisme est situé dans la mairie, près de son entrée principale. Actif, il possède quantité de documentation de qualité, sur tous les sujets.

■ **PLUS TOURS**
3 Ive Vojnovića
✆ +381 24 415 0077-81
www.plustours.eu
Excursions, réservations d'hébergement à Subotica, Palić et dans les environs.

▸ **Autres adresses :** À Novi Sad : Željeznička 46 • À Belgrade : Balkanska 35 • À Bečej : Glavna 7.

■ **PUZZLE GROUP**
2 Dimitrija Tucovića
✆ +381 24 552 614 – +381 64 970 84 40
✆ +381 63 125 99 25
Fax : +381 24 552 614
www.puzzlegroup.org
puzzlesubotica@gmail.com
Dans le passage.
Jeune agence pour les actifs de 16 à 35 ans. Propose de nombreux plans : les folles nuits de Belgrade (klubbing, kafana traditionnelle, les « splaves » folkloriques) ; alpinisme et rafting en Serbie ; festivals (Exit de Novi Sad, Guca, Beerfest, et d'autres plus traditionnels) ; Balkan Tours d'une quinzaine de jours incluant Bled en Slovénie, les îles croates, Tara rafting au Monténégro... Ya une bonne ambiance de fêtards, ici on s'amuse bien tout en découvrant et en s'enrichissant culturellement parlant. La même agence existe à Valjevo, Belgrade, Nis et Novi Sad.

Argent

Beaucoup sont sur le Korso. Leurs horaires classiques sont de 8h à 17h, parfois plus. Par ailleurs, de nombreux distributeurs de billets sont en façade de toutes les banques.

■ **BUCK-S**
7b Korzo
✆ +381 64 136 26 16
Bureau de change.

■ **SOCIÉTÉ GÉNÉRALE**
Trg slobode 1
✆ +381 24 555 455
Ouvert de 8h à 17h.

Moyens de communication

■ **POSTE PRINCIPALE**
En face de la gare ferroviaire
Ouverte de 7h30 à 19h.
Tous services.

Se loger

Bien et pas cher

▸ **Chez l'habitant.** Chambres entre 800 et 1 200 dinars. L'office de tourisme fait l'intermédiaire pour vous, également pour le lac de Palić.

■ **DOM UČENIKA**
Harambašićeva 22
✆ +381 24 555 510 – +381 63 515 261
En chambre sans salle de bains 650 dinars, avec salle de bains, 970 dinars, et en chambre individuelle 1 190 dinars, petit déjeuner 140 dinars, dîner à la demande.
Ce n'est pas le luxe, et pour cause, c'est la maison des étudiants, autrement dit le pensionnat du lycée qui se trouve juste à côté. Et qui n'accueille donc les touristes qu'en été. Vous êtes ici en chambre de 3 ou 4 lits.

■ **MALI HÔTEL**
Harambašićeva 25
(en face de la maison des étudiants)
✆ +381 24 553 786 – +381 24 552 977
www.malihotelsubotica.com
office@malihotelsubotica.com
2 240 dinars seul, 3 600 dinars pour 2 personnes.
11 chambres neuves de première catégorie Prenočiste, c'est-à-dire que vous n'aurez pas de petit déjeuner ni aucun espace commun, ce n'est pas un hôtel. Mais la formule est intéressante car à ce tarif, les chambres neuves sont agréables, de couleur pastel, avec climatisation, minibar, et leur taille autorise la présence d'un coin salon avec fauteuils et table basse. Wi-fi gratuit. Avec des prix inchangés, c'est un bon plan. Paiement en espèces seulement. Il y aura toujours quelqu'un qui parle anglais.

■ **PANSION ALEKSANDER**
Segedinski Put 86
✆ +381 24 686 840
www.aleksandera.rs
z.sparic@gmail.com
1 000 dinars par personne.
Un petit motel récent qui ne manque pas de charme, sur la route de Palić. Les chambres sont plutôt agréables pour le prix et disposent de l'air conditionné. Pas de lit double en revanche. Depuis l'été 2011, la propriétaire propose aussi les chambres dans la Vila Modena, à 5 minutes du centre (Vladimira Majakovskog 24), dont le confort est supérieur mais dont les prix sont les mêmes.

Confort ou charme

■ **HÔTEL GLORIA****
Dimitrija Tucovića 2
✆ +381 24 672 010
www.hotelgloriasubotica.com
info@hotelgloriasubotica.com
6 339 dinars en simple, 7 598 en double.
Récent, dans un immeuble ancien en plein centre, le gloria est un hôtel de charme. Avec ses 19 chambres, modernes mais vraiment confortables et ses espaces design et un ensemble au luxe discret, on se sent très bien ici. Parking privé, paiement toutes cartes.

■ **HÔTEL PATRIA****
Đure Đakovića bb
✆ +381 24 554 500
www.hotelpatria.rs
info@hotelpatria.rs
3 500 dinars pour une personne, 6 200 dinars pour deux personnes et respectivement 4 400 et 6 900 en luxe.
C'est l'hôtel de l'époque communiste mais pour qui l'a connu avant, une révolution rouge est arrivée ! Il reste un bloc de béton mais a été rénové en profondeur et ses murs extérieurs d'une couleur rouge foncé changent tout. A l'intérieur aussi, désormais sobre et design. Les chambres sont vastes, confortables même si elles n'ont rien de particulier. Les chambres luxe, avec leurs grands écrans, clim et minibar ainsi qu'Internet sont même vraiment grandes. De plus, il est à 100 m du Korso. Parking privé, paiement toutes cartes.

■ **HÔTEL PGB***
Harambašićeva 19-21
✆ +381 24 556 542
www.pbghotel.co.rs – pbg@eunet.rs
3 329 dinars la chambre simple, 5 658 la chambre double.

A 300 m du centre de Subotica, un petit hôtel original à l'extérieur mais d'un bon niveau à l'intérieur. Que ce soit le service, les salles et surtout les chambres, le standing est clairement supérieur ici. Celles-ci sont vastes, chaleureuses, sans faute de goût. L'accueil est agréable et le paiement s'effectue avec les cartes Visa® ou Master Card. Petit parking devant.

Luxe

■ **HÔTEL GALLERIA**
Matije Korvina 17
✆ +381 24 647 111
www.galleria-center.com
hotel@galleria-center.com
5 109 dinars en simple, 7 018 en double avec petit déjeuner. Réduction de 10 % le week-end.
Nouvel établissement de 78 chambres et 10 suites, tout près du centre piéton et de la gare, il s'agit d'un immense bâtiment neuf centre d'affaires et avec patio intérieur sous verrière. A l'extérieur, rien de sympatique donc. Mais dans l'hôtel, le luxe prédomine. Les chambres sont classiques de style début XXe, aux tons chauds, vastes, au mobilier de qualité et les salles de bains superbes. Les suites, elles, sont magnifiques, bourgeoises, sobres et lumineuses. La liste des équipements de détente, comme le fitness center est longue. Le restaurant panorama au dernier étage, est du même niveau, avec une vue sur Subotica. Quant à la suite présidentielle (24 000 dinars…), sa surface et son luxe en fait la plus belle de Serbie avec celles de l'Alexandar Palas à Belgrade. Garage, paiement toutes cartes, room service. Vaste choix de champagnes…

Se restaurer

Bien et pas cher

■ **BASH KUĆA**
Cara Lazara 3
✆ +381 24 55 22 92
www.bashkuca.com
bashkuca@gmail.com
Ouvert de 9h jusqu'à 23h pour les commandes, fermé le dimanche.
Situé dans une maison vieille de 120 ans, voilà un bon plan pour se restaurer à petit prix : sandwichs de pain complet fait maison à 160 dinars, menu midi à seulement 288 dinars (soupe, plat principal, salade, pain) ! Plats

internationaux à la carte sont aussi bon marché : bifteck « Baš kuća » 558 dinars, dinde au gorgonzola et broccoli 448 dinars. Imbattable !

■ BATES
7 Vuka Karadžića
℃ +381 24 556 008
Ouvert de 10h à 22h, fermé le dimanche.
Restaurant familial traditionnel proposant des spécialités serbes succulentes. Situé en plein centre-ville dans un cadre de verdure.

■ PLAY OFF
Dimitrija Tucovića 13
De 9h à minuit.
En sous-sol. Cuisine serbe à petit prix dans un cadre agréable. 3 menus le midi, à 350 dinars. L'endroit est très fréquenté. Et pour cause, les plats mijotés, rares au restaurant, sont bons et peu chers.

■ POSLASTIČARNICA RAVEL
Nušićeva 2 ℃ +381 24 554 670
Ouvert de 9h à 22h. Compter 150 dinars en moyenne.
Entre le théâtre et la bibliothèque, un salon de thé comme on n'en fait plus. Le mobilier et la décoration nous ramènent à la fin du XIXe siècle, lorsque les comtes et les princesses se donnaient rendez-vous à Subotica. Un choix de 24 pâtisseries serbes et hongroises à déguster sur place ainsi que plus de 80 pâtisseries d'Europe centrale à emporter, littéralement !

Bonne table

■ SHIRAZ
Tuk Ugarnice 14 (Palićki put)
℃ +381 24 686 220
Dans une grande maison à la sortie de Subotica, un restaurant récent, avec une vraie cave à vin, où l'on déguste le jambon maison, le *gulaš* hongrois ou encore la spécialité, le filet de mouton au veau. Un endroit confortable mais pas si cher.

Sortir

Cafés – Bars
Une rue, surtout, concerne la vie nocturne. La rue Matije Korvina (anciennement Engelsova), qui donne sur le Korso. On y passe un très agréable moment les soirs d'été, entre deux ou trois cafés. Des concerts de jazz ont lieu parfois dans la rue même. Le théâtre national et son arrière ayant été détruits pour

être refaits (!), les cafés de charme, qui se trouvaient dans le bâtiment, n'existent plus, réduisant d'autant les endroits de charme de Subotica.

■ CAFFE BOSS
Matije Korvina 7 ℃ +381 24 551 675
www.bosscaffe.com
Pizza à partir de 390 dinars, viandes grillées 580 dinars en moyenne.
Un endroit à la mode où l'on vient pour être vu. Il se trouve dans la cour arrière de l'immeuble Rajhel. Restauration variée et, au printemps, une terrasse agréable en face de la galerie Likovni. Musique house et DJ le week-end.

■ THE CODE
Trg Slobode 8
8h-2h. Une boîte en sous-sol, avec DJ le week-end. Petit et branché électro.

■ SAX
Matije Korvina 13 ℃ +381 24 553 203
Ambiance chaleureuse et toujours très électrique, dans ce temple du jazz serbe. Grand choix de cocktails et de jus. Une terrasse ouverte pour les concerts. Ce sont eux qui organisent les concerts de jazz dans la rue.

■ STARA PIZZERIA
Matije Korvina 3
Au sous-sol se trouve une pizzeria (anciennement Antikvarnica). Le café lui-même est ancien, très bel ensemble classique et nombreux tableaux XVIIIe et XIXe. C'est plus un salon de thé.

Spectacles

■ ART CINÉMA LIFKA
Trg žrtava fašizma 5
℃ +381 24 531 991 – www.alifka.org
lifka.cinema@gmail.com
Films locaux en VO et étrangers sous-titrés.

■ NARODNO POZORIŠTE (THÉÂTRE NATIONAL)
Ive Vojnovića 2 ℃ +381 24 554 700
www.suteatar.org
npnkn@npnkn.org
Places entre 200 et 300 dinars.
Dans ce bel édifice de style néoclassique du début du XXe siècle, un répertoire d'art dramatique serbe, hongrois et international. La troupe théâtrale a été formée dans les années 1920, à partir de deux troupes déjà existantes, l'une croate et l'autre hongroise, c'est pourquoi les pièces sont données en hongrois et en serbo-croate.

VOÏVODINE ET LE HAUT-DANUBE

À voir – À faire

Toute la vieille ville de Subotica est à voir. Flâner dans ses rues bordées d'arbres et découvrir quantité d'immeubles baroques et de momuments est un enchantement.

■ CAFÉ PAPILLON (КАФЕ ЛЕПТИР)

D.Tucovića 11

Certes, c'est un café. Mais pas n'importe quel café. Son intérieur exceptionnel est fait d'un mélange d'Art nouveau hongrois et belge et se veut influencé par la forme d'un papillon. On a ici réagi aux artistes postmodernes qui dictaient alors le style au moment de sa construction. Il est classé.

■ CATHÉDRALE SAINTE-THÉRÈSE (КАТЕДРАЛА СВЕТЕ ТЕРЕЗЕ)

Trg Žrtava Fašizma 19

Cette grande cathédrale baroque, connue en ville sous le nom de Grande Eglise, a été érigée en l'honneur de la sainte protectrice de Subotica, sainte Thérèse d'Avila en 1779 mais rénovée plusieurs fois depuis. Longue de 61 m, large de 26 m et haute de 18 m, la cathédrale fut bâtie à la fin du XVIIe siècle par l'architecte de Budapest, Franz Kaufmann. Les tableaux sont de Josef Schoefft et les décorations murales du maître zagrebois Johannes Clausen. Mais les vitraux datent du XIXe siècle.

■ ÉGLISE ORTHODOXE SAINT-DIMITRI (ЦРКВА СВЕТОГ ДИМИТРИЈА)

Beogradski Put (Aleksandrovo)

Un peu excentrée, cette église est intéressante à deux titres. Construite en 1818 et rénovée en 1994, elle obéit aux canons de l'art baroque flamboyant, avec profusion d'or et d'ornements empruntés à la nature. Par ailleurs, son iconostase de 1776 est un exemple unique de l'art baroque serbe qui s'est développé de ce côté-ci du Danube : couleurs chatoyantes pour illustrer les saints, enluminures dorées et travail sur bois.

■ GALERIE LIKOVNI SUSRET (ГАЛЕРИЈА ЛИКОВНИ СУСРЕТ)

Park Ferenca Rajhla 5

✆ +381 24 553 725

Ouvert de 8h à 18h (jusqu'à 14h les lundi). Samedi de 9h à 12h.

Dans le merveilleux palais Raichel, ce qui en soit, fait déjà l'intérêt de venir ici : un véritable musée d'art contemporain. Des œuvres plastiques provenant de tous les horizons et de nombreuses expositions temporaires. Découvrez autant les œuvres exposées que les salles et l'architecture Art nouveau extrême du palais. Chaque été, Palić est le grand rendez-vous des artistes contemporains lors des Likovni Susreti.

■ GALERIE SUBOTICA (ГАЛЕРИЈА СУБОТИЦА)

Trg Slobode 1

Ouvert de 10h à 18h les jours ouvrés.

Petite galerie tendance.

■ GRADSKA KUĆA (ГРАДСКА КУЋА)

Trg Republike

L'emblème de la ville et la fierté de ses habitants, est la mairie, terminée en 1912, une énorme construction rouge et blanche dans un style typiquement Sécession hongroise. Haute de 76 m et formant un carré de 105 m sur 55 m, elle est visible de tous les points de la ville. Pour bien l'asseoir, il a fallu renforcer le sol sablonneux par des troncs d'arbre et placer, ce qui ne s'était encore jamais vu, une dalle en béton sous la tour principale. L'intérieur de la mairie est très révélateur de la vie locale. Dans le hall d'entrée, des motifs de la vie quotidienne en Voïvodine ; au premier étage, une salle au massif mobilier hongrois, avec des ornements folkloriques. Les vitraux de style baroque visibles aujourd'hui étaient restés cachés pendant quarante ans : ils honoraient trop l'histoire hongroise et avaient été retirés en 1918. Lors de la Seconde Guerre mondiale, les Hongrois remettent les vitraux que les communistes retirent en 1945. En 1970, ceux-ci remettent de nouveau. Ils représentent, réunis autour de la personne de François-Joseph, des hommes illustres de l'histoire hongroise,

Gradska kuća.

mme le poète Rakoci ou le héros national
ssuth. L'ensemble est inspiré du symbolisme
Transylvanie (hongroise à l'époque).

GRADSKI MUZEJ

g sinagoge 3
vw.gradskimuzej.subotica.rs
9 10h à 20h, fermé le dimanche et le lundi.
trée 100 dinars.

musée de la ville se trouve dans l'aile droite
la mairie et son intérêt en est augmenté.
ethnographie et l'histoire locale sont ses
èmes, dans un décor admirable. Dans une
ille tout en bois vernis et peint, sont également
ganisées des expositions temporaires. Surtout,
vous présentant vers midi, demandez à visiter
salle du Parlement municipal. C'est une salle
agnifique, baroque, en bois peints ouvragés
ais aussi décorée de faïences. Les dimensions
l'ensemble, comme les grandes portes ou
s balcons rococo sont uniques.

PALAIS RAICHLE

evant le parc Lénine,
l'arrière de la rue Engelsova
n édifice à la Gaudi, tout à fait étonnant. Des
alcons en alcôve, des toits simulant la forme
es vagues et des couleurs pour le moins déli-
antes, allant du bleu azur au violet en passant
ar l'orange ! Construit en 1904 dans un style
rt nouveau, plus que nouveau, disons même
ifférent de tout ce qui existe, par le Hongrois
erenc Raichle pour en faire sa demeure, ce
âtiment reste un exemple d'innovation et
e pari audacieux en matière d'architecture.
noter qu'en 1905, chaque appartement
isposait d'une salle de bains. Il renferme
ujourd'hui la galerie Likovni Susret.

SYNAGOGUE

imitrije Tucovića 13
ette synagogue aux formes arrondies et aux
ouleurs surprenantes – rose saumon et jaune
cre – mérite la visite. Construit en 1902 par
Jarcel Komora, collaborateur d'Eden Lehner,
qui l'on doit la variante hongroise du style
écession, cet édifice en forme de gâteau géant
ntègre plusieurs innovations. Sa taille d'abord :
n avait rarement construit une synagogue
ussi haute ; l'utilisation des coupoles était
ussi une nouveauté, tout comme les fenêtres
n forme de coquilles d'huître et les toits mêlant
style oriental et autrichien.

THÉÂTRE NATIONAL

rg Slobode
onstruit dans un style classique, il est terminé
n 1854, ce qui en fait le second plus vieux de

Serbie après celui de Zrenjanin. Ses six majestueuses colonnes corinthiennes ouvraient une
façade qui est toujours très ocre. On y a joué
longtemps des opéras et ballets en hongrois,
serbe et croate. Aujourd'hui, il vient d'être
détruit pour être reconstruit, en ne gardant
que ses colonnes corinthiennes. Il menaçait
de s'effondrer paraît-il…

Shopping

■ GRAND MARCHÉ CHINOIS COUVERT

Route de Sombor
Habillement et bibelots.

■ HYPERMARCHÉ RODIC

Entre Subotica et Palić
Jusqu'à 21h sauf le dimanche.

■ SALAŠ VINICOLE ČUVARIĆ

E.Kardelja 139 ℭ 024 515 721
www.vinskisalas.com
Ce salas produit du bouvier, du chardonnay,
du merlot, du cabernet sauvigon, du kadarka
et du kevedinka.

■ VIGNOBLE DIBONIS

Tuk Ugamice 14 ℭ +381 (24) 546 067
www.dibonis.com
Cette cave produit du sauvignon blanc, du
riesling italien, du muscat ottonel, du pinot noir,
du cabernet franc, du chiraz et du cabernet
sauvignon. Possède son propre restaurant.

Dans les environs

■ MUSÉE NATIONAL DE KIKINDA – MAMMOUTH KIKA (НАРОДНИ МУЗЕЈ КИКИНДЕ – МАМУТ КИКА)

Trg srpskih dobrovoljaca 21, Kikinda
ℭ +381 230 22 500
www.kika-mamut.com
A 94 km au sud-ouest de Subotica.
De 10h à 20h, le samedi de 16h à 20h. Entrée :
120 dinars.
Le musée national de Kikinda, installé dans un
bâtiment de 1839, présente un grand nombre
d'objets exposés sur quatre départements :
archéologie, histoire, ethnologie et sciences
naturelles. Mais c'est en 2006 qu'il est devenu
populaire grâce à un squelette de mammouth
(mammuthus trogontherii). Cet exemplaire
surnommé « Kika », découvert à l'emplacement de la briqueterie de la ville en 1996,
représente un des fossiles de mammouth
le mieux conservé du monde. Sa réplique
en taille réelle est une véritable attraction,
surtout pour les plus jeunes visiteurs.

VOÏVODINE ET LE HAUT-DANUBE

■ **STATION THERMALE KANJIŽA**
(БАЊА КАЊИЖА)
Narodni park, Kanjiža
✆ +381 24 875 163
www.banja-kanjiza.com
prodaja@banja-kanjiza.com
A 36 km à l'est de Subotica.
3 990 dinars en chambre double, 5 800 pour un appartement individuel. Le prix comprend une pension complète, toutes les thérapies prescrites et l'utilisation de la piscine dans les horaires pour patients. Pour une nuit avec petit déjeuner il faut compter 2 750 dinars en chambre double et 4 100 en chambre simple.
La station thermale est spécialisée pour les symptômes suivants : ostéoporose, rhumatismes, blessures des os et concernant le système nerveux et autres, et utilise les techniques de l'hydrothérapie, l'électrothérapie, la thermothérapie, la kinésithérapie, etc. Elle possède un centre de bien-être, plusieurs formules de détente possibles pour le week-end.

Lac Ludaš (Лудашко Језеро)

Réserve naturelle, et sauvage, le lac de Ludaš se situe à quelques kilomètres de Palić en continuant vers la Hongrie et en venant de Subotica. Long de 4 km, et d'une surface de 387 ha, c'est le paradis des oiseaux et plantes aquatiques. Un centre pour les visiteurs a ouvert en 2008, où vous trouverez beaucoup d'informations sur la flore et la faune de ce lac, sauvage, contrairement à celui de Palić.

■ **CENTRE DES VISITEURS LUDAŠ**
Hajdukovo, Prespanska 12
Palić (Палић) ✆ +381 24 758 083
www.ludas.rs – jp.ludas@gmail.com
L'entrée est de 100 dinars, et pour 100 à 200 dinars de plus, un guide vous accompagne pour un petit ou plus grand tour du lac. Vous pouvez également suivre seuls quatre sentiers éducatifs, de 700 m à 5 500 m.

PALIĆ (ПАЛИЋ)

A 8 km de Subotica, sur la route de la Hongrie, et près de l'autoroute E75, Palić est l'une des stations de week-end et d'été les plus fameuses de Serbie grâce à son lac. Long de 7 km, celui-ci donna très tôt des idées de villégiature à quelques bonne gens de la haute bourgeoisie. En 1845, le premier bain y est construit (il fermera en 1963), alors que 5 ans auparavant, une pinède a été imaginée sur ce qui était alors un marécage ; très vite Palić va se développer et les villas se construi... Les plus anciennes font d'ailleurs penser a... style de Deauville. Il reste de l'époque, ... tour d'eau, la grande terrasse et le pavillo... musical, tandis que la plage pour femme... est toujours là, avec son ponton rond et s... cabines en arc de cercle qui leur permette... de se baigner, en 1912, à l'abri du regard de... hommes. Eh oui ! Entre 1880 et 1914, Pal... devient à tel point un lieu à la mode que de... compétitions dans l'esprit des Jeux olympique... y sont organisées, 16 ans avant que Pierre d... Coubertin relance les Jeux. Aujourd'hui, si Pal... s'est démocratisée, le succès est toujou... là, les activités sur l'eau nombreuses, et u... très beau zoo a été aménagé dans la pinèd... Vous pouvez dormir autour du lac, dans l'un... des nombreuses villas rarement d'époque... malheureusement.

Transports

En voiture

Rien de plus simple ! Depuis l'autoroute E75... suivre Subotica Nord. Depuis Subotica, Pali... est à 8 km du centre (tourner à droite avar... la station-essence). Les bus urbains vous... mènent (ligne 6) et même le train puisque Pali... dispose d'une charmante gare de l'autre côt... de l'avenue. Pour les horaires, ce sont ceu... de la Hongrie (voir à Subotica).

Bus

■ **GARE ROUTIÈRE DE PALIĆ**
Senćanski put 5
✆ +381 24 555 566
Ligne 6 depuis Subotica, toutes le... 20 minutes. Ticket 60 dinars (de 22h35 à... 3h45 : 75 dinars).

Taxis

Station sur le parking principal. En l'absence... de taxis, les numéros sont indiqués sur ur... panneau. Et une casquette de téléphone se... trouve non loin. Depuis Subotica, compter... 350 à 400 dinars.

Pratique

Palić est, hors saison, un petit bourg. Vous... y trouverez néanmoins des commerces sur... la route de Subotica.

■ **BANQUE**
Vojvođanska Banka, route E-662
De 8h à 19h. Sur la nationale, dans le hameau.
Distributeur de billets.

OFFICE DE TOURISME

☏ +381 24 753 111

www.palic.rs

office@visitsubotica.rs

En saison, à l'entrée du parking principal, une guérite d'information est ouverte, et toute l'année à la réception de l'hôtel Master.

POSTE

Horgoški put 80 (route E-662)

De 7h à 19h et 13h le samedi. Fonctionne en saison, au bord du lac.

Festivités

▶ **Les 1er et 2 mai** ont lieu les régates internationales et l'ouverture de la saison. Ce sera la 36e édition en 2012.

▶ **Fin mai,** le Festival international de théâtre enfant (www.lutfestsubotica.com).

▶ **Fin juin** a lieu l'Ethno Festival (www.etnofest.org).

▶ **Autour du 25 juin,** le festival d'héritage culturel (www.etnofest.org).

▶ **Début juillet,** les fêtes des moissons (www.duzijanca.co.rs).

▶ **La mi-juillet,** le Festival international du film (www.palicfilmfestival.com). C'est un vrai beau festival d'importance qui se déroule en plein air dans la pinède ce qui le rend quasi unique en son genre. La sélection officielle s'intéresse aux jeunes réalisateurs européens, ce qui ne l'a pas empêché de programmer des réalisateurs prestigieux comme Ken Loach en 2006.

▶ **Dernière semaine de juillet :** Festival de musiques électronique (www.summer3p.org).

▶ **Fin août,** l'Interetno Festival (www.interetno.net).

Se loger

De tout à Palić, mais une catégorie fait la préférence des estivants : les villas. Comme leur nom l'indique, ce sont bien des villas, mais conçues comme des hôtels. Elles n'ont que quelques chambres, ce qui fait leur charme et on y déjeune ou dîne comme à l'hôtel pour la plupart. Egalement, l'office de tourisme recense quelques chambres chez l'habitant (entre 600 et 1 200 dinars). Notez qu'un hôtel luxueux du XIXe a ouvert en 2009 au meilleur emplacement face au lac. Les prix indiqués ici peuvent être légèrement réévalués en haute saison.

Bien et pas cher

On trouve une diversité de choix, camping, fermes-hôtels, pension, tout est bien représenté.

AUBERGE CVETNI SALAŠ

Jozsef Atila 79

☏ +381 24 753 032

www.majkinsalas.rs

majkinsalas@gmail.com

1 450 dinars par personne en double, petit déjeuner et toutes taxes comprises. Repas à partir de 650 dinars.

Une demeure de style située dans un parc ethno s'étendant sur 30 ha, connue aussi bien pour son restaurant de spécialités locales Majkin salaš que pour ses chambres au charme campagnard. Le must, la piscine dans le jardin. La Cvetni se mérite. C'est encore une vraie ferme, caractéristique des fermes de la région, qui exploite la pomme en vue d'en faire de l'alcool. Les 15 chambres sont campagnardes, bien sûr, et meublées à l'ancienne. Mais elles ont été aménagées récemment et sont confortables, à l'image de la salle de gym. Vous pourrez vivre ici au rythme de la ferme et vous promener avec l'un des 7 chevaux ou même des poneys, autour, en pleine campagne marécageuse. La Cvetni est agréée par l'Organisation européenne d'ethno-tourisme. Ajoutez une balade en fiacre jusqu'au lac de Palić à 4 000 dinars.

CAMPING DE TOUR

Dubrovačka 1

☏ +381 24 753 440

t.bato1@tippnet.rs

760 dinars par personne.

Sur la route de Subotica, tout de suite à la sortie de Palić, c'est un petit camping ombragé qui loue également 6 bungalows. Il dispose de 3 piscines.

JELEN SALAŠ

Lopudska 7 ☏ +381 24 753 586

www.jelensalas.com

kontakt@jelensalas.com

A gauche en arrivant de Subotica, après le lac. 3 500 dinars la chambre double avec petit déjeuner.

12 chambres et 2 appartements (pour 4 personnes) du style ethno. Mobilier en bois fait main, air conditionné, minibar, cabines de douche avec hydro-massage (Jacuzzi dans les appartements). Deux restaurants, une salle de congrès pour 80 personnes, garage couvert. Visite virtuelle sur leur site Internet.

■ VILA AURORA
Splitska aleja 15
✆ +381 24 754 712
vilaaurorapalic@telenormail.rs
1 100 dinars par personne en double, 1 600 en simple.
Une adresse bon marché située dans une ruelle à droite de la poste, à quelques pas du lac seulement. Les 6 chambres sont claires et bien équipées. Il y a une terrasse commune. A ce prix, rien à dire.

■ VILA BOSKA
Vikend naselje 280
✆ +381 65 552 7704
vilaboska@gmail.com
1 000 dinars par personne en chambre double, 3 000 dinars pour deux personnes en appartement.
En arrivant de Novi Sad par la route nationale, laisser le lac à votre droite et tourner à droite juste avant le Kanjiški put. Chambres simples, chaleureuses et bien équipées (les appartements sont dotés d'une cuisinette). C'est propre et bien tenu.

■ VILLA ELISABETH
Riječka 9
✆ +381 24 754 090
www.vila-elisabeth.com
vila-elizabet@open.telekom.rs
1 400 dinars par personne, 250 dinars pour le petit déjeuner.
A l'opposé de la Villa Milord et du lac, cette villa est discrète et beaucoup moins chère. Elle dispose de petites chambres simples et claires, mais avec la climatisation, et le rapport qualité-prix est excellent. L'ensemble est quasiment neuf, comme souvent à Palić et le jardin assez grand. Paiement en espèces.

■ VILLA STARS
Dubrovacka 58 ✆ +381 24 755 987
www.vilastars.palicinfo.com
vilastars@palicinfo.com
1 100 dinars par personne en chambre double, 1 500 en appartement.
Dans le village de Palić et non pas près du lac, c'est ce qui explique les tarifs inférieurs pour cette villa dotée de quelques chambres agréables, climatisées et aux couleurs chatoyantes. Un bon plan si l'absence de vue sur le lac ne vous gêne pas, par contre il y a une belle piscine.

■ VILLA VIVIEN
Barska 12 ✆ +381 62 20 20 70
www.vivi.rs – info@vivi.rs
Tarifs : 1 100 dinars par personne, pas de petit déjeuner. Offre spéciale : pour 3 nuitées, la quatrième est offerte.
Située près du lac Krvavo. 4 appartements tout neufs idéalement situés dans une rue sans trafic dans un cadre reposant. Ils disposent tous d'une cuisinette, d'une salle de bains privée, de climatisation, de télévision. Certains offrent une vue sur le lac. Internet sans fil et vélos gratuits.

Confort ou charme

■ HÔTEL JEZERO
Park heroja 15 – www.elittepalic.rs
4 500 dinars pour une personne, 7 000 pour deux. Réception au Park.
A côté de l'hôtel Park, dont il dépend, le Jezero se trouve dans un bâtiment jumeau, très ressemblant. Autant dire, charmeur également. Les prix ont été alignés sur ceux du Park, malheureusement.

■ HÔTEL PARK
Park heroja 15 ✆ +381 24 753 245
www.elittepalic.rs – office@elittepalic.rs
4 500 dinars pour une personne, 7 000 pour deux. Menu autour de 1 200 dinars.
Un hôtel de charme, c'est peu de le dire. Le bâtiment, de 1860, a été restauré et c'est l'hôtel historique du lac. Une vraie merveille, dehors comme dedans, où vous vous sentirez dans un cocon douillet et de charme. Les couloirs et salons ont été refaits en respectant l'idée d'époque et si les chambres sont contemporaines, elles sont vraiment de qualité. Comptez également avec un service toujours impeccable et vous aurez ici une vraie bonne surprise à ce prix. Connexion Internet, climatisation sophistiquée et toutes prestations habituelles de la catégorie. Rien que le réveil, dans le parc, avec la vue imprenable sur le lac, vaut l'endroit. Extra : massage (1 500 dinars), sauna (700 dinars), location de vélos (200 dinars/heure). Paiement toutes cartes.

■ HÔTEL PREZIDENT
Olge Penavin 2 ✆ +381 24 622 662
www.hotelprezident.com
info@hotelprezident.com
4 400 dinars en simple, 6 900 en double.

au bord du lac, côté gauche, c'est le plus gros établissement. Moderne, mais confortable avec des chambres pastel et un service et ses équipements à la hauteur, comme la piscine. Bureau de change, room service et paiement toutes cartes pour un hôtel différent.

■ SALAŠ ĐORĐEVIĆ
☏ +381 63 585 141
www.salasdjordjevic.com
info@salasdjordjevic.com

Appartement de 20 à 30 € par personne, petit déjeuner inclus. Pour le trouver depuis Horgoš sur l'autoroute Novi Sad/Horgoš, sortir à Subotica Istok (Est). Après 500 m tourner à droite, vers Palić. Le salaš est à 800 m sur votre gauche.

S'étendant sur 8 ha, ce très beau *salaš* du début du XXe siècle est situé à proximité du lac. Terrains de basket, de football en salle, de volley-ball sur sable et de tennis. Aires de jeux pour enfants. Un véritable coup de cœur.

■ VILLA LAGO
Jozefa Hegedisa 16b
☏ +381 24 603 500
www.vila-lago.com
info@vila-lago.com

De 2 960 à 3 950 dinars en simple, de 1 980 à 2 970 par personne en double, selon la période (tarifs revus à la hausse en été, en baisse le dimanche).

Villa de luxe récente, au style moderne, tout est parfait ici. Les chambres distillent un parfum de luxe indéniable, mais elles sont petites. Les suites sont de haut niveau et originales dans leurs volumes. Les équipements sont pléthore ici et de la piscine extérieure à la salle de fitness très complète, rien ne manque. Parking privé avec vidéo, paiement toutes cartes.

■ VILLA MILORD
Splitska Aleja 19
☏ +381 24 602 800
www.vilamilord.com
vilamilord@suonline.net

A partir de 6 450 dinars pour deux personnes, utilisation de la piscine et du sauna incluse. Le petit déjeuner est à 200 dinars.

Dans l'allée qui mène au lac, une villa de caractère. Tout est soigné, pensé, à commencer par le jardin avec piscine. Les chambres sont spacieuses, équipées avec goût et le mobilier de qualité. La climatisation, le bar et le room service, même la nuit, font partie des prestations. Un peu cher donc, mais justifié, d'autant que sans augmenter ses tarifs, la villa dispose désormais d'une piscine intérieure. Paiement Visa®. Parking privatif.

Se restaurer

■ MAJKIN SALAŠ
Salaš 294, Hajdukovo, Atile Jožefa 79
☏ +381 24 753 672
www.majkinsalas.rs
majkinsalas@gmail.com

A côté de la ferme Cvetni, le restaurant est ouvert tous les jours de 12h à 22h, les vendredi et samedi jusqu'à minuit.

Dans un décor on ne peut plus fermier, on vous propose ici des plats régionaux de grande qualité. La carte est renouvelée et beaucoup de formules sont possibles.

■ MALA GOSTIONA
Park Heroja 9
☏ +381 24 753 447
Ouvert de 10h à 1h du matin. Compter 1 000 dinars au minimum.

Dans un établissement de style Belle Epoque, tout en verre et armatures de fer, spécialités serbes et hongroises servies de belle façon. Quelques idées intéressantes, comme le fromage cuit sauce tartare ou les champignons grillés. Grand choix de vins et de rakija.

■ RIBLJA ČARDA
Obala Lajoša Vermeša
☏ +381 24 755 040
Menu de poisson 1 200 dinars. Cartes bleues acceptées. Ouvert tous les jours de 10h à minuit.

Au bord du lac, un restaurant de tradition. L'un des multiples vestiges de la grande époque du début du XXe siècle, il a été entièrement rénové en 1997. Spécialités de poisson de mer ou de rivière comme la carpe à la dorozsmai. Mobilier de style 1900 et terrasses à même l'eau.

Sortir

Une rue, surtout, concerne la vie nocturne. La rue Engelsova, qui donne sur le Korso. On y passe un très agréable moment les soirs d'été, entre deux ou trois cafés. Des concerts de jazz ont lieu parfois dans la rue même. Le théâtre national et son arrière ayant été détruits pour être refaits (!), les cafés de charme qui se trouvaient dans le bâtiment, n'existent plus, réduisant d'autant les endroits de charme de Subotica.

Le lac de Palić.

À voir – À faire

◼ LAC DE PALIĆ (ПАЛИЋКО ЈЕЗЕРО)

Long de 7 km et situé dans un microclimat ensoleillé et sec avec un vent faible, c'est le lieu de villégiature préféré des Serbes et des Hongrois. Ses 17 km de pourtour sont mis à profit par les cyclistes et les promeneurs qui disposent de chaussées bien protégées. Le lac lui-même offre la possibilité de pratiquer le kayak, l'aviron et la planche à voile, grâce notamment à des clubs nautiques. Vous pouvez y louer également des petits bateaux et des vélos. En général pour 100 à 300 dinars. Nouveautés, les pédalos électriques (400 dinars les 15 minutes), le saut à l'élastique (200 dinars) le tout de 9h à minuit. Et bien sûr vous pouvez vous baigner. Devant vous, les pontons en demi-lune des plages pour les femmes ont gardé leurs cabines en bois. Ainsi, les plages étaient fermées aux regards de l'autre sexe, comme la coutume de l'Empire austro-hongrois l'exigeait. De nombreuses résidences particulières et des hôtels classiques datant des années 1900 donnent au site un charme légèrement nostalgique. Le parc de 19 ha qui les entoure invite à des promenades, à cheval ou en fiacre, très prisées déjà à la Belle Epoque. Enfin, les substances minérales et la température de 25 °C, en moyenne, du lac expliquent que, depuis le XIXe siècle, ses vertus curatives aient été exploitées par des installations thermales. Pour finir, le petit lac, Omladinsko Jezero, juste à gauche du grand, n'est lui, pas aménagé.

◼ PALIĆKI TORANJ (ПАЛИЋКИ ТОРАЊ)

Datant de 1912, ce château d'eau à la forme oblongue est un surprenant point de repère pour une ville d'eau. Près des grands hôtels et à l'entrée du parc de Palić, cette épée hérissée sur la plaine de Voïvodine n'a pas fini de hanter les esprits !

◼ ZOO (ЗООЛОШКИ ВРТ)

Krfska 4
℡ +381 24 753 075
Dans la pinède et fléché. Ouvert de 9h à 19h, 16h en hiver. Entrée 500 dinars pour les 2 parents avec les enfants de moins de 12 ans, sinon 250 dinars par adulte et 200 par enfant.

Le zoo est une vraie bonne surprise. Vaste et très agréable, aussi bien pour les visiteurs que pour les animaux, qui ont de l'espace et vivent dans leur milieu naturel reconstitué. Un milieu qui comprend la moitié du parc, zone écologique. Ainsi, beaucoup d'animaux ne sont pas derrière des grilles, mais dans de simples fossés. Il n'a rien à envier à de grands zoos européens concernant les espèces représentées. Les cinq continents sont là et plus particulièrement les grands mammifères africains, mais aussi polaires ou bien encore les oiseaux d'Amérique du Sud. Bref, tout pour plaire.

Forteresse
de Golubac.
© STANISA MARTINOVIC – FOTOLIA

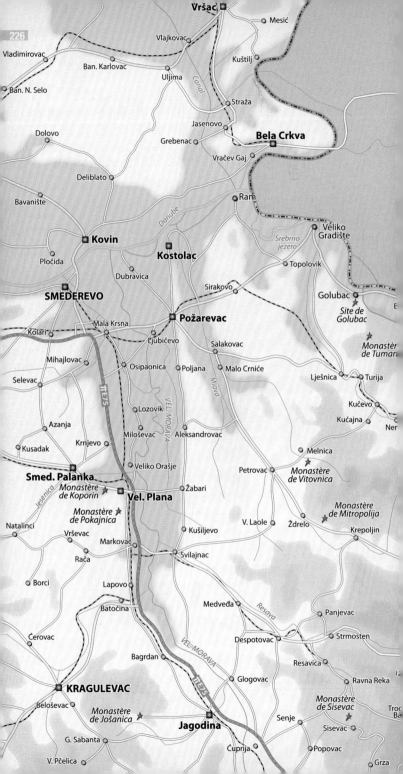

Bas-Danube

Altitude (en mètres)

1500
1000
750
500
200

ROUMANIE

Danube

Dobra

Site de
Lepenski vir

Boljetin

PARC NATIONAL
ĐERDAP

Donji
Milanovac

Golubinje

Mosna

Majdanpek

Toponica

kiš
n.

V. Pek

Rudna
Glava

Klokočevac

Crnajka

Plavna

Jesikovo

Gornjane

△ 1136 m.

Tanda

Krivelj

Luka

BOR

Salaš

Brusnik

Brestovac

Jelašnica

Zlot

Zagrade

△
1158 m.

Podgorac

Metovnica

Crni Timok

ZAJEČAR

Tekija

PARC NATIONAL
ĐERDAP

Đerdapsko
jezero

Sip

△ 768 m.

Kladovo

Site de
Fetislam

Milutinovac

Rtkovo

Korbovo

Brza Palanka

Urovica

Monastère
de Vratna

Vratna

Mihajlovac

Štubik

Radujevac

Negotin

DANUBE

Kobišnica

Bregovo

Rogljevo

Tamnič

TIMOK

BULGARIE

Halovo

Vražogrnac

Veliki
izvor

N

0 km   10   20   30   40 km

Route des forteresses

Un des itinéraires les plus intéressants en Serbie est celui des forteresses sur le Danube. Le fleuve a longtemps représenté une frontière naturelle importante et un point stratégique de défense pour presque toutes les civilisations ayant vécu sur ces territoires et c'est pourquoi un séjour en longeant le Danube peut vous en dire long sur l'histoire et le pays.

Aujourd'hui, beaucoup de moyens sont à disposition : que ce soit en voiture avec des haltes sur les sites importants et sur ceux qui attirent particulièrement notre attention, en bus, en vélo pour s'imprimer complètement de l'ambiance le long de l'itinéraire cyclable Eurovélo 6, sur un bateau de luxe à bord de l'une des nombreuses croisières sur le Danube partant de Belgrade et souvent d'autres grandes villes sur le Danube (Vienne, Budapest, Bratislava, etc.), à bord de son propre bateau, etc.

La Route des forteresses comprend sept forteresses en tout : Bačka, Petrovaradinska à Novi Sad, Kalemegdan à Belgrade et les quatre qui se trouvent dans la région du Bas-Danube (Smederevo, Ram, Golubac et Fetislam).

SMEDEREVO (СМЕДЕРЕВО)

Smederevo est situé à 45 km à l'est de Belgrade sur le Danube. Dominant le Danube, sa forteresse médiévale en impose par ses dimensions et par son histoire. Mais Smederevo est aussi un important port fluvial sur la route de la Roumanie par sa position stratégique en aval de Belgrade. Enfin, Smederevo est une ville emblématique de la restructuration économique menée depuis 2001, car elle abrite un complexe sidérurgique, Sartid, racheté par le géant américain US Steel, alors que les installations portuaires ont été vendues à une compagnie autrichienne.

Histoire

Smederevo est connu pour avoir abrité la capitale du royaume serbe, et son histoire est étroitement mêlée à celle de sa forteresse. En 1427, le despote Djurdje Branković, chassé de Belgrade par les Hongrois et menacé au sud par les Turcs, décide d'y établir la capitale de la Serbie. Pour défendre sa capitale, le despote serbe fait ériger, en 1428-1430, l'une des forteresses les plus vastes des Balkans.

Les immanquables du Bas-Danube

▶ **Se sentir** tout petit devant la forteresse de Smederevo. La plus imposante des forteresses du Moyen Age, dont le charme est accentué par sa position, les pieds dans l'eau du Danube.

▶ **Visiter** la ville et le camp romain de Viminacium. Un site majeur de la période romaine en Serbie, capitale de la Moésie supérieure, abandonné au Ve siècle et aujourd'hui magnifiquement mis en valeur.

▶ **Admirer** la forteresse de Golubac. Elancée, visible à des kilomètres, elle commande le défilé de Đerdap, sur le Danube.

▶ **S'immerger** dans le parc national Đerdap et sa gorge – la deuxième plus grande au monde. 100 km durant lesquels le majestueux Danube se fraie un passage étroit entre des falaises rocheuses. Magique et magnifique.

▶ **Randonner** dans le parc national de Đerdap. L'un des plus beaux parcs nationaux serbes, et l'un des plus sauvages. Entre Danube et montagne, une nature enchanteresse.

▶ **Découvrir** le site archéologique de Lepenski Vir, l'un des plus importants en Europe pour la période Néolithique. Un centre pour visiteurs à l'air spatial y a récemment été construit.

Mais avec la prise de la forteresse par le sultan Mehmet en 1459, non seulement la ville perd de son importance, mais cette tragédie signifie la fin de l'Etat serbe médiéval. Les Autrichiens s'en emparent à trois reprises au XVIIIe siècle, mais doivent, à chaque fois, la rendre aux Turcs. Les insurgés serbes, sous la conduite de Karadjordje Petrović, s'en emparent le 8 novembre 1805, et Smederevo devient ainsi le siège du premier soulèvement serbe. En 1867, les Turcs quittent définitivement la ville : Smederevo entre d'un bon pied dans l'ère industrielle et développe son commerce fluvial. Mais la Seconde Guerre mondiale va marquer la ville : le 5 juin 1941, les Allemands font exploser un dépôt de munitions, faisant 2 500 morts, et, en 1944, les bombardements américains détruisent une partie de la ville.

Transports

Smederevo est à une demi-heure en voiture de Belgrade, soit en longeant le Danube par une route nationale aux paysages agréables, soit par l'autoroute de Niš. Les bus partent tous les quarts d'heure de la capitale et font le trajet en 45 min, mais attention, certains desservent tous les villages : demandez donc les express. Quant aux trains, vérifiez directement les heures de départ à la gare vu que l'existence de cette ligne est mise en question. La gare ferroviaire est face à la forteresse et la gare routière à peine plus loin, en direction du centre.

Comment y accéder et en partir

■ AMSS
℃ 987
L'association auto-moto de Serbie, qui dépanne sur les routes, possède un bureau Trg Republike, ouvert de 8h à 14h.

■ GARE FERROVIAIRE
Omladinska 5
℃ +381 26 221 222

■ GARE ROUTIÈRE
℃ +381 26 222 245
Belgrade. 35 bus de 4h30 à 21h. 650 dinars.

Se déplacer

■ TAXI EURO
℃ +381 26 646 666

■ TAXI MAXI
℃ +381 26 641 111

Pratique

■ POLICE
Omladinska 2, entre la gare et la place de la République
℃ 92

Tourisme – Culture

■ OFFICE DU TOURISME
Omladinska 1, Kralja Petra 8
℃ +381 26 615 666 – www.toosd.com
infocentarsd@open.telekom.rs
Ouvert de 8h à 20h.
Se trouve dans la rue piétonne à deux pas de la grande place. La municipalité de Smederevo organise depuis plusieurs années des festivals et des manifestations culturelles qui ont acquis une assez bonne réputation. L'automne est particulièrement riche en événements, avec les Automnes de Smederevo, fin septembre et les Vendanges de Smederevo, en octobre : c'est à chaque fois l'occasion de parades médiévales, de pièces de théâtre de rue et de folles soirées sur le Danube ! Le reste de l'année, c'est plus « culturel », avec par exemple les Soirées de Nušić, en l'honneur du grand poète et dramaturge serbe du XIXe siècle. Distribue des brochures détaillant l'histoire de la forteresse.

Argent

■ BANCA INTESA
3 Dr Jovana Cvijića ℃ +381 26 617 437
De 9h à 17h du lundi au vendredi. Samedi 12h. Distributeur Visa®.

■ SOCIÉTÉ GÉNÉRALE
8 Trg Republike ℃ +381 26 642 41 880

Moyens de communication

Désormais, un grand nombre de cafés ont leur propre accès internet disponible aux clients. Il suffit de demander au serveur le mot de passe : šifra za internet (en serbe).

■ CYBER CAFÉ
Karađorđeva 12
Au 1er étage d'une galerie marchande, dans un immeuble ocre, la rue en face de l'office de tourisme.

■ POSTE CENTRALE
Karadjordjeva 8 ℃ +381 26 222 110
Ouverte de 7h à 19h. Samedi 16h.

Santé – Urgences

■ CLINIQUE SVETI LUKA
51 Knez Mihajlova ℃ +381 26 617 358

BAS-DANUBE

Se loger

L'office de tourisme recense des chambres chez l'habitant, à partir de 900 dinars la nuit, à négocier. Ils vous donnent les coordonnées et peuvent appeler pour vous.

■ APARTEMENTS STASEA

Goranska 165
℡ +381 26 670 270
4 000 dinars par appartement.
5 vrais appartements ici, avec cuisine, intéressants si vous êtes nombreux. Paiement en espèces.

■ PANSION MIĆA LOVAC

9 Makedonska
℡ +381 26 422 965
1 400 dinars avec le petit déjeuner, 2 400 pension complète.
Dans une maison, 4 chambres toutes simples, mais pour le prix tout va bien. Parking et paiement en espèces.

■ PANSION MIR

Ante Protić 21 ℡ +381 26 228 820
2 000 dinars en simple, 3 000 dinars en double.
Dans un petit immeuble tout orange, dans une petite rue proche de Karađoreva, quelques chambres neuves avec la climatisation, très bien pour le prix. Paiement en espèces.

■ PRENOĆIŠTE CAR

Đure Daničića ℡ +381 26 229 760
3 500 dinars en simple, 4 500 en double. Petit déjeuner compris dans le prix.
Une pension hôtel, un peu chère, mais il est vrai que l'endroit est agréable et récent, tout comme le restaurant du même nom, et son patio. 33 chambres avec climatisation cependant.

Se restaurer

■ IMPERIJAL

3 Vojvode Glavaša
Ne vous fiez aux apparences, ce restaurant est l'un des meilleurs pour la cuisine nationale aux environs.

■ RESTORAN DUNAV

21 Despota Djurdja – www.dunavsd.rs
Musique vivante typique de la région. Spécialisé pour le poisson.

■ ZAMAK

19 Kralja Petra I
www.restoranzamak.com
Restaurant sympa, cuisine internationale.

À voir – À faire

■ ÉGLISE DE LA SAINTE-VIERGE (ЦРКВА УСПЕЊА ПРЕСВЕТЕ БОГОРОДИЦЕ)

Dans le cimetière de Smederevo, qui s'étend à l'entrée de la ville en venant de Belgrade, on peut encore voir la petite église d'un monastère du XVe siècle, aujourd'hui disparu. Par son plan à trois absides rayonnantes et ses matériaux faits de brique et de pierre, cette église se rattache à l'école architecturale de la Morava. A l'intérieur, quelques peintures murales du XVIIe illustrent des scènes de la vie du Christ et des psaumes de David.

■ ÉGLISE SAINT-GEORGES (ХРАМ СВЕТОГ ЂОРЂА)

Sur la place centrale, entourée de rues piétonnes très animées en été, s'élève l'église Saint-Georges avec ses deux clochers. Bâtie dans un style baroque flamboyant, reconnaissable à l'utilisation du bronze pour le toit et à l'emploi de couleurs jaunes pour les façades, Saint-Georges est l'autre monument emblématique de la ville. L'intérieur permet de voir des joyaux de l'art orthodoxe des XVIIe et XVIIIe siècles : une iconostase aux couleurs vives et à la thématique classique, une abondance de dorures et de peintures murales exubérantes. Des offices et de nombreux concerts se déroulent dans cette église, aussi ne soyez pas surpris d'y entendre en entrant, de mélodieux chœurs slaves…

■ FORTERESSE (ТВРЂАВА)

Forteresse de Smederevo
L'une des forteresses les plus vastes et les mieux conservées des Balkans. Cette cité médiévale est très connue car, construite par le despote Đurađ Branković en 1430, elle abrita les institutions de l'Etat serbe médiéval jusqu'au milieu du XVe siècle. En 1459, le sultan Mehmet s'en empare et la forteresse devient ottomane pour plus de trois siècles. Ce n'est qu'en 1806, lors de la première insurrection serbe, que les Turcs en sont délogés. A la fin du XIXe siècle, la forteresse devient un dépôt d'armes, et une terrible tragédie s'y déroule en 1941, marquant pour toujours la mémoire de la ville : les Allemands font exploser un dépôt de munitions, entraînant la mort de 2 500 personnes. On accède à la forteresse de Smederevo par la gare ferroviaire. Passé la porte principale, on ne peut qu'être frappé par sa monumentalité. Le plan de la construction est celui d'un triangle, dont chaque côté fait

entre 400 et 500 m. Les côtés est et ouest étaient protégés par le Danube et la Jezava ; l'enceinte sud, elle, était doublée de bout en bout par un fossé artificiel. On distingue encore la courtine et les deux tours carrées au sud et à l'est, et les tours cylindriques à l'ouest. La courtine basse et crénelée qui doublait l'enceinte principale, ainsi qu'une large porte du côté du Danube ont disparu au cours du temps. L'enceinte de la place forte abrite une grande esplanade près de laquelle se trouvait autrefois la garnison. En vous dirigeant au fond à droite, vous accéderez (moyennant 100 dinars) aux parties royales. Dans ce secteur, à l'angle nord-est de la forteresse, on peut observer le donjon et gravir les escaliers qui mènent au chemin de garde. C'est là également que se trouvait au XVe siècle la résidence de Đurađ Branković, avec une salle d'audience et une poterne qui devait permettre aux assiégés de communiquer avec l'extérieur. A noter que fin septembre se déroule dans la forteresse un spectacle historique, l'équivalent d'un son et lumière en France. Toute l'année, des visites guidées ont lieu pour 100 dinars par personne. On peut obtenir un guide en appelant le ✆ +381 26 615 666. En outre, un festival de théâtre s'y déroule en août : www.tvrdjavateatar.rs

■ MUSÉE DE LA VILLE
(МУЗЕЈ У СМЕДЕРЕВУ)
4 Omladinska ✆ +381 26 222 138
www.muzejsd.org
Ouvert de 10h à 17h, de 10h à 15h le week-end.
Dans une maison, ce musée retrace, sur 900 m², la riche histoire de la ville, mais aussi l'ethnographie et l'archéologie.

Sports – Détente – Loisirs

■ JUGOVO
A 5 km de la ville et en direction de Belgrade, dans une forêt à 100 m au-dessus du Danube, un complexe de loisirs qui offre plusieurs types de prestations. Cyclo-tourisme, tennis, basket, volley-ball, trekking, mais aussi terrains de sport collectif et piscine olympique avec une eau thermale à 30 °C temporairement fermée. On y trouve également quelques restaurants très populaires, Brvnara, Đurđevi vajati, Dunavski dragulj, Vila Jugovo S, etc.

Visites guidées

■ BATEAU JASENAK
✆ +381 64 17 47 861
Départs près de la forteresse, sur la rivière de Jezava.

Excursions en bateau, diverses possibilités : Smederevska ada (200 din), Smederevske ada – Orešac (300 din), Orešac – Smederevska ada – Velika Morava (400 din), Kostolac – Velika Morava – Plaža raj – Smederevska ada (500 din), Ram – Banatska Palnaka (800 din). Les visites se font de mai à octobre et exceptionellement sur demande. Il est nécessaire de réserver à l'avance.

Shopping

■ CAVE JANKO
Šalinačka bb
✆ + 381 26 613 340
www.vinjanko.com
kontakt@vinjanko.com
Une salle de dégustation pour 30 personnes et un restaurant pouvant accueillir jusqu'à 50 personnes.

■ CAVE RADOVANOVIĆ
Dositejeva 10, Krnjevo
✆ + 381 26 821 085
www.podrumradovanovic.com
podrumradovanovic@neobee.net
A 52 km au sud de Smederevo, par l'autoroute.
Cette cave, une des plus connues du pays dont les vins figurent dans la carte des meilleurs restaurants serbes, produit du riesling du Rhin, chardonnay, rosé, cabernet sauvignon et du sauvignon barrique. Salle de dégustation pour 50 personnes.

Dans les environs

■ RÉSIDENCE ROYALE DES OBRENOVIĆ
A deux kilomètres en amont sur le Danube se niche Zlatni Breg, la résidence d'été de la dynastie des Obrenović. Construite par Miloš Obrenović au milieu du XIXe siècle, la demeure royale domine le Danube du haut de la colline où elle est juchée. De style néoclassique, Zlatni Breg présente une partie centrale de facture académique avec deux ailes carrées. La porte princière et la couleur blanche dominante lui donnent une certaine majesté. La résidence est entourée d'un vignoble de 36 ha, planté et entretenu par Milan, le fils de Miloš Obrenović. Autour du château, des promenades à vélo s'accompagnent de très belles vues sur le Danube. Vous ne pourrez toutefois pas la visiter, car elle appartient à l'Etat qui s'en sert parfois, mais en faire le tour par son joli parc. Pour la trouver, tourner à droite à l'entrée de Smederevo, en venant de Belgrade, juste avant le stade.

■ **SITE ROMAIN DE VIMINACIUM (ВИМИНАЦИЈУМ)**

Stari Kostolac, Kostolac (Костолац)
✆ +381 62 669013 – +381 62 232209
www.viminacium.org.rs
vimkost@gmail.com

Le site est ouvert de 9h à 19h de mai à septembre et de 9h à 17h de novembre à avril. Les visiteurs sont admis jusqu'à 30 minutes avant la fermeture. La durée moyenne de la visite est de 2h30. Prix des billets 250 dinars pour les adultes et 150 dinars pour les enfants.

Aux abords du village de Kostolac, au confluent de la Mlava et du Danube, à 13 km au nord de Požarevac, se trouve Viminacium, l'une des plus importantes villes romaines de Serbie et un site majeur du monde romain. Place forte construite par les Romains dès l'an 86, elle bénéficie du statut de municipe sous l'empereur Hadrien, en 128, puis devient une colonie romaine sous Gordien, en 240. Importante place commerciale, Viminacium reçut même l'autorisation de frapper sa propre monnaie. Capitale de la province romaine de Moesia, de nombreux empereurs passent ici. Détruite au Ve siècle par les barbares, puis suite aux crues du Danube, la ville disparaît pour de nombreux siècles sous les terres cultivées, ce qui lui vaut le surnom de « Pompéi des Balkans ». Le site est aujourd'hui assez restreint, même si on estime qu'au IIe siècle, il occupait une superficie de 450 ha. Il a, grâce aux fonds du ministère de la Culture et de donations internationales, été magnifiquement mis en valeur. On peut visiter les vestiges de l'enceinte urbaine et du castrum ; on y voit aussi les fondations des maisons romaines du IIIe siècle, avec des cheminées en brique rouge, les thermes, le mausolée et un aqueduc. Plus intéressant encore, une nécropole avec un caveau orné de fresques a été exhumée au village de Drmno. Ces fresques polychromes représentent des paons, des biches ou des cavaliers attaqués par des lions. Des couleurs étonnantes, bleu argenté ou ocre foncée, embellissent les façades. Autour de ces vestiges ont été découvertes près de 2 000 tombes romaines. Près de Viminacium, un squelette d'une femme de trente ans a été mis au jour en 1986. Elle avait été enterrée avec ses effets personnels, le corps vêtu d'une chemise en laine et d'une robe brodée, avec, aux pieds, des chaussettes de laine et des chausses en cuir. Le musée de Požarevac conserve des copies des statues et des sarcophages découverts à Viminacium, ainsi que des céramiques et des terres cuites mises au jour sur le site. Pour visiter le site, qui a ouvert ses portes au public en novembre 2006, c'est devenu facile :

▶ **En voiture.** On peut accéder au site de deux façons en venant de Belgrade (95 km). La première et la plus utilisée est d'emprunter l'autoroute nationale E75 en direction de Nis et de prendre la sortie pour Požarevac où figure également un panneau pour Viminacium qui vous guidera après sur le droit chemin. Il faut compter encore 35 km après la sortie de l'autoroute. L'autre possibilité est de prendre le chemin via Smederevo, à partir de Belgrade, beaucoup moins rapide et souvent encombré mais qui comprend une magnifique partie le long du Danube et une balade pittoresque à travers la campagne de la Serbie de l'est. Seule ambiguïté, une fois arrivés, il faut contourner par la gauche une centrale thermique. Le site se trouve quelques centaines de mètres plus loin, au milieu des champs et à 4 km du Danube.

▶ **En bus.** Il n'y a pas d'accès direct à partir de Belgrade ou d'autres grandes villes et l'on peut tout d'abord prendre un bus pour Požarevac et après un autre bus pour – Termoelektrane Kostolac B qui se trouve à côté de l'entrée du site.

Serbie : le pays du vampire ?

Saviez-vous que le mot vampire provient du serbe ? Le village de Kisiljevo, tout près de Ram, abrite le tombeau du premier vampire jamais cité dans la littérature européenne. Petar Blagojević (ou Петар Благојевић en cyrillique) était un paysan serbe, qui vivait tranquillement dans son petit village de Kisiljevo, en Serbie, au début du XVIIIe siècle et qui est, d'après les documents officiels de l'époque à sa mort devenu un vampire en faisant, post-mortem, 9 victimes. Le cas de Petar Blagojević est entré dans la légende comme le premier cas de vampirisme historique ayant bénéficié d'une enquête et de rapports complets. C'est aussi la première fois que le mot serbe vampire a été officiellement utilisé pour devenir aujourd'hui répandu dans la plupart des langues indo-européennes.

© PAVLE_E – FOTOLIA

Forteresse de Ram.

BAS-DANUBE

▶ **En bateau.** Viminacium a son propre port où on peut accoster. Il est nécessaire de les contacter auparavant pour réserver sa place. Trois grandes structures en bois et demi-lune, recouvertes de toile blanche, protègent les trois chantiers de fouilles principales. Le billet d'entrée comprend un guide qui commence les visites toutes les heures (10h, 11h, etc.) et qui est indispensable pour profiter pleinement des explications. Les guides parlent serbes et anglais. Le site dispose désormais d'un bar-taverne, souvenirs, etc. Il est accessible aux personnes handicapées. Les objets trouvés dans le passé sur le site de Viminacium se trouvent aujourd'hui en grande partie dans le musée de la ville de Požarevac et ils devraient être transférés en 2012 dans un musée spécialement construit à cette occasion sur le site même.

▶ **Le très beau site** www.viminacium.org.rs rend bien compte de ce que l'on peut y trouver. Mais vous pouvez également vous renseigner et visiter le Musée national de Požarevac, Dr Voje Dulića 10 ✆ +381 12 223 597 – muzejpo@ptt.rs – pour y voir des objets du site www.museum-po.org.rs

RAM (PAM)

A 95 km de Belgrade en prenant l'autoroute en direction de Niš, on prend la sortie Požarevac et on suit la direction de Veliko Gradište jusqu'au village de Topolovnik où se trouve un panneau indiquant la route à prendre pour atteinde Ram, le village et la fortesse. Située en face du Banat et de la Roumanie, sur un coude du Danube, la forteresse est intéressante pour son emplacement et son architecture, ainsi que pour son point de vue plongeant sur le Danube. Sa situation stratégique

sur un promontoire rocheux des confins militaires ottomans lui valut plusieurs batailles homériques. La forteresse, construite par le sultan Bajazet en 1512 pour faire face aux territoires autrichiens, fut harcelée sans cesse par les impériaux et tomba définitivement en 1788. Mais déjà en 1128, les environs de Ram avaient été le théâtre d'une bataille où les troupes byzantines étaient venues à bout des Hongrois. Presque en face de Ram, sur une petite île, se trouvait la forteresse de Haram (Uj-Palanka, pour les Hongrois). Il ne reste plus qu'une partie de sa courtine, autrefois renforcée par des tours rondes à chaque angle. Aujourd'hui, on peut observer à Ram l'enceinte en forme de pentagone et les imposantes tours carrées de l'ancienne forteresse. On y pénétrait à l'époque ottomane par une porte percée dans la tour principale, à l'est. Du côté de la terre ferme, un fossé doublait la courtine. Près de la forteresse, gisent les ruines d'un ancien caravansérail ottoman, que l'on peut visiter librement. Ram est surtout aujourd'hui un site au romantisme affirmé. La petite route, qui se termine ici, arrive droit sur un embarcadère d'un autre âge à l'endroit où le Danube s'élargit à 2,5 km. Le hameau du bout du monde possède une *kafana*, face au Danube. Vous y mangez des soupes de poisson et quelques plats classiques serbes, à petit prix. Sa terrasse, au pied du château, est l'endroit idéal pour regarder le soleil se coucher sur le fleuve.

■ **FERRY DUNAV TRANS**
Transfert en bateau Ram – Bačka Palanka. Départs à partir de Ram : de février à novembre à 6h, 9h, 12h, 15h et 18h et de novembre à février à 8h, 11h et 14h. Compter 1 000 dinars pour une voiture et ses passagers pour passer d'une berge à l'autre.

VELIKO GRADIŠTE (ВЕЛИКО ГРАДИШТЕ)

En repartant de Ram vers le sud (faire attention à suivre un petit panneau à gauche, dans le centre du hameau), la route passe sur une digue puis arrive aux abords de Veliko Gradište. On peut aussi tout simplement suivre la route Požarevac – Gradište en traversant plusieurs villages à l'allure, à première vue, peut-être assez inhabituelle... Néanmoins, cette partie du pays est connue pour ses fortes migrations à l'étranger ce qui fait que chaque habitant rapporte un peu du style du pays habité et le but est d'avoir la plus belle et la plus grande maison du village (arrivant même à 3 étages) car la plupart reviennent passer leurs retraites et certainement leurs vacances au pays, au bord du Danube et veulent en profiter au maximum. Il peut facilement vous arriver en demandant votre chemin à un pecheur au bord du Danube de recevoir une réponse en francais, italien ou allemand courant. Lieu de villégiature, Veliko Gradište possède une toujours grandissante offre touristique sur son lac, à 3 kilomètres au Nord du centre-ville. Depuis quelques années, cette destination est en grand épanouissement et de nombreuses villas et mini-hotels ont été construits. Une partie du lac est destinée à devenir le SilverLake resort et il comprend déjà un parc aquatique, des terrains de golf et autres sports. On y trouve des postes de location de vélos et divers restaurants et cafés. Des croisières sur le Danube et des excursions en bateau sont régulièrement organisées. La ville même reste assez préservée et l'on peut y rencontrer une vie paisible de petite ville sur le Danube. Veliko Gradište est une base idéale pour la visite de la région (de Ram à la gorge de Đerdap).

Transports

Comment y accéder et en partir

▶ **Bus pour Belgrade** : 6h10, 7h25, 9h05, 12h40, 15h40 et 18h55. 770 dinars.

Se déplacer

A Veliko Gradiste, on peut se rendre facilement partout à pied. Pour aller au lac – soit à pied (3-4 km sur une jolie balade le lond du Danube) soit en vélo ou en taxi.

Se loger

Bien et pas cher

■ CAMPING SREBRNO JEZERO
✆ +381 12 62 619
Ouvert en été seulement.

Au sein du complexe touristique, dans le coude du Danube, un très grand camping de 150 emplacements et assez bien ombragé. Il a récemment changé de propriétaire et des travaux de reconstruction sont prévus.

■ DUNA VSKI SVET
Jezerska bb ✆ +381 63 771 8003
1 300 dinars avec petit déjeuner. 2 100 dinars en demi-pension.
12 chambres fort agréables dans un environnement calme.

■ HÔTEL SREBRNO JEZERO
Srebrno jezero ✆ +381 12 7662 997
www.srebrnojezero.com
2 000 dinars en simple, 3 000 en double. Ouvert d'avril à octobre.
Un grand hôtel à l'esthétique new-age avant l'heure puisqu'il date des années 1970. Les chambres sont donc un peu datées et l'ensemble ressemble à ce qu'il est : un hôtel socialiste. Mais à ce prix, et au milieu de la verdure et au bord du Danube, c'est parfait. Parking et paiement Visa.

■ VILA LAGO
Beli bragem ✆ +381 12 7662 759
www.vilalago.net
À deux pas du lac.
Villa très sympa tout comme les propriétaires. 15 chambres doubles.

Confort ou charme

■ SILVER LAKE RESORT
Beli bagrem BB
✆ + 381 12 719 50 72
www.srebrnojezero.com
office@danubiapark.com
6 000 dinars la chambre double, 5 200 pour une personne.
Complexe touristique comprenant un hôtel 5 étoiles Danubia Park, des cafés, des restaurants, un parc aquatique, des terrains de sports et de golf, un petit port, un bateau de croisière... Possibilité de venir de Belgrade à Veliko Gradište en bateau.

■ VILA DINČIĆ
Beli Bagrem ✆ +381 12 7662 341
1 760 double par personne, 2 160 simple, petit déjeuner compris demi-pension pour 800 dinars en plus. Ouvert toute l'année.
Villa récemment ouverte, toute neuve et moderne. Les déjeuners et petit déjeuners sont organisés dans le restaurant des mêmes propriétaires qui est l'un des plus réputés aux alentours.

Se restaurer

■ BRKA

Srebrno jezero

www.kodbrke.co.rs

Restaurant au bord du lac. A ne pas manquer : les spécialités aux poissons qui sont rapportées au restaurant dès qu'ils sont pêchés du Danube.

À voir – À faire

Surtout son parc et sa promenade au bord du Danube, ainsi que son petit port. Premier endroit sur le Danube face à la Roumanie, c'est une halte pour esprits rêveurs. Si l'envie vous prend de faire un tour en Roumanie, rendez-vous à Ram et prenez un des ferrys qui vous transféreront en face.

GOLUBAC (ГОЛУБАЦ)

À l'instant où la route du Nord rejoint le Danube après un dernier virage, le fleuve apparaît dans sa splendeur. Et la forteresse dessine sa haute silhouette visible à cet instant à plusieurs kilomètres. Là où le Danube s'élargit après les premières passes étroites, le site de Golubac est posé nonchalamment au bord d'un coude paisible du fleuve. Bénéficiant d'une largeur du fleuve de 6 km et d'un vent ouest-est continu, Golubac, petit bourg de 2 000 âmes, célèbre pour son château, accueille depuis longtemps les championnats nationaux de voile et de kayak, grâce à un vent qui fait parfois croire à la mer. Vous pourrez profiter de cette halte pour vous adonner au hobbie-cat ou à la planche à voile. Un grand plan de rénovation est prévu pour la forteresse – construction d'un site pour visiteurs, aménagement complet de la forteresse, décalage du chemin et construction d'un tunnel. Les travaux devraient commencer en 2012 mais le site restera accessible aux visiterus pendant presque toute la durée des travaux.

Transports

Golubac est à 130 km de la capitale, il vous faudra trois bonnes heures en voiture (coupez par Požarevac).

■ GARE ROUTIÈRE

Elle est située à l'entrée nord du bourg

Possibilité d'arriver de Belgrade, Veliko Gradiste et Donji Milanovac. Plusieurs départs par jour.

Pratique

■ KOMERCIJALNA BANKA

Golubački Trg 1

De 8h à 16h. Samedi 12h.

Tourisme – Culture

■ OFFICE DE TOURISME

1 Gorana Tošića Mačka

✆ +381 12 638 614

www.golubac.rs

togolubac01@gmail.com

C'est un petit bâtiment blanc, entre la mairie et le Danube. Si on n'a pas beaucoup de moyens ici, on vous renseigne autour d'un café et surtout, la ville organise plusieurs festivals. En outre, le bureau du tourisme peut vous réserver des chambres à Vinci, à 5 km, dans des maisons de vacances pour 500 dinars la nuit par personne. L'office du tourisme est trés actif et n'hésitez pas à les contacter.

Moyens de communication

■ INTERNET CAFÉ

Centar za Građanske Aktivnosti

De 9h à 21h. 80 dinars/h.

■ POSTE

Trg Golubački 3

De 7h à 13h seulement.

Le Danube à bicyclette

Une route européenne, la E6, pour EuroVélo 6, descend entièrement le Danube et fait partie de la transversale Atlantique – mer Noire. De plus en plus fréquentée par les cyclotouristes au long cours, elle est particulièrement agréable, car la route longeant le Danube est peu fréquentée par les automobilistes qui empruntent les nationales, plus à l'écart. Surtout, elle est très bien indiquée, avec un panneautage spécifique, bleu et rouge, indiquant les distances d'étapes. Dans les villes étapes, justement, de grands panneaux récapitulent le tracé. Seule la partie Belgrade – Ram (120 km) reste encore à baliser, mais c'est en train d'être fait. L'ensemble obéit aux standards de la fédération européenne cycliste. Vous pouvez commander la carte complète sur le site allemand www.kartographie.de et obtenir les informations générales sur le site www.danube-info. org et plus spécifiquement sur le site www.eurovelo6.org

Santé – Urgences

■ PHARMACIE

Dans la gare routière
Ouverte de 7h à 20h. Également en face de l'hôtel.

■ SANTÉ

Dom Zdravlja
✆ +381 94 78 113 – +381 12 78 113
Le dispensaire est situé 100 m au-dessus
de la mairie.

Adresse utile

■ POLICE

✆ 92 – +381 78 212
En face de la gare routière.

Se loger

■ CAMPING TOMA

Čezava ✆ +381 63 323 096
*Bungalow à 10 €, tentes gratuites, si pas de
branchement électrique.*
A 19 km de Golubac, au sud et au bord du
Danube, un camping de 80 emplacements, avec
branchements eau-électricité et buanderie.
Relativement sommaire mais agréable, sous les
arbres et au bord de l'eau. Douches extérieures
sans eau chaude, mais bar et cuisine. Ouvert
de mai à septembre.

■ HÔTEL GOLUBAČKI GRAD

3 Golubački Trg ✆ +381 12 678 207
www.golubackigrad.co.rs
*2 250 dinars en chambre simple, 2 100 en
double par personne.*
Au centre, sur les rives du Danube, 150 chambres
et un restaurant dans une déco en bois type
chalet suisse. L'extérieur, comme l'intérieur,

est fatigué, mais toutes les chambres comme
le restaurant et sa terrasse donnent directement
sur le Danube. Reste que si l'ensemble n'est pas
cher et merveilleusement placé, il vous faudra
supporter des chambres tristes et sans réel
confort. L'hôtel attend toujours sa privatisation...
Paiement Visa® quand l'appareil fonctionne.

■ VILA DUNAVSKI RAJ

Vinci ✆ +381 12 679 616
12 € en simple, 25 € en double.
A 9 km au nord de la petite ville, sur la route
venant de Veliko Gradište, un motel très
accueillant dans une pinède. Chambres fonction-
nelles, genre auberge de jeunesse, mais avec
une vraie salle de bains. Terrasses dans chaque
chambre et salle de jeux. Courts de tennis
attenants et plage sur le Danube à 400 m.

Se restaurer

■ BOGA

Gorana Tošića Mačka bb ✆ +381 12 678 006
Un restaurant avec vue sur le Danube et à la
cuisine traditionnelle serbe, à petits prix.

À voir – À faire

■ FORTERESSE DE GOLUBAC (ГОЛУБАЧКА ТВРЂАВА)

Avec ses neuf tours et son enceinte crénelée
perchés sur un promontoire rocheux au bord du
Danube, la forteresse de Golubac constitue l'un
des monuments les plus importants de Serbie.
Construit au début du XIVe siècle par les Hongrois,
le château de Golubac ne passe que peu de
temps entre les mains de Serbes et est enlevé
par les Turcs en 1391. Il est ensuite assiégé à
plusieurs reprises par les Autrichiens, mais les
Ottomans garderont le contrôle de cette position
sur le Danube jusqu'en 1867, date à laquelle le
château deviendra propriété de l'Etat serbe. On
y accède en voiture, à la sortie de la bourgade,
après quoi il faut garer son véhicule puis continuer
à pied sur 200 m. On pourra monter jusqu'aux
deux tours carrées du sommet et arriver au pied
du donjon, mais malheureusement le chemin de
garde n'existe plus aujourd'hui. Les tours carrées
et les courtines crénelées de la forteresse donnent
à penser qu'elle a été conçue pour résister à
des assaillants disposant d'armes blanches.
Mais la menace des canons apparus plus tard
rendit nécessaire le remaniement de cet ouvrage
défensif : les trois tours les plus exposées furent
dotées d'une forme circulaire ou polygonale. La
tour basse et polygonale qui se dresse sur les
berges du Danube a été construite par les Turcs :
munie d'embrasures et équipée de canons, elle
pouvait affronter les offensives autrichiennes et
abriter une flottille de 100 vaisseaux de guerre.

© NATIONAL TOURISM ORGANISATION OF SERBIA

Forteresse de Golubac.

Gorges du Danube

La forteresse de Golubac marque l'entrée du parc national du Đerdap, qui, sur une longueur de 96 km, propose au visiteur 4 canyons et 2 lacs intérieurs. On suit d'abord le défilé de Golubac pendant 16 km, avec des falaises abruptes, et un cours du Danube de plus en plus resserré ; puis, entre Lepenski Vir et Donji Milanovac, le Danube s'élargit pour adopter la configuration d'un lac. Mais le plus impressionnant reste à venir à partir de Donji Milanovac. Le fleuve décrit un brusque méandre vers le nord, son cours devient de plus en plus étroit et on s'engage – en bateau ou en voiture – dans le défilé de Kazan, le plus étroit et le plus profond sur le Danube. Le fleuve est en effet ici encadré par des falaises abruptes, dont certaines se dressent à plus de 800 m, et lui-même atteint une profondeur de 90 m pour une largeur de seulement 147 m ! Juste avant la Table de Trajan, le rocher de Kazan provoque de forts remous. Plus loin, un amphithéâtre grandiose de montagnes boisées vient interrompre le défilé, qui continue peu après : au sortir de ce second défilé, on peut voir sur la paroi rocheuse, rive droite, une belle inscription romaine connue sous le nom de Table trajane.

A la hauteur du village de Tekija, le fleuve s'élargit et la rive roumaine s'abaisse. Enfin, après avoir passé le dernier coude du Danube en Serbie, vous aboutirez aux célèbres Portes de Fer, dernier défilé impressionnant avant la plaine roumaine.

A noter que le mot Đerdap signifie donc « portes de fer »... en Perse. Il viendrait donc des invasions venues d'Orient à l'époque romaine.

▶ **De Golubac à Lepenski Vir.** Dès le premier virage après la forteresse de Golubac, les gorges du Danube apparaissent, sauvages et immenses. D'abord tout en douceur puis s'affirmant. C'est ainsi qu'à partir du 30e kilomètre, le défilé de Đerdap se fait impressionnant. Les tunnels se succèdent et à la sortie du 16e tunnel, 38 km après Golubac, le relief s'adoucit de nouveau. En descendant sur la gauche vers le Danube, vous visiterez le site de Lepenski Vir.

LEPENSKI VIR (ЛЕПЕНСКИ ВИР)

C'est dans les années 1960 que l'on découvre ici un emplacement du Néolithique de la plus grande importance. Personne n'imaginait que dans une partie inaccessible des gorges, l'une des plus brillantes civilisations vivait sur les bords du Danube entre 8 000 et 4000 ans avant J.-C. Au fil des recherches, on se rend compte qu'une civilisation unique, qui ne trouve pas de similitudes ailleurs s'était développée ici. Elle vit d'abord dans des grottes puis à l'air libre et développe un art monumental, puis domestique les animaux et sait cultiver. Et puis, la civilisation de Lepenski Vir disparaît. L'essentiel du site d'origine est sous les eaux du Danube depuis des siècles, et le musée en rassemble de nombreuses pièces. Situé au niveau de l'eau, le site est assez restreint et ne représente que 3 000 m² mais, selon les archéologues, c'est le site découvert le plus complet de cette période de notre Préhistoire. On peut y voir, dans les structures les plus basses – quatre sont datées de moins 8 000 à moins 4 000 ans avant J.-C. – une centaine de maisons. De plan trapézoïdal, elles ont été construites en brique rouge et en pierre calcaire des environs. En raison du caractère friable du terrain, la plus grande partie des constructions repose sur des petites plates-formes en pierre, les autres s'étant enfoncées dans la terre. La pièce maîtresse du site de Lepenski Vir est une statue de grande taille découverte dans l'une des maisons. De forme oblongue, cette statue en pierre présente la particularité d'offrir trois représentations de visage humain, avec une tête ronde dominant deux faces stylisées. Leur symbolique et leur emplacement respectif sur la pierre font penser à un culte chamanique. Par ailleurs, un grand nombre de squelettes ont été découverts dans une nécropole ou sous les maisons, ainsi que de nombreux objets confectionnés en os (aiguilles, couteaux et armes) attestant du haut degré de civilisation de cette tribu du Néolithique. Les maisons, leur agencement ainsi que la configuration du site méritent une visite.

De Dobra à Lepenski Vir par la montagne

Au village de Dobra, au sud de Golubac, une petite route à droite vous emmène dans la direction de Kožica. Pendant 18 km, cette route en assez mauvais état serpente sur des hauteurs moyennes de 400 m, dans un décor de hauts plateaux magnifiques, à quelques encablures du Danube. Un autre point de vue des gorges de Đerdap.

Transports

Plusieurs panneaux sur la route indiquent le site. Attention à ne pas le manquer, revenir sur ses pas dans la gorge n'est pas toujours évident et le la signalisation n'était pas suffisamment visible lors de notre passage.

À voir – À faire

■ SITE ARCHÉOLOGIQUE DE LEPENSKI VIR (ЛЕПЕНСКИ ВИР)

Lepenski Vir (Лепенски Вир)
✆ +381 62 216559
www.lepenski-vir.org
office@lepenski-vir.org
Ouvert de 10h à 18h. 400 dinars pour les adultes, 300 pour les enfants.
Le site a été l'objet d'un investissement conséquent et il représente aujourd'hui un vrai centre de visite et de recherche en pleine nature, au cœur même du parc national et de la gorge de Đerdap. Il est désormais protégé par une structure de verre et d'acier au design novateur. Un petit musée attenant expose des objets et statues trouvés sur le site de Lepenski Vir. Les visiteurs peuvent suivre une visite interactive, activer des sculptures virtuelles en 3D sur les ordinateurs, voir l'aspect original du site pendant la période Néolithique à l'aide d'une casquette qui active une énorme projection en 3D, regarder des films qui documentent la découverte du site et même entrer dans des maisons Néolithiques reconstruites. Le dispositif est complété par trois maisons anciennes, formant un mini-village et le site lui-même est vallonné.

DONJI MILANOVAC (ДОЊИ МИЛАНОВАЦ)

A partir de cette ville confortablement installée sur une ouverture du Danube et entourée de montagnes recouvertes de forêts, vous pourrez rayonner dans les gorges ou dans le parc national. Le site archéologique de Lepenski Vir est à 14 km en amont et la Table de Trajan romaine à 28 km en aval. Surtout, le gros bourg commande le défilé de Kazan, le plus impressionnant du Danube.

Transports

■ GARE ROUTIÈRE

Petite gare dans le centre, à 100 m du Danube.

▶ **Belgrade :** 2h15, 4h30 (lundi à vendredi), 5h50, 7h30, 11h05, 14h05, 17h20.

▶ **Niš :** 13h, 5h30.

▶ **Maldanpek :** Entre 10 et 15 bus par jour selon saison.

▶ **Kladovo :** 9h45, 12h45, 16h45, 19h10, 20h15 et 23h15.

Pratique

Tout est regroupé dans un rayon de 150 m dans le centre. Que ce soit la petite gare routière, le supermarché Nena ou les services habituels. L'office de tourisme se trouve en face du supermarché. Quant au bureau du parc, il est à 100 m.

■ CENTRE DE SANTÉ

Velimira markićevića bb
✆ +381 30 590 606

■ OFFICE DE TOURISME

14 Kralja Petra I
✆ +381 30 591 400
www.toom.rs – office@toom.rs
Ouvert de 8h à 20h.
Tout nouveau bureau, en face de la mini gare routière et dans l'édifice regroupant le centre culturel, en plein centre, l'office est moderne, très bien équipé, avec des panneaux multimédias et un centre Internet en libre accès. On vous y propose notamment la carte du parc national de Đerdap, avec chemins de randonnées et cyclistes. A noter que le 1er mai, des manifestations folkloriques sont organisées.

■ POLICE

Kralja Petra ✆ +381 30 590 022

Se loger

Pour l'hébergement, un seul hôtel et des chambres chez l'habitant, nombreuses, que vous trouverez via l'office de tourisme. Les tarifs chez l'habitant sont compris entre 8 et 15 € par personne en chambre et entre 20 et 45 € pour des appartements. La plupart sont rénovées. Voir le site de l'office de tourisme.

■ HÔTEL LEPENSKI VIR

Radnička bb ℰ +381 30 590 210
www.hotellepenskivir.co.rs
info@hotellepenskivir.co.rs
40 € en chambre simple, 30 € en chambre double par personne. Paiement Visa®, Master et parking privé.
Cet hôtel de 265 chambres, immense mais à l'architecture en dégradé, se trouve au-dessus du village et offre une vue imprenable sur le Danube. Les chambres et la déco sont vieillottes mais sont en cours de rénovation, et le service est à l'ancienne. Mais l'ensemble fait penser aux stations de ski françaises dans les années 1970, avec sa profusion de bois. L'hôtel a une piscine couverte, un centre spa et wellness construit en 2011 et des terrains de sport. Comme beaucoup d'autres établissements construits dans les années 1970 et unique complexe touristique d'une région, le Lepenski Vir organise plusieurs types d'excursions : sites historiques, chasse au sanglier et à la biche, pêche sportive. Trois restaurants et une discothèque complètent l'ensemble. Le tout se rénove peu à peu.

Se restaurer

■ GOSTIONA POREČ

Kralja Petra I n° 12
Cuisine internationale ici, avec par exemple un rumsteck à la lyonnaise à 550 dinars. Ouvert pendant la saison estivale.

■ GRADSKA KAFANA

Kaptena Miše 6
ℰ +381 30 590 019
Plats autour de 300 dinars.
Dans une maison, une *kafana* authentique et à la cuisine savoureuse. Essayez par exemple la *mućkalica Vlaška*, parfumée et à la viande, parfaite.

■ ZLATNA RIBICA

Kapetana Miše 38
ℰ +381 30 596 304
Une petite salle chaude pour un vrai bon restaurant, dans le centre. Essayez les rouleaux de ražnjić uslanini à 420 dinars, ou bien encore le poulet džigerica à 450 dinars. Des plats intéressants.

À voir – À faire

Peu après Donji Milanovac en direction de Kladovo se trouvent les deux derniers défilés sur le Danube, les plus impressionnants : le défilé de Kazan, le plus étroit et le plus profond. Le fleuve se fraye un passage entre des falaises abruptes dont certaines se dressent à plus de 800 m, et lui-même atteint une profondeur de 90 m pour une largeur de 147 m, sa plus petite largeur en Serbie. Juste avant la Table de Trajan, le rocher de Kazan provoque de forts remous.
Plus loin, les montagnes boisées viennent interrompre le défilé, qui continue peu après. Au sortir de ce second défilé, on peut voir sur la paroi rocheuse, rive droite, une belle inscription romaine connue sous le nom de Table trajane. Le défilé court au total sur 8 km et son point le plus impressionnant se trouve à la sortie du tunnel T3.

BAS-DANUBE

© NATIONAL TOURISM ORGANISATION OF SERBIA

Le Danube dans le défilé de Kazan.

■ **PARC NATIONAL DE ĐERDAP
(НАЦИОНАЛНИ ПАРК ЂЕРДАП)**
Kralja Petra I 14 ✆ +381 30 590 778
www.npdjerdap.org
index.htmlnpdjerdap@hotmail.com
En longeant le Danube vers la Roumanie, dont
il constitue la frontière, vous devez vous arrêter
aux magnifiques gorges de Đerdap. Ce parc
national, de 63 000 ha et 100 km de longueur,
est formé de quatre gorges successives de
800 m de hauteur, entrecoupées de trois ravins
en profondeur. Le Danube s'élargit au fur et à
mesure que l'on s'enfonce dans ces massifs
du nord-est de la Serbie, pour se terminer
par les fameuses Portes de Fer (Đerdap, en
serbe, mot qui serait issu du perse car en Iran
se trouvent également des portes de fer), un
important aqueduc à l'époque romaine et
aujourd'hui un impressionnant barrage, où il
atteint 147 m de largeur et 77 m de profondeur. C'est pourquoi Đerdap constitue le plus
long défilé naturel et fluvial d'Europe ! Parmi
les nombreuses richesses du parc national,
tout en longueur et qui grimpe à l'assaut des
sommets le long du Danube, autour du village
de Maldanpek à 570 m d'altitude, il faut citer
ses 1 100 espèces végétales et ses animaux
sauvages, comme l'ours, le renard, le loup, le
chacal et l'aigle. Vous trouverez sur le parcours
les vestiges archéologiques de Lepenski Vir
(8 000 ans) et les monuments romains que
sont la Table et la route de Trajan. Le trajet
depuis Belgrade est d'une grande beauté :
après 3h de route par les villes de Smederevo
et Golubac, l'on arrive à Veliko Gradište après
avoir longé le Danube. Pendant 80 km, on
suit des gorges et des massifs toujours plus
époustouflants !

▶ **Au rez-de-chaussée du bâtiment du parc,**
une exposition permanente rassemble, à l'aide
de vidéos ou d'animaux empaillés, la richesse
du parc créé en 1974. Celui-ci, sur une surface
de 63 000 hectares, englobe les montagnes,
jusqu'à 800 m d'altitude, qui constituent le
défilé de Đerdap et l'ensemble compte trois
gorges, deux canyons et trois vallées. Sa
richesse en faune et flore, ses forêts et ses
grottes, tout comme son évolution géologique
parmi les plus intéressantes d'Europe valent
le déplacement : 50 forêts différentes,
150 espèces d'oiseaux, notamment, se
partagent un espace sauvage préservé. Vous
trouverez par exemple dans le parc nombre de
grands mammifères que des visites avec guide
vous permettront d'approcher. Ces visites, à
la carte, seront à négocier au bureau du parc

à Donji Milanovac. Comptez 1 000 dinars par
personne, pour un petit groupe à la journée,
au départ du centre. En outre, des refuges
existent également dans le parc, sur les
hauteurs. Un guide peut vous y emmener. Le
refuge de Ploće, qui comporte deux chambres
de deux lits, coûte 1 100 dinars. De là, le
meilleur point de vue sur le Danube.

■ **TABLE DE TRAJAN
(ТРАЈАНОВА ТАБЛА)**
Côté serbe, la Tabula Trajana ou Table de
Trajan est une inscription latine dédiée à l'empereur Trajan qui fit tailler une route dans la
roche pour faire passer ses légions romaines.
Cette plaque a été spécialement taillée sur
une paroi rocheuse, surplombant les Portes
de Fer. La route ayant été engloutie par le
barrrage Djerdap, elle se trouve aujourd'hui
préservée avec d'autres vestiges de la même
époque (voie romaine et restes du pont sur
le Danube établis par Trajan) dans le parc
national. Côté roumain, un grand portrait de
Décébal (le chef des Daces) taillé lui aussi
dans la roche, lui répond.

MAJDANPEK (МАЈДАНПЕК)

C'est le meilleur endroit pour démarrer la
visite en profondeur du parc. Le bourg, ou
plutôt la station de montagne, se trouve à
25 km de Donji Milanovac, et la route qui y
mène se prend en remontant le Danube vers
le nord après le village de Reškovica. Au cœur
du massif, à 500 m d'altitude, Majdanpek
commande les plus beaux sites du parc.

■ **GROTTES RAJKOVA PEĆINA
(РАЈКОВА ПЕЋИНА)**
Comme de nombreuses autres grottes dans
les massifs montagneux serbes, les grottes
de Rajkova sont une merveille où se trouvent
plusieurs salles sur plus de 2 km, une rivière
souterraine et des secrétions impressionnantes. Elles se visitent tous les jours en
été et se trouvent près de Majdanpek, en
altitude dans le parc national de Đerdap. Elles
comptent parmi les plus grandes de la région.
Renfermant la rivière Rajkova, les grottes sont
une succession de couloirs et salles, au passé
géologique et à l'aspect différent et d'une
grande richesse. Une température de 8 °C et
une hygrométrie de 100 % y sont constantes.
Un guide, fourni par le bureau du tourisme, est
indispensable. Enfin, vous pourrez revenir vers
Donji Milanovac, en passant par la route de
Rudna Glava, au sud, à condition de posséder
la carte du parc. Les paysages y sont magni-

fiques. Et pour être tout à fait complet, on trouve un réseau de chemins balisés pour vélos dans le parc. En outre, l'association française Eurovelo 6 (www.eurovelo6.org) peut vous renseigner, entre autres, sur un circuit de Belgrade à Đerdap à vélo.

■ HÔTEL GOLDEN INN

10 Svetog save ✆ +381 30 581 338
www.goldeninnhotels.com
26 à 32 € par personne, selon la saison.
Un assez grand bâtiment disgracieux, pour un confort des plus modestes, mais à un prix correct. Paiement toutes cartes.

■ OFFICE DE TOURISME

Trg Svetog Save
✆ +381 30 584 204
www.toom.rs – rajkova.pecina@toom.rs
Ouvert de 7h à 15h.
Dans le centre du village, le bureau pourra vous en indiquer les détails. C'est ici que vous vous adresserez pour visiter notamment les grottes de Rajkova Pecina.

KLADOVO (КЛАДОВО)

Kladovo est la dernière étape sur le Danube, car le fleuve va bientôt quitter la Serbie pour devenir la frontière bulgaro-roumaine. Kladovo, 10 000 habitants, est desservie par un canal à grands gabarits depuis 1896, ce qui lui permet de faire la jonction entre la Serbie et la Roumanie voisine. Petit port fluvial au Moyen Age, Kladovo n'est devenue une ville véritable qu'en 1833, lorsque le prince Miloš Obrenović en a fait le chef-lieu local. Kladovo a connu son heure de gloire dans les années 1960, à

Le vin au fil du Danube

A l'écart des grandes routes, certaines régions du bas Danube ont toujours eu la passion du vin. C'est le cas du village de Rogljevo, qui se dédie à la vigne depuis des siècles. Ici, que des caves, les habitations se trouvant plus bas dans la vallée.

l'époque de la construction du barrage hydroélectrique. La ville, pas vraiment attrayante, est cependant située au centre de plusieurs sites et constructions intéressantes. Le barrage de Đerdap, la forteresse turque de Fetislam et les sites romains de Diana et Pontes sont parmi les lieux à visiter.

Transports

▶ **Kladovo-Belgrade :** 247 km par la nationale M25. Route aisée jusqu'à Golubac, puis étroite.

▶ **Kladovo-Niš :** 196 km par Bor et Zaječar. Route parfois en assez mauvais état.

■ GARE ROUTIÈRE

La gare est à 500 m du centre en direction de Zaječar.

▶ **Belgrade :** une vingtaine de bus. 1 000 dinars.

▶ **Niš :** 3h15, 5h20, 8h, 11h, 14h15, 16h et 18h. 900 dinars.

▶ **Negotin et Zaječar :** même horaires que Niš. 500 dinars.

Cyclistes à Kladovo.

Rajačke Pivnice ou Pimnice (les caves à vin de Rajac)

A 25 km au sud de Negotin via les villages de Veljkovo et Rogljevo.
Les « pimnice » ou « pimnice » sont des villages composés uniquement des caves à vin, le symbole de Negotinska Krajina. Dans cette région, les vignes sont cultivées depuis l'époque romaine. Datant de la fin du XVIIIe siècle, ce complexe architectural unique représente une partie importante du patrimoine serbe et il est aussi le candidat pour la liste de l'Unesco. Les caves à vin de Rajac, au nombre de 270, sont les plus connues. Partiellement enfouies dans le sol afin de maintenir une température constante de l'air, elles sont bâties en pierre ou en bois et recouvertes d'un toit en tuiles. Construites autour d'une place, les maisons sont reliées entre elles par des ruelles sinueuses. Elles ont deux entrées ou fenêtres, à travers desquelles était posée la gouttière en bois (*gurma*), pour le coulage du raisin dans le tonneau. On peut y déguster et acheter du vin, des souvenirs, se promener parmi les vignobles... Le 14 février, ne manquer pas la manifestation dédiée au saint Triphon. Pour toute info, contacter l'office du tourisme de Negotin ✆ +381 19 547 555.

Pratique

■ **POLICE**
Maršala Tita bb
✆ +381 19 801 429

Tourisme – Culture

■ **AGENCE ĐERDAP TURIST**
Kralja Petra
Egalement bureau à l'hôtel Đerdap
✆ +381 19 801 388
www.djerdapturist.co.rs
agencija@djerdapturist.co.rs
L'activité principale de l'agence est d'organiser des activités et visites pour les clients de l'hôtel Djerdap, néanmoins, il est possible de participer à certaines de ces visites même si vous ne l'êtes pas. L'agence organise des visites guidées – à pied – des sites historiques mais aussi du barrage (130 dinars par personne) Vratna avec votre propre transport (6 000 dinars par personne), pont de Trajan, croisière jusqu'à la gorge de Đerdap.

■ **OFFICE DE TOURISME DE KLADOVO**
Kralja Alexandra 15
www.kladovo.org.rs
8h à 22h en saison et 7h à 14h hors saison.
Dans la rue piétonne mais pas indiquée. Infos sur la région et brochures. Expos artisanat local.

■ **OFFICE DE TOURISME DE NEGOTIN**
Vojvode Mišića 25
✆ +381 19 547 555
www.toon.org.rs
toonegotin@gmail.com

Le site en anglais est complet. Possibilité de réserver le logement dans les villages pittoresques comme Rajac, Rogljevo, Braćevac, etc, de visiter les caves à vins, de découvrir les coutumes et de vieux artisanats.

▶ **Negotin** se trouve à 55 km au sud de Kladovo. Cette région abrite de nombreux celliers datant de la fin du XVIIIe siècle dont les plus connus sont ceux de Rajac (Rajačke pivnice), de Rogljevo et de Štubik. Ils figurent sur la liste des monuments culturels d'importance exceptionnelle du pays et ils ont été présentés pour une inscription au patrimoine mondial de l'Unesco. Negotin c'est la ville natale de Stevan Mokranjac (1856-1914), un des plus célèbres musiciens de Serbie, et Đorđe Stanojević (1858-1921), un physicien et un astronome réputé.

Argent

■ **BANQUE DELTA**
Ulica Obilićeva bb
✆ +381 19 81 136

Moyens de communication

■ **POSTE**
Ulica 22 Septembar n° 14
✆ +381 19 81 237
Ouverte de 7h à 20h.

Santé – Urgences

■ **HÔPITAL**
22 septembar
✆ +381 19 808 782

Se loger

■ HÔTEL AQUASTAR DANUBE
Dunavski kej 1
℘ +381 19 810 810
www.hotelkladovo.rs
office@hotelkladovo.rs
*De 1 500 à 2 500 dinars par personne selon
le type de chambre.*
Tout nouvel hôtel, face au Danube et 200 m
après le Đerdap, si le bâtiment est plutôt
quelconque, l'établissement se veut haut de
gamme : les 39 chambres sont spacieuses et
confortables, avec un mobilier de qualité et
des prestations parfaites. Ajoutons une vraie
piscine extérieure, avec vue sur le Danube et
la plage attenante et pour le prix, l'Aquastar
ne suscite aucun reproche. En sus, le Jacuzzi,
sauna et piscine sont inclus dans le prix. Un
nouveau restaurant de cuisine internationale
avec vue sur le Danube est en construction.
Parking privé, paiement toutes cartes et wi-fi
partout. Il possède également son propre
bateau et devrait commencer à organiser
des croisières le long du Danube à partir de
mars 2012 (Table de trajan, île disparue de
Ada Kaleh, forteresse de Fetislam, pont et
table de Trajan, montée à travers le barrage
pour voir la gorge de Đerdap, etc.).

■ HÔTEL ĐERDAP
5 Dunavska
℘ +381 19 801 010
www.djerdapturist.co.rs
agencija@djerdapturist.co.rs
*3 100 dinars en chambre simple, 5 200 dinars
en chambre double. Paiement Visa®.*
Le grand hôtel de la ville, avec 330 chambres,
au bord du Danube bien sûr. Terrasse et
restaurant agréable, mais chambres un peu
dépassées même si certains efforts ont été
faits. En fait, c'est un hôtel classique de
l'époque communiste qui a quand même été
beaucoup réamenagé depuis et qui donne
une bonne relation qualité-prix. Par son intermédiaire, des excursions et balades sont
organisées : forteresse de Fetislam, sites
romains, parc national, visite de la centrale
et promenades sur le Danube en bateau de
l'hôtel. Sans oublier des escapades possibles
en Roumanie voisine.

Se restaurer

■ TEKIJANKA
Kralja Alexandra 5
℘ +381 19 800 400
De 7h à 24h.
Le Tekijanka, dans la rue piétonne, fait tout :
fast-food au rez-de-chaussée, pâtisserie, et
bon restaurant dans une salle cosy à l'étage
et dans le jardin. On y trouve une belle carte
de plats nationaux, ainsi que des poissons
fumés du Danube.

Sortir

Petite ville peu active, mais une rue à ne
pas manquer : la piétonne. Pavée, bordée de
maisons du XIXe, souvent sans étage, elle est
un havre de paix et ses nombreuses terrasses
animées le soir sont parfaites !

À voir – À faire

Ne pas manquer l'ethno-festival, le dernier
week-end de juillet : musique, défilés, plats
régionaux, ensembles folkloriques le soir.
Sans oublier les régates durant la première
quinzaine d'août.

BAS-DANUBE

Le barrage de Đerdap

De gigantesques travaux menés entre 1964 et 1972 ont abouti à la construction du
cinquième plus grand barrage du monde, tant pour son débit que pour sa production
d'électricité. L'entreprise a nécessité un profond remodelage de la nature, car il a
fallu créer un lac artificiel à 80 m au-dessus du niveau de la mer ! Imaginez un peu le
gigantisme : le lac a une superficie de 172 km² et une profondeur de 130 m. La centrale
elle-même présente un mur de 1 278 m de longueur et 55 m de hauteur. La turbine a
un diamètre de 9,50 m, et le générateur 15 m de diamètre.
Mais le trafic fluvial n'est pas gêné grâce aux deux écluses qui permettent à des navires
de 5 000 tonnes de jauge de remonter le Danube jusqu'à Belgrade. Cependant, ces
travaux de grande ampleur ont nécessité le déplacement des habitants de villages
comme Tekija, Dobra ou Donji Milanovac. Un second barrage, avec également un lac
artificiel, a été construit à la fin des années 1970 à Negotin. Actuellement, un projet
Djerdap III est à l'étude.

■ CHÂTEAU DE DIANA
(УТВРЂЕЊЕ ДИАНА)

Situé au lieu-dit Karatas, à 9 km en amont de Kladovo, sur le Danube, le fortin de Diana est représentatif de ces postes avancés sur le limes que construisaient les Romains. Erigée par Trajan au IIe siècle, Diana est la plus grande place forte bâtie par les Romains en Mésie supérieure. Sa position stratégique sur un coude du Danube lui donnait ce rôle défensif qu'avait toute place forte romaine. Pour défendre le limes dans cette région en butte aux assauts germains et avars, Trajan avait l'habitude de jalonner ses frontières de semblables ouvrages. Diana remplit bien son rôle de verrou dans l'extrême est des Balkans jusqu'au VIe siècle, époque où elle fut abandonnée. Ce site, aux constructions de tuiles rouges et de pierre, nous fait comprendre l'importance que présentait cette région pour les Romains. Aucune structure particulière ne met en valeur le site, son accès est donc gratuit.

■ FORTERESSE DE FETISLAM
(ТВРЂАВА ФЕТИСЛАМ)

Après leur prise du château médiéval de Zanes, en 1524, les Turcs vont perfectionner et agrandir la place forte, ce qui leur permettra de tenir plus de trois siècles cette position sur le Danube. Ils construiront en fait deux forteresses distinctes : Mali Grad et Veliki Grad. Mali Grad était une base d'artillerie, avec des murs d'enceinte à crémaillères et de nombreuses meurtrières. Des tours d'angles rondes protégeaient l'intérieur. Veliki Grad a été construit bien plus tard, au XVIIIe siècle, quand le danger autrichien s'était fait moindre. C'est pourquoi cette deuxième forteresse était plutôt conçue comme une résidence princière. Aujourd'hui, ce site d'architecture médiévale ottomane au bord du Danube a gardé ses épais murs d'enceinte et ses courtines émaillées de crémaillères qui sont visibles de loin. L'enceinte rectangulaire présente encore à chaque angle ses tours cylindriques du XVIe siècle. Il se trouve à 1 km de Kladovo, en amont et un vieux panneau peu visible le signale. Un projet de mise en valeur (vraiment nécessaire) est dans les cartons.

■ MUSÉE ARCHÉOLOGIQUE DE ĐERDAP
(АРХЕОЛОШКИ МУЗЕЈ ЂЕРДАПА)

Trg Kralja Petra bb ✆ +381 19 80 39 00
A l'entrée même de la vieille ville, un bâtiment seul sur un espace gazonné. Ouvert de 8h à 20h, sauf le lundi. 100 dinars.
Un petit musée, joliment agencé, retraçant bien sûr la période romaine de la région. Vous y verrez par exemple un bas-relief (copie) de Apolodor construisant le pont sur le Danube pour le compte de l'empereur Trajan.

■ PONT DE TRAJAN
(ТРАЈАНОВ МОСТ)

A 4 kilomètres en aval, vous pourrez voir les restes de la première pile du pont qui franchissait le Danube au IIe siècle. Construit par l'architecte syrien Apolodor Damask, le pont faisait 1 127 m de longueur, un record absolu à l'époque. Destiné à permettre la conquête de la Dace, la Roumanie d'aujourd'hui, le pont repose sur 20 piliers dans l'eau et quatre sur les rives. Le successeur de Trajan, Hadrien, ordonne la destruction du pont pour stopper les barbares.

Shopping

■ VIGNOBLE MATALJ

Kladovski put, Negotin ✆ +381 63 522 828
office@mataljvinarija.rs
La cave peut recevoir jusqu'à 20 personnes. Dégustation de trois sortes de vins (Kremen, Dušica et Terase) avec une entrée.

Rogljevo, le village du vin

Perdu dans les collines proches de Negotin, ce village mérite le détour. Car il s'est dédié au vin depuis la nuit des temps et possède l'un des plus beaux vignobles des Balkans, celui de Negotin, la Negotinska Krajina, qui comporte seulement trois villages. Celui-ci ne se compose d'ailleurs que des caves, très anciennes, les habitations ayant été construites plus bas, dans la vallée. Ici donc, balade à la découverte des vieilles pierres et… dégustation de vin. Parmi les viticulteurs, un couple de Français s'est installé ici il y a quelques années, dans le but de développer une production de qualité : à goûter, le rouge Obećanje ou le blanc Poema. De plus, Cyrille et Estelle aménagent un lieu pour accueillir les visiteurs.

Pratique

Rogoljevo se trouve à 21 km au sud de Negotin. Depuis le Nord et Kladovo, emprunter la E752 en direction de Niš, puis traverser Negotin en direction de la frontière bulgare, et un kilomètre avant cette frontière, tourner à droite vers Rogljevo. A consulter : www.francuskavinarija.com

Monastère
de Mileševa.
© STANISA MARTINOVIC – FOTOLIA

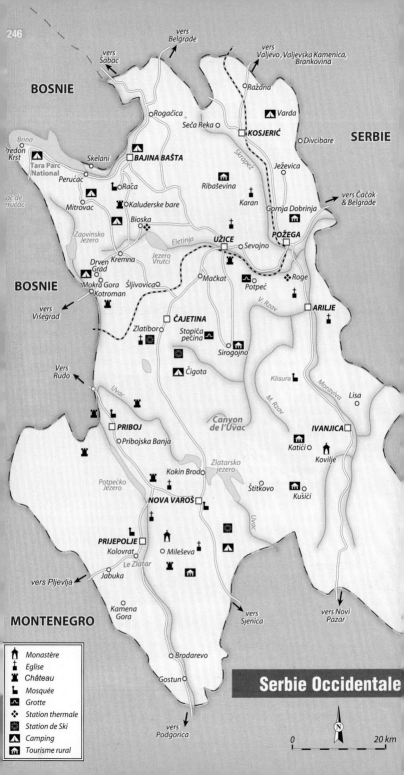

Serbie Occidentale

Serbie occidentale

Les montagnes enneigées et l'ambiance décalée qui baignaient le film La vie est un miracle ne sont pas une fiction : ce sont les paysages typiques de Serbie occidentale. Ces maisons en bois au toit caractéristique, ces vallées et ces collines verdoyantes, et ce ciel si bleu, que Kusturica restitue si bien, ce sont ceux de la région de Mokra Gora, entre la Drina et le Zlatar. Région mitoyenne avec la Bosnie et le Monténégro, la Serbie occidentale partage avec ces dernières les puissantes rivières Drina et Tara encaissées,

formant des gorges dans des massifs anciens. Les montagnes de Serbie occidentale abondent en points de vue magnifiques, notamment dans le canyon de l'Uvac et dans les gorges du Kablar. On y trouve des centres touristiques aux activités variées, comme l'exemplaire Zlatibor, ainsi que quelques très beaux villages et, depuis quelques années, des gîtes et des chambres d'hôtes en plein essor. Peu habitées, ses montagnes sont encore à découvrir, en toute saison, pour sentir le frisson de l'aventure.

VALJEVO (BAЉEBO)

En longeant la rivière Kolubara, on traverse d'abord un paysage de collines et de vallées ondoyantes, pour aborder les premiers contreforts du massif de Maljen et Povlen. Valjevo, avec ses 65 000 habitants, est la première étape sur la route vers la Bosnie et le Monténégro, et la première ville en altitude de Serbie occidentale. Son environnement naturel et son charme ancien en font une parfaite première halte pour qui vient de Belgrade. Placée dans une cuvette à 185 m au-dessus du niveau de la mer, Valjevo s'étire sur les rives des fleuves Kolubara et Gradac, entourée des monts boisés de Medvednik, Jablanik, Povlen et Maljen. La situation naturelle de la région lui vaut de nombreux sites touristiques. Sa riche végétation et la clémence de son climat favorisent la pratique des randonnées, du kayak et de la spéléologie. Quant à Valjevo elle-même, sa position plusieurs fois centenaire sur la frontière turque – la ville ottomane et la ville serbe étaient séparées par une rivière – et sa résistance à l'oppresseur pendant les deux guerres mondiales, lui ont laissé de multiples monuments.

Histoire

Datées du paléolithique, les premières traces de peuplement du site subsistent autour des grottes de Petnička, dans un environnement très favorable à la sédentarisation – vallée encaissée, vieille montagne et cueillette de fruits rouges. Un village organisé autour de son seigneur, ou knez, est déjà mentionné dans les

manuscrits religieux en 1019. Au XIVe siècle, Valjevo est une petite ville, siège d'un comté sous la monarchie serbe de Dragutin et entourée de plusieurs monastères. En 1459, les Ottomans s'en emparent et, au XVIIIe siècle, les armées autrichiennes et turques la pillent à plusieurs reprises. Ce qui ne l'empêche pas de maintenir, grâce à sa position frontalière, une intense activité artisanale et commerciale. Au début du XIXe siècle, Valjevo va connaître un sort dramatique au moment des soulèvements serbes contre l'occupant ottoman. Les knez Nenadović et Birčanin ayant installé le foyer du soulèvement contre les Turcs, des batailles sanglantes s'y déroulent, qui s'achèvent par la décapitation des deux meneurs, le 4 février 1804. Mais l'esprit de résistance de la ville ne va pas se démentir puisqu'un siècle plus tard, en 1914, c'est dans ses environs que l'armée serbe vaincra, sur la Kolubara, les armées coalisées austro-allemandes cinq fois plus nombreuses.

Transports

Valjevo se trouve sur la route qui mène au Kosovo et au Monténégro, la fameuse Ibarska Magistrala, véritable artère de l'Ouest serbe. La ville est aussi la première étape ferroviaire de la ligne Belgrade-Bar. Enfin, elle est située au centre d'un réseau de routes menant à Belgrade, Šabac, Loznica, Užice et Bajina Bašta, chacune de ces villes se trouvant dans un rayon de 70 à 90 km.

Les immanquables de la Serbie occidentale

▶ **Contempler** la vieille ville de Valjevo, préservée.

▶ **Se rendre** à Brankovina, un village typique serbe du XIXe siècle.

▶ **Apprécier** le charme puissant de Divčibare, la petite station de montagne.

▶ **S'aventurer** à Zlatibor, une montagne dédiée au tourisme rural et familial.

▶ **S'attarder** à Sirogojno, un village de Serbie occidentale reconstitué.

▶ **Admirer** Mokra Gora, avec son petit chemin de fer et ses paysages à la Kusturica.

▶ **Se rendre** à Tara, un parc national puissant et sauvage, aux multiples activités.

▶ **S'étourdir** devant l'Uvac, une rivière parsemée de rapides, de défilés et de canyons.

▶ **Visiter** Mileševa, le monastère au fameux « Ange blanc ».

Comment y accéder et en partir

Valjevo est reliée à la capitale serbe par une bonne nationale ; compter 1 heure 30 de trajet. Les villes de Šabac et de Loznica sont à 1 heure de route nationale en moins bon état. Vers le sud, la départementale vers Požega est étroite et en virages, mais le relief plus accidenté s'accompagne d'un paysage plus intéressant.

■ GARE FERROVIAIRE
Bulevar Palih Ratnika 91
(en continuant 1 km après la gare routière)

▶ **Bar (Monténégro) :** 11h48 et 23h48. 1747 dinars.

▶ **Belgrade :** 4h16, 5h23, 7h07, 8h22, 11h25, 15h51, 17h01 et 19h21. De 384 à 450 dinars.

■ GARE ROUTIÈRE
Rue Mirko Obradović
Le long de la rivière Kolubara en remontant vers l'est, un peu excentrée, à 1 km du vieux centre. L'accès aux quais 35 dinars.

▶ **Belgrade :** 25 bus de 5h à 20h. 580 dinars.

▶ **Bajna Bašta – Parc national Tara :** 10h. 440 dinars.

▶ **Novi Sad :** 7h, 8h, 9h15, 12h45 et 18h40. 700 dinars.

▶ **Užice – Zlatibor :** 10h, 12h et 18h40. De 550 à 660 dinars (700-750 dinars jusqu'à Zlatibor).

▶ **Divčibare :** 8h, 11h et 15h15. 230 dinars.

▶ **Kragujevac :** 8h, 10h45 et 16h. De 670 à 730 dinars.

Se déplacer

Aucun problème pour trouver des taxis, il y en a partout. Les principaux :

■ MAKSI
✆ +381 14 222 111

■ RAVNOGORAC TAXI
✆ +381 14 9704

■ AUX STATIONS
✆ +381 14 9702 (Valjevo taxi)
✆ +381 14 9702 (Patak taxi)

Pratique

Tourisme – Culture

■ OFFICE DU TOURISME DE VALJEVO
Prote Mateje 1 ✆ +381 14 221 138
www.valjevo-turist.co.rs
De 7h30 à 15h30, le samedi de 9h à 14h.
L'office de tourisme offre quelques prestations, comme 6 programmes de visites guidées (pour les groupes), en ville et alentours, incluant des monastères ou le village etno de Brankovina, à partir de 2 000 dinars par personne. En outre, il propose des chambres chez l'habitant en grand nombre.

■ PUZZLE GROUP
7 Zeleznička
www.puzzlegroup.org
office@puzzlegroup.org
À la fac Singidunum.
Jeune agence pour les actifs de 16 à 35 ans. Propose de nombreux plans : les folles nuits de Belgrade (klubbing, kafana traditionnelle, les «splaves» folkloriques) ; alpinisme et rafting en Serbie ; festivals (Exit de Novi Sad, Guca, Beerfest, et d'autres plus traditionnels) ; Balkan Tours d'une quinzaine de jours incluant Bled en Slovénie, les îles croates, Tara rafting au Monténégro... Ya une bonne ambiance de fêtards, ici on s'amuse bien tout en découvrant et en s'enrichissant culturellement parlant. La même agence existe à Belgrad, Novi Sad, Subotica et Nis.

Argent

Distributeur Visa®/Master Card au 48 Knez Miloš (le haut de la rue piétonne).

■ **BANKA INTESA**
Karađorđeva 71 ☎ +381 14 233 959
Ouverte de 8h à 19h, le samedi de 8h à 12h.

Moyens de communication

■ **POSTE**
Vuka Karadžića 5
Ouverte de 8h à 19h. Samedi 14h. Retrait Visa® et Master Card au guichet.

Santé – Urgences

■ **DISPENSAIRE**
Sinđelićeva 56 ☎ +381 14 227 112

■ **PHARMACIES DE GARDE**
Vuka Karadžića 4 ☎ +381 14 221 057

▶ **Autre adresse :** Karađorđeva 101 ☎ +381 14 221 534.

Se loger

Bien et pas cher

Une offre un peu étroite en hôtels classiques, mais pléthorique chez l'habitant.

■ **CHAMBRES CHEZ L'HABITANT**
www.valjevo-turist.co.rs
L'office de tourisme est très dynamique dans ce domaine. Elle édite même une brochure qui recense les maisons à la campagne qui proposent des chambres. C'est en effet principalement à la campagne que l'on vous proposera des chambres, dont le prix moyen de 1 100 à 2 000 dinars en pension complète est tout à fait raisonnable. L'occasion de vivre avec les Serbes ! Cela étant, l'office vous trouve des chambres en ville également. Dans les environs, les villages de Valjevska Kamenica, Taor et Stave proposent des gîtes ruraux, avec gros petit déjeuner – saucisson, fromage et tutti quanti –, dans l'équivalent d'un 2-épis français. Egalement des tables d'hôtes à Kamenica et Taor, autour de 500 dinars le déjeuner. Egalement des chalets de montagne à Debelo Brdo (600 dinars la nuit) et à Medvednik. Le tout donc en passant par l'office du tourisme de Valjevo (accès et réservations).

■ **HÔTEL NARCIS**
Vlade Danilovića 1 ☎ +381 14 221 140
www.narcis.hoteli-valjevo.com
hotel.narcis.valjevo@gmail.com

3 000 dinars la chambre simple, 4 500 la double, petit déjeuner inclus.
Pas facile à trouver, au bout d'une allée d'immeubles des années 1970 mais tout près du centre historique. Complètement rénové il y a quelques années. Connexion sans fil gratuite et parking assuré.

■ **HÔTEL ŠOFER**
Vuka Karadžića 56
☎ +381 14 221 476 – sofer@verat.net
2 000 dinars par personne, petit déjeuner inclus.
Tout en haut de la rue, à l'angle, le restaurant Šofer possède quelques chambres tout à fait agréables et bien équipées. Pour le prix, c'est même un très bon plan. Sauf le petit déjeuner, plutôt lamentable. Paiement espèces.

■ **PENSION VALJEVO**
Vuka Karadžića 36
☎ +381 14 231 098
www.pansionvaljevo.com
pansionvaljevo@gmail.com
20 € en simple, 30 € en double, avec petit déjeuner.
Une petite auberge (anciennement Pension Bulevar) qui ne paie pas de mine mais pratique car située sur l'artère centrale. Surtout, les chambres et leurs couleurs pastel, rose, bleu ou autre, sont récentes et mignonnes. Correctement équipées de surcroît. Accueil agréable, anglais parfait. Par contre paiement en espèces seulement et pas de parking à proximité.

Confort ou charme

■ **HÔTEL GRAND**
Trg Živojina Mišića 1
☎ +381 14 227 133
www.hoteli-valjevo.com
grand@hoteli-valjevo.com
4 500 dinars en simple, même prix en double, petit déjeuner inclus. Paiement Visa® et Master Card.
Primé à plusieurs reprises comme hôtel de l'année en Serbie (mais il y a longtemps !), c'est un bel établissement situé dans le centre-ville historique. 30 chambres et 5 appartements à l'ancienne, avec des tentures des lits et des chaises style XVIIIe. Le problème est que c'est du luxe ancien justement. L'hôtel était typique du luxe socialiste en 1988, dernière année où on l'a dépoussiéré. Il a donc un charme plutôt suranné aujourd'hui. Bar et restaurant complètent des prestations cependant correctes.

SERBIE OCCIDENTALE

Se restaurer

Outre la sélection ci-dessous, tentez votre chance dans les nombreux petits restaurants de la rue pavée Birčaninova.

■ KAFANA JEFIMIJA

Birčaninova 3
De 10h à minuit, tous les jours. A partir de 300 dinars.
Un petit resto comme on les aime, avec une salle chaleureuse et une ambiance bon enfant. Dans une maison typique de l'ancien quartier turc, des plats simples pour des prix simples. Pour le dessert, les *poslastićarnica* de la même rue vendent de délicieux baklavas !

■ RESTAURANT ŠOFER BAR

Vuka Karadžića 56
Menu à partir de 500 dinars.
Juste au début de l'artère centrale, un établissement flambant neuf, à la limite même du clinquant. Une cuisine internationale et des rôtisseries nationales, mais une ambiance un peu trop froide. On appréciera cependant l'absolue propreté de ce restaurant et la fraîcheur des aliments servis.

■ RESTAURANT ZLATIBOR

Vojvode Mišića 13
De 8h à 22h, jusqu'à minuit en été. Fermé le dimanche.
Menu autour de 500 dinars. Dans la rue piétonne du centre-ville historique, un établissement de tradition. Cuisine serbe typique et grand choix de viandes. La grande salle ancienne, entretenue avec soin et les serveurs tout aussi soignés avec leur nœud papillon vous mettent dans une ambiance propice pour choisir parmi l'immense carte où se trouvent tous les classiques serbes. Une vraie bonne adresse, entre *kafana* et monument historique. Essayez l'escalope Valjevska à 400 dinars. Mention spéciale aux serveurs, pleins d'humour et toujours prêts à vous aider.

■ TRE MERLI

Vojvode Mišića 19
(trg Desanke Maksimović)
De 10h à 23h.
Ciblé plus haut de gamme, le Merli, qui appartient au producteur des vins Jelić, propose dans sa salle rustique mais cosy, des classiques de la cuisine italienne à partir de 500 dinars. Rien à dire, c'est bon et cela reste abordable.

À voir – À faire

■ GALERIE MODERNE
(МОДЕРНА ГАЛЕРИЈА)

Vuka Karadžića 11
Ouvert de 10h à 18h, fermé le mardi.
A côté du très beau lycée actuel, une galerie consacrée à la peinture contemporaine. Une exposition permanente du peintre Ljuba Popović, avec une trentaine de tableaux de la période allant de 1953 à 1963. Mais aussi des expositions temporaires d'artistes plus récents. Une atmosphère attrayante grâce également à la bibliothèque et au décor intérieur.

■ GALERIE TRNAVAC
(УМЕТНИЧКИ СТУДИО ТРНАВАЦ)

Suvoborska 48
www.ius-trnavac.org
studiotrnavac@gmail.com
Ouverte de 11h à 19h.
Galerie et studio artistique à la fois, ce complexe dédié à l'artiste Radovan Trnavac présente aussi son atelier et son studio, à côté de la galerie. On peut y voir ses travaux ainsi que 40 pièces qui sont autant de cadeaux offerts par des artistes provenant d'URSS, des Etats-Unis, d'Ukraine ou du Pérou.

■ MONUMENT AUX PARTISANS
(СПОМЕНИК ПАРТИЗАНИМА)

Même s'il n'intéresse personne ici, on peut aller voir ce monument qui commémore la lutte des partisans communistes contre le nazisme. Située sur la colline de Krušik au-dessus de la ville, cette monumentale sculpture représentant le jeune Stefan Filipović, avec les bras tendus en signe de victoire, symbolise le refus d'abdiquer face à l'occupant. En 1941, ce jeune ouvrier métallurgiste de Valjevo appela, sur l'échafaud, au soulèvement.

■ MOULIN DE GRADAC
(МЛИН ГРАДАЦ)

Sur la rivière Gradac. Depuis le centre, dans la direction de Užice, prendre à droite, juste avant le pont métallique. Il s'agit d'un ensemble de trois moulins dont un fonctionne encore. Quelques mètres avant que la bouillonnante rivière de montagne Gradac se jette dans la Kolubara, de nombreux moulins la jalonnent. En bois, ceux-ci servaient classiquement à faire la farine. Une petite cabane abrite un bureau et quelques vestiges de l'époque.

■ **MUSÉE NATIONAL**
(НАРОДНИ МУЗЕЈ ВАЉЕВА)
Trg Vojvode Mišića 3
℃ +381 14 221 041
www.museum.org.rs
nmva@ptt.rs
Mêmes horaires que pour le Muselimov Konak.
Entrée 140 dinars, 190 si combiné avec le
Muselimov Konak.

Dans la très belle maison qui abritait autrefois
le lycée de Valjevo, plus de 1 000 pièces
réparties en quatre sections : histoire, beaux-
arts, archéologie et ethnologie.

■ **MUSELIMOV KONAK**
(МУСЕЛИМОВ КОНАК)
Trg Živojina Mišića 3
www.museum.org.rs
A côté de l'hôtel Grand.
Ouvert de 9h à 18h du mardi au samedi (le
vendredi à 21h), le dimanche de 9h à 15h.
Entrée : 130 dinars, billet combiné avec le
musée national : 190 dinars.

Un musée à voir absolument. Construite au
XVIIIe siècle dans le style serbe montagnard,
cette bastide est la plus ancienne maison de
la ville. Elle représente un important lieu de
mémoire pour les Serbes, car c'est dans sa
cave que les knez Aleksa Nenadović et Ilija
Birčanin ont été décapités par les Turcs.
Le musée est divisé en deux sections. Le
rez-de-chaussée expose plus de 150 pièces
de l'époque du premier soulèvement serbe :
fusils à la turque au canon allongé, poignards
effilés et incrustés de pierreries, des drapeaux
brodés en or des premiers bataillons serbes
du XIXe siècle ainsi que des documents écrits
pendant les années 1804-1815. Ensuite,
le guide nous conduit dans les caves où
est reconstituée la scène de l'exécution
du 4 février 1804 des deux dirigeants du
soulèvement serbe. Une tranche d'histoire
qui nous éclaire sur un fragment du passé
de ce pays.

■ **PLACE VOJVODE MIŠIĆA**
(ТРГ ВОЈВОДЕ МИШИЋА)
Trg Vojovde Mišića
Une belle place de style Europe centrale, avec
l'hôtel Grand et des bâtiments de couleur
ocre aux grandes fenêtres. Une atmosphère
de quiétude règne dans la rue piétonne
autour du monument au voïvode Mišić. Ce
général serbe est connu pour avoir mené
une contre-offensive victorieuse contre les
Allemands en 1914. Quelques dizaines

de mètres plus haut, on arrive à la place
Pesništva, entourée de très belles maisons
début XXe. L'hôtel particulier de couleur rouge
est aujourd'hui le siège de Radio Valjevo.
La statue est celle de la grande poétesse
Desanka Maksimović, née dans les environs
de Valjevo, à Brankovina.

■ **QUARTIER TEŠNJAR**
(ТЕШЊАР)
Sur la rive droite de la Kolubara, c'est le
premier quartier à voir à Valjevo. Ses maisons
et ses échoppes qui datent du XVIIIe siècle
n'ont pas changé. On y trouve encore des
artisans d'un genre désormais disparu chez
nous : selliers, tisserands, potiers et même...
tailleurs de jupes ! Ce quartier très connu
de Valjevo était, jusqu'à la Première Guerre
mondiale, le plus important de la ville. Il
garde encore une délicieuse ambiance de
convivialité propre aux gens qui aiment le
travail bien fait et qui échangent des propos
de boutique à boutique et d'atelier à atelier
d'un trottoir à l'autre. Aujourd'hui, c'est
ici que l'on vient prendre un café ou bien
assister aux festivités lors des « soirées
de Tesnjar ». Remonter la rue Bičarninova
notamment, est un incontournable.
Puis, toujours dans le centre, le quartier
du XIXe où nombre de grands édifices sont
alors copiés sur ce qui se fait à l'époque à
Belgrade.

■ **TOUR NENADOVIĆ**
(КУЛА НЕНАДОВИЋ)
Gratuit lors de notre passage, mais l'intro-
duction de l'entrée payante est prévue après
la fin des travaux.
Sur une des hauteurs proches du centre,
l'un des monuments emblématiques de
la lutte des Valjeviens pour leur indépendance au XIXe siècle. Elevée en 1813 par
le voïvode Nenadović, cette tour carrée en
pierre à trois étages était destinée à défendre
contre les Turcs la ville libérée en 1804.
Malheureusement, la tour ne fut que très peu
utilisée, puisque dès la fin de l'année 1813
elle tomba aux mains des Ottomans. Ces
derniers la transformèrent en prison et c'est
là que, jusqu'en 1830, la police ottomane
tortura les dirigeants des deux premiers
soulèvements. Pour la trouver, depuis le
centre, monter (à pied sans problème) dans
la direction de Šabac. Au 3e croisement à
gauche, la rue Jakova Nenadović. La tour
est sous les pins.

SERBIE OCCIDENTALE

La balade des crêtes

De Valjevo à Kosjerić, en direction d'Užice, par la nationale M21, nous vous proposons ici l'une des belles balades que la Serbie occidentale offre au voyageur. Sur 44 km, dès la sortie de Valjevo, la route monte sur les crêtes, entre les monts Maljen et Povlen. On traverse de petits hameaux où certains paysans vivent encore dans les maisons traditionnelles carrées et peintes en blanc, du XIXᵉ siècle. Souvent accrochées aux amplitudes du terrain, ces maisons, très bien entretenues, jalonnent un paysage changeant. Entre vallons à pâturages et relief plus escarpé qui accueille des forêts de pins, l'une des natures les plus changeantes et sauvages de Serbie s'offre à vous sur ces quelques dizaines de kilomètres. La route, parfois refaite, parfois en mauvais état, voit encore passer des charrettes tirées par des chevaux, le moyen de transport des temps anciens que certains utilisent toujours. Entre cuvettes et hauts plateaux, la vue porte parfois sur deux vallées en un enchevêtrement de couleurs et d'odeurs suivant la saison. Au lieu-dit Kaona, en pleine forêt, quelque 30 km après Valjevo, un panneau indique la station de montagne de Divčibare. Engagez-vous sur cette petite route. Au milieu des 8 km nécessaires pour rejoindre la station, la vue sur les vallées du sud des massifs de Maljen et Subovor est magique.

Shopping

■ **CAVE JELIĆ**
Petnička bb, Valjevo
Village de Bujačić
✆ + 381 14 291143
www.tamuzvino.com
www.milijanjelic.com
jelic@tamuzvino.com
Deux salles de dégustation et un restaurant. Assez réputé dans tout le pays, Jelić produit les vins : morava, riesling de Rhin, chardonnay, Louis Gédoin, Belle Epoque, Millenium, Mamouth, pinot noir et rosé.

Dans les environs

Tršić (Тршић)

Situé à 9 km de Loznica et à 72 km au nordouest de Valjevo, ce petit village pittoresque de Mačva a vu naître Vuk Stefanović Karadžić (1787-1864), le grand réformateur de la langue serbe. C'est en 1933 que sa maison natale a été reconstruite et que le premier « Vukov sabor », la plus ancienne manifestation culturelle du pays, a eu lieu. On peut y voir également une église en bois typique dédiée à Saint Michel.

Se loger

■ **KONAK MILICA**
✆ +381 64 323 8701
✆ +381 15 868 322
La nuitée avec petit déjeuner 850 dinars, la pension complète 1 500 dinars.

Deux chambres seulement : une double et une triple.

■ **KONAK MIŠIĆ**
✆ +381 15 868 231
✆ +381 64 301 4526
misicpedja@gmail.com
4 chambres chez l'habitant dont un appartement pour 4 personnes.

Se restaurer

Plusieurs possibilités pour se restaurer : Promaja, Vukovi Vajati et Vukov Gaj.

Brankovina (Бранковина)

A 11 km de Valjevo, ce village est un lieu de tourisme culturel fort couru. Prenez la route de Šabac et juste après le village de Brankovina (qui n'est pas signalé), remarquez, dans la descente, la plaque indiquant sur la gauche, en cyrillique, « Turist. Kompleks Brankovina ». Engagez-vous dans la futaie et vous arriverez rapidement au village historique reconnaissable à des haies en bois qui l'entourent. Situé dans un cadre idyllique, ce village fondé au XVᵉ siècle est devenu au XIXᵉ le berceau de la célèbre famille des Nenadović : le knez Aleksa, le voïvode Jakov et le pope Mateja, en plus des fameux Sima et Ljuba. Par ailleurs, l'école de Brankovina a accueilli sur ses bancs la poétesse Desanka Maksimović. Un ensemble qui fait que ce village est le plus visité par les Serbes. En commençant la visite par la gauche, vous découvrez l'église des saints archanges Michel et Gavrilo, construite en 1830 à l'emplacement de plusieurs petites églises en bois, brûlées par les Turcs.

Transports

▶ **Bus,** à chaque heure pile depuis la gare routière de Valjevo (140 dinars l'aller).

▶ **En taxi,** compter 500 dinars.

Se restaurer

■ KAFIĆ KOD BELOG

✆ +381 14 272 111

Si l'endroit ne propose plus de chambres, outre la tranquillité absolue du lieu, face au village mémorial, dans cette petite vallée encaissée, vous pourrez vous y restaurer d'une cuisine serbe toute simple et peu chère.

À voir – À faire

Le village de Brankovina est amené à se développer. On projette de lui adjoindre, à l'extrême droite, un village ethnologique créé de toutes pièces avec des maisons rapportées des montagnes environnantes. En outre, Brankovina organise des manifestations culturelles importantes, dont, tous les 16 mai, jour anniversaire de Desanka Maksimović, le prix de la meilleure poésie décerné dans un cadre champêtre. En octobre, le village réunit des écrivains du monde entier. Chaque fois, ces événements s'accompagnent de danses folkloriques, de concerts classiques et de représentations où des poèmes sont lus ou chantés.

■ MUSÉE DE BRANKOVINA (НАРОДНИ МУЗЕЈ ВАЉЕВО-БРАНКОВИНА)

www.museum.org.rs

Entrée 150 dinars, 300 le billet familial.

L'intérieur, assez sobre, abrite deux trésors : les manuscrits de Hadži Ruvim, ainsi que l'Ancien et le Nouveau Testament que le pope Matija rapporta de Russie. En sortant de l'église, dirigez-vous vers la gauche pour voir les tombes de knez Nenadović et de Desanka Maksimović. À droite de l'entrée principale se trouve d'abord le musée où sont exposés les livres, photographies et quelques textes de Desanka Maksimović : c'est là où elle a étudié, puisque l'école a été construite en 1895. Ensuite, on pénètre dans la vieille école primaire avec ses vieux pupitres et ses salles de cours d'époque, cartes murales et bonnet d'âne compris. Bâtie en 1834 par le diacre Matej, elle est censée présenter l'image d'une école typique de la Serbie de 1804. Enfin, on arrive à une maison carrée en bois, un *vajat*, c'est-à-dire une maison paysanne traditionnelle. Constituée d'une pièce seulement, elle était donnée en dot aux nouveaux mariés. On remarquera le métier à tisser et le lit rustique, qui faisaient partie de la dot. A côté se trouve une *vodenica*, ou roue à eau.

Valjevska Kamenica (Ваљевска Каменица)

Sur la route de Loznica, à 17 km de Valjevo, ce charmant village lové dans les vieilles montagnes du Vlašić présente de nombreux attraits. La nature y est accueillante, avec des ruisseaux qui s'écoulent le long de petites ravines, mais aussi ses pruniers et ses framboisiers typiques de la Serbie, et les multiples et longues promenades à faire entre vallées et collines.

▶ **Fête de la Saint-Pierre.** Chaque 12 juillet, les coutumes du village sont joyeusement perpétuées, autour du traditionnel *kolo*, évidemment ! À moins d'un kilomètre du village s'étend un lac, fort agréable en été. Plus au sud, près de Donji Taor, au lieu-dit Taorska Vrela, plusieurs ruisseaux se rejoignent pour former la rivière Skrapež dont le cours anime encore douze très beaux moulins à eau. Les paysannes continuent à y laver la laine à la main !

■ ASSOCIATION DES CHASSEURS BRAĆA NEDIC

Gola Glava bb

✆ +381 14 254 504 – +381 14 285 282

Elle organise la chasse au sanglier, au faisan et au chevreuil. Les produits du terroir sont à déguster sur place, mais cela dit, la particularité du village consiste à participer à la confection de conserves ou de produits artisanaux, que l'on peut emmener ensuite.

SERBIE OCCIDENTALE

■ DIVČIBARE (ДИВЧИБАРЕ) ■

Station de villégiature alpine à 38 km au sud-est de Valjevo, juchée sur les sommets du massif du Maljen, le site touristique alpin de Divčibare est situé à 980 m d'altitude et entouré des montagnes arrondies du Maljen. Divčibare est très agréable en toute saison ; un vent frais mais sec venant de Méditerranée y aère l'atmosphère et limite les pluies à 924 mm par an. Le climat est donc sec et les températures avoisinent les 18 °C en moyenne. Pendant l'été continental serbe, beaucoup montent à Divčibare chercher refuge à l'ombre des forêts et flâner dans les grandes prairies. Cette situation climatique exceptionnelle explique que le prince Miloš Obrenović ait choisi ce site dès 1822 comme lieu de villégiature en été. Bien qu'entre les deux guerres il ait fallu plus de 15 heures de train pour y accéder, Divčibare est devenue populaire dans les années 1930, et de superbes villas et chalets en bois y ont été construits par les riches Belgradois. On dit même qu'à l'époque l'unique hôtel de la station ne servait que des mets français et hongrois ! Aujourd'hui, la haute bourgeoisie est partie ailleurs, laissant de très intéressantes villas des années 1930, en bois ouvragé, sur fondations en pierre. Trois bus depuis Valjevo et un de Belgrade vous y conduisent. Mais l'intérêt principal de Divčibare est son emplacement magique, sur ce haut plateau au charme puissant mais également le fait que la station soit restée toute petite. En effet, rien à voir ici avec Zlatibor et ses centaines de villas. L'impression de vivre dans un hameau de montagne participe au charme du lieu. Et tant pis si les remontées et les pistes de ski sont peu nombreuses. Les activités sont multiples en milieu alpestre. Divčibare, c'est d'abord un merveilleux environnement propice à de longues promenades : champignons, narcisses, fraises des bois et myrtilles n'attendent que vous le long de 6 pistes balisées – plusieurs parcours de 40 minutes à 6 heures. Pour les plus sportifs, il y a aussi 4 réserves protégées en pleine forêt, avec le canyon de Crna Reka, ou la chute d'eau de Skakalo sur la rivière Manastirici.

Pendant les quatre mois enneigés d'hiver, 4 pistes de ski de 300 à 800 m de longueur vous attendent – certes, plutôt des vertes, mais le calme et les paysages valent toutes les pistes.

Transports

Divčibare est relié à la capitale serbe par la nationale via Lajkovac, Divci et Mionica (117 km) ou via Županjac, Bogovođa et Mionica (104 km). Compter 2 heures de trajet.

■ GARE ROUTIÈRE
✆ +381 14 225 043
Retour vers Valjevo à 10h45, 14h30 et 16h30. Et départs vers Belgrade à 16h50 et 18h.

© ADAM RADOSAVLJEVIC – FOTOLIA

Divčibare.

Pratique

Peu de choses pour une petite station. Néanmoins l'essentiel. Tout se passe autour de la route principale et le centre du hameau.

▶ **La poste** est en face du restaurant Pepa. Service minimum. Cabine téléphonique au centre du hameau.

▶ **Distributeur de billet :** en façade de l'hôtel Pepa.

▶ **Petit supermarché** dans le centre également.

▶ **Pharmacie en saison,** ouverte tous les jours.

▶ **Station-service** à l'autre bout de la station, en face du camping, ouverte de 9h à 16h, sauf le dimanche.

▶ **Un dispensaire** est ouvert tous les matins, sauf le week-end.

■ BUREAU DE TOURISME

✆ +381 14 277 252
www.divcibare.co.rs
Ouvert en saison.
Petit cabanon vert situé entre les commerces. Le site vous donnera un aperçu de la station (en serbe seulement...). Le bureau dépend de l'office de Valjevo.

Se loger

Plusieurs types d'hébergement dont des gîtes.

Bien et pas cher

43 familles offrent le gîte dans tout le périmètre, avec 500 lits. Réservation à l'office de tourisme, tout comme pour les nombreux chalets. Sur le site de l'office de tourisme (www.divcibare.co.rs), vous pouvez les visualiser, en cherchant le menu « privatni smeštaj », puis en cliquant sur leur numéro. A noter que la Planinarski dom, la maison de montagne, rustique comme il se doit, offre des lits à 250 dinars. Bien sûr, à ce tarif imbattable, c'est sommaire et vous dormez à plusieurs.

■ CAMPING BREZA

✆ +381 14 277 615
Avec buanderie, snack et terrains de sport. A la sortie de la station, le camping est sur la lande, mais suffisamment ombragé. Il est très bien équipé, tant en infrastructures sanitaires que pour les activités, comme le tennis ou le basket.

■ HÔTEL MALJEN

✆ +381 14 277 234
www.vujicdivcibare.com
A droite au premier carrefour où se trouvent des commerces (indiqué en cyrillique).
2 000 dinars par personne avec petit déjeuner et 2 200 en demi-pension.
Le grand hôtel socialiste de la station. Dans les bois, l'établissement a vieilli. Les 80 chambres sont tristes et vraiment simples. Piscine, salle de gym. Mais il est vrai que le tarif est imbattable. Le personnel ne parle pas anglais, et les espèces seules sont acceptées.

Confort ou charme

■ HÔTEL DIVČIBARE

✆ +381 14 277 127
www.vujicdivcibare.com
info@vujicdivcibare.com
4 600 dinars en simple, 6 100 en double.
Sur la route principale, à la sortie de la station opposée, un ancien grand hôtel a été entièrement rénové et ouvert en 2007. Le résultat est heureux. Sans êtres luxueuses, les chambres sont confortables et grandes, avec chacune sa terrasse en bois. Salle de bains avec baignoire, le tout en pleine nature. Ajoutons une vraie piscine de 10x15 m, avec vue sur la campagne. Un bel endroit, dédié au sport, avec également fitness, solarium, tables de tennis et billard. Paiement toutes cartes et distributeur Visa® ainsi que machine à changer les billets.

■ HÔTEL PEPA

✆ +381 14 277 323
www.pepa-divcibare.co.rs
Sur la route principale, à l'entrée de Divčibare.
Tarifs saisons hivernale : à partir de 2 500 dinars par personne en demi-pension.
Deux grands établissements assez récents, typiques de montagne. Des chambres tout à fait dans le ton, bois et mansarde, récentes, suffisamment vastes et agréables. La demi-pension offre une carte serbe/internationale. En saison, une pizzeria et une discothèque fonctionnent. Le personnel parle anglais et on peut payer par carte Visa®/Master Card.

Se restaurer

L'offre est limitée en raison du système de pension dans les hôtels. Vous pourrez néanmoins déjeuner ou dîner au Beli Bor, dans le centre, ou au Vidik, vers le village de Kaona, qui proposent une carte classique serbe à petits prix, 400 dinars en moyenne.

À voir – À faire

En face de l'hôtel Zmaj, la villa Narcis est la première villa de villégiature construite dans les années 1930 à Divčibare par un riche bourgeois de Belgrade. Abandonnée depuis longtemps, elle n'en demeure pas moins dans un état remarquable. Admirez ses proportions, son rez-de-chaussée en briques enduites et son étage en bois avec son balcon ouvragé. Egalement, arrêtez-vous pour visiter la charmante petite église orthodoxe tout en bois, au centre du village. Une rareté en Serbie ou même les plus petites églises sont toujours en pierre.

Sports – Détente – Loisirs

Ski

La saison court de novembre à avril, en fonction de l'enneigement. Le Ski-pass coûte 800 dinars par jour (de 10h à 16h) pour le piste Nova Staza, 600 dinars pour le Crni Vrh et 300 dinars en soirée (de 20h à 22h). C'est l'originalité de la station : une piste éclairée de nuit. 5 tire-fesses en tout mais il n'y a pas de pistes de ski de fond (℡ +381 64 000 3360). Plusieurs boutiques louent le matériel pour 400 à 500 dinars la journée.

Randonnées

Six circuits sont balisés d'un rond rouge et blanc. Cinq ne nécessitent que 40 minutes tandis que le sixième prend la journée. Malgré qu'on nous ait affirmé que le marquage était de qualité, nous avons eu bien du mal à trouver dans la station.

▶ **L'association Greenbike de Valjevo** organise des excursions écologiques ici (℡ +381 64 12 46 317 – www. greenbikevaljevo.org).

▶ **L'hôtel Pepa** et son agence touristique organisent des excursions au village de Brankovina, les visites des monastères dans les environs de Valjevo, des grottes de Potpećka et Oskarbanja, d'Ovčar banja avec le parc Terzića avlija (℡ +381 14 277 263 – agencijapepa@ptt.rs).

Les gorges du Gradac et la grotte Petnica

Les gorges de la rivière Gradac, qui s'étire au sud de Valjevo, sont une des attractions naturelles de Serbie occidentale. De nombreux méandres et une érosion importante contribuent à former, à quelques kilomètres de la ville, des canyons intéressants pour l'escalade ou la promenade. Des promenades sur des sentiers qui traversent une forêt dense, alors qu'en contrebas coulent les eaux du Gradac, pures et claires. Des sources prolifèrent dans cet environnement favorable. Nous vous proposons la promenade suivante : partez de la source du Gradac appelée Zelenaca (entre 3 et 7° C seulement) ; en suivant la source Kolovrat, vous arriverez au point dit Šareno, où l'association Gradac possède un bivouac. Une nuit à cet endroit est pleine de charme, tout près du ruissellement de trois sources et de quelques tourbillons dantesques ! La vallée du Gradac est également appréciée des pêcheurs – Degurić et Novaković sont leurs lieux favoris – et des baigneurs. Quelques roues à eau typiques de Serbie occidentale agrémentent le parcours, comme celle de Savina, magnifiée dans un poème de Milovan Glišić.

■ **ASSOCIATION ÉCOLOGIQUE GRADAC**
℡ +381 14 225 188

Spéléologie

Pour les mordus de spéléologie, une grotte encore vierge de pistes et non balisée : Petnića Petnica. A côté du village de Petnica, à 8 km de Valjevo, cette grotte est un important site paléontologique et archéologique. L'entrée de la grotte peut être visitée sans lampe ; la grotte est profonde de 580 m et présente 414 m de couloirs. Devant la grotte, dont l'entrée est impressionnante, le site a été aménagé pour le tourisme.

■ **FÉDÉRATION D'ALPINISME DE SERBIE BELGRADE**
Dobrinjska 11 ℡ +381 11 642 065

L'office de tourisme de Valjevo vous la fait visiter gratuitement, pour peu que vous disposiez d'une voiture pour emmener le guide.

KOSJERIĆ (КОСЈЕРИЋ)

Dans la vallée, en descendant du mont Maljen, si vous venez de Valjevo ou de Divčibare, Kosjerić est une petite ville championne du tourisme rural. C'est donc ce qui nous intéresse ici, tant la région, les maisons ou gîtes s'y prêtent. Ce type de tourisme, ancien en Serbie, est parfaitement rodé et peu cher.

Pratique

■ OFFICE DU TOURISME
Karađorđeva 66 ✆ +381 31 782 155
www.kosjeric.in.rs
tokos@open.telekom.rs
Le contact incontournable pour réserver, au moins une semaine à l'avance, un gîte rural.

Se loger

■ HÔTEL SKRAPEZ
Karadjordjeva 55 ✆ +381 31 781 651
skrapezkosjeric@yahoo.com
Nuitée avec petit déjeuner 2 250 dinars en simple, 1 850 en double.
En centre-ville, le grand établissement années 1970, rénové en 2011. Piscine olympique, terrains de football…

■ MOTEL IZVOR
Karadjordjeva 148
✆ +381 31 783 331
www.milijan.co.rs – milijans@nst.co.rs
Nuit 1 300 dinars.
A l'entrée de la ville en bord de route, un petit motel un peu triste, avec des chambres peu confortables et étriquées, mais à ce prix, on peut pardonner. Cela dit, son restaurant est présidé par le chef-cuisinier Milijan Stojanić qui a remporté plusieurs titres de meilleurs cuisiniers de Serbie. La déco de la salle à manger n'a pas changé depuis trente ans, mais les repas sont un régal, même s'ils vous semblent très classiques sur la carte.

Dans les environs

On vient à Kosjerić pour trouver une base de tourisme rural ! A mi-chemin entre Valjevo et Užice, et à seulement 136 km de Belgrade, cette ville est située dans une vallée entourée de villages à la forte tradition d'accueil en gîtes ruraux. La plupart de ces villages s'égrainent le long des vallées et des collines, au milieu des forêts et des prairies. De nombreuses

fêtes et des produits du terroir en vente un peu partout dans les fermes font de la région un endroit idéal pour les amateurs de vacances campagnardes. Enfin, la position géographique très favorable de Kosjerić est renforcée par la proximité des centres touristiques de Zlatibor (à 58 km au sud) et de Divčibare (à 26 km au nord).

Gîtes

En ajoutant les villages de Skakavci et Donji Taor, vous aurez un aperçu complet de l'offre en gîtes et autres chambres chez l'habitant dans la vallée. Ces gîtes (les *vajats*) sont l'atout principal de Kosjerić. Vous y serez en général très bien accueilli, et en repartirez parfois comme un membre de la famille. En principe, on réserve pour deux ou trois nuits, deux semaines à l'avance. La pension complète est en moyenne, de 1 300 dinars à 1 500 dinars, avec toujours les produits du terroir à la table : *kajmak*, *pršuta*, *rakija* et d'autres encore. Le meilleur gîte est celui de Gostoljublje, qui est même doté d'une piscine. Compter de 2 500 à 3 000 par personne pour la pension complète : www.gostoljublje.com

▶ **Taor et Skakavci :** ameublement et maison moins attractifs.

▶ **Choix large à Mionica :** des chambres moins rustiques qu'ailleurs, donc un peu trop modernes, mais des salles à manger très bien décorées, avec meubles anciens, et toujours une petite terrasse ombragée et très fleurie à l'extérieur. L'ensemble de ces gîtes se trouve, avec photos, sur des dépliants disponibles à l'office de tourisme de Kosjerić.

Mionica Kosjerićka
(Мионица Косјерића)

A 9 km de Kosjerić et à une altitude de 920 m, il est construit à flanc de colline. Tout autour du village s'étendent prairies et pâturages alors qu'au pied même de sa colline, la Subjela, prend sa source la Mionica, connue des pêcheurs pour ses poissons d'eau limpide (goujons, ablettes). Les habitants s'adonnent principalement à l'élevage porcin et ovin et à la production de fruits. Mionica est notamment réputée en Serbie occidentale pour ses prunes et sa rakija. Vous pourrez y participer à la distillation de l'alcool de prune en alambic, à la moisson des blés et à la cueillette des fraises et des myrtilles.

Seča Reka (Сеча Река)

C'est le village à ne pas manquer ! Situé à 7 km à l'ouest de Kosjerić et lauréat de la Fleur du tourisme. Sa situation géographique est parfaite. Les habitations sont disséminées sur un relief vallonné, au pied de la colline de Grad, à une altitude de 520 m. Les champs très verts et une organisation en parcelles forment une vision enchanteresse. Traversé par le Sečica, rivière très poissonneuse, Seča Reka se trouve au cœur d'un paysage de montagnes arrondies et ondoyantes, offrant de nombreuses possibilités de randonnée. Et, ce qui ne gâte rien, vous y verrez une église en bois du XVe siècle, en forme de bateau scandinave, perchée sur un promontoire et comme venue d'ailleurs ; remarquez à l'extérieur ces stèles très particulières, que l'on appelle ici des « hommes debout », car elles épousent la stature des défunts qu'elles représentent. A l'intérieur, quelques manuscrits de la Renaissance et deux objets liturgiques du XVe siècle. En continuant vers Kostojevići pour atteindre le parc national de Tara, vous suivrez des lignes de crête offrant plusieurs très beaux points de vue. Fin juillet, la municipalité de Kosjerić accueille la Journée du berger, ou Čobanski Dani, aux représentations folkloriques typiquement serbes, avec la danse du kolo, des chœurs et des poèmes chantés. Une fête admirable par les costumes brodés – dont certains très anciens – portés par les participants et par la diversité des plats traditionnels serbes qui y sont servis.

■ PARC NATIONAL DE TARA (НАЦИОНАЛНИ ПАРК ТАРА)

A l'extrême ouest de la Serbie, bordant le fleuve Drina qui sépare le pays de la Bosnie, le parc national de Tara est un site majeur qui regorge de beautés naturelles. Situé à 162 km de la capitale serbe, ce massif montagneux s'étend sur 19 175 ha et compte parmi les sommets les plus importants de Serbie : le mont Stolac culmine à 1 673 m, suivi par le Zborište à 1 544 m. Formé voilà 600 millions d'années, cet ensemble de jeunes montagnes a fait, pendant longtemps, partie de la mer Pannonienne. Ce qui explique une orographie très accidentée, avec des reliefs changeants, mais aussi une faune et une flore très riches en espèces rares. En résultent de nombreuses vallées encaissées, comme la Brusnica ou la Derventa, avec des canyons, le plus important étant celui de la Drina. Enfin, deux lacs en altitude complètent le tableau. L'un, Perućac, dessert une centrale hydroélectrique ; l'autre, Zaovine, situé au cœur du parc, est d'une grande beauté, avec ses eaux vert émeraude et sa parfaite quiétude.

▶ **L'itinéraire qui fait le plus rapidement entrer dans l'univers du parc** est celui qui part de la petite ville de Bajina Bašta, longeant la Drina jusqu'au lac de Perućac. Là, prenez la route à gauche – sans aucune indication, mais prenez la direction vers la montagne – et montez jusqu'au sommet. C'est une véritable route de haute montagne, à flanc de falaise, très impressionnante. Une vue magnifique sur la Drina et la Bosnie s'offre à vous.

▶ **On s'engage ensuite dans la forêt** si caractéristique du parc de Tara, avec ses grands arbres, et là, on laisse la voiture pour s'engager sur des chemins balisés : plusieurs grottes sont indiquées – Jabučka, Kozja ou Todosina pećina –, et des élans et des ours hantent les parages ! A quelques kilomètres se trouvent les bungalows de Mitrovac et des alpages de toute beauté. Ensuite, en reprenant votre chemin, vous vous dirigerez vers le lac de Zaovina, que l'on peut contourner dans les deux sens, formant une boucle la route vous ramène toujours au même endroit. Puis la route vous conduira vers les hôtels et les lieux historiques. A ce sujet, l'ensemble des routes du parc sont bien indiquées par des panneaux triangulaires jaunes (mais en cyrillique). Dans tout le parc, pas moins de 18 sentiers balisés font la joie des trekkeurs – pistes à parcourir entre 2 et 8 heures.

▶ **Pour les amateurs de sensations fortes,** à partir de Mitrovac – où on peut établir son camp de base – divers sites sont accessibles vers l'ouest du parc, avec l'aide d'un guide ou d'une bonne carte. Plusieurs maisons alpines ou forestières peuvent vous offrir le gîte sur ce périple. Les principaux points d'intérêt sont tous à l'ouest de Mitrovica : sur le mont Zvezda, une grotte magnifique, la Topla Pećina, avec stalactites et stalagmites ; sur la rivière Beli Rzav, les spectaculaires cascades de Veliki

Skakavac ; enfin, deux beaux canyons, mais bien différents l'un de l'autre. Sur la Drina, on parcourt en raft ou en kayak des paysages de montagnes jeunes, de lacs et de rivières. Sur la Brusnica, les paysages sont moins grandioses, mais les cascades et les chutes d'eau sont nombreuses. On peut aussi escalader les parois très resserrées.

▶ **Dernière activité possible, le tourisme culturel,** avec la visite du site archéologique de Steci à Perućac, du site romain de Kulina à Solotnik, et du site médiéval avec le monastère de Rača à Kaludjerska Bara. Au même endroit, un petit mais très intéressant village tradition-nel, avec ces maisons si typiques de Serbie occidentale. Enfin, en redescendant vers la métropole régionale d'Užice, le mémorial de Kadinjača : un ensemble de stèles et un parcours inaugurés en 1979, en l'honneur des combattants du bataillon ouvrier d'Užice abattus à cet endroit, le 29 novembre 1941, par les nazis.

BAJINA BAŠTA (БАЈИНА БАШТА)

La petite ville de Bajina Bašta, près de la Drina est le centre administratif de la région et du parc.

C'est donc ici que vous viendrez pour tous les aspects pratiques si vous séjournez dans le parc. Notamment pour effectuer vos courses.

Transports

■ GARE ROUTIÈRE
Place Raketa ✆ +381 31 865 485
Sur cette place, située au bout de la rue Svetosavska, se trouvent les bus, les taxis et une station d'essence.

▶ **Bus vers Belgrade :** 5h, 6h30, 9h00, 15h15 et 18h15. 840 dinars.

▶ **Mitrovac (centre du parc national) :** 6h, 13h, 20h30. 170 dinars.

▶ **Tara :** 6h, 7h, 9h30, 13h, 15h15 (sauf le week-end), 17h30 et 20h30. 110 dinars.

▶ **Perućac :** toutes les heures de 6h30 à 20h30. 80 dinars.

Pratique

■ BANQUE COMMERCIALE
Svetosavska 30 ✆ +381 31 851 653
Ouverte de 8h à 16h.
Tous les distributeurs et banques sont dans la rue principale, Knez Milana Obrenovića. Un bureau de change est au 12.

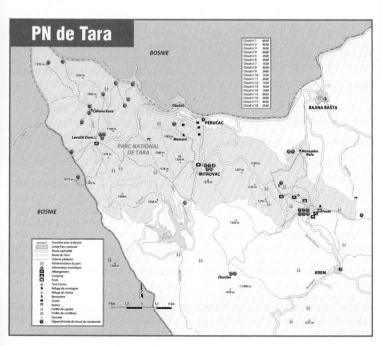

■ **HÔPITAL**
✆ +381 31 851 966 – +381 31 851 094

■ **PARC NATIONAL DE TARA**
(НАЦИОНАЛНИ ПАРК ТАРА)
Milenka Topalovica 3
✆ +381 31 863 644
www.nptara.rs – office@nptara.rs
Le parc de Tara est certainement le plus beau de la Serbie et l'un des principaux des Balkans, riche d'une grande variété d'espèces animales et végétales. Côté faune montagnarde, tous sont là : ours pesant jusqu'à 250 kg, chamois se réfugiant sur les hautes parois, lynx habiles et aigles téméraires. Egalement des loups, des renards, des sangliers et... des hérissons. Enfin, plus de 150 espèces d'oiseaux vivent et croissent en toute liberté dans le parc, avec quelques espèces préservées car en voie de disparition. Quant à la flore, elle est représentée par une forêt omniprésente, composée d'arbres alpins très hauts et vert foncé : sapins élevés, pins jusqu'à 150 ans d'âge, mélèzes flamboyants et nombreux hêtres. Mais le plus étonnant, c'est la fameuse *pančićeva omorika* : un sapin qui ne pousse que dans ces contrées reculées, et qui atteint des hauteurs considérables grâce à une orographie particulière. Enfin, plus de 1 000 espèces de fleurs sont ici présentes, soit un tiers des espèces poussant sur le territoire de Serbie ! Des narcisses et des violettes que l'on rencontre dans toutes les Alpes, jusqu'à des espèces protégées endémiques de la région : le *božur* si violet ou le *jeremičak* aux couleurs blanc et ocre.

■ **POSTE**
Vuka Karadžića 7
✆ +381 31 851 252
Ouverte de 7h à 19h.

Se loger

■ **HÔTEL DRINA**
Trg Dušana Jerkovića
✆ +381 31 852 452
www.hoteli-tarabb.com
hotelitarabb@ptt.rs
2 000 dinars en simple et 3 600 en double, avec petit déjeuner. Paiement Visa® et Maestro. Fermé en hiver.
Rénové récemment, le seul hôtel dans le centre-ville. Si les 80 chambres ont été (mal) refaites, leur simplicité confine au dépouillement, avec un mobilier vraiment bas de gamme. A noter cependant la clim. C'est beaucoup mieux au restaurant, intéressant et pas bien cher.

■ **VILLA DRINA**
Perućac ✆ +381 31 859 333
www.hoteli-tarabb.com
2 100 dinars en simple, 3 800 en double, avec petit déjeuner. Fermé en hiver.
Dans une maison bourgeoise de 1920, superbement restaurée, voici un établissement de charme. A 13 km de Bajina Bašta, au bord de la Drina en remontant vers le barrage, les 11 chambres sont petites mais agréables, aux couleurs saumon, bien équipées (wi-fi, clim, minibar, TV écrans plats...) et de qualité. L'endroit est en outre parfait, au bord de la Vrelo, une rivière qui fait dit-on, 365 m de long, comme autant de jours dans l'année.

À voir – À faire

■ **MONASTÈRE DE RAČA**
(МАНАСТИР РАЧА)
Monastère de Rača
A 6 km au sud de Bajina Bašta (suivre les indications), au fond d'une petite vallée encaissée au pied du parc national, ce petit monastère est un havre de paix, propice à la méditation. Sa fondation est attribuée au roi Dragutin au XIIIe siècle. Détruit et déserté en 1690, il sera reconstruit un siècle plus tard. Sa petite église et sa grande tour carrée lui donnent une aura que la montagne accentue. De là, deux chemins de randonnées balisés mènent au sommet du parc. Le premier monte le long du torrent Tara et mène au lieu-dit Slivovica sur le plateau. C'est le sentier n° 4. L'autre y mène également mais par le petit monastère de Stanovni. C'est le sentier n° 3.

MITROVAC (МИТРОВАЦ)

Véritable cœur du parc, le hameau de Mitrovac est le point de départ des randonnées mais aussi un endroit authentique pour dormir. Pour trouver Mitrovac depuis le sud, en venant de Užice par exemple, arrivé au sommet du parc, tournez à gauche après le chalet Zeleni Čardaci, puis suivez la route sur 15 km dans la forêt. Dans un virage, sans indications, se trouve Mitrovac. C'est d'ici que vous partirez pour les plus belles balades, comme celle autour du lac Zaovina (suivre le panneau pour Spajići). Une maison d'information du parc se trouve dans le hameau, à coté du Lovački Dom. Depuis Mitrovac, prenez le chemin de droite à la fin du hameau en suivant le panneau Banjska Stena. En 2 heures de marche, à travers les plus beaux paysages du parc, vous arriverez au point de vue le plus connu : sur un promontoire rocheux aménagé, vous dominez les gorges de la Drina de plusieurs centaines de mètres. C'est le sentier n° 9.

Transports

■ GARE ROUTIÈRE
✆ +381 31 865 485
Si vous n'avez pas de voitures, rien n'est perdu ! Au départ de Bajina Bašta, des bus se rendent à Mitrovac : 6h, 13h et 20h20. Retour depuis Mitrovac : 6h50, 13h et 21h15. Tarif 170 dinars.

Pratique

■ CENTRE VISITEURS
Mitrovac ✆ +381 31 863 644
www.nptara.rs – office@tara.org.rs
Ouvert de 8h à 20h en été, 8h 14h en hiver.
Toute neuve, la maison du parc, dans le centre du petit bourg, s'adresse aux touristes. Vous y trouverez une documentation complète, les infos pour l'hébergement, les cartes détaillées du parc avec les chemins de randonnée et toute l'aide désirée. Au 1er étage, une petite expo de la faune et flore du parc. D'autres bureaux se trouvent à Perućac, à l'entrée du parc, et à l'hôtel Omorika.

Se loger

Entre les deux hôtels, une maison propose deux chambres. Signalée par un panneau ✆ +381 31 859 601. D'autres sont disséminées sur les routes. Dans les établissments qu'on vous propose par la suite, vous dormirez aussi dans l'ambiance « montagne » :

■ CHALET
✆ +381 64 847 5986
Un chalet récent propose des chambres simples mais très correctes ainsi qu'un appartement. Celui-ci est à 3 000 dinars tandis que les chambres sont à seulement 710 dinars par personne en chambre de 2 et 660 dinars en chambre de 3. Réservation à la maison du parc.

■ LOVAČKI DOM
✆ +381 31 859 722
700 dinars la nuit sans petit déjeuner.
La maison des chasseurs est un vieux chalet. Les chambres sont sommaires et minuscules mais à ce tarif, rien à dire ! Le petit restaurant du vieux chalet vaut le détour également. On y mange simple pour pas cher mais surtout, c'est de l'authentique absolu. Même les clients sont les mêmes depuis 50 ans, et la rakia est parfois leur boisson préférée dès le matin...

■ RAČANSKA ŠLJIVOVICA
Ce lieu-dit, entre Mitrovac et Kaludjerske Bare, dispose d'une maison hébergement, là aussi gérée par la maison du parc, où vous réserverez 4 appartements de 2 à 4 lits pour 3 000 dinars. Pour tous ces hébergements, le paiement s'effectue seulement en espèces.

KALUĐERSKE BARE (КАЛУЂЕРСКЕ БАРЕ)

Sur la route principale qui traverse le parc se trouvent les deux grands hôtels et le centre pour toutes les activités qui rayonnent ensuite. En venant de Bajina Bašta au nord ou de Užice/ Mokra Gora au sud, vous ne pouvez les rater. C'est également ici que quelques commerces et des boutiques d'artisanat se trouvent.

Se loger

Des chalets ou gîtes sont disponibles dans ce secteur. Deux contacts pour les louer : les bureaux du parc et l'agence Taratours de Bajina Bašta. C'est le plan le plus sympa dans le parc. Mais vous avez aussi des hôtels classiques :

■ BELI BOR
✆ +381 31 593 852 – www.hotelitara.com
2 550 dinars en simple, 4 300 en double, en pension complète.
Le petit frère de l'Omorika, à quelques centaines de mètres. Presque aussi imposant, dans un style plus classique. Pour les deux, un seul courriel – planinatara@ptt.yu

■ HÔTEL OMORIKA
✆ +381 31 593 530
www.hotelitara.com
direktor@hotelitara.com
A partir de 2 800 dinars en simple, 4 400 en double (tarifs en demi-pension obligatoire).
En été, les tarifs sont un peu plus élevés. Il s'agit d'un immense hôtel, en deux bâtiments étranges aux toits en acier. Datant des années 1970, l'Omorika se fatigue doucement faute d'investissement. Pour autant, les chambres sont spacieuses et bien meublées, avec une vue superbe sur le parc. Une belle surprise dans le contexte. L'hôtel est très bien équipé pour la détente avec une vraie grande piscine, sauna, billards, salle de cinéma, bowling, etc. Distributeur de billets dans le hall et même une poste ouverte de 7h à 14h (12h le samedi). Boutique et journaux. Ajoutez un poste Internet et l'hôtel est une vraie ville à lui tout seul. Paiement Visa® possible.

■ ZELENI ČARDACI

℡ +381 31 311 9002 – +381 64 209 1514
www.zelenicardaci.net
zelenicardaci@sbb.rs
*De 30 à 65 € le chalet pour 2 personnes et
jusqu'à 160 € pour 4 personnes en été.*
Sur la route de Mitrovac, 3 km après les grands
hôtels, on a inventé un nouveau concept ici : le
chalet de montagne version branchée et luxe.
Et neuf bien sûr. Le résultat est très sympa. De
beaux chalets pointus, dans une pinède de toute
beauté. Du bois, encore du bois pour une ambiance
intérieure chaude, traitée avec goût et parfaitement
équipés. Le petit déjeuner se prend dans le chalet de
la réception. Ajoutons que l'on peut vous proposer
toutes les activités du parc, balades, cueillettes,
vélo, ou descente de la Drina. Réservation indispensable et – seule faute de goût – le paiement se
fait toujours uniquement en espèces.

PREDOV KRST
(ПРЕДОВ КРСТ)

A l'extrême ouest du parc se trouve le sommet
de Predov Krst à 1 140 mètres. C'est la route
directe qui monte depuis le bout du lac de
Perućac qui vous mène jusqu'ici. Vous pouvez
également rejoindre Predov Krst depuis les
autres sites du parc par la route. D'ici partent
5 sentiers de randonnées. C'est également
ici, à 1 080 m d'altitude que le centre de la
réserve animalière se situe. La maison du
parc s'y trouve et, si elle n'est pas destinée à
recevoir les touristes, devrait pouvoir vendre
la carte détaillée du parc, indispensable pour
y randonner. Car si les sentiers sont théori-
quement bien balisés, dans la pratique il en va

autrement. L'hôtel de montagne Era propose
du reste un guide à partir de 10 personnes,
tout comme la maison du parc.

Se loger

■ MAISON DE CHASSE ERA

℡ +381 31 861 290
*1 000 dinars par personne, 1 300 en demi-pension
et 1 500 en pension complète (tarifs indicatifs, il
n'y avait personne lors de notre passage)*
Un petit hôtel de 29 lits, seul dans le secteur
le moins fréquenté du parc, c'est une aubaine.
Les chambres sont simples mais avec ce
caractère que procure le bois du sol au
plafond. Petites, on s'y sent comme dans
un refuge qui aurait soigné ses prestations.
Un bel endroit pour sentir la nature, à petits
prix. Paiement en espèces, et vos rudiments
de serbe seront fort utiles. Le restaurant de
l'hôtel est dans la même veine. Intéressant et
authentique, à prix doux : la truite à 200 dinars
ou bien encore le ragoût à 380.

■ MAISON DE MONTAGNE

℡ +381 31 864 568 – +381 65 847 5208
www.tara-planina.com/planinarska_kuca.html
josiptara@ptt.rs
Derrière la maison du parc.
800 dinars par personne.
Ce n'est pas cher et l'endroit est magique. Un
gros chalet ancien, avec des chambres certes
petites (de 2 à 6 lits) mais pas désagréables,
et un propriétaire, Milenko, très sympa. La
salle de restaurant est aussi un lieu de vie, et
si vous demandez la veille à Milenko, il vous
prépare le repas que vous voulez. En outre,
il offre des prestations de guide.

Point de vue Banjska Stena.

Sports – Détente – Loisirs

Sports et loisirs

C'est l'office de tourisme de Bajna Bašta et le bureau du parc à Mitrovac qui auront la vision la plus large des activités dans le parc. C'est bien entendu le parc national qui rassemble le plus d'informations : www.tara.org.rs – Deux bureaux destinés aux touristes sont ouverts en saison. Le premier, au bout du lac de Perućac, derrière le tunnel, avant de monter vers Predov Krst. L'autre se trouve à Mitrovac.

Randonnées

C'est l'activité de base. Les circuits se trouvent sur la carte détaillée (indispensable) que vous fourniront les bureaux du parc. Une vingtaine de chemin, de 45 minutes à 6 heures 30, numérotés et bien balisés nous a-t-on assuré... A ce sujet, s'il est un chemin à parcourir en priorité, c'est celui qui part de Mitrovac et jusqu'au point de vue Banjska Stena : à 1 024 m de hauteur, l'on domine la Drina depuis une falaise abrupte et tout le paysage, et notamment les montagnes de Bosnie. Ce circuit fait 7 km.

Cheval

C'est nouveau et c'est le bureau du parc à Mitrovac qui l'organise : vous effectuez différents circuits dans le parc, à cheval, avec un guide : 1 à 3 heures (10 à 15 km) pour 1 500 dinars, 4 à 6 heures (environ 30 km) pour 2 700 dinars, un programme week-end de 9 heures (45 km) à 3 900 dinars et même un programme semaine de 110 km à 9 500 dinars. Les prix s'entendent par personne, et il faut constituer des groupes de minimum 4 cavaliers et jusqu'à 8. Une très belle idée pour découvrir le parc ! Contact au bureau du parc à Mitrovac (℡ (031) 863 644 – www.tara.org.yu).

Vélo

En plein essor, l'activité se structure avec ses propres circuits (420 km de pistes cyclables). Un CD rom concernant les détails sur les pistes est disponible aux points d'informations du parc national.

■ MAISON DE MONTAGNE

℡ +381 31 864 568 – +381 65 847 5208
www.tara-planina.com/planinarska_kuca.html
josiptara@ptt.rs
Derrière la maison du parc.
Propose diverses activités : moutain bike (guide à 1 500 dinars), rando avec guide, canyoning et chasse et pêche. Exemple de tarifs : un guide sentier pour la journée est à 1 000 dinars pour un petit groupe. Même chose pour la pêche. Le canyonning vous coûtera 3 000 dinars. Et enfin, descente en rappel et en cordée, vers le canyon de Tara, à 2 000 dinars la journée.

■ PLANET BIKE

℡ +381 31 863 644 – nptara@ptt.rs
Spécialiste du vélo !

■ SPORTSKO TURISTICKI CENTAR

Kneza Milana Obrenovića 34/2
à Bajna Bašta ℡ +381 31 865 370
office@stc-bajinabasta.com
Spécialisée dans le sport, elle pourra vous faire descendre le canyon de la Drina en raft.

■ TARATOURS

Svetosavska 80 à Bajina Bašta
℡ +381 31 861 501
www.taratours.rs – office@taratours.rs
Propose quantité d'activités structurées.

PERUĆAC (ПЕРУЋАЦ)

Au pied du massif de Tara, le lac de Perućac est un lac artificiel sur le fleuve Drina. Il est constitué par un barrage en amont du village de Perućac. Sa beauté naturelle fait croire à un lac naturel et sauvage, dû à son emplacement, au sortir du canyon de la Drina. Il suffit de longer la Drina en amont depuis Bajina Bašta pour le trouver. De là, deux routes pour le parc. La première vous mène à Mitrovac. Si vous continuez jusqu'au bout, après la maison du parc et un tunnel, vous grimperez par une petite route extraordinaire vers l'ouest du parc, via le village Rastište en suivant la rivière Derventa. Vous arrivez au site de Predov krst à 180 m.

Se loger

■ BUNGALOWS

2 000 dinars pour deux, 4 000 pour quatre.
Derrière l'hôtel Jezero, quelques petits bungalows tout équipés, tout en bois et très pointus. C'est très sympa et moins cher que l'hôtel. Les bungalows dépendent de l'hôtel.

■ HÔTEL JEZERO

Perućac ℡ +381 31 859 081
Tarifs demi-pension : 1 950 dinars par personne en chambre double.
Impossible de rater ce grand établissement des années 1970 qui domine le lac. Comme souvent, tout date ici, les chambres comme le reste. C'est donc plutôt triste et sans surprise et les chambres sont petites. Paiement toutes cartes.

© ISTOCKPHOTO.COM/LOOODYSHESHIRDZUA

Lac de Peručac.

Sports – Détente – Loisirs

▶ **Les activités sont bien sûr nautiques.** Deux bateaux de promenade d'une trentaine de places effectuent des balades. Le Drina et le Balkan Express remontent le canyon de la Drina. Un autre, de 60 places également. Leur point de départ est en contrebas de l'hôtel Jezero. Surtout, un projet intéressant existe : remonter tout le canyon de la Drina, jusqu'au fameux pont de Višegrad en Bosnie, soit 52 km. L'hôtel Jezero et l'agence Tara tours à Bajina Bašta informent sur le sujet.

▶ **Plus sportif,** vous pouvez descendre le canyon de la Drina avec l'agence Tara tours. (voir Activités, ci-dessus).

▶ **Location de VTT** à l'hôtel Jezero.

▶ **À noter que si vous passez par ici autour du 22 juillet,** de grandes régates sont organisées.

▬ ZLATIBOR (ЗЛАТИБОР) ▬

Zlatibor est devenue au fil des années la station de villégiature la plus fréquentée de Serbie. Cet ensemble de vieilles montagnes et de grandes prairies vertes forme un milieu d'une beauté très particulière. Les nombreux ruisseaux et sources d'eau ainsi que les forêts de pins majestueux ont contribué à forger le nom de Zlatibor : *zlato* signifiant « doré » et *bor* signifiant « pin ». Le climat doux de la station, avec des étés ensoleillés et à températures moyennes, et des hivers longs mais cléments, attire depuis longtemps les touristes. Situé sur l'axe reliant Belgrade au Monténégro, le complexe touristique de Zlatibor est joignable facilement par une nationale très large et confortable venant d'Užice, ou par une navette de bus de la même ville.

Géographie

Situé à une hauteur de 1 000 m, Zlatibor est entouré de quatre monts à 1 500 m d'altitude en moyenne. Zlatibor est donc un massif montagneux très étendu, avec des paysages de pâturages, de forêts de pins et de collines arrondies que l'on ne rencontre qu'ici. Emir Kusturica a voulu honorer ce paysage en y tournant son dernier film, *La vie est un miracle*. On y reconnaît bien ces montagnes très boisées couvertes de maisons pastorales et ces nombreux cours d'eau. Autour de Zlatibor coule ainsi le Veliki Rzav, qui est la rivière la plus pure en Serbie. Mais Zlatibor détient aussi des sources d'eau minérale, comme celle du village de Rožanstvo, au lieu-dit Spa, ou la source de Bela Voda aux vertus médicinales. Enfin, deux lacs de montagne, bien qu'artificiels, viennent renforcer le caractère apaisant du paysage : celui situé au centre du complexe touristique et celui de Ribnica, près de la rivière de Crni Rzav. Jusqu'à 600 m d'altitude croissent plus de 100 espèces différentes d'herbes et de fleurs de montagne ; au-dessus, le paysage est dominé par des conifères : pins blancs et noirs, sapins, mélèzes. Lors de vos promenades par monts et vallées, vous aurez peut-être la chance de croiser ours et loups qui se cachent dans les hautes forêts ; plus bas, vous verrez certainement renards, lapins et sangliers.

Histoire

Connu d'abord sous le nom de Rujno, ce site était déjà la destination privilégiée de l'aristocratie turque et des commerçants enrichis au XVIIIe siècle. Attirée par son bon air et par ses paysages si particuliers de collines aux verts pâturages, l'élite de Serbie en fait sa résidence d'été et Rujno devient petit à petit un lieu de villégiature prisé. Mais le tourisme s'y développe vraiment à partir du moment où Alexandre Obrenović, roi de Serbie, vient passer quelques journées de repos sur les collines de Kulašavec, en 1893 : il suffit alors de quelques pique-niques improvisés et de leur aura princière à Belgrade pour que les « gens bien » s'y précipitent pour construire villas et résidences d'été. Autour de 1900, l'habitude est née de construire ou de séjourner à Kraljeve Vode, là où le roi Alexandre organisait ses déjeuners sur l'herbe. En 1908, un autre roi, Petar Karadjordjević, y vient pour raisons de santé. C'est à partir de ce moment que Zlatibor devient également un centre de repos et de cure pour les maladies de poitrine et nerveuses, grâce à son air pur et sa quiétude olympienne. Les hôtels pour curistes commencent à se construire, comme le Srbija et le Čigota, les premiers établissements bâtis à Zlatibor et qui perpétuent de nos jours encore la tradition. Dans les années 1930, de grandes agences touristiques comme Putnik commencent à construire leurs propres hôtels et lancent le tourisme d'hiver. Depuis, on y pratique balades en traîneau ou ski alpin – deux petites pistes bleues – pour se faire plaisir. La dernière phase de l'essor de Zlatibor a lieu dans les années 1960, lorsque le pouvoir communiste décide de populariser la station thermale. Des terrains de sport et des piscines dans quelques hôtels en font une station sportive par excellence : écoles, clubs et entreprises y développent un tourisme de masse.

Transports

■ GARE ROUTIÈRE DE ZLATIBOR

✆ +381 31 841 244

Un bus en moyenne toutes les 30 min pour Užice à 200 dinars, d'où partent trains et bus pour Belgrade et le reste de la Serbie. Egalement, 16 bus directs quotidiens pour Belgrade de 5h45 à 23h (de 500 à 1 060 dinars, le moins cher étant celui de la compagnie Feniks à 10h). La plupart des billets s'achètent au chalet Zlatex devant la gare.

■ RENT A CAR ALEX

Tržni centar « Vila Jezero »
✆ +381 31 848 131
www.rentacaralex.com
office@rentacaralex.com
De 9h à 15h. A partir de 3 800 dinars par jour.
Dans la rue qui monte, à l'arrière du centre.

Pratique

Tous les services ci-dessous se trouvent dans Tržni Centar, le centre de Zlatibor, composé principalement de chalets en bois, près du lac. Ne comptez pas sur des adresses précises, il faudra chercher un peu, mais le centre est petit.

■ KOMERCIJALNA BANKA

Ouverte toute l'année. Horaire en fonction de la saison. Distributeur Visa®/Maestro/Eurocard. Bureau de change en face de la gare de bus. Distributeur Alpha Bank en face du lac.

■ OFFICE DU TOURISME DE ZLATIBOR

✆ +381 31 845 103
✆ +381 64 851 76 56
www.zlatibor.org.rs
infocentar.zlatibor@gmail.com
Une mine d'informations sur les activités sportives et l'offre hôtelière de Zlatibor. C'est ici qu'il faut s'adresser aussi pour l'hébergement chez l'habitant. Egalement, les guides attitrés pour les promenades et les découvertes spéléologiques des alentours. La maison d'information se trouve sur le petit boulevard circulaire du centre, Tržni Centar. A l'entrée du village sur la droite.

■ POSTE

Près du lac, coté centre
7h 19h. 15h le samedi.

Se loger

Une offre hôtelière pléthorique, et qui ne cesse de grandir, car Zlatibor est le complexe touristique le plus important du pays. Faites jouer la concurrence et visitez deux ou trois hôtels avant de vous décider, il y aura toujours une chambre libre. Sans oublier les innombrables villas. Attention, les prix varient en fonction de la saison et seront majorés en été. Ceux indiqués ici concernent l'hiver. Surtout, outre les hôtels, le choix est vaste en villa, ce sont de grandes maisons de montagne. Elles n'ont pas toutes de restaurant et datent pour la plupart des années 1980. Vous avez également un bon choix en appartements.

SERBIE OCCIDENTALE

Pour dominer les montagnes de Zlatibor: www.hotel-president.biz

Bien et pas cher

A Zlatibor, l'office de tourisme vous mettra en contact avec des particuliers louant des chambres. Vous pouvez aussi appeler directement les numéros suivants ✆ +381 31 841 646 − +381 31 848 015 ou +381 31 845 103. Compter de 800 à 2 000 dinars la nuit (selon la catégorie, chambres avec accès privatif à la salle de bains) et 2 000 la pension complète. C'est beaucoup moins qu'à l'hôtel. Et si vous disposez d'une voiture et trouvez le centre de Zlatibor un peu trop branché (il l'est…), vous pouvez dormir chez l'habitant dans les villages environnants, voire même en pleine campagne, dans des maisons de pays. L'office du tourisme met à votre disposition une brochure complète, avec photos, pour le tourisme rural.

■ HÔTEL PRESIDENT***

Kamalj ✆ +381 31 841 386
www.hotel-president.biz
hotel.president@seval.rs
2 645 dinars par personne en demi-pension et 3 005 dinars en appartement. Gratuit pour les enfants de moins de 2 ans. Les prix varient selon la durée du séjour. Taxe communale de 100 dinars (environ 1 €) par personne et par jour non incluse dans les prix. Cartes de crédit acceptées.
Neuf chambres. Six appartements. Balcons (voir même terrasses) avec vue et grand lit pour l'ensemble des habitations. Un chalet à 10 minutes du centre, à 990 m sur les pentes du mont Kamalj. Environnement parfait ici, la nature est reine. Le chalet est certes moderne, comme les chambres, mais tout est vaste, confortable et bien équipé. A ce prix, une très bonne adresse. Calme garanti. Restaurant de cuisine traditionnelle avec d'excellentes spécialités montagnardes de la région.

■ MAISON DE VACANCES RATKO MITROVIĆ

✆ 841 369
Demi-pension en chambre 2 250 dinars pour un, 3 250 en appartement.

Un bel établissement aux chambres simples mais confortables : boiseries, couleurs rouges, etc. Les salles à manger sont agréables. Un réel confort dans un bel environnement. Surtout, possibilité de louer des appartements avec salon et coin cuisine. Paiement Visa®, parking.

■ PANSION ŽUNIĆ

✆ +381 31 842 353
Compter 1 500 dinars la pension complète ; repas à 800 dinars.
Situées à la périphérie du complexe touristique dans un rayon de 800 m − le centre de Zlatibor est très petit −, ces auberges offrent un bon compromis. Chacune d'entre elles propose une vingtaine de chambres correctes dans de petites maisons typiques ; toutes ont une salle de restaurant et une terrasse.

■ SE LOGER DANS LES VILLAGES

✆ +381 31 835 436 (Rožanstvo)
✆ +381 31 835 023 (Sirogojno)
✆ +381 31 870 187 (Gostilje)
Nuit de 600 à 800 dinars, pension complète de 1 600 à 2 000 dinars par jour.
Dans tous ces villages que nous vous conseillons de visiter, des possibilités de logement chez l'habitant et des gîtes ruraux sont à disposition. Non vérifiés par nos soins, mais un contrôle fréquent est exercé par l'office du tourisme.

Confort ou charme

■ HÔTEL BRAĆA SEKULIĆ

✆ +381 31 841 864
www.bracasekulic.co.rs
bszlatibor@eunet.rs
2 000 dinars par personne en chambre, la demi-pension.
Situé un peu en retrait du centre, à 300 m de la station de bus, un hôtel au pied des pistes. En face des collines Obodujevica, vous serez entouré d'un paysage attrayant toute l'année et, en hiver, à 50 m des deux pistes de ski du complexe touristique. Un service impeccable

t toujours souriant. Une salle de restauration
qui offre un panorama apaisant et verdoyant.
Les chambres présentent un bon compromis :
ts de grande taille, coin salon et bureau,
alle de bains à l'italienne, avec une grande
baignoire en arc de cercle. Bref, une des
meilleures adresses à ce prix.

■ HÔTEL PALISAD

Naselje Jezero bb ✆ +381 31 841 161
www.palisad.rs – prodaja@palisad.rs
*Tarifs pour la demi-pension : à partir de
3 000 dinars en simple, de 4 600 à 8 600 en
double, à partir de 3 000 (par personne) en
appartement.*
Le grand établissement de Zlatibor, en plein
cœur du complexe. Belle salle de restauration, avec souvent des concerts de musique
traditionnelle. Des chambres spacieuses
ornées de boiseries. Le seul inconvénient
est le gigantisme (plus de 250 chambres) et
a déco, comme la fraîcheur de l'ensemble, est
un peu dépassée. Mais toujours une ambiance
de station.

■ INSTITUT ČIGOTA

✆ +381 31 597 236 – +381 31 841 141
www.cigota.rs
hotelcigota@gmail.com
*Nuitée avec petit déjeuner 4 100 dinars en
simple, 3 100 en double. Forfait à la semaine
possible.*
Au-dessus de la rivière du même nom, le
premier établissement construit à Zlatibor.
Dans les années trente déjà, on y venait pour
se reposer et soigner des maladies respiratoires. Equipement au top et spécialistes de
choc pour soigner certaines maladies du
métabolisme et de la glande thyroïde. Čigota
est spécialisé dans l'entretien du corps et les
régimes amincissants. Chambres superbes,
offrant tout le confort, et belles salles de
restauration, au calme. Piscine couverte et
sauna.

Luxe

■ HÔTEL MONA***

Naselje Jezero 26
✆ +381 31 841 021
www.monazlatibor.com
hotel@monazlatibor.com
*Tarifs en demi-pension : 7 700 dinars en
simple, 9 400 en double. Paiement toutes
cartes.*
Récemment réaménagé, ce grand hôtel est très
agréable et classique pour un établissement
de montagne. Mais ici tout est d'un excellent

niveau, tant dans les chambres qu'ailleurs. La
liste des prestations y est par ailleurs assez
longue. Salle fitness et piscine.

Se restaurer

Zlatibor est organisé autour de ses lieux de
sorties. Cafés, glaciers, pizzerias et discothèques sont regroupés dans un quartier piéton
au bord du lac artificiel. Voici quelques bons
établissements, que vous trouverez en vous
baladant dans le centre touristique.

■ RESTAURANT GRAND

Dans le centre
Paiement par carte possible.
Une belle salle à l'étage, cosy et petite pour une
cuisine savoureuse. Le tartare à 1 000 dinars
vaut le déplacement comme le chateaubriand
à 1 500. Ne ratez pas le jambon fumé de
Zlatibor (360 dinars).

■ RESTAURANT JEZERO

Ouvert jusqu'à minuit. Paiement Visa.
De l'autre coté du lac, un emplacement de
premier ordre et une belle salle. Une belle
carte de poissons de rivière et viandes pour
un prix moyen de 800 à 1 000 dinars. Surtout,
chose rare, la carte des vins est sérieuse et
comporte l'un des meilleurs vins des Balkans,
un Dingać-korčulanski (à 3 500 dinars quand
même...).

■ RESTAURANT KNJEGINJA

Menu à 1 000 dinars en moyenne.
Une belle salle richement décorée et une
terrasse agréable. Un accueil chaleureux. Plats
typiques serbes, copieux et bien présentés.
Une carte de vins locaux assez complète.

Sortir

■ CAFÉ ADAGIO

*Ouvert de 11h à 2h du matin. Crêpes bien
garnies 150 dinars, alcools locaux 100 dinars,
français 250-300 dinars.*
Au cœur du centre touristique, sur l'artère
centrale, une terrasse très sympathique et
un intérieur recherché. Pizzas cuites au four,
glaces aux couleurs séduisantes et cocktails
détonnants. De belles rencontres à faire dans
une ambiance détendue. En face, un café qui
fait boîte de nuit en sous-sol.

■ IRISH PUB

Ouvert de 10h à 2h.
Une déco style pub. Un incontournable de
Zlatibor, avec son club au sous-sol.

SERBIE OCCIDENTALE

À voir – À faire

Nous vous proposons ici un circuit d'une journée à l'est du complexe hôtelier, avec des activités aussi diverses que la spéléologie, la visite de sites culturels et historiques ou de chutes d'eau ainsi que diverses promenades représentatives des possibilités offertes par Zlatibor. Ce circuit ne représente qu'un quart du territoire du massif, le plus intéressant. A chaque étape, des gîtes et logements sont disponibles chez l'habitant ; il suffit de demander une fois arrivé dans le village, on vous indiquera la bonne adresse.

Sports – Détente – Loisirs

Dans les années 1990, Zlatibor augmente encore sa capacité hôtelière et se développe selon deux axes : le Zlatibor by night et le Zlatibor des jeux d'eau. Le soir, l'animation bat son plein dans de multiples cafés ; salles de jeux, glaciers et discothèques font la joie des jeunes et des moins jeunes. Aux beaux jours, le lac artificiel devient un lieu d'activités aquatiques : pédalo, barque, kayak, location de VTT, au bord du lac : 200 dinars/h, 600 la journée. Egalement, balades en vrai fiacre (avec deux chevaux) : 500 dinars le petit circuit, 1 000 dinars le grand. Plus bruyant, mais qui fait fureur ici, la location de quad, ces motos tout-terrain à quatre roues : 30 € dinars la ½ heure, 50 € l'heure. Plus écologiques, deux sentiers de randonnée, balisés, de 5,5 et 5,8 km.

▶ **Ski.** Un remonte-pente c'est peu, et de toute façon le dénivelé est tout doux. Qu'à cela ne tienne, ici c'est en famille. Une zone est réservée aux luges, un tire-fesses aux adultes, un autre aux enfants. 500 dinars le forfait. A noter que la piste est éclairée le soir. Des traîneaux avec chevaux vous promènent pour 1 000 dinars. Plus sérieux, des scooters des neiges pour 50 € de l'heure. Mais tout ceci est au cœur de la station. La véritable station de ski se trouve à 10 km, sur la nationale en direction de l'ouest : Tornik

■ STATION DE SKI DE TORNIK

Sur le mont Tornik
Ski pass : 1 450 dinars/j en haute saison, 6 800 dinars les 7 jours. Pour rejoindre Tornik, prendre la nationale en direction du Monténégro, puis à 7 km tourner à droite en suivant Tornik.
1 496 m, le plus haut sommet de Zlatibor. Bombardée par l'Otan en 1999 (on se demande encore pourquoi…), elle avait été détruite. Mais de gros investissements ont été consentis, et la station a été rouverte début 2009. Point d'hôtels ici, puisque tout le monde vient de Zlatibor, mais 5 pistes, dont une nouvelle noire de 2 500 m, très belle. On monte au sommet grâce à un nouveau télésiège 6 places. Egalement 2 remonte-pentes. Enfin, une piste de ski de fond de 28 km relie la station à Zlatibor.

Dans les environs

Čajetina (Чаjетина)

■ PLANINA SKI CLUB

✆ +381 31 831 253
Pour des balades autour de Zlatibor, si l'aventure sans carte n'est pas votre but premier, l'association Planina Ski Klub à Čajetina peut vous guider sur le plateau de Zlatibor.

Rožanstvo (Рожанство)

■ GROTTES DE STOPIĆA (СТОПИЋА ПЕЋИНА)

Arrivés au village de Rožanstvo, tournez à gauche après l'épicerie principale et suivez les panneaux indiquant la grotte. Pour réserver un guide, s'adresser à l'office du tourisme de Zlatibor. Entrée 150 dinars.
Située sur le côté droit du mont Prištavillon, au-dessus de la rivière du même nom, la grotte de Stopića est longue de 200 m, avec une hauteur sous eau de 50 m. Son intérêt réside dans son entrée monumentale, en arc de cercle, mais surtout dans ses formidables baignoires, succession de petites cuvettes entourées de parois rocheuses où l'eau se maintient un certain temps avant de s'écouler dans des chutes vert turquoise. Le site de Štopica recouvre une superficie de 7 911 m^2 et occupe un volume de plus de 100 000 m^3. Son entrée située à une hauteur de 711 m au-dessus du niveau de la mer est assez impressionnante car, large de 40 m et haute de 18, elle forme un arc d'une beauté à l'état brut. On s'enfonce ensuite dans la grotte elle-même, entre deux parois abruptes et en suivant le cours du Ponor, un ruisseau qui s'écoule jusque dans les profondeurs de la cave. Cette eau qui s'écoule en permanence confère à la grotte un microclimat agréable, toujours moite mais doux. Puis on accède rapidement à la grande salle où apparaissent, sur plusieurs étages, superposées comme un Lego, les fameuses baignoires. La grotte n'a pas de sécrétions. En revanche, son accès facile permet sa visite à tout un chacun.

Sirogojno (Сирогојно)

Après avoir quitté Rožanstvo, dirigez-vous vers Trnava, puis vers le village de Sirogojno, qui n'est pas sans intérêt. Ou bien au départ de Zlatibor, prenez à droite sur la nationale. A 300 m un panneau vous indique Sirogjno. C'est une route touristique, et de nombreux panneaux indiquent Sirogojno. Seule ambiguïté, lorsque l'on arrive sur la grande route venant de Čapljina, prendre à droite vers la descente. Surtout, les paysages traversés sont magnifiques. C'est une belle ballade sur des plateaux vallonnés et dénudés.

■ AUBERGE KRČMA
Place centrale
☏ +381 31 802 010

■ COMPLEXE ETHNO STARO SELO (СТАРО СЕЛО)
☏ +381 31 802 586 – +381 64 8940 101
www.sirogojno.org.rs
Entrée 150 dinars, qui ne comprend pas un dépliant (en français) indispensable pour comprendre le site (100 dinars). Ouvert de 9h à 19h d'avril à novembre, 16h en hiver. Le site Internet est remarquable, didactique, complet, et chose rare, dispose d'une version française.
C'est ici qu'en 1979 une styliste déjà renommée, Dobrila Smiljanić, a eu l'idée géniale de regrouper les plus belles maisons traditionnelles des environs sur une colline du village de Sirogojno. C'est donc à son initiative que le complexe ethno de Sirogojno a vu le jour en 1985. Outre un musée des arts populaires et des salles d'exposition, on a donc ici un village typique de Serbie occidentale entièrement reconstitué à l'identique. Construite en pente, la maison principale est une *čelica*, avec ses deux pièces et ses entrées est-ouest. La vie y était organisée autour du foyer central, mais il y avait une chambre et une cave, ou *podrum*, où on engrangeait les céréales et les végétaux en hiver. L'ameublement est rustique, mais la construction très caractéristique, avec des toits très hauts, en bois ou en chaume, surmontés d'une flèche de bois aux incrustations arrondies. Plus bas, à gauche, une maison plus petite, de forme carrée, appelée le *vajat*, ou atelier, où on gardait les tonneaux. Puis, à la même hauteur que le *vajat* et s'étirant sur la droite, se présente un ensemble de petites maisons, des boutiques ou des ateliers de l'époque. On y distingue la maison du laitier qui y faisait son *kajmak*, fromage au lait de brebis, de même que le *salaš*, sorte de grenier à céréales et à maïs. Les musées et salles d'exposition sont sur la droite en remontant. Sept appartements en bois, de même style que ceux visités, proposent, dans un intérieur intéressant mais pas d'époque, de 2 à 5 lits. En sortant du complexe touristique, vous pouvez acheter les fameux pulls de laine aux motifs inventifs et aux couleurs chatoyantes. Un magasin sur la place centrale les vend aux heures d'ouverture habituelles. Egalement un hôtel très agréable, où les joueurs de l'équipe de basket nationale viennent se ressourcer dans une salle à manger très accueillante, avec cheminée, boiseries et nappes brodées. Un menu complet à ne pas manquer, appelé *voz*, ou train, comprend *čorba*, *kajmak* et *pršuta*, *gibanica*, agneau et gâteau (1 000 dinars). 7 appartements, à l'extérieur identiques aux autres maisons. 2 400 dinars, nuit et petit déjeuner, ou 3 000 dinars en demi-pension. Paiement Visa®. L'agence Zlateks à Zlatibor propose de vous y emmener en bus, avec guide, pour 800 dinars (l'entrée non compris dans le prix). Départ à 10h, retour à 16h30.

SERBIE OCCIDENTALE

© JESSMINE – FOTOLIA

Complexe ethno Staro Selo.

MOKRA GORA (МОКРА ГОРА)

Le site de Mokra Gora, « montagne mouillée » est situé sur la route de la Bosnie, entre les massifs de Tara et Zlatibor. Autant dire que la région est parmi les plus belles de Serbie et si vous avez vu le film d'Emir Kusturica, *La vie est un miracle*, vous en avez eu un aperçu. Sur l'axe Belgrade-Užice-Višegrad-Sarajevo, Mokra Gora est devenu célèbre grâce à la réhabilitation de son chemin de fer à voie étroite. Facile d'accès, Mokra Gora se situe à 45 km de Užice, par la nationale M5.

Dans les environs

Drvengrad (Дрвенград)

Lorsque Emir Kusturica tourne son film *La vie est un miracle*, il tombe amoureux de la région et avise un piton qui domine la vallée de Mokra Gora. Il achète le terrain et construit sa maison, dans l'esprit des anciennes maisons de la région. Le site, nommé Drven grad en serbe, a été baptisé Küstendorf par Emir Kusturica, sans que l'on sache trop pourquoi, puisqu'en allemand cela signifie village sur la côte… L'emplacement est magique, la vue somptueuse, et Kusturica décide d'en faire un village ethno qui est en même temps un studio de cinéma grandeur nature. Vous pourrez ainsi vous promener à travers un village de Serbie occidentale, tel qu'il était au XIXe siècle, avec ses maisons en bois

Drvengrad.

telles qu'elles étaient dans les environs. Eglise, bibliothèque, galerie d'art, piscine et évidemment une salle de cinéma ont été parfaitement intégrés à l'urbanisme et à l'architecture de l'époque. A la *poslastičarnica* locale, le Coca-Cola est remplacé par la délicieuse *boza*, ce breuvage frais et sucré que l'on buvait jadis dans toutes les pâtisseries du pays ! Surtout, le site est en fait un hôtel, avec un établissement principal et la plupart des maisonnettes, conçues comme de petits appartements.

◼ HÔTEL MEĆAVNIK
Drven Grad
℡ +381 31 800 686
℡ +381 64 883 0213
www.mecavnik.info
info@mecavnik.info
Tarifs demi-pension : à partir de 2 960 dinars en simple et de 3 460 dinars en double.
Complexe tout en bois, dont les chambres sont simples mais avec un mobilier campagnard peint de motifs naïfs et très colorés, par des artistes. Si c'est rustique, vous avez une cheminée, TV plasma, minibar. Grande piscine intérieure et sauna inclus dans les tarifs. Ça devient cher dans les maisons puisqu'il vous faut débourser de 9 500 à 14 600 dinars pour 2 à 4 personnes selon leur configuration. Si l'on ajoute que même avec une réservation, vous payez tout de même les 180 dinars d'entrée au site, on peut conclure qu'Emir Kusturica sait faire des affaires… Quand au restaurant serbe, Lotika, il mérite le détour. La cuisine traditionnelle qu'il propose, de qualité, est rarement au menu ailleurs. Tentez par exemple le *svadbarski kupus*, sorte de potée au chou. Tous les plats mijotés serbes sont présents selon les jours (400 à 600 dinars). Egalement restaurant italien. Le site est également dédié à des actions et séminaires concernant la protection des enfants et aidé par l'Unicef. Toutes les heures, est projeté dans la salle de cinéma un film de 20 min, tourné par Emir Kusturica pour l'Unicef. Surtout, c'est une école de cinéma. Et depuis 2007, un festival de film et de musique, Kustendorf.

◼ HÔTEL MLADOST
www.mecavnik.info
De 2730 à 3 290 dinars par personne en demi-pension.
Sur la piste de ski Iver, à 8 km de Drvengrad. Un hôtel de montagne récent, également géré par Kusturica.

Le festival du film de Küstendorf

Il a eu lieu pour la première fois en 2008, soutenu par le ministère de la Culture serbe, à l'initiative d'Emir Kusturica bien sûr. Son objectif, refuser la mondialisation et promouvoir le cinéma d'auteur contemporain et futur. Mais cette première édition, qui met les films de nouveaux réalisateurs en compétition, était également l'occasion de revenir en arrière, avec une rétrospective de films russes. Pointu donc, le festival, d'autant qu'avec une seule salle de 100 places, il n'est pas accessible à tout le monde. Qu'importe, l'idée est bien de montrer aux acteurs du secteur qu'un autre cinéma existe. Et grâce au nom de Kusturica, le festival a déjà un grand retentissement. La dernière édition s'est tenue en janvier 2012.

▸ **www.kustendorf-filmandmusicfestival.org**

NOVA VAROŠ (НОВА ВАРОШ)

Nova Varoš, si elle n'est pas très connue, est au centre d'une région étonnante. En effet, sa situation orographique et son relief lui valent des paysages à couper le souffle. Située entre le massif du Zlatar, aux grandes forêts de conifères, et trois lacs qui sont de véritables joyaux, Nova Varoš est au cœur d'une nature tout à fait exceptionnelle.

La ville elle-même, toute en pente, ne compte qu'un peu plus de 10 000 habitants, mais est intéressante pour sa configuration ethnique. Elle a gardé de son statut de capitale de Vilayet, à l'époque ottomane, un quartier de cette époque, très compact. En effet, nous sommes ici au nord du Sandjak de Serbie, dont la capitale est Novi Pazar. Le terme *sandjak* était ottoman et désignait une « région administrative ». Ici, le mot est devenu nom propre. Car beaucoup de Bosniaques musulmans y vivent.

▸ **Une zone multi-ethnique et pacifiée.** Sur les contreforts ouest de la ville, délimitée par la rue principale qui est une frontière invisible mais culturellement bien présente, s'étend la Čaršija ottomane avec son marché, son cimetière caractéristique, sa mosquée et sa toute nouvelle *madrasa*. Sur l'autre contrefort, et plutôt dans les hauteurs, vivent les Serbes, qui représentent 90 % de la population, les Bosniaques musulmans représentent près de 8 %. Une situation qui n'a pas dégénéré pendant tous les événements des années 1990 et la guerre de Bosnie. Aujourd'hui, chacun sait où est sa place, en toute tranquillité. Bref, une ville intéressante à plus d'un titre, mais qui ne dispose pas vraiment d'infrastructures

touristiques dignes de ce nom. Surtout, autour de Nova Varoš, quelques sites exceptionnels valent le détour.

Transports

Nova Varoš est pratiquement à égale distance de Belgrade et de Bar (à 260 km de chacune). Elle dispose d'une gare routière en plein centre, devant l'hôtel Jezero. Mais le train ne passe qu'à Prijepolje, située à 25 km plus au sud.

■ **GARE ROUTIÈRE**
Svetog Save 20 ✆ +381 33 61 361

▸ **Belgrade :** 10 bus quotidiens de 6h55 à 19h. 1 250 dinars.

▸ **Zlatar :** 6 bus quotidiens entre 5h45 et 19h30 pour les deux hôtels du massif. 75 dinars.

▸ **Novi Pazar :** 11h, 15h30 et 19h. 500 dinars.

▸ **Sarajevo :** 9h30, 12h30, 16h30. 1 000 dinars.

▸ **Užice :** 15 bus de 5h30 à 19h. 510 dinars.

Pratique

La petite ville s'étire le long d'une vallée encaissée, entourée par trois monts culminant à des altitudes de 1 500 m : le Zlatar, la Murtenica et le Javor. Elle se trouve sur la nationale M21, à 75 km au sud de Užice, en direction de Prijepolje. En venant du nord, quitter la nationale qui coupe en deux la ville pour tourner vers le centre, à gauche. C'est ici que tout se passe, notamment autour de la rue principale, Karađorđeva.

SERBIE OCCIDENTALE

Le petit train de Kusturica

Vous avez aimé, dans *La vie est un miracle*, l'histoire de ce petit train qui serpente entre Bosnie et Serbie, sans savoir vraiment où il va, et l'histoire de ce chef de gare sympathique, dépassé par les événements. Ce train existe bel et bien et vous avez la possibilité de partir sur les traces du film en empruntant le train Šarganska Osmica. A 26 km au nord-est de Zlatibor, sur les contreforts du massif du Šargan, la station touristique de Mokra Gora en est le point de départ. L'histoire de ce petit train que l'on a ressuscité il y a peu est symbolique des vicissitudes de l'histoire yougoslave. Construit entre 1921 et 1925, en service voyageur jusqu'en 1974, un train à voie étroite gravissait ces montagnes de l'ouest serbe pour relier les villages de Mokra Gora ; c'était en même temps un des principaux axes ferroviaires entre Belgrade et Sarajevo. Il symbolisait donc le lien entre Serbie et Bosnie. Mais ce train avait une particularité : pour lui permettre de gravir les 300 m de dénivellation entre les petites gares de Mokra Gora et Šargan, les ingénieurs avaient imaginé, sur 15 km de longueur et grâce à pas moins de 22 tunnels, un parcours en forme de huit. Ce faisant, la gare de Jatare, qui n'est pas celle que l'on voit dans le film, était ainsi devenue la seule gare au monde où, même si le train s'y arrêtait à heure fixe chaque jour, personne n'y montait ni n'en descendait. Car la gare, en pleine montagne n'avait aucun accès et ne servait qu'à gérer le changement d'aiguillage.

Surtout, son histoire est politique. Lors de la Première Guerre mondiale, l'Empire austro-hongrois, qui a annexé la Bosnie en 1908, occupe cette partie de la Serbie et trouve qu'elle lui revient naturellement. En 1916, les premiers travaux commencent, avec des prisonniers russes et italiens. Mais très vite, un terrible accident survient. 200 prisonniers meurent dans la construction d'un tunnel. Les travaux sont arrêtés. Ils reprendront finalement en 1921, sur ordre du roi serbe. En 1999, les habitants de la région déblayent 10 km de voie et le gouvernement décide de créer un circuit touristique. Vous embarquez dans des wagons des années 1930, tirés par une locomotive à vapeur de l'époque. Pendant 15,5 km, vous voyagez de façon rustique dans des coupés en bois ou bien prenez une collation dans le très mignon wagon-restaurant à l'ancienne. Des paysages de pâturages et de forêts de conifères défilent devant vous, de temps en temps on aperçoit un berger, ou même un paysan préparant son alambic. A noter enfin que la ligne a été refaite jusqu'à Višegrad en Bosnie-Herzégovine. Mais pour l'instant, pas de trafic régulier, si ce n'est, à la demande jusqu'au monastère de Dobrun, de l'autre côté de la frontière.

Balade jusqu'à la gare de Jatare

Outre le voyage en train, il est possible de monter à cette fameuse gare de Jatare par la route. Pour se faire, remonter la nationale

Kustendorf.

Lac Ticar dans le massif de Golija.

en direction de la montagne et juste avant le passage à niveau, prendre une route à droite dans le virage. Puis continuer toujours tout droit pendant 4 kilomètres. Vous arrivez à un petit parking devant la gare. Cerise sur le gâteau, si vous continuez à pied pendant un kilomètre en longeant la voie, en doublant la gare de Jatare, vous arrivez à la gare de Golubići, celle qui est dans le film. C'est une reconstitution, fort bien faîte, d'une gare ancienne mais qui n'a jamais existé. La vue est superbe sur la vallée. Mais on ne vous a rien dit, ce n'est pas vraiment autorisé…

▶ **Pratique.** Le train remporte désormais un énorme succès. Les horaires sont les suivants : 10h30, 13h25 et 16h10. Le trajet aller/retour Mokra Gora – Šargan Vitasi – Mokra Gora dure deux heures et demie et coûte 600 dinars par adulte, 300 pour les moins de 14 ans. Il fonctionne d'avril à novembre (du 25 décembre à 25 janvier il va jusqu'à Jatare seulement, billet adulte 300 dinars). Il est très prudent de réserver au ☎ +381 31 510 288 ou par mail : sarganskaosmica@ptt.rs – buking. sargan8@srbrail.rs – www.serbianrailways. com/active/en/home/glavna_navigacija/ prezentacije/sarganska_osmica/red_voznje_ sarganske_osmice.html – Les billets peuvent être également achetés à la gare de Belgrade et dans la plupart des agences de tourisme répertoriées dans ce guide à Belgrade. A noter que si vous avez de l'argent, beaucoup d'argent, vous pouvez louer le train pour vous tout seul. Ce sera alors 120 000 dinars (9 600 €) avec

une locomotive à vapeur et 60 000 dinars avec une diesel. A noter que les tarifs et horaires n'ont pas changé depuis des années, malgré le succès. Une banque (Intesa) est installée dans un chalet en bois devant la station. Ouverte de 10h à 17h, le samedi de 10h30 à 15h30.

Chez l'habitant

Etant donné le succès du train, la plupart des maisons aux alentours offrent des chambres. Vous n'avez qu'à suivre les panonceaux *sobe*. Entre 800 et 1 500 dinars la nuit, encore une fois, les tarifs sont particulièrement raisonnables pour un endroit hautement touristique.

■ GARE DE MOKRA GORA

☎ +381 31 800 505 – +381 11 268 3056
www.zeleznicesrbije.com
sarganska.osmica@ptt.rs
sarganska.osmica@srbrail.rs
tazeltur@vera.net
Le site étant compliqué, pour trouver la partie concernant l'hébergement, cliquer sur l'onglet Sargan eight, puis sur Passenger Stock. Tarifs : 2 150 dinars en simple, 3 500 en double, avec petit déjeuner. Demi-pension, respectivement 2 600 et 5 400 dinars. Les tarifs, comme ceux du restaurant, sont attractifs étant donné l'emplacement et l'absence de concurrence. Paiement Visa®. Oui, la gare est devenue un hôtel ! Et c'est une vraie bonne idée. Dans les deux bâtiments d'origine, sur le quai, les 22 chambres sont de belle facture, cosy, avec un mobilier de qualité. Leur seul défaut est d'être un peu petites.

Tourisme – Culture

■ OFFICE DU TOURISME ZLATAR

Karađorđeva 36 ✆ +381 33 62 621
www.zlatar.org.rs
tozlatar@vera.net
Dynamique, le bureau du tourisme, dont la directrice aime parler français, est dans le bâtiment des services de la mairie. Il est une mine d'informations sur la région. Excursions organisées dans le canyon de l'Uvac ou au village ethno de Štitkovo. Parapente. Le site est complet et en anglais. L'office distribue également un catalogue des chambres chez l'habitant, on ne peut plus authentiques dans cette partie de la Serbie, avec photos. Les prix d'une nuitée avec petit déjeuner s'échelonnent de 10 à 15 € par personne et de 20 à 25 € en pension complète.

■ PLANINARSKO SMUČARSKO DRUŠTVO ZLATAR

Trg Vojovde Bojovića 2
✆ +381 33 61 015
metkokr@ptt.rs
Une association de guide à contacter pour toutes les activités de montagne et le Zlatar.

Argent

■ KOMERCIJALNA BANKA

Trg oslobodilaca 1
De 8h30 à 19h. Samedi 9 13h. Distributeur Visa/Master.

Moyens de communication

■ POSTE

Trg Vojvode Bojovića 1
Ouverte de 7h à 19h, le samedi jusqu'à 15h.

Santé – Urgences

■ HÔPITAL

✆ urgences +381 33 63 150
À la sortie sud de la ville, sur la nationale.

■ POLICE

✆ +381 33 62 240

Se loger

Pour loger chez l'habitant, contacter l'office du tourisme qui distribue une brochure très complète. C'est encore la meilleure formule à l'heure actuelle à la montagne. A partir de 1 000 dinars la nuit avec petit déjeuner, 2 000 dinars en pension complète.

■ HÔTEL JEZERO

✆ +381 33 61 641
Accueille seulement des groupes.
Les chambres ont été refaites il y a quelques ans. On est passé d'un hôtel vraiment sordide à un établissement simple et sans surprises. Et sans rien de notable non plus ! Une discothèque au sous-sol. Paiement en espèces seulement. Personne ne parle une langue étrangère.

■ HÔTEL PANORAMA

Bavića Brdo ✆ +381 33 61 772
De 1 730 à 1 960 dinars la pension complète en chambre double.
Ce grand hôtel chalet est sur les hauteurs du mont Zlatar. Ici aussi tout date un peu et le confort est suranné et l'on s'inquiète sur son futur. Très bon marché. Ski pass : 400 dinars/j, 1 800 dinars les 7 jours.

■ HÔTEL ZLATAR

✆ +381 33 61 777 – zlatarturist.com
A 5 km du centre, depuis le haut de la ville sur la nationale ; il est fléché. *Fermé en hiver.* Grand hôtel de montagne, en haut du Zlatar, avec billard, salle de loisirs, restaurant et salle de séminaire. Nombreuses activités sportives : piscine couverte, terrains de sport collectifs mais surtout une piste de ski à 1 000 m de l'hôtel. Bien placé donc, dans une épinette en montagne, le Zlatar n'en date pas moins de plus en plus, ce qui se retrouve dans ses chambres, pas très avenantes.

À voir – À faire

Le centre est très resserré, et tout se passe dans un rayon de 500 m. Les monuments ne sont pas nombreux, mais valent la peine d'être appréciés.

■ BIBLIOTHÈQUE (БИБЛИОТЕКА)

En montant en face de l'église, prenez la première grande rue sur votre droite et continuez sur 300 m. Construite par les autorités turques au début du XXe siècle, cette bâtisse harmonieuse offre un exemple de l'architecture ottomane citadine du XIXe siècle. Elle a abrité la mairie et a été rénovée en 2002.

■ ÉGLISE SVETE TROJICE (ЦРКВА СВЕТЕ ТРОЈИЦЕ)

En descendant de la gare routière vers le bas de la ville par l'artère centrale, vous trouverez cette église orthodoxe à 500 m sur votre gauche. Erigée dans les années 1860, cette église aux tons blancs et de taille moyenne est d'un seul tenant. Située dans un jardin joliment aménagé, elle fait face à un clocher et aux habitations paroissiales.

■ MOSQUÉE (ЏАМИЈА)

En plein cœur de la Čaršija, ou quartier turc, et au-dessus de l'hôtel Jezero, une mosquée de 1894. Un intérieur sans décoration notable, mais une architecture de facture classique et un minaret élancé. Au-dessus, un cimetière typiquement ottoman, avec des stèles arrondies, et, encore plus haut vers la droite, la madrasa – école coranique – installée dans une très ancienne maison bourgeoise ottomane et récemment rénovée.

Dans les environs

Le Zlatar

Adossé à la ville, le Zlatar est à la fois le massif montagneux le plus impressionnant de la région et un parc de loisirs aux nombreuses activités de plein air. Des forêts de bouleaux et de très hauts sapins caractéristiques de cette région y alternent avec les prairies et les hauts alpages, dans des couleurs allant du vert sapin au jaune éclatant. Par ailleurs, trois rivières, la Bistrica, la Mileševka et la Lima, y apportent une eau vive et limpide ; le canyon de la Lima fait passer le cours d'eau à travers des parois étroites, à une hauteur pouvant aller jusqu'à 50 m. Dans cette nature luxuriante, trekking, spéléologie et deltaplane sont parmi les activités les plus recherchées. Mais les balades en famille, le long de quelques sentiers balisés, avec haltes dans des chalets alpins, sont également appréciées. En hiver, on parcourt le massif enneigé en raquettes ou en ski de fond. On y trouve aussi trois pistes de ski alpin, longues de 600 à 1 000 m chacune, peu difficiles. Pour 2009, une remontée doit même partir du haut de la ville. Deux remontées arrivent près de l'hôtel panorama où vous pouvez acheter le ski pass qui donne donc accès aux deux pistes, l'une de 800 m et l'autre de 200 m. Vous pouvez déjeuner ou dîner dans la forêt, sur la route principale, en haut du Zlatar, au restaurant Prvi Maj. C'est un chalet en bois, avec une cheminée centrale qui sert jusqu'à minuit une cuisine serbe savoureuse à petit prix : 500 dinars.

Loisirs

Le long de la rivière Uvac, affluent indirect de la Drina, trois lacs artificiels ont été créés dans les années 1960. Situé en amont de Nova Varoš et longé à plusieurs reprises par la route qui vient de Zlatibor, le lac de Radojinsko, à une altitude de 810 m, s'étend sur 73 km². Ses eaux calmes et son étendue invitent à des promenades en barque ou en canoë. Ses rives accueillantes situées dans des forêts de pins offrent un cadre idéal pour le camping. Ici, peu de touristes encore, il faut donc se hâter de profiter de ces paysages majestueux et uniques en Europe. En suivant les méandres de la rivière, en bateau ou à pied, on arrive ensuite au lac Zlatar, le plus grand et certainement le plus beau. Long de 21 km et profond de 75 m, le Zlatar impressionne par ses rives très arrondies où de très hautes herbes sèches se mêlent aux conifères. Ses eaux vert émeraude, à des températures au-dessus de 18° C de juin à septembre, sont propices à la baignade. Le lac est le domaine du kayak et des sports nautiques. Son relief accidenté rend l'accès en voiture malaisé, mais par endroits possibles. Un petit paradis dans les Balkans. Le territoire de Nova Varoš abonde en faune sauvage. Les chasseurs sont actifs et taquinent le renard, le daim, le sanglier et le loup.

Balade de Nova Varoš à Novi Pazar

Si vous voulez rejoindre le sud de la Serbie depuis Nova Varoš, et la Vallée des rois, ne ratez pas ces 100 kilomètres merveilleux. En descendant plein sud pour rejoindre Sjenica et la nationale M8 en direction de Novi Pazar, vous traverserez plusieurs massifs, le plus souvent sur de hauts plateaux balayés par les vents, des paysages de bout du monde, par les montagnes de Jadovnik ou Pešter. La route, souvent en très mauvais état, accentuera encore l'impression d'étrangeté d'une région très peu peuplée. Vous traversez ici le Sandjak, jusqu'à sa capitale Novi Pazar. Plus vous vous en approcherez, à travers landes et monts ondulants, plus les villages changeront. Des mosquées feront leur apparition, tandis que les habitants vous sembleront avoir quelque chose de différent. Arrêtez-vous dans les rares villages au bord de cette route à l'écart des grands chemins pour mieux sentir encore le temps qui s'est accordé une pause ici.

© ISTOCKPHOTO.COM/MILJKO

Canyon de l'Uvac.

Uvac (Увац)

Le canyon de l'Uvac est un site majeur et unique en Serbie et en Europe. Formant des méandres sur plus de 20 kilomètres, la rivière Uvac se fraie son chemin à travers des parois rocheuses pour ce qui est le deuxième plus profond canyon de Serbie après celui de Tara. Sa beauté unique tient donc autant au canyon et à sa nature qu'à ses méandres uniques. La rivière tourne tellement que vu d'avion l'on pourrait croire à une route grimpant en lacets serrés à l'assaut de la montagne ! De plus, une forêt touffue, parée de mille couleurs en automne et au printemps, recouvre les massifs environnants. Vieilles montagnes et vallées encaissées forment un paysage particulièrement saisissant. Ici, on pourra suivre un itinéraire unique, à la fois écologique et culturel. Le canyon de la rivière Uvac, qui s'étend sur 60 km², a été déclaré réserve naturelle. Des arbres rares comme le pin de Pančić et le hêtre pleureur y sont protégés, ainsi que des espèces animales en voie de disparition comme le loup ou l'ours. Mais ce sont surtout plus de 150 espèces d'oiseaux qui trouvent refuge ici. D'ailleurs la figure emblématique de l'Uvac est le *beloglavi sup*, un aigle dont les ailes peuvent atteindre 2,80 m d'envergure. On reconnaît le *beloglavi sup* à sa tête blanche et à ses ailes aux plumes marron. Grâce à l'action de certaines associations, on a réussi à préserver 80 couples de ces aigles. Il faut les voir tournoyer, ailes déployées, autour des méandres de l'Uvac, et aller se poser sur un point culminant inaccessible à l'homme... Poursuivez ensuite votre route jusqu'à Božetići

mais, avant d'entrer dans le village, prenez la route à gauche au Y – attention, aucune indication n'est donnée ! Au bout de 8 km sur un chemin de terre rouge, vous aboutissez au village traditionnel de Štitkovo.

Une vie rurale typique

Ici, les villageois habitent encore dans ces maisons typiques de Serbie occidentale : de forme carrée, avec une base en pierre d'un étage, ce sont des constructions en bois surmontées d'un toit en tuiles ou en ardoises. Forgerons, bûcherons et paysans y vaquent à leurs occupations et vous accueillent avec le sourire. Au centre du village, l'église orthodoxe, au plan simple, se dresse au milieu d'une ravissante clairière. Elle fut construite en 1867, à l'endroit où un ancien monastère avait été détruit par les Turcs au moment du premier soulèvement serbe. On peut y voir quelques icônes d'époque et une iconostase des maîtres Debrani. Egalement, un ensemble de grottes, au milieu du canyon, valent d'être visitées. Ce sont les Ušačka Uledena Pećina. Pour s'y rendre, seul le bateau est possible. Ainsi, il vous faudra par exemple profiter des régates organisées mi-août dans le canyon pour les admirer. Infos à l'office de tourisme.

Transports

En sortant de Nova Varoš en direction de Zlatibor, engagez-vous sur la droite en direction de Božetići (panneau reserva Uvac). Après avoir traversé Komarani, vous aboutirez au viaduc séparant les lacs Zlatar et Uvac. Dépassez ce viaduc et, à 300 m en haut de la colline, arrêtez-vous pour admirer le point de vue sur le canyon de l'Uvac : une très belle vue en plongée sur la rivière et ses méandres. En face, sur un des points culminants du Zlatar, des aigles tournoient dans le ciel. Vous êtes dans la réserve de l'Uvac. L'on peut ensuite continuer par un chemin quelque temps mais pas complètement dans le canyon. En tout, depuis Nova Varoš, 10 à 12 km.

Pratique

Pour profiter vraiment du canyon de l'Uvac, et trouver les bons endroits, ce qui n'est pas facile, le mieux sera de s'adresser aux associations qui gèrent les activités :

■ ASSOCIATION UVAC
✆ +381 64 3090 806
gypsfulvus@ptt.rs
Pour tout ce qui concerne la pêche, la protection de la nature et la découverte du site.

■ LOVAČKO DRUŠTVO KOZOMOR
✆ +381 33 6362 186
Association des chasseurs et pêcheurs locaux. La pêche est fructueuse sur les rivières Uvac et Lim, et dans les lacs Zlatar et Radojinsko. Vous y trouverez des truites sauvages et des carpes, entre autres.

À voir – À faire

■ RÉSERVE NATURELLE DU CANYON DE L'UVAC
Svetog Save 16, Nova Varoš
✆ +381 33 64 198
www.uvac.org.rs
Du mai à octobre.

Sports – Détente – Loisirs

■ RAFTING
✆ +381 33 782 478
www.splavarenje.org.rs
simolim@eunet.rs
Rafting sur le Lim d'avril à octobre.

Prijepolje (Пријепоље)

■ MONASTÈRE DE MILEŠEVA (МАНАСТИР МИЛЕШЕВА)
Mileševa monastery
De l'autre côté du massif du Zlatar, se trouve le monastère de Mileševa, mondialement connu pour la fameuse fresque murale de l'Ange blanc. On y accède en passant par la ville de Prijepolje – 27 km de Nova Varoš – puis en suivant les panneaux. Le monastère se trouve en bout de route, dans une charmante prairie entourée de petites collines boisées.

L'église obéit aux règles de l'école de Raška. Suivant un plan rectangulaire et surmontée de deux clochers de style byzantin, elle est entourée, à l'est, d'une abside triple et, de chaque côté, de deux tours carrées. Le monastère de Mileševa fut fondé vers 1235 par le roi Vladislav pour abriter la dépouille de saint Sava, le fondateur de l'Eglise orthodoxe et membre de la famille royale des Nemanjić. Les Turcs emportèrent la dépouille de saint Sava à Belgrade, où ils la brûlèrent. Le monastère fut plusieurs fois incendié et pillé par les Ottomans, de sorte qu'il était encore en ruine il y a près d'un siècle. Aujourd'hui, après plusieurs restaurations, l'église abrite les tombes du roi Vladislav et de saint Sava : on comprend pourquoi ce monastère est si cher au cœur des Serbes ! La grande richesse de Mileševa réside dans ses remarquables peintures murales exécutées entre 1235 et 1240 dans un état parfait. L'école de Mileševa a développé un style naturaliste, en s'appuyant sur l'utilisation de couleurs blanches et bleues éclatantes. Après l'exonarthex abritant les reliques de saint Sava, vous pénétrez dans le narthex entièrement recouvert de peintures murales. Sur votre gauche, à une hauteur moyenne, sont représentés les premiers rois de la dynastie des Nemanjić. On y reconnaîtra le fondateur de la dynastie, Vladislav, son frère Radoslav, Stefan Prvovencáni et saint Sava, le frère de Stefan, enfin Stefan Nemanja, leur père. Mais Mileševa, c'est aussi une très impressionnante Dormition de la Vierge, toute vêtue de noir, visible au fond à droite au 2e étage. C'est également à droite, juste après l'entrée du narthex, une représentation du fondateur de l'église, Vladislav, tenant une maquette du sanctuaire. Et c'est, surtout, l'Ange blanc sur la tombe du Christ, splendide dans sa tunique immaculée et dans une position de sérénité parfaite !

■ MUSÉE DE PRIJEPOLJE
Valterova 35 ✆ +381 33 715 185
www.muzejuprijepolju.org.rs
muzejupri@verat.net
De 9h à 16h30, samedi 15h. Entrée libre.
C'est un ancien collège turc datant du milieu du XIXe siècle qui abrite ce musée, le plus petit et le plus jeune de Serbie. Néanmoins il est entré en 2011 dans le groupe des finalistes pour le prix de meilleur musée d'Europe (le résultat pas encore rendu public au moment de l'écriture de ces lignes). Sa collection permanente comprend des objets de la préhistoire à nos jours avec une attention particulière prêtée à la région et à son histoire.

Ivanjica (Иваница)

Centre de loisirs en montagne, Ivanjica est une bourgade intéressante pour sa signification historique et pour les richesses naturelles environnantes. Dans une région aux collines et montagnes arrondies, Ivanjica est une ville d'eau située sur la rivière Moravica, à 42 km au sud de Požega sur la M21-1. Dans ses environs, se trouvent plusieurs sources d'eau minérale et deux lacs de montagne, ainsi que des torrents riches en truites et en petits poissons. En outre, le massif de Golija qui s'étend jusqu'à la ville de Sjenica, au sud, est recouvert d'une des plus belles forêts de Serbie. Dans ce cadre enchanteur, plusieurs sites sont à visiter. A Ivanjica même, des chutes d'eau rafraîchissantes et le plus grand pont à arche, unique des Balkans. Dans le village de Lisa, à 6 km au nord d'Ivanjica et faciles d'accès, les grottes de Hadži Prodanov, aux sécrétions importantes. Mais le massif du Golija offre aussi, au sud d'Ivanjica, d'autres points d'intérêt. A Kumanica, un pont médiéval en arc romain construit par les Nemanjić et, au village de Devići, les cascades de l'Izubra.

Histoire

Fondé par le prince Miloš en 1833, le village d'Ivanjica s'est toujours trouvé au premier rang pour la défense d'un territoire serbe en expansion. Selon la légende, le héros de la bataille du Kosovo, Boško Jugović, est enterré dans les environs. Ivanjica fut aussi l'une des premières localités à s'être soulevée contre les Turcs lors de la guerre de 1875, et se trouvait au premier rang pendant les guerres balkaniques de 1912-1914. Ce qui explique la présence, près de Kušići, de vestiges de tranchées et de palissades datant de ces guerres, et, à Ivanjica même, d'une statue à la mémoire du chef de maquis royaliste de la Seconde Guerre mondiale, Draža Mihaïlović.

Transports

Ivanjica est accessible par Požega ou Nova Varoš. Depuis Belgrade, 6 bus quotidiens et directs y conduisent.

Pratique

Banques nombreuses, ouvertes de 8h à 16h.

■ OFFICE DU TOURISME
Milinka Kušića 47 ✆ +381 32 665 085
www.ivatourism.org
tooivanjica@eunet.rs

Le site est très complet, notamment pour l'hébergement la découverte de la région. Des excursions à la carte organisées dans toute la région. Adresses de logements chez l'habitant et de gîtes ruraux.

■ URGENCES
✆ +381 32 661 024

Se loger

■ HÔTEL PARK
Venijamina Marinkovića br. 10
✆ +381 32 661 397
www.hotel-park.co.rs
info@hotel-park.co.rs
1 700 dinars en simple, 2 500 en double.
Hôtel aux bonnes prestations, niché dans un cadre de forêt.

■ WESTERN STYLE
Milinka Kušića 106
✆ +381 32 661 111
www.westernstyle.co.rs
western@westernstyle.co.yu
2 075 dinars en simple, 1 875 (par tête) en double.
Hôtel aux prestations confort.

■ ZAVOD
13. Septembra, br. 78
✆ +381 32 662 260
www.zavodivanjica.rs
dirzavod@EUnet.rs
Pension complète à partir de 2 000 dinars (3 jours).
Complexe touristique et médical semi-moderne dans un joli cadre arboré. Equipé de saunas, salles de sport et piscine, il est parfait pour la remise en forme. Recommandé aussi pour les maladies respiratoires.

Se restaurer

Restaurants variés, avec des menus à 250 dinars en moyenne pour une cuisine du cru. Au-dessus des chutes d'eau, le Vodopad et sa belle terrasse. Pour les meilleures spécialités de la région, allez au Ekskluziv, rue Sadjavac. Pour l'atmosphère rustique, allez au Lovac, rue Major Ilić, dans un logis de chasseurs avec trophées et paprikas accrochés aux murs. Ivanjica cultive les liens avec la France depuis le soutien entre le général Mihaïlović et le général de Gaulle. Dans la rue Kušić, le salon de thé Bon Ami offre toute une gamme de jus et de cocktails dans un décor au mobilier parisien, alors que le De Gaulle réunit la jeunesse autour d'alcools plus forts.

Fondation
du roi Pierre 1er.
© ELENATHEWISE – FOTOLIA

Serbie centrale

Altitude (en metres)
1500
1000
750
500
200

Serbie centrale

La Serbie centrale, avec sa vallée de l'Ibar, également appelée Vallée des Rois, est le cœur historique de la Serbie. C'est ici que les rois serbes ont installé leurs capitales et là aussi que se sont développés les plus beaux monastères de l'orthodoxie serbe. Pays de collines et de villages posés le long de rivières aux nombreux méandres, la Choumadie (Šumadija en Serbe) offre de multiples possibilités de vacances en plein air, à la découverte des us et coutumes serbes. Festivals folkloriques et fanfares tziganes, musique classique dans des parcs ombragés, ravissent par leur ambiance,

au printemps et en été, dans ces vallées peu éloignées de la capitale. La Choumadie, c'est aussi le domaine des centres thermaux les plus connus de Serbie, entourés de grandes forêts.

Enfin, le tourisme culturel est le point fort de la région. Les nombreux sites qui ont fait l'histoire serbe, au Moyen Age dans la Vallée des Rois à la bien nommée ou au XVIIIe siècle dans les monts d'Oplenac lors des soulèvements contre l'Empire ottoman, sont remarquablement conservés. Une raison de plus pour partir à la rencontre de l'Histoire.

KRAGUJEVAC (КРАГУЈЕВАЦ)

Avec ses 150 000 habitants, Kragujevac est le poumon économique de la Choumadie. Son activité industrielle, avec notamment la seule usine automobile des Balkans, fait d'elle une ville importante pour la vie économique du pays. A l'entrée de la ville, et jusqu'aux abords même du vieux centre, s'étend le complexe Zastava. Cette usine est consubstantielle à la ville et lui a donné son identité depuis 1945. Après l'embargo des années 1990 et l'obsolescence des usines et des produits, le chômage

s'est développé et atteint gravement la ville. Les bombardements de 1999 sur Zastava y ont laissé des traces, encore visibles depuis les quais et la place Crvenog Barjaka. Pourtant, ces stigmates d'un passé récent ne doivent pas oblitérer la richesse culturelle d'une ville au passé riche en événements.

Histoire

Kragujevac a donc montré à plusieurs reprises dans son histoire son esprit frondeur et indépendant. Ce qui lui a valu des répressions dont elle porte encore les stigmates. Une des premières villes à s'être libérée des Turcs le 5 avril 1804, Kragujevac est pourtant à moitié rasée par les Ottomans et doit attendre 1815 pour se rattacher définitivement à la principauté de Serbie. En 1818, elle devient pour plus de vingt ans le centre politique de la Serbie, le prince Miloš Obrenović y ayant installé le gouvernement national. Cela lui vaut, dans les années 1830, la construction de quelques édifices publics comme le lycée, le théâtre et l'imprimerie. Dans ces années-là, le réformateur de la langue serbe, Vuk Karadžić, parcourt Kragujevac et ses alentours afin de collecter les chansons et contes populaires pour sa nouvelle grammaire. En 1841, la capitale se déplace à Belgrade, mais Kragujevac développe une zone industrielle de première importance, avec notamment les fabriques d'armement. Cette situation ne manque pas d'aiguiser les appétits et vaut à la ville de devenir la cible privilégiée des Austro-Allemands lors de la Première Guerre mondiale.

Les immanquables de la Serbie centrale

▶ **Se détendre** à Aranđelovac, une station thermale arborée et culturelle.

▶ **Poser** une oreille attentive à Guča, lors de son festival de trompette mondialement connu.

▶ **Visiter** Kraljevo, la cité des rois, au cœur d'une région attrayante.

▶ **Découvrir** Studenica, le monastère fondateur de l'école de Raška.

▶ **S'amuser** à Kopaonik, la plus grande station de montagne et de sports d'hiver.

▶ **Passer** par la Vallée des Rois, pour ses monastères de Sopoćani, Djurdjevi Stupovi et Žiča.

▶ **Faire** une halte à Novi Pazar, la cité bosniaque musulmane.

Kragujevac

Légende :
- Musée
- Théâtre
- Poste
- Hôpital
- Taxi

Points d'intérêt :
- Gare routière
- Gare Ferroviaire
- ŽELEZNIČKA STANICA
- Taxi
- LEPENICA II
- LEPENICA III
- DR. Zoran Dindica
- PRVI MAJ
- Hôpital
- Centre de Santé
- VAŠARIŠTE
- SVETOZAR MARKOVIC
- Eglise
- Eglise
- Théâtre J. Vujić
- Poste
- ERDOGLIJSKI POTOK
- STARA ERDOGLIJA
- STARA RADNICKA KOLONIJA
- Musée Mémorial
- Monuments aux morts de juillet 1941
- Hippodrome
- CVETKOVINA
- SLOVAČKO GROBLJE
- PARC
- POTOK

Rues :
- Lepenica
- Lepenički Bulevar
- Save Kovačevica
- Save Kovačevica
- Ulica Slobode
- Sušićki Potok
- Milenija popoo
- Kolubarska
- Put 1300 Kaplara
- Kralja Milana IV
- Kraljevačkog Oktobra
- Radoja Domanovica
- Kralja Aleksandra I
- Vojvode Putnika
- Vojvode Mišića
- Karadordeva
- Kneza Miloša
- Svetozara Markovica
- Nikole Pašića
- Grada Sirene
- Znaj Jovina
- Luja Pastera
- Mihajla Pavlovica
- Karadordevica
- Vuka Karadzica
- Kneza Miloša
- Kneza Mihaila
- Kralja Aleksandra I
- Kamenička
- Milovanovica-Bene
- Daniceva
- Daniceva
- Laze Marinkovica
- Bulevar Kralja Marije
- Bulevar Kraljice Marije
- Ande Markovica
- Dr. Jovana Ristica
- Dragoslava Srpovica
- Brače Poljakovica
- Dr. Rodoslava Markovica
- Lepenički Bulevar
- Erdoglijski Potok
- Spasenje Cane
- Miloja Radosavljevica
- Mlenka Jovanovica
- Mirka Jovanovica

PARC

750 m

0

Jezero Bubanj

Cimetière

Mali Park

Stade

Stade

Stade

La ville est prise le 2 novembre 1915 et le général Von Mackensen y établit le siège du haut commandement allié. Lorsque les Allemands remplacent les Autrichiens en 1916, ils s'acharnent contre ceux qu'ils considèrent comme des primitifs slaves, la terreur s'abat sur la ville, et les avenues sont bordées de pendus aux lampadaires, qui restent là pour l'exemple plusieurs jours. Kragujevac a juste le temps de panser ses plaies, en développant son industrie et en devenant en 1939 la ville industrielle la plus avancée du pays, que les horreurs de la Seconde Guerre s'abattent. Les habitants refusent le pacte signé par le gouvernement avec l'Axe, le 25 mars 1941. En réponse, les Allemands prennent la ville le 11 avril. C'est là que va se dérouler l'épisode le plus tragique de la guerre en Serbie, peu connu en France, mais qui témoigne de la sauvagerie et de l'inhumanité des nazis et de la Wermacht sur le front est. Le 21 octobre 1941, en une seule journée, 7 000 civils sont tués, représentant pratiquement toute la population masculine de la ville ! Jumelée avec Suresnes depuis 1964, Kragujevac a été décorée en 1986, par le Secrétaire général de l'ONU, comme « Porteur de Paix ». En effet, face aux événements tragiques qu'elle a connus, Kragujevac a développé des actions pour la paix, comme l'Ecole de la paix, le Passeport pour la paix ou OKTOH, un festival de musique classique avec, pour thème principal, la lutte antiguerre.

Transports

A 135 km de Belgrade, Kragujevac est joignable en moins de 2 heures par l'autoroute de Niš ou en 2 heures 30 par la nationale passant par Mladenovac.

■ GARE FERROVIAIRE
Tankosićeva
Au même endroit que la gare routière.

▶ **Lapovo** : 00h08, 9h06 et 16h41. 128 dinars.

▶ **Kraljevo** : 5h31, 12h36 et 18h36. 224 dinars.

■ GARE ROUTIÈRE
Tankosićeva
✆ +381 34 617 0025
La station de bus, comme souvent en Serbie, se trouve dans le même complexe que la gare ferroviaire. En face de la place Narodnog Fronta, traversez la rivière Lepenica et prenez la 3e rue à gauche.

▶ **Belgrade :** toutes les heures jusqu'à 21h. Environ 1 000 dinars.

▶ **Novi Pazar :** 10h15, 10h40, 11h15, 12h45, 13h30, 14h15, 15h30, 16h10, 17h20. 1 000 dinars.

▶ **Kraljevo :** chaque demi-heure jusqu'à 22h. 350 dinars.

▶ **Niš :** 5h45, 6h30, 12h00, 12h45, 13h30, 14h15, 17h15, 18h50. 790 dinars.

■ TAXI LAV
✆ +381 65 310 305

■ MEGA TAXI
✆ +381 65 336 36 39

Pratique

Tourisme – Culture

■ OFFICE DE TOURISME
Dr Zorana Đinđića 11
✆ +381 34 334 883
www.gtokg.org.rs
info@gtokg.org.rs
8h à 20h. Samedi 9h 15h.
De l'autre coté du parking opposé à l'hôtel Kragujevac. Peu de documentation ici mais bien sûr des conseils et quelques logements chez l'habitant.

Argent

■ BANQUE KREDY
Kralja Petra I n° 26
✆ +381 34 335 617
Ouvert de 8h à 17h.

Moyens de communication

■ POSTE
Kralja Petra I n° 30
✆ +381 34 330 299
Ouvert de 8h à 19h.

Santé – Urgences

■ DISPENSAIRE
Zmaj Jovina 30
✆ +381 34 370 060

■ PHARMACIE DE GARDE
Kralja Petra I n° 71
✆ +381 34 332 924
Appuyer sur l'interphone sur le coté gauche.

▶ **Autre adresse :** Apoteka Bubanj : Crvenog krsta bb.

Se loger

Tous les hôtels se trouvent dans le vieux centre-ville, au point de rencontre des routes principales. Il n'y a pas vraiment de petit hôtel bon marché mais quelques chambres chez l'habitant, via l'office de tourisme.

■ HÔTEL KRAGUJEVAC

Kralja Petra I n° 21 ✆ +381 34 335 812
www.hotelkragujevac.com
office@hotelkragujevac.com
2 255 dinars en simple, 2 005 par personne en double (et un peu plus dans les étages supérieurs, « refaits » et avec chambres climatisées).
Dans une tour des années 1970, entre le centre des affaires et le centre historique, l'hôtel incontournable du socialisme. Des chambres au confort moyen et à la décoration froide. Toutes cartes acceptées. Parking privé.

■ HÔTEL PREZIDENT

Janka Veselinovića 52
✆ +381 34 6305 935
www.hotelpresident.rs
president@ptt.rs
3 685 en simple, 5 940 dinars en double.
Dans le centre historique, un établissement exclusif aux standards européens et nettement plus agréable que les autres. Paiement toutes cartes.

■ HÔTEL SUMARICE

Desankin Venac bb
✆ +381 34 336 180
www.hotelsumarice.com
sumarice@sumaricedoo.com
Parc-mémorial de Šumarice.
3 660 dinars en simple, 6 720 en double dans la partie rénovée.
Dans un environnement calme et ombragé, dans le parc, un établissement qui date mais qui, depuis sa privatisation, se porte mieux. Chambres sans rien de notable. Le charme de l'établissement réside dans ses grands espaces en bord de forêt, et ses terrasses et restaurants très prisés aux beaux jours.

■ HÔTEL ŽENEVA LUX

Slobode bb ✆ +381 34 356 100
www.zenevalux.com
6 000 dinars la chambre supérieure pour une personne, à 8 000 pour deux.
Dans un immeuble tout de verre vêtu, des chambres ultra-modernes et un restaurant du même style. Un vrai confort, un peu froid. Paiement toutes cartes et personnel efficace.

Se restaurer

■ ORANICA

✆ +381 34 358 300
Kafana serbe de style ethno toute en bois située près du lac de Šumarice. Propose des spécialités nationales savoureuses mais aussi orientales. Atmosphère animée le soir avec de la musique vivante, été comme hiver.

■ PALISAD

✆ +381 34 336 649
À Šumarice, à côté du musée 21-octobre.
Encore une *kafana* du décor en bois avec un beau jardin, entièrement rénovée. Bonne cuisine serbe aux prix normaux.

Sortir

Kragujevac semble peu vivante le soir. Pourtant, il n'en est rien. C'est que la vie nocturne est dispersée. L'on peut commencer par se promener dans la zone piétonne, autour de l'hôtel Zelengora, prendre un verre au pub Probono Publico, à l'ambiance bois et pub. Descendre ensuite dans la grande allée, le *korzo*, et prendre une crêpe au Tramway Peron, et finir aux clubs actuellement en mode comme Casino ou Memento, ou à la *kafana* Oranica, près du lac de Šumarice.

À voir – À faire

Les principaux monuments historiques sont regroupés dans un périmètre restreint depuis la rue Karađorđević, remontez la rue Knez Miloš vers un parc arboré. Il vous suffit ensuite, à partir du lycée, de descendre la rue Karadžić.

■ LYCÉE (ЛИЦЕЈ)

Cet édifice néoclassique entouré d'arbres est un de plus beaux bâtiments de la ville. Il a compté autrefois, parmi ses élèves, le créateur du mouvement socialiste, Svetozar Marković, et deux généraux qui ont collaboré avec l'armée française d'Orient en 1915-1918, Putnik et Mišić.

■ MAISON SVETOZAR MARKOVIC (КУЋА СВЕТОЗАРА МАРКОВИЋА)

Sveta Marković 21
Une maison typique des campagnes de Choumadie, où le socialiste Svetozar Marković a vécu une partie de sa vie. Le musée expose des documents et des objets personnels de ce théoricien socialiste serbe du XIXe siècle.

■ MONUMENT AUX MORTS DE 1804-1815 (СПОМЕНИК ПАЛИМ ШУМАДИНЦИМА)

Dans le petit parc faisant face à la Lepenica, un très beau monument avant-gardiste d'Ivan Meštrović. On y voit des groupes de combattants avançant vers les quatre points cardinaux. De l'autre côté de la rivière, l'immense complexe des usines Zastava.

■ MUSÉE-MEMORIAL DE SUMARICE (МЕМОРИЈАЛНИ ПАРК ШУМАРИЦЕ)

Musée du 21-Octobre
Desankin Venac bb ✆ +381 34 335 607
www.spomenpark.com
Ouvert tous les jours de 8h à 15h en hiver, 18h d'avril à octobre. Entrée 100 dinars.
Un guide est à votre disposition et on trouve quelques bons ouvrages sur l'occupation allemande et la résistance serbe. Pour y accéder, monter la rue Karadjordjevića et continuer tout droit à travers le parc. Le musée se trouve dans un bâtiment en brique rouge assez moderne. LE musée qu'il faut absolument visiter, où sont exposés, avec une sobriété qui les rend encore plus émouvants, les photos et les écrits des milliers d'habitants tués au cours de la journée du 21 octobre 1941. L'événement était tellement éloigné de tout ce qu'on avait connu jusque-là que Jean-Paul Sartre écrira : « Chaque fois que j'entends parler de la Yougoslavie, je me sens toujours proche des habitants de Kragujevac car je me souviens de l'héroïsme de tout un peuple. » Le matin du 21 octobre 1941, en réponse aux actions entreprises dans les environs par les partisans de Tito, les généraux nazis donnent l'ordre d'évacuer toute la population masculine et de la diriger vers les collines de la Šumarice, au-dessus de la ville.

Beaucoup réussiront à fuir à temps et rejoindront le maquis, mais 7 000 personnes seront fusillées en un seul jour. Ouvriers, artisans, ingénieurs ou professeurs seront jetés dans une fosse commune avec une balle dans la nuque. Mais le plus horrible était l'ordre donné à des enfants d'une école de creuser leurs propres tombes – une tranchée – pendant que leur instituteur devait chanter ; ils seront abattus et leurs corps recouverts de chaux vive. Le musée est tout simplement bouleversant. En entrant, on remarque quelques très belles œuvres du peintre monténégrin Petar Lubarda sur le thème de la paix. On accède ensuite au 1er étage, où des explications concernant la tragédie sont présentées sur des panneaux clairs et bien conçus. Les photos sont explicites. En y regardant de plus près, on remarque que tous sont des civils ouvriers avec leurs casquettes, intellectuels et lycéens. Une salle expose, pour la mémoire, les photos de tous les disparus. Ainsi que des lettres poignantes d'enfants, et des communiqués des généraux de la Wermacht ordonnant que pour un soldat allemand blessé, on fasse mourir 100 Serbes.

■ MUSÉE NATIONAL (НАРОДНИ МУЗЕЈ КРАГУЈЕВЦА)

Vuka Karadžića 1
Expositions permanentes de la peinture serbe du XIXe siècle et de la sculpture et la peinture serbes modernes. Représentatif de l'architecture de Choumadie au début du XIXe siècle, le bâtiment du musée est à présent le seul qui reste du quartier du prince Miloš. Edifié en 1818, cet ancien palais résidentiel accueillait Miloš Obrenović lorsque, dans les années 1820, Kragujevac était la capitale de la Serbie.

Musée-Mémorial de Sumarice.

Dans les environs

Aranđelovac (Аранђеловац)

Ville thermale, Aranđelovac présente une particularité peut-être unique en Europe. La station thermale de Bukovička est enchâssée dans un parc, lui-même situé au cœur d'une ville de 50 000 habitants. Autant dire que l'on y respire un air frais et que les promenades dans la ville sont agréables. Depuis que le prince Miloš Obrenović y a découvert et exploité les eaux minérales, la ville s'est développée en même temps que la station thermale. Son eau pétillante et fraîche servie dans tous les bons établissements de Serbie, c'est la fameuse Knjaz Miloš d'Aranđelovac calcaire et radioactive, elle est comparable aux eaux minérales du bassin de Vichy. Dans un parc de 24 ha se trouvent donc deux hôtels et le centre médical, mais aussi des sources d'eau minérale et une piscine à ciel ouvert. Le parc, traversé de belles allées sous les arbres, constitue en Europe le plus grand musée à ciel ouvert de sculptures en marbre ! L'été, des concerts, des pièces de théâtre et des danses folkloriques y sont donnés sur une scène ouverte. Autour de la villa Karadžić, le complexe du musée de la Ville et de l'église Saint-Gavrilo intéressera les amateurs de culture. De là partent des promenades vers les collines des alentours, où on aura un très joli point de vue sur la petite ville arborée. Enfin, la dernière particularité du parc est la présence d'une grotte à l'entrée même de la ville !

Pratique

■ OFFICE DU TOURISME D'ARANDJELOVAC

Knjaza Miloša 267 ℰ +381 34 725 575
www.bukovickabanja.rs
office@bukovickabanja.rs
Très dynamique et riche en informations sur les points d'intérêt dans les villages environnants, notamment dans le massif de Rudnik. L'office est situé dans la rue principale.

Se loger

Situées près du parc, elles ne sont pas toutes au top. Demandez bien la catégorie 1 lors de la réservation à l'office du tourisme. Compter de 1 220 à 1 795 dinars la nuit en catégorie 1, de 530 à 1 220 en catégorie 2.

■ GÎTE ETHNO DIVLJAKOVAC BAJKA

Vojvode Putnika bb
℮ +381 34 711 100 – +381 64 90 99 297
www.etnoselo-divljakovac.com
La nuitée avec petit déjeuner à 1 700 dinars par personne en double, 2 000 pour la demi-pension.
Cet établissement propose depuis 2009 les 5 *vajats* (maisons en bois typiques et très basiques) avec 2, 3 ou 4 lits. Restaurant avec une terrasse extérieure avec des menus à 550 dinars.

■ KARADJORDJEV VAJAT

Orašac
℮ +381 34 6709 501
℮ +381 64 165 27 25
www.karadjordjevvajat.com
karadjordjevvajatorasac@gmail.com
1 000 dinars la nuitée avec petit déjeuner. Menu à partir de 370 dinars.
Encore un établissement qui propose l'hébergement en *vajats*, au nombre de 6. Le restaurant est spécialisé dans les rôtis *ispod sača* (tajines sous le couvercle).

■ HÔTEL SUMADIJA

Ilije Garašanina bb
℮ +381 34 712 317
www.sumadija.com
1 550 dinars par personne, petit déjeuner compris.
Un hôtel dans le parc, construit dans les années 1930 et dont le charme particulier séduit. Les 55 chambres ont été rénovées et sont agréables et bien équipées.

■ HÔTEL IZVOR****

Mišarska bb
℮ +381 34 700 400
www.a-hotel-izvor.com
office@a-hotel-izvor.com
10 500 dinars en simple, 13 800 pour deux personnes base de demi-pension. Inclus dans le prix : utilisation du centre Spa & Wellness (piscine intérieure avec de l'eau thermale, jacuzzi, saunas finlandais et bio, hammam, bain russe), connexion Internet wi-fi.
Un 4-étoiles moderne flambant neuf avec 165 chambres dont 5 appartements de 70-105 m². Le centre de bien-être possède plusieurs piscines splendides, couvertes et extérieures, avec de l'eau thermale. Un énorme parc aquatique de 60 000 m², gratuit pour les clients de l'hôtel. Salles de congrès, aires de jeux, restaurants, billards, bowling, tennis de table... Tout est de haut de gamme supérieur, rien à reprocher. Et bien sûr les tarifs sont à la hauteur aussi. Idéal pour un week-end en couple ou pour du tourisme de congrès, à seulement 1h de la capitale.

■ **ZLATNI KOTLIĆ**

Orašački put 590, Orašac

✆ +381 34 744 115 – +381 63 803 1786

www.zlatnikotlic.com

office@zlatnikotlic.com

3 000 dinars pour une personne, 5 000 pour deux, avec petit-déjeuner. Possibilité de demi et pension complète.

Cette ancienne maison du centre d'Orašac abritait longtemps un restaurant de poisson. Les 14 chambres et 2 appartements sont bien équipés. Une très agréable terrasse organisée autour d'une fontaine ; également un ameublement rustique recherché et une belle cave à vins qu'il faut visiter. Parking assuré.

Se restaurer

Trois restaurants valent le déplacement.

■ **ALEKSANDAR**

Knjaza Miloša 171 ✆ +381 34 725 617

www.restoran-aleksandar.co.rs

realek@ptt.rs

Menu à 650 dinars.

Etablissement fréquenté par les personnalités politiques ou culturelles en vue, Aleksandar est vraiment une référence. Son mobilier raffiné et sa décoration début XXe siècle vous raviront. La cuisine est traditionnelle et copieuse, et les prix sont raisonnables.

■ **ŠUMADIJSKI DVORI**

Orašački put bb ✆ +381 34 727 590

Sur la route d'Orašac.

Menu à 420 dinars. A l'extérieur de la ville, dans une maison de style serbe, beaucoup d'espace et une bonne ambiance.

À voir – À faire

■ **CURE THERMALE BUKOVIČKA BANJA**
(БУКОВИЧКА БАЊА)

Mišarska bb ✆ +381 34 725 251

www.bukovickabanja.co.rs

Tarifs non communiqués. Centre spécialisé dans les traitements du diabète, des troubles intestinaux et des rhumatismes, désormais accessibles aux étrangers sans ordonnance médicale (à partir du printemps 2012). Cures à base d'eau minérale et de boue. 12 chambres viennent d'être construites dans la nouvelle aile. Utilisation de programmes pour sportifs.

■ **GROTTE RISOVAČA**
(ПЕЋИНА РИСОВАЧА)

Ouverte de 9h à 17h tous les jours. Entrée 100 dinars, billet jumelé avec le Musée national d'Aranđelovac : 150 dinars.

Ouverte aux visiteurs sur une longueur de 150 m, cette grotte est significative pour ses découvertes archéologiques et paléontologiques. On y a mis au jour les témoignages les mieux préservés de la culture paléolithique fossiles, pointes de flèche, stèles. Ces découvertes sont conservées au Musée national d'Aranđelovac (également ouvert tous les jours de 9h à 17h).

■ **PARC-MÉMORIAL D'ORAŠAC**
(МЕМОРИЈАЛНИ ПАРК ОРАШАЦ)

✆ +381 34 6709 508

✆ +381 64 866 92 52 (guide en anglais)

www.orasac.rs

prvisrpskiustanak@gmail.com

Ouvert de 9h à 17h, le dimanche jusqu'à 13h. Entrée 120 dinars.

A 6 km au nord Aranđelovac se trouve le parc-mémorial du premier soulèvement serbe. C'est en effet sur ces terres que Petar Karađorđević réunit ses troupes contre les Turcs en 1804. Deux cents ans plus tard, le site est le symbole de la création de l'Etat serbe moderne et de sa continuité, en dépit des vicissitudes du XXe siècle. Au lieu-dit Marićevića Jaruga a été élevée, en 1954, une fontaine avec trois plaques de marbre où on peut lire : « C'est à cet endroit que, le 15 février 1804, a débuté le premier soulèvement serbe. » Trente ans auparavant, on y avait également construit une école. Le roi Pierre Ier de Serbie était venu là en 1912, et, à la demande des paysans, avait fait bâtir ce lieu d'éducation à la place d'un monument aux morts. Un petit musée complète le dispositif. Une bonne idée d'excursion pour la journée ou plus, à une heure et demie de route de Belgrade, dans un site très bien aménagé, dans un vallon très agréable. Bus au départ de la capitale toutes les heures (250 dinars l'aller). D'Aranđelovac, tous les bus en direction de Mladenovac et Belgrade mais aussi des bus locaux desservent le parc-mémorial (50 dinars l'aller).

Oplenac (Опленац)

Sur une colline qui domine la petite ville de Topola à 18 km à l'est d'Aranđelovac, la vue porte loin sur les vallées des alentours. La résidence du roi Pierre, l'église et le site, magnifique, entouré de vignes, méritent le déplacement. L'entrée est à 300 dinars.

Transports

Pour se rendre à Oplenac, il faut traverser Topola et monter vers le plateau situé à 345 m d'altitude.

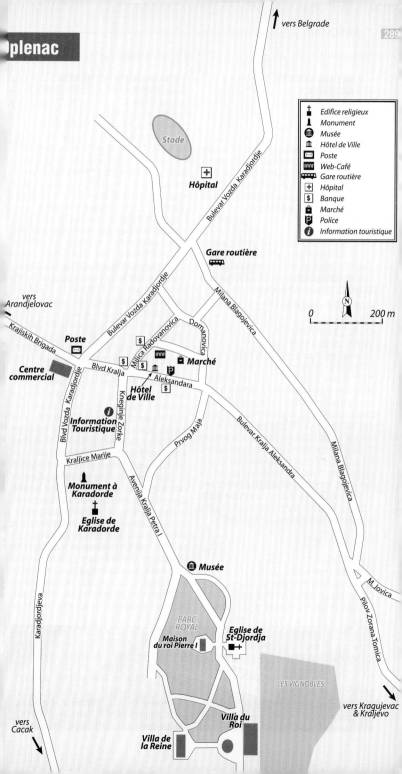

plenac

vers Belgrade

Stade

Hôpital

Bulevar Vozda Karadjordje

Gare routière

Milana Blagojevica

vers
Arandjelovac

Krajiskih Brigada

Poste

Bulevar Vozda Karadjordje

Domanovica

Milica Radovanovica

$

$

www

Marché

Blvd Kralja

$

$

Centre
commercial

Blvd Vozda Karadjordje

P

Aleksandara

$

Hôtel
de Ville

Information
Touristique

Kneginje Zorke

Kraljice Marije

Prvog Maja

Avenija Kralja Petra I

Bulevar Kralja Aleksandra

Milana Blagojevica

Monument à
Karadorde

Eglise de
Karadorde

Karadjordjeva

Musée

PARC
ROYAL

Maison
du roi Pierre I

Eglise de
St-Djordja

LES VIGNOBLES

M. Jovica

Pilov Zorana Tomica

vers Kragujevac
& Kraljevo

Villa du
Roi

vers
Cacak

Villa de
la Reine

0   200 m

N

Edifice religieux
Monument
Musée
Hôtel de Ville
Poste
Web-Café
Gare routière
Hôpital
Banque
Marché
Police
Information touristique

Pratique

■ OFFICE DU TOURISME OPLENAC TOPOLA

Kneginje Zorke 13, Topola
℡ +381 34 811 172
www.topolaoplenac.org.rs
info@topolaoplenac.org.rs
L'office du tourisme, particulièrement dynamique, se trouve dans la rue qui monte au complexe. Elle organise des visites régionales à la demande pour un petit groupe, vous emmène également à Orašac. Ajoutons des visites des vignes environnantes, et de belles brochures.

Se loger

L'office du tourisme vous trouve des chambres à 1 000 la nuitée avec petit déjeuner dans le village de Lipovac ou en appartement de 2 000 à 2 500 dinars la nuitée dans les auberges Tri-O ou Bajkal (pension complète possible).

■ HÔTEL OPLENAC

Oplenačka bb
℡ +381 34 811 430
www.hoteloplenac.rs
webmaster@topolaoplenac.org.rs
Entrée du parc-mémorial.
1 900 dinars en simple, 1 700 par personne en double. Respectivement 2 200 et 2 000 en demi-pension. L'hôtel est une grande bâtisse construite en 1934. Idéalement placé à l'intérieur du parc royal, l'établissement a certainement été de haute renommée et bourgeois il y a longtemps. Bien que récemment rénové, il faudra plus d'imagination pour accepter la vétusté des chambres (mais après tout, le tarif n'est vraiment pas élevé). Admirez tout de même les salons anciens, la terrasse extraordinaire, et même le système téléphonique à la réception, qui date des années 1950.

Se restaurer

■ ETNO VOŽD

Vožda Karađorđa 92.
Menus de 450 à 800 dinars.
Un restaurant serbe qui propose différents menus complets, plutôt bon et bien servis.

À voir – À faire

■ FONDATION DU ROI PIERRE Ier (ЗАДУЖБИНА КРАЉА ПЕТРА ПРВОГ)

Kraljice Marije 4
℡ +381 34 811 280
www.oplenac.rs – zaduzbina@ptt.rs
Eglise Saint-Georges, résidence de Pierre et ville des Karadjordjević. Ouvert tous les jours de 8 h à 16 h en hiver, de 8 h à 19 h de mai à octobre. Entrée 300 dinars pour l'ensemble et service d'un guide pour vous tout seul (ou si vous êtes en groupe), en anglais : 4 500 dinars. Sinon, guides habituels pour tous, 100 dinars.
Berceau de la dynastie royale des Karadjordjević, Oplenac est un haut lieu de mémoire pour tous les Serbes. En effet, le chef de la première insurrection serbe, Petar Karadjordjević, ainsi que ses descendants sont enterrés sous l'église. Construite sous le roi Pierre Ier, l'église Saint-Georges d'Oplenac fut achevée en 1912 et est restée depuis une fondation des Karadjordjević. Très endommagée au cours de la Première Guerre mondiale, elle fut reconstruite à partir de 1923. Dans les années 1990, le prince Tomislav, revenu d'un long exil en Angleterre, entreprit de faire de longs séjours dans la résidence qui fait partie de cet ensemble. Située dans un très bel environnement forestier, l'église Saint-Georges s'élève à la fois monumentale et pure dans sa blancheur immaculée. Ses lignes de construction très longues et délicatement agencées, ainsi que ses façades de marbre blanc lui confèrent une intense présence spirituelle. Edifiée dans le style serbo-byzantin, l'église est en forme de croix, munie d'absides aux deux extrémités des bras et coiffée d'une grande coupole et de trois autres plus basses, de couleur topaze, surmontées chacune d'une croix grecque dorée. La porte d'entrée en bronze, elle aussi monumentale, comporte les symboles de la royauté serbe : l'aigle à deux têtes et les quatre « s » de l'unité serbe. A l'intérieur, le revêtement est entièrement de marbre vert, pour le pourtour, et de mosaïques pour le reste, jusqu'au sommet de la coupole. Ces mosaïques comprennent notamment 24 tableaux de la vie de saint Sava, des représentations des anciens monarques

serbes avec leurs somptueux vêtements, ainsi que des médaillons de saints et de patriarches serbes. Toute cette décoration est une fidèle et exacte reproduction des fresques des plus célèbres monastères de Serbie. En tant que fondation de la dynastie des Karadjordjević, l'église abrite les tombes de plusieurs parmi les plus grands personnages de l'histoire serbe moderne, dont le sarcophage du fondateur de la dynastie, Petar Karadjordjević (1762-1817). En face se trouve le tombeau du roi Pierre Ier, mort en 1921. La crypte contient aussi les tombeaux des membres de la famille Karadjordjević ; le roi Alexandre Ier assassiné à Marseille par un extrémiste croate le 9 octobre 1934 y repose, selon son désir, aux côtés de sa mère. La fondation englobe aussi la maison du roi Pierre. Construite en 1912 en tant que résidence d'été du monarque, elle abrite aujourd'hui une galerie-musée consacrée à la famille royale ainsi que le siège de l'association internationale des Karadjordjević. Faisant également partie de la fondation, la ville des Karadjordjević, près de l'église Saint-Georges, fut construite en 1811. On peut y voir encore la résidence d'origine avec sa tour bien restaurée, l'église avec son clocher et l'école primaire. Le tout forme un ensemble très évocateur de la vie quotidienne en Serbie au début du XIXe siècle. Dans la résidence, des manuscrits originaux des rois Karadjordje et quelques armes ayant servi dans les guerres de libération en 1804 et 1815. Ne quittez pas la fondation sans avoir visité cette « ville » encore bien préservée.

Shopping

■ LA CAVE ALEKSANDROVIĆ
À Vinča
✆ +381 62 262 277 – +381 34 826 555
www.podrumaleksandrovic.rs
office@podrumaleksandrovic.rs
Visite avec dégustation : 1 000 dinars par personne, voir 1 500 dinars avec une entrée régionale et 3 000 dinars avec un déjeuner. Minimum 10 personnes, durée de la visite 2h. Réservation obligatoire.
Un des producteurs les plus connus du pays dont les vins figurent dans la carte des meilleurs restaurants serbes. Ce vignoble produit 14 sortes de vins dont les plus connus sont : Trijumf, Harizma, Varijanta, Oplenac.

■ KRALJEV PODRUM
✆ +381 34 811 118 – zaduzbina@ptt.rs
« La cave du roi » (traduit du serbe) produit du sauvignon blanc, chardonnay et rosé. C'est également un musée de vin.

■ ČAČAK (ЧАЧАК)

Čačak est au cœur d'une région typique de Serbie centrale pour ses beautés naturelles : vallées et petites collines, mais aussi défilé de la Morava. Le tourisme rural et vert y est assez développé, et offre un large éventail de possibilités d'hébergement. La ville elle-même est peu attrayante, mais occupe une position de carrefour au centre de la Choumadie, ce rôle de carrefour explique l'ancienneté du peuplement de la région. Dans la localité de Gradina, sur le mont Jelica, ont été découvertes les fondations d'enceintes du VIe siècle avant notre ère. Čačak est également connue pour sa participation aux guerres de libération contre les Turcs. Ainsi, en 1814, éclate ici la révolte de Hadži-Prodanov, dont témoignent deux monuments dans l'église du village de Trnava ; puis, l'année suivante, se déroule dans les environs la grande bataille de Ljubičica.

Transports

■ GARE ROUTIÈRE
Lomina 67 ✆ +381 32 222 461

Très nombreuses liaisons régionales et bus toutes les heures pour Belgrade.

Pratique

■ BANQUES
Nombreuses dans le centre, comme partout. Horaires habituels 8h-19h.

■ DOM ZDRAVLJA – URGENCES
Veselina Milikića 25 ✆ 94

■ OFFICE DU TOURISME
Trg Ustanka 4
✆ +381 32 342 360
www.turizamcacak.org.rs
toc@ptt.rs
Ouvert de 8h à 16h.
Pour la trouver, elle se situe dans un passage du grand centre culturel sur la place, à l'opposé de l'hôtel Beograd. Assez dynamique, avec des informations et des brochures sur toute la région bien conçus. Excursions organisées vers les principaux monastères et les lieux de mémoire des environs.

SERBIE CENTRALE

Se loger

■ HÔTEL BEOGRAD

Gradsko Šetalište bb ✆ +381 32 224 594
www.hotel-beograd.rs
office@hotel-beograd.rs
4 050 dinars en simple, 4 650 en double avec petit déjeuner. Magnifique bâtiment construit en 1900 pour être déjà un hôtel, aux nombreux bas-reliefs et de style sécession, et en plein centre. Les chambres n'ont cependant pas le même charme. Paiement Visa®.

■ HOTEL PREZIDENT

Bulvar Oslobodjenja 21 ✆ 371 401
2 450 dinars en chambre simple, 4 200 la chambre double.
Un hôtel au style moderniste. Un peu prétentieux dans tous les sens du terme.

Se restaurer

■ BRVNARA

Kneza Vase Popovića 15 ✆ +381 32 349 132
Menu autour de 600 dinars. LE restaurant où il faut aller, pour son ambiance, sa décoration, ses costumes. Dans une maison en bois entièrement décorée d'objets et de produits typiques, on vous servira des plats serbes accompagnés d'un large sourire. Les propriétaires vous feront goûter au ćevap du haïduk (500 dinars) ou aux très bonnes soupes servies dans des pots en terre cuite.

■ LOVAC

Gradski Bedem 2 ✆ +381 32 331 991
Menu moyen à 800 dinars. Le restaurant « de luxe », avec le service et les prix en conséquence. Confortable et spacieux, il propose des plats nationaux et internationaux.

À voir – À faire

■ MONUMENT AUX MORTS DE LA PREMIÈRE GUERRE MONDIALE (СПОМЕНИК РАТНИЦИМА ПРВОГ СВЕТСКОГ РАТА)

C'est un monument unique dans son genre. Erigé en 1934 en l'honneur des soldats serbes tués en 1914-1918, il rend également hommage à leurs ennemis ! Sur chacun de ses côtés, est représenté un symbole religieux orthodoxe, catholique, musulman et juif.

■ MUSÉE NATIONAL (НАРОДНИ МУЗЕЈ ЧАЧКА)

Cara Dušana 1 ✆ +381 32 222 169
www.cacakmuzej.org.rs – camuzej@sbb.rs

De 9h à 17h, 13h le week-end. Fermé le lundi.
Situé dans le palais Obrenović, le musée expose objets et vestiges de l'histoire de la région, depuis l'époque romaine jusqu'aux guerres de libération du XIXe siècle.

■ PALAIS JOVAN OBRENOVIC (КОНАК ЈОВАНА ОБРЕНОВИЋА)

Rue du Tsar Dušan
Ce palais princier fut construit en 1835 dans un style orientalo-balkanique. Il constituait à l'époque le centre de la ville, et était administré par Jovan Obrenović, le frère du prince Miloš. Au-dessus de l'entrée principale, on peut observer les seules armoiries peintes en Serbie de la dynastie des Obrenović.

■ THERMES ROMAINS (РИМСКЕ ТЕРМЕ)

Dans le centre de la ville, les plus anciens vestiges du peuplement dans cette région. Le site date du IVe siècle avant J.-C ; il est formé de plusieurs travées et de colonnes des bains en brique rouge.

Dans les environs

Arilje (Ариље)

Arilje est situé dans le district de Zlatibor, à 12 km au sud de Požega, à 46 km au sud-est de Čačak et à 20 km de Guča. Cette petite ville réputée pour ses fameuses framboises, le produit phare de l'exportation du pays, mérite la visite pour son église du XIIIe siècle. Arilje est propice aux loisirs de montagne, notamment la randonnée, la chasse et la pêche sportive. Parmi les sites naturels figurent : la source de Bjeluša, la gorge d'Okruglica, la gorge d'Orlovača dont les falaises calcaires dominent de 400 m le cours du Rzav et la source thermo minérale de Visočka banja qui jaillit à 600 m d'altitude à une température de 27 °C. La source de la grotte de Vodena pećina, près d'Okruglica et de Bjeluša, est située dans le canyon de la rivière Panjica et constitue un phénomène naturel remarquable : le botaniste serbe Josif Pančić y a découvert une espèce endémique de campanule qu'il a baptisée *Campanula secundiflora*.

Pratique

Arilje constitue un bon plan pour se loger lors du festival de Guča car il y a pénurie de logement là-bas. Les villages aux alentours sont très pittoresques et offrent la possibilité de découvrir une vie rurale on ne peut plus authentique : Visoka, Bjeluša, Bogojevići, Grivska...

© BRANKO JAVANOVIĆ – FOTOLIA

Église Saint-Achille d'Arilje.

■ OFFICE DE TOURISME D'ARILJE

Opština Arilje Svetog Ahilija 53
✆ +381 31 893 701
www.arilje.org.rs

À voir – À faire

■ ÉGLISE SAINT-ACHILLE
(ЦРКВА СВЕТИ АХИЛИЈЕ)

L'église Saint-Achille d'Arilje, construite au XIIIe siècle dans le style architectural de l'école de la Raška, figure sur la liste des monuments culturels d'importance exceptionnelle de la Serbie. Grâce à une inscription conservée dans la coupole, on sait que l'intérieur de l'église fut décoré de peintures datant de 1296. Elle fut d'abord la cathédrale des évêques, puis celle des métropolites de Moravica et elle fit partie d'un monastère fondé par des réfugiés de Larissa en Grèce, qui s'installèrent à l'emplacement de l'actuelle ville, où ils apportèrent les reliques de saint Achille qui avait été évêque de leur ville. L'actuelle église fut construite à l'initiative du roi Stefan Dragutin à la fin du XIIIe siècle après les dévastations tartares. L'église a été complètement restaurée en 1996. Elle est constituée d'une nef unique, surmontée d'un dôme possédant six fenêtres, chose rare pour les églises de Serbie. Encore une chose rare : un panneau en français retraçant son histoire.

Ovčar Banja (Овчар Бања)

■ GORGES D'OVČAR – KABLAR

Entre les monts Ovčar (985 m) et Kablar (889 m), la rivière Morava a formé l'une des plus belles gorges de Serbie. À 8 km à l'ouest de Čačak, sur la nationale en direction de Užice, elle s'écoule en boucles très resserrées, formant des méandres qui sinuent tranquillement entre vallées et collines. Les attractions touristiques sont ici nombreuses, puisque le long de cette gorge, se trouvent la station thermale Ovčar, deux lacs artificiels et pas moins de 12 petits monastères, tous perchés sur les monts et collines qui surplombent la rivière. On a plaisir à se promener sur 8 sentiers balisés parmi des ruisseaux et des sources d'eau, sous la futaie et dans des clairières de haute altitude. Des activités sportives sont pratiquées sur le lac de Medjuvršije, comme canoë, pêche et baignade, dans une eau claire. Les nombreux monastères, de vrais petits joyaux accrochés aux montagnes, sont de taille modeste, mais toujours entourés d'un jardin aménagé. Ils s'égrènent sur les deux rives de la Morava, offrant souvent un point de vue large et élevé. Érigés entre le XIVe et le XVIIe siècle, ces monastères forment ce que l'on appelle la Srpska Sveta Gora. Le plus important est le monastère Saint-Nicolas, pour son atelier de manuscrits et le palais du prince Obrenović qui lui est attenant. Le monastère de Vavedenje (ou Purification), fondé par Stefan Nemanja, conserve quelques manuscrits précieux, comme l'Evangile de Belgrade datant de 1552. Enfin, Blagoveštenje est intéressant pour ses matériaux de construction – mélange de pierre, de chaume et de bois – et pour ses fresques du XVIIe siècle. L'office de tourisme de Čačak organise des visites guidées des monastères.

Méandres de la Morava.

■ STATION THERMALE D'OVČAR

Au cœur du parc des gorges d'Ovčar-Kablar, se trouve une station thermale intéressante à la fois pour son eau curative et pour ses hébergements en pleine nature. Son eau à 37° C est connue depuis le XVe siècle pour soigner les rhumatismes, les douleurs musculaires et les maladies de la peau. Cette station conviendra aussi aux amateurs de la nature car, entre la Morava et le mont Ovčar, elle offre des possibilités pour le tourisme de nature : à 3 km, le lac de Medjuvršije et ses eaux limpides, et, sur le site même de la station, des randonnées en montagne. Enfin, un camping est installé dans une forêt de feuillus, avec piscine à ciel ouvert. L'entrée de la station n'est cependant pas indiquée sur la nationale. Située sur un méandre de la Morava, après le deuxième tunnel en venant de Čačak, tourner à gauche avant le pont sur la Morava.

Se loger

■ CAMPING
✆ + 381 32 5596 110
220 dinars l'emplacement, 220 dinars par personne (390 dinars le lit en bungalow). Ouvert d'avril à fin octobre.
Un très agréable camping, ombragé, en contrebas de la station et correctement équipé.

■ CHEZ L'HABITANT
La famille Šević ✆ +381 32 55 96 152

De 500 à 600 dinars par personne. Chambres première catégorie avec salle de bains privée. Petit déjeuner sur réservation. Accueil chaleureux, mais aucune langue étrangère parlée, donc passez par l'office de tourisme pour réserver.

■ HÔTEL & WELLNESS CENTAR KABLAR
✆ +381 32 496 106
www.wellnesscentar-kablar.com
yugohol@ptt.rs
2 580 dinars en simple, 4 760 en double, petit déjeuner compris.
Refait, ce petit hôtel aux couleurs ocre est très agréable et dispose même d'une piscine, puisque c'est également un centre de remise en forme. Les chambres sont toutefois restées simples. Ne manquez pas le restaurant réputé pour sa *lepinja* au *kajmak*.

■ PLANINARSKI DOM KABLAR
✆ +381 32 55 96 312
www.kablar.org.rs
kablarpd@eunet.rs
28 lits. À 2 km en aval de Zapadna Morava du centre de la station thermale par une route goudronnée.
Le gîte de montagne de 4 chambres avec 10, 8 et 2 lits. Propre, draps fournis. Salle de télévision, cuisine commune à disposition. Chauffage central. Sentiers balisés partent d'ici pour les sommets d'Ovčar et Kablar.

Se restaurer

L'un des charmes du site sont ses restaurants sur l'eau, en hiver complètement enneigés, en été délicieusement frais, mais toujours agréables.

■ DOM
✆ +381 32 55 96 200
www.ovcarbanja.rs
restorandom@gmail.com
Dans la station thermale même, il sert une cuisine plus terrienne, mais accompagnée par un groupe de musique serbe. Propose aussi l'hébergement en chambres simples, doubles ou triples.

■ LANTERNA
✆ +381 32 496 208
Sur le lac de Međuvršje, il offre des spécialités de poissons.

■ PLAŽA
✆ +381 32 896 218
Le premier établissement en arrivant de Belgrade, au bord du lac de Međuvršje. Plus récent que ses voisins, il est doté d'une grande terrasse agréable. Parking.

■ SANTA MARIA
✆ +381 32 496 226
Une maison en bois avec terrasse au bord de l'eau, un vrai régal !

Koštunići (Коштунићи)

A 21 km au nord-ouest de Čačak, par une petite route, non loin du mont Maljen où se trouve Divčibare (voir Serbie occidentale), Koštunići a développé ces dernières années un tourisme centré sur les traditions locales et l'habitat rustique. Sur le vieux massif montagneux de Ravna Gora, entouré des rivières Cemernica et Dičina, le village de Koštunići est un véritable village paysan, avec ses coutumes et ses activités. On peut y voir encore, sur les pas de porte, les femmes coudre et tisser la laine, alors que les hommes labourent leurs champs sur les collines arrondies. Quant aux délicieux repas qui vous seront servis chez l'habitant, ils sont à base de produits provenant des fermes et des prairies des alentours.

Pratique

■ OFFICE DU TOURISME DE GORNJI MILANOVAC
✆ +381 (0) 32 720 565
✆ +381 (0) 32 720 566
www.togm.org.rs

Situé dans la ville de Gornji Milanovac rue 2, Cara Dušana.
Propose des logements chez l'habitant dans toute la région, en chambres ou en *vajat*, maisons en bois typiques sans fenêtres, bâties dans le plus pur style des maisons de Choumadie. Excursions organisées aussi dans les monastères et autres sites historiques de la région.

Se loger

■ GITE D'OBRAD DMITROVIC
Très belles chambres dans un cadre enchanteur.

■ GÎTE LJUBA DAMLJANOVIC
✆ +381 63 601 614
Compter 1 500 dinars la demi-pension.
Arbres fruitiers, propriétaire, guide. Egalement des *vajat*, maisons en bois typiques, bâties récemment mais dans le plus pur style des maisons de Choumadie. Nuit à 1 000 dinars, demi-pension à 1 500 dinars et pension complète à 1 700 dinars par personne. Restaurant à proximité.

À voir – À faire

Un véritable complexe touristique s'est formé autour du musée ethno Prodanovića Magaza. Dans une maison typique de Choumadie, déplacée pour l'occasion, vous aurez le loisir de découvrir les us et coutumes des Serbes, tels qu'ils étaient pratiqués jusqu'à un passé récent. Cette maison appartenait jadis au commerçant Mile Prodanović, à qui elle servait d'entrepôt et de point de vente de produits locaux, comme *rakija*, cuir et céréales, avant qu'ils ne soient expédiés dans les autres régions et à l'étranger. Aujourd'hui, cette grande maison en bois est remplie d'outils relatifs à l'agriculture et à l'artisanat local, comme il en existait encore il y a peu : métiers à tisser, faux, forge et tous les instruments agraires sont ici exposés avec goût et passion. Juste au-dessus, la maison ethno Andjelija Mišić, spécialement bâtie pour le complexe, s'intègre harmonieusement au village. On y trouve des lainages et broderies de cette région de Ravna Gora, mais aussi des vêtements typiquement serbes, désormais folkloriques. Koštunići possède enfin un musée historique, un musée ethnographique et une galerie avec une collection permanente du peintre Boža Prodanović, vieille depuis plus de 120 ans.

Guča (Гуча)

Pratique

Pour y aller, étant donné le nombre croissant d'étrangers, plusieurs organisateurs proposent des pack « spécial Guča » tout compris. Voyages 4A de Nancy (www.voyages4a.com) ça marche très bien il vaut mieux réserver à l'avance. De nombreuses agences réceptives serbes en font de même, en voici une : www. gucatravel.com – Deux sites Internet pour tout savoir : le site officiel des organisateurs (✆ 032 861 146) un peu plus destiné aux professionnels : www.saborguca.com et le site commercial plus grand public : www. guca.rs

▶ **Police** ✆ 92 ou 854 211.

▶ **Urgences** ✆ 854 206.

▶ **Infirmerie** ✆ 854 536.

Orientation

Le village de Guča est dans la montagne à 150 km au sud de Belgrade, et 20 km au sud de Čačak. A équidistance d'environ 15 km des localités Arilje, Požega, Lucani.

Se loger

Il est difficile de s'héberger durant le festival car il n'y a pas d'hôtel au village. Il faut une voiture et se rabattre dans les localités voisines : Lucani, Arilje, Pozega, Ivanjica et Cacak à équidistance d'environ 15 km plus ou moins. Tout est pris d'assaut deux mois à l'avance.

Il faut donc bien s'organiser, pour la location d'une voiture, le parking… La meilleure solution, ce seront les chambres chez l'habitant partout autour et à Guča. C'est simple, tous ceux qui ont une maison louent des chambres pour l'occasion. Néanmoins, il est plus que recommandé de réserver. Pour cela, la plupart des agences de Belgrade pourront le faire. Enfin, le camping se développe. Sur un grand terrain à deux cent mètres de la grande scène des festivités, des centaines de campeurs se pressent. Sans aucune infrastructure, qu'on se le dise… 7 € par jour et par personne. Contactez Bojan (✆ +381 63 576 877 – bokinenn@ yahoo.com).

■ HÔTEL LUCANI

✆ +381 32 817 458
✆ +381 32 818 890
www.hotel-lucani-guca.booking-hotels.biz
Au village de Lucani à environ
10 km au nord de Guca.
1 937 dinars pour une chambre simple incluant taxes et petit déjeuner. Et 3 154 dinars pour la double.
2 appartements disponibles, 10 chambres simples et 14 chambres doubles. C'est le seul hôtel ouvert à proximité du festival de Guca. Sachant qu'il y a pénurie d'héberge-ments pendant le festival, on ne fera pas la fine bouche. Reservez au moins deux mois avant le festival.

🍴 VAJATI

✆ +381 32 861 146
www.vajati.com
Au village de Gornji Kravarici à 9 Km.
Ce sont de vieux petits chalets en bois. Rustique mais sympathique. En tout cas c'est une belle alternative pour se loger durant le festival si on possède une voiture.
Attention peu de places, seulement 4 chambres doubles, 2 chambres simples et 2 apparte-ments. On y propose aussi une cuisine aux spécialités locales. Super !

■ KRALJEVO (КРАЉЕВО) ■

Au cœur de la Choumadie, à 3 heures de route de la capitale, la « Cité des Rois » est une petite ville tranquille et charmeuse de 80 000 habitants. Surtout, Kraljevo commande le défilé de l'Ibar au sud et donc la Vallée des Rois, âge d'or de l'empire serbe médiéval. Confortablement installée sur les rives de la Morava, elle dégage une atmosphère sereine, comme en témoigne son korzo à l'italienne, promenade obligatoire en début de soirée dans la rue piétonne. Entourée de quatre montagnes, entre 1 200 et 1 500 m d'altitude, aux beaux reliefs ondulants – Goč, Stolovi, Troiglav et Čemerno –, Kraljevo offre de nombreuses possibilités d'excursions en montagne. Cette ville typiquement serbe contrôle donc le défilé de la rivière Ibar, chargée d'histoire, comme en témoignent la forteresse de Maglič perchée sur un pic dans un méandre de l'Ibar, ou les monastères de Studenica plus loin et de Žiča à 12 km. Cette ville d'eau est entourée par trois stations thermales, dont l'une des plus importantes de Serbie, Vrnjačka Banka.

Le festival de Guča : incontournable !

Enorme. Le festival de Guča est devenu l'événement mondial de la trompette des Balkans en quelques décennies. C'est en 1961 que quelques amoureux de la musique traditionnelle serbe décident de monter un rassemblement et un concours, dans le but de préserver la musique serbe de la fin du XIXe siècle. Le festival naissant, de son vrai nom « Assemblée des trompettes de Dragačevo », passe vite à toutes les mélodies traditionnelles populaires, au moment même où le folklore national prend de l'importance. La suite est une lente mais inexorable ascension vers le succès. Le petit village de Guča devient le centre de la Serbie chaque mois d'août. Mais Guča est avant tout une compétition, avec d'énormes enjeux. Participer à Guča, c'est s'assurer des revenus pour le reste de l'année, particulièrement pour les orchestres roms, les plus nombreux, qui ne vivent que de leur musique. Car les récompenses de Guča (Trompette d'or ou bien encore prix du Meilleur Orchestre) leur permettront de monnayer plus cher leurs prestations lors de mariages ou autres fêtes. Une compétition à laquelle a assisté le grand Miles Davis lui-même. Avec un commentaire resté célèbre : « Je ne savais pas que vous pouviez jouer de la trompette comme cela » avait-il dit. Ces dernières années, bien aidé par les films d'Emir Kusturica, qui a popularisé les trompettes, Guča est devenu un vrai phénomène. Le festival dure 5 jours et accueille désormais un demi-million de visiteurs cumulés chaque année. La compétition se déroule dans le stade, mais c'est dans les rues de Guča, transformées en gigantesque restaurant en plein air que ça se passe. On y mange, on y boit et on y danse jusque tard dans la nuit, entouré de dizaines de groupes, dans une ambiance festive incroyable qui tourne au paroxysme lorsque la nuit avance, alcool aidant. Les cochons entiers tournent sur leurs broches, le *svadbarski kupus* cuit dans d'immenses chaudrons, la bière et la *rakia* coulent à flots. Venir à Guča est certes devenu à la mode. Bien aidé par le gouvernement serbe qui en a fait, un peu vite, l'étendard de la culture serbe.

Histoire

Kraljevo devient une ville importante au XVIIIe siècle seulement, après avoir été longtemps une modeste bourgade appelée Karanovo. Des témoignages de la présence romaine ont été découverts dans les villages environnants, on sait ainsi que le centre thermal de Vrnjačka Banka était déjà connu au IIIe siècle pour ses eaux curatives. Au Moyen Age, les environs de la bourgade de Karanovo commencent à se développer. A la fin du XIIe siècle, le monastère de Studenica est fondé par Stefan Nemanja, fondateur de la dynastie des Nemanjides. Au début du siècle suivant, Stefan Prvovenčani fait bâtir dans la ville même le monastère de Žiča, où il se fait couronner en 1217 roi de Serbie, une première dans l'histoire de cet Etat. Afin d'assurer leur contrôle sur ce territoire central, les Nemanjić construisent la forteresse de Maglič sur l'Ibar. La seconde période importante pour la Cité des Rois se situe au XIXe siècle. Son rôle dans le soulèvement contre les Turcs en 1805 et sa formidable situation de carrefour en Choumadie favorisent ensuite l'essor du commerce et de l'industrie. Le prince Miloš y fait construire une nouvelle église en 1824 et, fait plus considérable, Milan Obrenović se fait couronner roi à Žiča, en 1882. Kraljevo maintient vaillamment son rôle de métropole régionale au XXe siècle, mais sa position centrale en Serbie lui vaut une situation tragique pendant la Seconde Guerre mondiale. En octobre 1941, les nazis décident de fusiller 100 Serbes pour chaque soldat allemand tué et 50 pour un blessé allemand. C'est ainsi que plusieurs milliers de personnes tomberont sous les balles de l'occupant en quelques semaines.

Transports

Voiture

Kraljevo n'est qu'à 56 km de Kragujevac et à 150 km de Niš. Trois routes depuis Belgrade. Autoroute de Niš jusqu'à Batočina, puis par Kragujevac. Sinon, par la route de Mladenovac ou de Lazarevac depuis Belgrade.

Bus

La gare est à 300 m du centre.

▶ **Belgrade.** 75 bus par jour. 850 dinars.

▶ **Vrnjačka Banja.** 80 bus par jour. 100 dinars.

▶ **Kruševac.** 48 bus quotidiens. 370 dinars.

▶ **Novi Pazar.** 38 bus. 550 dinars.

▶ **Čačak.** 90 bus. De 260 à 360 dinars.

SERBIE CENTRALE

Le séisme du 3 novembre 2010

Le 3 novembre 2010 la ville de Kraljevo a été frappée par un séisme de magnitude 5,4 sur l'échelle de Richter. La secousse a été ressentie dans toute la Serbie, conduisant Belgrade à décréter l'état d'urgence et poussant même les médias à organiser diverses actions d'aide en faveur des victimes. L'épicentre se trouvait à une dizaine de kilomètres du centre de la ville. Il a fait seulement 2 victimes, mais a provoqué des dégâts matériels importants : environ 70 % des maisons ont été sérieusement endommagées dans le village de Vitanovac, à l'épicentre même de la secousse tellurique, et on dénombre environ 4 000 habitations endommagées sur le territoire touché.

Train

La gare ferroviaire jouxte la gare des bus.

▶ **Čačak et Požega.** 2h55, 6h20, 10h45, 15h, 20h35. 128 et 288 dinars.

▶ **Kragujevac.** 7h35, 15h05, 22h20. 224 dinars.

Taxi

Station au bout de la rue piétonne.

■ **TAXI MAXI**
℡ +381 36 333 111

■ **INEX TRAVEL**
Omladinska 4
De 8h à 19h. Samedi 14h. Plutôt pour les solutions transport.

■ **MAXI RENT A CAR**
Dimitrija Tucovića bb
℡ +381 36 314 314
www.taxisrbija.com
Près de la gare routière.
Chez Maxi taxi on peut aussi louer une voiture à partir de 29 € par jour. Possibilité de livraison à l'aéroport de Belgrade, avec supplément.

Pratique

Tourisme – Culture

■ **OFFICE DU TOURISME**
Trg srpskih ratnika 25
℡ +381 36 311 192

www.jutok.org.rs – jutok@tron.rs
Ouvert de 7h à 20h, le samedi de 9h à 14h.
Une petite boutique sur la place principale mais peu de choses à offrir. Heureusement le site est assez complet.

Argent

■ **BANQUE VOJVODJANSKA**
Trg srpskih ratnika 30
℡ +381 36 302 180
8h à 18h30. Distributeur de billets. Ainsi que la Raiffeisen et Zepter au bout de la rue piétonne, avec distributeurs.

Moyens de communication

■ **POSTE**
Cara Lazara 37 à 100 m de la rue piétonne
De 7h à 19h. Samedi de 7h à 15h.

■ **TRON CAFÉ**
Hajduk Veljkova Cybercafé

Santé – Urgences

■ **HÔPITAL STUDENICA**
℡ +381 36 301 988

■ **PHARMACIES DE GARDE**
Poliklinika
Crveni Krst Trg Vojske Jugoslavije bb
℡ +381 36 311 653

Se loger

L'offre hôtelière n'est plus aussi limitée qu'auparavant : l'hôtel Turist, dans le centre, est enfin rénové. On peut aussi trouver des endroits bien à l'extérieur de la ville, pas forcément en hôtel. Pareil pour les bons restos, prenez votre voiture !

Bien et pas cher

■ **GÎTE MILOJEVIC**
℡ +381 36 825 005
℡ +381 63 582 018
www.agritur-milojevic.com
info@agritur-milojevic.com
À Lopatnica, à 25 km
au sud-ouest de Kraljevo.
30 € en pension complète, 25 € en demi-pension. Tarifs dégressifs au-delà de 4 nuits. Prendre la route de Bogutovac (19 km) et tourner à droite, puis poursuivre sur 6 km par une route locale le long de la petite rivière ; là vous arriverez au panneau Домаћинство Милојевић : c'est à 120 m.

Dans un cadre naturel aéré et plaisant, une piscine, avec une eau minérale à 27 °C, et possibilité de faire de la randonnée. La bonne adresse.

■ MOTEL EUROPA

7 Sekretara Skoja
✆ +381 36 351 945
1 000 dinars pour une personne avec petit déjeuner, 1 700 pour deux.
A 2 km du centre vers Čačak, un petit motel à l'accueil toujours chaleureux. Chambres correctes, sans plus.

Confort ou charme

◹ HÔTEL CRYSTAL

Ibarska 44 ✆ +381 36 329 140
www.hotelcrystal.rs
office@hotelcrystal.rs
4 460 dinars en simple, 6 720 en double, petit déjeuner et toutes taxes compris.
Un établissement élégant de style contemporain ouvert en 2009 et offrant tout le confort moderne. Il dispose de 26 chambres dont 4 appartements dotés d'un ordinateur connecté à Internet. Ils possèdent tous l'air conditionné, TV satellite, wi-fi gratuit, coffre-fort, téléphone, lecteur DVD, un bureau et un coin salon. Garage souterrain surveillé. Egalement une salle de gym, un sauna et un Jacuzzi. De loin la meilleure adresse de la ville.

■ HÔTEL ROYAL

Karadjordjeva 107
✆ +381 36 354 004
www.hotelroyalkv.com
2 830 dinars en simple, 3 960 pour deux. Paiement Visa®.
Dans le prolongement de la rue piétonne, mais à 2 km du centre. Un établissement récent, au style étrange mais dont les 15 chambres valent un bon motel français.

■ HÔTEL TURIST

Trg Srpskih Ratnika 1 ✆ +381 36 322 347
www.hotel-turist.net
38 € en simple, 62 € en double, petit déjeuner compris.
67 chambres, standard et supérieur, 5 suites. Situé sur la place centrale, cet hôtel cinquantenaire, désormais 4 étoiles, est rénové en 2010 dans un style contemporain. Coffre-fort et Internet sans fil dans toutes les chambres. Réception 24h/24, restaurants, salle de gym, sauna, salle de congrès, garage souterrain…

Se restaurer

■ LEPI BORO

Oktobarskih Žrtava 15
✆ +381 36 328 328
Paiement Visa®. Deux petites salles où on se sent comme chez soi. Une longue carte serbe et quelques plats davantage passe-partout. C'est bon, copieux et à petit prix. A noter qu'il propose quelques chambres, avec salle de bains dans le couloir.

■ RESTAURANT AS

Kardjordjeva 219 ✆ +381 36 352 032
Restaurant avec une belle terrasse au-dessus d'un cours d'eau. Une cuisine traditionnelle mais présentée avec délicatesse. Très bon service.

■ RESTAURANT KOD MIRA

A l'entrée de Bogutovac
Le restaurant préféré des étrangers en Serbie et un établissement vieux de 180 ans. Dans cette maison ancienne typique, on est servi par la chère Mira, près de la cheminée et sous les poutres en bois. Plats traditionnels serbes de grande qualité.

■ RESTAURANT SUNCE

8 Marta bb
Dans le quartier de Ribnica, de l'autre côté de la Morava, un restaurant chic et fréquenté par des notables. Une carte très complète, de cuisine nationale et internationale. Poissons, viandes et crêpes à la Sunce.

Sortir

Deux quartiers animés, la rue piétonne centrale et les quais.

■ CAFÉ CENTAR

A l'ombre des tilleuls, une terrasse traditionnelle où il fait bon passer la soirée.

■ CAFÉ EXTREME

Une grande terrasse ouverte jusque tard dans la nuit, principal lieu de rendez-vous. Très bonnes glaces et des pizzas onctueuses. Toujours du beau monde.

■ CAFÉ KOŠ

Pour les amateurs de basket. Un café à la mode, à la déco clinquante mais organisée autour du ballon rond.

■ MIRAGE AUTHENTIC

Trg Srpskih Ratnika 19
Nouvel endroit à la mode pour danser.

SERBIE CENTRALE

■ PUB PASAŽ
Au fond d'un passage à 50 m de la place, c'est l'endroit où on va danser. A la fois pub et salle de concerts, une ambiance survoltée et jeune. Ouvert jusqu'à 3 heures.

■ PUB STATUS
En contrebas, sur les quais, un lieu de drague. Confortablement installé, vous pourrez goûter aux mille et une joies du Status, dont la musique house.

■ SALON DE THÉ
A l'angle de la rue piétonne et de la place ronde, une façade peu ragoûtante abrite le plus récent et le meilleur salon de thé de la ville. Des prix dérisoires et un accueil chaleureux.

À voir – À faire

■ ÉGLISE SVETA TROJICA
(ЦРКВА СВЕТЕ ТРОЈИЦЕ)
Construite par le prince Obrenović en 1882, elle est typique du style néobaroque et possède une iconostase bien typique de la fin du XIXe siècle. En face sur la place, un tank soviétique, avec l'étoile rouge bien en vue, rappelle aux passants le temps de la lutte contre les nazis.

■ MONASTÈRE DE ŽIČA
(МАНАСТИР ЖИЧА)
Au sud de Kraljevo, deux chemins pour y accéder par la nationale de Novi Pazar, tourner à gauche vers Mataruška Banja et 4 km après le village. Ou bien depuis le centre de Kraljevo, prendre le pont sur la Morava et tout de suite à droite, puis à 5 km.
Reconnaissable à ses couleurs rouge-ocre vif, ce monastère présente une importance particulière dans l'histoire de la nation serbe. Dès sa fondation en 1219, Žiča devient le siège de l'épiscopat serbe. C'est ici que saint Sava, premier archevêque serbe, couronna roi son frère Stefan ; plus tard, les fils de Stefan, Radoslav et Vladislav, y ont été couronnés à leur tour. Mais à la fin du XIIIe siècle, le patriarcat de Žiča est transféré à Peć au Kosovo, puis les Ottomans incendient l'église à plusieurs reprises encore aujourd'hui, on peut voir la voûte calcinée de l'entrée. L'église, qui appartient à l'école architecturale de Raška, est reconnaissable à son plan en rectangle et à sa tour carrée. Elle est flanquée d'une chapelle au toit circulaire de chaque côté, et le narthex se termine par une abside à trois parties surmontée d'une coupole. Dans l'église principale, on peut voir des peintures du XIIIe siècle signées des peintres des ateliers du roi Milutin avec, dans la partie centrale, des évocations de la vie de Jésus et de grandes fêtes religieuses. La composition la plus intéressante illustre l'hymne de Noël de saint Jean Damascène. Parmi les deux groupes de dignitaires de l'Eglise figurent le patriarche Sava III et le roi Milutin. Dans la chapelle sud, on a conservé des scènes de la vie du saint patron Stéphane.

■ MUSÉE NATIONAL
(НАРОДНИ МУЗЕЈ КРАЉЕВО)
Svetog Save 2
muzej-kraljevo@tron.rs
De mardi à vendredi de 9h à 20h, le lundi jusqu'à 15h, le week-end 13h. Gratuit.
Situé à côté de l'église, le musée est logé dans l'ancien lycée, un bâtiment monumental. Sa façade sobre et ses lignes imposantes évoquent les constructions de l'Europe

© PAVLE – FOTOLIA

Monastère de Žiča.

centrale de la fin du XIXe siècle. Le musée propose des expositions d'art moderne serbe et une exposition permanente consacrée à l'histoire de la région.

▪ VASIN KONAK (ВАСИН КОНАК)

Dans un parc ombragé, en prenant au nord depuis la rue piétonne Omladinska, une maison en bois de très belle allure. Construite en 1831 par Vasa Popović, le frère de la princesse Obrenović, elle représente l'un des rares exemples de l'architecture résidentielle serbe du début du XIXe siècle. De jolies incrustations au-dessus des portes du rez-de-chaussée et un toit bas et large, typique de la transition avec l'époque ottomane. C'est aujourd'hui le siège d'une fondation religieuse, et vous pouvez visiter librement ses ateliers de sculpture sur bois, en bas.

Sports – Détente – Loisirs

Durant la dernière semaine de juin ou la première semaine de juillet s'organise « Veseli Spust » la joyeuse descente. Cette manifestation sportive annuelle rassemble environ 15 000 personnes dans une ambiance féerique. Les participants arrivent avec leurs propres kayaks ou radeaux qu'ils ont fabriqués eux-mêmes et entament une course durant 12 heures en descendent la rivière Ibar pendant 27 Km. Tout ça en musique accompagné de *troubaci* type Guca et grillades en tout genre. Très folklorique : www.veselispust.com et www.kajakibar.org.rs

▪ CLUB DE PARAPENTE EOL

Veljka Vlahovića 32
✆ +381 65 315 300 – www.eol.org.rs
bobanparaglajding@gmail.com
Ecole de parapente tous niveaux, compétitions…

Dans les environs

Vrnjačka Banja (Врњачка Бања)

Vrnjačka Banja est la station thermale la plus célèbre de Serbie tout comme un centre récréatif très attrayant. Située dans un très grand parc sous des arbres souvent centenaires, peuplé des maisons particulières de grand charme, Vrnjačka Banja est promise à un grand avenir. Elle doit sa réputation à ses effets thérapeutiques connus déjà des troupes romaines au IIe siècle. Fondée en 1868, elle accueille des visiteurs de toute l'Europe du Sud-Est, venus s'y reposer ou soigner certaines maladies. L'été y est frais, à l'ombre des grands arbres, et l'hiver doux. Bâtie le long de grandes allées, Vrnjačka Banja est l'endroit idéal pour venir se ressourcer. On va chercher soi-même de l'eau à l'une des cinq sources d'eau minérale bien réparties dans le parc : chaude (36° C), idéale pour les massages, ou froide (17° C), plutôt vivifiante. Les grands hôtels sont nombreux et dotés souvent de piscines et de salles de jeux. En outre, des terrains de sport collectifs et de beach-volley occupent les journées. L'hiver, on peut aller skier sur le massif de Goč situé à quelques kilomètres. Enfin, Vrnjačka Banja se transforme l'été en un des plus grands centres culturels de Serbie soirées littéraires dans la très belle bibliothèque de style 1900, concerts classiques sous les chapiteaux et festival du scénario filmique. Mais le plus grand plaisir est de se promener le long des larges allées sous les arbres, en admirant les façades bourgeoises ou les hôtels particuliers de la Belle Epoque. Les restaurants, situés souvent au bord d'un cours d'eau, étalent leurs terrasses sous les arbres du parc.

Transports

Entre Kraljevo et Kruševac, Vrnjačka Banja est sur la nationale M5, à 180 km au sud de Belgrade. De nombreuses liaisons par bus depuis Belgrade, Kraljevo et Kruševac. A noter que le train touristique Romantika vient désormais ici, ce qui finalement est naturel et participe au charme de l'endroit (cf. Le chapitre « Belgrade »). La gare routière est située 500 m avant le parc (✆ +381 36 612 553).

▶ **Belgrade :** une quinzaine de départs toutes les heures. De 850 à 1 000 dinars.

▶ **Zlatibor :** 7h50, 9h30, 12h50.

▶ **Niš :** de 5h30 à 20h40.

▶ **Sombor :** 7h et 7h30.

▶ **Novi Sad :** 7h, 7h30, 9h50, 10h, 12h50, 15h15.

▶ **A noter** que le petit train touristique qui fait le tour du parc passe par la gare de bus, de 8h à 20h, toutes les 30 min (en été uniquement).

▶ **Taxis.** Stationnent sur le parking principal, avant le parc.

▪ MEGA TAXI
✆ +381 36 319 019

▪ PALMA TAXI
✆ +381 36 616 700

Pratique

■ BANQUES

Toutes se situent, comme les bureaux de change, dans le bourg, le long du parc, côté droit.

■ INTERNET

La plupart des hôtels et villas disposent du wi-fi.

■ OFFICE DU TOURISME

Vrnjačka 6/2 ✆ +381 36 61 106
www.vrnjackabanja.co.rs
Petit chalet en bois, vert, sur l'allée principale du parc, à 200 m des parkings. Réservations pour l'hébergement et quantité d'informations et nombreuses brochures.

■ POLICE

✆ +381 36 611 122

■ SECOURS D'URGENCE

✆ +381 36 611 245

Se loger

Vous trouverez quantité d'appartements (1 500 à 3 000 dinars et plus), des villas (1 500 à 5 000). Pour les petites bourses, rien de spécifique mais les grands hôtels anciens et certaines villas/appartements sont peu chères. Attention, la plupart des prix sont indiqués en pension complète, car tout le monde mange là où il dort, les peu nombreux restaurants ne risquant pas d'absorber les milliers de curistes et vacanciers en saison. L'office de tourisme vous met en contact avec les nombreux propriétaires qui disposent de chambres et d'appartements. Les chambres vont de 500 à 1 000 dinars et les appartements démarrent à 1 500 dinars.

■ BREZA

Vrnjačka 26
✆ +381 36 612 400
www.hotelbreza.rs – hotelbreza@ptt.rs
2 500 dinars en simple et 4 400 en double, le tout en demi-pension. Paiement Visa®.
Le très grand établissement, d'aspect un peu massif mais d'un très bon rapport qualité-prix et consacré meilleur hôtel de Serbie en 2003. De belles chambres style XIXe d'assez bonne qualité. Avec 300 lits, l'autre grand hôtel de la station qui dispose de tout : piscine, centre de sport, boutique, garage.

■ ZVEZDA

Vrnjačka 12 ✆ +381 36 612 202
Tarifs pension complète : 3 000 dinars en simple et 5 000 en double.

Si sa façade côté parc peu faire illusion, il s'agit bien d'un hôtel socialiste assez bas de gamme et qui mériterait une rénovation. Grand, triste, mais les chambres sont encore très correctes bien que simples. Piscine et bowling sont ses avantages. Wi-fi. Paiement Visa®.

■ HÔTEL VILA ALEKSANDAR

Čajkina 7 ✆ +381 36 617 999
www.aleksandar.todorhoteli.rs
aleksandarvila@todor.rs
5 200 dinars en simple, 8 600 en double, avec petit déjeuner.
Dans un bel immeuble de 1920, un vrai hôtel de charme avec piano bar et salons d'époque. Les chambres sont vastes, luxueuses, et préservent l'harmonie du lieu, en accord avec l'immeuble. Un vrai bel hôtel de charme, très bien équipé, avec sauna, bains turcs, bientôt une piscine et 4 terrains de tennis dans le parc. Ajoutons un parking vidéo-surveillé et des excursions proposées tels la visite de monastères, le survol de Vrnjačka Banja en avion (Piper)…

■ MERKUR

Bulevar Srpskih Ratnika 18
✆ +381 36 611 626 – +381 36 618 865
www.vrnjcispa.rs
office@vrnjcispa.rs
4 090 dinars en simple, 7 760 en double, le tout en pension complète, dans la partie rénovée. Paiement toutes cartes.
Le grand centre de soins – diabète, rhumatismes, maladies cardio-vasculaires – et de bien-être récemment rénové. A l'architecture résolument d'avant-garde. Très confortable. Chambres modernes et spacieuses, sans être luxueuses. Evidemment, il faudra accepter l'ambiance particulière d'un hôtel de 370 lits. La liste des soins est par ailleurs quasiment infinie, entre bains et soins. Location de vélo à 430/j.

■ SUNNY HILL SPA RESORT

Mire Jakovljević bb
✆ +381 36 620 480
www.sunnyhill.co.rs
sunnyhill@hotmail.com
Nuitée avec petit déjeuner : 4 300 dinars en simple, 7 200 en double.
Autre style ici, un hôtel luxueux et sobre, sur les hauteurs de la station, avec une vue magnifique sur les montagnes environnantes. 22 appartements vastes et clairs, très bien équipés. Le plus, le spa center et surtout la grande piscine extérieure, avec vue sur les montagnes. Le moins, pas simple à trouver et un peu loin du parc.

■ VILLA CASABLANCA

Proleterskih Brigada 11 ℰ +381 36 620 450
www.villacasablanca.co.rs
infopult@villacasablanca.co.rs
La nuitée avec petit déjeuner 4 900 dinars en simple, 6 900 en double.
Une grosse villa de trois étages, relativement simple mais non dénuée de charme, tout comme ses 15 chambres, confortables et toutes dotées de balcons. Ajoutons un spa complet et un petit déjeuner suédois et voila également un endroit où il fait bon rester, même s'il est un peu plus cher. Paiement toutes cartes.

■ VILLA SAN

Vrnjačka 26 ℰ +381 36 612 150
3 600 par personne ou 6 000 dinars pour deux en pension complète.
Paiement Visa® et master. Au cœur du parc dans un hôtel particulier de 1904, très romantique. Ici ce sont des appartements, refaits, spacieux mais pas luxueux, aussi charmeurs que l'établissement. Ils sont restés comme à l'époque dans leur agencement, et aucun n'est identique. En revanche, ils possèdent tous une terrasse donnant sur le parc. Petit parking.

Se restaurer

Là aussi, un nombre impressionnant d'établissements, tous plus ou moins dans le parc, avec des terrasses ombragées. Citons :

■ VILA SAN

Dans la villa du même nom, un restaurant de charme à la cuisine fine. Avec quelques idées. Le jambon fumé est parfait (960 dinars). Vous pouvez vous laisser aller avec le caviar (700 dinars) et tenter la belle carte de poissons ou bien le bifteck sauce aux prunes et aux raisins (800 dinars). A la carte des vins, ceux de la région (par exemple Stemina) sont à partir de 1 500 dinars la bouteille.

▶ **Nous vous conseillons aussi le Dukat** pour sa très belle terrasse ombragée, et le Kruna (tout en haut du parc) pour son environnement – fontaines, pins – et son intérieur très recherché.

Sortir

Rendez-vous aux cafés *in* que sont le Kralj, Paris, Savka et le Boss. Si vous êtes amateur du rustique chic en bois de pin, rendez-vous au Rubljov. Pour la fin de la soirée, un club Podroom.

À voir – À faire

Le parc bien sûr est au centre de toutes les attentions. Depuis le XIXe siècle, la bourgeoisie vient ici pour se soigner mais aussi profiter de la nature. Très tôt aménagé en jardins autour des sources d'eau, le parc de Vrnjačka Banja est un havre de paix depuis 139 ans. Ici, tout n'est qu'ordre, luxe, calme et volupté ! La très longue promenade permet en outre d'admirer les bains et villas d'époque. Au centre, les bains, principal établissement pour les curistes, avec son eau à 36° (ouvert de 9h à 21h), et disséminés, 7 sources dont la Beli Izvor, où l'on vient boire une quantité de verres bien précise. Le charme de Vrnjačka Banja, c'est aussi ses villas d'époque. A ce sujet, allez voir la petite rue qui monte derrière l'hôtel Alexandar. C'est ici que se trouvent les premières villas, datant de 1900. En bois et en fer ouvragé, avec un étage en avancée, typique des maisons du XIXe siècle. Non loin, côté droit, une petite maison jaune, sous le théâtre ouvert, fut la première toilette publique de Serbie. Les curistes devaient boire beaucoup d'eau… En haut de la promenade, une galerie de peinture, dans un petit bâtiment en bois rond, était autrefois une fontaine pour les curistes. Coté gauche du parc, un peu en hauteur, le musée et centre culturel. Résidence du général Belimarković, régent du roi Alexandar Obrenović, ce bel ensemble fut construit entre 1889 et 1894 dans le style des châteaux d'Italie du Nord. Le musée accueille des expositions temporaires. On y visite également la chambre du général. Ouvert jusqu'à 20h tous les jours, en hiver de 8h à 15h et fermé le dimanche (ℰ +381 36 612 144). Et pour voir tout cela sans se fatiguer, un petit train circule de 8h à 20h, toutes les 30 minutes (en été seulement). Tarif 100 dinars. En juillet, le carnaval dure 7 jours, avec 50 groupes et musiciens. En août, c'est le festival du film, dans le théâtre ouvert (côté droit en montant) qui dispose de 1 500 places.

Goč (Гоч)

A 11 km de Vrnjačka Banja, se trouve une petite station de ski, avec ses deux pistes toutes douces mais bien agréables. Certes, à 1 100 m, les pistes ne présentent qu'un dénivelé de 133 m pour une longueur de 1 500. Mais qu'importe. Ici, le luxe sera de skier en soirée grâce à un éclairage complet. Ski-Pass à 400 dinars la journée, 500 le soir. Location du matériel ski 600 dinars. Goč est également intéressant pour des promenades en forêt avec 5 itinéraires balisés, de 2h à 8h de parcours. Enfin, la chasse au mouflon, au chevreuil et au renard est ici bien organisée(réservations ℰ +381 36 810 120).

Trstenik (Трстеник)

La petite bourgade de Trstenik, située à mi-chemin entre Kraljevo et Kruševac (30 km) dans la vallée de la Morava, possède un patrimoine architectural des plus intéressants. En 1784, Trstenik était encore une ville ottomane, comme l'attestaient alors les 47 maisons turques, une mosquée et deux han répertoriés par l'officier autrichien Miteser. En 1832, Miloš Obrenović décide de déplacer à deux kilomètres plus à l'ouest ce point important pour le commerce. De cette époque date la configuration actuelle de la ville.

Pratique

■ OFFICE DU TOURISME
Kneginje Milice bb
✆ +381 37 715 263
tots03@ptt.rs
Nombreuses offres de gîtes au village de Brezovica, vers le sud. A partir de 1 000 dinars la pension complète.

À voir – À faire

L'intense vie culturelle de Trstenik est favorisée par le Musée ethnographique, le théâtre amateur et des rencontres littéraires. Les écrivains Dobrica Ćosić ou Vladislav Ribnikar étant nés dans la région, la municipalité organise depuis 1971, en juin, les rencontres littéraires, les Jours de Jefimini. Lors de ces rencontres, des poètes connus viennent réciter leurs vers, et des concerts de musique classique et des expositions de peinture sont organisés dans un cadre champêtre.

■ MAISON DE KATIĆ
(КАТИЋА КУЋА)
Knjeginje Milice 11
C'est la plus ancienne demeure conservée de la région. Construite après 1850 par Petar Katić, un commerçant connu et homme politique, elle est considérée comme l'une des plus belles maisons de la Serbie moravienne. Son architecture en carré avec un toit élargi se combine avec des influences ottomanes – balcon large et boiseries. Restée longtemps une demeure de notables, cette maison est aujourd'hui un lieu d'exposition et son jardin accueille des ateliers de peinture.

■ MONASTÈRE DE LJUBOSTINJA
(МАНАСТИР ЉУБОСТИЊА)
C'est le principal joyau de Trstenik. Situé sur la rivière du même nom et à 4 km de la ville,

il abrite la tombe de la princesse Milica qui, selon la légende, fit sa première rencontre avec le prince Lazar à Ljubostinja. Ljubostinja était un centre culturel où on copiait les livres et peignait des miniatures. C'est ici que fut confectionnée, par la nonne Jefimia, l'Ode au prince Lazare, tissée dans de la soie. Cet ouvrage est désormais conservé à Saint-Pétersbourg, en Russie. Le monastère abrite aussi la résidence des Obrenović ; alliant le bois et le chaume, elle confirme le style serbo-moravien.

Shopping

■ CAVE STEMINA
Pana Đukića 2
✆ + 381 37 711 694
www.vinarijastemina.com
info@vinarijastemina.com
Les vins de ce producteur sont nommés : Panta Rei (chardonnay), Stefanos (cabernet sauvignon et merlot), Mina (rosé) et Stefanos Barrique.

Kalenić (Каленић)

A 55 km de Kruševac par Trstenik, l'une des églises les plus belles et les mieux conservées du groupe architectural de la Morava. Kalenić est aussi ornée de peintures de grand style dans la tradition byzantine. Le monastère a été construit en 1415 par Bogdan, l'un des courtisans du despote Stefan Lazarević. Abandonné au XVIIe siècle, le monastère fut restauré par le prince Miloš Obrenović en 1823. Extérieurement, l'église est décorée de délicates sculptures réparties sur les encadrements de fenêtres, des portes et des arcs. Elles sont exécutées en relief léger, comme s'il s'agissait d'une sculpture sur bois.

L'alternance des assises de brique et de pierre, autre tradition byzantine, contribue également à l'ornementation de ce sanctuaire. Diverses scènes décorent les fenêtres : chasse à courre, épisode de la vie de Samson, etc. Les peintures sont assez bien conservées. Sur le mur nord du narthex, une composition représente le fondateur Bogdan, sa femme Milica et, devant eux, le despote Stefan Lazarević. Dans le chœur de la nef, sur les piliers, sont représentés les archanges Gabriel et Michel. Dans l'abside orientale se trouve développé, dans la zone supérieure, le cycle des miracles du Christ. Enfin, remarquez les portraits de saints guerriers dans les registres inférieurs des absides sud et nord.

VALLÉE DES ROIS

MATARUŠKA BANJA (МАТАРУШКА БАЊА)

Entre le monastère et la route de l'Ibar, un centre thermal spécialisé dans les rhumatismes. Son climat agréable et son parc offrent un cadre agréable pour le cyclisme et les promenades.

■ HÔTEL TERMAL

✆ +381 36 811 344
www.mbbanje.com
office@mbbanje.com

Tarif pension complète : 2 700 dinars en simple et 4 400 en double dans la partie ancienne, 3 300 dinars en simple et 5 600 en double dans la partie rénovée.

60 chambres agréables et bien équipées (climatisation et Internet) pour celles qui sont rénovées. Pour le reste, c'est une tour de 5 étages typiques de l'époque communiste.

MAGLIČ (МАГЛИЧ)

En longeant l'Ibar vers Novi Pazar, à 30 km au sud de Kraljevo et dans un des plus beaux passages du défilé, voici la forteresse de Maglič. Se dressant sur un promontoire rocheux au-dessus d'une boucle de l'Ibar, ce grand château qui surplombe le défilé de la rivière impressionne par ses dimensions. Pour y accéder, 300 m après le restaurant routier, tournez sur votre gauche, là où se trouve la maison jaune abritant le club de kayak local. Il ne vous reste plus qu'à traverser – prudemment – le pont en bois et suivre le sentier jusqu'au sommet. Lors de l'ascension, on se rend compte que l'Ibar offre à la forteresse une protection naturelle sur trois versants. Au Moyen Age, le quatrième côté était isolé par un large et profond fossé, creusé de main d'homme, qu'enjambait un pont-levis donnant accès à la porte d'entrée. Vous y pénétrez et accédez à la cour. L'enceinte de pierres, d'une épaisseur de 2 m, est renforcée par sept tours.

A plusieurs endroits de sa face sud, on peut accéder au chemin de ronde par des escaliers en bois. Mais le clou de la visite est, au fond de la cour, l'énorme donjon hexagonal qui domine toute la vallée. De son sommet, vous aurez un point de vue grandiose sur le défilé de l'Ibar et comprendrez l'intérêt qu'avait cette place forte pour les Serbes au

La réserve naturelle Golija

Golija est le massif le plus important de la région. Il s'étale sur 32 km. Sa richesse naturelle a conduit à déclarer parc naturel une zone de 53 800 ha. Avec des altitudes comprises entre 415 et 1 833 m, sa biosphère comprend 900 plantes spécifiques, tout comme 150 espèces d'oiseaux. Une association, IDA, s'est chargée d'en promouvoir la découverte et le tourisme rural. Elle a notamment ouvert un centre à Rudno, en continuant après le monastère de Gradac.

On peut y loger en camping, dans une maison de montagne de 50 lits ou chez l'habitant (autour de 15 €). Des guides nature sont disponibles pour des randonnées. Depuis peu, de grands panneaux touristiques indiquent la route à prendre depuis la vallée de l'Ibar. Contact de l'association : Dragan Roganović, ruralni-razvoj@gmail.com ✆ 064 645 7027.

Moyen Age. Derrière vous, un paysage aride de sommets rocheux entoure la forteresse ; l'enceinte apparaît dans un halo de nuages, comme sur le toit du monde. De nuit, en venant du sud, la forteresse, magnifiquement éclairée apparaît d'un coup à la sortie d'un virage. Son histoire est emplie de mystères. Probablement construite dans la première moitié du XIIe siècle, Maglič l'a été soit par Stefan Ier ou son fils Uroš Ier. L'archevêque Danilo II y établit son siège. Après la prise de Smederevo, les Ottomans contrôlent Maglič et en sont chassés définitivement lors du second soulèvement serbe en 1815. Maglič a été restauré une première fois après la Première Guerre mondiale et plus profondément durant les années 1980.

STUDENICA (СТУДЕНИЦА)

A 11 km du village d'Ušće en direction d'Ivanjica – il vous faut tourner à droite à l'entrée de Ušće en venant du nord, le monastère est indiqué juste après une pompe à essence – se trouve le monastère le plus intéressant du point de vue architectural, mais aussi sans doute le plus prestigieux de Serbie.

Monastère de Studenica.

Histoire

L'ensemble monastique se compose de trois églises – il y en avait 12 avant la période ottomane – et de bâtiments d'habitation d'une forme singulière car organisés en arc de cercle parfait autour des lieux de culte. Du temps de l'empire du tsar Dušan, Studenica n'était pas seulement le plus important sanctuaire religieux, mais constituait un véritable centre littéraire et artistique, formant des lettrés et accueillant des artistes venus de toute la région des Balkans. Edifié par Stefan Nemanja (1171-1196), fondateur de l'Etat serbe médiéval et créateur d'une dynastie puissante qui régna sur la Serbie pendant deux siècles, le monastère de Studenica fut conçu dès l'origine comme devant servir de modèle aux monastères futurs. L'église de la Sainte-Vierge, construite à la fin du XIIe siècle par Stefan Nemanja, présente les caractéristiques d'une construction de style roman et byzantin, avec des murs extérieurs en marbre blanc.

Transports

Les bus de Studenica vers Ušće partent à 7h, à 11h45, à 14h30 et à 19h30 ; retours à 10h et à 13h15. A 200 m du monastère, en contrebas, une auberge appartenant au monastère simple mais idéalement placée, en pleine nature, pour une nuit.

Se loger

■ GÎTES DU MONASTÈRE STUDENICA

✆ +381 36 5436 110 – +381 36 5436 422
Ouvert de mai à septembre. A partir de 500 dinars la nuitée.

Chambres très simples, mais le cadre est vraiment beau. Possibilité de repas que l'on prend sur une terrasse offrant un très beau panorama, entre rivière et montagne.

À voir – À faire

Les ornementations des deux portails et du pourtour des fenêtres sont d'une rare qualité artistique : aigles, béliers et coqs stylisés alternent avec des entrelacs de vignes et de feuillages. Dans l'exonarthex, on peut observer les trésors conservés ici depuis le Moyen Age : bague du roi Stefan Prvovenčani et livre manuscrit incrusté d'or et de pierres précieuses. Dans le naos suivant, en entrant à droite, se trouve la tombe du fondateur Stefan Nemanja ; et, juste au-dessus de la porte lorsqu'on se retourne, une célèbre Crucifixion du Christ, sur un très beau fond bleu azur. Jésus-Christ y est entouré de la Vierge Marie à gauche, de saint Jean et de saint Longin à droite. Au fond de l'église, derrière les reliquaires de sainte Anastasia et de Stefan Prvovenčani, une iconostase très baroque présente de nombreuses dorures et volutes. Tout autour se trouvent les représentations des prophètes et une communion des apôtres. Il faut savoir que la majeure partie des fresques originelles qui ornent l'église de la Vierge a été dégagée à l'occasion de travaux de restauration. Les fresques qui les recouvraient et qui dataient de la seconde moitié du siècle dernier ont été entièrement effacées à ce moment-là. Les mutilations subies par les fresques d'origine sont dues aux outils des artistes du XIXe, lesquels voulaient assurer une bonne adhérence au mortier pour leurs fresques. Mais on dit aussi que leur main a tremblé devant la beauté des anciennes fresques et de leurs personnages, ce qui leur a imprimé cette atmosphère un peu surréaliste qui les caractérise maintenant. Dans l'église royale ou Saint-Nicolas, on peut voir la représentation du fondateur, Stefan Uroš Milutin, entre sainte Anne et la Vierge, est à côté de sa femme, Simonide. Il tient la maquette de l'église entre ses mains, en signe de puissance étatique. Les magnifiques peintures de cette petite église, datées du début du XIVᵉ siècle, illustrent plus spécialement la vie de la Vierge Marie, dans des compositions d'une lumineuse beauté. Un guide est à votre disposition entre 9h et 17h ; après la visite des deux églises, la coutume veut qu'une boisson soit proposée dans un salon richement décoré, qui n'a pas changé depuis le XIXᵉ siècle. Possibilité de dormir au monastère. Une boutique propose les livres d'art imprimés à Studenica et les icônes peintes ici, à des prix plus bas qu'à Belgrade.

PAVLICA (ПАВЛИЦА)

En surplomb de la vallée de l'Ibar, Stara Pavlica est un petit monastère au destin étrange. Construit au-dessus de l'Ibar, au début du XIIᵉ siècle, avant l'époque de Stefan Nemanjić. Il fut ensuite abandonné pendant longtemps. C'est une basilique à trois nefs dont il reste des fresques du XIIIᵉ. L'ensemble est minuscule et en fait le plus petit monastère serbe, ce, d'autant que la construction du chemin de fer, qui passe à ses pieds, en a détruit une partie. Désormais soutenu par une terrasse en béton, il domine toujours la vallée avec sa grâce naturelle. Au-dessus, sur la colline, se trouve Nova Pavlica. De facture beaucoup plus classique, il est l'œuvre des neveux du prince Lazar. C'est un monastère de l'école de la Morava et fait à signaler, son narthex fut construit en 1464, après la chute de l'empire serbe. Pour les trouver, franchir l'Ibar au village de Brvenik, 5 km au sud de Baljevac, puis suivre jusqu'au premier croisement. Monter à droite. A 2 km, continuer à droite à un embranchement. Il se trouve juste après un cimetière.

GRADAC (ГРАДАЦ)

Très beau monastère classique, il fut construit vers 1270 par Hélène d'Anjou, la femme du roi Uroš Iᵉʳ, où elle fut inhumée à sa mort et aux côtés de sa fille. L'église de l'Annonciation de ce couvent lui sert de mausolée. C'est la raison pour laquelle Gradac est un monastère de sœurs aujourd'hui. Il a été construit selon le style de l'école de Raska tout en incluant les influences du style roman occidental. Gradac ne vécut pas longtemps une vie sereine après la mort de sa fondatrice. Il fut abandonné lors de la bataille du Champ des merles au Kosovo, en 1389. Pour le trouver, au village de Brvenik, 12 km au nord de Raška dans la vallée de l'Ibar toujours, tourner vers la montagne. Parcourez 12 km puis tournez à gauche à l'entrée du hameau de Gornji Gradac. Le monastère est légèrement en hauteur, au fond de cette haute vallée.

Monastère de Gradac.

ĐURĐEVI STUPOVI
(ЂУРЂЕВИ СТУПОВИ)

En sortant de Novi Pazar vers Raška, immédiatement à gauche au principal carrefour, tournez à gauche puis gravissez la colline sur 3 km. Petit à petit apparaît Đurđevi Stupovi, un monastère dont on a pris au sérieux la restauration. Juché au sommet d'une petite colline et entouré par un petit bois, son aspect médiéval lui donne un cachet indiscutable. Du haut de la colline, une vue magnifique s'étend sur toute la vallée et la ville de Novi Pazar.

Histoire

Fondé en 1168, puis reconstruit au XIIIᵉ siècle par le roi Dragutin, le monastère subit une tragique destruction lors des guerres balkaniques de 1912. Ainsi, certaines de ses fresques, notamment sous l'arc d'entrée, sont calcinées par les bombardements. Mais la chapelle est encore intacte et, entourée d'une enceinte fortifiée et d'appartements monastiques, elle apparaît très belle sur son promontoire. Mais son histoire est étrange. Emprisonné par ses frères, Stefan Nmanja forme le vœu de construire une église dédiée à saint George s'il s'échappe. Il réussit et bat même l'armée byzantine ensuite. C'est ainsi qu'il construit l'église du monastère. Le style est byzantin mais l'emplacement l'oblige à réduire les proportions. Deux tours à cloches sont ajoutées à l'entrée ouest, ce qui donne un aspect inhabituel à l'église. C'est ensuite Dragutin qui le transforme. L'exode de 1690 lui porte un coup fatal et une partie de ses pierres servent alors à bâtir la forteresse de Novi Pazar. Ne ratez pas les fresques de la chapelle, peintes sur ordre de Dragutin, et encore en bon état. On y voit trois générations de la famille de Dragutin, parmi des scènes du conseil de l'Etat serbe. A noter, plus modeste, l'église Sv Petar, à 2 km de Novi Pazar, elle est aussi sur un promontoire et bien indiquée.

RAŠKA (РАШКА)

Du centre-ville de Novi Pazar, une route vers l'ouest, bien indiquée, mène à Sopoćani, à 16 km et au pied des chutes de Raška.

■ MONASTÈRE DE SOPOĆANI (МАНАСТИР СОПОЋАНИ)

▶ **Histoire.** Fondé en 1260 par le roi Uroš Iᵉʳ, afin d'y abriter son tombeau, le monastère représente un exemple d'une exceptionnelle qualité de l'art médiéval serbe. Détruit lors des guerres austro-turques en 1689, Sopoćani fut admirablement restauré dans les années 1920 puis 1950. Entouré d'une enceinte parfaitement circulaire datant du XIIᵉ siècle, l'édifice n'est pas sans rappeler celui de Studenica. Son architecture est typique de l'école de Raška un bloc rectangulaire d'un seul tenant, long de 36 m, se prolonge par une large abside flanquée sur chaque côté d'une chapelle. À la croisée de la nef et du transept, au sommet d'une haute tour carrée,

Monastère de Sopoćani.

se dresse une coupole. Enfin, devant l'entrée de l'exonarthex, un rajout dû à l'empereur Dušan au XIVe siècle, s'élève un clocher carré à trois étages.

▶ **Visite.** Contrairement à Studenica, les façades extérieures ne sont pas très ornementées, mais Sopoćani abrite quelques fresques parmi les plus belles du monde orthodoxe. Dans le narthex, un tableau nous montre la mort de la mère d'Uros Ier, entourée de son fils et de l'épouse de ce dernier, la fameuse Hélène d'Anjou. Dans le naos, la splendide Dormition de la Vierge représente la Vierge étendue sur sa couche funéraire et entourée du Christ, qui reçoit son âme sous la forme d'un nourrisson emmailloté. Tout autour se pressent apôtres, archanges et princes de l'Église, dans des attitudes compatissantes et tellement réalistes que la peinture ici dépasse le strict cadre religieux. Dans l'abside, on notera la Communion des Apôtres, avec une représentation très ordonnancée et fidèle de cette célébration par les pères de l'Église de l'Acte du Christ. D'autres compositions superbement organisées et exécutées ornent les murs de l'église, comme la Descente aux limbes ou encore une Crucifixion magnifiquement maîtrisée. L'ensemble des fresques de Sopoćani, leur expression et leur grâce ont valu au monastère d'être classé au patrimoine de l'Unesco.

STARI RAS (СТАРИ РАС)

■ FORTERESSE DE RAS
(СТАРИ РАС – ТВРЂАВА)
A 8 km de Novi Pazar, sur la route de Sopoćani, les ruines de la forteresse de Ras dominent la route.

L'un des plus importants dispositifs dans la défense des terres serbes durant le bas Moyen Age, Ras a donné son nom à l'un des plus importants Etats serbes de l'époque, Rasa ou Raška. Sous le terme latin Rascia, on la retrouve dans beaucoup de textes en Europe. Après l'expansion de l'Etat serbe, notamment au Kosovo, la forteresse devient une des demeures des Nemanjić, qui n'ont pas de capitale attitrée. Détruite par les Mongols en 1242, elle reste ensuite un centre marchand important jusqu'à la fondation de la ville de Novi Pazar. Aujourd'hui, vous pouvez voir les remparts, de forme irrégulière et les fondations de 5 tours ainsi que beaucoup d'autres fondations. Mais faute de financement, le site n'est toujours pas mis en valeur.

NOVI PAZAR (НОВИ ПАЗАР)

L'histoire de Novi Pazar est atypique. Car si elle est aujourd'hui peuplée à 80 % de Bosniaques musulmans, c'est à Novi Pazar qu'a démarré l'empire serbe. Au IXe siècle, sous la dynastie des Nemanjides, la ville se nomme Ras et sa forteresse est la capitale de l'Empire serbe, qui étend son autorité jusqu'à Kotor sur l'Adriatique. Lorsque, au début du XIVe siècle, le roi Milutin agrandit son empire vers le sud, Ras n'est plus la capitale et est connue sous le nom de Pazaršite, c'est-à-dire ville de commerce. L'avancée des Ottomans dans les Balkans va changer son destin. La ville est prise en 1456 et devient capitale d'un *sandjak* qui est une unité administrative. La région de Novi Pazar a gardé ce nom depuis. Au milieu du XVe siècle, Isa Beg Isaković y fonde la forteresse turque de Novi Pazar, qui devient une importante cité caravanière, placée à un croisement de routes commerciales. C'est au XVIIe siècle que Novi Pazar se dote de mosquées, madrasas, hammams et autres bazars. Mais, au XIXe siècle, la ville décline. Elle est finalement rattachée en 1920 au royaume de Serbie.

Transports

Située sur la nationale M22, au sud de la vallée de l'Ibar et à 270 km de Belgrade, Novi Pazar est un peu enclavée mais la route de l'Ibar refaite, se parcourt aisément.

■ GARE ROUTIÈRE
✆ +381 20 318 854
Au nord, à 1 km du centre.

▶ **Belgrade.** 18 bus de 5h30 à 2h15. 1 350 dinars.

▶ **Sarajevo.** 7h, 14h, 22h.

▶ **Kosovo.** 5h45, tous les deux jours. 700 dinars pour Priština.

▶ **Kraljevo.** Bus de Belgrade. 700 dinars.

▶ **Raška.** 22 bus de 5h30 à 22h40. De 130 à 150 dinars.

Pratique

■ BANQUE BANCAINTESA
AVNOJ-a 6
De 8h à 19h. Distributeur Visa®/MasterCard/ maestro.

■ CYBER CAFÉ
Enter, Svetana Nemanje bb. La rue menant à la gare de bus. Prendre la porte avec un escalier intérieur, en face de la boutique Srebro. 30 dinars : ½ heure. Jusqu'à 3h du matin.

■ OFFICE DE TOURISME

28 novembar n° 27
✆ +381 20 338 030
www.tonp.rs – tonp@live.com
7h à 15h. Pas vraiment destiné au public, le
bureau renseigne néanmoins. Leur site vous
aidera mieux.

■ POSTE

28 Novembra n° 55 (passage couvert)
De 7h à 19h.

Se loger

■ HOSTEL CANNES

Rifata Burdževića 10
✆ +381 20 315 003
basarcarovac@gmail.com
*1 530 dinars en simple, 2 060 en double. Pas
de petit déjeuner. Paiement Visa® (quand
ça marche).*
Ce n'est pas une auberge de jeunesse, bien
que son nom l'indique (question de catégori-
sation). Un petit hôtel étrange et sombre, en
face du Vrbak. Les 16 chambres sont petites
et anciennes, même si elles ont un minibar. La
petitesse de l'ensemble lui donne cependant
un charme spécial.

■ HÔTEL TADZ

Rifata Burdžević 79
✆ +381 20 316 838
ww.hoteltadz.rs – hoteltadz@ptt.rs
3 500 dinars en simple, 5 400 en double.
Nouvel hôtel dans le centre, moderne et
confortable, trop pour sa façade, typique
du travers actuel avec ses murs de vitres
fumées. Les chambres sont cependant très
agréables et bien équipées, avec minibar,
clim, et wi-fi. Room service et parking dans
la cour. Paiement cartes, anglais parfait et
accueil agréable.

■ PANSION HAN

Rifet Borđević 1 ✆ +381 20 316 434
*1 000 dinars pour une personne, 1 600 pour
deux.*
7 chambres toutes simples et tristes mais
dans un ancien relais ottoman de 350 ans
d'âge, splendide et dans l'état. A l'arrivée, une
adresse particulière pour petits budgets. Le
restaurant de la pension vaut pour la salle. Si
dans l'assiette c'est simple, vous mangerez
dans un endroit original : l'ancienne écurie
du relais. Et tout est à sa place, comme la
charpente entièrement visible. Une bien belle
atmosphère pour un restaurant populaire
unique.

À voir – À faire

La rue piétonne est l'endroit où tout se passe,
pour boire un verre, comme pour manger.

■ MARCHÉ (ПИЈАЦА)

Le marché de Novi Pazar est à ne pas manquer.
Sur la rive gauche de la Raška, avec une partie
couverte, c'est un marché vivant et bruyant
où on trouve absolument tout. Un marché
oriental en somme.

■ MONASTÈRE DE CRNA REKA (МАНАСТИР ЦРНА РЕКА)

A 28 km au sud de Novi Pazar, par la M22, et
4 km au sud du village de Ribariće, se trouve
un monastère incroyable, non pas par son
architecture, mais pas son emplacement.
Car il est bâti dans le rocher, contre la falaise,
au-dessus de la rivière Sovara. Sa seule issue
vers le monde extérieur est un petit pont de
bois au-dessus de la rivière. On ne connaît
pas sa date de naissance mais il fut rénové au
XVIe siècle. Les reliques de Stefan Ier passèrent
quelque temps ici, ce qui rendit célèbre le
monastère.

■ MUSÉE RAS (МУЗЕЈ РАС)

Stefana Nemanje 20
www.muzejras.org
rasnp@verat.net
*8h à 15h, le samedi de 9h à 15h, fermé le
dimanche. 200 dinars.*
Dans une très belle maison bourgeoise de
la fin du XIXe au style ottoman des Balkans,
un musée d'histoire, d'archéologie qui
abrite également des expositions temporaires et dispose d'un fond de 3 000 œuvres,
évidemment pas toutes exposées. Très
intéressante, est sa reconstitution de deux
intérieurs du XVIIIe siècle, l'un ottoman,
l'autre serbe.

■ VILLE MUSULMANE

De la forteresse turque, qui s'étendait sur
la colline dominant la ville, il ne reste plus
que quelques pans de courtine percés de
meurtrières et une haute tour octogonale. La
mosquée Alem Džamija, est à visiter. Elle est
située sur une place où se trouve aussi une
maison pittoresque, typiquement orientale,
du début du XXe siècle. Enfin, sur la place
centrale, on verra un caravansérail avec quatre
corps de bâtiments répartis sur les côtés d'une
vaste cour. Sur le côté de la forteresse, ne
ratez pas le vieux quartier musulman typique,
avec ses maisons sans étage la plupart du
temps, et en bois. On retrouve ici l'atmosphère
du quartier Baščaršija de Sarajevo.

KRUŠEVAC (КРУШЕВАЦ)

Près de l'axe nord-sud et de l'auto-route Belgrade-Niš, Kruševac avec ses 65 000 habitants peut être une halte sur la route du Sud.

Histoire

L'histoire de Kruševac est pleine d'aléas. Elle est fondée en 1371 par le prince Lazare, qui en fit sa capitale. C'est de là qu'il part pour la bataille du Kosovo Polje, où il est tué. Cet événement va être tragique pour Kruševac. Fuyant les offensives turques, une grande partie de la population va s'installer en Hongrie et la ville, qui tombe aux mains des Turcs en 1455, prend le nom d'Alidza Hisar. Elle ne sera libérée qu'en 1806. Lors de la Première Guerre mondiale, Kruševac est occupée par les Autrichiens et, en 1941, elle est le théâtre de nombreux affrontements.

Transports

▶ **En voiture,** 195 km d'autoroutes en 2 heures 30 depuis Belgrade.

▶ **En bus,** compter 3 heures de trajet.

■ GARE ROUTIÈRE
Jug Bogdanova bb
✆ +381 37 421 555
Belgrade 12 départs entre 5h et 19h.

Pratique

■ DISPENSAIRE
Kosovska 16 ✆ +381 37 421 826

■ KOMERCIJALNA BANKA
Trg Fontana 1 ✆ +381 37 421 402

■ OFFICE DU TOURISME
Majke Jugovića 3 ✆ +381 37 440 332
www.turizamkrusevac.com
turistks@ptt.rs
turizamkrusevac@nadlanu.com
Des brochures en français, sur toute la région, complètes et bien présentées.

Se loger

■ HÔTEL GOLF
Gavrila Principa 74
✆ +381 37 460 563
www.hotelgolf.co.rs
À 2km du centre-ville.
32 € la simple, 46 € la double et 75 € l'appartement. Prix moins chers en ancienne aile.

Un hôtel élégant excentré avec une nouvelle partie 3 étoiles disposant de 8 appartements et de 23 chambres modernes équipées de : téléphone, TV câblée et minibar, connexion Internet, sèche-cheveux, coffre-fort, air conditionné et balcon. Les salles de bains sont dotées de bains hydro-massage. Un centre de bien-être avec piscine. Parking assuré et restaurant ouvert 24h/24.

■ HÔTEL MERIMA***
A Jastrebac ✆ +381 37 873 608
www.hotelmerima.com
office@hotelmerima.com
2 700 dinars en simple, 1 750 par personne en double, petit déjeuner compris.
En pleine montagne, un hôtel entièrement rénové en forme de chalet alpin entouré de sapins. 18 chambres et 3 appartements confortables et clairs, donnant tous sur le petit lac. Salle de restauration chaleureuse et très belle terrasse en bois de sapin. Un centre de bien-être « ethno », tout en bois, était en cours de construction lors de notre passage. Possibilité de demi- et pleine pension.

■ HÔTEL RUBIN
Nemanjina 2 ✆ +381 37 425 535
www.hotelrubinkrusevac.com
De 21 à 32 € en simple selon la catégorie et respectivement de 16 à 22 € par personne en double.
Un peu vieillot et imposant, une tour de 109 chambres, mais pratique, dans le centre-ville. Des chambres bien meublées à la décoration soignée à condition de prendre les plus chères. Restauration complète.

Se restaurer

■ RESTAURANT BAGDALA
Njegoševa bb
✆ +381 37 443 165
www.restoranbagdala.com
Situé dans une forêt de bouleaux surplombant la ville. Une atmosphère toujours joyeuse et un orchestre jouant tous les soirs. Rôtisseries et plats typiques.

■ RESTAURANT ROJAL
Brestovačka bb
Un très bel établissement, avec grande terrasse fleurie et intérieur intimiste. Viandes, poissons de rivière et desserts traditionnels. Une carte de vins complète. Musique douce en live tous les soirs.

À voir – À faire

■ CITÉ DE LAZARE (ГРАД ЦАРА ЛАЗАРА)

La vieille ville bâtie par Lazare est restée plus ou moins telle quelle, en dépit du travail d'érosion des siècles et des dommages infligés par les envahisseurs. En 1371, le roi serbe avait fait bâtir une cité médiévale de 200 m sur 300, avec des murs de 2 m d'épaisseur. Il reste peu de chose du mur d'enceinte mais, sur l'aile nord-est, le donjon est le vestige le mieux conservé de l'ancienne cité. La construction visible de nos jours, faite de pierres concassées et enserrées, mesure 18 m de hauteur. On estime qu'elle avait à l'origine une hauteur de 4 étages. Toujours à l'est de la cité, le monument au roi Lazare, érigé en 1971, le représente assis, son épée posée en travers des cuisses, en homme d'Etat entreprenant en même temps qu'en chevalier au service du Christ.

■ ÉGLISE LAZARICA (ЛАЗАРИЦА)

Miličina bb

Construite en 1380 par Lazare, elle fut reconstruite au XIXᵉ siècle par le prince Miloš Obrenović. Son plan aux trois absides rayonnantes entourant la nef, avec deux tours, respecte les règles de l'école de la Morava. L'église est intéressante pour l'utilisation judicieuse de la pierre et de la brique, ce qui permet d'obtenir des contrastes de couleurs dans la décoration extérieure. Elle possède également de nombreux ornements et sculp-

Vidovdan, la fête nationale serbe

Dans la mythologie slave, saint Vid représente une divinité suprême et omnisciente. Dans la tradition nationale serbe, Vidovdan, le 28 juin, est fêté comme le jour de la bataille du Kosovo Polje de 1389. Or Vidovdan, officialisé par l'Eglise serbe comme fête religieuse, est certainement aujourd'hui la fête la plus importante pour la ville de Kruševac. En effet, elle marque le jour où le roi Lazar mourut en combattant pour son peuple et son pays. A l'occasion de Vidovdan, on célèbre, à l'église de Lazarica érigée par le roi Lazare, un service commémoratif pour les héros de la bataille du Kosovo et pour tous les soldats serbes morts dans les guerres de libération au XIXᵉ siècle.

tures. Des réseaux de damiers et des arcs sculptés parent la base de la coupole et du petit clocher ; les arcs des portes et des fenêtres sont ciselés de motifs variés, plantes ou animaux fabuleux.

■ MONUMENT AUX HÉROS SERBES (СПОМЕНИК КОСОВСКИМ ЈУНАЦИМА)

Cet imposant monument en bronze, haut de 6 m, est à la fois le symbole de Kruševac et l'œuvre la plus importante de la sculpture nationale du début du XXᵉ siècle. Ouvrage de Djordje Jovanović, cette sculpture représentant à son sommet le héros Boško Jugović fut dévoilée le 28 juin 1904, jour de Vidovdan, en présence du roi Pierre Iᵉʳ. En 1900, à l'Exposition universelle de Paris, le monument exposé en plusieurs parties avait déjà obtenu la médaille d'or.

Sports – Détente – Loisirs

A 35 km de Kruševac, sur les monts Jastrebac, se trouve la station thermale de Ribarska banja. Ses eaux thérapeutiques, analysées dès 1834, soignent les traumatismes et les maladies des os et des articulations La station possède plusieurs sources d'eau chaude dont la température varie de 32 à 38 °C. La station thermale a été nommée ainsi d'après les pêcheurs qui jadis pêchaient dans ses sources des truites de grande qualité pour la cour de Tsar Lazar.

■ STATION THERMALE RIBARSKA BANJA (РИБАРСКА БАЊА)

✆ +381 37 865 270
www.ribarskabanja.rs
ribarskabanja@yahoo.com
Centre spécialisé dans les traitements des maladies orthopédiques, ostéo-articulaires et dégénératives, d'un total de 510 lits dispersés en 9 villas datant (sauf deux) de la fin du XIXᵉ et du début du XXᵉ siècle. Les chambres simples, doubles ou triples, tout comme les appartements, sont entièrement rénovés et possèdent tous une salle de bains privée, une cuisinette et une télévision avec câble. Grande piscine extérieure. Cures et divers programmes de spa à base d'eau minérale. Site en français.

Dans les environs

Aleksandrovac (Александровац)

Aleksandrovac, à 30 km au sud de Kruševac, et ses alentours sont connus pour leurs vignobles et leur tourisme ethno. Les collines verdoyantes toujours ensoleillées de cette région ont attiré du monde dès le Néolithique ! On sait que les moines de Studenica et de Hilandar y cultivaient leurs vignobles et que même le roi Lazare y avait une cave à vin. La région a beaucoup contribué aux guerres de libération contre les Turcs, et le roi Milan, en récompense, a donné à la ville centrale le nom de son successeur, Alexandre.

▶ **Il faut absolument visiter le musée Župa,** ouvert de 8h à 14h, au 95 de la rue Župana Nemanje. Vous y verrez des témoignages de la culture néolithique de Vinča, avec notamment quatre belles sculptures datant de 7000 ans avant J.-C., et des vestiges de l'époque romaine (www.muzejzupe.org.rs).

▶ **Au n° 67 de la même rue,** la galerie de peinture Stambolić expose des tableaux de style éclectique et accueille des artistes étrangers (ouvert de 8h à 14h et de 18h à 21h).

▶ **Ensuite, allez faire un tour au village de Koznica,** à 10 km à l'ouest, vous y verrez une citadelle avec 7 tours assez bien préservée. Érigée par nos ancêtres celtes, la citadelle a été ensuite conservée et renforcée par les Romains et surtout par le roi Lazar.

▶ **À votre retour,** vous pouvez goûter aux spécialités locales au restaurant ethno Skačak, agréablement installé sur la rivière Rasina, dans une ambiance rustique (✆ 063 856 1158). A Aleksandrovac, plusieurs bons restaurants vous feront goûter le fameux car Lazar, mais vous aurez encore la possibilité de boire à satiété à la fontaine de vin lors des Vendanges de Župa, fin septembre.

■ CAVE RADENKOVIĆ
À Trnavci, 11 km d'Aleksandrovac
✆ +381 37 764 058
www.wineco.co.rs – wineco@eunet.rs
Salle de dégustation pour 60 personnes.

■ OFFICE DU TOURISME D'ALEKSANDROVAC
Trg Oslobodjenja
✆ +381 37 754 404
www.aleksandrovac.co.rs – aleks@ptt.rs

■ VIGNOBLE IVANOVIĆ
10 avgusta 18
✆ + 381 37 755 033
www.ivanovicvino.com
kontakt@ivanovicvino.com
Il produit du riesling, tamjanika, rosé, prokupac et riesling du Rhin.

■ KOPAONIK (КОПАОНИК)

Le parc national de Kopaonik est non seulement le massif montagneux le plus important de Serbie, mais aussi sa station de ski la plus développée. Au sommet, une petite ville organisée autour d'un grand complexe d'hôtels, avec bars et discothèques. Mais surtout, Kopaonik est un parc national de 11 800 m², avec pas moins de 10 réserves naturelles. Kopaonik est à 290 km au sud de Belgrade, à la frontière du Kosovo, par la M22, au sud de Kraljevo.

▶ **La station de sports d'hiver.** Le massif de Kopaonik est formé de quatre montagnes aux sommets parmi les plus élevés de l'Europe du Sud-Est Pančićev Vrh (2 017 m), Suvo Rudište (1 976 m), Karaman Vučak (1 936 m) et Gobelja (1 934 m). Les deux premiers forment le cœur de la station de ski de Kopaonik et proposent de multiples activités en hiver. Enneigés 9 mois sur 12, les sommets Pancetta Rh et Suva Rudyšte sont tout d'abord parcourus par pas moins de 22 pistes, chacune s'étendant sur 1 000 à

3 500 m l'ensemble constitue un complexe de 62 km de longueur, dont 18 de ski de fond autour de Crvene bare. On skie entre 2 017 m et 1 770 m d'altitude, sur 4 pistes noires, 8 rouges, et 11 bleues. Il y a aussi 4 pistes pour enfants en bas âge. Bref, l'équivalent d'une station moyenne des Alpes françaises, avec un équipement de la troisième génération de stations de sports d'hiver. Konkani dispose de 23 remontées, tire-fesses et télésièges. Le succès de la station va grandissant ! Mais Kopaonik, ce n'est pas seulement le ski alpin. En haute altitude, le parapente est très prisé. Sur les sommets alpins, le snowboard, avec un fun-parc pour le half-pipe et un tremplin à sauts et des excursions de free ride. Egalement, du free-climbing et de l'alpinisme sont organisés dans les hauts massifs, avec des promenades sur les plus hauts sommets en ski-safari. En moyenne altitude, de belles pistes de ski de fond se développent dans des vallées de haute montagne, à travers des forêts de sapins.

Transports

▶ **Bus.** Plusieurs liaisons directes par jour avec Belgrade, mais 23 bus vers Raška, puis correspondances.

Pratique

Le Ski-Pass pour tout le complexe coûte, pour un adulte, 1 200 dinars la journée en début de saison et 2 400 en haute saison, de 5 600 à 11 100 dinars la semaine de 7 jours. La location d'un équipement complet tourne autour de 1 000 dinars par jour, que ce soit en alpin ou en snowboard (le moins cher c'est Gala Sport à la sortie des Konaci, près du petit ours blanc). Enfin, une heure de cours à l'école de ski démarre à 25 € pour une personne, 35 € pour deux. Des tarifs prohibitifs pour la plupart des nationaux, et même chers dorénavant pour un Occidental, mais les tarifs augmentent moins vite depuis deux ans.

▶ **Snow Stars Team :** www.skolaskijanja.rs.

Tourisme – Culture

Un site qui vous sera très utile, en anglais : www.infokop.net

■ SKI CENTAR KOPAONIK
☎ +381 36 71 203
www.skijalistasrbije.rs
direkcija@skijalistasrbije.rs

Argent

■ BANQUE VOJVODJANSKA
A la réception Konaci
Change ouvert de 7h30 à 15h et guichet automatique.

Moyens de communication

■ CAFÉ MOZART
À l'intérieur du complexe Konak
100 dinars de l'heure.

■ POSTE
Konak Sunčani vrhovi
Ouverte de 9h à 20h30 en saison d'hiver, le dimanche de 15h à 20h30.

Santé – Urgences

■ POLICE
Dans le bâtiment Genex ☎ +381 36 71 092

Se loger

Tous les hôtels et les chalets de montagne possèdent leur propre restaurant. Les tarifs indiqués sont basés sur ceux de la saison hiver 2011/2012 et sont vraiment indicatifs, tant ils changent selon la semaine et le nombre de jours. Sachez également qu'il est préférable de réserver à l'avance en saison, directement auprès des hôtels mais aussi auprès des agences de voyages à Belgrade. Ce qui est carrément obligatoire avec les « villas » ou chalets, les établissements les plus nombreux. Voici celles qui offrent un large choix sur Kopaonik :

■ JOLLY TRAVEL
Kneza Miloša 9
☎ +381 11 2020 300
www.jolly.rs – office@jolly.rs

■ KONTIKI TRAVEL
Beogradska 71
☎ +381 11 20 98 000 – www.kontiki.rs
Beaucoup d'offres pour la saison hiver.

■ RECREATOURS
Gavrila Principa 58 ☎ +381 11 6649 057
www.recreatours.co.rs
buking@recreatours.co.rs

Bien et pas cher

■ APPARTEMENTS SRBIJASUME
Njegoševa 44, Belgrade
☎ +381 11 245 44
sumetours@srbijasume.rs
A partir de 21 000 dinars la semaine pour 4 personnes en saison.
A l'entrée du complexe, un très beau chalet en pierre et en bois comprenant une dizaine d'appartements. Dans une forêt de sapins, des appartements de 2 ou 3 chambres avec le confort moderne.

■ CHALET DE MONTAGNE RTANJ
☎ +381 36 321 8592
☎ +381 65 321 8431
www.rtanj.rs
Demi-pension 2 200 dinars en chambre de 2 personnes, 2 100 en chambre de 3 et 1 800 et 1 650 dinars 4 et 5 lits. En été, à partir de 1 450 dinars par personne en demi-pension.
A 2 km au-dessus de la station, en suivant la route principale, ce gros chalet datait de 1948, il a brûlé, mais a été reconstruit à l'identique et fut l'un des premiers sur le site. Après avoir abrité les guides de haute montagne, ce chalet en bois accueille randonneurs, snowboarders et amoureux de la montagne. Il surfe dorénavant sur l'ambiance ethno, ce qui lui permet de faire passer l'inconfort absolu de ses chambres. L'intérêt ici est dans son restau-

rant et son atmosphère de quasi-refuge. On y mange autour d'une cheminée d'époque où sont cuits les plats montagnards. Les poutres, le plafond bas, le bar avec sa cheminée, tout vous transporte il y a longtemps en arrière. Si vous n'êtes pas réfractaire aux chambres style petits dortoirs minimalistes, c'est une superbe adresse. Paiement en espèces seulement.

■ VILLA RASKA

✆ +381 36 471 230
www.raska-turizam.rs
Email : office@raska-turizam.rs
A partir de 750 dinars par personne en été et de 1 500 en hiver.
Sans conteste l'une des moins chères. Les villas sont ces gros chalets de quelques appartements, situés en haut de la station. La *raška* n'est certes pas luxueuse mais fonctionnelle. Son rapport qualité-prix est excellent.

Confort ou charme

■ APPARTEMENTS JAT

✆ +381 36 471 044
www.jatkopaonik.com – jatkop@ptt.rs
5 catégories de chambres. A partir de 3 090 dinars par personne en hiver et 6 000 dinars l'appartement pour 5, des réductions de 15 % si plus de 7 jours, mais la note peut monter à 100 170 dinars pour 5 au plus cher de la saison, pour 7 jours.
Un hôtel d'un bon rapport qualité-prix. A côté du complexe, dans un bâtiment de type chalet de montagne, 136 appartements avec coin cuisine bien équipé et TV satellite. Un restaurant, le Romantika, qui sert des plats traditionnels à des prix abordables dans un décor confortable.

■ APPARTEMENTS KONACI

Complexe Sunčani Vrhovi
✆ +381 36 719 77
www.konaci-kopaonik.com
De 35 à 55 € par personne en appartement standard, de 57 à 90 € en luxe, selon la saison (encore plus cher pour le Nouvel An et le Noël). Demi-pension proposé à 15 € par personne.
A l'intérieur du triangle formant le cœur du complexe, 400 appartements répartis entre les trois ailes. Complètement rénovés tout en gardant leur style chalet de montagne, chaque appartement a une cuisinette équipée et une salle de bains, ceux de la catégorie luxe sont décorés avec un style contemporain design et offrent tout le confort nécessaire. Emplacement central.

■ HÔTEL PUTNIK A

Centre du complexe ✆ +381 36 716 00
✆ +381 11 2259 840 (à Belgrade)
www.putnik.com – info@putnik.com
A partir de 45 € par jour.
Un hôtel bien équipé, un peu ancien, mais encore abordable. Une cinquantaine de chambres avec TV satellite et minibar, assez modernes. Toute une panoplie d'activités sportives : piscine couverte, sauna, Jacuzzi, salon de massage. Ambiance de grand hôtel avec restaurant, piano-bar, bar-apéro. Animations pour les enfants et excursions (promenades et parapente).

Luxe

■ HÔTEL GRAND

Haut du complexe
✆ +381 36 471 977
✆ +381 11 655 75 86 (à Belgrade)
www.mkmountainresort.com
info@mkresort.com
De 44 à 64 € par personne en demi-pension en double ou triple standard (jusqu'à 89 € par personne pour le Nouvel An). De 53 à 110 € par personne en supérieur.
L'hôtel de référence où les basketteurs de l'équipe nationale viennent se reposer et les acteurs et autres stars viennent se montrer. Evidemment nettement plus cher qu'ailleurs. Des chambres vraiment modernes et bien meublées, en face des pistes. Une impressionnante série d'équipements piscine, sauna-Jacuzzi, courts de tennis et de basket, salles de gym et de body-building. Deux restaurants et plusieurs bars-apéritifs. Peut-être le plus grand établissement en Serbie, où l'on fait toujours des rencontres intéressantes. Mais des prix parfois prohibitifs, notamment en ce qui concerne les activités : 700 dinars/30 minutes de squash ! L'utilisation de sauna et de fitness comprise dans les tarifs.

Sortir

Dans le complexe en triangle de Sunčani Vrhovi, plusieurs pubs au rez-de-chaussée comme au sous-sol. Des restaurants et pizzerias, snacks à l'intérieur du triangle et, dès le printemps, des terrasses de café au milieu. La grande discothèque est à l'angle, sous la réception de Konaci. Mais les hôtels Grand et Putnik A ont aussi leur discothèque et des restaurants et bars intéressants. Il faut compter 250 dinars pour une bière, 400 pour un whisky et beaucoup plus pour une bouteille de champagne.

SERBIE CENTRALE

À voir – À faire

Le parc national, auquel on peut accéder depuis les bourgs de Raška, à l'ouest, ou Brzeće, à l'est, possède une nature d'une variété exceptionnelle, avec des paysages que l'on rencontre rarement dans les Alpes. Dès l'entrée, on est surpris par l'extraordinaire variété et la hauteur des arbres hêtres, pins et sapins de 15 à 20 m de hauteur. Ils se déploient entre 1 500 et 1 700 m, sur des hauts massifs arrondis et entourés d'alpages et de prairies. Au-dessus, ils forment des forêts plus denses et vertes, recouvrant des plantes de montagne et des buissons touffus. Genévriers, myrtilles et tilleuls côtoient des espèces rares comme ces trois particularités locales *ljubičica*, *režuha* et *čuvakurća*. On estime à plus de 1 500 le nombre d'espèces végétales qui croissent et se développent dans les hautes futaies de la forêt de Kopaonik. L'ours et le chevreuil ont malheureusement disparu de ces contrées, mais on y rencontre toujours le loup, le renard et le lapin de garenne. Dans ce cadre enchanteur, vous avez la possibilité de vous enfoncer dans la forêt et d'arpenter une nature alpine merveilleusement développée. Plusieurs pistes de difficulté moyenne ou importante vous feront passer par des ruisseaux, des cascades et même un geyser.

■ PARC NATIONAL DE KOPAONIK (НАЦИОНАЛНИ ПАРК КОПАОНИК)
Suvo Rudište
☎ +381 36 471 011
nacparkkop@open.telekom.rs
Déclaré parc national en 1981, ses 12 000 ha couvrent les sommets de la plus haute montagne de Serbie, également station de ski. C'est ainsi le plus sauvage et difficile d'accès. Mais justement pour cette raison, ses paysages sont parmi les plus beaux. Caractérisé par un grand nombre de plantes autochtones, Kopaonik mérite de grandes randonnées, été comme hiver. D'autant que la station du même nom sera le point de départ idéal pour tout périple. Il est cependant loin de Belgrade, à la frontière du Kosovo.

Sports – Détente – Loisirs

Le parapente s'est rapidement développé ces dernières années, avec des compétitions internationales et de nombreuses associations, dont les plus importantes sont le Paragliding Club EOL de Kraljevo et Rtanj. Le snowboard et le free-climbing explosent, mais l'alpinisme de haute montagne n'est pas en reste, grâce au club alpin Rtanj.

■ RÉSERVATIONS SKI ALPIN
☎ +381 36 71 977
☎ +381 64 11 62 401 (à Belgrade)
Réception Konaci ouverte non-stop.

Visites guidées

Pour s'assurer les services d'un guide, s'adresser au siège administratif à côté de la police, en montant à droite juste après le complexe central.

■ AGENCE JAT
Naselje Suvo Rudište ☎ +381 36 471 044
www.jatkopaonik.com – jatkop@ptt.rs
Elle possède les appartements du même nom à Kopaonik, propose des activités d'été. Notamment des randonnées avec guide au sommet de Pančić, au geyser de Metodje, ou bien encore du rafting sur l'Ibar ou la visite des monastères de la vallée des rois.

■ DEJAN KRSTOJEVIC
☎ +381 63 338 013
Il vous fera gracieusement partager sa passion des arbres.

■ M. NOVCIC
☎ +381 36 71 011
Naturaliste, il vous conseillera.

■ RANDONNÉES AVEC GUIDE TURISTICKA SPORT ORGANIZACIA RASKA
☎ +381 36 738 670
www.raska-turizam.rs
office@raska-turizam.rs
Egalement sur place, au chalet Raška, dans le haut de la station.

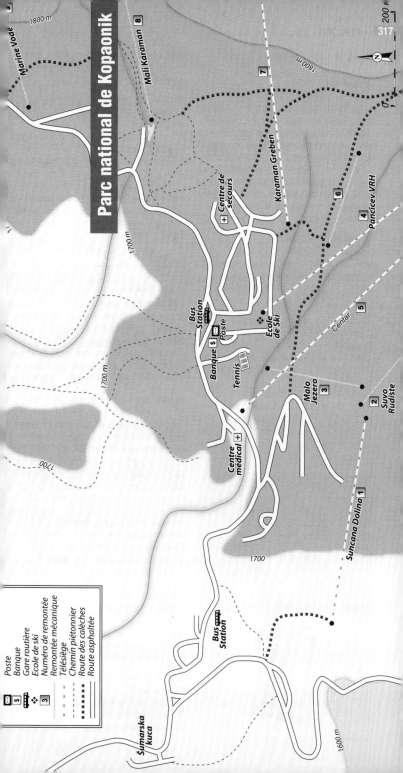

Parc national de Kopaonik

200 m

N

1800 m

Marine Vode

Mali Karaman 8

Karaman Greben 7

1800 m

Centre de secours

Pancicev VRH

Bus Station

Poste

Ecole de Ski

6

4

Banque $

Tennis

Centar 5

Malo Jezero 3

Suvo Rudiste

2

1700 m

1700 m

1706

1700

Centre médical

Suncana Dolina 1

1700

1600 m

Šumarska kuca

Bus Station

Poste

Banque

Gare routière

Ecole de ski

Numéro de remontée

Remontée mécanique

Télésiège

Chemin piétonnier

Route des calèches

Route asphaltée

S

3

Dans les environs

Brzeće (Брзеће)

Entre les villes de Kruševac et Kraljevo, des massifs montagneux bordant la Morava vers le sud offrent de multiples possibilités de vacances à la montagne. Ski, chasse, promenades et tourisme rural s'y développent depuis 20 ans. A Brzeće, sur les contreforts du massif de Kopaonik, on trouvera d'autres possibilités de loger en montagne dans un cadre enchanteur. D'autant plus que Brzeće est reliée aux pistes de Kopaonik par deux remontées mécaniques et trois pistes.

■ CHALET ETNO KUCA

℡ +381 37 823 090

Un autre style, ce petit chalet sommaire, malheureusement placé en bord de route.

■ HÔTEL JUNIOR

℡ +381 37 823 355
℡ +381 11 2144 360 (à Belgrade)
www.junior-kopaonik.rs
info@junior-kopaonik.com
Entre 35 et 42 € par personne en demi-pension, quelques euros de plus pour la pension complète.
Un grand hôtel de montagne, véritable complexe sportif. Complètement rénové en 2006, il est très agréable, tout comme les chambres et les suites. Au pied d'une remontée vers Kopaonik l'hiver, la liste des spots d'été praticables ici est impression-

nante, dans la nature ou à l'hôtel, avec sa piscine par exemple. dans les suites : un salon, une cuisine, Jacuzzi, sauna.

■ HÔTEL OZON***

Turisticki centar Bela reka
℡ +381 37 823 063
℡ +381 37 823-244
www.hotelozon.rs
2 790 dinars par personne en demi-pension, selon la saison.
L'hôtel fait payer cher ses prestations, mais vaut bien ses 3-étoiles, tant sa décoration high-tech et design est soignée. Piscine avec Jacuzzi, salon de massage et salle de sport des plus modernes.

⚐ REFUGE BELA REKA

Au pied de la piste skiable Bela Reka relié au domaine de Kopaonik
1 400 dinars la nuit avec petit déjeuner. 1 700 dinars la demi-pension, 2 000 dinars la pension complète. Repas : 400 dinars le repas et 250 dinars le plat du jour.
C'est un châlet en bois d'une vingtaine de chambres. Restaurant avec belle cheminée centrale, bar et mini-discothèque pour les enfants. Parking. Rustique mais agréable.

Jošanička Banja (Јошаничка Бања)

En moyenne montagne, une petite station thermale très intéressante avant l'entrée du parc national. Jošanička Banja se trouve à 60 m d'altitude et ses eaux, variant entre 36 et 78° C, sont utilisées à des fins curatives pour les rhumatismes, maladies musculaires ou gastrites. L'eau coule des hautes montagnes et ses vapeurs sont bien visibles, tant la source d'eau chaude est peu protégée, mais cela fait le bonheur du touriste, qui peut à loisir se promener dans le petit jardin au bord de la rivière Jošanica et se servir à la source. Un projet de restauration complète des bains turcs qui proposent des cures thermales est en cours. Une particularité dans ce tout petit village, le monument à Milenka Savić, connue dans toute la Serbie pour avoir combattu avec l'armée française d'Orient lors de la Première Guerre mondiale. Déguisée en garçon, elle devint un héros et fut décorée par la France pour sa contribution à la victoire.

■ OFFICE DU TOURISME DE RASKA

Studenička 2
℡ +381 36 736 670
www.raska-turizam.rs
office@raska-turizam.rs

Kopaonik.

SERBIE ORIENTALE

Monastère
de Manasija.

© PAVLE – FOTOLIA

Serbie orientale

La Serbie orientale est le domaine du tourisme d'aventure par excellence. Région montagneuse, faite de nombreuses vallées encaissées et de multiples cours d'eau, cette partie du pays, peu peuplée et sauvage, regorge d'itinéraires singuliers en pleine nature. Au détour d'un défilé, apparaissent des chutes d'eau de toute beauté ou bien une petite église ou un monastère perdu dans une nature luxuriante. Sur les sommets des monts Homolje, Kučaj et Crni Vrh, des randonnées permettent de contempler des panoramas majestueux ou de traverser de vastes forêts continentales ou bien encore de hauts plateaux que l'homme a conquis il y a des milliers d'années. Le relief, tantôt majestueux, tantôt plus serein, permet également la découverte d'innombrables grottes, parfois monumentales. La Serbie orientale, ce sont aussi des stations thermales. Situées toujours dans un bel environnement, elles sont parfois marquées par le temps mais, justement pour cela, leur charme reste entier. Idéales pour la remise en forme, toutes proposent de nombreuses activités de loisirs. Enfin, c'est l'une des régions où l'histoire est la plus ancienne.

Elle a hérité du passé quelques sites romains d'importance, comme Gamzigrad ou Caričin Grad, parmi les plus beaux des nombreux sites archéologiques éparpillés sur le territoire. Ainsi, la ville de Niš, avec ses vestiges romains et ottomans, constitue un intéressant témoignage de l'histoire de la région.

DESPOTOVAC (ДЕСПОТОВАЦ)

La petite ville sera le point de départ des excursions que vous trouverez ci-dessous.

Transports

■ **GARE FERROVIAIRE**
℅ +381 35 611 164 – +381 35 613 574

■ **GARE ROUTIÈRE**
℅ +381 35 611 162 – +381 35 613 574

Pratique

■ **OFFICE DU TOURISME**
℅ +381 35 613 672
www.resava-tourism.rs
Le site est assez complet sur les excursions, il vous donnera de nombreuses indications à leur sujet.

Orientation

Le trajet entre Despotovac et Bor permet une première approche des richesses naturelles que l'on peut découvrir dans cette partie de la Serbie : massifs montagneux, l'un des plus beaux canyons de Serbie et rivières ondoyantes. Depuis Belgrade, prenez l'autoroute de Niš et, à Markovac, vous pouvez vous arrêter au Motel Stari Hrast pour une pause. Puis, sortez pour prendre la route de Despotovac en traversant la grande ville de Svilajnac. Cette route, qui suit la rivière Resava recèle de nombreux trésors naturels et historiques le long de la rivière Resava en direction de Strmosten jusqu'à Lisine, au pied du massif de Beljanica. ATTENTION, ensuite empruntez obligatoirement la route qui passe par la ville de Žagubica car celle après Strmosten est dangereuse dans le sens où elle n'est plus asphalté. Elle est sinueuse à travers la forêt jusqu'à 1 200 mètres d'altitude dans laquelle il n'y a aucun habitant a 100 km à la ronde. Le risque de s'y perdre avec les loups est sérieux et non sans conséquence.

Les immanquables de la Serbie orientale

▶ **Faire** un saut à Despotovac, pour la grotte de Resava, le monastère-forteresse de Manasija et se restaurer près des chutes de Lisine.

▶ **Se rendre** à Gamzigrad, le site romain le mieux conservé et le plus complet de Serbie.

▶ **Se détendre** et s'amuser à Sokobanja, une station thermale de charme aux multiples activités sportives et de loisirs.

▶ **Aller** jusqu'à Stara Planina et au sommet de Crni Vrh. L'une des chaînes de montagnes les plus hautes de Serbie et la plus étendue, à la frontière bulgare.

▶ **Visiter** Niš, la troisième ville de Serbie, aux environs riches en sites archéologiques et naturels.

▶ **Découvrir** Đavolja Varoš, site naturel unique en Europe, avec ses cheminées de fées en pierre calcaire.

Se loger

🏍 HÔTEL RESTORAN VODOPAD
✆ +381 35 8819 084
✆ +381 63 80 04 665
www.vodopad.co.rs
vodopad.strmosten@gmail.com
Près des cascades de Lisine
1 500 dinars la nuit par personne avec petit déjeuner.
Des bungalows en dure tout confort genre chalet de montagne. Grand lit, mini-bar, salle de bains privée... Le restaurant propose de la cuisine traditionnelle, mais surtout de la truite qui est pêchée directement dans le ruisseau sous le restaurant peu avant d'arriver dans votre assiette.

■ MOTEL RESTORAN KRUNA**
✆ 035 611 659 – 063 8023 440
www.motelkruna.com
motelkruna@hotmail.com
Sur la route principale
depuis ou vers la ville Svilajnac.
Réception de 8h à 24h. Environ 2 000 dinars par personne petit déjeuner compris.
24 chambres de différentes configurations, sans prétention mais très propres. C'est une petite entreprise familiale (maman en cuisine, papa en salle...) très bien tenue. Le pain fait maison et le beefsteak sauce provençale poivrée accompagné de croquettes maison pour 1 100 dinars. Parking gratuite, Internet sans fil, cheminée au feu de bois... Très bien.

À voir – À faire

🏍 CASCADE LISINE
(ВОДОПАД ЛИСИНЕ)
Veliki Buk (Велики Бук)
C'est la plus haute de Serbie. Née d'une source abondante, elle se déverse à travers la montagne. Pour y accéder, comptez 30 minutes de marche à partir du site du motel. Enfin, l'attraction de cet endroit, ce sont les grottes. C'est en effet dans ce secteur qu'un grand nombre de grottes se trouve. A une cinquantaine de mètres au-dessous du sommet, on peu apercevoir, de temps à autre, des objets datant du paléolithique. Dans l'une de ces grottes on y sert de la nourriture traditionnelle en tagine cuisson feu de bois. Idéal pour une pause déjeuner insolite.

■ GROTTE DE RESAVA
(РЕСАВСКА ПЕЋИНА)
Resava (Ресава) ✆ +381 35 611 110
www.resavskapecina.rs

La grotte de Resava est la plus connue et la plus praticable par tous. Ouverte au public en 1972, elle accueille chaque année plus de 50 000 visiteurs, qui ne peuvent voir que les galeries supérieures sur 780 m de galeries au total. Stalactites, colonnes de cristal et chutes d'eau sont au programme. Dans la grande salle, haute de plus de 30 m, se trouvent la colonne de stalagmites la plus haute – 20 m – ainsi que des baignoires emplies d'eau et des lustres de stalactites. A voir aussi un canal de corail. Ouvert de 9h à 17h d'avril au 15 novembre. Visites de 40 min. Entrée 300 dinars. Prévoir une laine car la température constante à l'intérieure est de 7°. L'âge de la grotte est estimé à 80 millions d'années.

■ MONASTÈRE DE MANASIJA
(МАНАСТИР МАНАСИЈА)
Monastère de Manasija
A quelques kilomètres au-dessus de Despotovac, se dresse le monastère-forteresse de Manasija. Son église, assez bien conservée, se distingue par son enceinte aux onze tours carrées qui donnent une très belle allure à l'ensemble. Construit entre 1406 et 1418, le monastère de Manasija abrite le tombeau du despote Stefan Lazarević. Au Moyen Age, le despote serbe y installe une communauté de moines qui y travaillent à la réforme de la langue serbe : tout au long de l'Histoire, l'école de copie de Resava a veillé à la conservation des textes serbes anciens. Les peintures qui ornent l'église de la Sainte-Trinité, probablement exécutées par des artistes serbes ou grecs du mont Athos, comptent parmi les plus belles que l'on puisse voir en Serbie ; elles déploient une riche polychromie sur des fonds d'or et de lazulite impressionnants. Parmi les scènes représentées, des saints guerriers dans des attitudes très dynamiques, inhabituelles pour l'époque, et une belle représentation de Stefan Lazarević. L'ensemble mérite vraiment le détour par ses dimensions et son style unique de monastère protégé comme un château fort, chose très rare en Serbie.

■ MUSÉE DU CHARBON
(МУЗЕЈ УГЉАРСТВА)
Senjski Rudnik
Une des premières mines de charbon ouverte en 1853 et sans doute la plus prospère du pays avant la guerre de 1941. Aujourd'hui c'est un musée qui abrite entre autres une vieille locomotive à vapeur en état de marche.

SERBIE ORIENTALE

■ PARK MAKETA

9, Oktobra bb
ℂ 035 612 771 – 062 409 470
www.parkmaketa.com
A la sortie de la ville
vers la grotte de Resava.
Ouvert du 15 avril au 1er novembre de 10h à 18h. Entrée : 100 dinars.
On se promène dans un parc de 3 000 m² parmi les principaux monastères du pays minaturisés à l'échelle 1/17.

Shopping

DESPOT VINARIJA NIKODIJEVIC

Stenjevac
ℂ +381 35 633 326
ℂ +381 35 614 065 – +381 63 806 2718
Petite entreprise familiale productrice de vins bio façon traditionnelle. Demi-pension ou pension complète au domaine possible.

Dans les environs

Petrovac Na Mlavi
(Петровац На Млави)

■ GORGES DE GORNJAK
(ГОРЊАЧКА КЛИСУРА)

ℂ +381 12 442 231
Revenez à présent vers Despotovac et prenez la route, tortueuse, de Lipovica : à 20 km au nord, se trouvent les gorges de Gornjak, sur la rivière Mlava. Dans un cadre très verdoyant, la Mlava aux couleurs vert émeraude débouche ici sur un défilé étroit, aux contreforts hauts de plus de 30 m. Au pied d'une falaise dominant la Mlava se dresse l'église du monastère de Gornjak. Fondé en 1380 par le prince Lazar, ce monastère situé dans un cadre vraiment splendide et orné de peintures murales des XIVᵉ et XVᵉ siècles est connu en Serbie à travers les poèmes de Djura Jaškći, « La Nuit à Gornjak » et « La Route de Gornjak ».

■ MONASTÈRE DE GORNJAK
(МАНАСТИР ГОРЊАК)

Dans les gorges de la rivière Mlava, à 18 km de Petrovac, ce monastère est littéralement adossé à la falaise. Il a été fondé par le prince Lazar et construit entre 1378 et 1381. Il tombe dans l'oubli sous les Ottomans, après avoir eu une certaine importance. Reconstruit, puis incendié en 1788, son aspect actuel est du XIXᵉ siècle. Ses fresques, de 1847, sont d'une grande qualité.

Bor (Бор)

En 1844, Bor ne comptait que 58 maisons et 230 habitants. C'est Georges Weifert un industriel d'origine allemande qui, en 1904 avec le groupe financier Mirabaud, créa l'association française des mineurs de Bor et la ville commença à se développer. Georges Weifert est l'un des hommes les plus connu en Serbie parce qu'il fut le créateur de la première chambre de commerce du pays et le 1ᵉʳ gouverneur de la banque nationale. Ce pourquoi, on aperçoit encore aujourd'hui son portrait sur les billets de banque rosâtres de 1 000 dinars. L'arrivée de nombreux français dans la ville à cette époque contribua significativement au développement économique et culturel de toute la région dont l'architecture entre autres

Monastère de Gornjak.

est bien visible. Mais ce n'est qu'au 30 mai 1947 que la ville exploitera officiellement la fameuse mine et connaîtra l'essor industriel grâce auquel plus de 55 000 personnes vivent encore aujourd'hui.

■ HÔTEL ALBO***
Nade Dimić ✆ + 381 30 24 96 962
www.hotel-albo.rs
office@hotel-albo.rs
3 000 dinars la chambre simple et 5 000 la double sans le petit déjeuner.
Hôtel moderne avec 29 chambres et 7 appartements. Welness, sauna, Jacuzzi, restaurant, Internet...

■ OFFICE DU TOURISME DE BOR
19 Moše Pijade ✆ +381 30 459 021
www.tobor.rs – info@tobor.rs

Borsko Jezero (Борско Језеро)
Le lac de Bor, à 17 km sur la route de Despotovac à l'ouest, est un grand lac de 30 ha et de 50 m de profondeur. A une altitude de 438 m, il est particulièrement sauvage. C'est sur la route pour aller vers les grottes de Zlot et son fameux canyon.

■ CAMPING JEZERO
✆ + 381 30 482 110
kamping.bor@gmail.com
Ouvert du 15 avril au 15 septembre
Le camping est également au bord du lac. S'il est relativement sommaire, son emplacement est de premier ordre.

■ PENSION VERTIGO
Prenoćište Vertigo City, Borsko jezero bb
✆ +381 30 482 500 – +381 64 870 5208
www.vertigo-city.rs
vertigocitybor@gmail.com
Environ 1 000 dinars. Des chambres et des appartements très bon marché.
Au bord du lac près de la plage principale avec parking et restaurant. Très bonne auberge avec vue sur le lac.

Zlot (Злот)
A 21 km au sud-est de Bor, un ensemble de grottes situé dans les contreforts est des monts Kučaj, près du village de Zlot. La plupart ne sont accessibles qu'aux spéléologues, mais deux sont ouvertes au public entre avril et octobre. La grotte de Lazar se trouve sur la rive gauche de la rivière Lazareva, à 3 km de Zlot, et son entrée est à 291 m de hauteur. Plus de la moitié de ses 1 720 m de galeries sont aménagées pour le public, et on y trouve des vestiges du

Paléolithique. Mais la plus fameuse des deux est la grotte de Vernjikica, à laquelle on accède par le canyon de la rivière Lazareva. Avec ses 1 015 m de galeries entièrement accessibles et son volume intérieur de 90 000 m^3, c'est l'une des plus importantes grottes de Serbie. C'est également l'une parmi les plus riches d'Europe en matériaux spéléologiques : tour de Babylone haute de 22 m et large à la base de 11 m, stalagmite de 3 m de hauteur en forme de vestale, et le fameux Colosse – stalagmite de 10 m de haut, véritable emblème de Vernjikica. La caverne centrale, haute de 51 m et s'étendant sur 2 575 m^2, est la plus grande du pays.

Brestovac (Брестовац)

■ OFFICE DE TOURISME
✆ +381 30 424 166

■ STATION THERMALE DE BRESTOVAC (БРЕСТОВАЧКА БАЊА)
✆ + 381 30 477 078 – + 381 30 477 079
www.brestovackabanja.co.rs
A huit kilomètres au sud-ouest de Bor.
A quelques kilomètres de Zlot, cette station thermale est surtout intéressante pour son environnement et les quelques curiosités qu'elle propose. Spécialisée dans le traitement des rhumatismes et des lumbagos, c'est une calme retraite au bord de la rivière Brestovac. On peut y visiter le hammam turc, restauré en 1970, et la résidence du knez Miloš, représentative de l'architecture serbe du début du XIXe siècle. D'autres bâtiments érigés par le roi Alexandre Karadjordjevic sont également intéressants. Dans le parc de l'établissement thermal, on peut également voir le petit bain coiffé d'une toiture semi-circulaire, que le prince Miloš avait fait bâtir pour son usage personnel.

ZAJEČAR (ЗАЈЕЧАР)

Zaječar est une petite ville charmante dont la place centrale, à l'exception du grand hôtel Srbija, possède quelques beaux bâtiments du XIXe siècle.

Transports

■ GARE ROUTIÈRE
✆ +381 19 421 545 – +381 19 425 500
✆ +381 19 425 428
Tout près du centre
Des bus pour les principales villes dans l'axe nord/sud.

Pratique

Poste et centre de soins rue Krfska, entre le centre et la gare. Internet, dans le centre commercial, côté droit de l'hôtel Srbija, au 1er étage.

■ OFFICE DE TOURISME

Svetozara Marovića 2
✆ +381 19 421 521
www.toozajecar.co.rs
www.zajecar.info
tooza@open.telekom.rs
De 8h à 20h. 14h le samedi.
Nouveau bureau, près du carrefour avant l'hôtel Srbija mais peu visible (enseigne en cyrillique).
Dispose de plus de moyens et organise des visites guidées de la ville et de la région.
Internet : 5 postes à votre disposition.

■ SOCIÉTÉ GÉNÉRALE

Nikole Pašića bb
A l'entrée du centre commercial à côté de l'hôtel Srbija.
Distributeur d'argent.

Se loger

■ HÔTEL GRINKA M

Prote Mateje 15
✆ +381 19 423 330
www.hotelgrinkam.rs
Dans le centre.
4 000 dinars pour une chambre simple avec le petit déjeuner et les taxes. Et 5 880 dinars pour deux personnes dans les mêmes conditions.

Construite en 1938, voilà une villa de charme, avec 9 chambres et des appartements, dont certaines avec une grande terrasse.

■ HÔTEL SRBIJA

Nikole Pašića bb
✆ +381 19 422 333
www.srbijatis.co.rs – srbija@ptt.yu
1 500 dinars pour une personne, 2 600 pour deux dans les étages anciens, 3 200 et 4 800 dans les étages rénovés (nouvelles salles de bains et clim). Paiement Visa® et Master Card. Petit déjeuner 150 dinars en plus.
Le grand hôtel de Zaječar, c'est un euphémisme. Cette tour de 8 étages des années 1970 casse le centre historique. Pour ce qui est des chambres, comme l'hôtel dans son ensemble, nous sommes en terrain de connaissance ici. C'est vieillot, style yougoslave des grandes années 1970. Cela n'empêche pas un certain confort et un charme communiste. Si on tient compte du prix, il n'y a même rien à dire.

À voir – À faire

Outre les points d'intérêt ci-dessous, on pourra visiter 3 monastères :

▶ **Monastère Suvodol** (Суводол) se trouve au sud-est de la ville dans le village Selačka.

▶ **Église Roždestva Presvete Bogorodice** (Рождества Пресвете Богородице) dans la ville de Zaječar.

▶ **Monastère Sv. Petra i Pavla** (Манастир Светог Петра И Павла) se trouve près du village de Grlište à 14 km de Zaječar sur la rive du lac Grliško.

Site romain de Felix Romuliana.

■ MUSÉE DE ZAJEČAR
(НАРОДНИ МУЗЕЈ ЗАЈЕЧАР)

Trg Oslobođenja bb ✆ +381 19 422 930
*De 8h à 16h les lundi et samedi, 8h à 18h les
autres jours. 80 dinars.*
Le musée rassemble les plus belles pièces
trouvées sur le site de Felix Romuliana, dont
des mosaïques. Une partie ethnographique
également, ainsi qu'une galerie pour expositions temporaires. C'est ici que vous deman-
derez à visiter la maison turque, ainsi que la
maison de Nikola Pašić, natif du pays.

■ PLAGE (ПОПОВА ПЛАЖА)

Eh oui, une plage aménagée en ville, dans un
méandre de la Timok. Tout y est, terrains de
sport de toutes sortes et récréatifs, mini-golf,
water polo, plage aménagée enfants et adultes,
échecs géants, terrains de pétanque, beach-
volley, skate-board... Bref, tout et même
plus, y compris le soir où des concerts sont
organisés.

■ RADUL BEGOV KONAK
(РАДУЛ БЕГОВ КОНАК)

La maison turque. En plein centre, cette
maison fut construite au début du XIXe siècle
et est conservée en parfait état. A tel point
qu'elle se visite, comme partie du musée de
la ville. C'était une maison de notable.

■ SITE ROMAIN DE FELIX ROMULIANA
(GAMZIGRAD) (ГАМЗИГРАД)

*Suivre les panneaux, sur la route de Paraćin.
Vous tournerez à gauche depuis Zaječar, puis
suivrez une petite route sur trois kilomètres.
Ouvert de 8h à 17h tous les jours entre le
1er avril et le 30 novembre. Entrée 100 dinars
avec guide. A 20 km au sud de Brestovac et
à 10 km de Zaječar, sur la route de Paraćin,
se trouve le site romain de Romuliana, connu
sous le nom du village de Gamzigrad près
duquel il est situé. Le site est inscrit depuis
2007 sur la liste du patrimoine mondial de
l'Unesco. Là, sur un beau plateau herbeux, en
altitude, deux panneaux contradictoires vous
indiquent le site, en face, c'est la direction du
vieux village et, à gauche, le site romain. Le
site est bien mis en valeur.*
Romuliana a été la résidence permanente
de l'empereur Galère (291-311) : il y est né
et enterré. Au pied d'un plateau s'étendant
au sud-ouest, ont été mis au jour les restes
d'un castrum romain construit en moellons et
en briques. A l'intérieur de ce fort, on visite
des villas aux sols ornés de mosaïques, des
constructions en brique rouge et un palais
romain. Cette localité a fait partie de la Dacia
Ripensis, à partir du moment où celle-ci fut

L'église Roždestva Presvete Bogorodice.

organisée par l'empereur Aurélien, au IIIe siècle
de notre ère. Placé à la croisée de plusieurs
voies romaines importantes, ce castrum a joué
un rôle considérable dans la surveillance de la
région ; il constituait aussi un centre administratif qui collectait l'or des mines des alentours.
Occupée encore au début de l'époque byzantine,
la forteresse de Romuliana fut détruite par les
Avars au VIe siècle. Le site couvre une surface
de 6,5 ha, où Galère avait fait élever un fort
aux larges enceintes, entouré de 20 tours. On
voit encore la porte d'entrée occidentale et les
principales enceintes. Mais, surtout, on visite le
palais rectangulaire qui était situé au nord-ouest
du castrum : entouré par 9 colonnes encore
en bon état, l'atrium a gardé sa mosaïque au
sol d'origine. Visibles dans le vestibule et les
anciens thermes, ces mosaïques romaines
présentent des motifs géométriques, des Adonis
ou des scènes de chasse. Le site se caractérise
également par l'utilisation de matériaux tels que
le marbre, le granit rose ou le porphyre vert
pour les sculptures. Au-dessus du site, sur la
colline Magura, a été exhumé par la suite un
sanctuaire complet formé de deux tombes et
deux tumulus. C'est là que l'empereur Galère,
mort prématurément et sa mère Romula ont
été brûlés et incinérés. Si, longtemps le site fut
un mystère pour les chercheurs, c'est lorsque
fut découvert l'inscription Felix Romuliana que
la vocation du temple apparut. Il était dédié à
la mère de Galère. Après le IVe siècle et les
invasions des Goths et des Huns, le site devient
le lieu d'une petite cité byzantine, puis revit une
dernière fois au XIe siècle comme place forte
slave. Pour admirer les plus belles mosaïques,
rendez-vous au musée national de Zaječar.

Dans les environs

Boljevac (Бољевац)

Le mont Rtanj (1 570 m) est l'une des plus belles réserves naturelles du pays faisant partie du relief karstique des Carpates. Un espace pour la chasse de 6 368 hectares. Les différentes herbes qui poussent sur cette montagne sont utilisées pour produire le fameux thé de la région appelé : « Rtanjski Čaj », connu pour ses propriétés diurétiques et antiseptiques. C'est aussi la région natale du trompettiste Raka Kostić (1927-1994) qui remporta de nombreux prix durant le festival de Guča.

■ MOTEL BAR RESTORAN RTANJ

Magistralni put bb (Boljevac)
✆ +381 30 63 316
✆ +381 30 63 088
✆ +381 30 63 406
www.balasevicrtanj.com
2 000 dinars la simple, 2 660 en double, petit déjeuner inclus.
Près du village de Rtanj sur la route principale entre Paracin et Zajcar en direction de la Bulgarie. On ne peut pas le rater, ce motel est bien connu des chasseurs et des pêcheurs de la région, il est juste à côté d'une minuscule station-service. Un petit village ethno construit en 2006, à partir d'éléments naturels comme la pierre et le bois, et idéal pour marquer un arrêt et se restaurer en cours de route. C'est aussi un excellent pied-à-terre pour visiter la région car on y propose des visites guidées. Les six bungalows tout confort qui constituent le motel sont dispersés dans le parc autour du restaurant où l'on propose une cuisine traditionnelle serbe. La vue sur la montagne de Rtanj est imprenable. Dans le bâtiment principal du village, appelé « Hajducka kuca » (La Maison des Hajduks), se trouvent à l'étage 13 chambres joliment décorées dans les tons chauds avec salle de bains en marbre, chauffage au sol... bar et grande terrasse extérieure donnant sur un jardin et un petit étang où nagent des poissons que l'on choisit pour les repas. Derrière la maison, se trouve le fitness, le sauna et un hammam moderne. Le restaurant propose une cuisine traditionnelle serbe cuite au feu de bois dans une énorme cheminée située dans la salle principale. Terrain de basket, tennis, boutique de produits régionaux, où l'on peut acheter le fameux thé de « Rtanj », petite église, aire de jeux pour les enfants, parking gratuit avec système de vidéo-surveillance..

■ OFFICE DU TOURISME DE BOLJEVAC

17/1 Kralja Aleksandra
✆ +381 30 63 593 – +381 30 63 384
✆ +381 30 63 414 475
www.irvas.rs – ekortanj@ptt.rs
Ici, vous pouvez trouver des infos sur la grotte de Bogovine (Bogovinska Pecina) qui est l'une des attractions de la région, tout comme les monastères : Lapusnja, Lozica et Krepicevac.

SOKOBANJA (СОКОБАЊА)

Première ville écologique de Serbie, la station thermale de Sokobanja, située à 400 m d'altitude, constitue l'un des plus grands réservoirs d'oxygène d'Europe. C'est pourquoi, en 1837, elle a été choisie par le prince Miloš Obrenović pour ses qualités climatiques. Des descriptions élogieuses en ont été faites par les géographes Felix Kanits ou Jovan Cvijić. Aujourd'hui, son climat agréable et son air frais contribuent au traitement des maladies respiratoires. Etendue sur les rives de la Moravica et coincée entre les massifs Ozren et Rtanj, Sokobanja est appréciée par les sportifs de haut niveau qui y viennent pour des stages de remise en forme. Mais la station plaira aussi aux simples amateurs de promenades en forêt. Enfin, l'été est l'occasion d'assister à plusieurs festivals de renom, comme les Mains d'or, les Etés culturels ou le concours du Meilleur Accordéoniste.

Transports

Sokobanja est à 45 minutes de route de Niš, au sud. Depuis Belgrade, 200 km jusqu'à Aleksinac puis 30 km de route nationale.

■ GARE ROUTIÈRE

✆ +381 18 830 946
Sur la route du bas de la station.

▶ **Niš** : 15 bus par jour. L'aller 440 dinars.

▶ **Belgrade :** 7h50 (l'unique départ en hiver, encore deux l'été à 14h et 15h30, du 15/7 au 15/9). 1 050 dinars.

Pratique

Tourisme – Culture

■ OFFICE DU TOURISME

Trg Oslobođenja 2 ✆ +381 18 833 988
www.sokobanja.org.rs
De 8h à 22h tous les jours.
Dans l'allée, au bout du parc. Beaucoup d'informations sur les environs ; également réservations chez l'habitant.

Argent

■ **BANQUE COMMERCIALE**
✆ +381 18 830 517

Moyens de communication

■ **INTERNET**
A l'office de tourisme, qui met à votre disposition 5 postes.

■ **POSTE**
Markišića bb ✆ +381 18 830 151
Ouverte de 7h à 20h en semaine, jusqu'à 15h le samedi.

Santé – Urgences

■ **DISPENSAIRE**
Dositejeva 23 ✆ 94

■ **PHARMACIE ALEKSIC**
Nemanjina 3 ✆ +381 18 833 966
Ouverte tous les jours.

Se loger

Dans les hôtels et un peu partout, de nombreux restaurants servent une cuisine traditionnelle ou internationale (à partir de 300 dinars pour un plat, plutôt lamentable dans les grands hôtels non encore privatisés…). Avec, souvent, de la musique dans les hôtels et sur les terrasses. En été, quelques cafés et pubs restent ouverts jusqu'à 2h du matin. Bien sûr, il y a autant de curistes que de touristes ici. Et la norme est surtout la pension complète, assez économique. Toutefois, les prix indiqués concernent la nuit avec petit déjeuner. Mais surtout, le choix est binaire : les grands hôtels, tous dépassés, et les petites villas qui poussent un peu partout, nettement plus agréables, mais souvent sans aucun charme ni originalité. Pour celles-ci, mieux vaudra réserver à l'avance ou demander à l'office de tourisme. Et pourtant, la station compte 14 000 lits…

▶ **Chambres chez l'habitant.** A partir de 350 dinars la nuit en 3e catégorie, et 600 dinars en 1re catégorie. Egalement des appartements, à partir de 2 200 dinars pour 4 personnes. Autour de Sokobanja, de nombreux gîtes répertoriés. Pour tous ces modes d'hébergement, s'adresser à l'office du tourisme.

Bien et pas cher

■ **HÔTEL MORAVICA**
Timoćke Bune 4 ✆ +381 18 830 622
www.hotelmoravica.rs
direktor@hotelmoravica.rs

2 650 dinars pour une personne, 4 500 pour deux.
Un hôtel moderne dans un style (très) gros chalet, et offrant une vue sur tout le complexe touristique. Avant sa restauration, le Moravica était l'établissement favori du Prix Nobel de littérature, Ivo Andrić. Un hôtel typiquement années 1970, dont les chambres comme le reste sont fatigués.

■ **HÔTEL SUNCE**
Radnička 2
✆ +381 18 830 122
1 630 dinars pour une personne, 2 660 pour deux, dans les chambres anciennes et respectivement 2 730 et 3 660 dinars dans les nouvelles chambres.
Au bord de la rivière, c'est un établissement classique avec salle de congrès, piscine couverte, sauna et discothèque. Les chambres non refaites ne sont pas vraiment à recommander, mais le prix joue pour elles. Mais tout cela manque de charme…

■ **HÔTEL ZDRAVLJAK**
Miladina Živanovića 34
✆ +381 18 830 722
www.lepterija.co.rs
2 500 dinars pour une personne, 4 000 pour deux, dans les chambres anciennes et respectivement 2 900 et 4 600 dinars dans les nouvelles chambres.
Un gros établissement de plus de 200 chambres, mais de nombreuses prestations. Chambres entièrement rénovées dans la partie haute. Les prix se tiennent entre les grosses structures. Rien de particulier à dire ici, encore un immense hôtel fatigué. Terrains de sport collectifs et courts de tennis.

Confort ou charme

Rien… à moins de trouver la location idéale ou la petite villa récente, confortable mais sans charme, et qui devra être réservée à l'avance. Parmi les quelque 14 000 lits de la sorte, tout est possible, et le plus facile sera de s'adresser à l'office du tourisme.

Sortir

La rue piétonne face au parc est le lieu où tout se passe. Et c'est très agréable et animé les soirs d'été.
Ici, vous trouverez pubs, terrasses et discothèques dans un rayon de 500 m. Notamment le « Irish pub » au premier étage, avec une belle terrasse. Pour danser, le Stena, une petite boîte ouverte jusqu'à l'aube.

SERBIE ORIENTALE

À voir – À faire

■ STATION THERMALE
SOKOBANJA (СОКОБАЊА)
✆ +381 18 830 224 – +381 18 830 244
www.banjica.co.rs – office@banjica.co.rs
Depuis le XIXᵉ siècle, ses multiples sources
d'eau chaude entre 36 et 46 °C, ainsi qu'une
forte radioactivité ont la réputation de soigner
asthme, bronchites et maladies nerveuses. Le
traitement et la réhabilitation comportent les
bains thermaux, les thérapies d'aérosol et la
physiothérapie. Une centaine de médecins,
dont de nombreux spécialistes, sont présents
dans tout le complexe touristique. Le centre
de Sokobanja est à la fois un hôtel et un
hôpital. Avec ses 35 médecins spécialistes et
un bloc opératoire, il est habilité à soigner les
rhumatismes, l'hypertension et les maladies
post-traumatiques. Mais Sokobanja, ce sont
aussi de nombreuses sources d'eau minérale,
froides, chaudes ou tièdes, disséminées sur
tout le site. Dans le centre du parc thermal, à
l'endroit où ont été érigés les bains Park, se
trouvent trois sources aux eaux entre 42 et
46 °C. Les bains Banjica, 600 m du centre
au-dessus de la rivière Moravica, disposent
de plusieurs sources d'eau tiède. Enfin, l'hôtel
Zdravljak possède une source d'eau minérale à
20 °C. Mais surtout, Sokobanja, ce sont deux
parcs magiques, le premier le long d'une belle

Festivités de Sokobanja

▶ **Festival d'accordéon :** de la mi-juillet à
la mi-août, concours de musique classique
et folklorique, avec la finale en août. C'est
la 50ᵉ édition en 2012.

▶ **Les Mains d'or :** mi-juillet, danses
folkloriques, parades fleuries et plats
traditionnels.

▶ **Les Étés culturels :** tous les jours de juin
à septembre, concerts, expositions...

▶ **Le marathon des souhaits.** Début
septembre. Ce sera la quatrième édition
en 2012 pour un marathon très original : il
s'agit de se rendre dans 6 sites naturels,
en se faisant tamponner un coupon.

▶ **Cueilleurs d'herbe :** mi-juillet. Tout le
monde part sur les pentes des monts Ozren
et Rtanj, avec des guides, à la recherche
de fleurs et d'herbes médicinales. Suivent
une parade, une élection de miss fleur
et une foire aux herbes médicinales. Un
événement ludique qui rencontre un très
grand succès.

promenade bordée d'immeubles anciens, et
l'autre, plus sauvage, qui monte à l'assaut
de la montagne. Dans le parc du centre, le
Hammam turc est une merveille. Construit au
XVIᵉ siècle, il fonctionne toujours. Les bains
sont naturellement séparés. Du côté femmes,
les mosaïques datent de l'époque romaine.
De taille modeste, le hammam, entièrement
en pierre, est typique des bains des Balkans.
Ouvert de 8h à 17h, en été 20h. 400 dinars
les 20 minutes. Egalement, le musée ethnographique, au bout de l'allée piétonne, en face
de l'office de tourisme, dans une maison du
XVIIIᵉ siècle est petit, mais intéressant. Ouvert
de 10h à 18h tous les jours. 20 dinars.

Sports – Détente – Loisirs

Chasse et pêche

La pêche à la truite se pratique sur 54 km le long
de la Moravica, et il n'est pas rare d'y trouver
des pièces allant jusqu'à 3 kg. La chasse à
Sokobanja est à la fois fructueuse et bien
organisée. Faisans, lapins, canards sauvages,
ainsi que cerfs, renards et boucs y vivent sur
52 000 ha. On peut y pratiquer le safari-photo
ou bien opter pour une chasse traditionnelle. Un
troisième choix s'enracine dans les traditions
locales : un repas à l'ancienne, en fin de journée,
servi dans les plats en terre cuite, les grne (à
prononcer Geurné !), suivi d'une nuit dans une
vieille maison de chasseurs en bois, nichée dans
les montagnes. Dépaysement assuré !

Randonnées

▶ **Le mont Ozren** offre de bonnes possibilités de
randonnée. Rendez-vous d'abord au point Vrelo,
où se trouve un restaurant de qualité. Ensuite,
des chemins balisés vous mèneront à Oštre
Čuke, le point culminant du mont Ozren : la vue
s'y déploie jusqu'à la rivière Morava. Continuez
par des sentiers balisés jusqu'au monastère
Jermenčić, construit en 1392 par des Arméniens
et habité jusqu'aux grandes migrations serbes,
époque où les moines ont dû s'exiler à Fruška
Gora, dans l'Empire austro-hongrois. Un autre
chemin mène à la cascade Ripaljka, qui, avec ses
40 m de chute, est la plus importante de Serbie.
Le tout est balisé mais les guides ci-dessus
peuvent vous accompagner.

▶ **Une autre excursion possible,** de 2 km,
mène à la fameuse forteresse de Sokograd.
On atteint d'abord le lieu-dit Lepterija, d'où on
peut observer, se détachant d'un contrefort du
massif, la figure de la Vierge Marie avec Jésus.
Selon la légende, la Vierge Marie s'y était
cachée alors qu'elle fuyait les Romains... Puis,

en 15 minutes de marche à une allure normale, vous arriverez au sommet, couronné par la forteresse de Sokograd. Sur ce point culminant, une cité médiévale remplaça au VIIᵉ siècle une place forte romaine. Les Turcs en détruisirent la majeure partie en 1413, mais la forteresse reste un beau vestige, bien qu'incomplet, des temps médiévaux sur ce territoire.

▶ **On peut également faire des promenades à vélo** autour du lac Bovansko, jusqu'aux sources de la Moravica, ou bien sûr les contreforts du mont Rtanj.

Sports aquatiques

Les sports aquatiques ne sont pas en reste. Le lac Bovansko accueille voiliers et planches dans un environnement très agréable ; parmi ses espaces aménagés pour la natation, la plage Župan est facile d'accès pour les plus petits. Les plus sportifs apprécieront le fameux 6KC, petit lagon entouré de falaises d'où on peut sauter d'une hauteur de 7 m pour s'engouffrer dans un passage de 2 m de large.

Sports extrêmes

Les sports extrêmes, qui commencent à se populariser en Serbie, offrent ici de nombreuses possibilités. Moutain bike sur le mont Rtanj, escalade à mains nues sur les versants de la forteresse de Sokograd, cross d'orientation dans les forêts du massif de l'Ozren, plongée en apnée sur la plage 6KC, et même du parachutisme : pour cela contacter Soko Turs.

■ **SLOBODAN STEVANOVIĆ**
✆ +381 63 469 428
Un bon guide pour les randonnées.

■ **SOKOTURS**
Čair ✆ +381 18 880 100
www.sokotours.com
Moutain bike, escalade, plongée en apnée, parachutisme...

■ **SRBIJA ŠUME SOKOBANJA**
✆ +381 18 830 545
www.srbija-banje.com
Une association de guides de montagnes.

Shopping

■ **VIGNOBLE JOVIĆ**
Spasoja Milkića 32, Knjaževac
✆ +381 19 732 770 – +381 63 409 006
info@vinarijajovic.rs
Knjaževac se trouve à 47 km à l'ouest de Sokobanja. A part des dégustations, ce producteur de vin propose également quelques chambres doubles.

NIŠ (НИШ)

Sa situation au carrefour des grandes routes reliant la Serbie aux Balkans orientaux ont valu à cette métropole le nom de « Porte entre l'Orient et l'Occident ». Avec près de 300 000 habitants, Niš dispute à Novi Sad le titre de deuxième ville de Serbie. C'est donc une ville industrielle et universitaire importante, où des Français célèbres sont passés. Lamartine, qui y séjourna en 1823, en rapporta des fragments de chants populaires serbes et il partagea ses impressions très positives sur les Serbes, leur bravoure et leur accueil chaleureux dans *Voyages en Orient*. L'armée française d'Orient y fut accueillie en libératrice en 1918. Cette longue tradition de liens avec la France explique la présence d'un centre culturel français et de plusieurs associations maintenant des contacts culturels avec la France. L'histoire a marqué cette ville de traces indélébiles. L'empereur Constantin y est né et y a résidé à plusieurs reprises, ce qui nous vaut un site romain, Medijana, qui sera complètement rénové pour la grande célébration des 1700 ans de l'Edit de Milan en 2013. Au cœur de la ville, les Turcs ont laissé leur empreinte avec la forteresse qui domine la Nišava et surtout avec la fameuse tour aux Crânes, qui est le symbole de la défaite serbe face aux Ottomans en 1809.

Cette métropole, reliée directement à Belgrade par l'autoroute, commande le sud du pays et fait la liaison entre la Macédoine à l'ouest et la Bulgarie à l'est. Bénéficiant de sa situation de carrefour balkanique, Niš est une étape indispensable pour tout le trafic venant d'Europe centrale et aboutissant en Grèce ou en Turquie. Par ailleurs, la vitalité de sa vie culturelle est attestée par ses festivals et galeries, tout comme l'agitation de son centre-ville témoigne de son rôle de nœud de communication. Pour autant, la ville ne profite pour l'instant pas tellement du redressement de la situation du pays, du point de vue économique. Les habitants de la ville se souviennent encore des bombardements de l'OTAN en 1999 : cette campagne aérienne avait fait plusieurs morts, et détruit le marché central, une école et une fabrique de tabac. Quoi qu'il en soit, tout cela n'a jamais empêché les Nišlije (habitants de Niš) de continuer à chanter ces délicieuses mélopées de la Serbie méridionale que l'on entend dans les cafés et les restaurants de la ville. Enfin, Niš est le point de départ pour des excursions dans la Stara Planina, la chaîne montagneuse qui définit la frontière serbo-bulgare et c'est une vraie ville du sud.

SERBIE ORIENTALE

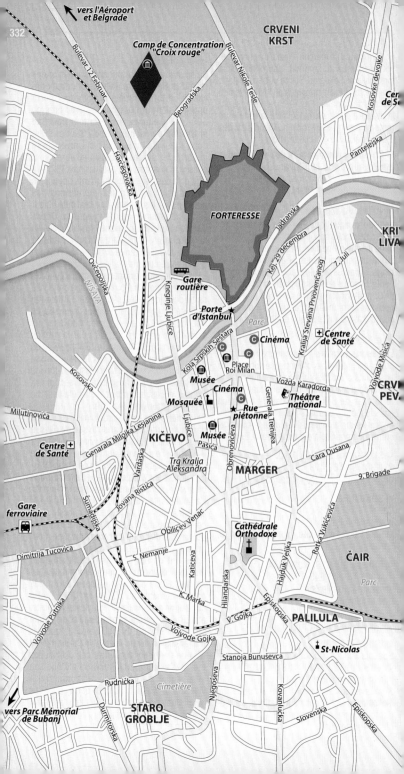

332

vers l'Aéroport
et Belgrade

CRVENI
KRST

Bulevar 12 Februar

Bulevar Nikole Tesle

Camp de Concentration
"Croix rouge"

Beogradska

Kosovske devojke

Cer
de Se

Pantelejska

Hercegovačka

Ovčepoljska

FORTERESSE

Jadranska

KRI
LIVA

Kej 29 decembra

7. Juli

NIŠAVA

Kneginje Ljubice

Gare
routière

Porte
d'Istanbul

Kralja Stevana Prvovenčanog

Vojvode Mišića

Parc

Kosovska

Kola Srpskih Sestara

Cinéma

C

C

Centre
de Santé

CRVI
PEV.

Milutinovića

Place
Roi Milan

Musée

Vožda Karađorđa

Mosquée

Cinéma

Rue
piétonne

Generala Trenijeja

Théâtre
national

Genérala Milojka Lešjanina

KIČEVO

Ljubice

Pašića

Musée

Obrenovićeva

Cara Dušana

Centre
de Santé

Vardaška

Trg Kralja
Aleksandra

MARĐER

9. Brigade

Šumadijska

Jovana Ristića

MARĐER

Gare
ferroviaire

Obilićev Venac

Cathédrale
Orthodoxe

Hajduk Velika

Batka Vukičevića

ČAIR

Dimitrija Tucovica

S. Nemanje

Katićeva

Hilandarska

Parc

K. Marka

Episkopska

PALILULA

vers Parc Mémorial
de Bubanj

Voïvode Putnika

Durmitorska

Voïvode Gojka

V. Gojka

St-Nicolas

Stanoja Bunuševca

Njegoševa

Kovanlučka

Rudnička

Cimetière

STARO
GROBLJE

Slovenska

Episkopska

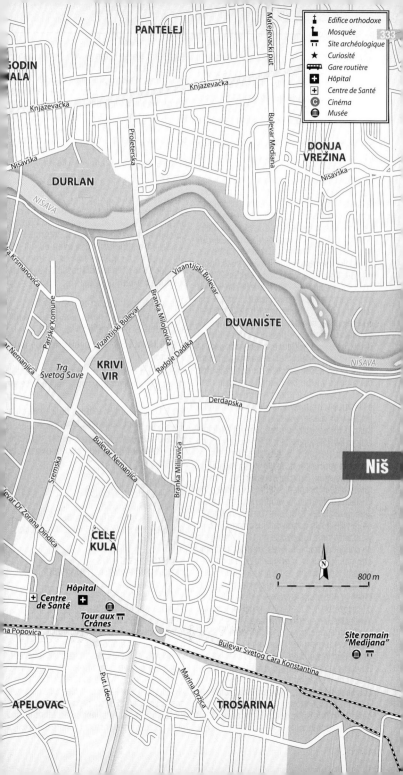

Niš

Légende

🛐	Edifice orthodoxe
🕌	Mosquée
ᛁᛁ	Site archéologique
★	Curiosité
🚌	Gare routière
✚	Hôpital
⊞	Centre de Santé
©	Cinéma
🏛	Musée

PANTELEJ

GODIN ALA

MateJevački put

Knjaževačka

Bulevar Mediana

DONJA VREŽINA

Nišavska

Knjaževačka

Proleterska

Nišavska

NIŠAVA

DURLAN

Vizantijski Bulevar

DUVANIŠTE

ra Krsmanovića

Branka Miljovića

NIŠAVA

ar Nemanjića

Pariske Komune

Vizantijski Bulevar

Radoje Dadlka

Trg Svetog Save

KRIVI VIR

Derdapska

Branka Miljovića

Bulevar Nemanjića

Sremska

levar Dr Zorana Dindića

ĆELE KULA

Hôpital

✚ Centre de Santé

Tour aux Crânes

🏛 ᛁᛁ

na Popovica

Bulevar Svetog Cara Konstantina

Put I deo

Marina Držića

APELOVAC

TROŠARINA

Site romain "Medijana"

🏛 ᛁᛁ

0   N   800 m

Histoire

En raison de son emplacement à la croisée des chemins de l'Europe du Sud-Est, Niš a été très tôt habitée par une population sédentaire, puis convoitée et occupée par de nombreuses puissances. Quelques sites archéologiques situés dans les environs de la ville – Hum, Bubanj, Kamenica – attestent depuis le Néolithique de l'occupation de cette cuvette enchâssée entre de petites collines. Au confluent des rivières Morava et Nišava, le site a été occupé par des vagues successives de peuples. Au IIIe siècle avant notre ère, les Celtes lui donnent le nom de Naïssus ou « ville des fées » car, selon la légende, des fées s'étaient couchées dans la rivière. Naissus devient ensuite un fort romain sur la route de Byzance ; sous ses murs, l'empereur Claude II vaincra les Goths en 269. Constantin le Grand y naît en 274 et, sous son règne (306-337), la ville devient un important centre administratif. L'empereur romain y construit sa résidence d'été, Medijana, où il séjourne entre deux campagnes contre les Germains. Par ailleurs, des restes de tombes et d'une basilique chrétienne, découverts dans la région et datant des IIIe et IVe siècles, semblent indiquer un essor précoce du christianisme dans cette partie de l'Empire romain. Les Huns parviennent à prendre la ville en 441 et à la détruire, mais la romanité s'y maintiendra jusqu'au VIe siècle, sous le règne de Justinien. Celui-ci relève la ville de ses ruines et lui donne le nom de Naissopolis. En 1183, sous le règne de Stefan Nemanja, le père de saint Sava, et sous ses descendants, le développement de la ville se poursuit. Pendant deux siècles, Niš sera la ville la plus peuplée de l'Empire serbe et sa position stratégique lui vaudra un certain essor commercial. En 1386, les Turcs s'emparent de la ville qu'ils contrôlent jusqu'en 1877. Ils y installent une forteresse en 1723, en raison du danger autrichien. Mais, surtout, le sultan ottoman réussira à réprimer le premier soulèvement à la bataille de Čegra, en 1809. Entre 1877 et 1914, Niš devient la résidence des rois Milan et Alexandre Obrenović et se voit dotée d'un lycée, de banques et d'une gare ferroviaire. Pendant la Première Guerre mondiale et jusqu'à la défaite en octobre 1915, Niš sera le siège du gouvernement, de l'assemblée et le QG du Grand État-Major. Les Autrichiens confient aux Bulgares le contrôle de la ville et ceux-ci vont procéder à l'élimination systématique de la bourgeoisie locale et, dans les villages alentour, à la bulgarisation des noms. On comprend dans ce contexte le formidable accueil fait aux armées française et serbe alliées lorsque le général Tranié libère la ville le 12 octobre 1918. Niš a aussi beaucoup souffert pendant la Seconde Guerre mondiale. En 1942, les bombardements quotidiens et le camp de concentration ouvert par les Allemands font plusieurs dizaines de milliers de morts parmi les civils. En 1944, la ville est aussi touchée par les bombardements américains. Enfin, en 1999, la campagne de l'Otan contre Milošević et la présence de son armée au Kosovo, frappe aussi la ville.

Transports

Niš est, avec Belgrade, la ville la mieux desservie de Serbie. Le projet de l'Union européenne du Corridor 10 a contribué au rapide développement des axes autour de Niš. L'autoroute qui relie Niš à la frontière macédonienne (l'axe de Thessalonique) est bientôt terminée.

Comment y accéder et en partir

Niš est un carrefour international, avec deux autoroutes et deux nationales.

▶ **E75 Nord :** 237 km pour Belgrade (soit 3 heures).

▶ **E75 Sud :** 185 km pour Skoplje (bientôt intégralement en autoroute), Macédoine et Grèce.

▶ **E80 Est :** route en virages pour Pirot, puis Dimitrovgrad et Sofia en Bulgarie.

▶ **E80 Ouest :** route plus difficile vers Kuršumlija, puis le Kosovo et le Monténégro.

■ **ADDEL**
24 Svetozara Markovića
☎ +381 18 292 558
www.addel.biz – office@addel.biz
Des Skoda à partir de 46 € de 1 à 3 jours.
Location de véhicules.

■ **AÉROPORT DE NIŠ –
AERODROM KONSTANTIN VELIKI**
24 Vazduhoplovaca
☎ +381 18 4582 828
☎ +381 18 4580 023
www.nis-airport.com
L'aéroport, situé non loin de la ville, est dans une situation paradoxale. Après des liaisons vers Paris et même des projets de low cost, il semble qu'une compétition politique avec Belgrade lui ait enlevé tout espoir de lignes régulières. Pour l'heure, il n'assure plus que des liaisons avec Zurich, des vols pratiquement au quotidien pour Podgorica au Monténégro ainsi que des charters avec Londres. Bruxelles

est également desservie. Il a surtout été crée comme aéroport de secours si celui de Belgrade est défaillant pour cause de mauvais temps ou pour des raisons militaires.

■ AUTOTEHNA
1 Svetozara Markovića
✆ +381 18 246 222 – www.autotehna.com
login@autotehna.com
Voitures à partir de 30 € la journée.
En plein centre, le loueur serbe a pour avantage de disposer également d'agences à Belgrade et Novi Sad, où vous pouvez rendre la voiture.

■ GARE CENTRALE
Dimitrija Tucovića ✆ +381 18 264 625
www.zeleznicesrbije.com
La gare est en ville mais au nord-ouest, un peu excentrée.

▶ **Belgrade.** 14h30, 15h15, 23h45, 14h55. 885 dinars.

▶ **Skoplje.** 2h10 et 12h20. 1 200 dinars.

▶ **Sofia.** 12h35 et 02h10. 1 000 dinars.

■ GARE ROUTIÈRE NIŠ EKSPRES
Bulevar 12. Februar
✆ +381 18 255 177 – +381 18 255 666
www.nis-ekspres.rs
La gare est sur le côté gauche de la forteresse, donc en plein centre. Consigne et bureau de change. Ouverte 24h/24.

▶ **Belgrade.** Près de 30 bus directs pour la plupart et par l'autoroute. Jusqu'à 2h30. 1 085 dinars.

▶ **Kosovska Mitrovica.** 18h15, 11h30. 1 075 dinars.

▶ **Kopaonik.** 5h50. Ligne saisonnière du 15 décembre à février.

▶ **Majdanpek (parc national de Đerdap).** 12h15, 13h45 sauf le week-end.

▶ **Pirot.** 14 bus par jour. 479 dinars.

▶ **Sokobanja.** 6h10, 9h, 9h45, 11h50 seulement en semaine, 13h40, 15h45, 17h, 18h, 19h et 20h. 474 dinars.

▶ **Skoplje (Macédoine).** 2h50, 4h50, 8h10, 10h40, 14h, 15h25, 17h45 18h10, 23h50. 1260 dinars.

▶ **Sofia (Bulgarie).** 4h30 et 16h. 1 350 dinars.

■ INTER
Hôtel Ambasador lok.23
✆ +381 18 528 852
www.rentacarnis.com – info@rentacarnis.rs
Des voitures Chevrolet ou Hyundai à petits prix (à partir de 30 euros), et il y a encore moins

cher : la Yugo ! L'occasion de rouler dans cette voiture emblématique de la Yougoslavie pour 1 900 dinars jusqu'à 100 km et 3 000 en illimité !

Se déplacer

Niš est une ville toute en longueur, dont de nombreux quartiers sont récents. 13 lignes de bus la traversent. La ligne 1, par exemple, est celle qui suit l'axe principal dans le sens nord/sud et va jusqu'à la station thermale de Niška Banja. Pour aller voir la tour aux Crânes, vous prenez cette même ligne 1 et descendez à l'arrêt Ćele Kula. Tout le reste, la vie nocturne, comme les principaux lieux à découvrir peut se faire à pied.

Pratique

Tourisme – Culture

■ OFFICE DU TOURISME
Tvrđava, 7 Vožđa Karađorđa
✆ +381 18 524 877 – +381 18 250 222
www.nistourism.org.rs
ton1@open.telekom.rs
Situé près de l'hôtel Ambasador. Un site complet sur les monuments et événements culturels disponible en anglais. Propose également des chambres chez l'habitant. L'autre point d'information se situe dans la forteresse.

■ PUZZLE GROUP
local 211, Dušanov Bazar
✆ +381 18 522 016 – +381 60 500 50 39
www.puzzlegroup.org
puzzlenis@gmail.com
Ouvert du lundi au vendredi de 10h à 18h.
Jeune agence pour les actifs de 16 à 35 ans. Propose de nombreux plans : les folles nuits de Belgrade (klubbing, kafana traditionnelle, les « splaves » folkloriques) ; alpinisme et rafting en Serbie ; festivals (Exit de Novi Sad, Guca, Beerfest, et d'autres plus traditionnels) ; Balkan Tours d'une quinzaine de jours incluant Bled en Slovénie, les îles croates, Tara rafting au Monténégro... Ya une bonne ambiance de fêtards, ici on s'amuse bien tout en découvrant et en s'enrichissant culturellement parlant. La même agence existe à Valjevo, Belgrade, Novi Sad et Subotica.

■ TRAVEGO
37 Cara Dušana ✆ +381 18 514 891
Une agence spécialisée pour les réservations des billets toutes destinations. Informations et réservations sur les stations thermales de la région.

Représentations – Présence française

■ CENTRE FRANÇAIS
20 Obrenovićeva ✆ +381 18 524 578
www.cfnis.org.rs – ifs.nis@sezampro.rs
De 9h à 17h, du lundi au vendredi et 10h30 à 14h30 le samedi (médiathèque).
Dans la rue piétonne, à côté du bar Tramvaj, au 1er étage. Il s'agit d'un centre culturel très actif, assez autonome de celui de Belgrade. Vous y trouverez une médiathèque, bibliothèque. Le centre organise des manifestations culturelles de toute sorte dans les lieux actifs de Niš. Il dispense également des cours de français. Vous pouvez passer pour discuter ou simplement lire une revue.

Argent

Comme souvent, les banques se concentrent dans la rue piétonne. Vous avez un bureau de change au début de la rue, y compris une machine automatique, fonctionnant donc 24h/24. Un distributeur Visa® est au n° 10.

■ BANQUE COMMERCIALE
Nikole Pašića 41 ✆ +381 18 523 476

■ SOCIÉTÉ GÉNÉRALE
Trg Kralja Milana bb
✆ +381 18 520 411

Moyens de communication

■ POSTE CENTRALE
11 Vožda Karađorđa
✆ +381 18 518 000
Ouverte tous les jours de 7h à 20h, le dimanche jusqu'à 15h.
Vous avez accès à trois PC dans la poste centrale.

Santé – Urgences

■ HÔPITAL – KLINIČKI CENTAR
48 Bulevar Dr Zorana Đinđića
✆ +381 18 224 984 – www.kcnis.co.rs
Sur l'un des grands boulevards de Niš.

■ PHARMACIE DE GARDE – ĆELE KULA
24 Sinđelićev Trg
✆ +381 18 512 336 – +381 18 512 394

Se loger

Une offre complètement renouvelée, entre de nouveaux hôtels dans le centre et plusieurs nouvelles auberges de jeunesse. Il y en a maintenant pour tous les goûts et à tous les prix.

Bien et pas cher

■ HOSTEL EVROPA
Leskovačka bb
14 € en dortoir de six personnes, 20 € en chambre individuelle.
Une nouvelle auberge, non loin de la gare et qui a réhabilité un ancien grand bâtiment d'entreprise. Le résultat est tout à fait agréable pour une vraie grande auberge, avec TV et clim dans les chambres. Paiement en espèces.

■ HOSTEL MARVEL
12 Srpske Brigade 2
✆ +381 18 263 242 – +381 18 265 674
www.hostelmarvel.com
marvelnis@sezampro.rs
A partir de 11 €.
Une auberge originale : située dans une grande maison de 3 étages, l'ensemble est rénové, équipé d'un salon, avec Internet et cuisine à disposition. Sans oublier un jardin. 5 chambres pour 20 lits, assez loin du centre mais le minibus du propriétaire assure les transferts depuis et vers les gares gratuitement.

■ HOSTEL NIS
Dobrička 3 a ✆ +381 18 513 703
www.hostelnis.rs
hostelnis@sezampro.rs
1 500 dinars par personne dans une chambre de 2. Pour les groupes 850 dinars.
Une petite auberge de jeunesse qui a ouvert en 2006. Seulement 14 lits, très fonctionnels, mais l'ensemble est neuf. Cuisine à disposition, possibilité de faire laver son linge, poste Internet. Si on ajoute que l'équipe est très agréable et que l'auberge est dans une rue calme à deux pas de la rivière Nišava et du centre, c'est une bonne adresse. Paiement en espèces seulement. Il vaut mieux réserver en été (via le site).

■ HÔTEL AMBASADOR
Trg Kralja Milana bb ✆ +381 18 525 511
3 167 dinars en simple, 4 214 en double avec le petit déjeuner.
Une tour des années 1970 plantée en plein milieu du vieux centre, c'est incongru. L'hôtel a gardé son atmosphère époque communiste et le moins que l'on puisse dire, c'est que les quelques tentatives de le faire passer pour luxueux sont pathétiques. Reste que l'on n'est pas si mal dans les chambres, surtout si on aime bien l'ambiance socialiste et avec des tarifs revus à la baisse, le rapport qualité/prix est désormais très correct. Paiement Visa® et Master Card.

■ PRENOCISTE PORTA

Bulevar Cara Konstantina bb
☏ +381 18 4540 002
1 400 dinars par personne taxes incluses mais pas le petit déjeuner qui peut être servi au restaurant.

Quelques chambres simples mais agréables, dans une maison avec terrasse et salon comme chez soi. Egalement un restaurant. A ce prix, un très bon plan, assez confortable mais évidemment un peu loin du centre, sur l'un des grands boulevards de Niš.

Confort ou charme

■ GARNI HOTEL DUO D***

Lebane, 137 Cara Dušana
☏ +381 18 517 701 − 2018 517 702
Fax : +381 18 517 704
www.konak-duod.com
reception@hotel-duod.com
5 200 dinars en simple, 7 000 en double. Appartements à partir de 8 000 dinars.

Un coup de cœur ! Au cœur de Niš, dans la plus vieille rue de la ville, piétonne, un petit et nouvel établissement de charme. Dans une maison de style veille maison serbe du XIXe, superbement restaurée, des chambres et des appartements chaleureux, confortables et charmantes. Bois massif teintés et soucis du détail dans l'esprit ancien. Bien équipées, les chambres sont accueillantes. Clim par le sol, wi-fi, vin blanc et rouge avec set (mais pas gratuit). En face, les appartements se trouvent dans une maison ancienne restaurée dans le style ottoman. Entre les deux, une cour où l'on peut manger, et seul et unique reproche à ce lieu de charme, les bars environnants et la cour seront bruyants jusque tard. Malgré cela, un hôtel à tenter en priorité. Paiement toutes cartes, réductions de 20 % le week-end. Restaurant à la carte de 8h à 23h.

■ HÔTEL ALEKSANDAR***

Njegoševa 81 ☏ +381 18 562 333
www.hotel-aleksandar.com
5 500 dinars pour 1 personne, 8 000 pour 2.
Une grosse villa-hôtel récente aux chambres bien équipées et aux nombreux services. Chaque chambre dispose d'un minibar et d'un accès Internet. Vraie piscine à ciel ouvert très agréable en été et terrasse avec une vue imprenable et impressionnante sur la ville. C'est son vrai plus. Ajoutez un service de qualité et parking privé. Paiement toutes cartes. Restaurant à la carte ouvert de 12h à 24h.

■ HÔTEL PANORAMA

51 Svetolika Rankovića
☏ +381 18 560 213 − +381 18 561 214
☏ +381 18 560 907
www.panoramalux.co.rs
5 000 dinars pour 1 personne, 6 000 pour deux. Petit déjeuner inclus.

Un hôtel de standing dans une villa du XIXe siècle qui fait tout son charme. Les chambres sont de qualité, vastes et surtout, on a tenté de garder un petit quelque chose d'ancien dans l'ambiance. L'ensemble de l'hôtel a gardé son côté maison bourgeoise. Restaurant dans un décor de rêve et terrasse offrant une vue panoramique sur la ville. Piscine à ciel ouvert mais un peu petite.

■ NIŠKI CVET

2 Kej 29, decembra
☏ +381 18 297 700 − +381 18 297 800
Fax : +381 18 297 900
www.niskicvet.com
hotelniskicvet@medianis.net
office@niskicvet.com
5 800 dinars en simple, 8 500 en double. Petit déjeuner inclus.

Nouvel hôtel moderne au bord de la Nišava, avec une vue imprenable sur la forteresse. Certes, à l'extérieur, cette tour de verre, une manie balkanique, n'est pas du plus bel effet. Mais à l'intérieur, le style est sobre et les chambres spacieuses, confortables et équipées d'Internet, carte magnétique pour la porte. Restaurant, parking, paiement par cartes bancaires...

Luxe

■ HÔTEL MY PLACE BEST WESTERN

Kej 29 decembar bb
☏ +381 18 525 111 − +381 18 525 555
www.hotelmyplace.com
hotel@hotelmyplace.com
6 200 dinars en simple, 8 400 en double. Taxes, petit déjeuner, Internet, sauna, salle de gym inclus.

Etablissement à l'architecture moderniste, avec profusion de vitres fumées. Membre de la chaîne Best Western, le My Place est donc sans surprise : très bien équipé, vraiment confortable, avec des chambres très design et un peu froides, mais grandes, de qualité et aux équipements high-tech. Pas de charme donc, mais tout le reste. Le plus, la vue sur la Nišava et sa terrasse au 6e où l'on peut dîner. Ajoutons tout ce qu'il faut pour tenir la forme, salle fitness, sauna... Paiement toutes cartes, parking privé et accueil très pro.

■ REGENT CLUB

7a Generala Milojka Lešjanina
℡ +381 18 524 924 – Fax : +381 18 524 520
www.regentclub.com
recepcija@regentclub.com
5 512 dinars en simple et 7 524 en double.
Petit déjeuner sous forme de buffet, Internet
et taxes inclus.
Dans la rue principale (mais invisible depuis la
rue), un hôtel et un restaurant de luxe. C'est
en tout cas ce qu'il revendique. C'est vrai que
les chambres sont immenses, meublées avec
goût et qualité, très bien équipées (vous avez
même la possibilité de louer un ordinateur
portable à la réception, connexion Internet
gratuite). L'apéritif-bar est un modèle du
genre, XIXᵉ. Bref, on est bien au Regent, sauf
pour la vue inexistante. Le room service et la
discrétion d'un personnel à la hauteur font qu'à
ce prix, qui n'a pas changé, c'est plutôt une
vraie bonne adresse. Parking privé derrière
et paiement toutes cartes.

Se restaurer

Pour le goûter, vous trouverez dans le centre
commercial Kalča plusieurs glaciers et pâtisseries typiques : le Kalča au rez-de-chaussée
et l'Emona au 1ᵉʳ étage. Essayez aussi le
Lipa, au n° 2 de la rue Zetska. La plupart des
restaurants de notre sélection offrent un cadre
exceptionnel. Ancien et authentique. Ne les
ratez pas, pour la beauté de certains.

Sur le pouce

🍴 PEKARA SRBIJANKA

℡ +381 18 52 78 40
℡ +381 18 23 12 22 – pekare.cu.rs
Deux point de vente : Voždova 24
et Trg Svetog Save bb.
Le spécialiste du fameux « Burek » serbe. On en
mange à toutes les sauces à n'importe quelle
heure de la journée mais principalement le
matin au petit déjeuner avec du yaourt au goût
bulgare. Voir rubrique « Festival du Burek »
dans cette ville du 9 au 11 septembre.

Bien et pas cher

■ ETNO

Zelengorska 35 ℡ +381 18 242 097
Plats autour de 400 dinars. Gros succès pour
cette *kafana* qui se veut représentante du
meilleur de la cuisine serbe traditionnelle
comme les *seljački krompir na žaru* (papillote
de pommes de terre au lard et au fromage)
ou le *svadbarski kupus* (sorte de choucroute)
que l'on trouve rarement sur la carte des
restaurants, présenté dans sa marmite en

terre traditionnelle surmontée d'un pain rond.
Bref, l'Etno mérite son nom et en plus n'est
pas cher.

■ GALIJA

Nikole Pašića 35
℡ +381 18 468 33 – +381 18 51 56 26
Plats à partir de 200 dinars. Cadre agréable et
bon rapport qualité-prix pour cette brasserie.
Cuisine traditionnelle, avec notamment des
pljeskavice à recommander.

■ HAMAM

Tvrđava ℡ +381 18 513 444
De 11h à minuit. Dans la forteresse, l'ancien
hammam a été restauré et ses différentes salles
voûtées accueillent dorénavant les convives du
restaurant. Repeintes en orange, bien éclairées,
les salles de différentes tailles sont donc l'attrait
principal du lieu, même si la cuisine n'est pas
en reste. Une bonne cuisine serbe (autour de
600 dinars) et une grande carte de poissons
vous feront passer un bon moment ici.

■ NIŠLIJSKA MEHANA

Prvomajska 49
℡ +381 18 353 057 – +381 18 51 11 11
Menu autour de 900 dinars.
Tout est fait ici pour vous transporter dans
le Niš du XIXᵉ siècle. Des objets artisanaux
d'époque (poteries, instruments de musique)
et des costumes traditionnels accrochés aux
murs vous mettent immédiatement dans l'ambiance. Pour vous régaler, des plats typiques
serbes et un riche choix de vins. On peut
manger dans des tables placées dans de véritables tonneaux de vin aménagés spécialement
pour. Une bonne adresse pour les amateurs
de traditions. Musique vivante.

Bonnes tables

■ REGENT

Generala Milojka Lešjanina 7a
℡ +381 18 524 924 – www.regentclub.com
De 7h à minuit. Paiement Visa®, Master Card.
Le Regent joue la carte du luxe. Dans un cocon
douillet mais un peu tape-à-l'œil, une longue
carte internationale, mais de qualité, vous
propose par exemple 10 steaks en sauce, différents. Et excellents. Les plats vont de 600
à 1 500 dinars. Vous pourrez ensuite fumer
l'un des nombreux cigares en vente, dans des
fauteuils anciens.

■ SINĐELIC

Nikole Pašića 36
℡ +381 18 512 550 – +381 18 51 25 48
De 8h à 1h tous les jours. Paiement Visa®
et Master. Plus qu'un restaurant, un monu-

ment historique. C'est en tout cas dans une vraie maison de 1875, dans le vieux style serbe d'inspiration ottomane et classée que vous dînerez. Et si les deux salles sont moins authentiques, elles n'en sont pas moins agréables, et la cuisine, classique serbe, tout à fait intéressante. Le tout à des prix raisonnables de *kafana*. Musique vivante.

■ STARA SRBIJA

Trg Republike bb ✆ +381 18 521 902
Sur la place centrale, l'un des plus anciens établissements de la ville. Cuisine traditionnelle toujours bien servie. Une valeur sûre.

Sortir

Deux quartiers très animés à la nuit tombée.

▶ **La rue Kopitareva,** sur la gauche de la place qui fait suite à la principale rue piétonne Obrenovićeva. Petite rue pavée, la plus vieille de Niš, avec ses maisons sans étages du XIXe siècle et sa suite de terrasses où il fait bon passer les soirs d'été.

▶ **La rue Obrenovićeva** est très à la mode. Sinon, les places Trg Oslobodjenja et Sveti Sava, où l'on trouve tous les styles de musique. Et quelques rues adjacentes. Dans tous les cas, tout se fait à pied, très rapidement.

▶ **Dans les parages de la forteresse,** vous trouverez des endroits à la fois animés et originaux.

▶ **Dans l'enceinte même de la forteresse,** le café Press accueille beaucoup de monde, les beaux jours venus, ou encore Saloon juste à côté, populaire pour les concerts de pop, rock et reggae.

Cafés – Bars

■ BOMBAY CLUB

Koste Stamenkovića 3
Comme son nom l'indique, un bar à l'ambiance et à la déco orientale, petit et tout mignon. Ses trois mezzanines en bois, sur des niveaux décalés lui donnent ce caractère. On vient ici davantage pour boire de très bons thés.

■ JORGOVAN MALA

Svetozara Markovića 20
Sympathique atmosphère pour un couple.

■ NA ĆOŠKU

Kopitareva 1
Souvent bondé le soir, mais c'est là que ça se passe.

■ TRAMVAJ

Obrenovićeva 10
Ambiance vieux tramway.

■ TRUBA JAZZ CAFÉ

Svetozara Markovića 8
LE bar incontournable pour les amateurs de jazz et blues, central. Piste de danse remarquable. On y vient même en journée pour un café.

Clubs et discothèques

■ CLUB SCENA

Sindjelićev trg
Au sous-sol du théâtre national.
Pour les amateurs de la musique house.

■ FEEDBACK

Balkanska 2a
DJ en fin de semaine.

■ PRAVNI FAKULTET

Trg Kralja Ujedinitelja 11
C'est le club de la faculté de droit. Le plus décalé. Programmes réguliers de concerts, ouvert la journée aux étudiants.

À voir – À faire

■ CAMP DE CONCENTRATION CROIX-ROUGE (КОНЦЕНТРАЦИОНИ ЛОГОР 12.ФЕБРУАР – ЦРВЕНИ КРСТ)

Bulevar 12 Februar ✆ +381 18 351 477
Derrière la forteresse.
Ouvert du mardi au samedi de 9h à 16h, le dimanche de 10h à 14h. Tarif 100 dinars.
L'un des rares camps de concentration nazis maintenus en l'état. Il témoigne des souffrances des citoyens de Niš et de toute la Serbie méridionale pendant la Seconde Guerre mondiale. Tout y est resté inchangé, comme si le temps s'était arrêté en 1944 : les bâtiments gris et rectangulaires où étaient entassés les civils, les miradors et les guérites de surveillance, les fils de fer barbelés intacts. Au cours de la guerre, plus de 30 000 personnes sont passées par ce camp, dont 10 000 ont été fusillées sur la colline de Bubanj. Au début, le camp était destiné à enfermer, interroger et torturer les ennemis du régime : communistes, otages et juifs. Le 12 février 1942, une révolte éclate et plus d'une centaine de prisonniers parviennent à s'enfuir. La répression sera féroce : les quarante prisonniers restants seront dépecés avec une bestialité rarement vue jusque-là, puis le camp Croix-Rouge deviendra un camp de la mort.

▶ **Sur la colline de Bubanj,** une sculpture monumentale représente trois énormes poings fermés. Elle honore le souvenir des 10 000 prisonniers fusillés sur cette colline, après avoir connu les geôles de la Croix-Rouge.

Festivités de Niš

Niš est une ville de festivals, tous de bonne tenue et de renommée internationale. Voici la liste des plus importants. Pour ces événements et d'autres, vous aurez les dates, la programmation et bien d'autres choses encore sur le site : www.nistourism.org.rs ou www.serbia.travel

▶ **Niš, cité de Constantin (1er au 5 juin).** Célébration relativement récente de la cité antique, avec des défilés romains et des joutes orales dans tous les lieux relatifs au passé antique de la ville.

▶ **Rencontres cinématographiques (août).** Films d'auteur, comédies et documentaires pour le plus important festival de cinéma de l'ex-Yougoslavie en nombre de films présentés.

▶ **Insomnia (août).** Festival de musique en plein air, sur toutes les places et dans toutes les rues de la ville. Mais aussi dans un amphithéâtre, dans la forteresse.

▶ **Fest Nimus.** Festival de musique classique fin octobre, début novembre.

▶ **Niš ville (août).** Festival international de jazz. Durant 4 soirs, attire le public (20 000 personnes en 2008) et des grands noms du jazz pour un festival désormais réputé (www.nisville.com).

▶ **Les jours du Burek (9 au 11 septembre).** Le festival du produit le plus typique de Niš, le fameux *burek*. Goutez celui au fromage, à la viande, aux champignons, aux pomme de terre, etc. A ne pas manquer !

■ FORTERESSE (ТВРЂАВА)

Située sur la rive droite de la Nišava et dominant la ville, la forteresse turque a été construite entre 1719 et 1723, sur le site d'un ancien castrum romain puis d'un fort byzantin. Ce polygone s'étendait sur 22 ha et était défendu par quatre portes et trois bastions. On visite aujourd'hui les portes méridionales – Istanbul – et occidentale – Belgrade –, ainsi que de nombreux vestiges à l'intérieur. L'ensemble constitue le plus important fort médiéval de toute la Serbie, après celui de Kalemegdan à Belgrade. A côté de la porte d'Istanbul se trouve l'ancien arsenal datant de 1857 ; il fut construit par le sultan Abdul-Madžid à la fin de la guerre de Crimée, et servait d'entrepôt d'armes et de munitions à l'armée turque. On trouve aussi à l'intérieur de la forteresse le plus ancien monument ottoman, un hammam de 1498. Enfin, la mosquée Bali-Beg construite en 1521, avec une bibliothèque datant de la même époque. Rénovée dans les années 1970, elle accueille aujourd'hui la galerie Salon 77, qui expose les tableaux de Ljiljana Kostadinović. A côté de ces monuments ottomans, la forteresse conserve des vestiges de thermes et de villas romaines, ainsi que le monument aux libérateurs de Niš, érigé en 1878.

■ GORGES DE SIĆEVAČKA (СИЋЕВАЧКА КЛИСУРА)

Au départ de Niš, en direction de Pirot et Sofia, se trouve le défilé de Sićevačka. Sur une distance de 17 km, la rivière Nišava, celle qui traverse Niš, se fend un passage entre falaises rocheuses et montagnes. Si la route ne laisse que peu d'endroits pour s'y arrêter, ne manquez pas cette visite. D'autant que nous vous proposons de revenir vers Niš par un autre chemin, en boucle, par les gorges de Jelašnica. Pour ce faire, tourner à droite en direction de Golobac, 5 km après la fin des gorges (1er carrefour après les gorges). On monte vers les crêtes par une route en mauvais état, mais les paysages sont alors enchanteurs. La nature sauvage, la vue sur la chaîne de Suva Planina, tout concourt à vous transporter dans un autre monde. Vous pouvez également effectuer ce circuit dans l'autre sens. Pour ce faire, en tournant à droite vers Niška Banja en venant de Niš, tourner immédiatement de nouveau à gauche au panneau « Ploče ». C'est dans ces deux gorges que les agences de sport extrême de Niš vous proposent des sorties. On peut pratiquer plusieurs activités de montagne : du trekking sur des itinéraires balisés au-dessus des gorges de Jelašnica, du ski et de l'alpinisme sur le Trem et la Suva Planina. Des chalets de montagne sont disponibles pour 1 000 dinars la nuit au village de Donji Dušnik, desservi par des bus depuis Niš.

■ MEDIJANA (МЕДИЈАНА)

Bulevar Cara Konstantina bb
✆ +381 18 550 433
Ouvert du 1er avril au 31 octobre, du lundi au samedi de 9h à 16h, le dimanche de 10h à 14h.

Site archéologique sur la route vers Niška Banja (prendre le bus n° 1) qui témoigne de l'éclat de la Naissus romaine. Cette résidence d'été de l'empereur Constantin, qui y est né en 274, n'est plus aujourd'hui en très bon état, mais on peut encore y voir quelques vestiges intéressants : des fragments du péristyle du palais de Constantin, des mosaïques de pavement de quelques villas, un baptistère et des thermes ont ainsi gardé quelque chose de leur splendeur d'origine. Le musée attenant abrite quelques pièces de valeur, dont une collection de 16 statuettes qui, bien que partiellement abîmées, restent des représentations fidèles de divinités romaines comme Esculape, Bacchus ou Hercule.

■ MUSÉE ARCHÉOLOGIQUE ET D'HISTOIRE (НАРОДНИ МУЗЕЈ)
Generala Milojka Lešjanina 14
✆ +381 18 513 430
De 10h à 20h du mardi au dimanche
Dans un bâtiment du XIXe siècle sans étage, présentation du passé millénaire de Niš.

■ TOUR AUX CRÂNES (ЋЕЛЕ КУЛА)
Kralja Petra Prvog bb
(en revenant de Medijana vers le centre)
✆ +381 18 322 288
Ouvert de 8h à 20h, le lundi de 9h à 16h. Tarif 100 dinars.
Le monument emblématique de la ville, unique. Une petite chapelle a été construite en 1892 pour protéger ce qu'il reste de la tour aux Crânes. Le 31 mai 1809, le voïvode Stevan Sinđelić, à la tête de 3 000 soldats serbes, perd une bataille capitale contre 10 000 Turcs. Alors qu'un peu partout en Serbie, les soulèvements contre les Ottomans libèrent peu à peu le pays, Niš verra son occupation se prolonger de 68 ans. En guise d'exemple, le sultan ordonne à ses lieutenants de rapporter à Istanbul les têtes des commandants serbes. Sur place, 952 crânes sont empilés et ostensiblement disposés en étages, formant une tour de plusieurs mètres de hauteur. Dans l'Histoire serbe, le voïvode Sinđelić est devenu un héros de la résistance contre les Turcs et le site de la Čegra, où s'est déroulée la bataille, a été classé monument historique en 1983. Lors de sa visite dans le pays, en 1824, Lamartine a apposé au bas de la tour aux Crânes une plaque en l'honneur des combattants morts pour leur patrie où on peut lire : « Que les Serbes puissent préserver ce monument ! Il apprendra aux enfants dans les temps futurs quel fut le prix de la liberté pour leurs ancêtres et servira de constant rappel de la valeur de ce combat. »

Sports – Détente – Loisirs

Sports – Loisirs
Pour toutes ces activités, on peut se renseigner auprès de l'office du tourisme de la ville.

■ CLUB ALPIN DE NIŠ
75 Bulevar Dr Zorana Đinđića
✆ + 381 18 23 20 33
✆ +381 64 1 69 15 88
Free-climbing dans les gorges de Jelašnica, mais aussi murs d'entraînement au siège du club alpin de Niš, boulevard Dr.Zorana Đinđića 75.

■ CLUB KOSTIĆ
Čairska
✆ +381 18 246 253
Club de tennis.

■ CLUB RADNIČKI
Jadranska bb
✆ +381 18 575 737
Club de tennis.

■ GUSAR
Nišavska ✆ +381 18 515 151
Club de kayak.

■ PARAGLIDING CLUB DINAMIK
Ul. Jelke Radulovic 15
✆ +381 63 414 807 – +381 64 158 31 31
www.dinamik.rs
www.albatrosnis.org
marko.xc@gmail.com
Parapente au-dessus du village de Sićevo, à Koritnik et au-dessus de la station thermale de Niška Banja notamment.

■ PARAPENTE À VISEGRAD
Sićevo
Au-dessus du village de Sićevo, et à Koritnik, au-dessus de la station thermale de Niška Banja.

■ SAFARI CLUB
13 Sremska ✆ + 381 18 53 10 09
www.safari.rs
Safari en 4x4 et shooting-rallye. Rallye-photos organisé par le Safari Club de Niš chaque année en octobre.

■ VELO CLUB ŽELEZNIČAR MBN
13 Vožda Karađorđa
✆ +381 18 258 423

Hobbies – Activités artistiques

■ PAINTBALL CLUB « POGODAK »
Gradsko polje bb
✆ + 318 63 88 80 833

SERBIE ORIENTALE

Visites guidées

L'office de tourisme propose des visites guidées de 3 heure pour 40 €. La forteresse sera, bien sûr, un incontournable d'une balade à Niš. Le quartier devant elle est le centre ancien, même s'il n'en a pas toujours l'air. La place Kralja Milana qui lui fait face ouvre la rue Obrenovića de l'autre côté du boulevard Cara Dušana. C'est le cœur piéton de Niš. Dans son prolongement, la place Stevana Sremca et la rue pavée, Kopitaeva, qui lui fait suite sont les plus préservées. Sur la place, un ensemble en bronze représente deux hommes assis à une table de café. Le geste ample de l'un des deux signifie qu'il explique à son interlocuteur qu'il a tué un lapin de très grande taille. Cette sculpture plaît beaucoup aux Nichois. La petite rue Kopitaeva, derrière la sculpture, recèle les plus vieilles maisons de Niš et nombre de petites *kafana* anciennes.

■ ACE ADVENTURE
51/8 B. Krsmanovića
✆ +381 18 247 287 – +381 64 24 76 311
www.ace-adventurecentre.com
info@ace-adventurecentre.com
Centre de cyclotourisme et de randonnée d'aventure, œuvre un peu partout en Europe de l'Est. Son but est de promouvoir et d'instruire le public sur le cyclisme, la randonnée et le voyage responsable. On fait la promotion du cyclisme comme d'un moyen de transport et on encourage des individus aussi bien que les sociétés à soutenir l'aspect écologique et sain du cyclisme et de la randonnée. Site Internet en français.

Shopping

A l'entrée de la forteresse, deux boutiques ne manquent pas d'intérêt : l'Etno Gallery regorge d'objets artisanaux en bois et présente toujours une belle collection de kilims typiques de la région de Pirot ; la galerie Antik propose des objets plus précieux, comme des icônes ou des bibelots anciens.

Dans les environs

Sićevo (Сичево)
Sur la route de Pirot, à 12 km au sud de Niš, le village de Sićevo héberge une colonie de peintres un peu particulière. La mode a été lancée par Nadežda Petrović, depuis 90 ans, tous les étés, les plus fameux peintres du pays s'y réunissent. Ils installent leur matériel dans une vieille école de style Belle Epoque et s'affairent à leurs travaux en toute transpa-

rence. Expositions, conférences, ateliers de peinture sont ainsi organisés par ces maîtres du 6e art. Pour ne rien gâter, le village est situé dans le défilé de 17 km de longueur, les gorges de Šicevačka, ce qui favorise quelques belles occasions de promenade. Une ambiance vraiment détendue, dans un cadre agréable et en compagnie d'artistes de talent.

Niška Banja (Нишка Бања)
A 10 km sur la route de Pirot, une petite station thermale développée au XIXe siècle, à l'endroit où se trouvaient déjà des bains romains. Côté santé, on y traite les rhumatismes et les maladies cardio-vasculaires, avec une eau minérale riche en radon. Côté étape, c'est une halte dans un cadre agréable hors de la ville, car Niška Banja est à flanc de montagne et l'endroit, comme son parc ancien, est particulièrement romantique.

■ OFFICE DE TOURISME
Sinđelićeva 3 ✆ +381 18 548 588
www.nistourism.org.rs

■ STATION THERMALE NISKA BANJA
2 Srpskih Junaka
✆ +381 18 502 010
www.radonnb.co.rs – radonnb@eunet.rs
De 35 à 60 € en simple, de 30 à 50 € en double.
Le grand hôtel années 1970 de la station. Ancien donc, et pas vraiment agréable. Mais idéalement placé, au pied du grand parc. S'il est destiné aux curistes, vous avez accès à la grande piscine. Un nouveau centre spa et wellness a été ouvert et on peut y faire tous les massages possibles (au chocolat, au miel, etc.). Paiement en espèces seulement.

Cerje (Церје)
Les grottes de Cerjanska se trouvent à 14 km au nord de Niš, à 1,5 km au-dessus du petit village de Cerje. Formées dans une roche calcaire à 515 m au-dessus du niveau de la mer, leur système est lié à 3 sommets différents. L'ensemble du complexe de Cerjanska comprend deux grottes, une fosse et une fontaine. A l'intérieur, on observe stalactites, stalagmites, colonnes et rideaux de pierre... Mais la particularité de ces grottes, c'est qu'elles abritent aussi une forme plus rare de concrétion : les hélactites, appelées ici roses des grottes. Une excursion plaisante et dépaysante. Il vous faudra néanmoins passer par des guides que vous pourrez demander à l'office de tourisme de Niš, pour accéder aux grottes.

Niška Banja

STARA PLANINA (СТАРА ПЛАНИНА)

La montagne de Stara Planina (qui signifie « vieille montagne ») est visible depuis Niš. Longue de 90 km, la chaîne de Stara Planina représente la frontière naturelle avec la Bulgarie. C'est, disent les Serbes, la plus grande et la plus belle montagne de Serbie. Son sommet, Midžor, un des plus hauts du pays, culmine à 2 169 m et il est surnommé « le toit de le Serbie ». Habités depuis longtemps, vous traverserez des villages parmi les plus anciens de Serbie, et les plus rustiques, dans une zone malgré tout très peu habitée. Y figure une zone de protection naturelle, Babin Zub, à 1 750 m d'altitude. L'ensemble bénéficie d'un climat subalpin qui lui confère quantité de pâturages d'altitude. L'Etat a décidé d'inclure Stara Planina dans son plan de développement du tourisme et déjà, une station de ski a commencé à fonctionner à l'hiver 2008/2009. Pour le Nouvel An 2012, un hôtel 4 étoiles, Stara Planina, vient d'ouvrir ses portes.

▶ **Pour s'y rendre depuis Niš,** passer soit par Pirot en bifurquant vers le nord avant Pirot, soit par Knjaževac et la M25 au nord. Peu de routes pénètrent en profondeur dans le massif. La plus intéressante est sans doute celle qui conduit au sommet de Crni Vrh. Les infrastructures et le tourisme sont au début d'un grand bouleversement sur le massif, le tout autour de Crni Vrh. C'est l'un des plus beaux endroits de Stara Planina, à exactement 90 km de Niš. La route la plus étonnante pour s'y rendre part de Niš : depuis le centre-ville, prendre la M25 et la direction de Knjaževac/Zaječar (ou, depuis Belgrade, contourner Niš par l'autoroute en direction de Sofia puis sortir à Zaječar). Ensuite, toujours tout droit jusqu'à Svrljig. Dans le village, prendre à droite au feu en direction de Kalna (petit panneau bleu). A partir de ce point, la route, souvent en mauvais état, chemine sur de hauts plateaux magnifiques, avec toujours en point de mire la chaîne de Stara Planina. Après 10 km, vous traversez ensuite le hameau de Južni Izvor (qui signifie source du sud) :

Un fromage réputé

Sur le territoire de Stara planina et sur une partie de Suva planina, depuis plus de quinze ans, on produit un des fromages les plus connus non seulement dans tout le pays mais aussi à l'international : on l'appelle *Staroplaninski kačkavalj* ou *Pirotski kačkavalj*, c'était un des produits les plus exportés de Serbie, notamment à la Maison-Blanche dans les années 1960. Dans les pâturages de Stara planina, après la Seconde Guerre mondiale on comptait 500 000 moutons. Malheureusement à cause de son succès, il est de plus en plus cher et les Serbes aujourd'hui l'achètent de moins en moins, surtout parce que d'autres producteurs proposent des « copies » du *kačkavalj* peut-être moins bon mais sûrement moins cher.

KNJAŽEVAC (КЊАЖЕВАЦ)

■ **ASSOCIATION DES CHASSEURS KNJAŽEVAC**
Kej Veljka Vlahovića 19

■ **OFFICE DE TOURISME DE KNJAŽEVAC**
Knjaza Miloša 37
✆ +381 19 735 230
www.toknjazevac.org.rr
toknjazevac@open.telekom.rs
Ouvert toute l'année de 8h à 20h, le samedi 14h.
L'office du tourisme de la ville de Knjaževac vous renseigne notamment sur la Stara planina et Rgoška Banja. Elle propose l'hébergement chez l'habitant dans les villages sur les pentes de Crni Vrh, Ćuština, Balta Berilovac.

■ **OFFICE DE TOURISME DE STARA PLANINA**
Miloša Obilića 1 ✆ +381 19 731 110
www.jpstaraplanina.rs
Le site de l'organisation en charge du développement du tourisme sur la Stara Planina, en anglais, propose aussi une liste des adresse pour l'hébergement.

▶ **Autre adresse :** Ogranak Beograd, Zagrebačka 3, Belgrade ✆ +381 11 26 26 596.

JUŽNI IZVOR (ЈУЖНИ ИЗВОР)

Une halte dans ce hameau en passe de mourir est une expérience unique : c'est l'un des plus vieux villages de Serbie. La plupart des maisons sont encore en bois et torchis, souvent encore en bon état. L'impression que le temps s'est arrêté il y a deux siècles dans ce petit vallon est saisissante. Encore habité par quelques personnes âgées, Južni Izvor va mourir, et avec elle, ces maisons d'un autre temps, qui finiront par tomber si personne ne les préserve. 3 km après Južni Izvor, la route rejoint celle de Pirot, continuez en face vers Kalna. A Kalna, autre village qui sombre dans l'oubli, prenez à droite à la sortie vers Babin Zub. La montée vers le pic de Crni Vrh commence ici et dure 29 km. Suivez toujours Babin Zub, sur une route refaite et élargie.

CRNI VRH (ЦРНИ ВРХ)

Crni Vrh, le sommet noir, doit son nom au piton rocheux qui domine ce sommet, à 1 758 m. Il fait partie du massif de Stara Planina (vieille montagne), système géologique de la ceinture du massif carpato-balkanique, et cette très longue chaîne, 1 800 km², constitue la frontière serbo-bulgare. Arrivé à Crni Vrh, le point de vue sur les sommets environnants est magnifique : le Tri Čuke à 1 937 m, Srebrena Glava à 1 933 m ou bien encore le Midžor à 2 168 m. Une nature pleine de sommets, souvent arrondis et dénudés, qui émergent de forêts denses. La réserve naturelle, de 142 000 ha, témoigne d'une nature généreuse avec, par exemple, pour la flore, 1 190 espèces recensées, un record en Serbie. Les nombreuses randonnées possibles, réservent des points de vue lointains, y compris en Bulgarie toute proche. Et point besoin de se presser, car vous pouvez dormir à Babin Zub !

Se loger

Bien et pas cher

Au pied du rocher noir, Babin Zub, arrivée de la route, possède un hôtel et une maison de montagne. Avant que le complexe hôtelier de la station de ski ne voie le jour, ne ratez pas une nuit ici :

■ **HÔTEL BABIN ZUB**
✆ +381 19 731 780
Tarifs pour la pension complète : 1 750 dinars par personne en été, 2 300 en hiver ; appartements à partir de 2 100 dinars par personne.
Des chambres de 2 ou 3 lits dans un grand chalet de montagne construit en 2000, tout simple mais bien agréable, sauf les salles de bains, un peu limite. Les appartements, par

contre, avec leur terrasse et leur vue extra-ordinaire sont à recommander. Clim, minibar, grand salon, c'est simple mais confortable. L'ambiance familiale. Paiement Visa®.

■ CHEZ L'HABITANT
Les prix sont à peu près identiques et varient entre 10 et 15 euros par nuit et par personne donc ça ne vaut pas le coup de négocier. Possibilité de demi-pension.

▶ **Zdrma** ✆ +381 63 8101 113.

▶ **Rajačke Pivnice** ✆ +381 64 398 1604 – +381 19 432 363.

▶ **Vila Babin Zub** ✆ +381 64 124 9909.

▶ **Vila Bogdanović** ✆ +381 63 403 591.

▶ **Zvonko** ✆ +381 63 7563 266.

■ PLANINARSKI DOM
✆ +381 19 732 543
✆ +381 19 735 230
2 000 dinars par personne en demi-pension en hiver, à peu près le même prix en été pour la pension complète.
La maison de montagne, juste sous l'hôtel, est ce qu'elle est, un lieu rustique, pour adeptes de la montagne. Bien qu'entièrement rénovées, les 13 chambres sont restées simples mais propres. Elles possèdent toutes désormais une salle de bains privée. Restaurant et club. C'est l'occasion de goûter à l'esprit de la haute montagne, avec une belle ambiance et un accueil très agréable, surtout si l'on est étranger. Paiement en espèces seulement, évidemment... N'hésitez pas à passer par l'office du tourisme pour les réservations.

Luxe

⚡ HÔTEL STARA PLANINA****
Jabučko Ravnište
à 20 km du village de Kalna
✆ +381 11 2629 428
www.hotelstaraplanina.com
reservation@hotelstaraplanina.com
Tarifs attractifs en 2012 : à partir de 25 € la demi-pension, utilisation des sauna et hammam comprise.
Tout neuf tout beau ce 4-étoiles a ouvert ses portes pour le Nouvel An 2012. Les 146 chambres et suites modernes sont impeccables et offrent tout le confort nécessaire : coin bureau, mini-bar, TV LCD, téléphone,

Internet sans fil gratuit, coffre-fort, sèche-cheveux... 3 salles de conférences équipées, restaurant, centre de bien-être de 1 000 m² (piscine intérieure, sauna, hammam, bains hydromassage), aire de jeux, garage souterrain. Accès direct aux pistes grâce aux œufs, les premiers en Serbie, destinés à transférer les skieurs de l'hôtel au pic de Babin zub, sur 13 km, ce qui fait l'attraction de cet établissement. Location, service et dépôt de skis. Egalement une patinoire en plein air. Les animaux de compagnie ne sont pas acceptés.

Sports – Détente – Loisirs
Paradis de la marche, Stara Planina s'offre à tous, depuis le sommet de Crni Vrh, grâce à une dizaine de chemins de randonnées au départ de Babin Zub, de 7 à 19 km. Ne ratez pas celui montant à l'assaut du Miđor, à 2 168 m, le plus proche, à 2 km de l'hôtel. Sommet rond et dénudé, le chemin qui y mène n'est pas balisé, mais est parfaitement visible et n'exige aucune condition physique particulière. Au sommet, c'est la Bulgarie. Les autres, en forêt, sont bien balisés nous a-t-on assuré. Dans tous les cas, vous pouvez acheter la carte détaillée au 1/50 000e de la réserve naturelle de Stara Planina, où figurent en pointillés rouges les chemins, à l'office de tourisme de Niš, pour 200 dinars. Les départs des chemins sont indiqués à 150 m de l'hôtel.

■ STATION DE SKI
✆ +381 19 730 911
✆ +381 19 730 912
www.skijanje.rs, www.skijalistasrbije.rs
Konjarnik est relié aujourd'hui à Sunčana Dolina, et Markova Livada. Ce centre de ski est équipé de canons à neige artificielle pour palier à un éventuel manque de neige. Les pistes sont éclairé la nuit. Village le plus proche : Kalna 20 km.
Première étape du plan d'aménagement de Stara Planina, la station de ski de Konjarnik (tourner à gauche 2 km avant le sommet) est sortie de terre à l'automne 2008, avant la construction d'un complexe hôtelier en cours de construction. 3 belles pistes, d'un dénivelé de 340 m et de 1 150 m pour la plus longue. Un télésiège et deux remonte-pentes assurent le service. Forfait 700 dinars/j et 3 500 dinars les 7 jours.

Retrouvez l'index général en fin de guide

SERBIE ORIENTALE

KURŠUMLIJA (КУРШУМЛИЈА)

Kuršumlija, ville d'Histoire et de nature, représente bien ces gros bourgs de Serbie, entourés d'une nature intacte. Les riches forêts et les nombreuses sources d'eau qui l'environnent ont permis de développer un tourisme vert et thermal. Kuršumlija est entourée de deux merveilles touristiques : le Bryce Canyon serbe qu'est Đavolja Varoš, et le site romain de Caričin Grad. Enfin, dernière étape avant le Kosovo, Kuršumlija distille une atmosphère de bout du monde, que ses infrastructures obsolètes, sinon en ruines, ne font que confirmer. Paradoxalement, c'est pour cette raison et avec les sites naturels qui l'entourent, que Kuršumlja saura vous séduire.

Transports

En voiture : Kursumlija est la dernière étape avant le Kosovo depuis le sud de la Serbie, distante de 52 km de Priština, la capitale du Kosovo. En venant de Belgrade, préférez la route qui passe par Kruševac, à la fois plus courte et moins encombrée que celle qui passe par Niš.

■ COMPAGNIE LASTA
✆ +381 27 381 038

■ COMPAGNIE NIS-EKSPRESS
✆ +381 27 381 645

■ GARE FERROVIAIRE
✆ 027 381 158

■ GARE ROUTIÈRE
Nemanjina 1

▶ **Belgrade.** 5h, 9h, 10h50, 14h30, 16h35. 1 300 dinars via Niš, 1 450 via Kruševac.

▶ **Niš.** 25 bus par jour. 480 dinars.

Pratique

Tourisme – Culture

■ OFFICE DU TOURISME
15 Palih Boraca ✆ 027 380 963
www.tokursumlija.rs
tokursumlija@open.telekom.rs
to.kursumlija027@gmail.com

Argent

■ BANQUE – KOMERCIALNA BANKA (КОМЕРЦИЈАЛНА БАНКА)
Proleterskih Brigada bb
✆ +381 27 380 820
Ouverte de 8h à 16h du lundi au vendredi.

Moyens de communication

■ POSTE CENTRALE
Kosovska 2
✆ +381 27 381 473
Ouverte de 7h à 19h du lundi au vendredi. De 8h à 15h le samedi. Western Union.

Santé – Urgences

■ DISPENSAIRE – DOM ZDRAVLJA
1 Dr Melgarda bb
✆ +381 27 381 222 – +381 27 381 335
Ouvert jour et nuit.

■ PHARMACIE ZDRAVLJE
Palih Boraca 2 ✆ +381 27 381 683
Ouverte de 7h à 20h 7j/7.

Adresse utile

■ POSTE DE POLICE
✆ +381 27 380 200

Se loger

■ AUBERGE STARA VRBA
✆ +381 27 381 538 – +381 63 77 99 676
✆ +381 64 670 33 00
Hameau de Pepelevac,
sur la route principale
Un petit motel de bord de route, tout simple mais pas désagréable, surtout pour le prix : 1 200 dinars par personne (sans petit déjeuner).
A un tel prix, c'est forcément un bon plan, d'autant qu'il n'y a rien à dire contre les chambres. Spécialité de la maison : méchoui de mouton ou mouton à la broche.

■ MOTEL RADO
Kastrat, à 4 km, sur la route de Priština
✆ +381 27 381 119
Nuit avec petit déjeuner 1 800 dinars en simple, 2 000 pour deux.
C'est un motel récent, de 1998. Chambres tout à fait correctes, restaurant à l'avenant et une terrasse avec une vue agréable. Sans âme cependant.

■ MOTEL RUDARE
✆ +381 27 387 111
A Rudare, à 8 km sur la route
de Djavola Varos vers Priština
1 600 dinars par personne.
Au bord de la route principale, un motel classique sans charme particulier.

Sortir

■ LES NUITS DU GOUSLE

S'organise fréquemment dans toute la ville, ce rassemblement réunit les meilleurs musiciens et chanteurs du pays.

Le *gousle* est un instrument à cordes et à archet, apparenté aux vièles. Il comporte une caisse de résonance ronde en bois, évidée et recouverte d'une table d'harmonie en peau de mouton ou d'âne ; il possède une ou deux cordes en crin de cheval fixée en haut du manche. L'instrument se joue en position verticale en Serbie, au Monténégro et en Bosnie.

À voir – À faire

■ ÉGLISE SVETE TROJICE
(ЦРКВА СВЕТЕ ТРОЈИЦЕ)

Reconstruite il y a quelques années, cette petite église tout de blanc vêtue est richement décorée à l'intérieur : fresques, icônes et grande iconostase aux couleurs vives.

Dans les environs

Đavolja Varoš (Ђавоља Варош)

A 23 km au sud-est de Kuršumlija, on pourra observer un phénomène géologique étonnant. Dans le massif de Radan, près du sommet culminant à 1 409 m, 200 figures de pierres hautes de 20 m se dressent vers le ciel. Un site exceptionnel et un exemple de formation géologique très rare dans le monde, Đavolja Varoš (la « ville du Diable ») est enfin reconnu comme tel. En 2002, la Serbie a demandé son inscription sur la liste du patrimoine mondial de l'Unesco. En 2007, le site a été retenu pour la désignation des sept nouvelles merveilles du monde ; lors de cette élection, il est arrivé en 27e position. De couleur rouge-ocre, surmontées de disques noirs, ces sculptures de pierre font penser à des cheminées que l'homme aurait sculptées dans la pierre. De plus, elles changent de couleur à chaque période de la journée, et c'est toujours un ravissement que d'observer leurs multiples métamorphoses. La nuit, elles sont encore plus magnifiques grace à un système d'éclairage des plus modernes. Entourées d'un paysage lunaire et d'une végétation quasi désertique, ces sculptures naturelles surprennent dans une nature par ailleurs très verte et touffue. Plusieurs légendes entourent le phénomène géologique de ce site. L'une des plus répandues veut que les pyramides de terre

Đavolja Varoš.

représentent une punition divine ; les formations elles-mêmes proviendraient des invités d'un mariage, pétrifiés. Cet endroit unique en Europe est resté pendant longtemps seulement connu de quelques spécialistes et des gens du cru ; aujourd'hui, cela change, et les tentatives de la municipalité pour le faire connaître à travers le monde, ont réussi. Et tout a changé ! Si personne ne venait jusqu'ici avant, ils ont été plus de 40 000 à visiter le site en 2011 ! Et si vous n'avez pas de voiture, un nombre croissant d'agences à Belgrade proposent le site dans leurs circuits. Enfin, pour en avoir une idée, visitez le site www.djavoljavaros. com ou vous pouvez également réserver un guide en anglais. Entrée : 300 dinars.

▶ **Orientation.** Pour le trouver, à 15 km au sud de Kuršumlija, sur la route du Kosovo, au hameau de Rača, un petit panneau indique Đavolja Varoš. Il vous reste alors 9 km à parcourir sur une petite route récemment refaite. Au bout, un parking goudronné vous attend. Continuez à pied.

■ PROLOM BANJA

✆ +381 27 88 111
Fax : +381 27 88 092
www.prolombanja.com
info@prolombanja.com
De 2500 Dinars par personne et par nuit jusqu'à 3500 selon la formule choisie.

SERBIE ORIENTALE

La marque Prolom est aussi connue en Serbie que la marque Evian ou Vittel en France. Et pour cause : on trouve ses bouteilles d'eau partout dans tout le pays parce qu'elle est réputée la meilleure à cause de son goût plus édulcoré que les autres et surtout à cause de sa faible teneur en minéraux. Son pH à 8.8 lui confère des propriétés diurétiques certifiées à l'international. Ce pourquoi, il est plus astucieux de s'héberger ici plutôt qu'ailleurs dans la région d'autant plus que l'offre n'est pas extraordinaire. Donc profitez bien de cette chaude source naturelle d'oligoéléments pour vous revitaliser car tous les traitements sont multiples. Côté nourriture il y a « Etno krčma » qui propose une cuisine traditionnelle ou bien le restaurant de l'hôtel un peu plus classique.

Cariĉin Grad (Царичин Град)

Depuis Kuršumlija et Đavolja Varoš, continuez jusqu'à Dobra Voda puis prenez le chemin de Lebane et, avant Prekopčelica, dirigez-vous vers Novo Selo. Depuis Leskovac, tournez à droite après Lebane, puis à droite au village de Prekopčelica (le panneau est peu visible), le site est alors à 8 km. Aucune infrastructure n'accueille les visiteurs. Le site de Cariĉin Grad est une ville romaine que l'on exhume depuis le début du XXe siècle et qui offre un aperçu assez complet de l'urbanisme d'une cité romaine située sur les confins militaires. Les ruines visibles sur la colline de Cariĉin Grad, qui signifie « ville de l'empresse », appartiennent à une cité que certains auteurs ont identifié comme étant l'ancienne Justiniana Prima. Le sommet de la colline fut en fait occupé dès le IIIe siècle de notre ère, mais la ville atteignit son extension maximale à l'époque byzantine et jusqu'au VIe siècle. La ville fut fondée par l'empereur Justin Ier qui voulait en faire une grande ville et le centre administratif et spirituel de l'Ouest illyrien. Mais peu après la mort de Justin en 565, les premières tribus slaves envahissent le site qui finit abandonné au début du VIIe siècle. Bâtie sur une colline dressée au confluent de deux petites rivières, la cité proprement dite se composait d'une ville haute enfermée dans une enceinte polygonale renforcée par six tours. Les fouilles longues mais sporadiques expliquent l'impression d'inachevé que nous laisse la visite du site. A l'heure actuelle, quelques éléments importants ont été tout de même dégagés de l'ancienne ville romaine et byzantine. La voie principale, bordée de portiques formés de piliers maçonnés en briques, a été bien restaurée. De même que les thermes byzantins, faits de petits empilements de pilettes carrées en briques supportant le plancher des salles chaudes. Egalement les restes de l'une des premières églises, datée du Ve siècle de notre ère, et surtout les murs et quelques mosaïques d'une basilique qui a dû être imposante, si on en croit les plans retrouvés. On en a dégagé une crypte construite en assises alternées de pierres et de briques, et couverte par des voûtes bien restaurées. Après la difficile période des années 1990, une équipe française d'archéologie a repris les travaux et le site est étudié de près. L'office de tourisme de Leskovac pourra vous fournir une brochure en français pointue et complète faisant état des dernières connaissances sur ce beau site, en pleine nature sur un plateau herbeux.

La tour
de l'horloge
de Pristina.

© TOM HARPER - FOTOLIA

Kosovo

Géographie

Le Kosovo est petit – 10 877 km² – et ceint entièrement de montagnes, les Alpes albanaises au sud-ouest, le Šar et le Karadak au sud, Kopaonik au nord ou encore Beleg au nord-ouest. La plus haute montagne est Đeravica qui culmine à 2 656 m. Ces montagnes sont l'attrait principal du Kosovo, de par leur diversité en toute saison et leur nature très sauvage. 57 % de leur surface est couverte de forêts. Elles sont souvent parcourues de torrents et cascades. Au milieu, deux grandes plaines fertiles. A l'est, la plaine du Kosovo. A l'ouest, la plaine, dite de Metohija en serbe ou de Dukagjin en albanais, et qui correspond au bassin supérieur du Drin blanc, la plus longue rivière du Kosovo (122 km). C'est de cette plaine que vient le nom complet de la région pour les Serbes : Kosovo i Metohija ou Kosmet sous sa forme contractée. A cela une raison, Metohija est un nom serbe, d'origine grec, signifiant les « terres du monastère ». A noter, pour finir, que le Kosovo se dit Kosova en albanais, mais c'est bien le terme Kosovo qui s'est imposé au fil du temps.

Histoire

L'Histoire du Kosovo est à l'image des Balkans : complexe et riche. S'ajoute depuis le dernier conflit, une lutte entre nationalismes serbe et albanais, chacun revendiquant l'antériorité sur cette terre. Ainsi, l'histoire du Kosovo, même et surtout la plus ancienne, est un sujet hautement politique. Les Slaves sont arrivés autour des VIe et VIIe siècles, notamment lors d'une première traversée en 547. La première trace des Albanais au Kosovo, du moins sous ce nom, remonte au IIe siècle. Mais, et c'est là tout l'enjeu actuel, les Albanais se revendiquent descendants des Illyriens qui peuplaient les Balkans à l'Antiquité. Si cette théorie est possible, rendant les Albanais seul peuple autochtone de la péninsule, elle manque de preuves, car on sait encore très peu de choses sur les Illyriens et notamment rien sur leur langue. Elle repose sur l'idée que les Albanais descendent des Pélasges, une tribu illyrienne antérieure aux Grecs. Rapidement après l'arrivée des premiers Serbes, le Kosovo alterne entre domination bulgare et byzantine. Mais c'est vers 1160, avec l'apparition de la dynastie des Nemanjić, que les Serbes étendent petit à petit leur domination sur la province depuis la région voisine de Rascie, l'actuelle Novi Pazar. Dès cette époque, et notamment sous le règne de Milutin, de nombreux monastères sont construits au Kosovo. Le patriarcat de l'église orthodoxe serbe est transféré à Peć en 1346. Mais c'est déjà le chant du cygne. En 1371, les Turcs battent les Serbes à la bataille de la Marica et, en 1389, c'est la bataille du Champ des merles, dans la plaine du Kosovo. Une bataille devenue mythe dans l'histoire serbe. Suit une longue période au cours de laquelle différents despotes serbes règnent sur le Kosovo en faisant allégeance aux Ottomans, puis ceux-ci prennent le contrôle total de la province.

Avertissement

Le Kosovo est toujours très présent dans l'actualité. Le conflit de 1998-1999 entre la guérilla albanaise et les armées de Milošević avait abouti à la création d'un protectorat des Nations unies en juin 1999. L'indépendance proclamée par le parlement kosovar le 17 février 2008 a provoqué l'ire de Belgrade et Belgrade et Priština se battent depuis sur la scène internationale pour l'acceptation et le refus de la proclamation de l'indépendance. Si sur le terrain, la situation est restée calme, la nouvelle donne a quelques conséquences pour les étrangers. En premier lieu, si vous passez par la Serbie et y retournez ensuite. Le Kosovo, en effet, appose désormais ses tampons sur les passeports. Si vous repassez par la Serbie en sortant du Kosovo, il est vivement recommandé de refuser, tant que faire se peut, ces fameux tampons. Les tampons étaient longtemps barrés à la frontière, la Serbie n'ayant, évidemment, pas reconnu le Kosovo et des négociations ont commencé fin 2011 qui pourraient changer la situation. En tant que citoyens de l'UE, on n'a normalement pas de problèmes ni pour entrer ni pour sortir du Kosovo. Le meilleur serait de se renseigner avant le voyage auprès de l'ambassade vu que la situation a tendance à regulièrement changer.

Après l'échec des Ottomans devant Vienne en 1683, les Autrichiens font route au sud. Mais les Ottomans, réorganisés, battent une coalition serbo-autrichienne à Kaćanik en 1690. La répression contre les chrétiens sera féroce. C'est le grand exode des Serbes. Le siècle suivant sera celui des guerres incessantes. La déliquescence du patriarcat orthodoxe de Peć et sa suppression en 1766 par la Sublime Porte marque une islamisation du Kosovo. Il faut attendre 1878 pour retrouver une Serbie délivrée du joug ottoman, qui, cependant, continue de contrôler le Kosovo. Cette même année, les Albanais créent un mouvement indépendantiste pour s'affranchir de la domination ottomane. Ce sera la ligue de Prizren.

Ce sont les guerres balkaniques de 1912 et 1913 qui marquent le retour du Kosovo dans le giron serbe, cinq siècles après l'empire médiéval. A cette époque, les Albanais sont déjà majoritaires au Kosovo. En 1945, la création de la Yougoslavie communiste fait du Kosovo, une province autonome de Serbie. Autonomie que Milošević lui retire en 1989, de manière anticonstitutionnelle. Au printemps 1999, l'intervention de l'Otan, destinée à expulser l'armée serbe du Kosovo, où les uns et les autres se sont livrés à des exactions, se solde par le vote de la résolution 1244 du Conseil de sécurité des Nations unies. Depuis, le Kosovo sera administré par la Minuk, Mission intérimaire des Nations unies au Kosovo, puis remplacer par Eulex (mission civile dirigée par l'Union européenne) mise en place en décembre 2008, suite à l'auto proclamation de l'indépendance du Kosovo en février de la même année. Le Kosovo célèbre le 17 février 2010 le deuxième anniversaire de demi-indépendance. Demi car une bonne partie de la communauté internationale n'a toujours pas reconnu cette province serbe comme indépendante de Belgrade bien que l'avis de la Cour internationale de Justice (CIJ) fut clair : l'indépendance du Kosovo, déclaré unilatéralement en février 2008, « ne viole aucune règle applicable au droit international ». Suite aux différentes arrestations d'anciens combattants albanais de l'UCK, le soutien de la communauté internationale à l'égard de Pristina ralentit. La situation évolue le 2 décembre 2011 puisqu'un accord sous l'égide de l'Union européenne (UE), sur la gestion intégrée des postes frontières et la liberté de circulation entre les deux pays fut conlcut. La Serbie souhaitant obtenir le statut de candidat à l'adhésion à l'Union européenne fut contraint à de sérieux compromis. Reste à ce que les accords soient respectés par les deux parties.

Population

Les Albanais constituent aujourd'hui l'écrasante majorité (90 %) des 2 millions d'habitants de la province. A noter que le dernier recensement fiable date de 1981 où la population albanaise constituait 77 %, les chiffres sont toujours des estimations. Les Serbes seraient encore 100 000, soit 7 %. Ils sont installés surtout au nord, dans les régions de Mitrovica Nord, Zvečan, Leposavić et Zubin Potok, puis dans des enclaves dont les principales sont Gračanica, Štrpce ou Uroševac par exemple. Viennent ensuite les Roms, moins nombreux désormais, ayant dû fuir la province depuis 1999, puis les Ashkali (Tziganes de langue albanaise), des Monténégrins, Turcs, Croates, Bosniaques et Gorani (musulmans d'origine bulgare parlant un dialecte serbe).

Religion

Comme pour sa population, le Kosovo est une mosaïque religieuse. Les Albanais sont musulmans à plus de 90 %, et il existe chez eux 3 % de catholiques. Les Serbes sont orthodoxes et les Croates catholiques. Le protestantisme fait une timide apparition au Kosovo.

PRISHTINË – PRIŠTINA (ПРИШТИНА)

La capitale du Kosovo a grandi rapidement au lendemain de la Seconde Guerre mondiale, quand Tito décida d'en faire le chef-lieu du Kosovo. Aujourd'hui, la ville est donc un mélange un peu disparate d'anciennes maisons de village, de beaucoup d'immeubles gris et d'une considerable quantite de nouveaux immeubles construits à toute vitesse. L'anarchie des dernières années n'a pas contribué à un développement urbanistique harmonieux. On estime sa population actuelle à 300 000 habitants.

▶ **La langue.** Serbes et Albanais parlent chacun leur langue. Si vous ne maîtrisez ni l'une ni l'autre, l'anglais vous sera d'un certain secours dans les grandes villes seulement, voire le français quelquefois. Si vous avez des notions d'albanais, peu de Serbes vous comprendront. A l'inverse, si vous avez des notions de serbe, tous les Albanais de plus de 30 ans vous comprendront. La rumeur selon laquelle il est dangereux de parler serbe au Kosovo est largement obsolète. A l'exception de certaines zones, comme la vallée de la Drenica, vous pourrez parfaitement parler serbe avec votre interlocuteur albanais, en ayant la politesse de le lui demander.

Les noms de lieu. Nous utiliserons ici les formes serbes et albanaises des lieux, quand celles-ci diffèrent. Il sera toujours préférable de nommer une ville dans la langue de votre interlocuteur. Le nom de la localité sera d'abord en albanais, puis en serbe.

Transports

Comment y aller et en partir

Un passeport en cours de validité est nécessaire. Si vous venez en voiture, vous devrez souscrire une assurance obligatoire. En effet, votre carte verte n'est pas reconnue. Attention, si vous entrez au Kosovo par la Macédoine ou le Monténégro, vous ne pourrez entrer en Serbie ensuite. Dans tous les cas, vous serez refoulés. Cette règle étrange, provenant de la Serbie, impose d'être d'abord passé par la Serbie pour y retourner. Concrètement, si vous êtes entrés au Kosovo par la Macédoine, vous devrez y retourner puis vous rendre à la frontière entre la Macédoine et la Serbie dans le cas où vous vous rendez en Serbie. Des négociations entre Belgrade et Pristina sont en cours et il est possible que la situation ait changé lors de votre voyage. Le mieux serait de consulter directement l'ambassade à Pristina ou Belgrade. Deux routes majeures se croisent ici. Venant de Serbie, le meilleur chemin consiste en l'autoroute de Niš, puis en direction de la Macédoine, que l'on peut quitter pour rejoindre Merdare et descendre sur Prishtinë/Priština. Venant de Skopje, en Macédoine, c'est l'autre axe majeur. Le stationnement est payant dans le centre (auprès d'agents) et surtout, il est difficile de se garer. De plus, la fourrière est très efficace... Point d'accès :

▶ **À partir de la Serbie :** Merdare, Dheu i Bardhë, Muqibaba, Jarinje, Gazivoda

▶ **À partir de la Macédoine :** Hani i Elezit and Glloboçica

▶ **À partir du Monténégro :** Gryka e Çakorit and Zhlebi

▶ **À partir de l'Albanie :** Vërmica, Morina and Qafë Prushi

■ ADIO TOURS

15-19 Gravila principa ✆ +381 11 328 8707
Effectue deux allers-retours quotidiens vers Priština et le monastère Gračanica (compter 2 100 dinars l'A/R), puis jusqu'à Prizren (2 650 dinars l'A/R). Les billets s'achètent à leur bureau.

■ AÉROPORT

À 18 km du centre ✆ +381 38 5958 123
www.airportpristina.com

Éviter les plaques BG...

Si vous avez loué une voiture en Serbie, particulièrement si celle-ci est immatriculée à Belgrade (« BG »), cela peut vous poser des problèmes dans certaines régions, particulièrement à l'ouest. Le risque de vous la faire caillasser n'est pas exclu. Dans l'absolu, évitez, d'autant qu'il est facile d'en louer sur place.

Aucun vol direct vers ou en provenance de France, mais beaucoup depuis la Suisse, la Hongrie, l'Angleterre, la Slovénie, l'Allemagne ou l'Autriche. Une compagnie nationale : la Kosova airlines. De l'aéroport :

▶ **En taxi.** Près de 20 minutes et normalement 25 €.

▶ **En bus.** Des départs sont prévus à 9h, 11h, 13h, 15h, 17h et 18h pour 3 €. On achète le billet directement dans le bus. Station en ville – le Grand Hôtel.

■ EUROPCAR/SHKODRA

Lagjia e Emshirit p.n., Aéroport
Emerald Hôtel ✆ +381 38 541 401
www.europcar-ks.com
info@europcar-ks.com
Les voitures se prennent à l'hôtel ou à l'aéroport.

■ GARE FUSHE KOSOVE

7 km à l'ouest du centre
www.kosovorailway.com
Pour aller au boulevard Bill Clinton, prendre le mini-bus n° 1 qui part toutes les 5-10 minutes, prix du billet 0,4 €.

■ GARE ROUTIÈRE

À 2 km du centre, sur la rocade nord/sud
✆ +381 38 550 011
Toutes les heures au minimum, vous aurez un bus, ou un minibus pour la totalité des villes et même des gros villages du Kosovo. Le prix moyen est de 5 €. Devant la gare, des minibus pour Mitrovica (sud) à 1,50 €. Pour se rendre à Belgrade, la compagnie Adio Tours, à Belgrade et Priština propose un bus quotidien. Ici, il part aux environs de 11h et 23h. ✆ (038) 226 643. Leur bureau (discret) est sur le boulevard Bill-Clinton. Des minibus également font la navette Belgrade-Gračanica, via Priština. Un plus grand nombre de bus part à partir de Mitrovica nord vers le reste de la Serbie.

■ KOSOVA AIRLINES

✆ +381 38 220 220
www.kosovaairlines.com

Se déplacer

Les taxis sont innombrables mais pas si économiques. Le premier kilomètre est à 1,5 € et le prix augmente considérablement par la suite. Le mieux serait d'essayer de négocier ou de voir avec le chauffeur le prix approximatif du trajet. Compter 3 € une course dans le centre.

Pratique

▶ **Électricité.** La situation énergétique du Kosovo est catastrophique. Des coupures de plusieurs heures par jour sont la norme. L'eau est également encore souvent coupée la nuit.

■ COMMISSARIAT DE POLICE
1 rue Luan Haradinaj,
à deux pas du siège de la Minuk
✆ 92 – +381 38 549 956 – 112

■ FORCES FRANÇAISES DE LA KFOR
✆ +381 23 831 25 – +389 2268 2150
www.nato.int/kfor – cpo@hq.kfor.nato.int
Pour les informations de sécurité.

■ URGENCES
✆ 94 – +381 38 500 600

Tourisme – Culture

Le climat est semi-continental, il est comparable à celui de la Serbie. La totalité du territoire peut être enneigée en hiver.

■ ALTAVIA TRAVEL
Rue Luan Haradinaj ✆ +381 38 543 543
www.altaviatravel.com
info@altaviatravel.com

Représentations – Présence française

■ AMBASSADE DE FRANCE À PRISTINA
Rue Ismail Quemajli 67, quartier de Dragodan
✆ +381 38 22 45 88 00
www.ambafrance-kosovo.org
admin-etrangers.pristina-amba@diploma-tie.gouv.fr

Argent

L'euro partout, mais également le dinar dans les enclaves et zones serbes au nord. A noter qu'il n'y a pas de commission internationale pour vos retraits d'argent dans les distributeurs. Mais ça ne devrait pas durer…

▶ **Budget.** 50 € par jour seront suffisants, à condition de ne pas dormir dans les meilleurs hôtels à Prishtinë/Priština.

▶ **Banque.** Un distributeur Visa® est en façade de l'Hôtel Grand.

Moyens de communication

▶ **Téléphone.** Cela changera forcément, mais pour l'instant, l'indicatif international est le 381 de Serbie. L'indicatif local est le 038 dans

---

Faire – Ne pas faire

Le Kosovo n'est certes pas pour l'heure une région axée sur le tourisme. Pourtant, ses 10 877 km² sont essentiellement montagneux, intéressants à tout point de vue, des paysages au patrimoine culturel. Mais, avant d'être parmi les précurseurs qui visiteront la province, quelques précisions sont nécessaires.

La sécurité

Contrairement à une opinion largement répandue, vous ne courez pas de risques importants au Kosovo. La KFOR et Eulex, la force de maintien de la paix de l'Union européenne est omniprésente et restera encore plusieurs années, même si le Kosovo est désormais indépendant. Si vous circulez en voiture, il peut arriver que des check-points, des barrages militaires, soient dressés sur les routes. Il vous suffit de prendre votre mal en patience. Enfin, le ministère français des Affaires étrangères vous invite à la prudence, particulièrement dans les zones à mixité ethnique, et au Nord, majoritairement serbe. La reconnaissance du Kosovo par la France, traditionnelle alliée, y a été très mal vécue. Il n'y a pas lieu de s'alarmer d'une telle position, même si la France déconseille de se rendre au Nord (Mitrovica). Pour autant, nous vous conseillons la plus grande discrétion dans cette zone, tout comme d'éviter impérativement les manifestations politiques.

Les mines

Si 90 % des mines ont été éradiquées, les 10 % qui restent se trouvent dans la région de Dragash/Dragaš, Pejë/Peć et Gjakovë/Đakovica. Ne sortez pas des chemins dans ces régions de l'ouest du Kosovo.

la capitale et 029 à l'ouest. Les téléphones mobiles français fonctionnent parfaitement au Kosovo.

▶ **Cybercafés.** Assez nombreux. Dans le centre, sur les grands boulevards et près des institutions internationales. Entre 0,50 et 1 € de l'heure.

Santé – Urgences

L'efficacité des structures de santé est douteuse, c'est un euphémisme, même au CHU de Priština. On peut vous y administrer des médicaments périmés. En outre, évitez de boire l'eau du robinet. Une épidémie de méningite en 2006 aurait eu pour origine le réseau de distribution.

■ **EUROMED CLINIQUE**
158 Nene Tereze ✆ + 381 38 534 072

■ **MINE ACTION CENTER**
✆ +381 38 504 604 – +381 38 504 5350
www.mineaction.org

Se loger

Il y a des hôtels dans les grandes villes et surtout, de nombreux motels sur les grands axes, depuis peu. Il n'est donc pas difficile de dormir au Kosovo. Les tarifs, par contre, ne sont pas toujours économiques.

■ **HÔTEL GRAND**
Bulevardi Nëna Terezë ✆ +381 38 220 210
www.grandhotel-pr.com
reception@grandhotel-pr.com
70 € en simple, 100 € en double.
Le grand hôtel du centre-ville, immanquable. Cette grande tour est le centre névralgique de la vie politique de Prishtinë. Les chambres ont été refaites et sont désormais tout à fait acceptables. Les salons ont encore ce goût de la Yougoslavie, tout comme l'ambiance d'ailleurs. Garage. Paiement toutes cartes.

■ **HÔTEL PRISHTINA**
Vaso Pasha 20 ✆ +381 38 223 284
www.hotelprishtina.com
reservations@hotelprishtina.com
Chambre simple 81 €, double 100 €. Petit déjeuner et accès Internet inclus. Un immeuble neuf, à 300 m du centre.
Les vitres fumées ne laissent pas présager d'un intérieur cossu. Mais les parties communes, légèrement ostentatoires, font place à des chambres finalement quelconques. Le Prishtina est caractéristique de la nouvelle offre au Kosovo. Paiement Visa® ou Master (+ 4 %).

Se restaurer

La présence de milliers de fonctionnaires internationaux a changé la donne. De nombreux restaurants ont ouvert, rivalisant d'originalité et de recherche dans leur design, souvent réussi. Dans l'assiette également, de bonnes surprises ici.

Bien et pas cher

■ **HOME**
A côté de l'OSCE
✆ +381 44 336 336
Brunch à 10 €.
Une petite maison ancienne pour une cuisine internationale, mais plus originale que le label ne le laisse supposer.

Bonnes tables

■ **PANDORA**
Zagrebi 19
✆ + 377 44 18 25 58
Ouvert de 12h à minuit.
Restaurant situé en haut du premier gratte-ciel de Pristina, il permet une assez bonne vue sur la ville et il dispose bien sûr d'un bar qui tourne sur lui-même, mode de la région.

■ **PANEVINO'S**
Fehmi Agani 10 ✆ +381 44 177 899
Un beau restaurant italien qui cible une cuisine de qualité.

■ **PISHAT**
Rue Qamil Hoxha
De belles viandes grillées, dans une maison avec une terrasse, très agréable.

■ **RENAISSANCE**
George Bush ✆ +377 44 11 87 96
Ouvert de 11h à 23h.
Au fin fond d'une petite allée, derrière une lourde porte en bois. Pour 15 € on peut prendre une entrée, un plat principal et un dessert et faire un voyage complet à travers la cuisine des Balkans.

■ **TE KOMITETI**
5 Qamil Hoxha ✆ +381 38 24 96 63
Un décor ultra-moderne pour une cuisine moderne et intéressante, elle aussi.

Sortir

■ **CINEMA ABC**
Dans le centre, rue Rexhep Luci 1
www.kinoabc.info
S'y déroule la semaine du cinéma français.

À voir – À faire

■ BIBLIOTEKA KOMBËTARE

Bulevar Nëna Terezë
La bibliothèque de l'université, à voir pour son style unique, impossible à décrire, entre Orient et réalisme socialiste.

■ HAMAMI I MADH

Le grand hammam
Rue Illir Konusheci
Construit en 1470, il forme des bains symétriques, l'un pour les hommes, l'autre pour les femmes. L'ensemble comporte 15 dômes. Il est fermé aux visiteurs pour l'instant.

■ KULLA E SAHATIT (TOUR DE L'HORLOGE)

Rue Ilfet Humolli
Construite au XIXᵉ siècle, indispensable à l'époque, comme dans tout l'empire ottoman, elle fait 26 m de hauteur.

■ MOSQUÉE IMPÉRIALE

Connue aussi sous le nom du sultan qui l'a fait construire, Mehmet Fatiha, la mosquée impériale est la plus grande mosquée du centre-ville. L'inscription au-dessus de la porte d'entrée indique qu'elle a été édifiée en l'an 865 de l'hégire, soit en 1461 de notre ère. Ce qui veut dire que la mosquée impériale a été érigée 8 ans après la chute de Constantinople, au moment où les éléments architecturaux de la mosquée Aga Sofia de la nouvelle Istanbul étaient copiés un peu partout dans le monde musulman. Ici, cela donne une architecture de type ottoman prussien, caractéristique des constructions musulmanes dans la région : un bâtiment d'un étage surmonté d'une coupole. La mosquée impériale de Prishtinë est assez représentative de l'architecture islamique du début de la période médiévale : proportions à la fois solides et affinées, pauvreté des décors intérieurs comme extérieurs, une coupole de 13,5 m de diamètre, un minaret effilé et un plan à trois coupoles. La simplicité des lignes et des décorations, imposée par les canons de l'art musulman, a conduit à la conception de belles fenêtres et à l'embellissement du mihrab, du minbar comme de tous les éléments intérieurs.

■ MUSÉE DU KOSOVO

Sheshi Adam JaŠari
Ouvert de 10h à 18h, sauf le dimanche. Gratuit.
Rénové, le musée présente une belle exposition archéologique, après les fouilles réalisées sur le site d'Ulpiana. Pour l'histoire plus récente, il est à oublier. Peu fourni et ne faisant même pas mention des Serbes... Un musée très politique et extrêmement unilatéral donc, à l'image de la culture en général au Kosovo.

■ PARC GERMIA

Nazim Gafurri
A la fin des lignes de bus 4, 5 et 9.
Un havre de paix et de nature non loin du centre idéal pour se reposer un peu de la ville, faire une balade ou un peu de sport. On y trouve un restaurant et des possibilités d'activités en plein air.

Shopping

■ ALBI MALL

Veternik
www.albicenter.com
Sur la route pour Skopje.
Ouvert de 7h30 à 22h30.
Centre commercial typique avec plus de 100 magasins. Un des rares endroits où on peut trouver des marques internationales.

■ LIBRAIRIE DUKAGJINI

De 8h à 20h. En face de la statue de Mère Teresa, sur le boulevard du même nom.
La plus grande librairie, très bien fournie, pour qui veut comprendre et connaître le Kosovo. Sans oublier des cartes du Kosovo et de la ville, fort utiles.

Dans les environs

■ GROTTES DE SHPELLA MERMERNA PECINA

Gadime e Epërme
Donje Gadimlje (Доње Гадимље)
Dans le village de Gadime, à 20 km au sud de Prishtina, sur la route de Skopje, ces grottes magnifiques ont été découvertes en 1969. Elles ont 18 millions d'années et ne sont toujours pas entièrement explorées. Riches en stalactites et stalagmites, l'ensemble comporte deux étages d'une rare beauté. Sous son niveau inférieur, se trouve un grand lac souterrain. Aucune structure ne fonctionne régulièrement actuellement pour les visiter, mais du temps de la Yougoslavie, l'endroit était très connu.

■ LAC DE BATIAVA

À 20 km dans la direction de Podujeva/ Podujevo au nord, puis en suivant les indications. Lieux de détente, vous pouvez y louer des pédalos.

Mosquée impériale de Priština.

Kulla e Sahatit.

Biblioteka Kombëtare.

Musée du Kosovo.

■ MÉMORIAL DE GAZIMESTAN

Gazimestan (Газиместан)
Là où s'est déroulée en 1389 la bataille du
Champ des merles, a été érigé en 1953 un
monument aux héros serbes. Haut de 25 m
et ressemblant à une tour médiévale, ce
monument domine le plateau du Kosovo Polje :
à l'intérieur, on peut lire des poèmes consacrés
à la bataille et, du dernier étage, on a une
vue sur tous les environs. À côté de la tour,
se trouve une colonne de marbre blanc, où
quelques paroles du despote Stefan Lazarević
sont inscrites dans la pierre. Dans les environs
de Gazimestan, on peut aussi voir deux türbe
– colonnes funéraires ottomanes – honorant la
mémoire du sultan Murat. Certaines parties du
complexe ont été endommagées ces dernières
années – notamment les plaques où figuraient
les poèmes épiques – mais la KFOR surveille
constamment ce lieu de mémoire.

Graçanicë – Gračanica (Грачаница)

■ MONASTÈRE DE GRAČANICA

Situé dans le gros bourg du même nom, à
6 km au sud de Priština, le monastère de
Gračanica représente l'un des plus remarquables monuments de l'architecture médiévale
serbe, à tel point que son église a servi de
modèle pour la construction d'autres lieux
de culte, comme Sveti Marko à Belgrade.
Gračanica est cher au cœur de tous les Serbes,
ce qui explique que la télévision nationale
ait choisi à plusieurs reprises la liturgie de
Gračanica pour les retransmissions des célébrations du Nouvel An orthodoxe. L'édifice,
avec son plan en croix inscrite dans un carré
et surmonté de cinq coupoles, présente un
aspect très original. Gračanica est aussi connu
pour ses peintures murales et ses fresques,
œuvres originales de Mihajlo et Evtihije de
Salonique qui les exécutèrent en 1321. Dans le
narthex, on remarquera plus particulièrement,
sur le mur séparant ce vestibule du naos,
un arbre généalogique de la dynastie des
Nemanjić à droite, et divers portraits de la
famille du fondateur à gauche. Ce dernier est
représenté à droite sur l'arche : le roi Milutin,
paré de vêtements sertis de pierreries, tient
à bout de bras le monastère aux multiples
coupoles. La partie centrale du naos est ornée
de scènes illustrant la vie terrestre du Christ.
Dans le réduit de gauche, on peut voir un très
beau saint Jean-Baptiste et, sous la coupole,
un Christ Pantocrator en majesté. C'est l'un
des plus beaux monastères du Kosovo. Il se
trouve dans la rue principale qui est la route
de Gjilan/Gnjilane.

■ SITE ARCHÉOLOGIQUE D'ULPIANA

Sur la route de Prizren, à 11 km au sud de
Priština, le site de Gradina, aux abords du
village de Lipljan, recouvre les vestiges d'une
cité romaine et protobyzantine. Sous Trajan
(98-118), un castrum romain en forme de
quadrilatère et comprenant plusieurs nécro-

Mémorial de Gazimestan.

poles est construit aux abords d'une mine. En 343, Ulpiana devient le siège de l'épiscopat de Macédoine, mais le site est détruit au VIIe siècle par les Avars. Depuis 1953, sur ces 35 ha ont été mis au jour une basilique avec crypte, les vestiges de deux thermes et plusieurs mosaïques de pavement. Dans la nécropole située au nord du site, on peut visiter plusieurs tombeaux et un sarcophage en marbre.

Novobërda – Novo Brdo (Ново Брдо)

À 20 km de Gračanica en direction de Kamenica, se trouve la cité minière la plus importante du Moyen Age. Dès 1326, on retrouve son nom dans des documents en latin. Elle abritera jusqu'à 10 000 habitants, un chiffre énorme à l'époque. C'est que pendant des siècles, on a extrait de l'argent et de l'or ici, et ce en grande quantité. Contrôler Novo Brdo, c'était s'assurer de revenus importants. D'où la construction d'une forteresse gigantesque au sommet d'un ancien volcan. Ce sont les restes de cette forteresse que vous pouvez visiter aujourd'hui. Conquise par les Ottomans en 1455, puis, au cours des siècles suivants, sa production déclinant, Novo Brdo tomba dans l'oubli. Depuis 2007, des panneaux touristiques indiquent le lieu, avec quelques explications.

PRIZREN (ПРИЗРЕН)

Ville historique et ancienne à 80 km au sud de la capitale, Prizren se trouve au pied de l'une des plus belles montagnes du Kosovo, le Šarr. Située à la sortie d'une gorge, Prizren est constituée de collines vertes où s'accrochent de nombreuses mosquées et demeures basses de type oriental. La ville, rattachée à l'époque médiévale au royaume des Nemanjić, conserve quelques monuments du Moyen Age serbe, dont le plus prestigieux est l'église Notre-Dame de Ljeviška. Malheureusement, les violences de mars 2004 ont fait fuir les derniers Serbes de Prizren, tandis que l'église de Ljeviška brûlait. Mais Prizren, c'est aussi la ville la mieux conservée du Kosovo avec son centre ancien, en pierre tout comme ses ponts, mais aussi son passé ottoman avec ses bains et mosquées.

Histoire

Fondée à l'époque byzantine, Prizren est le siège de la cour impériale de Stefan Dušan et commerce avec ceux qui font la route de Shkodra sur la côte vers les villes de l'intérieur. Au XIXe siècle, elle est un centre

Monastère de Gračanica.

culturel important pour les musulmans et les Albanais en général. La ligue de Prizren, premier mouvement indépendantiste à l'égard du pouvoir ottoman, est fondée ici en 1878. Aujourd'hui, elle compte 165 000 habitants.

À voir – À faire

■ HAMMAM TURC

Dans la vieille partie de la ville, en surplomb du quartier marchand, se trouve le hammam avec ses bains pour hommes et pour femmes. Construit par Gazi Mehmet Pacha au XVIIe siècle, le hammam est partagé en deux parties, bien séparées par un mur. Dans chacune des parties, l'espace est organisé selon ses différents usages : l'entrée avec un coin pour la garde-robe, puis des salles destinées au repos, au bain et au massage, enfin, le réservoir à eau et la chaufferie. L'aspect extérieur du hammam présente plusieurs particularités intéressantes. Ses façades en pierre et ses toits en brique rouge lui donnent un air de résidence médiévale. En outre, ses nombreux toits en coupole ou octogonaux, certains en ardoise grise et d'autres en brique rouge, confèrent à l'ensemble un aspect original et harmonieux. Ces caractéristiques, assez en avance sur leur temps dans l'art musulman, témoignent d'une extrême habileté de l'architecte dans sa façon de faire alterner les différents matériaux d'une part, et les lignes droites et courbes de l'autre.

© FILIPAKO – FOTOLIA

KOSOVO

■ MOSQUÉE SINAN PACHA
Mimar Sinan St

Située dans le centre-ville, une très belle mosquée de facture classique. Construite en 1615, la mosquée Sinan Pacha est un édifice carré aux façades imposantes, surmontée d'une coupole reposant sur un chapiteau octogonal. Ses bâtisseurs avaient utilisé les pierres du monastère des Saints-Archanges, déjà détruit à l'époque. La hauteur sous coupole de la mosquée est assez impressionnante – 14,5 m –, ce que semble illustrer l'inscription sur un mur intérieur : « Djenet misali », qui veut dire « Semblable au paradis ». Deux espaces bien distincts sont aménagés dans cette mosquée : le lieu de prière et la salle attenante au mihrab. Bâtie en pierres de taille assez massives, la mosquée Sinan Pacha domine le quartier et une partie de la ville ; son minaret très haut et mince est d'une beauté éclatante. Ses murs intérieurs sont couverts de peintures aux motifs ornementaux, dont celle de la coupole, réalisée en 1628.

Peć, le cœur de l'orthodoxie serbe

Au XIIe siècle, saint Sava, cherchant à détacher l'Église serbe de l'obédience des archevêques grecs d'Ohrid, crée à cet effet l'archevêché de Žiča où il installe le patriarcat serbe orthodoxe. Mais dès la fin du XIIIe siècle, le siège de l'archevêché serbe orthodoxe est transféré à Peć. Il est ensuite élevé au rang de patriarcat lorsque le tsar Dušan est proclamé empereur, en 1346. Les Turcs suppriment le patriarcat dans la troisième décennie du XVIe siècle, puis le rétablissent en 1557, à la demande de Mehmet Pacha Sokolović. Ce dernier, qui était un renégat serbe devenu grand vizir des sultans ottomans, désigne comme premier patriarche de Peć, son frère Macarius. Après plusieurs insurrections et guerres qui provoquent le départ des communautés chrétiennes vers les territoires contrôlés par les Autrichiens, le patriarcat serbe est aboli par les Turcs en 1766. Il est transféré à Sremski Karlovci, dans les confins autrichiens, et les territoires soumis à sa juridiction sont annexés au patriarcat de Constantinople. Le patriarcat serbe orthodoxe sera restauré en 1920, mais à Belgrade, où il a encore son siège aujourd'hui.

■ NOTRE-DAME DE LJEVIŠKA
Sous la protection de l'Unesco.

Située au cœur de la ville, cette église orthodoxe a beaucoup souffert des violences de mars 2004 et se trouve à présent placée sous la surveillance de la KFOR. Elle fut construite en 1307 par le roi Milutin, à l'endroit où se trouvait déjà une petite chapelle du XIIe siècle qui prit la place d'une basilique du IXe siècle. L'architecte Nikola, originaire d'Epire, avait conçu un sanctuaire cruciforme à cinq coupoles, auquel fut ajouté un clocher, le tout encore partiellement visible. Au XVIIIe siècle, les Ottomans avaient transformé cette église en mosquée et badigeonné les fresques pour les recouvrir. Mais les travaux de restauration qui les ont fait revivre dans les années 1950 ont été réduits à néant par l'incendie de 2004. Dues au talent du peintre Astrape, venu entre 1310 et 1313 de Salonique pour les exécuter, ces fresques comportaient plusieurs motifs connus de l'art religieux chrétien des peintures murales. Des portraits du mécène Milutin, ainsi qu'une galerie de portraits des Nemanjić ornaient le narthex : Stefan Nemanja, saint Sava, Stefan Prvovenčani... mais aussi, dans la nef, une très belle Vierge à l'Enfant, où l'on voyait une Vierge vêtue de noir tenant le Christ, représenté sous les traits d'un garçonnet studieux. Egalement autour du vieux centre, le pont ottoman du XVe siècle, en arrivant sur les hauteurs de l'ancien quartier serbe, la petite église du XIVe siècle précédent les ruines de la forteresse Kalaja du XIe siècle. A l'opposé, de l'autre côté de la rivière, la maison reconstruite de la ligue de Prizren renferme un petit musée ethnologique.

Dans les environs

Gjakovë – Ðakovica (Ђаковица)

En remontant vers le nord-ouest en direction de Pej/Peć, la ville de Gjakova/Ðakovica mérite une halte. Sa vieille ville, encore très ottomane est une merveille, d'autant que, chose rare au Kosovo, le vieux quartier a été restauré.

PEJË – PEĆ (ПЕЋ)

La ville de Peja/Peć est la grande ville de l'ouest, à 81 km de Prishtina/Priština. Si elle est connue pour son patriarcat, et bien qu'elle ait souffert de la guerre de 1999, quelques autres lieux valent le détour. Au XVe siècle, la ville est le siège de l'administration ottomane. De l'esprit de cette époque, restent la rue piétonne, mais aussi la mosquée Bajrakli de la fin du XVe. Endommagée en 1999, sa restauration n'est pas terminée. Elle dispose d'un porche avec trois petites coupoles et d'un grand dôme octogonal. Sur la rivière Bistrica, la maison-tour de JaŠar Pasha date de la fin du XIXᵉ siècle représente un bon exemple d'une maison albanaise de l'ouest du Kosovo.

Se loger

Plusieurs hôtels, mais un seul de vraiment valable.

■ PEJA

℡ +381 44 406 777
hotel_peja@hotmail.com
40 € en simple, 50 € en double. On a, semble-t-il, oublié les noms des rues ici. Pour le trouver, dans le centre, c'est une petite rue immédiatement après l'ancienne banque au style chinois. Les chambres rénovées sont suffisamment rares dans cette partie du Kosovo pour justifier de séjourner ici. D'autant que leurs salles de bains sont de qualité. Dans l'absolu, l'hôtel n'a rien de spécial, mais il n'est pas cher.

À voir – À faire

■ ÉGLISE DE LA VIERGE
(ЦРКВА БОГОРОДИЦЕ ОДИГИТРИЈА)

Elle fut élevée par le patriarche Danilo entre 1325 et 1337. Près de l'entrée, on peut voir un portrait du fondateur portant la maquette de l'église que son protecteur, le prophète Daniel, présente à la Vierge. Dans la pièce principale, remarquez les scènes de la vie de saint Arsène, archevêque serbe, représentées dans le réduit à gauche de l'autel, ainsi que les scènes de la vie de saint Jean-Baptiste, avec le banquet d'Hérode, à droite. Dans le narthex, un superbe arbre généalogique des Nemanjić, réalisé au XIVᵉ siècle, présente 23 portraits, depuis Stefan Nemanja, le fondateur de la dynastie, jusqu'à l'empereur Dušan.

■ ÉGLISE DES SAINTS APÔTRES
(ЦРКВА СВЕТИХ АПОСТОЛА)

Dans le narthex, on distinguera d'abord le cycle de la Passion datant du premier quart du XIVᵉ siècle. Sur le mur sud, le cortège des Nemanjić, de la même époque. Sous la calotte de la coupole, figure une composition monumentale du XIIIᵉ siècle représentant l'Ascension du Christ. Enfin, dans les bras du transept, au sud lorsqu'on est face à l'autel, des portraits de saints guerriers et de saint Sava ; ce dernier est désigné, dans une inscription, comme le fondateur de cette église. En face, des portraits de saints ermites et de Siméon Nemanja, le fondateur de la dynastie des Nemanjić, qui abdiqua en

Le Patriarcat

À 22 km de la frontière monténégrine, en dehors de la ville, se trouvent le patriarcat de Peć et ses quatre églises. Peć n'est pas seulement le siège actuel du patriarcat serbe orthodoxe du Kosovo, mais il a accueilli pendant plusieurs siècles le patriarcat orthodoxe serbe sous les Ottomans. L'ensemble des quatre églises représente à la fois un centre spirituel et le mausolée des archevêques et patriarches serbes. En outre, à travers les fresques et peintures murales du patriarcat de Peć, on peut suivre toute l'histoire de la Serbie médiévale. Sur des fonds bleu foncé, tous les murs intérieurs sans exception sont décorés de représentations de saints ou de scènes de la Bible. Pour le visiter, vous devrez d'abord attendre que la KFOR italienne qui en garde l'entrée vous y autorise. Le patriarcat a été inscrit en 2006 sur la liste mondiale des monuments en péril de l'Unesco, tout comme Dečani. En péril, pas tant à cause de son état de conservation, excellent, mais plutôt à cause des attaques qu'il aurait subi depuis 1999, si l'Otan ne le protégeait pas… Pour le trouver, c'est désormais plus facile, il est indiqué à la sortie de Peć, par une petite route en direction de la montagne.

1196 en faveur de l'un de ses fils et entra en religion au mont Athos, un an plus tard, sous le nom de Siméon.

■ GORGES DE LA RUGOVA
(РУГОВСКА КЛИСУРА)

Les gorges de la vallée de Rugova montent en direction du Monténégro derrière le monastère de Peć. Sauvages et étroites, elles sont traversées par quelques petits ponts ouvragés et baignent dans une ambiance le plus souvent luxuriante.

Dans les environs

Dečan – Dečani (Дечани)

À 16 km au sud de Peć, le monastère de Dečani se présente dans le creux d'un vallon boisé, au pied d'une haute montagne. Alliant des éléments architecturaux occidentaux – toit et façades – à des éléments décoratifs serbo-byzantins – plaques de marbre rouge, blanc et gris alternés – cette église de dimension moyenne est joliment posée au milieu d'une nature forte et sauvage.

KOSOVO

Le monastère de Dečani fut fondé par le roi Stefan Uroš Dečanski (1321-1331), le père de l'empereur Dušan ; son église, consacrée au Christ Pantocrator, devait lui servir de mausolée. Après sa mort, son fils Dušan acheva l'église, qu'il fit orner de peintures : plus de 1 000 compositions exécutées entre 1335 et 1350. Le monastère fut plusieurs fois pillé par les Ottomans, mais l'église et ses fresques sont demeurées intactes. Les fresques qui ornent cette église et son narthex constituent l'un des sommets de l'art serbe, puissamment inspiré par l'art byzantin, notamment de l'église Saint-Sauveur de Constantinople. Il a été inscrit en 2006 sur la Liste du patrimoine mondial en péril et depuis sur la liste du patrimoine mondial sous la protection de l'Unesco. Tout le répertoire en l'honneur de l'empire byzantin est représenté ici, avec un luxe de détails et une minutie qui tiennent du prodige. La vie du Christ, depuis la Nativité jusqu'à l'Ascension, est illustrée dans son intégralité, avec un cycle de la Passion particulièrement développé. Ces compositions ne sont pas seulement confinées dans la partie la plus sacrée du sanctuaire, mais dans tout l'édifice, jusque dans le narthex. Les compositions consacrées à des scènes de l'Ancien Testament nous donnent de précieux renseignements sur le cérémonial de cour et les victoires militaires sous l'empereur Dušan. Dans le narthex consacré à saint Georges, des fresques illustrent la légende de ce saint, mais on y voit aussi une suite de portraits du roi Stefan Dečanski, du tsar Dušan et de leurs familles respectives, ainsi qu'un arbre généalogique monumental recensant la dynastie des Nemanjić. Dans le naos, quelque 250 figures de saints ornent les piliers, les fenêtres, les arcs et les voûtes, et quelques portraits de monarques et de dignitaires de l'Eglise complètent ce riche ensemble pictural composé de 18 cycles religieux.

Brezovica (Брезовица)

Au sud-est, en passant par la route de Skopje, puis par l'enclave serbe de Štrpce, on atteint la station de ski de Brezovica. Pas bien grande, mais très agréable station de moyenne montagne sur les pentes nord-ouest du massif de Šar. Les 14 pistes se situent entre 900 et 2 500 m pour un développé de 40 km. Le site est considéré comme idéal pour les bons skieurs mais il n'est pas si évident d'y apprendre à faire du ski. Il comprend quelques remontées mécaniques dont une couvrant les deux principales pistes et constamment ouverte. Il est possible d'y louer tout l'équipement nécessaire. On peut également séjourner à Brezovica à l'hôtel Molika, à la côte 1 750 ou Narcis, beaucoup plus luxueux et 12 km plus bas, à la côte 900 m. On peut également trouver de nombreuses chambres d'hotes et locations privées. Toute la station, comme l'intégralité su Kosovo a parfois des problèmes d'éléctricité.

▶ **Pour plus d'informations,** consultez les sites : www.brezovica-ski.com, www.skijanje.co.rs

© FILIPAKO – FOTOLIA

Monastère de Dečani.

ORGANISER SON SÉJOUR

Site romain
de Felix Romuliana.

© PAVLE – FOTOLIA

Pense futé

■ ARGENT

Monnaie

Le dinar au code international de RSD est la monnaie officielle mis en circulation en 1214 sous le règne de Stefan Ier Nemanjić (des pièces en argent à l'époque). Avec la livre sterling c'est la monnaie la plus ancienne d'Europe aujourd'hui.

Taux de change

Le taux de change du dinar tourne autour de 100 dinars en hiver 2011. Pour cause de crise mondiale à cette date, il est devenu instable mais disons qu'1 euro = environ 100 dinars pour simplifier les choses. Le dinar serbe est disponible dans le pays uniquement (sauf au Kosovo où l'euro a déjà été adopté). Ces dernières années, le pays a développé un réseau incroyable et concurrentiel de banques de dépôt. Si l'on y ajoute la restructuration des banques plus anciennes, on verra que les occasions de se procurer de l'argent ne manquent pas. Dans la moindre petite ville, toutes les banques proposent le service de mandat Western Union ou le retrait d'argent au guichet avec une carte Visa® ou Diners®. A côté des banques, d'autres moyens de change sont à votre disposition. Une multitude d'agences de change, les *menjačnica*, ouvertes de 9h à 18h, convertiront à un taux plus intéressant vos euros en dinars. La poste, ouverte dans le centre-ville jusqu'à 19h en général, offre également tous les services d'une banque. Enfin, les chèques de voyages sont acceptés dans la plupart des agences. Pour ce qui est de l'euro, la monnaie européenne est toujours acceptée en Serbie mais, si l'on vous refusera rarement de faire le plein de votre voiture en euros, il ne faut toutefois pas en abuser, le dinar étant encore la monnaie officielle.

▶ **Un conseil** : ne revenez pas en France avec vos dinars, ils deviendront automatiquement des objets de musée car personne ne les reprendra.

Coût de la vie

A la lumière des exemples de prix ci-dessous, on peut affirmer que la Serbie reste une destination très économique pour les Européens. Mais avec des bémols. Au quotidien, tout est nettement moins cher : les restaurants, bars, cigarettes et transport (que ce soit le bus, train ou même le taxi). Les hôtels, pour peu que

l'on souhaite un bon niveau de prestations, se rapprochent dangereusement des tarifs français, particulièrement à Belgrade, même s'ils restent moins chers. Si vous effectuez vous-même vos courses pour manger, la situation est plus contrastée : c'est globalement un peu moins cher, mais tout dépend du produit. Du côté culturel, tout va bien par contre. Que ce soit les musées, cinémas, théatres ou concerts, la culture reste très abordable pour un Français : 250 à 400 dinars le cinéma, à partir de 80 dinars les musées et de 250 à 3 000 dinars les concerts, du petit groupe local à la star internationale. Enfin, si vous souhaiter louer un appartement pour 3 mois (durée maximale de votre séjour en tant que touriste) les tarifs sont au moins 3X moins chers que dans les grandes villes françaises.

Idées de budget

▶ **Petit budget :** 2 500 dinars/jour.

▶ **Budget moyen :** 4 000 dinars/jour.

▶ **Gros budget :** 8 000 dinars/jour.

Prix indicatifs de base

▶ **Pljeskavica au snack (hamburger local) :** 200 dinars.

▶ **Plat de *čevapčiči* (viande de bœuf) :** 300 dinars.

▶ **Une bière :** 150 dinars.

▶ **Une bouteille de vin au restaurant :** 600 dinars.

▶ **Demi-pension chez l'habitant :** 1 500 dinars.

▶ **1 litre d'essence sans plomb 95 :** 99 dinars.

▶ **Cigarettes américaines :** 200 dinars.

▶ **Hôtel modeste :** 2 500 dinars.

▶ **Taxi à Belgrade :** 350 dinars une course moyenne.

Banques et change

Les horaires d'ouverture sont larges et pratiques pour un touriste en mal d'achats. Ouvertes du lundi au samedi, les banques ouvrent à 8h et ferment à 19h, parfois même à 20h, sauf le samedi où d'ailleurs tout le commerce s'arrête à 15h (sauf dans les rues touristiques à Belgrade). Le paysage financier a beaucoup changé ces dernières années avec l'arrivée de groupes étrangers qui ont obligé les banques locales à se moderniser. Le service en Serbie est désormais de haut niveau, et le capitalisme financier déjà bien rodé.

■ **NATIONAL CHANGE**
✆ 0 820 888 154
www.nationalchange.com
info@nationalchange.com
N'hésitez pas à contacter notre partenaire en mentionnant le code PF06 ou en consultant le site Internet. Vos devises et chèques de voyage vous seront envoyés à domicile.

Moyens de paiement

Avec votre Carte bleue des frais sont prélevés par votre banque. Ainsi, il sera préférable d'arriver avec des espèces puis d'échanger vos euros dans les bureaux de change dit *menjacnica* et d'effectuer tous vos achats en espèces.

Cash

Les distributeurs sont très nombreux dans les grandes villes car les réseaux de banques étrangères sont denses avec, presque toujours, comme en France, un guichet automatique. A chaque retrait à l'étranger avec votre carte, une commission est retenue à la fois par la banque du distributeur et par votre banque. Les tarifs qui s'appliquent se composent d'une commission fixe et de frais proportionnels au montant retiré ou payé. Pour éviter donc de multiplier les frais, pensez à grouper vos retraits d'argent ou à prendre des Traveller's Cheques.

Transfert d'argent

Avec ce système, on peut envoyer et recevoir de l'argent de n'importe où dans le monde en quelques minutes. Le principe est simple : un de vos proches se rend dans un point MoneyGram® ou Western Union® (poste, banque, station-service, épicerie…), il donne votre nom et verse une somme à son interlocuteur. De votre côté de la planète, vous vous rendez dans un point de la même filiale. Sur simple présentation d'une pièce d'identité avec photo et de la référence du transfert, on vous remettra aussitôt l'argent.

Carte de crédit

▶ **En cas de perte ou de vol** de votre carte de paiement, appelez le serveur vocal du groupement des cartes bancaires Visa® et MasterCard® au (00 33) 892 705 705 ou (00 33) 836 690 880. Il est accessible 7j/7 et 24h/24. Si vous connaissez le numéro de votre carte bancaire, l'opposition est immédiate et confirmée. Dans le cas contraire, l'opposition est enregistrée mais vous devez confirmer l'annulation à votre banque par fax ou lettre recommandée.

ORGANISER SON SÉJOUR

▶ **Avant votre départ,** pensez à vérifier avec votre conseiller bancaire la limitation de votre plafond de paiement et de retrait. Demandez, si besoin est, une autorisation exceptionnelle pour la période de votre voyage. Forts utiles, les règlements par carte sont très majoritairement acceptés dans les hôtels, les restaurants et les agences de voyages, moyennant une commission de 2 à 3 %.

▶ **En cas de dysfonctionnement de votre carte de paiement** ou si vous avez atteint votre plafond de retrait, vous pouvez bénéficier d'un *cash advance*. Proposé dans la plupart des grandes banques, ce service permet de retirer du liquide sur simple présentation de votre carte au guichet d'un établissement bancaire, que ce soit le vôtre ou non. On vous demandera souvent une pièce d'identité. En général, le plafond du *cash advance* est identique à celui des retraits, et les deux se cumulent (si votre plafond est fixé à 500 €, vous pouvez retirer 1 000 € : 500 € au distributeur, 500 € en *cash advance*). Quant au coût de l'opération, c'est celui d'un retrait à l'étranger.

Traveler's Cheques

▶ **Leur utilisation.** Les banques et les bureaux de change acceptent les Traveller's Cheques en euros ou en toute autre devise. Souvent, le reçu d'achat des Traveller's Cheques doit être présenté lors de l'encaissement. De plus, vous devrez présenter un passeport en cours de validité au moment de l'encaissement. Dans certains hôtels, vous pourrez régler votre séjour avec vos chèques de voyage. Si vous avez besoin de contacter American Express lors de votre séjour, appelez le ✆ +44 2073 654 846. Ce numéro vous permettra de faire opposition sur vos Traveler's Cheques en cas de perte ou vol, et surtout de vous les faire rembourser. Voici les principales enseignes bancaires qui accepteront vos chèques :

▶ **Banca Intesa** (groupe Crédit Agricole).

▶ **Société Générale.**

▶ **Findomestic** (groupe BNP Paribas).

▶ **Komercialna Banka.**

▶ **ProCredit Bank Kosovo.**

▶ **Raiffeisen Bank Kosovo J.S.C.**

N'hésitez pas à contacter notre partenaire National Change au ✆ 0 820 888 154 en mentionnant le code PF06 ou à consulter le site www.nationalchange.com – Vos chèques de voyage vous sont envoyés à domicile.

▶ **Leur fonctionnement.** Ce sont des chèques prépayés émis par une banque,

valables partout, et qui permettent d'obtenir des espèces dans un établissement bancaire ou de payer directement ses achats auprès de très nombreux lieux affiliés (boutiques, hôtels, restaurants…). Ils sont valables à vie. Leur avantage principal est l'inviolabilité : un système de double signature (la deuxième étant faite par vous devant le commerçant) empêche toute utilisation frauduleuse. A la fin de votre séjour, s'il vous reste des Traveller's Cheques, vous pourriez les changer contre des euros ou les restituer à votre banque qui les imputera à votre compte courant. A noter que le paiement par chèque classique est rarement possible à l'étranger. Lorsque c'est le cas, l'utilisation est compliquée et très coûteuse.

Pourboire, marchandage et taxes

▶ **Pourboire.** En France ce n'est pas obligatoire car les pourboires sont inclus dans les prix au final mais en Serbie c'est tout à fait usuel. Dire *U redu* pour signifier de ne pas rendre la monnaie. En général on laisse 10 % de la note.

▶ **Marchandage.** La Serbie est européenne et cette pratique est à peine plus développée qu'en France. On peut néanmoins tenter de marchander dans les magasins de vêtement par exemple. Mais ce sera plus facile pour les Serbes que pour les touristes, réputés avoir suffisamment d'argent… Dans la majorité des cas même pour les Serbes les prix sont fixes et c'est peine perdue.

▶ **Taxes.** Les prix affichés, pour tous les biens et services, s'entendant toutes taxes comprises. Pour lutter contre l'évasion fiscale, le pays s'est d'ailleurs doté il y a déjà quelques années d'une loi contraignante pour tout vendeur : l'obligation de délivrer un reçu fiscal (un petit reçu de type Carte bleue) pour tout achat, même les cigarettes. Rares seront les prix affichés auxquels il faudra ajouter un montant. Citons les hôtels qui n'affichent généralement pas la taxe locale dans leurs tarifs. Celle-ci est généralement de 100 à 150 dinars.

Duty Free

Puisque votre destination finale est hors de l'Union européenne, vous pouvez bénéficier du Duty Free (achats exonérés de taxes). Attention, si vous faites escale au sein de l'Union européenne, vous en profiterez dans tous les aéroports à l'aller, mais pas au retour. Par exemple, pour un vol Paris-Londres-Belgrade, vous pourrez faire du shopping en Duty Free dans les trois aéroports à l'aller, mais seulement dans celui de Belgrade au retour.

■ ASSURANCES ■

Simples touristes, étudiants, expatriés ou professionnels, il est possible de s'assurer selon ses besoins et pour une durée correspondant à son séjour. De la simple couverture temporaire s'adressant aux baroudeurs occasionnels à la garantie annuelle, très avantageuse pour les grands voyageurs, chacun pourra trouver le bon compromis. A condition toutefois de savoir lire entre les lignes.

Choisir son assureur

Voyagistes, assureurs, secteur bancaire et même employeurs : les prestataires sont aujourd'hui très nombreux et la qualité des produits proposés varie considérablement d'une enseigne à une autre. Pour bénéficier de la meilleure protection au prix le plus attractif, demandez des devis et faites jouer la concurrence. Quelques sites Internet peuvent être utiles dans ces démarches comme celui de la Fédération française des sociétés d'assurances (www.ffsa.fr), qui saura vous aiguiller selon vos besoins, ou le portail de l'Administration française (www.service-public. fr) pour toute question relative aux démarches à entreprendre.

▶ **Voyagistes.** Ils ont développé leurs propres gammes d'assurances et ne manqueront pas de vous les proposer. Le premier avantage est celui de la simplicité. Pas besoin de courir après une police d'assurance. L'offre est faite pour s'adapter à la destination choisie et prend normalement en compte toutes les spécificités de celle-ci. Mais ces formules sont habituellement plus onéreuses que les prestations équivalentes proposées par des assureurs privés. C'est pourquoi il est plus judicieux de faire appel à son apériteur habituel si l'on dispose de temps et que l'on recherche le meilleur prix.

▶ **Assureurs.** Les contrats souscrits à l'année comme l'assurance responsabilité civile couvrent parfois les risques liés au voyage. Il est important de connaître la portée de cette protection qui vous évitera peut-être d'avoir à souscrire un nouvel engagement. Dans le cas contraire, des produits spécifiques pourront vous être proposés à un coût généralement moindre. Les mutuelles couvrent également quelques risques liés au voyage. Il en est ainsi de certaines couvertures maladie qui incluent une protection concernant par exemple tout ce qui touche à des prestations médicales.

▶ **Employeurs.** C'est une piste largement méconnue mais qui peut s'avérer payante. Les plus généreux accordent en effet à leurs employés quelques garanties applicables à l'étranger. Pensez à vérifier votre contrat de travail ou la convention collective en vigueur dans votre entreprise. Certains avantages non négligeables peuvent s'y cacher.

▶ **Cartes bancaires.** Moyen de paiement privilégié par les Français, la carte bancaire permet également à ses détenteurs de bénéficier d'une assurance plus ou moins étendue. Visa®, MasterCard®, American Express®, toutes incluent une couverture spécifique qui varie selon le modèle de carte possédé. Responsabilité civile à l'étranger, aide juridique, avance des fonds, remboursement des frais médicaux : les prestations couvrent aussi bien les volets assurance (garanties contractuelles) qu'assistance (aide technique, juridique, etc.). Les cartes bancaires haut de gamme de type Gold® ou Visa Premier® permettent aisément de se passer d'assurance complémentaire. Ces services attachés à la carte peuvent donc se révéler d'un grand secours, l'étendue des prestations ne dépendant que de l'abonnement choisi. Il est néanmoins impératif de vérifier la liste des pays couverts, tous ne donnant pas droit aux mêmes prestations. De plus, certaines cartes bancaires assurent non seulement leurs titulaires mais aussi leurs proches parents lorsqu'ils voyagent ensemble, voire séparément. Pensez cependant à vérifier la date de validité de votre carte car l'expiration de celle-ci vous laisserait sans recours.

▶ **Précision utile :** beaucoup pensent qu'il est nécessaire de régler son billet d'avion à l'aide de sa carte bancaire pour bénéficier de l'ensemble de ces avantages. Cette règle ne s'applique en fait qu'à la garantie annulation du billet de transport – si elle est prévue au contrat – et ne concerne que l'assurance, en aucun cas l'assistance. Les autres services, indépendants les uns des autres, ne nécessitent pas de répondre à cette condition afin de pouvoir être actionnés.

Choisir ses prestations

▶ **Garantie annulation.** Elle reste l'une des prestations les plus utiles et offre la possibilité à un voyageur défaillant d'annuler tout ou partie de son voyage pour l'une des raisons mentionnées au contrat. Ce type de garantie peut couvrir toute sorte d'annulation : billet d'avion, séjour, location... Cela évite ainsi d'avoir à pâtir d'un événement imprévu en devant régler des pénalités bien souvent exorbitantes. Le remboursement est la plupart du temps conditionné à la survenance d'une maladie ou d'un accident grave, au décès du voyageur ayant contracté l'assurance ou à celui d'un membre de sa famille. L'attestation d'un médecin assermenté doit alors être fournie. Elle s'étend également à d'autres cas comme un licenciement économique, des dommages graves à son habitation ou son véhicule, ou encore à un refus de visa des autorités locales. Moyennant une surtaxe, il est également possible d'élargir sa couverture à d'autres motifs comme la modification de ses congés ou des examens de rattrapage. Les prix pouvant atteindre 5 % du montant global du séjour, il est donc important de bien vérifier les conditions de mise en œuvre qui peuvent réserver quelques surprises. Dernier conseil : s'assurer que l'indemnité prévue en cas d'annulation couvre bien l'intégralité du coût du voyage.

▶ **Assurance bagages.** Voir la partie « Bagages ».

▶ **Assurance maladie.** Voir la partie « Santé ».

▶ **Autres services.** Les prestataires proposent la plupart du temps des formules dites « complètes » et y intègrent des services tels que des assurances contre le vol ou une assistance juridique et technique. Mais il est parfois recommandé de souscrire à des offres plus spécifiques afin d'être paré contre toute éventualité. L'assurance contre le vol en est un bon exemple. Les plafonds pour ce type d'incident se révèlent généralement trop faibles pour couvrir les biens perdus et les franchises peuvent finir par vous décourager. Pour tout ce qui est matériel photo ou vidéo, il peut donc être intéressant de choisir une couverture spécifique garantissant un remboursement à hauteur des frais engagés.

▬ BAGAGES ▬

Que mettre dans ses bagages ?

▶ **À l'intersaison,** une chemise et une veste suffisent.

▶ **L'hiver,** vous devez emporter tout le nécessaire pour combattre le froid. C'est l'occasion de mettre les vêtements de grand froid qui vous encombraient à la maison et de chausser les bottes. La neige tombe certains jours de façon continue. La *košava*, vent glacial de Sibérie, peut souffler durant plusieurs jours, et il faut donc se couvrir sérieusement. C'est un froid sec et vivifiant : après quelques foulées toniques, vous ne sentirez plus et aurez même du plaisir à parcourir les villes et villages sous la neige. Au cas où il vous manquerait un de ces vêtements indispensables, on trouve tout à Belgrade : boutiques de sport et de luxe dans la rue Knez Mihaïlova, matériel de ski dans la Kralja Aleksandra, à partir de l'église Sveti Marko. Dans tout le pays, les vestes en cuir sont d'un intéressant rapport qualité-prix car la plupart proviennent de Turquie avec une faible marge.

▶ **Vous n'aurez pas vraiment besoin d'une trousse à pharmacie,** mais si vous suivez un traitement médical, mieux vaut emporter tout le stock de médicaments.

▶ **L'été,** maillot, pantacourt et sandales sans chaussettes suffisent. Munissez-vous systématiquement d'une bouteille d'eau – plusieurs marques d'eau minérale sont vendues partout – car il fait de plus en plus chaud à cause du réchauffement climatique de la planète.

Réglementation

▶ **Bagages en soute.** Généralement, 20 à 23 kg de bagages sont autorisés en soute pour la classe économique et 30 à 40 kg pour la première classe et la classe affaires. Si vous prenez une des compagnies *low cost*, sachez qu'elles font souvent payer un supplément pour chaque bagage enregistré.

▶ **Bagages à main.** En classe éco, un bagage à main et un accessoire (sac à main, ordinateur portable) sont autorisés, le tout ne devant pas dépasser les 12 kg ni les 115 cm de dimension. En première et en classe affaires, deux bagages sont autorisés en cabine. Les liquides et gels sont interdits : seuls les tubes et flacons de 100 ml maximum sont tolérés, et ce dans un sac en plastique transparent fermé (20 cm x 20 cm). Seules exceptions à la règle : les aliments pour bébé et médicaments accompagnés de leur ordonnance. Enfin, si vous souhaitez ramener des denrées typiquement françaises sur votre lieu de villégiature, sachez que les fromages à pâte molle et les bouteilles achetées hors du Duty Free ne sont pas acceptés en cabine. Pour un complément d'informations, contactez directement la compagnie aérienne concernée.

Excédent

Lorsqu'on en vient à parler d'excédent de bagages, les compagnies aériennes sont assez strictes. Elles vous laisseront souvent tranquille pour 1 ou 2 kg de trop, mais passé cette marge, le couperet tombe, et il tombe sévèrement : 30 € par kilo supplémentaire sur un vol long-courrier chez Air France, 120 € par bagage supplémentaire chez British Airways, 100 € chez American Airlines.

A noter que les compagnies pratiquent parfois des remises de 20 à 30 % si vous réglez votre excédent de bagages sur leur site Web avant de vous rendre à l'aéroport. Si le coût demeure trop important, il vous reste la possibilité d'acheminer une partie de vos biens par voie postale.

Perte – Vol

En moyenne, 16 passagers sur 1 000 ne trouvent pas leurs bagages sur le tapis à l'arrivée. Si vous faites partie de ces malchanceux, rendez-vous au comptoir de votre compagnie pour déclarer l'absence de vos bagages. Pour que votre demande soit recevable, vous devez réagir dans les 21 jours suivant la perte.

La compagnie vous remettra un formulaire qu'il faudra renvoyer en lettre recommandée avec accusé de réception à son service clientèle ou litiges bagages. Vous récupérerez le plus souvent vos valises au bout de quelques jours. Dans tous les cas, la compagnie est seule responsable et devra vous indemniser si vous ne revoyez pas la couleur de vos biens (ou si certains biens manquent à l'intérieur de votre bagage).

Le plafond de remboursement est fixé à 20 € par kilo ou à une indemnisation forfaitaire de 1 200 €. Si vous considérez que la valeur de vos affaires dépasse ces plafonds, il est fortement conseillé de le préciser à votre compagnie au moment de l'enregistrement (le plafond sera augmenté moyennant finance) ou de souscrire à une assurance bagages. A noter que les bagages à main sont sous votre responsabilité et non sous celle de la compagnie.

Matériel de voyage

■ AU VIEUX CAMPEUR

www.auvieuxcampeur.fr
infos@auvieuxcampeur.fr
Fondé en 1941, Au Vieux Campeur est la référence incontournable lorsqu'il s'agit d'articles de sport et loisirs.

■ DELSEY

www.delsey.com
La deuxième marque mondiale dans le domaine du bagage, présente dans plus de 100 pays, avec 6 000 points de vente.

■ INUKA

www.inuka.com
Ce site vous permet de commander en ligne tous les produits nécessaires à votre voyage, du matériel de survie à celui d'observation en passant par les gourdes ou la nourriture lyophilisée.

■ SAMSONITE

www.samsonite.com
Samsonite est le leader mondial de l'univers des solutions de voyage. Les produits sont distribués sous les marques Samsonite, Samsonite Black Label, American Tourister, Lacoste et Timberland.

■ TREKKING

www.trekking.fr
Trekking propose dans son catalogue tout ce dont le voyageur a besoin : trousses de voyage, ceintures multipoche, sacs à dos, sacoches, étuis… Une mine d'objets de qualité pour voyager futé et dans les meilleures conditions.

■ DÉCALAGE HORAIRE

Aucun décalage horaire et même système heure d'hiver/heure d'été.

■ ÉLECTRICITÉ, POIDS ET MESURES

Aucune différence. Le 220 volts est utilisé partout, et les abréviations et les étiquetages des poids et mesures sont les mêmes que dans le reste de l'Europe. Vous pourrez ainsi en toute tranquillité recharger vos portables et autres appareils !

■ FORMALITÉS, VISA ET DOUANES ■

Un passeport ou une carte d'identité nationale en cours de validité est nécessaire. Depuis 2003, plus besoin de Visa touristique pour les Français, les Belges ou les Suisses. Cependant, le Boravak, carton blanc délivré par les hôtels, est à conserver car il peut vous être demandé. Egalement, si vous résidez chez des particuliers, ceux-ci doivent vous déclarer à la police sous 48h. Si vous séjournez plus de 90 jours, il vous faudra obligatoirement un Visa de séjour ou de travail.

▶ **Conseil futé.** Avant de partir, pensez à photocopier tous les documents que vous emportez avec vous. Vous emporterez un exemplaire de chaque document et laisserez l'autre à quelqu'un en France. En cas de perte ou de vol, les démarches de renouvellement seront ainsi beaucoup plus simples auprès des autorités consulaires. Vous pouvez également conserver des copies sur le site Internet officiel mon.service-public.fr – Il vous suffit de créer un compte et de scanner toutes vos pièces d'identité et autres documents importants dans l'espace confidentiel.

Obtention du passeport

Tous les passeports délivrés en France sont désormais biométriques. Ils comportent votre photo, vos empreintes digitales et une puce sécurisée. Pour l'obtenir, rendez-vous en mairie muni d'un timbre fiscal, d'un justificatif de domicile, d'une pièce d'identité et de deux photos d'identité. Le passeport est délivré sous trois semaines environ. Il est valable dix ans. Les enfants doivent disposer d'un passeport personnel (valable cinq ans).

Obtention du visa

■ ACTION-VISAS
69, rue de la Glacière 75013 Paris
℡ 0 892 707 710 – www.action-visas.com

■ VSI
19-21, avenue Joffre, Epinay-sur-Seine
℡ 0 826 46 79 19 – www.vsi.1er.fr

■ WORLD VISA
117, rue de Charenton (12e) Paris
℡ 06 09 83 82 29 – www.worldvisa.fr

Douanes

Lorsque vous arrivez en France d'une destination hors de l'Union européenne, vous pouvez transporter avec vous des marchandises achetées ou qui vous ont été offertes dans un pays tiers, sans avoir de déclaration à effectuer, ni de droits et taxes à payer. La valeur de ces marchandises ne doit pas excéder, selon les cas de figure :

▶ **Voyageur de moins de 15 ans** (quel que soit le mode de transport) : 150 €.

▶ **Voyageur de 15 ans et plus,** utilisant un mode de transport autre que aérien et maritime : 300 €.

▶ **Voyageur de 15 ans et plus,** utilisant un mode de transport aérien et maritime : 430 €.

▶ **Attention :** aucune de ces sommes ne peut être cumulée par différentes personnes pour bénéficier d'une franchise plus importante pour un même objet. (Par exemple, un couple ne peut pas demander à bénéficier de la franchise pour un appareil d'une valeur de 860 €).

▶ **Si vous voyagez avec 10 000 € de devises ou plus,** vous devez impérativement les déclarer en douane et si vous transportez des objets d'origine étrangère, munissez-vous des factures ou des quittances de paiement des droits de douane : on peut vous les demander pour prouver que vous êtes en règle.

▶ **Enfin, certains produits sont libres de droits** de douane jusqu'à une certaine quantité. Au-delà de celle-ci, ils doivent être déclarés. Vous acquitterez alors les taxes normalement exigibles. Les franchises ne sont pas cumulatives. Cela signifie que si vous choisissez de ramener du tabac, vous pouvez acheter 200 cigarettes ou 50 cigares (soit 250 grammes de tabac), mais pas les deux. Contactez la douane pour en savoir plus.

■ DOUANES
℡ 0 811 20 44 44 – www.douane.gouv.fr
dg-bic@douane.finances.gouv.fr

Tabac	Cigarettes (unités)	200*
	Tabac à fumer (g)	250
	Cigares (unités)	50
Alcool (litres)	Vin	4
	Produits intermédiaires (- 22°)	2
	Boissons spiritueuses (+ 22°)	1
	Bières	16

* Certains pays peuvent abaisser ce chiffre à 40 selon leur politique de santé.

ORGANISER SON SÉJOUR

■ HORAIRES D'OUVERTURE

Là aussi, un aspect pratique intéressant. Les horaires sont en général bien plus extensibles qu'en France. La journée de travail commence tôt car le soleil, surtout l'hiver, se lève et se couche plus tôt. La journée de travail court de 7h à 15h, même si l'on sent des changements allant vers un style plus européen ; les commerces sont donc calés sur ces horaires. Les petits commerces ouvrent à 7h. Les postes, banques et pharmacies sont ouvertes à 8h. L'intérêt pour les touristes que nous sommes est que les commerces ne ferment pas avant 20h. Parfois même, la pratique commerciale se prolonge jusqu'à 22h. En revanche, le samedi, comme en Allemagne, vous ne trouverez plus une boutique ouverte à partir de 15h. N'oubliez donc pas de faire vos derniers achats vers midi, c'est plus sûr. La vie nocturne fonctionne plus ou moins comme en France. Les restaurants sont ouverts jusqu'à minuit, les bars jusqu'à 1h et les discothèques jusqu'à l'aube, évidemment ! Une grande particularité est le commerce de nuit. A la sortie de ces bars et restaurants, vous trouverez toujours une épicerie ou un kiosque ouvert toute la nuit pour vos premières cigarettes et journaux de la journée ! Sur les routes, les stations-service flambant neuves sont généralement ouvertes 24h/24, même le dimanche. Les marchés ouvrent à 7h pour fermer en début d'après-midi, comme en France. N'hésitez pas à y faire un tour, ils sont hauts en couleur. L'été, on y vend toutes sortes de fruits, et vous succomberez sûrement à la tentation à la vue de ces formidables empilements de pastèques gigantesques. C'est aussi une visite obligatoire pour tous les cadeaux traditionnels : broderies, lainages et les indispensables opanke !

■ INTERNET

Les cybercafés sont nombreux, Internet sans fil est partout dans la rue et dans les hôtels mais à peine 30 % des ménages sont équipés d'ordinateur à la maison car les salaires sont bas et le chomage bat son plein. Pour 100 dinars de l'heure, vous surfez dans une ambiance toujours surchauffée. Les providers en Serbie disposent désormais d'infrastructures de qualité. Les universités et les centres culturels, les banques, les postes... sont équipés.

■ JOURS FÉRIÉS

Les citoyens ont droit aux jours fériés pour les fêtes religieuses. L'Eglise orthodoxe calcule ses fêtes selon l'ancien calendrier julien en retard de 14 jours par rapport au calendrier grégorien.

Durant les jours fériés non ouvrables, restent ouverts seulement certains commerces et les institutions de garde. Si le deuxième jour de la fête tombe un dimanche, le lundi suivant est non ouvrable.

Jours fériés

Les jours fériés sont nombreux en Serbie :

▶ **1er janvier :** Nouvel An.

▶ **14 janvier :** Nouvel An orthodoxe (calendrier julien).

▶ **Noël :** 7 janvier (calendrier julien).

▶ **15 et 16 février :** fête nationale.

▶ **27 avril :** fête de la Constitution.

▶ **1er mai :** fête du Travail.

▶ **Pâque orthodoxe.**

▶ **Baïram musulman**.

▶ **11 novembre :** anniversaire de l'armistice de la Première Guerre mondiale.

▶ **21 octobre :** journée de commémoration en mémoire des victimes de la Seconde Guerre mondiale.

- **1er janvier :** Nouvel An.
- **7 janvier :** le premier jour de Noël orthodoxe.
- **14 janvier :** Nouvel An orthodoxe.
- **27 janvier :** Saint Sava, le Jour de spiritualité (jour de fête ouvrable).
- **15 février :** Sretenje (la Chandeleur), la Fête nationale, le Jour de l'Etat serbe.

- **15 avril 2012, 5 mai 2013 :** Pâques.
- **27 avril :** fête de la Constitution.
- **1er mai :** fête du Travail.
- **9 mai :** le Jour de la Victoire (jour de fête ouvrable).
- **28 juin :** Saint Vid (Vidovdan) (jour de fête ouvrable).

■ LANGUES PARLÉES

Avec 26 nationalités différentes, presque autant de langues sont parlées dans ce petit pays ! Un bon exemple, les débats au parlement de Voïvodine : ils se déroulent en serbe et en hongrois, et le roumain, ruthène et ukrainien peuvent être demandés. Plus pratique pour nous, les langues étrangères sont le point fort des Serbes. Avec une forte diaspora à l'étranger qui garde des contacts fréquents, les habitants de ce pays sont ouverts aux langues et les manient avec facilité. Il faut dire que les nombreuses diphtongues et la grammaire serbe permettent à ces Slaves du Sud d'apprendre facilement les langues. L'anglais est évidemment, surtout depuis quelques années, la langue de communication et de négociation par excellence : parfois, on est étonné de l'accent et du vocabulaire de certains, surtout les plus jeunes. Mais le français reste pour les Serbes la langue de contact et de culture préférée. Même quand ils ne la maîtrisent pas vraiment, les gens vous abordent différemment à partir du moment où vous leur parlez français ; un touriste parlant anglais est souvent perçu comme un Allemand ou un Italien. Habitués aux langues, à Belgrade tout du moins, les Serbes reconnaissent immédiatement un Français parlant anglais... Il est vrai que ce tableau quasi idyllique ne correspond pas à tout le territoire. Les campagnes sont restées encore éloignées des deux langues mentionnées plus haut, et si vous ne voulez pas recourir au système des signes, de vieux restes de russe pourront parfois vous aider !

Apprendre la langue

Le serbe n'est pas facile, mais il vaut mieux apprendre quelques expressions et tournures idiomatiques avant de partir plutôt que de baragouiner un mauvais anglais.

- **En France, les universités de la Sorbonne (Paris IV) et de Bordeaux** offrent une formation complète, mais si l'on est pressé, mieux vaut s'adresser à l'Institut des langues orientales (2, rue de Lille, 75006 Paris). Il dispense des cours du soir pour salariés et prépare des carnets progressifs très pratiques.

- **Sur place, en plein centre de Belgrade, l'excellent Institut za Strane Jezike** (Gospodar Jovanova 35, première rue au-dessous de Studentski Trg). Avec des formules en tout genre et tous les rythmes. L'offre des instituts (en fait, de petites structures privées) a explosé. Surtout destinés aux Serbes qui veulent apprendre l'anglais, le français, l'italien et même le japonais, beaucoup offrent des cours de serbe pour étrangers. Pour les trouver, le plus simple est encore d'accepter les papiers publicitaires que l'on vous tend dans la rue, dans le centre.

■ ASSIMIL
11, rue des Pyramides (1er) Paris
✆ 01 42 60 40 66 – Fax : 01 40 20 02 17
www.assimil.com – contact@assimil.com
Métro Pyramides L14
Assimil est le précurseur des méthodes d'auto-apprentissage des langues en France, la référence lorsqu'il s'agit de langues étrangères. C'est aussi une nouvelle façon d'apprendre : une méthodologie originale et efficace, le principe, unique au monde, de l'assimilation intuitive.

■ POLYGLOT
www.polyglot-learn-language.com
Ce site propose à des personnes désireuses d'apprendre une langue d'entrer en contact avec d'autres dont c'est la langue maternelle. Une manière conviviale de s'initier à la langue et d'échanger.

■ TELL ME MORE ONLINE
www.tellmemore-online.com
Sur ce site Internet, votre niveau est d'abord évalué et des objectifs sont fixés en conséquence. Ensuite, vous vous plongez parmi les 10 000 exercices et 2 000 heures de cours proposés. Enfin, votre niveau final est certifié selon les principaux tests de langues.

ORGANISER SON SÉJOUR

▬ PHOTO ▬

Conseils pratiques

▶ **Vous prendrez les meilleures photos tôt le matin** ou aux dernières heures de la journée. Un ciel bleu de midi ne correspond pas aux conditions optimales : la lumière est souvent trop verticale et trop blanche. En outre, une météo capricieuse offre souvent des atmosphères singulières, des sujets inhabituels et, par conséquent, des clichés plus intéressants.

▶ **Prenez votre temps.** Promenez-vous jusqu'à découvrir le point de vue idéal pour prendre votre photo. Multipliez les essais : changez les angles, la composition, l'objectif… Vous avez réussi à cadrer un beau paysage, mais il manque un petit quelque chose ? Attendez que quelqu'un passe dans le champ ! Tous les grands photographes vous le diront : pour obtenir un bon cliché, il faut en prendre plusieurs.

▶ **Appliquez la règle des tiers.** Divisez mentalement votre image en trois parties horizontales et verticales égales. Les points forts de votre photo doivent se trouver à l'intersection de ces lignes imaginaires. En effet, si on cadre son sujet au centre de l'image, la photo devient plate, car cela provoque une symétrie trop monotone. Pour un portrait, il faut donc placer les yeux sur un point fort et non au centre. Essayez aussi de laisser de l'espace dans le sens du regard.

▶ **Un coup d'œil** aux cartes postales et livres de photos sur la région vous donnera des idées de prises de vue.

▶ **À savoir :** les tons jaunes, orange, rouges et les volumes focalisent l'attention ; ils donnent une sensation de proximité à l'observateur.

Les tons plus froids (vert ou bleu) créent de leur côté une impression d'éloignement.

Développer – Partager

Plusieurs sites proposent de stocker vos photos et de les partager directement en ligne avec vos proches.

▬ FLICKR
www.flickr.com
Sur Flickr, vous pouvez créer des albums photo, retoucher vos clichés et les classer par mots-clés tout en déterminant s'ils seront visibles par tous ou uniquement par vos proches. Petit plus du site : vous avez la possibilité d'effectuer des recherches par lieux et ainsi découvrir votre destination à travers les prises de vue d'autres internautes. D'autant plus intéressant que nombre de photographes professionnels utilisent Flickr.

▬ FOTOLIA
fr.fotolia.com
Fotolia est une banque d'images. Le principe est simple : vous téléchargez vos photos sur le site pour les vendre à qui voudra. Le prix d'achat de base est fixé à 0,83 € et peut monter jusqu'à 8,30 € par cliché. Pas de quoi payer vos prochaines vacances donc, mais peut-être assez pour réduire la note de vos tirages !

▬ PHOTOWEB
www.photoweb.fr
Photoweb est un laboratoire photo en ligne. Vous pouvez y télécharger vos photos pour commander des tirages ou simplement créer un album virtuel. Le site conçoit aussi tout un tas d'objets à partir de vos clichés : tapis de souris, livres, posters, faire-part, agendas, tabliers, cartes postales… Les prix sont très compétitifs et les travaux de qualité.

▬ POSTE ▬

Les postes – encore parfois avec des inscriptions en français à l'entrée et aux guichets, c'est pratique – sont nombreuses et vous les reconnaîtrez à leur couleur jaune. Elles sont ouvertes de 8h à 20h, le samedi de 8h à 15h. Les bureaux de poste sont, comme en France, devenus des guichets multiservices. Vous pouvez envoyer et recevoir des mandats exprès par Western Union, faire du change et souvent retirer de l'argent aux guichets

automatiques à l'extérieur. Notez que ces services financiers vous coûteront ici moins cher que dans une banque ; ils fonctionnent jusqu'à 20h. Pour la France, une lettre de 20 g ou une carte postale vous coûtera 50 dinars ; une lettre de 100 g, 120 dinars. Comptez 6 à 8 jours pour la réception du courrier par votre correspondant. Le courrier rapide peut être envoyé sous 24h par le service Post Express dans tous les grands centres.

QUAND PARTIR ?

Climat

Un été chaud, des hivers rigoureux et des demi-saisons assez courtes : voici en résumé le climat. La température moyenne est d'une grande amplitude en Serbie, avec -4 °C en janvier/février et 40 °C en juillet/août. Le printemps et l'automne sont idéaux pour voyager car juillet/août est à éviter à cause des chaleurs étouffantes. Les mois de mai et juin sont agréables, avec une luminosité étincelante et, de façon permanente, une bonne sensation de chaleur. Les campagnes et les montagnes sont plus belles en septembre et en octobre. Ce dernier mois est celui de l'été indien et c'est à ce moment-là que vous ferez vos plus belles balades. Mais l'hiver a son charme en Serbie : c'est à ce moment de l'année que l' « âme slave » se dévoile. Février est le mois idéal pour aller skier à Kopaonik ou Zlatibor. Des promenades à la montagne seront alors magnifiques, avec les hautes vallées recouvertes souvent par 2 m de neige. Il vaut mieux se déplacer en bus, sinon il vous faudra obligatoirement des pneus cloutés pour la voiture. Mais un séjour à cette période de l'année vaut le coup, et pas seulement pour le paysage. Comme revigorés par ce froid sec et vif, les Serbes ont dans le cœur un accueil dont vous profiterez. Pour bien connaître ce pays, il faut avoir vu ces rues à la vie trépidante, bondées de familles entières ou de jeunes enthousiastes, et avoir vécu une soirée en chansons au coin du feu...

■ MÉTÉO CONSULT
www.meteo-consult.com
Sur ce site vous trouverez les prévisions météorologiques pour le monde entier. Vous connaîtrez ainsi le temps qu'il fait sur place.

SANTÉ

Les pharmacies (*apoteka*) sont assez nombreuses et leur densité est même plus forte que dans une grande ville française. Comme en France, vous saurez l'adresse du pharmacien ou du médecin de garde en consultant la liste dans une pharmacie et dans les dernières pages des journaux. En cas de traitement médical en cours, emportez un stock important car il n'est pas certain que votre médicament existe là-bas sous le même nom. En revanche, vous pouvez vous procurer des médicaments sans ordonnance dans beaucoup de pharmacies mais pas toutes. Par ailleurs, pas de risque de maladie tropicale étant donné les latitudes.

Conseils

Pour vous informer de l'état sanitaire du pays et recevoir des conseils, n'hésitez pas à consulter votre médecin. Vous pouvez aussi vous adresser à la Société de médecine des voyages du centre médical de l'Institut Pasteur au ✆ 01 40 61 38 46 (www.pasteur.fr/sante/cmed/voy/listpays.html) ou vous rendre sur le site du Cimed (www.cimed.org), du ministère des Affaires étrangères à la rubrique « Conseils aux voyageurs » (www.diplomatie.gouv.fr/voyageurs) ou de l'Institut national de veille sanitaire (www.invs.sante.fr).

▶ **En cas de maladie,** il faut contacter le consulat français. Il se chargera de vous aider, de vous accompagner et vous fournira la liste des médecins francophones. En cas de problème grave, c'est aussi lui qui prévient la famille et qui décide du rapatriement.

▶ **Avant de partir,** vous pouvez contacter le service Santé Voyages ✆ 05 56 79 58 17 (Bordeaux) • ✆ 04 91 69 11 07 (Marseille) • ✆ 01 40 25 88 86 (Paris).

Maladies et vaccins

Encéphalite à tiques d'Europe centrale

Cette maladie se transmet à l'homme par l'intermédiaire de la tique, très présente en été dans les forêts. Deux semaines après la morsure, les symptômes sont similaires à ceux d'une grippe estivale. La maladie peut entraîner des complications neurologiques plus ou moins graves, avec des troubles de l'équilibre et une atténuation des capacités intellectuelles. Dans 1 à 2 % des cas, elle est mortelle. Il existe un vaccin mais pas de traitement spécifique, donc si vous n'êtes pas vacciné, portez des vêtements longs et clairs pendant les marches en forêt et inspectez-vous soigneusement le corps après toute randonnée. Si la personne piquée déclare une grippe dans les 3 semaines suivant la piqûre avec raideurs dans la nuque, aller consulter un médecin en urgences.

Centres de vaccination

Pour plus d'informations, vous pouvez consulter le site Internet du ministère de la Santé (www.sante.gouv.fr) pour connaître les centres de vaccination proches de chez vous.

◼ CENTRE AIR FRANCE

148, rue de l'Université (7e) Paris
✆ 01 43 17 22 00
✆ 08 92 68 63 64
✆ 01 48 64 98 03
centredevaccination-airfrance-paris.com
vaccinations@airfrance.fr

▶ **Autre adresse :** 3, place Londres, bâtiment Uranus 95703 Roissy Charles-de-Gaulle.

◼ INSTITUT PASTEUR

209, rue de Vaugirard (15e) Paris
✆ 0 890 710 811
✆ 03 20 87 78 00
www.pasteur.fr
www.pasteur-lille.fr
Sur le site internet, vous pouvez consulter la liste des vaccins pays par pays.

▶ **Autre adresse :** 1, rue du Professeur Calmette 59019 Lille.

En cas de maladie

Un réflexe : contacter le Consulat de France. Il se chargera de vous aider, de vous accompagner et vous fournira la liste des médecins francophones. En cas de problème grave, c'est aussi lui qui prévient la famille et qui décide du rapatriement. Pour connaître les urgences et établissements aux standards internationaux : consulter les sites www.cimed.org – www.diplomatie.gouv.fr et www.pasteur.fr

Assistance rapatriement – Assistance médicale

Si vous possédez une carte bancaire Visa® et MasterCard®, vous bénéficiez automatiquement d'une assurance médicale et d'une assistance rapatriement sanitaire valables pour tout déplacement à l'étranger de moins de 90 jours (le paiement de votre voyage avec la carte n'est pas nécessaire pour être couvert, la simple détention d'une carte valide vous assure une couverture). Renseignez-vous auprès de votre banque et vérifiez attentivement le montant global de la couverture et des franchises ainsi que les conditions de prise en charge et les clauses d'exclusion. Si vous n'êtes pas couvert par l'une de ces cartes, n'oubliez surtout pas de souscrire une assistance médicale avant de partir.

▶ **La carte européenne d'assurance maladie** remplace les multiples formulaires E111, E126 et autres. Cette carte permet la prise en charge des frais médicaux dans les mêmes conditions que pour les assurés du pays d'accueil. Il faut la demander au moins deux semaines avant le départ à votre caisse d'assurance maladie. La carte est valable un an et est personnelle : chaque enfant doit aussi avoir la sienne. Si les délais sont trop courts, il vous sera délivré un certificat provisoire de remplacement. Cette carte fonctionne dans tous les pays membres de l'Union européenne mais aussi en l'Islande, au Lichtenstein, en Suisse et en Norvège. Il vous suffit de la présenter chez le médecin, le pharmacien et dans les hôpitaux du service public : soit vous serez dispensé de l'avance des frais médicaux, soit vous serez remboursé sur place par l'organisme de Sécurité sociale du pays.

■ **SÉCURITÉ SOCIALE**
11, rue de la Tour des Dames Cedex 09
75436 Paris
✆ 01 45 26 33 41
Fax : 01 49 95 06 50
www.cleiss.fr – www.ameli.fr
Plus d'informations sur l'assistance médicale à l'étranger au Centre des Liaisons Européennes et Internationales de la Sécurité Sociale (Cleiss).

■ SÉCURITÉ ET ACCESSIBILITÉ

Dangers potentiels et conseils

Il n'y a aucun danger pour un touriste en Serbie. Au contraire, on va choyer cette manne financière potentielle dans un pays qui s'ouvre à nouveau au tourisme. La petite délinquance est très faible, en tout cas sans comparaison possible avec les grandes villes françaises. Ainsi, Belgrade est une ville particulièrement sûre. Au point que les filles rentrent seules en été, au milieu de la nuit en traversant Belgrade. Seul le vol d'objets précieux et de voitures est semblable au phénomène occidental. La police a été restructurée de façon à combattre les nouveaux trafics (drogue, armes, proxénétisme, grand banditisme). Tout cela se traduit par beaucoup de patrouilles bien équipées… et omniprésentes. En 2010 sont apparues des violences lors de grands matchs de football. Évitez les stades durant ces manifestations si vous n'êtes pas supporters.

▶ **Les mines.** La Serbie du Sud reste potentiellement la région la plus dangereuse. C'est ici que se trouvent les anciennes zones de combats aux abords de Presevo, Bujanovac et Medveđa. Celles-ci ont été minées. Par conséquent, il est indispensable de respecter les signes prévenant du danger.

▶ **Pour connaître les dernières informations sur la sécurité sur place,** consultez la rubrique « Conseils aux voyageurs » du site du ministère des Affaires étrangères : www.diplomatie. gouv.fr/voyageurs. Sachez cependant que le site dresse une liste exhaustive des dangers potentiels et que cela donne parfois une image un peu alarmiste de la situation réelle du pays.

Femme seule en voyage

Ce n'est pas un problème, même si vous ne parlez pas serbe ni anglais. Loin d'être l'objet de curiosités incessantes, vous passerez relativement inaperçue et sans être inquiétée. Les femmes ne sont jamais abordées en public, dans la rue, à la manière latine, ce serait indécent. Même dans les lieux nocturnes, le fameux « maintien » des femmes, typiquement slave, en a calmé plus d'un. Ce qui fait qu'une femme seule pourra traverser le pays sans ennuis, et quand on lui proposera de l'aider à porter sa valise, ce sera dans un esprit de courtoisie véritable.

Voyager avec des enfants

Rien de particulier à signaler en Serbie. Les services pour les enfants sont peu ou prou les mêmes qu'en France : réductions diverses dans les lieux culturels et de détente. Les jardins d'enfants se multiplient dans les grandes villes. Les hôtels appliquent le même type de réductions et services qu'en France et offrent même parfois des menus enfants. Mais surtout, les enfants sont bien accueillis : on aura toujours une attention sympathique pour eux.

Retrouvez l'index général en fin de guide

Voyageur handicapé

La Serbie se préoccupe de plus en plus des personnes à mobilité réduite. Ainsi, à Belgrade ou Novi Sad, les feux sont sonores et les trottoirs de presque toutes les artères du centre de Belgrade sont équipés de lignes de dallages à picot qui facilitent grandement les déplacements des non-voyants. Des ascenseurs pour fauteuils roulants sont installés dans les souterrains de Terazije pour faciliter la traversée des boulevards. La grande majorité des postes sont équipées de rampes pour les fauteuils roulants. Depuis quelques années, des associations font entendre leur voix et sont de plus en plus écoutées, même si beaucoup de choses restent à faire. Si vous présentez un handicap physique ou mental ou que vous partez en vacances avec une personne dans cette situation, différents organismes et associations s'adressent à vous.

■ ACTIS VOYAGES
actis-voyages.fr
actis-msn@hotmail.fr
Voyages adaptés pour le public sourd et malentendant.

■ ADAPTOURS
www.adaptours.fr
info@adaptours.fr

■ AILLEURS ET AUTREMENT
www.ailleursetautrement.fr
contact@ailleursetautrement.fr
Pour des personnes souffrant de handicap physique et/ou mental.

■ COMPTOIR DES VOYAGES
2-18, rue Saint-Victor (5e) Paris
✆ 0 892 239 339 – www.comptoir.fr
Fauteuil roulant (manuel ou électrique), cannes ou béquilles, difficultés de déplacement... Quel que soit le handicap du voyageur, Comptoir des Voyages met à sa disposition des équipements adaptés et adaptables, dans un souci de confort et d'autonomie. Chacun pourra voyager en toute liberté.

■ ÉVÉNEMENTS ET VOYAGES
www.evenements-et-voyages.com
contact@evenements-et-voyages.com
Sports mécaniques, sports collectifs, festivals et concerts, Événements et Voyages propose à ses voyageurs d'assister à la manifestation de leur choix tout en visitant la ville et la région. Grâce à son département dédié aux personnes handicapées, Événements et Voyages permet à ces derniers de voyager dans des conditions confortables.

■ HANDI VOYAGES
12, rue du Singe, Nevers
✆ 0 872 32 90 91 – 09 52 32 90 91
✆ 06 80 41 45 00
http://handi.voyages.free.fr
Cette association assure l'aide aux personnes à mobilité réduite dans l'organisation de leurs voyages individuels ou en petits groupes. Elle propose un service d'aide à la recherche d'informations sur l'accessibilité mais aussi la mise en relation avec des volontaires compagnons de voyage. En outre, dans le cadre de l'opération « Des fauteuils en Afrique », Handi Voyages récupère du matériel pour personnes à mobilité réduite et le distribue en Afrique.

■ OLÉ VACANCES
www.olevacances.org
info@olevacances.org
Olé Vacances propose d'accompagner des personnes adultes handicapées mentales.

■ PARALYSÉS DE FRANCE
www.apf.asso.fr
Informations, conseils et propositions de séjours.

■ TÉLÉPHONE

Comment téléphoner ?

Depuis la France, faites le 00 puis le 381, l'indicatif de la Serbie, puis le numéro de votre correspondant, en n'oubliant pas son préfixe régional sans le zéro (11) pour Belgrade.
De manière général l'indicatif téléphonique correspond au numéro du département. Depuis la Serbie, composez le 00 puis le 33 pour la France et le numéro de votre correspondant sans le zéro.

Téléphone mobile

Utiliser son téléphone mobile : si vous souhaitez garder votre forfait français, il faudra avant de partir, activer l'option internationale (généralement gratuite) en appelant le service clients de votre opérateur. Qui paie quoi ? La règle est la même chez tous les opérateurs. Lorsque vous utilisez votre téléphone français à l'étranger, vous payez la communication, que vous émettiez l'appel ou que vous le receviez. Dans le cas d'un appel reçu, votre correspon-

TARIFS DES DIFFÉRENTS OPÉRATEURS				
	Bouygues	**Orange (HT)**	**SFR**	**SFR Vodafone (option gratuite)**
Appel émis	2,30 €/min.	2,35 €/min.	2,90 €/min.	2,20 € + 0,37 €/min.
Appel reçu	1 €/min.	1,10 €/min.	1,40 €/min.	2,20 € par appel (jusqu'à 20 min.).
SMS	0,30 € – réception gratuite	0,29 € – réception gratuite	0,50 € pour les forfaits souscrits depuis le 12/03/2008, 0,30 € pour les autres – réception gratuite	0,30 € – réception gratuite

dant paie lui aussi, mais seulement le prix d'une communication locale. Tous les appels passés depuis ou vers l'étranger sont hors forfait, y compris ceux vers la boîte vocale. Le moins cher, c'est d'acheter un numéro prépayé dans n'importe quel kiosque et de changer de carte. Ainsi, vous rechargez votre compte au fur et à mesure de vos besoins. Il existe des cartes à partir de 500 dinars.

Autres moyens de téléphoner

Pas besoin de combiné mais d'un ordinateur et d'une connexion Internet pour téléphoner avec Skype ou MSN. Les deux personnes cherchant à entrer en contact doivent avoir téléchargé l'un de ces deux logiciels gratuits. L'utilisation est ensuite très simple : un micro, un casque et une webcam si vous en avez une, et vous pouvez discuter pendant des heures sans payer un centime (connexion Internet exceptée). Avec la multiplications des reseaux sans fil dans les cafés et les hôtels, c'est génial.

Cabines et cartes prépayées

▶ **Un système de cabines téléphoniques** s'est rapidement développé – 9 000 cabines construites en deux ans ! – et l'on en trouve presque partout. Les numéros importants sont le ℓ 901 pour les renseignements téléphoniques internationaux, le ℓ 99 pour l'intérieur du pays et, on ne sait jamais, le ℓ 987 pour l'aide urgente sur les routes.

▶ **Cartes prépayées.** Dans les bureaux de poste et les kiosques, vous pourrez vous procurer les cartes Halo de 300 dinars avec un crédit de 315 dinars. Hors de la localité, un appel vers une autre ville de Serbie coûtera 0,83 dinar la minute de 21h à 7h (et les dimanches durant

toute la journée) et 1,66 dinar le reste de la journée. Un appel vers la France coûte 20 dinars la minute – dans votre cabine, vous voyez le tarif défiler sur un compteur et vous êtes donc à l'abri des mauvaises surprises.

▶ **De France vers la Serbie :** la carte téléphonique Irradium Europe de l'Est permet de téléphoner vers ce pays à prix réduits : carte de 7,50 €/35 minutes, carte de 15 €/90 minutes (de fixe à fixe en journée). Carte disponible dans la plupart des kiosques téléphoniques privés en région parisienne et dans les grandes villes de province.

▶ **Dans les bureaux de poste.** C'est pratique car vous entrez dans la cabine et, dès la première impulsion, le tarif s'affiche et défile à toute vitesse ! Un appel vers la France coûte, depuis la poste, 40 dinars la minute

▶ **Dernière possibilité,** archaïque et non dépourvue d'un certain charme : les kiosques des grandes places centrales offrent parfois un poste téléphonique pour appeler en ville !

Skype et MSN

Pas besoin de combiné mais d'un ordinateur et d'une connexion Internet pour téléphoner avec Skype ou MSN. Les deux personnes cherchant à entrer en contact doivent avoir téléchargé l'un de ces deux logiciels gratuits. L'utilisation est ensuite très simple : un micro, un casque et une webcam si vous en avez une, et vous pouvez discuter pendant des heures sans payer un centime (connexion Internet exceptée). Attention, si vous voulez appeler sur un téléphone (fixe ou mobile) depuis Skype, il vous faudra créditer votre compte de 10 € minimum. Les tarifs sont néanmoins très avantageux.

S'informer

■ À VOIR – À LIRE ■

Librairies de voyage

Paris

■ ITINÉRAIRES
60, rue Saint-Honoré (1er)
✆ 01 42 36 12 63 – www.itineraires.com
itineraires@itineraires.com
M° Louvre-Rivoli
Ouvert du lundi au samedi de 10h à 19h. Depuis sa fondation en 1985, cette librairie est idéale pour s'évader, choisir sa destination, commencer à organiser son voyage, ou pour s'imprégner de la culture d'un pays avant d'y séjourner. Toutes les possibilités sont ici à combiner. Une sélection aussi complète que possible qui offre en guise d'horizon un panorama complet des pays du monde entier. Car cette librairie se dit elle-même dédiée à la connaissance des pays du monde, et le tout est tout simplement classé par pays. 3, 2, 1, partez ?

■ LIBRAIRIE EYROLLES PRATIQUE
63, boulevard Saint-Germain (5e)
✆ 01 46 34 82 75 – www.eyrolles.com
M° Maubert-Mutualité
ou Cluny-La Sorbonne et RER Saint-Michel
Ouvert de 9h30 à 19h30. Consacrée à la vie pratique, cette boutique se présente sur deux niveaux dont un entièrement dédié au tourisme. Voyageurs du monde, bienvenue au « paradis eyrollien ». Vous trouverez tout pour préparer votre escapade : cartes, guides, plans… Il ne vous reste plus qu'à prendre vos billets.

■ LIBRAIRIE LA GÉOGRAPHIE
184, boulevard Saint-Germain (6e)
✆ 01 45 48 03 82
www.librairie-la-geographie.com
livres@librairie-la-geographie.com
M° Saint-Germain ou Rue-du-Bac
Ouvert du lundi au samedi de 10h à 19h.
Il y en a pour tous les goûts dans cette librairie gérée par deux amoureux du voyage. Aux ouvrages couvrant les sujets de la Société de géographie s'ajoutent des récits de voyage et d'aventures, des guides touristiques, des écrits géopolitiques, des cartes, etc. Voici un endroit convivial où l'on découvre et discute… Et ça ne s'arrête pas là : le site Internet et son blog fourmillent d'informations sur l'actualité du monde.

■ LIBRAIRIE L'HARMATTAN
16 et 21, rue des Ecoles (5e)
✆ 01 40 46 79 10 – 01 46 34 13 71
www.editions-harmattan.fr
M° Maubert-Mutualité
Ouvert du lundi au samedi de 10h à 12h30 et de 13h30 à 19h.
Se consacrant essentiellement au continent africain, cette librairie propose toutefois de nombreux ouvrages sur l'Asie, l'Océanie, les pays de l'Est, le monde arabe et l'Amérique latine. Vous y trouverez littérature et études, dans des domaines aussi divers que la sociologie, l'anthropologie, l'analyse politique ou encore l'histoire.

■ LIBRAIRIE MARITIME OUTREMER
55, avenue de la Grande-Armée (16e)
✆ 01 45 00 17 99 – Fax : 01 45 00 10 02
www.librairie-outremer.com
M° Argentine
Ouvert du lundi au samedi de 10h à 19h.
La librairie de la rue Jacob a rallié les locaux de la boutique avenue de la Grande-Armée. Des ouvrages sur l'architecture navale, des manuels de navigation, des ouvrages de droit marin, les codes Vagnon, les cartes du Service hydrographique et océanique de la marine, des précis de mécanique pour les bateaux, des récits et romans sur la mer, des livres d'histoire de la marine… tout est là. Cette librairie constitue la référence dans ce domaine. Son catalogue est disponible sur Internet et en format papier à la boutique.

■ LE MONDE DES CARTES
50, rue de la Verrerie (4e)
✆ 01 43 98 80 00 – www.ign.fr
M° Hôtel-de-Ville
Ouvert du lundi au samedi de 11h à 19h.
Vous trouverez dans cette belle librairie pléthore de cartes (on n'est pas à l'Institut géographique national pour rien), guides de toutes éditions, beaux livres, méthodes de langues en version poche, ouvrages sur la météo, mappemondes, conseils pour les voyages… Les enfants ont droit à un coin rien que pour eux avec des ouvrages sur la nature, les animaux, les civilisations, etc. Quant aux amateurs d'ancien, ils pourront se procurer des reproductions de cartes datant pour certaines du XVIIe siècle.

■ ULYSSE
26, rue Saint-Louis-en-l'Ile (4e)
℃ 01 43 25 17 35 – www.ulysse.fr
M° Pont-Marie
Ouvert du mardi au samedi de 14h à 20h.
C'est le « kilomètre zéro du monde », comme le clame le slogan de la maison, d'où l'on peut en effet partir vers n'importe quelle destination grâce à un fonds extraordinaire de livres consacrés au voyage. Catherine Domain, la libraire et fondatrice depuis quarante ans de la librairie, est là pour vous aider dans votre recherche, notamment si vous voulez vous documenter avant d'entreprendre un court ou un long séjour. Membre de la Société des Explorateurs, du Club International des Grands Voyageurs, fondatrice du Cargo Club, du Club Ulysse des petites îles du monde et du Prix Pierre Loti, elle est vraiment une spécialiste du voyage. Vous trouverez ici aussi de nombreuses cartes non disponibles dans les librairies habituelles.

■ AU VIEUX CAMPEUR
2, rue de Latran (5e) ℃ 01 53 10 48 27
www.auvieuxcampeur.fr
M° Maubert-Mutualité
Ouvert du lundi au samedi : lundi, mardi, mercredi et vendredi de 11h à 19h30, samedi de 10h à 19h30, nocturne le jeudi jusqu'à 21h.
Les magasins Au Vieux Campeur disposent d'une librairie dédiée au tourisme sportif. Vous y trouverez guides, cartes, beaux livres, revues et un petit choix de vidéos principalement axés sur la France. Le premier étage met à l'honneur le sport, les exploits et découvertes. Vous pourrez vous y documenter sur l'escalade, le VTT, la plongée sous-marine, la randonnée, la voile, le ski... Commande possible par Internet.

Bordeaux

■ LATITUDE VOYAGE
13, rue du Parlement-Saint-Pierre
℃ 05 56 44 12 48
Latitude Voyage possède de nombreux guides culturels, touristiques, de randonnée mais également des cartes, beaux livres et de la littérature de voyage. Si vous hésitez devant les rayons, sachez que la librairie présente ses coups de cœur sur son site Internet. Vous pouvez aussi acheter vos livres en ligne (1 € de frais de port par exemplaire). Latitude Voyage accueille régulièrement des expositions et organise des soirées littéraires.

■ LIBRAIRIE DE VOYAGEURS DU MONDE
28, cours Mably
℃ 05 57 14 01 45 – www.vdm.com
Ouvert du mardi au samedi de 11h à 19h.

Tout comme ses homologues de Paris ou Marseille, la librairie propose un vaste choix de guides en français et anglais, de cartes géographiques et atlas, de récits de voyage et d'ouvrages thématiques. Egalement pour les voyageurs en herbe : des atlas, des albums et des romans d'aventures.

■ LA ROSE DES VENTS
40, rue Sainte-Colombe
Fax : 05 56 79 73 27
rdvents@hotmail.com
Ouvert du lundi au samedi de 10h à 12h30 et de 14h à 19h. Ouvrages littéraires et guides de nature garnissent les étagères de cette librairie aux côtés de cartes et guides touristiques. Le futur aventurier pourra consulter gratuitement des revues spécialisées. Lieu convivial, La Rose des Vents propose tous les jeudis soir des rencontres et conférences autour du voyage. Cette librairie fait maintenant partie du groupe Géothèque (également à Tours et Nantes).

Brest

■ LIBRAIRIE DES VOYAGEURS
14, rue Boussingault ℃ 02 98 33 61 72
Fax : 02 98 33 61 73 – www.georama.fr
Ouvert du lundi au samedi de 14h à 19h.
Repaire incontestable pour tous les voyageurs en partance, cette librairie propose guides, cartes, atlas, mappemondes, littérature et récits de voyage... à feuilleter en buvant un verre au coin café. Pour les bambins globe-trotteurs, des jeux pédagogiques sont disponibles.

Caen

■ HÉMISPHÈRES
15, rue des Croisiers ℃ 02 31 86 67 26
www.librairie-hemispheres.blogspot.com
Ouvert du mardi au samedi de 9h à 19h sans interruption. Dans cette librairie dédiée au voyage, les livres sont classés par pays : guides, plans de villes, littérature étrangère, ethnologie, cartes et topoguides pour la randonnée. Les rayons portent aussi un beau choix de livres illustrés et comprennent un rayon musique. Le premier étage allie littérature et gastronomie et des expositions de photos y sont régulièrement proposées.

Clermont-Ferrand

■ BOUTIQUE MICHELIN
2, place de la Victoire ℃ 04 73 90 20 50
www.michelin-boutique.com
michelin@mdsfrance.fr
Ouvert du mardi au samedi de 10h à 13h et de 14h à 19h, le lundi après-midi l'été.

Vous trouverez dans cette boutique toute la production Michelin, des Guides vert (en français, anglais ou allemand) aux Guides rouge en passant par les cartes France et étranger. Egalement bagagerie, articles de sport, vaisselles et tout le nécessaire pour vos voyages (du triangle au contrôleur de pression) et de nombreux produits dérivés.

Grenoble

■ LIBRAIRIE VOYAGEURS DU MONDE

16, boulevard Gambetta
✆ 04 76 85 95 97] www.vdm.com
Ouvert du mardi au samedi de 11h à 19h.
Tout comme ses homologues de Paris ou Marseille, la librairie propose un vaste choix de guides en français et anglais, de cartes géographiques et atlas, de récits de voyage et d'ouvrages thématiques... Egalement pour les voyageurs en herbe : des atlas, des albums et des romans d'aventures.

Lille

■ LIBRAIRIE AUTOUR DU MONDE

65, rue de Paris ✆ 03 20 78 19 33
www.autourdumonde.biz
Ouvert le lundi de 14h à 19h et du mardi au samedi de 10h à 19h.
Ouverte en 2006, cette librairie située au cœur du vieux Lille est tenue par un ancien professionnel du tourisme qui se fera un plaisir de vous conseiller. Romans, carnets de voyage, guides, cartes IGN, livres jeunesse, jeux et affiches remplissent les rayons de cette boutique. Pour s'y retrouver, c'est facile : les ouvrages sont rangés par continents, puis selon les quatre points cardinaux. Vous partez en Islande ? Rendez-vous au nord-ouest du magasin. Possibilité de commande sur le site de la librairie.

■ LIBRAIRIE VOYAGEURS DU MONDE

147, boulevard de la Liberté
✆ 03 20 06 76 30
Fax : 03 20 06 76 31 – www.vdm.com
Ouvert du lundi au samedi de 10h à 19h. La librairie de Voyageurs du Monde lilloise est située dans le centre-ville. Elle compte pas moins de 14 000 références, livres et cartes, uniquement consacrées à la découverte de tous les pays du monde, de l'Albanie au Zimbabwe en passant par la Chine.

Lyon

■ RACONTE-MOI LA TERRE

14, rue du Plat (2e) ✆ 04 78 92 60 22
www.racontemoilaterre.com
librairie2@racontemoilaterre.com

Ouvert le lundi de midi à 19h30 et du mardi au samedi de 10h à 19h30.
Restaurant « exotique », cette librairie s'ouvre sur le monde des voyages. Les vendeurs vous conseillent et vous emmènent jusqu'à l'ouvrage qui vous convient. Ethnographes, juniors, baroudeurs, Raconte-moi la Terre propose de quoi satisfaire tous les genres de voyageurs.

▶ **Autre adresse :** Décathlon, 332, avenue Général-de-Gaulle, Bron.

■ AU VIEUX CAMPEUR

72, cours de la Liberté (3e)
✆ 04 78 60 81 00
www.auvieuxcampeur.fr
Ouvert du mardi au vendredi de 11h à 19h30, le samedi de 10h à 19h et le lundi de 11h à 19h.
Les magasins Au Vieux Campeur disposent d'une librairie dédiée au tourisme sportif. Vous y trouverez guides, cartes, beaux livres, revues et un petit choix de vidéos principalement axés sur la France. Commande possible par Internet.

Marseille

■ AU VIEUX CAMPEUR

255, avenue du Prado (1er)
✆ 04 91 16 30 30
Fax : 04 91 16 30 59
www.auvieuxcampeur.fr
infos@auvieuxcampeur.fr
Ouvert du mardi au vendredi de 10h30 à 19h30, le samedi de 10h à 19h et le lundi de 10h30 à 19h.
Les magasins Au Vieux Campeur disposent d'une librairie dédiée au tourisme sportif. Vous y trouverez guides, cartes, beaux livres, revues et un petit choix de vidéos principalement axés sur la France.

■ LIBRAIRIE DE LA BOURSE – MAISON FREZET

8, rue Paradis (1er) ✆ 04 91 33 63 06
Ouvert le lundi de 14h à 19h et du mardi au samedi de 8h45 à 12h15 et de 13h45 à 19h.
Cette librairie fondée en 1876 propose plans, cartes et guides touristiques du monde entier. Terre, mer, montagne ou campagne, tous les environnements se trouvent parmi les centaines d'ouvrages proposés. Si jamais l'idée vous tente de partir à l'aventure, rien ne vous empêche de vérifier votre thème astral ou de vous faire tirer les cartes avec tout le matériel ésotérique et astrologique également disponible.

■ **LIBRAIRIE MARITIME OUTREMER**
26, quai Rive-Neuve (1er)
✆ 04 91 54 79 40
Fax : 04 91 54 79 49
www.librairie-maritime.com
webmaster@librairie-maritime.com
Ouvert du mardi au vendredi de 9h à 12h30 et
de 14h à 18h30, le samedi de 10h à 12h30 et
de 15h à 18h30.
Que vous ayez le pied marin ou non, cette
librairie vous ravira tant elle regorge d'ouvrages
sur la mer. Ici, les histoires sont envoûtantes,
les images incroyables… De quoi se mettre à
rêver sans même avoir jeté l'ancre !

Montpellier

■ **LES CINQ CONTINENTS**
20, rue Jacques-Cœur
✆ 04 67 66 46 70
Fax : 04 67 66 46 73
www.lescinqcontinents.com
contact@lescinqcontinents.com
Ouvert le lundi de 13h à 19h et de 10h à 19h
du mardi au samedi.
Les libraires globe-trotters de cette boutique
vous aideront à faire le bon choix parmi les
nombreux ouvrages des cinq continents.
Récits de voyage, guides touristiques, livres
d'art, cartes géographiques et autres livres de
cuisine ou musicaux vous permettront de mieux
connaître divers pays du monde et régions de
France. Régulièrement, la librairie organise
des rencontres et animations (programme
trimestriel disponible sur place).

Nantes

■ **LIBRAIRIE VOYAGEURS DU MONDE**
1 3, rue des Bons Français
✆ 02 40 20 64 39
www.vdm.com
Ouvert du mardi au samedi de 11h à 19h.
Tout comme ses homologues de Paris ou
Marseille, la librairie propose un vaste choix
de guides en français et anglais, de cartes
géographiques et atlas, de récits de voyage et
d'ouvrages thématiques. Egalement pour les
voyageurs en herbe : des atlas, des albums
et des romans d'aventures.

Nice

■ **LIBRAIRIE DE VOYAGEURS DU MONDE**
4, rue du Maréchal-Joffre
✆ 04 97 03 64 65
Fax : 04 97 03 64 60
www.vdm.com

Ouvert de 10h à 19h du lundi au samedi.
Les librairies de Voyageurs du Monde
travaillent en partenariat avec plusieurs
instituts géographiques à travers le monde
et également quelques éditeurs privés. Elles
proposent tous les ouvrages utiles pour devenir
un voyageur averti !

Rennes

■ **ARIANE LIBRAIRIE**
DE VOYAGE
20, rue Capitaine-Dreyfus
✆ 02 99 79 68 47
Fax : 02 99 78 27 59
www.librairie-voyage.com
Ouvert tous les jours de 9h30 à 12h30 et de
14h à 19h, fermé le lundi matin.
En France, en Europe, à l'autre bout du monde,
plutôt montagne ou résolument mer, forêts
luxuriantes ou déserts arides… quelle que
soit votre envie, chez Ariane, vous trouverez
de quoi vous documenter avant de partir. De
la boussole aux cartes routières et marines,
en passant par les guides de voyage, plans
et articles de trekking, vous ne repartirez
certainement pas sans avoir trouvé votre
bonheur.

Strasbourg

■ **AU VIEUX CAMPEUR**
32, rue du 22-Novembre
www.auvieuxcampeur.fr
Ouvert du mardi au vendredi de 11h à 19h30,
le samedi de 10h à 19h et le lundi de 11h
à 19h.
Les magasins Au Vieux Campeur disposent
d'une librairie dédiée au tourisme sportif. Vous
y trouverez guides, cartes, beaux livres, revues
et un petit choix de vidéos principalement
axés sur la France.

Toulouse

■ **AU VIEUX CAMPEUR**
23, rue de Sienne
Labège-Innopole
www.auvieuxcampeur.fr
infos@auvieuxcampeur.fr
Ouvert du mardi au vendredi de 11h à 19h30,
le samedi de 10h à 19h et le lundi de 11h
à 19h.
Les magasins Au Vieux Campeur disposent
d'une librairie dédiée au tourisme sportif. Vous
y trouverez guides, cartes, beaux livres, revues
et un petit choix de vidéos principalement
axés sur la France.

■ **OMBRES BLANCHES**
48-50, rue Gambetta
℃ 05 34 45 53 33
Fax : 05 61 23 03 08
www.ombres-blanches.fr
info@ombres-blanches.fr
Ouvert du lundi au samedi de 10h à 19h, le samedi de 10h à 19h30.
Cette librairie est la petite sœur de la grande Ombres Blanches d'à côté. Dans cet espace spécialisé dans les voyages et le tourisme, vous trouverez beaux livres, récits de voyage, cartes de rando et de montagne, livres de photos… Le voyage avant même d'avoir quitté sa ville !

Tours

■ **LA GÉOTHÈQUE, LE MASQUE ET LA PLUME**
14, rue Néricault-Destouches
℃ 02 47 05 23 56
Fax : 02 47 20 01 31
www.geotheque.com
geotheque-tours@geotheque.com
Ouvert du mardi au samedi de 10h à 12h30 et de 14h à 19h.
Totalement destinée aux globe-trotters, cette librairie possède une très large gamme de guides et de cartes pour parcourir le monde. Et que les navigateurs des airs ou des mers sautent sur l'occasion : la librairie leur propose aussi des cartes, manuels, CD-ROM et GPS.

Belgique

■ **LIBRAIRIE ANTICYCLONE DES AÇORES**
34, rue Fossé-aux-Loups
Bruxelles
℃ +32 2 217 52 46
On va dans cette librairie située près de la Bourse pour ses guides et ses beaux livres mais surtout pour son large choix cartographique. Cartes topographiques, de randonnée, cyclotouristiques, plans de villes, cartes et atlas routiers, globes terrestres : vous ne vous lasserez pas de vous perdre dans les rayons de l'Anticyclone des Açores.

■ **LIBRAIRIE PEUPLES ET CONTINENTS**
17-19, Galerie Ravenstein, Bruxelles
℃ +32 2 511 27 75
Fax : +32 2 514 57 20
www.peuplesetcontinents.com
info@peuplesetcontinents.com
Ouvert du mardi au vendredi de 9h à 18h et le samedi de 10h à 18h.

Cette librairie indépendante propose guides de voyage et de randonnée, cartes routières, plans de villes, lexiques de conversation, guides d'identification botanique, atlas animaliers. Parmi plus de 5 000 titres, vous trouverez aussi des livres d'art sur les civilisations, des récits de voyage, historique, d'ethnologie, d'anthropologie et des beaux livres sur tous les pays du monde. Le tout en français, néerlandais ou anglais.

Québec

■ **LIBRAIRIE ULYSSE**
4176, rue Saint-Denis
560, rue Président-Kennedy
Montréal
℃ +1 514 843 9447 – +1 514 843 7222
La librairie des guides éponymes. Vous y trouverez près de 10 000 cartes et guides Ulysse en français et en anglais.

Suisse

■ **LIBRAIRIE LE VENT DES ROUTES**
50, rue des Bains, Genève
℃ +41 22 800 33 81
www.vdr.ch
info@vdr.ch
Le Vent des Routes réunit sous le même toit une librairie, une agence de voyages et un café-restaurant. Vous y trouverez guides, cartes, romans, idées de voyage et des libraires très disponibles qui vous feront part de leurs livres coup de cœur.

Bibliographie

Histoire et politique des Balkans et de la Serbie

▶ *Histoire des Balkans,* de Georges Castellan. Fayard, 1999. Une somme historique qui vous familiarisera avec cette région.

▶ *Milošević, la diagonale du fou,* Florence Hartmann. Denoël, 1999. Une référence sur Milošević.

▶ *The Serbs, history, myth and destruction of Yougoslavia,* Yale university Press, 1997. Une mise en perspective de la Serbie par une référence anglo-saxonne.

▶ *Radiographie d'un nationalisme,* Nebojša Popov (sous la direction de) L'atelier, 1998. Une analyse pointue du nationalisme serbe.

▶ *La Serbie, du prince Miloš à Milošević,* Yves Tomić. Bruxelles, PIE Peter Lang 2003. Un bel essai d'histoire.

Sur le Kosovo

▶ *Le piège du Kosovo*, Jean-Arnault Dérens. Non Lieu 2008. Le plus récent des essais sur ce qui a conduit à la situation actuelle.

▶ *Balkans, la crise*, de Jean-Arnault Dérens. Folio 2000. L'analyse la plus neutre de la situation politique.

▶ *Kosovo, a short History*, Noel Malcolm, Pan books 2002. Le livre de référence sur l'histoire du Kosovo par un historien reconnu.

▶ *La Traque, les criminels de guerre et moi*, de Carla Delponte. Editions Héloïse d'Ormesson, 2009.

Récits de voyage

▶ *Agneau noir et faucon gris*, de Rebecca West. L'Age d'Homme, 2000. Les pérégrinations à travers la Serbie et le Monténégro, en 1937, d'une romancière anglaise de renom. Instructif sur les mentalités et les paysages.

▶ *Balkans-Transit*, de François Maspero. Seuil 1997. Plusieurs voyages à travers ces régions pendant les guerres des années 1990.

Romans et nouvelles

▶ *Migrations*, de Miloš Crnijanski. L'Age d'Homme 1990. Une fresque historique sur le destin des Serbes sous les Ottomans. Prix du meilleur roman étranger 1986.

▶ *Jardin, cendre*, de Danilo Kiš. Gallimard 1983. Les péripéties de la guerre de 1940 en Voïvodine.

▶ *Le Dictionnaire khazar*, de Milorad Pavić. Belfond 1990. Un incroyable voyage à travers les mythes du peuple khazar, comme reflet des contradictions balkaniques. L'un des meilleurs romans de ces vingt dernières années en Serbie.

▶ *L'usage de L'homme*, d'Alexandre Tišma. Editions l'Age d'Homme 1985. Un classique. Le tournant de la Seconde Guerre mondiale en Voïvodine.

▶ *Un jardin couleur de mauve*, de Branko Ćopić. L'Age d'Homme 2005. Ćopić, l'un des écrivains serbes les plus purs revisite son enfance.

▶ *Anthologie de la nouvelle serbe*. Réunit par Milivoj Srebro. Edition Gaïa. Une référence. Le meilleur recueil en langue française de nouvelles. Tous les grands auteurs serbes sont réunis dans un même livre.

▶ *Le roman de Belgrade*, de Jean-Christophe Buisson rédacteur en chef « culture » du Figaro Magazine, Editions du Rocher, 2010. Le livre retrace magnifiquement le destin tumultueux de la ville et en capture l'âme dans ses moindres détails. Du même auteur : *Le Goût de Belgrade*, Mercure de France 2006 et *Héros trahi par les Alliés, le général Mihailović* (essai biographique), Perrin, qui lui a valu les prix Henri-de-Régnier de l'Académie française et le prix Auguste-gérard de l'Académie des sciences morales et politiques.

▶ **Biljana Srbljanović, drames :** *Trilogie de Belgrade*, *Histoires de famille*, Arche, 2002, *La chute, Supermarket, Amérique, suite*, Arche,2004, *Sauterelles*, Arche, 2006, *Barbello*, Arche, 2008, La mort n'est pas un vélo pour qu'on puisse te le voler, 2011 (pas encore traduit) etc. Auteur de théâtre de succès, ses pièces sont produites à travers toute l'Europe.

▶ *Millénaire à Belgrade*, de Vladimir Pištalo, éd. Phébus, 2008. Un roman surréaliste à la Kusturica, qui a connu un grand succès en France et dont la traduction a figuré parmi les meilleurs titres présélectionnés pour la prestigieuse récompense du prix Femina du meilleur roman traduit en français de l'année 2008. Pour son roman Tesla, portret među maskama (*Tesla, un portrait parmi les masques*), pas encore traduit en français, Pištalo a remporté le prix NIN, une prestigieuse récompense littéraire, du meilleur roman pour l'année 2008.

Cartographie

En France, seules les cartes Michelin des Balkans occidentaux (Croatie, Serbie, Bosnie, Monténégro et Macédoine) incluent la Serbie. Pour trouver une carte routière spécifique de Serbie, il faudra être sur place. L'éditeurs www. intersistem.rs se détache des trois autres, ses cartes sont clairement détaillées. Vous les trouvez dans toutes les librairies, station de services, bureaux d'information touristiques et les grands étalages de presse à Belgrade et dans les grandes villes, sur leurs artères principales.

▶ **Kosovo :** les cartes serbes incluent le Kosovo. Pas vraiment détaillées et surtout qui mentionnent encore tous les lieux selon leur nom serbe. Pas facile donc dans la plupart des cas de s'y retrouver et… de demander son chemin. Si vous visitez le Kosovo, il sera utile d'acheter une carte du Kosovo à Priština.

■ AVANT SON DÉPART

Le rôle principal de l'ambassade est de s'occuper des relations entre les Etats, tandis que la section consulaire est responsable de sa communauté de ressortissants. Ainsi, pour tout problème concernant les papiers d'identité, la santé, le vote, la justice ou l'emploi, il faut s'adresser à la section consulaire de son pays.

En cas de perte ou de vol de papiers d'identité, le consulat délivre un laissez-passer pour permettre uniquement le retour dans le pays d'origine, par le chemin le plus court. Il faut, bien entendu, avoir préalablement déclaré la perte ou le vol auprès des autorités locales.

■ AMBASSADE DE SERBIE
5, rue Leonard de Vinci (16e) Paris
✆ 01 40 72 24 24
Fax : 01 40 72 24 11
www.amb-serbie.fr
ambasadapariz@wanadoo.fr

■ SUR PLACE

■ AMBASSADE DE FRANCE
11 Pariska (Париска), Belgrade

✆ +381 11 302 3500
Voir la rubrique Belgrade.

■ MAGAZINES ET ÉMISSIONS

Presse

■ BALADES
✆ 04 34 80 00 00
www.balades-france.fr
info@promo-presse.fr
Bimestriel national. Prix au numéro : 5,50 €.
Depuis 1992, Balades est devenu le magazine à destination des randonneurs. Randonnées, balades, découverte de la France, de son terroir mais également de son patrimoine et de ses rubriques pratiques, l'équipement, questions santé ou bien encore agenda des saisons et sélection de livres sont au programme de cette revue diffusée nationalement. Des dossiers aventures, économie du Tourisme, destinations étrangères, environnement, gastronomie mais aussi high tech, Histoire, hôtellerie, loisirs, nature, nutrition, etc. viennent régulièrement enrichir le contenu de ce magazine incontournable pour tout randonneur qui se respecte.

■ COURRIER INTERNATIONAL
www.courrierinternational.com
Hebdomadaire regroupant les meilleurs articles de la presse internationale en version française.

■ GÉO
www.geo.fr
Le mensuel accorde une large place aux reportages photographiques. Il propose aussi des articles et actualités, l'ensemble étant désormais imprimé sur du papier provenant de forêts gérées durablement.

■ GRANDS REPORTAGES
www.grands-reportages.com
info@grands-reportages.com
Le magazine de l'aventure et du voyage propose des dossiers, reportages photo et articles divers sur les peuples, civilisations, paysages et monuments. Chaque sujet est complété par un important volet pratique pour préparer son voyage.

■ PETIT FUTÉ MAG
www.petitfute.com
Notre journal bimestriel vous offre une foule de conseils pratiques pour vos voyages, des interviews, un agenda, le courrier des lecteurs… Le complément parfait à votre guide !

■ RANDOS-BALADES
www.randosbalades.fr
info@promo-presse.fr
Magazine mensuel sur les randonnées en France et à l'étranger. L'approche est thématique (sentiers du littoral, itinéraires sauvages, thèmes culturels…) et la publication est riche en actualités, trucs et astuces, tests matériels, fiches topographiques et, bien sûr, en guides de randonnée.

ORGANISER SON SÉJOUR

■ TERRE SAUVAGE

www.terre-sauvage.com

courrier@terre-sauvage.com

Ce mensuel est spécialisé dans la faune et la flore sauvages. Au sommaire : des aventures dans le sillage des expéditions scientifiques, la découverte des écosystèmes, des enquêtes sur la protection de l'environnement ou encore des rubriques plus pratiques avec, par exemple, des conseils photo.

■ ULYSSE

www.ulyssemag.com

Ce magazine culturel du voyage est édité par *Courrier International*. Huit numéros par an pour découvrir le monde, avec une large place accordée à la photographie.

Radio

■ RADIO FRANCE INTERNATIONALE

www.rfi.fr

89 FM à Paris. Pour vous tenir au courant de l'actualité du monde partout sur la planète.

Télévision

■ ESCALES

℮ 01 49 22 20 01

www.escalestv.fr – escales@groupe-ab.fr

Chaîne thématique. Depuis avril 1996, Escales est une des chaînes dédiées à l'évasion et de la découverte par le voyage. Rattachée au groupe AB, la programmation est constituée de séries documentaires et de rediffusions d'émissions axées aussi bien sur le national et ses régions, que des destinations lointaines à travers de nombreux thèmes (agenda, bons plans, art de vivre, bien-être, aventure, croisière mais aussi gastronomie, loisirs, nature, patrimoine, culture, etc.). Escales s'est entre autres donné pour objectif de servir de guide aux touristes voyageurs ; objectif largement atteint.

■ FRANCE 24

www.france24.com

Chaîne d'information en continu, France 24 apporte 24h/24 et 7j/7, un regard nouveau à l'actualité internationale. Diffusée en 3 langues (français, anglais, arabe) dans plus de 160 pays, la chaîne est également disponible sur internet (www.france24.com) et les mobiles, pour vous accompagner tout au long de vos voyages.

■ LIBERTY TV

www.libertytv.com

Cette chaîne non cryptée propose des reportages sur le monde entier et un journal sur le tourisme toutes les heures. La « télé des vacances » met aussi en avant des offres de voyages et promotions touristiques toutes les 15 minutes.

■ PLANÈTE

www.planete.tm.fr

Depuis plus de 20 ans, Planète propose de découvrir le monde, ses origines, son fonctionnement et son probable devenir avec une grille de programmation documentaire éclectique : civilisation, histoire, société, investigation, reportages animaliers, faits divers, etc.

■ TV5 MONDE

www.tv5.org

La chaîne de télévision internationale francophone diffuse des émissions de ses partenaires nationaux (France Télévisions, RTBF, TSR et CTQC) et ses propres programmes.

■ USHUAÏA TV

www.ushuaiatv.fr

La chaîne découlant du magazine éponyme a un slogan clair : « Mieux comprendre la nature pour mieux la respecter ». Elle se veut télévision du développement durable et de la protection de la planète et propose nombre de documentaires, reportages et enquêtes.

■ VOYAGE

www.voyage.fr – info@voyage.fr

Terres méconnues ou inconnues, grands espaces et mégapoles, lieux incontournables ou insolites, cultures et nouvelles tendances : Voyage TV vous propose d'explorer le monde dans toute sa richesse à l'aide de documentaires ou en compagnie de guides éclairés.

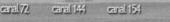

Comment partir ?

PARTIR EN VOYAGE ORGANISÉ

Voyagistes

Spécialistes

Vous trouverez ici les tour-opérateurs spécialisés dans votre destination. Ils produisent eux-mêmes leurs voyages et sont généralement de très bon conseil car ils connaissent la région sur le bout des doigts. A noter que leurs tarifs se révèlent souvent un peu plus élevés que ceux des généralistes.

■ ACCENT DE L'EST

Pragomedia, Audabiac 30, Lussan
✆ +33 1 80 92 60 05 – Fax : 04 66 72 70 71
www.accent-de-lest.com
info@accentdelest.com
Cette agence de voyages se spécialise dans les pays d'Europe centrale et de l'Est : Croatie, Hongrie, Pays baltes, Pologne, République tchèque, Roumanie, Russie, Slovénie, Ukraine, Bulgarie, Ouzbékistan. Elle propose des circuits individuels, en groupe, avec ou sans hébergement, ou location de voiture.

■ AMSLAV

60, rue de Richelieu (2e) Paris
✆ 01 44 88 20 40 – Fax : 01 44 82 02 75
www.amslav.com – info@amslav.com
Amslav vous propose des forfaits vols + hébergement (sélection d'hôtels de 3 à 5 étoiles) en direction de plusieurs pays d'Europe de l'Est. Vous pouvez bénéficier de services supplémentaires : guide francophone, billets d'opéra, de concert ou de spectacle, transferts, etc. Week-ends à Belgrade et circuits à travers le pays sont proposés à destination de la Serbie.

■ CLIO

34, rue du Hameau (15e) Paris
✆ 08 92 70 04 74 – www.clio.fr
Le tour-opérateur Clio, inspiré par la muse de l'Histoire, vous emmène à la découverte du Monténégro à travers plusieurs circuits. « Serbie et Monténégro : monastères, forteresses et bouches de Kotor » permet notamment de s'attarder plus longtemps dans le pays.

■ SLAV'TOURS

Orléans ✆ 02 38 77 07 00
www.slavtours.com
slavtours@slavtours.com

Ce grand spécialiste de l'Europe centrale propose une large gamme de produits pour composer son voyage à Belgrade et dans toute la Serbie : transports (avion, bus, bateau et indication pour un trajet en voiture), transferts, transports locaux, une sélection d'hébergements, mais également la visite de villes et des excursions.

Généralistes

Vous trouverez ici les tour-opérateurs dits « généralistes ». Ils produisent des offres et revendent le plus souvent des produits packagés par d'autres sur un large panel de destinations. S'ils délivrent des conseils moins pointus que les spécialistes, ils proposent des tarifs généralement plus attractifs.

■ ABCVOYAGE

www.abcvoyage.com
Regroupe les soldes de tous les voyagistes avec des descriptifs complets pour éviter les surprises. Les dernières offres saisies sont accessibles immédiatement à partir des listes de dernière minute. Le serveur est couplé au site www.airway.net qui propose des vols réguliers à prix réduits, ainsi que toutes les promotions et nouveautés des compagnies aériennes.

■ ANYWAY

60, rue de Prony (17e) Paris
✆ 0 892 302 301
www.anyway.com – info@arkno.com
Anyway propose des vols secs à tarifs réduits, un grand choix d'hôtels toutes catégories, des bons plans week-end et une assistance à distance pour les frais médicaux à l'étranger... Anyway ce sont plus de 800 destinations dans le monde à prix vraiment très futés.

■ EXPEDIA FRANCE

✆ 0 892 301300 – www.expedia.fr
Expedia est le site français du n° 1 mondial du voyage en ligne. Un large choix de 500 compagnies aériennes, 105 000 hôtels, plus de 5 000 stations de prise en charge pour la location de voitures et la possibilité de réserver parmi 5 000 activités sur votre lieu de vacances. Cette approche sur mesure du voyage est enrichie par une offre très complète comprenant prix réduits, séjours tout compris, départs à la dernière minute...

■ DEGRIFTOUR

✆ 0 899 78 50 00 – www.degriftour.fr
Vols secs, hôtels, location de voiture, séjours clé en main ou sur mesure... Degriftour s'occupe de vos vacances de A à Z, à des prix très compétitifs.

■ DEPART GARANTI

37, boulevard des Capucines (2e) Paris
✆ 01 44 89 81 81
www.departgaranti.com
Départ Garanti propose des circuits à travers le monde, des croisières, des week-ends et des séjours à destination de tous pays. Hébergement en hôtels 3 et 4-étoiles.

■ GO VOYAGES

✆ 0 899 651 951
www.govoyages.com
Go Voyages propose le plus grand choix de vols secs, charters et réguliers, au meilleur prix, au départ et à destination des plus grandes villes. Possibilité également d'acheter des packages sur mesure « vol + hôtel » et des coffrets cadeaux. Grand choix de promotions sur tous les produits sans oublier la location de voitures. La réservation est simple et rapide, le choix multiple et les prix très compétitifs.

■ LASTMINUTE

✆ 04 66 92 30 29
www.lastminute.fr
Des vols secs à prix négociés, dégriffés ou publics sont disponibles sur Lastminute. On y trouve également des week-ends, des séjours, de la location de voiture... Mais surtout, Lastminute est le spécialiste des offres de dernière minute permettant ainsi aux vacanciers de voyager à petits prix. Que ce soit pour un week-end ou une semaine, une croisière ou simplement un vol, des promos sont proposées et renouvelées très régulièrement.

■ OPODO

✆ 0 899 653 656
www.opodo.fr
Pour préparer votre voyage, Opodo vous permet de réserver au meilleur prix des vols de plus de 500 compagnies aériennes, des chambres d'hôtels parmi plus de 45 000 établissements et des locations de voitures partout dans le monde. Vous pouvez également y trouver des locations saisonnières ou des milliers de séjours tout prêts ou sur mesure ! Des conseillers voyages à votre écoute 7 jours/7 de 8h à 23h du lundi au vendredi, de 9h à 19h le samedi et de 11h à 19h le dimanche.

ORGANISER SON SÉJOUR

■ PROMOVACANCES

℗ 0 899 654 850

www.promovacances.com

Promovacances propose de nombreux séjours touristiques, des week-ends, ainsi qu'un très large choix de billets d'avion à tarifs négociés sur vols charters et réguliers, des locations, des hôtels à prix réduits. Egalement, des promotions de dernière minute, les bons plans du jour. Informations pratiques pour préparer son voyage : pays, santé, formalités, aéroports, voyagistes, compagnies aériennes.

■ THOMAS COOK

℗ 0 826 826 777

www.thomascook.fr

Tout un éventail de produits pour composer son voyage : billets d'avion, location de voitures, chambres d'hôtel... Thomas Cook propose aussi des séjours dans ses villages-vacances et les « 24 heures de folies » : une journée de promos exceptionnelles tous les vendredis. Leurs conseillers vous donneront des conseils utiles sur les diverses prestations des voyagistes.

■ TRAVELPRICE

℗ 0 899 78 50 00

www.travelprice.com

Un site Internet très complet de réservations en ligne pour préparer votre voyage : billets d'avion et de train, hôtels, locations de voitures, billetterie de spectacles. En ligne également : de précieux conseils, des informations pratiques sur les différents pays, les formalités à respecter pour entrer dans un pays.

Sites comparateurs et enchères

Plusieurs sites permettent de comparer les offres de voyages (packages, vols secs, etc.) et d'avoir ainsi un panel des possibilités et donc des prix. Ils renvoient ensuite l'internaute directement sur le site où est proposée l'offre sélectionnée.

■ EASYVOYAGE

www.easyvoyage.com

contact@easyvoyage.fr

Le concept d'Easyvoyage.com peut se résumer en trois mots : s'informer, comparer et réserver. Des infos pratiques sur quelque 255 destinations en ligne (saisonnalité, visa, agenda...) vous permettent de penser plus efficacement votre voyage. Après avoir choisi votre destination de départ selon votre profil (famille, budget...), Easyvoyage.com vous offre la possibilité d'interroger plusieurs sites à la fois concernant les vols, les séjours ou les circuits. Enfin grâce à ce méta-moteur performant, vous pouvez réserver directement sur plusieurs bases de réservation (Lastminute, Go Voyages, Directours, Anyway... et bien d'autres).

■ ILLICOTRAVEL

www.illicotravel.com

commercial@illicotravel.com

Illicotravel permet de trouver le meilleur prix pour organiser vos voyages autour du monde. Vous y comparerez les billets d'avion, hôtels, locations de voitures et séjours. Ce site très simple offre des fonctionnalités très utiles comme le baromètre des prix pour connaître les meilleurs prix sur les vols à plus ou moins 8 jours. Le site propose également des filtres permettant de trouver facilement le produit qui répond à tous vos souhaits (escales, aéroport de départ, circuit, voyagiste...).

■ KELKOO

www.kelkoo.fr

Ce site vous offre la possibilité de comparer les tarifs de vos vacances. Vols secs, hôtels, séjours, campings, circuits, croisières, ferries, locations, thalassos : vous trouverez les prix des nombreux voyagistes et pourrez y accéder en ligne grâce à Kelkoo.

■ LILIGO

www.liligo.com

Liligo interroge agences de voyage, compagnies aériennes (régulières et low cost), trains (TGV, Eurostar...), loueurs de voiture mais aussi 250 000 hôtels à travers le monde pour vous proposer les offres les plus intéressantes du moment. Les prix sont donnés TTC et incluent donc les frais de dossier, d'agence... Le site comprend aussi deux thématiques : « week-end » et « ski ».

■ LOCATIONDEVOITURE.FR

www.locationdevoiture.fr

Le site compare toutes les offres de 8 courtiers en location de voitures, des citadines aux monospaces en passant par les cabriolets et 4x4. Vous avez le choix parmi 6 123 villes différentes réparties dans 130 pays. En plus du prix, l'évaluation de l'assurance et les avis clients sont affichés pour chacune des offres. Plus qu'un simple comparateur, vous pouvez réserver en ligne ou par téléphone. En outre, le site propose des circuits en voiture dans chaque pays, remplissant ainsi parfaitement son rôle d'agence de voyage. C'est la garantie du prix et du service !

■ MYZENCLUB

www.myzenclub.com
Le site recense les meilleures offres des voyagistes en ligne les plus importants. Myzenclub vous informe des bons plans et des promotions trouvées parmi toutes les agences pour vos vacances en France et à l'étranger, hôtels, croisières, thalasso, vols... L'inscription est gratuite.

■ PRIX DES VOYAGES

www.prixdesvoyages.com
Ce site est un comparateur de prix de voyages, permettant aux internautes d'avoir une vue d'ensemble sur les diverses offres de séjours proposées par des partenaires selon plusieurs critères (nombre de nuits, catégories d'hôtel, prix, etc.). Les internautes souhaitant avoir plus d'informations ou réserver un produit sont ensuite mis en relation avec le site du partenaire commercialisant la prestation. Sur Prix des Voyages, vous trouverez des billets d'avion, des hôtels et des séjours.

■ SPRICE

www.sprice.com – question@sprice.com
Un site qui gagne à être connu. Vous pourrez y comparer vols secs, séjours, hôtels, locations de voitures ou biens immobiliers, thalassos et croisières. Le site débusque aussi les meilleures promos du Web parmi une cinquantaine de sites de voyages. Un site très ergonomique qui vous évitera bien des heures de recherches fastidieuses.

■ VOYAGER MOINS CHER

www.voyagermoinscher.com
contact@voyagermoinscher.com
Ce site référence les offres de près de 100 agences de voyages et tour-opérateurs parmi les plus réputés du marché et donne ainsi accès à un large choix de voyages, de vols, de forfaits « vol + hôtel », de locations, etc. Il est également possible d'affiner sa recherche grâce au classement par thèmes : thalasso, randonnée, plongée, All Inclusive, voyages en famille, voyages de rêve, golf ou encore départs de province.

■ PARTIR SEUL

En avion

Le prix moyen d'un vol aller/retour Paris-Belgrade est d'environ 240 € jusqu'à 480 € (Air France propose même des billets à plus de 1 000 €). À noter que la variation des prix dépend de la compagnie empruntée, du délai de réservation, si il y a escale ou non, mais surtout des dates. Pour obtenir des tarifs intéressants, il est indispensable de vous y prendre très en avance et d'être flexible sur les dates de départ et de retour. Si vous pouvez acheter vos billets six mois avant le départ, alors vous pouvez avoir de bons tarifs.

Principales compagnies desservant la Serbie

▶ **Pour connaître le degré de sécurité** de la compagnie aérienne que vous envisagez d'emprunter, rendez-vous sur le site Internet www.securvol.fr ou sur celui de la Direction générale de l'aviation civile : www.dgac.fr

■ ADRIA AIRWAYS

94, rue St-Lazare
Escalier A, 2e étage (9e) Paris
✆ 01 47 42 95 00
Fax : 01 47 42 00 67
www.adria.si – adr.paris@adria.si

Adria Airways propose deux vols quotidiens entre Paris et Ljubljana puis vers d'autres capitales des Balkans (Belgrade, Sarajevo, Pristina, Skopje, Podgorica) : départ à 10h15, arrivée à 12h05 et départ à 20h40, arrivée à 22h35.

■ AIR FRANCE

✆ 36 54 (0,34 €/min. d'un poste fixe)
www.airfrance.fr
Air France propose deux vols quotidiens au départ de CDG à destination de Belgrade. Le vol est direct, comptez 2 heures 15 de trajet. Départ tous les jours à 9h35 et à 12h35.

■ EASYJET

✆ 0 826 10 26 11 – www.easyjet.com
La compagnie annonce qu'elle opèrera des vols directs de Paris vers Belgrade à partir de 2012.

■ JAT AIRWAYS

11, rue Vignon (8e) Paris
✆ 01 42 66 32 39 – Fax : 01 42 68 03 89
www.jat.com – e-commerce@jat.com
La compagnie serbe propose au départ de Paris CDG tous les jours un vol pour Belgrade. Départ à 13h de Paris, arrivée à 15h20 dans la capitale serbe.

JE
CROIS EN
TOI

COLLECTE NATIONAL
BP455 PARIS

www.secours-catholique.c

Secours Catholiqu
Réseau mondial **Caritas**

Être près de ceux qui sont loin de tout

Aéroports

■ BEAUVAIS
✆ 08 92 68 20 66
www.aeroportbeauvais.com
service.clients@aeroportbeauvais.com

■ BORDEAUX
✆ 05 56 34 50 00
www.bordeaux.aeroport.fr

■ BRUXELLES
✆ +32 2 753 77 53 − +32 9 007 00 00
www.brusselsairport.be

■ GENÈVE
✆ +41 22 717 71 11
www.gva.ch

■ LILLE-LESQUIN
✆ 0 891 67 32 10
www.lille.aeroport.fr

■ LYON SAINT-EXUPÉRY
✆ 08 26 80 08 26
www.lyon.aeroport.fr
communication@lyonaeroports.com

■ MARSEILLE-PROVENCE
✆ 04 42 14 14 14
www.marseille.aeroport.fr
contact@airportcom.com

■ MONTPELLIER-MÉDITERRANÉE
✆ 04 67 20 85 00
www.montpellier.aeroport.fr
rh@montpellier.aeroport.fr

■ MONTRÉAL-TRUDEAU
✆ +1 514 394 7377 − +1 800 465 1213
www.admtl.com

■ NANTES-ATLANTIQUE
✆ 02 40 84 80 00
www.nantes.aeroport.fr

■ NICE-CÔTE-D'AZUR
✆ 0 820 423 333
www.nice.aeroport.fr

■ PARIS ORLY
✆ 01 49 75 52 52
www.aeroportsdeparis.fr

■ PARIS ROISSY − CHARLES-DE-GAULLE
✆ 01 48 62 12 12
www.aeroportsdeparis.fr

■ QUÉBEC − JEAN-LESAGE
✆ +1 418 640 3300 − +1 877 769 2700
www.aeroportdequebec.com

■ STRASBOURG
✆ 03 88 64 67 67
www.strasbourg.aeroport.fr
information@strasbourg.aeroport.fr

■ TOULOUSE-BLAGNAC
✆ 0 825 380 000
www.toulouse.aeroport.fr

Sites comparateurs

Ces sites vous aideront à trouver des billets d'avion au meilleur prix. Certains d'entre eux comparent les prix des compagnies régulières et *low cost*. Vous trouverez des vols secs (transport aérien vendu seul, sans autres prestations) au meilleur prix.

■ BILLETSDISCOUNT
www.billetsdiscount.com
contact@cercledesvacances.com

■ EASY VOLS
www.easyvols.fr
contact@easyvoyage.fr

■ JET COST
www.jetcost.com

■ PARTIRPASCHER
www.partirpascher.com

■ TERMINAL A
www.terminalA.com

En bus

■ VOYAGE EN BUS
✆ 04 76 43 30 81
www.voyagenbus.com
Voyagenbus.com propose des voyages en autocar grand tourisme à destination de Belgrade, des départs deux fois par semaine depuis Paris, Lyon et les grandes villes françaises. Au programme également, les grands festivals de musiques tels que Guca l'Assemblée des Fanfares et Trompettes de Dragacevo et Exit Festival à Novi Sad. Formules à petits prix et tarifs promo à certaines dates, avec hébergement en hostel et hôtel 3 étoiles, petits déjeuners et temps libre sur place. Séjours sur mesure et à tarifs préférentiels pour les lycées, BDE, associations et comités d'entreprise.

■ VOYAGES RADA
11, Avenue de la Republique (11e) Paris
✆ +331 47 000 999
Fax : +331 48 069 199
Départs les mardis, mercredis et samedis à 8h. Devant l'agence.

ORGANISER SON SÉJOUR

Location de voitures

■ ALAMO – RENT A CAR – NATIONAL CITER

✆ 0 825 16 22 10 – 0 891 700 200
www.alamo.fr – reservationalamo@citer.fr
Actuellement, Alamo possède plus de 180 000 véhicules au service de 15 millions de voyageurs chaque année, répartis dans 1 248 agences implantées dans 43 pays. Des tarifs spécifiques sont proposés, comme Alamo Gold, le forfait de location de voiture tout compris incluant les assurances, les taxes, les frais d'aéroport, le plein d'essence et les conducteurs supplémentaires. Rent a Car et National Citer font partie du même groupe qu'Alamo.

■ AUTO ESCAPE

✆ 0 892 46 46 10 – 04 90 09 51 87
www.autoescape.com
relation-clients@autoescape.com
En ville, à la gare ou dès votre descente d'avion. Cette compagnie qui réserve de gros volumes auprès des grandes compagnies de location de voitures vous fait bénéficier de ses tarifs négociés. Grande flexibilité. Pas de frais de dossier, pas de frais d'annulation, même à la dernière minute. Des informations et des conseils précieux, en particulier sur les assurances.

■ AUTO EUROPE

✆ 0 800 940 557 – www.autoeurope.fr
reservations@autoeurope.fr
Réservez en toute simplicité sur plus de 4 000 stations dans le monde entier. Auto Europe négocie toute l'année des tarifs privilégiés auprès des loueurs internationaux et locaux afin de proposer à ses clients des prix compétitifs. Les conditions Auto Europe : le kilométrage illimité, les assurances et taxes incluses dans de tout petits prix et des surclassements gratuits pour certaines destinations.

■ AVIS

✆ 0 820 05 05 05 – www.avis.fr
Avis a installé ses équipes dans plus de 5 000 agences réparties dans 163 pays. De la simple réservation d'une journée à plus d'une semaine, Avis s'engage sur plusieurs critères, sans doute les plus importants. Proposition d'assurance, large choix de véhicules de l'économique au prestige avec un système de réservation rapide et efficace.

■ BSP AUTO

✆ 01 43 46 20 74
Fax : 01 43 46 20 71
www.bsp-auto.com
La plus importante sélection de grands loueurs dans les gares, aéroports et centres-villes. Les prix proposés sont les plus compétitifs du marché. Les tarifs comprennent toujours le kilométrage illimité et les assurances. Les bonus BSP : réservez dès maintenant et payez seulement 5 jours avant la prise de votre véhicule, pas de frais de dossier ni d'annulation, la moins chère des options zéro franchise.

■ HERTZ

✆ 0 810 347 347
www.hertz.com
Vous pouvez obtenir différentes réductions si vous possédez la carte Hertz ou celle d'un partenaire Hertz. Le prix de la location comprend un kilométrage illimité, des assurances en option, ainsi que des frais si vous êtes jeune conducteur. Toutes les gammes de voitures sont représentées.

■ HOLIDAY AUTOS FRANCE

✆ 0 892 39 02 02 – www.holidayautos.fr
Avec plus de 4 500 stations dans 87 pays, Holiday Autos vous offre une large gamme de véhicules allant de la petite voiture économique au grand break. Holiday Autos dispose également de voitures plus ludiques telles que les 4x4 et les décapotables.

■ SÉJOURNER

Dans le secteur du tourisme, on se fait aux normes internationales. Il n'est pas si loin le temps où le service était lent et parfois chaotique. Un certain désintérêt à la tâche, lié au système communiste, prévalait. Dans les hôtels et restaurants privés, on est rompu aux exigences de rapidité et les employés sont avenants et ouverts. Formés dans des écoles spécialisées et ayant souvent voyagé en Occident, les professionnels du tourisme offrent des prestations tout à fait honorables. Le respect des règles et la courtoisie sont de mise. C'est maintenant l'excès inverse et, par souci de normalisation, la police n'hésite pas à infliger des amendes (2 000 dinars) pour un billet non payé dans le bus de ville, ça ne rigole plus ! Pour les paiements, aucun souci à se faire. Les hôtels, restaurants et grands magasins sont tenus d'avoir une facture imprimée et, en cas de doute, vous pouvez l'exiger. Les tarifs sont clairement affichés dans les hôtels. Le tourisme et les liens économiques dans l'Europe du XXIe siècle ont accoutumé les habitants de Serbie à côtoyer les étrangers. Le résultat est une certaine indifférence et une nonchalance dans les rues très passantes. Les Français seront particulièrement bien accueillis, le prestige de la France étant lié à l'histoire de la Première Guerre mondiale, et ne pâlit pas. On se mettra en quatre pour vous renseigner au mieux et, à la campagne, l'accueil pourra aller jusqu'à une invitation à déjeuner.

Se loger

On trouve partout facilement à se loger, mais avec des différences assez importantes de confort et de prix. Les grands centres comme Belgrade, Novi Sad ou Zlatibor possèdent un bon choix de structures hôtelières. Dans le reste du pays également, vous trouverez toujours un hôtel où loger : il ne faut pas oublier que la capacité hôtelière de la Yougoslavie était en 1989 la troisième en Europe ! Le problème, c'est que souvent ces hôtels datent et certaines villes n'ont qu'un parc hôtelier vétuste. Rabattez-vous dans ces cas-là sur les gîtes, de plus en plus nombreux, ainsi que les motels en plein boom. Il faut pour cela prendre contact avec les offices de tourisme, qui se chargeront de réserver une chambre dans une localité proche de votre lieu de séjour. En Serbie, les prix de l'hébergement sont toujours donnés par personne, et la nuitée comprend toujours un petit déjeuner, en général copieux (choix entre tartine, confiture ou saucisson, ou jambon-fromage). Dans les régions très touristiques, la norme est même souvent la demi-pension, voire la pension complète.

Hôtels

Une offre pléthorique en chambres mais parfois insuffisante en hôtels. En effet, vous trouverez fréquemment dans le centre-ville un hôtel imposant et où l'on compte les chambres par centaines, mais souvent le choix s'arrête là. Un autre problème réside dans le manque de transparence de la classification. Un petit hôtel aux chambres charmantes et au service impeccable peut n'avoir que deux étoiles, alors que le « grand » hôtel vieilli, aux chambres peu accueillantes, bénéficiera de trois étoiles, voire plus. C'est que le classement se fait selon l'espace et le nombre de services, mais tient peu compte du reste. C'est pourquoi demandez

toujours à visiter les chambres et jetez un coup d'œil sur la carte des repas. Bon, cela ne veut pas dire qu'il ne faut pas mettre les pieds dans le grand établissement du centre-ville, mais il est vrai que notre culture et nos goûts nous feront toujours préférer le petit hôtel sympa. L'avantage de ces hôtels construits dans les années 1970, c'est qu'ils offrent toujours une restauration complète et des services variés – bureau de change, coiffeur, salles de sport. Un autre phénomène à prendre en compte est la privatisation rapide de ces vieux établissements. Ces dernières années, des investisseurs privés s'y sont intéressés, ce qui fait que, de plus en plus, on y trouve deux catégories de chambres et de prix : ceux correspondant à la partie ancienne de l'hôtel et ceux à la partie rénovée. Les prix commencent déjà à atteindre des sommets, mais on trouve encore des chambres à des tarifs bien en dessous de ceux pratiqués en Occident. Belgrade et Kopaonik commencent à être trop chers par rapport aux prestations, mais restent inférieurs à leurs équivalents français. Ailleurs, notamment à Novi Sad et Zlatibor, il y a encore de très bons hôtels pour 3 000 dinars la nuit. Partout ailleurs, comptez 2 500 dinars dans un hôtel correct. Enfin, dernière nouveauté intéressante, le wi-fi s'est généralisé dans les hôtels. C'est même un argument incontournable.

▶ **Motels et pensions.** Les motels sont la grande nouveauté et on en trouve de plus en plus au bord des autoroutes et routes nationales. Toujours très récents, avec parking et parfois des services modernes comme un accès Internet, leur confort vaut celui d'un Campanile. Pour 2000 à 3000 dinars, ils vous sauveront si vous vous trouvez sur la route en fin de journée. En général, ils ont peu de chambres, mais comme ils sont presque toujours plusieurs au même endroit, il reste toujours de la place. Attention, il y a encore quelques vieux motels sans salle de bains, mais vous les éviterez au vu de la façade ! L'autre hébergement assez répandu, caractéristique ici, est la pension (*prenočište*). Ce sont de petits hôtels familiaux, souvent refaits ou en voie de l'être, où l'on peut également se sustenter pour pas cher. Situés dans les centres-villes ou à leur sortie, on les reconnaît facilement à leurs écriteaux placés sur le toit d'une maison généralement à deux étages. Selon l'emplacement et la qualité des chambres, les prix peuvent varier de 1 600 dinars (bon plan) à près de 2 400 en demi-pension !

Chambres d'hôtes

Il y avait autrefois un nombre important de chambres chez l'habitant et cette tradition est restée. On les trouve dans les centres-villes et parfois à la campagne. Mais aujourd'hui cependant, elles sont répertoriées et systématiquement contrôlées par les offices de tourisme. Ceux-ci vous donneront une liste de noms avec un descriptif, dans laquelle vous ferez votre choix. Il faut compter entre 600 et 1 800 dinars la nuitée (trois catégories). Le tourisme rural et les gîtes et chambres d'hôtes se sont développés ces dernières années. Si vous êtes en voiture, n'hésitez surtout pas à choisir ce mode d'hébergement qui vous mettra directement au contact de la population.

Les gîtes ne sont pas encore bien signalés sur les routes, mais l'office de tourisme se chargera de vous indiquer le plus court chemin. En général, l'accueil est chaleureux et vous mangez avec la famille. De plus en plus, le maître de famille se transforme en guide et, pour une somme dérisoire, vous fait découvrir les petits secrets de sa région. Là aussi, il existe trois catégories de gîtes, qui vont de 1 000 à 1 800 dinars en demi-pension. Mais, en général, vous avez une chambre sans surprise et bien aménagée, avec un petit déjeuner complet et un déjeuner paysan souvent succulent.

Auberges de jeunesse

Sauf à Belgrade, Novi Sad et Niš, elles n'existent pas encore. Pour ces trois villes, les coordonnées vous sont données dans ce guide et vous pouvez réserver de l'étranger, car si certaines sont affiliées au réseau mondial des auberges de jeunesse, elles ont toutes une réservation par courriel. Les chambres et surtout l'emplacement en ville sont dans tous les cas bien plus favorables qu'en Europe occidentale. Ce segment de l'industrie hôtelière est en train de se développer et peut-être trouverez-vous bientôt d'autres villes ou sites touristiques pourvus de ce mode d'hébergement.

Campings

Ce mode de séjour est encore peu développé car peu pratiqué dans la culture locale. Néanmoins, vous trouverez à l'extérieur de quelques centres touristiques – Djerdap, Zlatibor, le Danube par exemple – des campings assez bien organisés, avec l'équipement nécessaire (compter 350 dinars par personne en Serbie). Vous pouvez également tenter votre chance à la campagne, au bord d'une rivière agréable ou d'un lac entouré de montagnes : dans ce cas, demandez au paysan son accord, qui vous sera donné aisément. Par contre, n'essayez pas le camping sauvage, pour des raisons de sécurité et parce que c'est interdit.

■ CAMPING CHÈQUE

www.campingcheque.fr
contact@campingchequepro.com
Camping Chèque est la garantie d'un tarif unique de 15 € la nuit pour 2 personnes auprès de 588 campings 3, 4 et 5-étoiles, en basse saison dans 26 pays d'Europe (+ le Maroc). Quelle que soit la destination, ce Camping Chèque permet d'économiser de 10 à 60 % sur les tarifs des campings. Il comprend l'emplacement pour 2 personnes avec le camping-car, la caravane, la tente ou la caravane pliante + 1 voiture + l'électricité. Plus d'informations sur le site Internet.

Tourisme rural – Agritourisme

Dans les parcs nationaux et régionaux, vous avez la possibilité de dormir dans des chalets de montagne, souvent situés dans des clubs alpins. L'ambiance y est toujours conviviale et assez cosmopolite. Les chambres sont plutôt sommaires, mais le cadre toujours enchanteur dans les massifs de la Tara, du Zlatar, de Kopaonik. Comptez 800 à 1 200 dinars. Mais aussi dans les *vajat* : petits chalets en bois typiques sans fenêtres (car jadis, *vajat* était le lieu de logement des nouveaux mariés), bâtis dans le plus pur style des maisons de Choumadie. S'adresser aux offices de tourisme.

Bons plans

Les stations thermales en Serbie ont bonne réputation. Il y a plus de 1 000 sources d'eau minérale chaude ou froide dans tout le pays riches en gaz carbonique et boue médicinale. Les 53 stations thermales de Serbie se rénovent petit à petit et deviennent de véritables oasis de verdure et de tranquillité. Elles sont généralement situées dans les vallées, entourées de forêts, pâturages et vergers.

Leur paysage naturel est agrémenté de parcs aménagés pour des promenades, des terrains de sport, piscines, bar, restaurant... Les prix sont souvent très abordables. Consultez l'ensemble du réseau sur www.serbianspas.org pour vous constituer un circuit.

Se déplacer

Avion

Deux aéroports internationaux et une compagnie nationale dessert l'étranger. De France, Paris-Belgrade direct grâce à la JAT et Air France. Mais seul l'aéroport de Belgrade vous sera utile (voir pages Belgrade) En effet, celui de Niš n'accueille plus que des charters en provenance de Londres, Bruxelles, Monténégro et quelques vols de Zurich, en charter également.

■ **KOSOVA AIRLINES**
Prishtinë – Priština
✆ +381 38 220 220
Voir la rubrique Kosovo.

Bateau

Depuis la fin de l'embargo, le Danube offre la possibilité de croisières. Tout le long du fleuve, qui parcourt le nord du pays dans le sens ouest-est, les possibilités sont nombreuses de rester à quai une nuit ou plus (à condition de venir d'Autriche ou d'Allemagne). Egalement quelques croisières courtes autour de Belgrade, Novi Sad et Smederevo pour les amateurs de promenades fluviales.

Bus

Le réseau d'autobus dessert vraiment toutes les villes et la grande majorité des villages de Serbie. Les bus circulant sur les grands axes internationneaux sont confortables et comportent souvent un équipement moderne : bar, TV, W.-C. Ailleurs, c'est plus sportif, avec des cars plus anciens et souvent bondés roulant parfois trop vite sur des routes sinueuses. Dans tous les cas, demandez toujours la ligne « ekspres », sinon vous risquez de vous arrêter à chaque village. Le grand intérêt des bus en Serbie est leur fréquence assez élevée, qui fait qu'on attend, entre deux villes importantes, très peu à la gare : un départ toutes les 15 minutes entre Belgrade et Novi Sad, une demi-heure entre Belgrade et Niš.

▶ **Quelques conseils pour un bon voyage :** on achète son billet au guichet un peu avant le départ, mais on peut aussi monter sans titre de transport en poche et s'adresser au conducteur pour acheter un billet. Les bagages sont payés en supplément (50 dinars). Lors de l'achat du billet dans les gares routières des grandes villes, n'oubliez pas de demander au guichet un jeton pour passer le tourniquet qui vous mènera au quai (et qui se paye, 100 dinars à Belgrade, par exemple). Conçus pour empêcher

---

Des trajets bucoliques et bon marché

Même si le train a une réputation d'extrême lenteur, il est vrai que les trajets sont souvent rallongés par des problèmes mécaniques ou parce que le train s'arrête au croisement d'une route ! Enfin, les prix sont vraiment dérisoires. Et bien que le temps puisse parfois s'étirer sans raison lors d'un trajet, ce voyage dans des wagons toujours très typiques vaut la peine d'être fait au moins une fois. Quelques trajets sont même agrémentés de visites guidées dans des sites culturels (Sremski Karlovci) ou naturels (Mokra Gora) et se font dans de vieilles locomotives à vapeur, ressorties pour l'occasion.

les indésirables de s'approcher des bus, ces jetons, qui ne fonctionnent pas toujours, provoquent parfois de belles cohues !

Train

Voyager en train en Serbie est, pour qui sait prendre son temps, un vrai bonheur. Que ce soit dans les montagnes de l'ouest du pays, sur la côte au relief escarpé ou dans les plaines, le paysage sera toujours bien mieux apprécié en train. Ensuite, ces trains à l'intérieur suranné mais si typique d'une époque raviront les amateurs d'exotisme et d'authenticité : assis sur de larges banquettes, vous pourrez deviser aisément avec les autres voyageurs, d'autant que par la faute d'infrastructures totalement obsolètes, les trains sont très lents.

■ **ŽS – ŽELEZNICE SRBIJE (CHEMINS DE FER DE SERBIE)**
✆ +381 11 360 28 99
www.serbianrailways.com
medijacentar@srbrail.rs
Des cartes régionales comme Interrail ou Eurodomino, mais aussi des trajets entre les capitales d'Europe du Sud-Est à tarifs réduits, comme City Star ou Balkan Flexipass.

Voiture

Dans un pays où l'offre hôtelière, on l'a vu, est disséminée et les sites touristiques souvent situés en périphérie, la voiture est le complément indispensable du bus. Deux axes importants sont reliés par autoroute : Belgrade-Niš et Croatie-Belgrade , et les routes nationales relient tous les principaux points du pays.

Dangers potentiels

Une conduite prudente est conseillée en raison de l'étroitesse des routes et du trafic important de camions. Par ailleurs, les charrettes et les tracteurs étant nombreux, nous vous recommandons une grande vigilance sur les routes sinueuses et dans les déplacements de nuit. Enfin, les chutes importantes et fréquentes de neige dans les zones frontalières de montagne rendent la circulation très difficile. Si le réseau était, jusqu'à il y a peu, en très mauvais état, les choses changent vite grâce à des investissements massifs. Mais méfiez-vous quand même des trous sur les routes car elles sont souvent mal entretenues.

■ **INFORMATIONS ROUTIÈRES ET DÉPANNAGE – AMCC**
℃ 987 – www.amss.org.rs
24h/24. Association nationale des automobilistes et motocyclistes de Serbie. C'est l'organisme de référence reconnu par l'Etat pour tous les problèmes routiers.

Les nationales sont équivalentes à de bonnes départementales et le pays renouvelle ses routes à une allure vertigineuse depuis quatre ans. On peut presque parler de plan Marshall des infrastructures. Il faut dire que c'était vraiment nécessaire ! L'autre avantage du réseau routier est l'éclosion de stations-service le long des routes, ce qui fait que, excepté les petites routes de montagne, vous ne risquez pas de tomber en panne d'essence. Ces stations sont souvent ouvertes 24h/24, avec possibilité de payer par carte ; le prix de l'essence est de 132,90 dinars pour du sans plomb 95, et 135,40 centimes d'euro pour du diesel (en décembre 2011).

▶ **Conduite.** Tracteurs et charrettes bloquant la progression, ou bien bus déboulant à toute vitesse, vous ne manquerez pas de rencontrer des obstacles sur votre route ; en revanche, les automobilistes roulent assez lentement pour la moitié d'entre eux, et très vite pour l'autre. Ils ne tiennent absolument pas compte des lignes blanches et doublent où ils veulent. Que ce soit clair ! Soyez prudent. Une constante de 80 km/h est largement suffisante, même sur une route droite sans obstacle. L'éclairage est souvent faible la nuit en périphérie des agglomérations.

▶ **Signalisation.** Au chapitre des mauvaises nouvelles, le problème n° 1 est celui de la signalisation. Elle est très souvent en mauvais état, et les axes secondaires entre deux villages, où le cyrillique prime, ne vous aideront pas. Mais plus grave encore est trop souvent l'absence de signalisation ! Par contre, concernant les sites touristiques, de gros efforts ont été faits. La plupart, même ceux de moindre importance, sont très bien indiqués, et les panneaux ont adopté les normes européennes, ils sont de couleur marron. Et si quand bien même vous ne les trouvez pas, on se fera un plaisir de vous aider : on peut même se retrouver accompagné, témoignage de l'amabilité des Serbes. L'autre problème, par contre, est la conduite, assez périlleuse.

▶ **Location de voiture.** Les loueurs de voitures existent dans toutes les villes, aussi bien les agences mondiales comme Avis ou Hertz que les agences locales. Il vaut mieux s'adresser à ces dernières, moins chères et plus souples que les grandes enseignes ; elles offrent désormais les mêmes garanties que les autres.

Auto-stop

Sur les grands axes, l'auto-stop ne se pratique pas. Pour des raisons de sécurité d'abord, mais aussi parce que le bus est très abordable et dessert tous les villages et villes. Il faut savoir aussi que les taxis relient les villes à des prix intéressants si c'est négocié à l'avance. En revanche, sur les petites routes, c'est une autre histoire. Là où parfois même le bus ne passe pas ou rarement, les autochtones ont pris l'habitude de compter sur la gentillesse de leurs compatriotes. Mais attention, si lever ostensiblement le pouce est compréhensible, cela peut prendre du temps. Le plus simple est encore de vous poster à l'emplacement de l'arrêt de bus ou bien devant l'auberge ou la station-service principale du bourg, et, lorsqu'une voiture tourne lentement, de faire signe au conducteur de s'arrêter : on a pris l'habitude de s'entraider, votre compagnie n'en sera donc que plus agréable au conducteur. Très vite, vous serez dans le bain et, en nouant des liens, trouverez où loger à l'étape suivante.

Étudier

Pour étudier ou poursuivre vos études supérieures, il vous faut prendre contact avec le service des relations internationales de votre université. Préparez-vous alors à des démarches longues. Mais le résultat d'un semestre ou d'une année à l'étranger vous fera oublier ces désagréments tant c'est une expérience personnelle et universitaire enrichissante. C'est aussi un atout précieux à mentionner sur votre CV.

■ AGENCE POUR L'ENSEIGNEMENT FRANÇAIS À L'ÉTRANGER

19-21, rue du Colonel Pierre Avia (15ᵉ) Paris ℂ 01 53 69 30 90
www.aefe.fr
Sous la tutelle du ministère des Affaires étrangères, l'AEFE est chargée de l'animation de plus de 250 établissements à travers le monde.

▶ **Autre adresse :** 1, allée Baco, BP 21509 – 44015 Nantes Cedex 1 ℂ 02 51 77 29 03.

■ CIDJ

www.cidj.asso.fr
La rubrique « Partir en Europe » sur le serveur du C.I.D.J. fournit des informations pratiques aux étudiants qui ont pour projet d'aller étudier à l'étranger.

■ CONSEIL DE L'EUROPE

www.egide.asso.fr
Rubrique sur le programme BFE (boursiers français à l'étranger). Obtenir une bourse d'études supérieures à l'étranger.

■ COOPÉRATION ÉDUCATIVE EUROPÉENNE

www.europa.eu.int

■ ÉDUCATION NATIONALE

www.education.gouv.fr
Sur le serveur du ministère de l'Education nationale, une rubrique « International » regroupe les informations essentielles sur la dimension européenne et internationale de l'éducation.

plus de **500 000 adresses**
et **bons plans**,
l'avis des internautes,
des **jeux concours**...

Egalement disponible
sur votre **smartphone**

Maroc
www.petitfute.com

www.petitfute.com

ORGANISER SON SÉJOUR

Chaque année, Action contre la Faim vient en aide
à près de 5 millions de personnes dans le monde.

SOUTENEZ-NOUS
www.actioncontrelafaim.org
Dons sécurisés en ligne

Ne jamais oublier, ne jamais renoncer

©Véronique Burger/Phanie - RDC

■ MINISTÈRE DES AFFAIRES ÉTRANGÈRES

www.diplomatie.gouv.fr

Les informations mises à disposition dans l'espace culturel du serveur du ministère des Affaires étrangères sont également précieuses.

Travailler – Trouver un stage

■ ASSOCIATION TELI

2, chemin de Golemme, Seynod
✆ 04 50 52 26 58 – www.teli.asso.fr

Le Club TELI est une association loi 1901 sans but lucratif d'aide à la mobilité internationale créée il y a 16 ans. Elle compte plus de 4 100 adhérents en France et dans 35 pays. Si vous souhaitez vous rendre à l'étranger, quel que soit votre projet, vous découvrirez avec le Club TELI des infos et des offres de stages, de jobs d'été et de travail pour francophones.

■ CAPCAMPUS

www.capcampus.com

Capcampus est le premier portail étudiant sur le Net en France et possède une rubrique spécialement dédiée aux stages, dans laquelle vous trouverez aussi des offres pour l'étranger. Mais le site propose également toutes les informations pratiques pour bien préparer votre départ et votre séjour à l'étranger.

■ MAISON DES FRANÇAIS DE L'ÉTRANGER

48, rue de Javel (15ᵉ) Paris
✆ 01 43 17 60 79
www.mfe.org – mfe@mfe.org

La Maison des Français de l'étranger (MFE) est un service du ministère des Affaires étrangères qui a pour mission d'informer tous les Français envisageant de partir vivre ou travailler à l'étranger et propose le *Livret du Français à l'étranger* et 80 dossiers qui présentent le pays dans sa généralité et abordent tous les thèmes importants de l'expatriation (protection sociale, emploi, fiscalité, enseignement, etc.). Egalement consultables : des guides, revues et listes d'entreprises et, dans l'espace multimédia, tous les sites Internet ayant trait à la mobilité internationale.

■ RECRUTEMENT INTERNATIONAL

www.recrutement-international.com

Site spécialisé dans les offres d'emploi à l'étranger, le recrutement international, les carrières internationales, les jobs et stages à l'international.

■ VOLONTARIAT INTERNATIONAL

www.civiweb.com

Si vous avez entre 18 et 28 ans et êtes ressortissant de l'Espace économique européen, vous pouvez partir en volontariat international en entreprise (VIE) ou en administration (VIA). Il s'agit d'un contrat de 6 à 24 mois rémunéré et placé sous la tutelle de l'ambassade de France. Tous les métiers sont concernés et vous bénéficiez d'un statut public protecteur. Offres sur le site Internet.

■ WEP FRANCE

81, rue de la République (2ᵉ) Lyon
✆ 04 72 40 40 04
www.wep-france.org – info@wep.fr

Wep propose plus de 50 projets éducatifs originaux dans 30 pays, de 1 semaine à 18 mois. Année scolaire à l'étranger, programmes combinés (1 semestre scolaire avec 1 projet humanitaire ou 1 chantier nature ou 1 vacances travail), projets humanitaires mais également stages en entreprise en Europe, Australie, Nouvelle-Zélande, Canada et Etats-Unis, et Jobs & Travel (visa vacances travail) en Australie et Nouvelle-Zélande : voici un petit aperçu des nombreuses possibilités disponibles.

ORGANISER SON SÉJOUR

Index

ORGANISER SON SÉJOUR